Intermediate
Microeconomics
A Modern Approach
Ninth Edition
Hal R. Varian

入門 ミクロ経済学

原著第9版

ハル・R・ヴァリアン [著] 佐藤隆三 [監訳]

大住栄治・酒井泰弘・松下正弘・三野和雄・小川春男
平澤典男・今泉博国・中谷孝久・大城 肇・箱木禮子
河野正道・阿比留正弘・須賀晃一 [訳]

勁草書房

Intermediate Microeconomics: A Modern Approach, Ninth Edition by Hal R. Varian
Copyright © 2014, 2010, 2006, 2003, 1999, 1996, 1993, 1900, 1987 by Hal R. Varian
Japanese translation rights arranged with W. W. Norton & Company, Inc.
through Japan UNI Agency, Inc., Tokyo

日本語版への序文

　冷戦が終わり，ユーロの誕生とともに東欧はEUへの参加を希望している．中国では市場を重視する改革が行われ，改革に成功した地域は好景気にわいている．瀕死状態にあったアフリカ諸国の経済さえも，長い停滞の後に回復の兆しをみせている．

　これまで計画経済を標榜していたこれらの国々において，市場経済の勝利が明らかになりつつある一方で，われわれ自身の市場経済においては，依然として多くの問題が残っている．資産市場における過熱と崩壊，貿易摩擦，官僚システムの無駄と非効率性などは，日本やアメリカなどの先進国が直面している多くの問題のほんの一例である．市場経済が中央計画経済に比べて全般的に優れていることは今や明らかである．だが，残念ながら，市場経済においても，まだ，十分に解明されていない問題が多く残っていることを，われわれは認めざるをえない．

　本書は，ミクロ経済学の基本原理を論じたものである．これらの原理を正しく適用すれば，われわれの世界がどのように機能しているかについて，多くの有益な洞察が得られることを私は確信している．ある経済制度がいかに機能しているかが理解できれば，その機能を改善する方法を見つけることもできよう．もし最適に機能していれば，何も手を加える必要はないという判断もできる．

　経済学を学ぶに際して重要なことは，経済学が単なる無味乾燥な理論の集成だと誤解しないことである．新聞を読んだり，テレビを見たり，あるいは歴史上の事実を学ぶときに，本書で習得したことを思い起していただきたいと思う．経済理論は，現実の問題に適用されてこそ，その真価が発揮されるのである．

　私は，過去数年間にわたって，ニューヨーク大学の日米経営経済研究センターの研究理事をつとめているが，本書翻訳の監修を引き受けて下さった佐藤隆三教授はこのセンターの所長である．日米両国におけるさまざまな研究会議に

おいて，これまで私は数多くの日本の経済学者や学生たちに会ってきた．その際，日本の教育制度の質の高さや，学者や学生たちのエネルギーと学問への献身ぶりにはいつも感心させられてきた．この優れた日本の教育システムに対して，本書がいささかなりとも貢献できれば幸いである．

Berkeley にて
2000年1月

ハル・R・ヴァリアン

監訳者まえがき

　本書は，Hal R. Varian, *Intermediate Microeconomics: A Modern Approach*, 9th edition, W. W. Norton & Company, 2013, 715 pages の日本語版である．本書の第1版が1987年に出版されるや，全米の主要大学において入門的ミクロ経済学のテキストとして広く採用され，1990年に第2版，1993年に第3版，1996年に第4版，1999年に第5版，2002年に第6版，2006年に第7版，2010年に第8版が著されたほどである．これは，同氏の著書 *Microecono-mics Analysis*, 2nd edition, W.W. Norton & Company, 1984（佐藤隆三・三野和雄訳『ミクロ経済分析』勁草書房，1986年）が大学院向けの上級ミクロ経済学のテキストとして広く受け入れられ，ロング・アンド・ベスト・セラーとなったことと対をなしている．

　経済学の知識の発達は戦後著しいものがある．それは同時期の科学技術の急速な進歩と類似している．科学技術の進歩は，一方においては既存の知識体系を精緻化させ，また場合によっては陳腐化させると同時に，他方においては学習量を増加させる．経済学もその例に漏れるものではない．分析手法の進歩は，これまで不透明であった経済学の理論構造を明確なものにした．しかし，この精緻化は高度な分析手法によってのみ可能になったので，これを平易に「コトバ」で解説することは至難の技である．平易かつ明快に，しかもレベルを落とさずに現代の経済学の知識水準を体系的に供給できるテキストを著すとなると，並の技では達成しえぬ責務となる．事実，アメリカでも多数のテキストが公刊されているが，結果的には数種類のテキストが寡占市場を形成しているのはそのためであろう．それらのテキストの中にあって，ヴァリアンによる本著は群を抜いている．ヴァリアン教授は，後述するように第一級の学者であると同時に，優れた教育者でもある．それがゆえにこそ，全米の主要大学の経済学部で広く採用されるテキストを著すことができたのであろう．

　日本のテキストは出版事情もあろうが，一般にページ数が少ない．この薄さ

をいかに巧みに補って講義するかが，教師の努めとなる．言い換えると，日本の教師にはいわば教室における名人芸が要求されるともいえる．これに対して，アメリカのテキストは一見辟易するほど分厚い．しかしこのページの量を恐れずに丹念に読み進むと，少しずつ展望が開かれ，複雑で理解しがたいと思われていた経済学の理論構造が体系的に整然としているサマを明確に把握することができるようになる．アメリカの大学では，通常この分厚いテキストを章ごとに追っていく．もちろん時間上の制約があるので，その制約の中でどのように講義すればよいか，言い換えるとどの部分を省略するかに，教師の経験と判断力が要求される．ともあれ，学生の効用が最大になるよう講義はテキストにしたがって進められるのだから，テキストの選択においても教師は能力を問われることになる．本書がアメリカで広くテキストとして採用されているのは，こうした需要を満たす優れた第一級の入門書だからである．

　以上紹介したように，本書を丁寧にフォローしていけば，読者はミクロ経済学の山頂を仰ぎ見ることができるであろう．本書によってミクロ経済学への関心が深まり，次のステップとして，読者が前出の『ミクロ経済分析』にもチャレンジできるならば，私にとって望外の喜びである．

　著者ハル・ヴァリアンは1947年生まれで，1973年にカリフォルニア大学バークレー校で Ph. D を取得した．MIT（マサチューセッツ工科大学），ミシガン大学で数年教えたあと，現在，カリフォルニア大学バークレー校教授で School of Information Management and Systems の学長を務めている．

　氏の専攻領域はミクロ経済学全般に及び，専門の学術誌に次々と論文を精力的に発表している．また，私が所長を務めるニューヨーク大学日米経営経済研究センターの研究理事およびテクニカル・コンファレンスのレギュラー・メンバーとして，コース教授を招いた「コース理論と国際摩擦分析」のシンポジウムを含め，きわめて今日的なテーマの研究報告をしてもらっている．

　氏が第一級の学者であることは論を待たないが，有能な教育者として名を馳せたのは前出の『ミクロ経済分析』においてであった．それまで専門の学術誌のみを舞台としていた，生産の理論と消費の理論への双対的アプローチを，大学院向けとはいえ体系だてての明快な解説を果たしたからである．氏はこのような基本的なアプローチを，本書でさらに平易に，しかもレベルを落とすことなく「コトバ」巧みに説明している．今後さらに教育者としての名声が上がることであろう．

監訳者まえがき

　この日本語版の作成は，今回もまた，私が代表幹事を務める「現代経済ワークショップ」のメンバーの有志によって進められた．具体的に言えば，大住栄治（青山学院大学），酒井泰弘（滋賀大学・龍谷大学），松下正弘（青山学院大学），三野和雄（大阪大学），の4氏を中心として，それに，小川春男（亜細亜大学），平澤典男（青山学院大学），今泉博国（福岡大学），大城肇（琉球大学），中谷孝久（徳山大学），箱木禮子（福島大学），河野正道（関西学院大学），阿比留正弘（福岡大学），須賀晃一（早稲田大学）の9氏が加わった．より完成度の高い訳文をめざして，何度も会合と推敲を重ねた共訳者諸氏の労をねぎらいたいと思う．

　原著第9版の訳書刊行にあたり，日本の読者向けに翻訳では割愛した箇所が若干ある．まず，原著の名章末尾の演習問題や数学補論を，訳書では全面的に削除した．また，原著の最後の数学付録や，余分な脚注そして図表の蛇足的な説明もカットした．その結果，訳書は原著より少しスリムとなったが，その方が日本の読者にとってフィットがいいだろうと信じている．

　日本語版作成にあたって，勁草書房編集部の宮本詳三氏は，エディターだけにとどまらず，コーディネイターおよびコーワーカーとしての御協力をいただいた．本書が広く受け入れられ，入門的ミクロ経済学のテキスト市場において競争力をもつとすれば，それは氏の貢献に依るところ大である．ここに記して深謝したい．

東京にて
2015年7月

佐藤　隆三

序　文

　本書の初版から第8版が大好評を博したことを大変うれしく思う．これはいみじくも，学生諸君がミクロ経済学の分析手法に強い関心をもっているはずであるという私の考えを裏づけることとなった．

　初版を書いたときの私の目的は，単に学生たちにミクロ経済学の分析手法を通常の教科書に書かれているような仕方でありふれた通り一遍の知識を提供するのではなく，学生たちが彼ら自身の問題にこの分析手法を応用できるようにすることであった．過去の経験からみて，この目的を達成するための最良の方法は，百科事典などのように専門用語を提示するのではなくて，ミクロ経済学の基本的な概念基礎を徹底的にたたき込み，この手法の具体的な応用例を示すことである．

　このような接近方法を進めるときに直面する難題は，多くの大学の経済学コースで数学が必修でないことから生じる．微分法を知らないために，また一般的な問題解法という手法の経験が浅いために，学生たちは一部の経済学の分析手法を理解できない．しかしながら，このような知識がなくても経済分析は可能である．線形需要関数および線形供給関数についてのわずかばかりの基本的な性質や初歩的な代数学を知るだけでミクロ経済分析の大部分を理解できる．すなわち，過剰に数学の装備をしなくても経済分析を行えるのである．

　分析方法と数学手法との違いを強調しておこう．経済学への分析手法とは厳密な論理的推論を使う手法であり，必ずしも高度な数学的手法を採用することではない．確かに数学は分析の厳密さを保証するための有用な手段であり，利用可能な限り数学を使って分析を進めることが最良の方法である．しかし，このような手法が学生すべてにとって必ずしも適しているとはいえない．

　経済学を専攻している学生たちは数学を習得した方がよいであろう．しかし実際には，全然予備知識がないか，習得していたとしてもほんのわずかであるというのが普通である．このようなわけで，私は本書の主要部分に数学を用

いなかった．

　本書で採用した接近方法で私は，数学が教科書の単なる脚注にすぎないという性質のものではなく，言葉とか図によって調べられる同一の問題をより深淵な方法で吟味できるようになる方法である，という考えを明らかにした．数学を少し使うだけで多くの議論が非常に簡単になる．したがって，経済学を学びたい学生は数学を学んだ方がよいであろう．私の過去の経験から明らかとなったことは，わずかばかりの動機づけと適当な経済事例を与えさえすれば，学生たちが数学的手法を使って経済現象を分析するようになれるということである．

　本書では他にもいくつかの斬新的な手法が採用されている．第1に，原則として各章を非常に短くした．私は大多数の章を「講義サイズ」の長さにしたので，学生たちは授業単位で読み進めることができる．私はまず消費者理論を議論した後に生産者理論を取り上げるという標準的な順序にしたがって議論を進めたが，次のような理由から一般的な教科書で見られる以上に多くの時間を消費者理論に割り当てて，詳細に説明した．それは，私が必ずしも消費者理論がミクロ経済学の最も重要な箇所であると考えているわけではなく，学生たちが最も難解であるような印象をもつ問題が消費者理論であると考えたからである．

　第2に，私はここで議論した諸理論を応用できる事例を数多く示した．多くの教科書では学生たちに曲線の移動を数多く示しているが，そこで取り扱っている諸問題についての数学および代数分析をほとんど示していない．しかし，実際に問題を解くときに使うのは代数である．図による分析は洞察力を与えてくれる．経済分析を行う実戦力は経済問題の数量的な答えを算出することによって獲得できる．経済学を学ぼうとする学生はすべて諸経済問題を方程式ないし数値例に変換できるようになるべきである．しかし現状ではほとんど大多数の場合，このような技法の教育が無視されている．このような理由から私は本書と平行して本書を体系的に取り扱ったワークブック（練習問題集）を出した．私の同僚であるテオドール・バーグストロムがこのワークブックを執筆した．われわれは興味深いかつ教育的な諸問題を取り入れるように最大限の努力をした．われわれはこのワークブックが学生たちにミクロ経済学を学ぶときの重要な手助けを与えるものと確信している．

　第3に，本書の諸経済問題の取り扱い方は普通の中級ミクロ経済学の教科書の場合よりもより厳密かつ正確であると信じている．一般的な場合の分析が非常にむずかしい場合には，私は分析を進めるために時折り特殊な事例を選び出

した．しかし，このような手法を採用した場合には読者のために特殊な事例であることを明示した．一般に私は各議論のすべてのステップを説明した．私が提示した議論は通常の教科書の場合よりもより完全かつ正確であると確信している．また，経済問題の細部にも注意を注ぐという方法は，多くの教科書が採用しているような曖昧な議論よりも論点をより容易に理解できるはずである．

経済学を極める多様な方法

本書には1学期（1セメスター）で取り上げられる論題以上の教材が組み入れられているので，読者は学びたい部分を慎重に取捨選択して取り扱うべきであろう．読者が最初のページから始めて，本書に記述されている順番で進めると，本書の終わりに到達するずっと前に学期の時間切れに直面するような事態に陥るであろう．本書を自由に組み換えできるような構成にしたので，指導教員は授業教材を自由に選択できるであろう．私は多くの人々がこのような自由選択の利点を活用してくれることを望んでいる．次ページのチャートが各章の依存関係を明示している．

白ヌキをした章は「中核」となる章であり，ほとんどすべての中級ミクロ経済学で取り上げられている内容である．濃い色付けをした章は「オプション（選択可能）」の章である．私は各学期にこれらの一部分の章のみを授業で取り上げている．薄い色付けをした章は私のコースでは取り上げないが，他のコースで取り扱われている．A章からB章へ引かれた直線はB章を読む前にA章を読むべきであるということを示している．点線の場合は，B章を読むときA章の内容の一部分が必要であるが，A章を必ずしも完全に理解する必要はない，ということを意味している．

原則として私は消費者理論と市場理論とを議論した後で，直接生産者理論へと話を進めた．もう1つの一般的な方法は消費者理論の直後に交換理論を取り上げる方法である．教員の多くはこの方法を好むのであるが，本書での私の議論を進め方ではこの方法を採用するときいくつかの問題に直面するであろう．

一部の人々は消費者理論を議論する前に生産者理論を取り上げる方を好むのである．本書でこの方法をとることも可能である．ただし，この方法を選ぶときには本書の取り扱いにいくつかの補足が必要である．たとえば，等産出量曲線の議論では学生たちがすでに無差別曲線を理解しているとの仮定のうえで話を進めているのである．

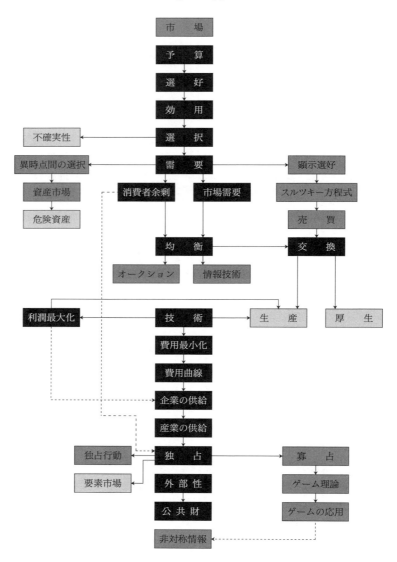

公共財，外部性，法，および情報に関する内容の多くは本書で取り上げた場所より前の段階で議論することも可能である．私はできる限り読者が望むところで議論できるように論題を配置した．

同様に，公共財に関する諸問題はエッジワース・ボックス分析を図示する場合に利用できる．外部性は費用曲線の議論の直後で導入でき，情報に関する章で取り扱われる諸問題は学生たちが経済分析の接近方法に慣れた後にはどこででも導入できるのである．

第9版の変更点

さまざまな経済関係を推定する諸問題を記述した計量についての新しい章を追加した．この章での目的は学生に計量経済学の基本概念を紹介し，現実経済で遭遇する諸問題を取り上げ，理論的対応との橋立を試みることにある．

Apple, eBay, Google, Yahoo およびその他のような Silicon Valley の IT 企業からの新諸事例を提示した．iPod と iTunes との補完関係，Facebook 等でみられる企業間の積極的なフィードバック，Google, Microsoft, および Yahoo で使用された ad auction モデル，を取り上げ議論する．これらの議論は斬新で興味深い現実経済問題であると考えられる．

さらに，二面マッチング市場とヴィックリイ-クラーク-グローブズ・メカニズム（Vickrey-Clarke-Groves mechanism）を含め，メカニズム・デザイン問題に関する議論を取り上げる．この分野は，元来理論的な分野であったが，今では実践的な重要性が増してきたのである．

テスト・バンクおよび練習問題集

本書の姉妹本である「中級ミクロ経済学練習問題集」は本書で取り扱ったコースを集約したものである．この練習問題集には数百の穴埋め問題が含まれている．学生たちがこれらの問題を通じて，本書で学習した分析道具が現実問題に適用可能であるということを習得できるのである．この問題集には練習問題のほかに各章末の練習問題（日本語版では割愛）を基礎にした短いマルチ・チョイス問題を追加した．またこの問題の解答を付記した．したがって，この問題集の問題を解くことを通じて学生たちがこれまで学習してきた内容を手早く復習できるのである．

さらに，追加的なことではあるが，学期のコースとして本問題集を採用した

指導教員は本教科書に同封されたテスト・バンクを利用できる．テスト・バンクには練習問題集の各クイズの応用編が挿入されている．指導教員はこれを利用することで学生たちが授業中に練習問題や短いクイズを解けるような諸問題を作成できるであろう．練習問題がマルチ・チョイス式であり，かつコンピュータを利用できるので，採点は簡単でありかつ信頼できるものである．

　この練習問題を解くことによって学生たちはミクロ経済学を習得し理解した（学習進歩の）程度をチェックできるであろう．私の学科のコースでは学生自身ないしスタディ・グループ単位で各章のクイズ問題すべてを解くようにしている．また学期中にほぼ隔週に授業中の短いクイズ問題を行っている．本質的には従来のホームワーク問題の内容であり，数値を変えただけである．ホームワークを解いた学生たちはこのクイズ問題を簡単に解くことができるであろう．

　われわれは練習問題を解くことなくしては経済学を修学できないと固く信じているのである．学生および指導教員の両者とも練習問題集を解くことによって経済学の学習を容易に進展させることができる．

　本書の指導教員マニュアルの場合と同様に，テスト・バンクのハード・コピーも出版社より入手できる．指導教員マニュアルには本書の各章ごとにわたって授業への私からの指示および講義ノートが入っており，ワークアウトでの練習問題の解が記述されている．

　本書にはその他数多くの補助的な関連付随物がある．理解しやすいように意図された一連のパワー・ポイント用スライド，ノートンの経済ニュース・サーヴィス等である．この付随物を使用することによって，学生達は経済ニュースを本書で取り上げた事例に関連づけられるのである．詳細については本書のホーム・ページである http//www.wwnorton.com/varian を参照すること．

謝　　辞

　数多くの人々の貢献によってこのプロジェクトができあがった．最初に私は初版の編集助手であるジョン・ミラーとデボラ・ホルトに御礼を申し上げる．ジョンは本書の初校をもとにして数多くのコメント，諸提案および練習問題を提供してくれた．また彼は最終校の論理展開を統一させるときに大変尽力を割いてくれた．デボラは最終段階に至るまで注意深くプルーフ・リーディングをし，首尾一貫したチェックをしてくれた．また彼女には索引の作成を手伝ってもらった．

序　文

　以下の人々は私が初版を作成していたときに多くの有益な諸提案およびコメントをしていただいた：ケン・ビンモア（ミシガン大学），マーク・バグノリ（インディアナ大学），ラリー・チェノー（マイアミ大学），ジョナサン・ホーグ（ボーリング・グリーン州立大学），アレン・ヤコブ（M. I. T.），ジョン・マックミラン（カリフォルニア大学サン・ディエゴ校），ハル・ワイト（カリフォルニア大学サン・ディエゴ校），およびゲイリ・ヨウ（ウェスレニアン大学）．

　特に，私はライナー・ブヒェガー博士に謝辞を述べたい．彼は初版を精読してドイツ語に翻訳し，訂正個所の詳しいリストを提供して下さった．さらに，テオドール・バーグストロン，ジャン・ガーソン，オリバー・ランドマン，アラスデア・スミスおよびデビッド・ウィンチの諸氏からは初版出版前から貴重なる諸提案および助言をいただいた．以上の方々に感謝の辞を捧げたい．

　第2版の編集助手はシャロン・パロットとアンジェラ・ビルスである．彼女たちは私が執筆および編集するときに有益な助手を務めてくれた．ロバート・M・コストレル（マサチューセッツ大学アムヘスト校），アシュレイ・リーマン（アイダホ大学），ダニエル・シュヴァリ（ケース・ウエスタン・リザーヴ），A・D・スリヴィンスキ（ウエスタン・オンタリオ），およびチャールズ・プラウド（ヨーク大学）は第2版をどのように改善させるかについて詳細なコメントおよび諸提案を提供して下さった．

　第3版の出版に際して以下の方々から有益なコメントをいただいた：ドリス・チェン（サン・ホセ），イマー・チェコ（ブタペスト），グレゴリー・ヒルデブラント（UCLA），ジャミー・ブラウン・クルーズ（コロラド），リチャード・マニング（ブラハム・ヤング），ジャネット・ミッチェル（コーネル），チャールズ・プラウダ（ヨーク大学），イェング・ナン・シー（サン・ホセ），ジョン・ワインダー（トロント）．特に，ロジャー・F・ミラー（ウィスコンシン大学）とデビッド・ウィルダミン（インディアナ）から詳細なるコメント，諸提案および訂正表をいただいた．重ねて謝辞を述べたい．

　第5版ではキロア・ウィドウ（ウオーバシュ・カレッジ），ウィリアム・シムズ（コンコーディア大学），ジェニファー・R・レインガナム（ヴァンデビルト大学），およびポール・D・シスル（ウエスト・ミシガン大学）からの貴重なコメントを大いに生かすことができた．

　第6版の出版に際して，ジェームス・S・ジョルダン（ペンシルバニア州立大学），ブラッド・カンプ（南フロリダ大学），ステン・ナイバーグ（ストックホ

ルム大学)，マシュー・R・ローロフ（西ワシントン大学)，マーテン―ピーター・シンケル（マーストリヒト大学)，アーサー・ウォーカー（ノーサンブリア大学）から助言となるコメントをいただいた．

　第7版は，イリナ・キーンダノヴァ（コロラド大学マインズ校)，イストヴァン・コーニャ（ボストン大学)，ショム・ベイナジー（ジョージア工科大学)，アンドリュー・ハームズ（ジョージア大学)，マルク・メリッツ（ハーバード大学)，アンドリュー・チャッタージア（コーネル大学)，チェン―ゾン・クィ(カリフォルニア大学サンタ・バーバラ校）によるレビューから恩恵を受けた．

　最後に，ケビン・バルサム（ハンター大学)，クリープ・ベルフィールド（クイーン大学，CUNY)，ライナー・ブッフュッガー（ヨハネス・ケプラー大学)，ラルツ・メッガー（ドルトムント工科大学)，ジェフリー・マイロン（ハーバード大学)，バブ・メハタ（ルイスヴィル大学)，スコット・J・サベイジ（コロラド大学）から第8版への助言となるコメントをいただいた．

　　バークレイ Berkeley
　　2013年12月

　　　　　　　　　　　　　　　　　　　　　　　　　　　　ハル・ヴァリアン

目　次

日本語版への序文
監訳者まえがき
序　文

1章　市　　場 ………………………………………………………………3
モデル　3　　最適化と均衡　5　　需要曲線　6　　供給曲線　8
市場均衡　9　　比較静学　11　　アパートの配分問題　14　　最
適な配分法　17　　パレート効率性　18　　アパートの配分方法
の比較　19　　長期均衡　21　　要約　22

2章　予算制約 ………………………………………………………………23
予算制約　23　　2財モデルの一般性　24　　予算集合の性質　24
予算線の変化　27　　ニュメレール(標準財)　29　　税, 補助金,
および割り当て　29　　例：フード・スタンプ・プログラム　32
予算線の変化　34　　要約　34

3章　選　　好 ………………………………………………………………36
消費者選好　37　　選好に関する諸仮定　38　　無差別曲線群　40
選好の例　41　　適正な性質をもつ選好　48　　限界代替率(MRS)　51
限界代替率の含意　54　　限界代替率の大きさ　55　　要約　55

4章　効　　用 ………………………………………………………………56
基数的効用　59　　効用関数の作成　60　　効用関数の例　62
例：効用からの無差別曲線　62　　限界効用　68　　限界効用と
限界代替率(MRS)　69　　通勤の効用　71　　要約　73

5章 選択 ……74
最適選択 74　消費者需要 78　例 79　効用関数の推定 83　限界代替率(MRS)条件の含意 85　税の選択 87　要約 90

6章 需要 ……91
正常財と劣等財 92　所得-消費曲線とエンゲル曲線 93　例 94　通常財とギッフェン財 99　価格-消費曲線と需要曲線 101　例 102　代替財と補完財 106　逆需要関数 108　要約 110

7章 顕示選好 ……111
顕示選好の考え方 111　顕示選好から選好へ 113　無差別曲線の推定 116　顕示選好の弱公理(WARP) 117　WARPテスト 119　顕示選好の強公理(SARP) 121　SARPテスト 123　数量指数 125　物価指数 127　要約 128

8章 スルツキー方程式 ……129
代替効果 130　所得効果 134　代替効果の符号 134　全部効果 135　変化率 138　需要法則 140　所得効果と代替効果の例 140　もう1つの代替効果 142　補償需要曲線 144　要約 145

9章 売買 ……147
純需要と粗需要 147　予算制約 148　初期保有量の変化 149　価格変化 151　価格-消費曲線と需要曲線 154　スルツキー方程式再論 156　スルツキー方程式の応用例 159　労働供給 159　労働供給の比較静学 162　要約 164

10章 異時点間の選択 ……165
予算制約 165　消費に対する選好 168　比較静学 168　スルツキー方程式と異時点間の選択 171　インフレーション 172　現在価値：より正確な検討 174　多期間の現在価値分析 175

目　次　　　　　　　　　xvii

現在価値の応用例　177　　債券　179　　税　181　　利子率の選択　181　　要約　182

11章　資産市場 …………………………………………………… 183
収益率　183　　裁定取引と現在価値　185　　資産間の相違の調整　185　　消費収益を生む資産　186　　資産の収益への課税　187　　市場バブル　189　　応用　190　　金融制度　193　　要約　195

12章　不確実性 …………………………………………………… 196
条件付き消費　196　　例：カタストロフ債　200　　効用関数と確率　201　　例：効用関数の具体例　202　　期待効用　202　　期待効用の合理性　204　　リスク回避　205　　例：保険の需要　207　　資産の分散　209　　リスクの分担　210　　株式市場の役割　211　　要約　212

13章　危険資産 …………………………………………………… 213
平均-分散モデル　213　　リスクの測度　218　　カウンターパーティ・リスク　220　　危険資産市場の均衡　221　　収益の調整　223　　例：投資信託のランク付け　224　　要約　226

14章　消費者余剰 ………………………………………………… 228
非分割財の需要　228　　需要から効用へ　230　　消費者余剰の別の解釈　231　　消費者余剰から消費者全体の余剰へ　232　　需要関数の近似　232　　準線形効用　233　　消費者余剰の変化の解釈　234　　補償変分と等価変分　235　　生産者余剰　237　　便益-費用分析　239　　利得と損失の計算　240　　要約　242

15章　市場需要 …………………………………………………… 243
個別需要から市場需要へ　243　　逆需要関数　244　　非分割財　245　　拡張的限界と集約的限界　246　　弾力性　246　　弾力性と需要　247　　弾力性と収入　248　　弾力性一定の需要　251　　弾力性と限界収入　252　　限界収入曲線　253　　所得弾力性　255　　要約　256

16章 均衡 …………………………………………………………… 258

供給 258　市場均衡 259　2つの特殊ケース 260　逆需要曲線と逆供給曲線 261　比較静学 262　税 262　税の転嫁 266　税のデッドウエイト・ロス 268　パレート効率性 270　要約 271

17章 計量 …………………………………………………………… 273

データの要約 274　例：シンプソンの逆説（パラドックス）276　検定 277　実験データによる需要の推定 278　処置効果 279　観察データによる需要の推定 279　識別 283　何を間違うのか 284　政策評価 285　要約 286

18章 オークション ………………………………………………… 287

オークションの分類 288　オークションのデザイン 290　他の形態のオークション 294　ポジション・オークション 295　ブランド広告の是非 300　オークションの収入と入札者の数 301　オークションにまつわる問題 302　勝者の災い 303　安定結婚問題 304　メカニズム・デザイン 306　要約 308

19章 技術 …………………………………………………………… 309

投入物と産出物 309　技術的制約 310　技術の例 311　技術の特性 313　限界生産物 314　技術的代替率 315　限界生産物の逓減 316　技術的代替率の逓減 316　長期と短期 317　規模に関する収穫 318　要約 320

20章 利潤最大化 …………………………………………………… 322

利潤 322　企業形態 324　利潤と株式の市場価値 324　企業の境界 326　固定要素と可変要素 327　短期の利潤最大化 328　比較静学 330　長期の利潤最大化 331　逆要素需要曲線 332　利潤最大化と規模に関する収穫 333　顕示利潤性 334　費用最小化 338　要約 339

21章 費用最小化 ………………………… 340

費用最小化 340　顕示費用最小化 343　規模に関する収穫と費用関数 345　長期費用と短期費用 347　固定費用と準固定費用 349　埋没費用 350　要約 351

22章 費用曲線 ………………………… 352

平均費用 352　限界費用率 354　限界費用と可変費用 356　例：費用関数の特定形 356　例：2つの工場の限界費用曲線 358　オンライオン・オークションの費用曲線 359　長期費用 361　離散型工場規模 364　長期限界費用 365　要約 365

23章 企業の供給 ………………………… 367

市場環境 367　純粋競争 368　競争企業の供給決定 370　例外(1) 372　例外(2) 373　逆供給関数 374　利潤と生産者余剰 375　企業の長期供給曲線 377　一定の長期平均費用 379　要約 380

24章 産業の供給 ………………………… 382

短期の産業供給 382　短期の産業均衡 382　長期の産業均衡 384　長期供給曲線 386　利潤ゼロの意味 388　固定要素とレント 389　レント 391　賃貸料と価格 392　レントの政治学 393　エネルギー政策 394　炭素税とキャップ・アンド・トレード 398　要約 402

25章 独占 ………………………… 403

利潤最大化 403　線形需要曲線と独占 406　マーク・アップ価格 407　独占の非効率性 408　独占のデッドウエイト・ロス 409　自然独占 411　独占の原因 413　要約 415

26章 独占行動 ………………………… 416

価格差別 416　一次価格差別 417　二次価格差別 419　三次価格差別 422　抱き合わせ 424　二部料金 425　独占

的競争 427　製品差別化の立地モデル 430　製品差別化 432　アイスクリーム売りが多数である場合 433　要約 434

27章　要素市場 ……………………………………………… 435
産出物市場での独占 435　需要独占 438　川上の独占と川下の独占 440　要約 443

28章　寡　　占 ……………………………………………… 445
戦略の選択 445　数量先導の場合 446　価格先導の場合 452　価格先導と数量先導の比較 455　同時数量設定の場合 455　クールノー均衡の例 457　均衡への調整 459　多数の企業とクールノー均衡 460　同時価格設定の場合 461　結託 462　罰戦略 466　例：価格協定と競争 468　例：輸出の自主規制 468　解の比較 469　要約 470

29章　ゲームの理論 …………………………………………… 472
ゲームの利得行列 472　ナッシュ均衡 474　混合戦略 476　囚人のジレンマ 477　繰り返しゲーム 479　カルテルとその強制力 481　逐次ゲーム 482　参入障壁ゲーム 484　要約 486

30章　ゲームの応用 …………………………………………… 488
最適反応曲線 488　混合戦略 490　協調ゲーム 492　競争ゲーム 497　共存ゲーム 502　コミットメントのゲーム 505　交渉 513　要約 517

31章　行動経済学 ……………………………………………… 519
消費者選択におけるフレーミング効果 519　不確実性 524　時間 528　例：自信過剰 530　戦略的な相互作用と社会のノルマ 531　行動経済学の評価 533　要約 534

32章　交　　換 ……………………………………………… 536
エッジワース・ボックス 537　取引 539　パレート効率的

配分 540　市場取引 542　均衡の数学的表現 545　ワルラス法則 546　相対価格 548　均衡の存在 549　均衡と効率性 550　効率性の数学的証明 551　効率性と均衡 552　第1厚生定理の含意 554　第2厚生定理の含意 556　要約 559

33章 生　産 …………………………………………560

ロビンソン・クルーソー経済 560　クルーソー株式会社 561　企業 562　ロビンソンの問題 564　企業兼消費者としてのロビンソン 565　さまざまな技術 566　生産と第1厚生定理 568　生産と第2厚生定理 569　生産可能性 569　比較優位 571　パレート効率性 573　難破船株式会社 575　消費者としてのロビンソンとフライデー 578　分権的資源配分 579　要約 580

34章 厚　生 …………………………………………581

選好の集計 581　社会的厚生関数 585　厚生最大化 587　個人的社会厚生関数 589　公正な配分 590　羨望と公平 591　要約 593

35章 外 部 性 …………………………………………594

喫煙者と非喫煙者 595　準線形選好とコースの定理 599　生産の外部性 600　条件の解釈 604　市場シグナル 607　共有地の悲劇 608　自動車公害 611　要約 613

36章 情報技術 …………………………………………615

システム競争 616　補完財の問題 616　膠着化 622　ネットワーク外部性 625　ネットワーク外部性を伴う市場 625　市場ダイナミックス 628　ネットワーク外部性が示しているもの 630　二面市場 631　財産権の管理 634　知的財産の共有 635　要約 638

37章 公 共 財 …………………………………………639

どのような場合に公共財を供給するか 640　公共財の私的供

給　645　　ただ乗り　646　　公共財の最適水準　648　　準線形選好と公共財　651　　ただ乗り問題　652　　私的財との比較　654　　投票　655　　ヴィックリイ-クラーク-グローブズ・メカニズム　658　　VCGの例　660　　VCGの問題点　662　　要約　664

38章　非対称情報 ·· 665

レモンの市場　666　　品質の選択　667　　逆選択　670　　モラル・ハザード　671　　モラル・ハザードと逆選択　673　　シグナリング　674　　誘因　678　　非対称情報　682　　要約　684

索　引 ·· 687

入門ミクロ経済学

［原著第 9 版］

1章 市　　場

　伝統的なミクロ経済学の教科書の多くはふつう第1章を経済学の「範囲および方法」に関する議論にあてているものである．このような題材は非常に興味深いけれども，経済学を勉強しはじめるときの最初の題材としてはふさわしくない．読者は実際の経済分析の数例を理解した後で，このような題材を議論する方が適切であろう．

　したがって本書では，このような題材を取り上げるかわりに，経済分析の事例から始めた．本章で，アパート市場という特定の市場モデルを考察する．この市場の分析を通じて，経済学のいくつかの新しい概念や分析道具を紹介していく．議論が速すぎるように思われてもまったく心配するには及ばない．本章の意図は，ここで紹介する諸概念をどのように使うことができるかを概観することである．本書の後の章でこのような概念についての詳細な検討をする．

1.1　モデル

　経済学の議論を社会現象に関する**モデル**（model）を作ることから始めよう．モデルとは，現実を単純化して表すことをいう．ここで強調する点は「単純化」ということである．実物大の地図がいかに役に立たないか考えてみなさい．現実のすべての面を記述しようと試みるような経済モデルについても，同様なことがいえる．モデルの長所は重要でない詳細なところを省略することである．その結果，経済学者は人々が理解しようと試みている現実経済の本質的な点に焦点を集中できるのである．

　ここでの問題は何がアパートの価格を決めるのかということである．そのためにアパート市場を単純化して記述したモデルが必要である．モデルを組み立

てるには正しい単純化ができるような技術が必要である．一般的に本章で採用するモデルは，われわれが調べたい経済状態を記述できる最も簡単なモデルである．次に必要に応じてモデルをより複雑にかつより現実的に少しずつ修正していく．

　ここで取り上げる例は中規模の中西部大学都市におけるアパートの市場である．この都市に 2 種類のアパートが存在すると仮定する．1 つは大学の近郊に位置するアパートで，他は遠隔地にある．大学へ通学しやすいので学生たちは近郊アパートの方がより望ましいと考える．遠隔地にあるアパートからはバスを利用するかまたは長時間寒さの中を自転車を利用して通学するしか方法がないので，大多数の学生たちは経済的に許すかぎり近郊のアパートを選好するであろう．

　アパートは大学を中心として 2 つの大きな同心円の中に点在していると想定する．近郊のアパートは内側の小さな円の中に，他のアパートは外側の円に位置している．内側の円にあるアパートの市場に焦点をあてて分析を始めよう．外側の円は近郊のアパートを見つけられない人たちが出向いて行く場所であると解釈する．外側には利用可能はアパートが数多く存在し，価格（家賃）がある一定の水準で固定していると想定する．ここでの問題は内側の円に位置するアパートの価格がどのように決定されるか，また誰がそこに住むかということである．

　経済学者はこのモデルに登場する 2 種類のアパートの価格を通常，次のように分類する．外側の円に位置するアパートの価格を**外生変数**（exogeneous variable），内側の円に位置するアパートの価格を**内生変数**（endogeneous variable）と呼ぶ．遠隔地のアパートの価格はこのモデル内で議論されない要因によって前もって決められているのに対して，近郊のアパートの価格はこのモデルに記述される諸要因によって決定されるのである．

　ここで取り上げるモデルに設ける最初の単純化の仮定は，すべてのアパートが所在場所以外に関してすべて同じであるということである．したがってアパートが一寝室なのか二寝室なのかとか，テラスがあるかどうか，その他等について考慮することなくわれわれは，アパートの「価格」について有意義な議論をできるのである．

　何がアパートの価格を決めるのであろうか．またどのような要因が，近郊のアパートに入居できる人と遠隔地のアパートに入居する人を決定するのであろ

うか．アパート配分問題についてのいろいろ異なった経済機構（メカニズム）の適応度（望ましさの程度）に関してどのようなことをいえるであろうか．個々人にいろいろ異なったアパートを割り当てることによるメリットを判断するのにどのような概念を使用すればよいのであろうか．これらはすべて本章のモデルが取り扱う問題である．

1.2　最適化と均衡

　人々の行動を説明しようとするときにはいつでも，なんらかの組織化原理，すなわち行動を記述できるようななんらかのフレームワーク（枠組み）が必要である．ここでは非常に単純な2つの原理を採用しよう．

最適化原理：人々は実行可能な範囲の中から最も望ましいパターンの消費を選択する．
均 衡 原 理：財の価格は需要量と供給量とが等しくなるまで調整される．

　この2つの原理を検討しよう．最初の原理はほとんど同語反復的である．人々が行動を自由に選択できるときには，望ましくないものよりも望ましいものを選択すると仮定する方が合理的である．もちろんこの一般的な原理にも例外があるが，通常この例外は経済行動の領域に属していない．
　第2の原理（概念）には少し問題がある．任意の時点において需要と供給とが一致するとは限らない．一致していないときには何かが変化すると考えられる．この変化が行き着くまでにはかなりの時間がかかるかもしれない．さらに悪い状況では，この変化が他の変化を引き起こし体系全体を「不安定」にするかもしれない．
　このような状態が生じる可能性はあるが，通常では起こりそうにない．アパートの場合，月決めの家賃価格は非常に安定しているのが通常である．われわれが問題とするのはこの均衡価格である．市場がどのようにしてこの均衡へ到達するかとか，均衡が長時間にわたってどのように変化するかという問題には当面関心がないのである．
　均衡の定義がモデルごとに異なっていることに注意しなければならない．本章で取り扱う単一市場の場合，需要と供給とが一致するという意味の均衡概念

が適切であろう．より一般的なモデルでは，より一般的な均衡の定義が必要となる．特に，経済主体の行動が互いに整合的となるような均衡定義が必要となるであろう．

上に提出したような諸問題に対する答えを出すために，上述した2つの原理をどのように使えばよいのであろうか．次に諸経済概念を紹介しよう．

1.3　需要曲線

アパートの潜在的な借り手のすべてに，各人がアパートを借りるために最大限いくらまで家賃として支払う意思があるのかを尋ねてみよう．

最高価格から始める．この最高価格を支払える人もいるはずである．この人はお金持ちで，しかも非常に怠け者であり，遠距離を歩きたがらないかもしれない．または他の理由があるのかもしれない．この人はアパートの月決め家賃として500ドルまで支払う意思があると想定しよう．

アパートの家賃として月に500ドル支払える人が1人だけ存在し，かつアパートの家賃が月に500ドルであるならば，1戸のアパートだけがこの家賃を支払える人に貸し出される．

次に支払う意思のある人が出てくる2番目に高い家賃が490ドルであると想定しよう．市場価格が499ドルのときにはまだ1戸のアパートしか貸し出されない．すなわち500ドル支払う意思のある人だけがアパートを借り，490ドル支払う意思のある人はアパートを借りない．以下同様な状態が続く．家賃が498ドル，497ドル，496ドル等々であるならば，1戸のアパートだけが貸し出される．このような状況は家賃が490ドルになるまで続く．家賃が490ドルのときにちょうど2戸のアパートが貸し出される．すなわち1戸が500ドル支払える人に，もう1戸が490ドル支払える人に貸し出されるのである．

同様に，3番目に高い家賃を支払える人が出てくるまで，すなわち3番目の人の支払える最大家賃になるまで2戸のアパートが貸し出される．以下同様のことが続く．

ある人が支払ってもよいと考える最高額を**留保価格**（reservation price）と呼ぶ．留保価格はこの人が受け入れられる最高価格であり，この人はこの価格で財を購入できる．言い換えると，留保価格とは財を購入することと購入しないこととがちょうど無差別となるような価格のことである．この例では，ある

1.3 需要曲線

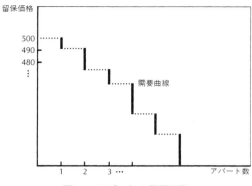

図1.1 アパートの需要関数

人の留保価格が p であると仮定するならば，この状態では内側の円内に住んで p の家賃を支払うことと外側に住むことがちょうど無差別となるということを意味している．

したがって，ある所与の価格 p^* で貸し出されるアパートの数は留保価格が p^* に等しいかまたはこの価格より高い人たちの数に等しい．市場価格が p^* のとき，少なくとも p^* だけのアパート代を支払う意思のある人は誰でも内側の円内のアパートを望んでいる人であり，p^* を支払いたくない人は皆外側の円に住みたい人である．

これらの留保価格を図1.1に表そう．ここで価格を縦軸に，この価格ないしそれ以上の価格を支払おうとする人の数を横軸に測る．

図1.1 のもう1つの見方は，ある任意の価格で何人の人がアパートを借りたいのかを表していると解釈することである．このような曲線は価格に需要量を対応させた曲線，すなわち**需要曲線**（demand curve）の一例である．市場価格が500ドルより高いときにはアパートは1戸も貸し出されない．価格が500ドルと490ドルの間のとき1戸のアパートが貸し出される．価格が490ドルと3番目に高い留保価格の間のとき，2戸のアパートが貸し出される．以下同様．需要曲線は各々の可能な価格に対応した需要量を示している．

アパートの家賃が下がれば借りたい人の数が増えるので，アパートの需要曲線は右下がりとなる．大勢の人々がアパートを借りたいと考えており，かつお互いの留保価格が近接している場合には，図1.2 に示したように需要曲線は滑らかな右下がりの曲線となる．図1.1 の需要曲線を大勢の人たちがアパートを

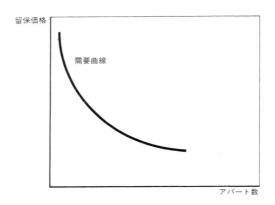

図1.2　需要者が多い場合のアパートの需要曲線

借りたい場合に対応させたのが 図1.2 の需要曲線である．図1.1 に見られた「ジャンプ」は市場の大きさと比較すると非常に小さくなるので市場需要曲線を描くときにジャンプを無視しても差し支えないのである．

1.4　供給曲線

　需要行動の図をきれいに描くことができたので次に供給行動に話を移そう．ここでは調査中の市場の性質を考えねばならない．われわれが想定している状況は，市場が許すかぎり最も高い家賃でアパートを貸し出そうとしている多くの独立した家主たちがいるような経済である．このような状況を（完全）**競争市場**（competitive market）のケースという．他の市場形態も十分考えられるが，競争市場以外の市場形態の考察は後にまわそう．

　しばらくの間，各々独立に行動している多数の家主が存在する場合を想定しよう．家主たちは可能なかぎり最善を尽くしており，かつ借家人たちは家主が要求する家賃についての情報を完全に把握しているならば，内側の円内に存在するアパートすべての均衡価格は同一額となる．議論は簡単である．アパート代として要求される家賃が高い家賃 p_h と安い家賃 p_l とである場合を想定しよう．高い家賃でアパートを借りている人々は安い家賃で提供している家主のところへ行って，p_h と p_l との中間の家賃でアパートを借りたいと申し出るであろう．この家賃での取引によって家主と借家人の両者とも改善される．すべて

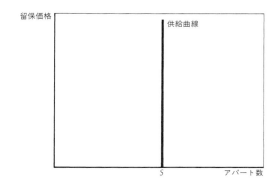

図1.3　短期の供給曲線

の当事者が自己の利益を追求し，かつ代替的な家賃を付けることができるということを知りつくしているかぎり，同一財に異なった価格が認定された状態で均衡となることはない．

　しかしこの単一均衡価格はどのようなものであろうか．需要曲線を導出したときに使ったのと同様の手法を試してみよう．すなわち任意の家賃を設定し，この家賃のもとでどれほど多くのアパートが供給されるかを調べよう．

　設問の答えは当該市場の時間的な長さをどれだけ考慮に入れるかによって異なってくる．考察対象の期間が数年間にわたる場合には，アパートを新しく建築することが可能であるから，アパートの数は設定される家賃に応じて変化する．しかし「短期」——たとえばある1年以内——にはアパートの数はほぼ一定である．この短期の場合だけを考えるのであれば，アパートの供給はある先決水準で一定となる．

　この市場の**供給曲線**（supply curve）は**図1.3**の垂直線として描かれる．どのような家賃が設定されても，同一数のアパート，すなわち現在利用可能なすべてのアパートが貸し出されるのである．

1.5　市場均衡

　以上でアパート市場の需要側と供給側の表し方を示した．次に需要と供給とを関連づけて市場の均衡行動を分析しよう．図1.4の同一グラフ上に需要曲線と供給曲線とを描いて均衡を表す．

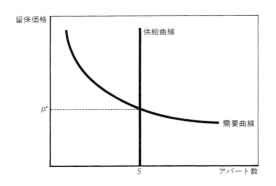

図1.4　アパート市場での均衡

このグラフでアパートの需要量と供給量とが等しくなるような家賃を p^* とする．これがアパートの**均衡価格** (equilibrium price) である．この家賃のとき p^* だけ支払う意思のあるすべての消費者はアパートを借りることができ，かつこの市場家賃でアパートを貸し出したいと考えるすべての家主は希望を実現できる．消費者も家主も彼らの行動をこれ以上変更する理由は何もない．したがってこの状態を均衡という．ここでは行動の変化は見られないのである．

この点をより深く理解するために，p^* 以外の家賃のときどのようなことが生じるかを考察しよう．たとえば $p<p^*$ となるような家賃 p を想定しよう．この家賃では需要が供給より大きくなる．この家賃が長く続くだろうか．この家賃のもとで少なくともある家主は取り扱える以上の借り手と出会うことになる．この家賃でアパートを借りたい人たちが行列を作っている．この家賃で提供したいアパートの数より借りたい人数が多い．このような状況のもとでは，数人の家主がいままで提示していた家賃を値上げするであろう．

次にアパートの家賃が p^* より高い p となる場合を想定しよう．このとき何戸かのアパートは空き家となる．この家賃で提供したいアパートの数より借りたい人数の方が少ないのである．数人の家主たちはアパートを全然貸し出せなくなるという危険に陥る．彼らはもっと多くの借り手を引きつけるために家賃を引き下げようという誘因にかられるであろう．

家賃が p^* より高いと借り手が少なくなりすぎ，p^* より安いと借り手が多すぎるようになる．家賃が p^* となる場合のみ，この p^* の家賃で借りたい人数とこの家賃で貸し出したいアパートの数とが等しくなる．すなわちこの家賃の

ときのみ需要と供給とが等しくなる．

　p^* の家賃のときに借り手によるアパート需要量と家主による供給量とが等しくなるという意味で，p^* の家賃では家主たちの行動と借り手たちの行動とが両立できる．この家賃がアパート市場の均衡価格である．

　近郊アパートの市場価格が決まると，最終的に誰が近郊アパートに入居し，誰が遠隔地のアパートまで追い出されるかが決定される．このモデルで取り上げたアパート問題に対しては簡単に答えることができる．市場均衡では p^* またはそれ以上の家賃を支払う意思のある人は誰でも内側の円内のアパートに入居でき，p^* より安い家賃しか支払いたくない人は皆外側の円に位置するアパートに入居することになる．留保価格が p^* である人は内側の円内のアパートへ入るのと外側の円に位置するアパートに入ることとが無差別となる．内側の円内にいる残りの人々は彼らの支払える最大額より安い家賃で入居できる．したがってアパートの入居者たちへのアパートの割り当ては，彼らの支払意欲によって決められるのである．

1.6　比較静学

　アパート市場の経済モデルを作成できた．次にこのモデルを使って均衡価格の動きを分析する．市場の諸要因が変化したとき，アパートの家賃がどのように変化するのかを調べることができる．ある均衡から他の均衡へどのように移行するかという問題を考慮することなく，2つの「静学的」均衡間の比較だけを行うので，このような種類の分析を**比較静学**（comparative statics）という．

　1つの均衡から他の均衡へ移行するには長時間かかるかもしれない．またこの移行運動がどのように生じるのかということは非常に興味深いかつ重要な問題であるといえる．しかしわれわれは走る前にまず歩かなければならない．したがってしばらくの間このような動学問題を無視する．比較静学分析は均衡の比較のみの分析であるが，現在の枠組みの中でいろいろな問題に十分答えることができる．

　単純な場合から始めよう．**図1.5** に示すように，アパートの供給が増加した場合を想定しよう．

　図より均衡価格が下がるということは簡単に理解できるだろう．すなわち需要と供給との交点がより低い家賃に対応した点になる．同様にアパートの供給

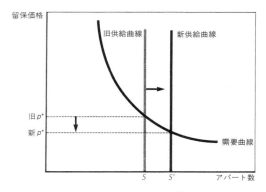

図1.5　アパート供給の増加

が減少すると均衡価格は騰貴する．

　次にもっと複雑な——もっと興味深い——例を考えよう．都市開発者（デベロッパー）が数戸のアパートを解体しコンドミニアム（マンション）に建て替えるという決定をした場合を想定する．残りのアパートの家賃はどうなるであろうか．

　アパートの供給が減少したからアパートの家賃が騰貴するだろうと推察できるであろうか．しかしこの推察は必ずしも正しいとは限らない．確かに賃貸アパートの供給は減少する．しかしアパートを借りている人々のいく人かは新築のコンドミニアムを購入するかもしれない．その結果アパートの需要も減少するのである．

　コンドミニアム購入者はすでに内側の円内のアパートに入居している人たちであると仮定できる．この人たちはアパートの家賃 p^* 以上の金額を支払う意思のある人々である．たとえば，10人の最高留保価格の需要者たちがアパートを借りるのでなくコンドミニアムを購入する方を選択する場合を想定しよう．新需要曲線は旧需要曲線と比較するとそれぞれの価格に対応してちょうど需要者が10人だけ少なくなる．また賃貸アパートも10戸減少したとする．新しい均衡価格は変化前の均衡価格と同じになる．すなわちアパート供給量とまったく同じ数の人々が内側のアパートに住むことになる．この状況を**図1.6**に描いた．需要曲線と供給曲線の両方ともがアパート10戸ぶんだけ左へ移行して，均衡価格 p^* は不変のままである．

　多くの人々はこの結論に驚くだろう．彼らはアパート供給量の減少のみに注

1.6 比較静学　　　　　　　　　　　　　　　　　　　　13

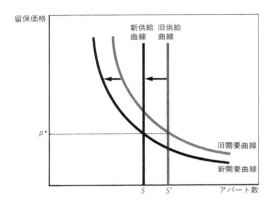

図1.6　コンドミニアム建設の影響

目し，需要の減少を考慮に入れていない．コンドミニアムの購入者たちがすべて以前のアパート居住者であると想定したのは1つの極端な場合である．また逆にコンドミニアム購入者全員がアパート居住者でない場合はよりいっそう極端な場合といえる．

　単純なモデルであるが，このモデルを使って非常に重要な洞察を得ることができる．コンドミニアムへの転換がアパート市場にどのような影響を与えるかを調べたいときには，アパート供給への影響ばかりでなく，アパート需要への影響も考慮しなければならない．

　次に比較静学分析のもう1つの例であるアパート税の影響を考察しよう．市委員会が年間に50ドルの税をアパートに課税する決定をした場合を想定しよう．各々の家主たちは所有しているアパート1戸につき年間で50ドルの税を市に納めねばならない．この税はアパートの家賃にどのような影響を与えるであろうか．

　多くの人々は少なくとも税の一部分をアパート借家人に負担させるだろうと考えるであろう．しかし驚くべきことかもしれないが，このような事態にはならない．事実，アパートの均衡価格は不変のままにとどまるのである．

　これを証明するためには需要曲線と供給曲線がどのように変化するかを調べねばならない．供給曲線は変化しない．課税前も課税後もまったく同数のアパートが供給される．需要曲線も変化しない．それぞれ異なった家賃に対応して借りたいアパートの数は課税前と同数である．需要曲線も供給曲線も移行しな

いので家賃は課税後も変化しない．

この税の影響を分析しよう．課税前に家主たちはすべてのアパートを貸し出せるような最高家賃を決めるであろう．均衡価格 p^* はアパートすべてが貸し出されるときの最高家賃である．課税されると家主たちはこの税を補塡するために家賃を上げることができるだろうか．答えは否である．もしも家主たちが家賃を値上げしてしかもすべてのアパートを貸し出せるのであれば，彼らは課税される前にそうしていたはずである．市場が負担できる最高家賃を家主たちが設定しているのであれば，これ以上家賃を値上げできない．税金の一部分をも借り手に負担させられない．税金の全額を家主たちが支払わねばならない．

以上の分析はアパートの供給が一定であるという仮定に本質的に依存しているのである．もしアパートの数が税の変化に応じて変わるならば，借家人たちが支払う家賃も通常は変わるであろう．このような問題はもっと強力な分析道具を準備した後に，分析しよう．

1.7 アパートの配分問題

前節で完全競争市場におけるアパートの均衡を説明した．しかし競争市場が資源を配分する唯一の方法であるとはいえない．本節では他のいくつかの配分方法を考察しよう．アパートを配分するその他のいくつかの方法は奇異に感じられるかもしれないが，それぞれ有意義な点があることを明示しよう．

価格差別的独占者

まずすべてのアパートを所有している1人の大家主を想定しよう．または別の代替案であるが，個々の家主たちが結託してあたかも1人であるかのように行動する場合を想定しよう．ある生産物について唯一の売り手によって支配されているような市場を**独占**（monopoly）市場と呼ぶ．

アパートを貸し出すとき，家主は競売によって最も高い値を付けた競売人に1人ずつ競り落とすこともできる．このような状況下では，それぞれ人が異なるにつれてアパート代としてそれぞれ異なった家賃を支払うことになる．これを**価格差別的独占者**（discriminating monopolist）という．単純化のために価格差別を行っている独占者がそれぞれの需要者のアパート留保価格を知っていると想定する．（この仮定は非常に非現実的だが，重要な点を指摘するのに役立

つ.)
　この状況下で独占者は最初のアパートの最高値（上の例では500ドル）を支払える人に貸す．次のアパートは490ドルで貸し出す．以下同様に需要曲線に沿って順次家賃を下げて貸していく．それぞれのアパートはその家賃として最大金額を支払える人たちに貸し出されるのである．
　ここで次の点が価格差別的独占者の興味深い特徴である．完全競争の場合の解とまったく同一の人々がアパートに入居できる．すなわちアパートに p^* 以上の値付けをした人々だけが入居できるのである．アパートに入居できる最後の人は p^* の家賃を支払うが，これは完全競争市場での均衡価格と同一の額である．価格差別的独占者が彼自身の利潤を最大化しようとする試みは，完全競争市場における需要供給機構と同一のアパート配分をもたらす．ただし，アパートに入居する人々は同一でも彼らが支払う金額は異なるのである．この結果は後で説明するように偶然の結果ではない．

純粋独占者

　それぞれのアパートを異なった家賃で貸し出せると仮定できる場合に価格差別的独占が可能である．しかし独占者がすべてのアパートを同一家賃で強制的に貸し出さねばならないような場合にはどうなるであろうか．この場合，独占者はトレード・オフに直面する．彼は家賃を下げることによってより多くのアパートを貸し出せるが，高い家賃にしたときよりも収入が減少するかもしれない．
　需要関数を $D(p)$ と表す．この関数は家賃が p のときのアパート需要量を表す．独占者が家賃を p に設定すると $D(p)$ の戸数のアパートを貸し出すことができ，$pD(p)$ の額の総収入を受け取る．独占者が受け取る総収入はボックスの面積として表せる．ボックスの高さは家賃 p で，幅はアパートの戸数 $D(p)$ である．ボックスの面積は高さと幅との積であり，独占者が受け取る総収入を表す．この総収入を図**1.7**にボックスとして描いた．
　独占者が費用ゼロでアパートを貸し出すことができるとき，彼は家賃収入が最大になるような家賃を選択するであろう．すなわち一番大きなボックスとなる総収入に対応した家賃を選択するであろう．総収入を表すボックスは図**1.7**のように家賃が $\bar{p}$ のときに最大になる．この場合，すべてのアパートを貸し出すことが独占者にとって最適であるとは必ずしも言えない．事実，一般の独

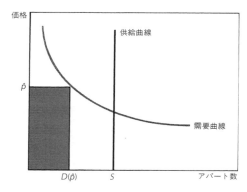

図1.7 収入を表すボックス

占の場合にもこのような一部保留が生じる．独占者は利潤を最大にするために産出可能量を制限する．これは一般に独占者が完全競争市場の均衡価格 p^* よりも高い価格を設定することを意味している．純粋独占者の場合，完全競争市場よりも少ない量のアパートを供給し，それぞれのアパートをより高い家賃で貸し出すのである．

家賃規制

第3番目でかつ最後の場合として家賃規制を簡単に述べよう．市がアパート家賃として設定できる最高家賃をたとえば p_{max} に決定した場合を想定しよう．この家賃 p_{max} は完全競争市場の均衡価格 p^* よりも安い価格であると想定する．そうすると**超過需要**（excess demand）の状態になる．すなわち p_{max} ではアパートを借りたい人数が利用可能なアパートの数よりも多くなる．誰が最終的にアパートに入居できるだろうか．

いままで説明してきた理論ではこの問題に答えられない．これまでの理論は供給と需要とが等しいときどのようなことが生じるかを説明できるが，供給が需要に等しくないときどうなるかということを説明するのに十分なほど詳細なモデルを持ち合わせていない．家賃規制のもとで誰がアパートに入居できるかという問題の答えは，誰が多くの時間を割いてアパートを捜しているか，誰が現在の入居者を知っているか等々に依存している．これらはすべてこれまで展開した単純なモデルの範囲を超えている．家賃規制のもとでも完全競争市場とまったく同じ人々がアパートに入居するかもしれない．しかしこのような結果

はほとんど生じないであろう．最も生じやすいと考えられる結果は，いままで外側の円に住んでいた人たちのいく人かが最終的には内側の円内のアパートのいくつかに入居し，市場体系のもとで近郊アパートに住んでいた人たちの何人かが外へ出ていくだろうということである．したがって家賃規制のもとでは完全競争下の家賃で貸し出されていたアパートと同じ戸数のアパートが規制家賃で貸し出される．ただしアパートは競争市場の場合とは異なった人々に貸し出されるようになる．

1.8 最適な配分法

これまでにアパートを人々に配分する4つの方法を説明してきた．

- 完全競争市場
- 価格差別的独占者
- 純粋独占者
- 家賃規制

これらはアパートを配分するための4つの異なった経済制度である．それぞれの方法が各々異なった人々を，かつ各々異なった家賃でアパートに入居させる．これらの経済制度のうちどの方法が最も望ましいであろうか．まず最初に「最善」の定義をしなければならない．アパートを配分する諸方法を比較するためにはどのような判定基準を用いるべきであろうか．

われわれにできることは該当者たちの経済状況を観察することである．確実に言えることは，アパートの所有者である家主たちが価格差別的独占者として行動する場合に最終的に最大の所得を獲得できるということである．この場合，アパートの家主たちの総収入が最大になる．逆に家賃規制の解は，アパート家主たちにとって最悪の状態となる．

アパートの借家人たちはどうであろうか．借家人たちは平均して価格差別的独占者の場合に最悪となる．大多数の人々は他のアパート配分方法のときよりも高い家賃を支払わねばならない．消費者たちは家賃規制の場合，より望ましい経済状態になれるだろうか．彼らの何人かはそうなるかもしれない．すなわち，最終的にアパートに入居できた消費者たちは競争市場での解よりも改善さ

れる．しかし入居できない人は競争市場での解よりも悪化するのである．

このモデルに関与しているすべての当事者たち——全借家人たちおよび全家主たち——の経済状況を観察する方法，すなわち，すべての人々を考慮に入れて異なったアパート配分方法の望ましさを調べる方法が必要である．当事者すべてを考慮した最適配分法の基準としてどのような方法が使えるであろうか．

1.9 パレート効率性

異なった経済制度の諸結果を比較するための有力な判定基準の1つに，パレート最適ないし経済効率性と呼ばれている概念がある[1]．次のような定義より始めよう．誰をも現在より少なくとも悪化させることなくいく人かの人々の経済状況を改善できるならば，そのような配分を**パレート改善**（Pareto improvement）という．パレート改善の可能性がある配分は**パレート最適ではない**（Pareto inefficient）．パレート改善の余地のないような配分が**パレート最適**（Pareto efficient）である．

パレート最適となるような配分をもたらさない経済制度は望ましい制度ではない．そこでは誰をも傷つけずに誰かを改善できる可能性が残っている．この経済制度による配分には他の長所があるのかもしれないが，パレート最適とならないのは1つの重大な欠点である．誰をも傷つけずに誰かを改善できる方法が存在するのならばなぜそうしないのであろうか．

パレート最適の概念は経済学にとって非常に重要な概念である．この概念については後で詳細に検討する．パレート最適概念は多くの複雑な意味が含まれているのでもっとゆっくり検討しなければならない．ここではこの概念に含まれていることがらの概括的な説明だけをする．

次のような方法でパレート最適という概念を考察すると理解するのに大いに役立つであろう．アパートの潜在的な借家人たちを無作為的に内側の円内と外側の円にあるアパートに割り当て，次に彼らが自由に相互間でアパートを貸借できるような場合を想定する．どうしても近郊のアパートに入居したい何人かの人々は，不運だったために外側の円にあるアパートに入居しなければならな

---

[1] この概念の意味を考察した最初の学者たちの1人が19世紀の経済学者であり，かつ社会学者であったヴィルフレッド・パレート（Vilfredo Pareto, 1848-1923）であるので彼の業績を讃えてパレート最適と呼ぶ．

くなるかもしれない．しかし割り当てが終わった後に，彼らは内側の円内のアパートを割り当てられたけれどもこのアパートを他の人々ほど高く評価しないような人と交渉して近郊のアパートを又借りすることができる．アパートを借家人たちに無作為に配分するとき，交換取引が十分保証されているならばアパートを取引したいという人々が通常いるものである．

たとえばAという人が200ドルの価値しか認めていないにもかかわらず近郊のアパートを割り当てられ，Bという人が遠隔地のアパートを割り当てられた場合を想定しよう．さらにBはAのアパートを借りるために300ドル支払う意思があると想定する．この両者がアパートを交換してBがAに200ドルと300ドルの間の金額を支払うように取り決めるならば，両者ともこの取引をすることによって確実により望ましい状態へ到達できる．取引の正確な金額は全然重要ではない．重要なことはアパート代として最も多く支払いたい人がアパートを獲得できるということである．そうでなければ，近郊のアパートを低く評価している人々はこのアパートを高く評価する人々と取引したくなる誘因に駆られるであろう．

自由意思に基づく取引がすべて完了しかつ取引から生じる利益がすべて出つくした状態を想定しよう．最終的な結果はパレート最適となるはずである．パレート最適でなければ他の誰をも傷つけずに2人の人を改善できるような取引があるはずである．これはすべての自由意思に基づく取引が完了しているという仮定と矛盾する．すなわちすべての自由意思に基づく取引が完了しているような配分はパレート最適となる配分である．

1.10 アパートの配分方法の比較

上に説明した取引過程はあまりにも一般的すぎるので，取引の結果について明確なことはほとんど何も言えないと考えられるかもしれない．しかし非常に興味深いことを1つ指摘できる．取引から獲得できるすべての利益を利用しつくすような配分によって最終的には誰がアパートに入居できるであろうかという問題である．

答えを見つけるためには，近郊アパートに入居できた人は誰でも遠隔地のアパートに入居している人より高い留保価格を設定しているという点のみに注目すればよい．さもなければ相互間の取引を通じて該当者たちはより望ましい経

済状態へ改善できる．したがって S 戸の戸数のアパートが貸し出されるならば，最終的には最も高い留保価格を設定した S 人の人々が近郊アパートに入居できる．この配分はパレート最適である．それ以外の配分はパレート最適とならない．他のどのようなアパート配分でも他の誰をも傷つけずに少なくとも当事者たち2人を改善するような取引が行われるのである．

このパレート最適という判定基準をいままで述べてきたいろいろな資源配分方法の結果に適用しよう．まず完全競争市場機構から始める．この市場機構のもとでは最も高い留保価格をつけた S 人の人々に近郊のアパートが配分される．すなわち均衡価格 p^* 以上支払う意思のある人々が近郊アパートへ入居できる．完全競争市場でアパートが貸し出されるとこれ以上取引をしても利益は生じない．完全競争市場の結果はパレート最適となる．

価格差別的独占者の場合はどうであろうか．パレート最適になるような結果が導出されるだろうか．答えを見つける簡単な方法は，完全競争市場のときにアパートに入居できる人々が価格差別的独占者によってアパートを配分したときにも同じように入居できるという事象だけを観察することである．すなわち家賃として p^* 以上支払うつもりの人は皆入居できるので，価格差別的独占者のもとでも結果はパレート最適となる．

完全競争市場と価格差別的独占者とはこれ以上取引をする誘因がないという意味で，ともにパレート最適という結果をもたらすが，2つの方法では所得分配がまったく異なってくる．価格差別的独占者の場合は完全競争市場と比較すると消費者たちの経済状態が確実に悪化し，かつ家主はより良い状態へ改善されている．一般に，パレート最適は取引より生じる利益の分配についてほとんど何も言及できない．パレート最適を使って議論できることはすべての可能な取引が実行されたのかどうかという取引の効率性についてのみである．

唯一の価格しか要求できない純粋独占者の場合はどうであろうか．この場合にはパレート最適にならない．これを証明するためには次の点に注意するだけで十分である．独占者は一般にアパートすべてを貸し出すことはないから，空のアパートを誰か入居希望者にある任意のプラスの家賃で貸し出すことによって利潤を増やすことができる．独占者と借家人との両者をともに改善させるような家賃があるはずである．独占者がすでに入居している借家人たちに請求している家賃を変えないかぎり，この借家人たちは前と同じ状態である．したがって**パレート改善**（Pareto improvement）を見い出すことができる．すなわち

他の誰をも傷つけることなく当該の両者を改善できる方法が存在するのである．

最後の場合が家賃規制のケースである．この場合の結果もパレート最適にはならない．論点は次の事実から明らかである．アパートを借家人たちに任意かつ無作為的に配分すると，一般には外側の円内のアパートに入居している借家人（外嬢とする）よりも安い家賃しか支払いたくないような借家人（内氏とする）を内側の円内の近郊アパートに入居させるようになる．内氏の留保価格が300ドルで外嬢の留保価格が500ドルであると想定しよう．

他の誰をも傷つけずに内氏と外嬢とを改善させるような方法であるパレート改善が可能かどうか調べよう．パレート改善をする簡単な方法は内氏が彼のアパートを外嬢に又貸しすることである．大学の近くに住むことは外嬢にとって500ドルの価値がある．しかし内氏にとっては300ドルの価値しかない．たとえば外嬢が内氏に400ドル支払ってアパート交換の取引をすると両者とも改善された状態になる．外嬢は400ドル支払ってそれ以上の価値があると評価するアパートに入居でき，内氏は近郊アパート以上の価値があると評価している400ドルを獲得できるのである．

この例は家賃規制市場が通常パレート最適とならないような配分結果をもたらすことを示している．家賃規制市場が完了した後でもいくつかの取引を行う可能性が残っている．近郊アパートに入居できなかった人より安い価値しか認めない人が内側の円内のアパートに入居しているかぎり，取引によって利益をあげられることができる．

1.11 長期均衡

以上，アパートの供給が一定であるような**短期**（short run）におけるアパートの均衡価格についての分析をしてきた．しかし**長期**（long run）にはアパートの供給も変化する．ちょうど需要曲線が各々異なった価格に対応して需要されるアパートの戸数を表しているのと同様に，供給曲線は各々異なった価格に対応して供給されるアパートの戸数を表す．アパートの最終的な市場価格は供給と需要とが交わる点で決定される．

供給の動向を決める要因は何であろうか．一般に，私的な市場で供給される新アパートの戸数はそれを提供することによって獲得できる利潤の大きさに依存しているといえる．この利潤の一部分は家主がアパート代として要求できる

家賃の大きさによって決まる．長期におけるアパート市場の動きを分析するためには需要者ばかりでなく供給者の行動を調べねばならない．われわれはこの研究を今後進めていくことにする．

供給が変数となるときにはいろいろなタイプの市場制度のもとで，誰がアパートに入居できるかという問題だけでなく，どれだけのアパートが供給されるかという問題も取り上げねばならない．独占者は完全競争市場の場合よりも多くアパートを供給するだろうか，それとも少ないだろうか．家賃規制のとき均衡アパート数はどうなるだろうか．どの制度のときにパレート最適のアパート数となるだろうか．この問題および同様な諸問題に答えるためにはもっと体系だったかつ強力な経済分析道具を開発しなければならない．

要　　約

1. 経済学は現実を単純化して表した，社会現象に関するモデルを作り，このモデルを使って議論を進める．
2. 経済を分析するために経済学者は最適化原理と均衡原理とを採用する．各経済主体が自らにとって最善であるとみなすものを選択することを最適化原理といい，需要と供給とが等しくなるまで価格が調整されることを均衡原理という．
3. 需要曲線は各々異なる価格に対応する人々の需要量を表し，供給曲線は各々異なる価格に対応した人々の供給量を表す．需要量と供給量とが等しくなるような価格が均衡価格である．
4. 与件の条件が変化したとき均衡価格および均衡取引量がどのように変化するかという研究を比較静学という．
5. 他の誰をも傷つけることなしにはどのグループの人々をも改善する余地がないような経済状態をパレート最適という．パレート最適という概念はいろいろ異なった資源配分方法を評価するのに使われる．

2章 予算制約

消費者についての経済理論は非常に単純である．経済学者たちは消費者が実現可能な範囲内で最善な財ベクトル（財の組み合わせ）を選択していると仮定する．この理論を実のあるものにするには「最善」および「実現可能」という言葉が何を意味しているのかをより正確に記述しなければならない．本章で消費者が実現可能であるということの正確な内容を調べ，次章で消費者は何が最善であるとみなすかその判断基準概念を調べる．そうすることによって消費者行動に関する単純なモデルの詳細な研究が可能となるのである．

2.1 予算制約

予算制約（budget constraint）の概念から始めよう．消費者が選択できる財ベクトルを想定しよう．現実世界では消費できる財が無数に存在するけれども単純化のため2財のケースのみを考察する．この場合，消費者選択問題を図で分析できる．

消費ベクトル（消費の組み合わせ）（consumption bundle）を (x_1, x_2) と表す．これは消費者が第1財を x_1 だけ消費し，第2財を x_2 だけ消費するベクトルを示す．消費者の選ぶベクトルを単一記号 X で表すのが便利な場合もある．ここで X は2つの数 (x_1, x_2) のリストを略記したものである．

2財の価格を (p_1, p_2) と表し，消費者の支出可能な貨幣金額（所得）を m と表す．価格および所得とも観察できると想定する．消費者の予算制約は次のように書き表せる．

$$p_1 x_1 + p_2 x_2 \leq m \tag{2.1}$$

ここで p_1x_1 は消費者が第1財を購入するための支出金額であり，p_2x_2 は消費者が第2財を購入するための支出金額である．消費者の予算制約は2財の購入のために支出する金額が消費者の消費可能な全金額を超えられないという条件である．消費者にとって実現可能な消費ベクトルはその購入金額 m の大き
さを超えない範囲のベクトルである．価格が (p_1, p_2) で所得が m のとき，この実現可能な消費ベクトルを消費者の**予算集合**（budget set）という．

2.2　2財モデルの一般性

2財の中の1つは消費者が消費したい他のすべての財を表していると解釈できるので，2財という仮定はあなたたちが最初に想像される以上に一般的な仮定であるといえる．

たとえば，研究対象が消費者の牛乳需要である場合を想定しよう．消費者の1ヵ月当たりの牛乳の消費量を x_1 で表し，牛乳以外のすべての消費量をまとめて x_2 と表せる．

以上のように解釈すると便宜上，第2財は消費者が牛乳以外に支出できる全金額であるといえる．したがって第2財の価格は自動的に1となる．なぜなら1ドルの価格は常に1ドルである．予算制約は次のような形に表せる．

$$p_1x_1 + x_2 \leq m \tag{2.2}$$

この式は単に第1財に支出する金額 p_1x_1 と他のすべての財に支出する金額の合計は，消費者が支出できる全額 m を超えられないということを示している．

第2財は消費者が消費したい第1財以外のすべての財を表しているので，**合成財**（composite good）と呼ばれる．この場合の合成財は第1財以外の財への支出であり，常にドルで測られている．予算制約を代数の式で表すと，(2.2)式は (2.1) 式の特殊な形，すなわち $p_2=1$ の場合となる．したがって，一般の予算制約について規定しなければならないことがらすべてが合成財の場合にも当てはまる．

2.3　予算集合の性質

支出総額がちょうど m となるようなベクトルの集合を**予算線**（budget line）

2.3 予算集合の性質

という.

$$p_1 x_1 + p_2 x_2 = m \tag{2.3}$$

すなわち予算線は消費者がちょうど所得すべてを使い尽くしてしまうような財ベクトルを表している.

図2.1 に予算集合を描いた. 太線が予算線であり——支出額がちょうど m に等しくなるようなベクトル——, この直線より下に位置するベクトルは支出総額が厳密に m より小さくなるような集合である.

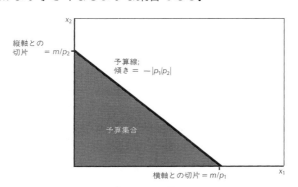

図2.1　予算集合

予算線を表す（2.3）式を次のような形に直そう.

$$x_2 = \frac{m}{p_2} - \frac{p_1}{p_2} x_1 \tag{2.4}$$

（2.4）式は縦軸との切片が m/p_2 で, 傾きが $-p_1/p_2$ となる直線を表す数式である. この式は消費者が第1財を x_1 単位消費するとき予算制約をちょうど満たすには第2財を何単位消費できるかということを示している.

価格 (p_1, p_2) および所得 m が与えられたとき, 予算線は次のように簡単に描ける. 消費者が全所得を第2財の購入にあてたとき第2財を何単位購入できるだろうか. 答えは m/p_2 となる. 次に消費者が全所得を第1財の購入にあてたとき, m/p_1 単位購入できる. すなわち縦軸および横軸との切片は消費者が全所得を第1財または第2財の購入にあてるときの各財の購入量を表している. 予算線を描くには図の各座標軸に上記の2点を書き, この2点を直線で結べばできあがる.

予算線の傾きには重要な経済的な意味がある．すなわちこの傾きが市場における第1財と第2財との「代替の比率（交換比率）」を表している．たとえば，消費者が第1財の消費を Δx_1 だけ増やす場合を想定しよう[1]．消費者が予算制約上にとどまるには第2財の消費をどれだけ減らさなければならないであろうか．第2財の消費量の変化を Δx_2 と表そう．

消費者が消費量の変化の前後ともに予算制約を満たすならば，次の式が成り立つことに注意しなければならない．

$$p_1 x_1 + p_2 x_2 = m$$

および

$$p_1(x_1 + \Delta x_1) + p_2(x_2 + \Delta x_2) = m$$

第2式から第1式を差し引くと次式が導出される．

$$p_1 \Delta x_1 + p_2 \Delta x_2 = 0$$

この式は消費者の消費量変動に伴う総支出額の変化がゼロであることを表している．予算制約の条件のもとで第1財が第2財に代替される比率 $\Delta x_2/\Delta x_1$ は次のように導出できる．

$$\frac{\Delta x_2}{\Delta x_1} = -\frac{p_1}{p_2}$$

これは予算線の傾きを表している．Δx_1 と Δx_2 とは常に反対の動きであるから傾きは負となる．予算線を満たすかぎり，消費者が第1財の消費を増やせば第2財の消費を減らさねばならず，逆ならば反対になる．

経済学者たちは予算線の傾きが第1財を消費するときの**機会費用**（opportunity cost）を表していると解釈する．消費者が第1財の消費を増やしたいならば第2財の消費の一部分をあきらめねばならない．第2財を消費できる機会をあきらめるということが第1財をより多く消費するための真の経済的な費用であるといえる．この費用が予算線の傾きで表されているのである．

---

[1] 記号 Δx_1 は第1財の変化を表す．

2.4 予算線の変化

価格および所得が変化すると消費者の購入可能な財の集合も変わる．価格および所得の変化によって予算集合がどのように変化するであろうか．

まず所得の変化を調べよう．(2.4) 式より，所得が増加すると予算線と縦軸および横軸との切片が増加するが傾きは不変であることを容易に理解できる．すなわち所得が増加すると図2.2 に示すように予算線は外側に平行移動する．同様に，所得が減少すると予算線は内側に平行移動する．

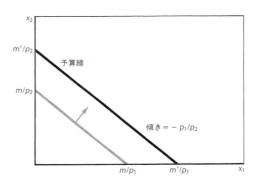

図2.2 所得増加

価格が変化するとどうなるであろうか．第2財の価格および所得が一定に固定されたもとで第1財の価格のみが騰貴した場合を想定しよう．(2.4) 式より，p_1 が増加しても縦軸との切片は変化しない．p_1/p_2 がより大きくなるので予算線の傾きはより急になる．

予算線を描くときに述べた方法が予算線の変化の仕方を理解する助けになる．消費者が全所得を第2財の購入に支出しているならば，第1財の価格騰貴は消費者の第2財購入可能最大量になんら影響しない．したがって予算線と縦軸との切片は不変のままである．しかし消費者が全所得を第1財の購入にあてており，かつ第1財の価格が騰貴するならば，消費者の消費可能な第1財の数量は減少する．したがって，予算線と横軸との切片は内側へ移行し，図2.3 に描いた太線のようになる．

次に第1財と第2財の価格が同時に変化した場合を調べよう．たとえば，第

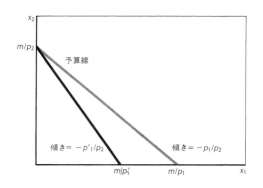

図2.3 価格騰貴

　1財および第2財の価格が2倍になる場合を想定しよう．この場合，予算線は縦軸および横軸との切片が半分になるまで内側に移行する．すなわち予算線が1/2だけ内側に移行する．すべての価格が2倍になることは所得が半分になることと同じである．

　このことを代数を使って検討しよう．最初の予算線は次の式で表せる．

$$p_1 x_1 + p_2 x_2 = m$$

次に両方の価格が t 倍になる場合を想定しよう．両価格を t 倍すると次の式になる．

$$t p_1 x_1 + t p_2 x_2 = m$$

この式は次の式と同一な式である．

$$p_1 x_1 + p_2 x_2 = \frac{m}{t}$$

すなわち両方の価格に一定の数量 t を掛けることは所得を同一数量 t で割ることと同じである．したがって両方の価格を t 倍するのと同時に所得も t 倍するならば，予算線はまったく変化しない．

　次に価格と所得とが一緒に変化する場合を想定しよう．両方の価格が騰貴し，かつ所得が減少すると予算線はどのように変化するであろうか．また縦軸および横軸との切片はどのようになるであろうか．m が減少し，p_1 および p_2 の両方ともが増加すると，切片である m/p_1 および m/p_2 は両方とも減少する．そ

の結果，予算線は内側に移行する．予算線の傾きはどのように変化するであろうか．第1財の価格騰貴以上に第2財の価格が騰貴すると（絶対値で）$-p_1/p_2$ の値が減少し，予算線はより平らになる．逆に第2財の価格騰貴以上に第1財の価格が騰貴すると，予算線はより急勾配になる．

2.5 ニュメレール（標準財）

予算線は2財の価格および所得を外生変数として定義されている．この3つの外生変数のうちのどれか1つが過剰となる．3つの外生変数，すなわち2つの財の価格と所得，の任意の1つをある値に固定して他の諸変数を調整することによってまったく同一の予算線を描くことができる．予算線

$$p_1 x_1 + p_2 x_2 = m$$

と次の予算線はまったく同一なものである．

$$\frac{p_1}{p_2} x_1 + x_2 = \frac{m}{p_2}$$

あるいは

$$\frac{p_1}{m} x_1 + \frac{p_2}{m} x_2 = 1$$

予算線の両辺を p_2 ないし m で割ったのが1番目および2番目の予算線である．1番目の場合は $p_2=1$ に，2番目の場合は $m=1$ に固定しているのである．各財の価格および所得のうちのいずれかを1に固定し，他の価格および所得を調整させても予算集合は全然変化しないのである．

上述したようにいずれか1つの価格を1に設定したとき，その価格を**ニュメレール**（numeraire）価格と呼ぶ．ニュメレール価格とは相対価格であり，その価格を基準にして他の価格および所得が表せる．存在する財の中の1つをニュメレール（標準）財として取り扱うのが便利である．この場合，問題としなければならない価格の数が1つ少なくなる．

2.6 税，補助金，および割り当て

税などのように消費者の予算制約に影響を与えるような諸手段が経済政策の

一環としてよく使われる．政府が**従量税**（quantity tax）を課すならば，消費者は購入する財の各々1単位当たりにある一定額を政府に支払わなければならない．たとえば，アメリカでは消費者がガソリン1ガロン当たり15セントの連邦ガソリン税を支払わねばならない．

この従量税は消費者の予算線にどのような影響を与えるであろうか．消費者にとってこの税は価格騰貴と同じである．第1財1単位当たりにtドルの従量税を課すことは第1財の価格を単にp_1からp_1+tに変えることと同じである．前述したとおり，この変化によって予算線はより急になる．

もう1つの税は**従価税**（value tax）である．この名前が意味するように，この税は財購入量にではなく財の価値——価格——に対して課する税である．通常，従価税は百分率で表される．アメリカのほとんどの州が売上税を課している．売上税が6パーセントならば，1ドルと価格表示されている財を購入するには1.06ドル支払わねばならない．（従価税は ad valorem tax ともいわれる．）

第1財の価格がp_1であるがτの率の売上税が課されているならば，消費者が実際に支払う価格は$(1+\tau)p_1$である．消費者は財1単位当たりp_1を供給者に，またτp_1を政府に支払わねばならない．したがって，消費者は財1単位当たり総額$(1+\tau)p_1$だけ支払わねばならない．

税の反対の場合が**補助金**（subsidy）である．**従量補助金**（quantity subsidy）（負の従量税）の場合，政府は消費者が購入する財の数量に応じて相当額を消費者に支払う．たとえば牛乳の消費に補助を与えるとき，政府は消費者に牛乳消費量に応じて補助金を与える．補助金が第1財の消費1単位当たりsドルの場合，消費者にとって第1財の価格はp_1-sとなる．したがって，この場合，予算線はより平らになる．

同様に，従価補助金（負の従価税）は補助される財の価格を基礎にした補助金である．もし政府が国民に寄付金2ドルにつき1ドルを払い戻すならば，寄付金は50パーセントの率で補助されているのである．一般に，第1財の価格がp_1であり，σの率の従価補助金が与えられるならば，消費者が直面する第1財の価格は$(1-\sigma)p_1$となる．

税と補助金とは数学の符号を別にするとまったく同様な影響を価格に及ぼすのである．税は消費者にとって価格を騰貴させ，補助金は逆に価格を下落させる．

2.6 税，補助金，および割り当て　　　31

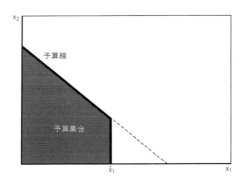

図2.4　割当制のもとでの予算集合

　政府が採用するもう1つの税ないし補助金が**定額**（lump sum）税ないし定額補助金である．定額税の場合，政府は個々人の行動如何にかかわらずある一定額を国民に課税する．定額税を課されると消費者の貨幣所得が減少するので予算線は内側へ平行移動する．同様に定額補助金の場合は予算線が外側へ平行移動する．従量税および従価税の場合には課税の程度に応じて予算線の傾きが変化する．定額税の場合には予算線が内側に平行移動する．

　政府は時々割当制度を利用する．この制度のもとではある財の消費に一定の上限が付けられる．たとえば，第2次世界大戦中アメリカ政府はバターおよび肉等の食料を配給制にした．

　たとえば第1財が割り当てになり，各消費者が消費できる上限が $\bar{x}_1$ である場合を想定しよう．消費者の予算集合は**図2.4**に描いたようになる．この予算集合は最初の予算集合の一部分を切り落としたものである．すなわち最初の予算集合から $x_1 > \bar{x}_1$ となるような購入可能部分を消費ベクトルから切り落としているのである．

　税，補助金，および割り当てはしばしば一緒に組み合わされて用いられる．たとえば，消費者は第1財をある水準 $\bar{x}_1$ までは p_1 の価格で消費できるが，$\bar{x}_1$ を超過すると t の率で税を支払わねばならないような状況を想定しよう．この消費者の予算集合は**図2.5**に描いたようになる．$\bar{x}_1$ の左側では予算線の傾きが $-p_1/p_2$ となるが，$\bar{x}_1$ の右側では $-(p_1+t)/p_2$ となる．

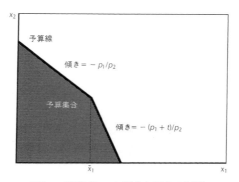

図2.5　消費が $\bar{x}_1$ を超えた場合の課税

例：フード・スタンプ・プログラム

　1964年のフード・スタンプ法以来アメリカ連邦政府は低所得者に補助を施している．このプログラムの細部は数回にわたって改正された．本項で代表的な改正の経済効果を説明しよう．

　1979年以前では有資格者となる条件を満たす家計はフード・スタンプを購入でき，小売店での食糧購入にこのスタンプを使用できた．たとえば，1975年の1月に4人家族の家計はこのプログラムに参加することによって，月間最高額153ドルの食糧クーポンの割り当てを受け取ることができた．

　家計が受け取るクーポンの価格は当該家計の所得に対応していた．調整済み月間所得が300ドルである4人家族の家計は最大月間割当フード・スタンプを83ドルで購入できた．月間所得が100ドルの4人家族の場合は同フード・スタンプを25ドルで購入できたのである．

　1979年以前のフード・スタンプ・プログラムは食糧への定率補助金（an ad valorem subsidy）であった．食糧への補助率は家計の所得に対応していた．クーポン割り当てに83ドル支払った4人家族の家計は1.84ドルの食糧に1ドル支払うのである（すなわち153を83で割った商が1.84である）．同様に同割り当てに25ドル支払った家計は6.12ドルの食糧に1ドルを支払っているのである（153を25で割った値が6.12である）．

　図2.6にこのフード・スタンプ・プログラムが家計の予算に及ぼす効果を示した．横軸に食糧への支出金額を，縦軸に他のすべての財への支出金額を表し

2.6 税，補助金，および割り当て

た．各財へ支出した貨幣ですべての財を表しているので，各財の「価格」は自動的に1となり，予算線の勾配は−1である．

153ドルのフード・スタンプを25ドルで購入できる家計は食糧購入に対して約84パーセント（(153−25)/153）の補助を受け取っているのである．したがって，この家計が食糧に153ドル支出するまでの予算線の傾きは−0.16（=25/153）である．食糧への支出が153ドル以下の範囲でこの家計は他財への消費支出を約16セント減少するだけで，1ドル分の食糧を購入できる．食糧への支出が153ドル以上になるとこの家計の予算線の傾きは−1となる．

このフード・スタンプ・プログラムの効果は図2.6に示したように予算線を「屈折」させることである．所得が高くなるほど家計はフード・スタンプの割り当てへの支出金額も多くなる．したがって，所得が増加するにつれて予算線の傾きはより急勾配となる．

1979年にフード・スタンプ・プログラムが改正された．有資格者である家計がフード・スタンプを購入する代わりに，フード・スタンプを贈与されるように制度を変更した．この変更が予算制約に及ぼす効果を図2.6Bに示した．

月額200ドルのフード・スタンプの補助を受けている家計を想定しよう．この家計は他財にいくら支出しているかということに関係なく，食糧への支出として月額200ドル余分に支出できるのである．すなわち，予算線が200ドルの大きさだけ横へシフトすることになる．（予算線の）傾きは不変のままである．すなわち，食糧に支出する金額を1ドル減少させると，他財に1ドルだけ余分

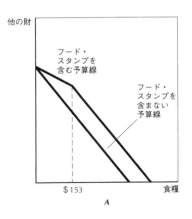 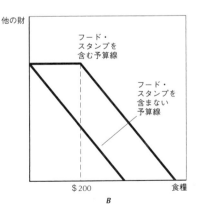

図2.6　フード・スタンプ

に支出できるのである．ただし，家計はフード・スタンプを不法に販売することはできないから，他財の購入に充当できる最大支出金額は不変のままである．フード・スタンプが売買できないという事実を除くと，フード・スタンプ・プログラムは実質的な定額補助金（a lump-sum subsidy）である．

2.7 予算線の変化

消費者の実現可能な予算集合の中からどのようにして最適な消費ベクトルを選択するのかという問題を次章で分析する．ここではいままでの議論から予算線の動向について明らかとなったことを整理しよう．

第1に，すべての価格および所得にプラスの乗数を掛けても予算線は変化しない．したがって消費者が予算集合から選び出す最適点も不変のままである．われわれは消費者の選択過程を分析しなくても次の重要な結論を導出できる．完全にバランスのとれたインフレーション——すなわちすべての価格と所得が同一比率で増加する状態——のもとでは誰の予算線も変化しないし，最適選択点も変化しない．

第2に，価格および所得が変化した場合，消費者の経済状況がどのように変化するかという問題をある程度議論できる．すべての価格が不変のもとで消費者の所得のみが増加する場合を想定しよう．このような状況下では予算線が外側に平行移動する．（変化前の）低所得のとき消費できたあらゆるベクトルは（変化後の）高所得のもとでも選択可能である．高所得のもとでは消費者は少なくとも低所得時と同等の生活水準を維持できる．消費者は変化前に可能であったすべての点を選べるばかりでなく，さらにより多くの消費をすることが可能となる．同様に他の条件が不変のままで1財の価格のみが下落するならば，消費者は少なくとも変化前と同一水準にとどまることができる．これらの論点を後の章で詳細に論じよう．

要　　約

1. 所与の価格および所得のもとで消費者が選択可能なすべての財ベクトルを予算集合という．2財だけを想定するという仮定が通常設定される．しかしこの仮定は見かけ以上に一般的であるといえる．

2. 予算線は $p_1x_1+p_2x_2=m$ と表せる．予算線の傾きは $-p_1/p_2$ となり，縦軸との切片が m/p_2，および横軸との切片が m/p_1 となる．
3. 所得が増加すると予算線は外側へ平行移動する．第1財のみの価格が騰貴すると予算線はより急勾配になり，第2財のみの価格が騰貴すると予算線はより平らになる．
4. 税，補助金，および割り当ては消費者の直面する価格を変化させ，予算線の傾きおよび位置を変化させる．

3章 選　　好

2章で理解できたように，消費者行動の経済モデルは非常に単純である．このモデルによると，人々は実現可能な範囲から最適なベクトルを選択している．前章では「実現可能」ということの意味を明らかにした．本章では「最善」という経済概念を明らかにする．

消費者選択の目標を**消費ベクトル**（消費の組み合わせ）(consumption bundles) と呼ぶことにする．この消費ベクトルとはここで分析している選択問題に関連している財およびサービスの完全なリストをいう．ここで「完全」という言葉に注意すべきである．消費者選択問題を分析しているときには消費ベクトルの定義の中に適切な財すべてを含めている．

最も広い範囲で消費者選択を分析する場合には消費者が消費するかもしれない財の完全なリストのみでなく，いつ，どこで，かつどのような状況のもとで利用可能となるかという記述も必要となるかもしれない．人々にとっては今日どれだけの食糧を入手できるかという問題と同様に明日どれだけの食糧を入手できるかという問題も重要である．大西洋の真ん中を漂流している筏はサハラ砂漠の真ん中にある筏と全然異なった状況下にある．雨傘と日傘とはまったく別の財である．「同一」財でも場所および状況が異なれば，消費者の価値評価が異なるので，異なった財であるとみなす方が便利である．

単純な選択問題のみに注目する場合には，問題として取り上げる財をかなり明確に表せる．前述した2財モデルの概念を使いかつ2財の中の1つを「他のすべての財」と呼ぶならば，われわれは1財と他のすべての財とのトレード・オフ問題に焦点を合わせることができる．このような方法を使うと，2次元の図を使って多数の財を含む消費選択問題を考察できる．

2財からなる消費ベクトルを考察しよう．第1財の消費量を x_1，第2財の

消費量を x_2 と表す．消費ベクトルすべてを (x_1, x_2) と表す．前述したとおり，可能なときにはこの消費ベクトルを X と略記する．

3.1 消費者選好

どのような消費ベクトルでも任意の 2 つのベクトル (y_1, y_2) および (x_1, x_2) が与えられると，消費者はそれらを各人の欲望に応じて選好順位をつけることができると仮定する．すなわち消費者はこの消費ベクトルの一方を他方より強い意味でより望ましいとみなすか，または両方のベクトルが無差別であると考えるかのどちらかである．

一方のベクトルが他方より**強い意味で選好される**（strictly preferred）とき，この関係を記号＞を使って表す．すなわち $(x_1, x_2) > (y_1, y_2)$ は消費者が (y_1, y_2) より (x_1, x_2) を**強い意味で選好**（strictly prefers）していることを表している．消費者はベクトル Y よりベクトル X の方を望ましいと断定している．この選好関係は一種の操作概念である．消費者がある財ベクトルを他のベクトルより選好するという表現は，この消費者に両方のベクトルを選択できる機会が与えられたとき，他のベクトルではなく一方のより選好するベクトルを選び出すということを意味している．したがって，選好概念は消費者の行動を基礎にしている．消費者があるベクトルを他のベクトルより選好するかどうかを判別するには，2 つのベクトルが選択可能な状況下で消費者がどのような行動をとるかを観察すればよいのである．消費者が (y_1, y_2) を選択できるにもかかわらず常に (x_1, x_2) を選ぶならば，この消費者は (y_1, y_2) より (x_1, x_2) を選好するといえるのである．

消費者にとって財の 2 つのベクトルが**無差別**（indifferent）である場合，記号 "～" を使い，$(x_1, x_2) \sim (y_1, y_2)$ と表す．消費者自身の選好にしたがうと (x_1, x_2) のベクトルを消費するときと (y_2, y_2) のベクトルを消費するときでまったく同一水準の満足度を得られる場合，両方のベクトルが消費者にとって無差別であるという．

消費者が一方のベクトルを他方のベクトルより選好するかまたは無差別である場合，この消費者は (y_1, y_2) より (x_1, x_2) を**弱い意味で選好する**（weakly prefers）といい，$(x_1, x_2) \geq (y_1, y_2)$ と表す．

強い意味の選好，弱い意味の選好，および無差別の関係は互いに独立した概

念ではない．これらの関係は相互に依存している．たとえば，$(x_1, x_2) \geq (y_1, y_2)$ かつ $(y_1, y_2) \geq (x_1, x_2)$ ならば，$(x_1, x_2) \sim (y_1, y_2)$ となる．すなわち，消費者が (x_1, x_2) を少なくとも (y_1, y_2) と同等程度に望ましく，かつ (y_1, y_2) を少なくとも (x_1, x_2) と同等程度に望ましいならば，この消費者にとって 2 つのベクトルは無差別となる．

同様に，$(x_1, x_2) \geq (y_1, y_2)$ で，かつ $(x_1, x_2) \sim (y_1, y_2)$ でないならば $(x_1, x_2) > (y_1, y_2)$ となる．すなわち，消費者が (x_1, x_2) を少なくとも (y_1, y_2) と同程度に望ましいとみなし，しかも両方のベクトルが無差別でないならば，この消費者は強い意味で (x_1, x_2) を (y_1, y_2) より選好しているのである．

3.2 選好に関する諸仮定

経済学者たちは消費者選好の「整合性」に関して通常いくつかの仮定を設けている．たとえば，$(x_1, x_2) > (y_1, y_2)$ かつ同時に $(y_1, y_2) > (x_1, x_2)$ となるような状況は矛盾とはいえないにしても非合理的である．なぜならこの状況のもとでは，消費者は強い意味でベクトル X をベクトル Y より選好し，しかも同時に逆が成立しなければならないのである．

したがって通常選好関係についていくつかの仮定を設定する．選好に関するこれらの仮定は非常に基礎的なものであるから，この仮定は消費者理論の「公理」と呼ばれる．消費者選好に関する公理として次の 3 つがある．

完全性 どのような 2 つのベクトルについても，両者の比較が可能であると仮定する．すなわち，任意のベクトル X とベクトル Y とが与えられると，(i) $(x_1, x_2) \geq (y_1, y_2)$，または (ii) $(y_1, y_2) \geq (x_1, x_2)$ または (iii) 両方ともが成り立つ．(iii) の場合，消費者にとって 2 つのベクトルは無差別となる．
反射性 どのようなベクトルでも少なくともそれ自身同程度に望ましいと仮定する：$(x_1, x_2) \geq (x_1, x_2)$．
推移律 $(x_1, x_2) \geq (y_1, y_2)$ かつ $(y_1, y_2) \geq (z_1, z_2)$ ならば $(x_1, x_2) \geq (z_1, z_2)$ となる．言い換えると，消費者が X を少なくとも Y と同程度に望ましいとみなし，かつ Y を少なくとも Z と同程度に望ましいとみなすならば，この消費者は X を少なくとも Z と同程度に望ましいとみなすのである．

3.2 選好に関する諸仮定

第1番目の公理である完全性は，少なくとも経済学者が一般に取り扱う選択問題に関するかぎりほとんど反対されることはない．2つの任意のベクトルが比較可能であるということは，単に消費者がこの2つのベクトルについて選択できるということである．生死の選択のように序列をつけることが非常に困難であるかまたは不可能であるような極端な状態を想定できる．しかし，このような選択問題はほとんどの場合，経済分析の領域外に属しているのである．

第2番目の公理である反射性は自明のことであり，取り上げるに値しない．確かにどのような任意のベクトルでも，少なくともそれとまったく同一のベクトルとは同等に望ましいのである．両親たちはときどき子供の行動がこの仮定と矛盾するような場合を観察できるかもしれないが，ほとんどの大人の行動の場合この仮定は現実妥当的である．

第3番目の公理である推移律は他の公理よりも問題が多いといえる．選好関係が選好の推移律を満たさなければならない必然的な性質であるかどうか明確ではない．純粋論理のみの場合，選好が推移律を満たすという仮定を強要できない．推移律は人々の選択行動に関する仮説であり，純粋論理による記述ではない．また推移律が論理の基本的な事実であるかどうかは重要ではない．重要な点は，人々が選択問題に対してどのような行動をとるかを正確に記述できるかどうかということである．

ある消費者がベクトル X をベクトル Y より選好し，かつベクトル Y をベクトル Z より選好するけれども，同時に彼はベクトル Z をベクトル X より選好すると主張するならば，この人をどのように考えればよいであろうか．確かにこれは特異な行動であるといえる．

さらに重要なことは，この消費者がベクトル X, Y, Z の選択問題に直面したときどのような行動をとるだろうかということである．この消費者が最も望ましいベクトルを選択するよう求められたとき，彼は困ってしまうだろう．彼がどのベクトルを選択しても，常にそれより望ましいベクトルが存在するのである．人々が「最善な」ベクトルを選択できるような理論を構築するには，選好関係が推移律の公理ないし，それに非常に近い公理を満たさねばならない．選好関係が推移的でないならば，最適な選択が存在しないようなベクトルの集合も十分考えられるのである．

3.3　無差別曲線群

上述の3つの公理といくつかのより技術的な仮定を満たす選好関係を使って，消費者選好に関する全理論を定式化できる．しかし，**無差別曲線群**（indifference curves）の概念を使って選好関係を図で描く方が便利であろう．

図3.1 を考察しよう．ここでは消費者の第1財および第2財の消費量を両軸に測っている．ある任意の消費ベクトル（x_1, x_2）を取り上げよう．弱い意味で（x_1, x_2）より選好されるすべての消費ベクトルを影で表す．この影をつけた領域が（x_1, x_2）より**弱い意味で選好される集合**（weakly preferred set）である．この集合の境界線上のベクトル——消費者にとって（x_1, x_2）と無差別であるようなベクトル——の集まりが**無差別曲線**である．

どのような任意の消費ベクトルを選んでも，この点を通る無差別曲線を描くことができる．任意の消費ベクトルを通る無差別曲線は消費者にとってこのベクトルと無差別であるようなすべての財ベクトルから成り立っている．

無差別曲線を使って選好関係を記述するときの1つの問題は，無差別曲線が消費者にとって互いに無差別であるとみなすベクトルを示すだけで，どのベクトルがより良いまたはより悪いベクトルであるかを示すことはできないということである．より望ましいベクトルへの方向を示すために無差別曲線に小さな矢印をつけることがある．すべての場合にこのような矢印が使われるのではなく，混乱を生じさせるような事例の場合にのみ矢印が使われるのである．

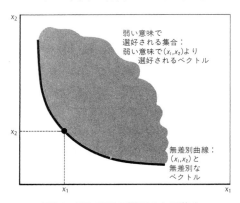

図3.1　弱い意味で選好される集合

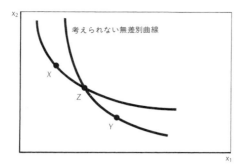

図3.2　無差別曲線は交わらない

　選好関係に関して追加的な諸仮定を設けないかぎり，無差別曲線は非常に奇妙な形態をとる場合も考えられる．しかし以上の一般的な仮定のもとでも，無差別曲線に関する次の重要な原則を明確にできる．すなわち異なる選好水準を表す無差別曲線は互いに交わらない．図3.2に描いたような状態は起こらないのである．

　この原則を証明するために3つの財ベクトル，$X, Y,$ および Z を選択しよう．X は一方の無差別曲線上のみの点であり，Y は他方の無差別曲線上のみの点である．Z は2つの無差別曲線の交点である．仮定より各々の無差別曲線はそれぞれ異なった水準の選好を表している．したがってたとえばベクトル X を強い意味でもう1つのベクトル Y より選好されるように作図できる．無差別曲線の定義より $X \sim Z$ かつ $Z \sim Y$ となり，推移律の公理より $X \sim Y$ となる．しかしこの結論は $X > Y$ と矛盾する．この矛盾からそれぞれ異なる選好水準を表す無差別曲線は互いに交わらないという結論が導出できる．

　無差別曲線の他の性質にはどのようなものがあるだろうか．抽象的な答えは「あまり多くない」ということである．無差別曲線は選好関係を記述する一方法である．考えられるどのような「合理的な」選好関係でも無差別曲線群で表すことができる．どのような選好関係がどの形の無差別曲線に対応するかを学ぶならば，このトリックは簡単に理解できる．

3.4　選好の例

　いくつかの例を通じて選好関係と無差別曲線とを関係づけよう．ある選好関

係を取り上げ，対応する無差別曲線がどのように表せるかを調べよう．

選好関係が「言葉」で記述されたときの無差別曲線の導き方には一般的な手法がある．まず図に任意のある消費ベクトル (x_1, x_2) を記入する．次に消費者に第1財を少量 Δx_1 だけ増加させ，消費ベクトルを $(x_1+\Delta x_1, x_2)$ に変化させる．この消費者が最初の消費点と無差別になるようにするには x_2 の消費をどのように変化させればよいであろうか．第2財の消費量の変化を Δx_2 と表す．「第1財の所与の変化に対して第2財をどのように変化させれば消費者にとって $(x_1+\Delta x_1, x_2+\Delta x_2)$ と (x_1, x_2) とが無差別となるであろうか．」この変化が決まると，ある消費ベクトル点を通る無差別曲線の一部分を描くことができる．他のベクトルから出発して同様な手続きをとると別の無差別曲線を描ける．このようにして全体の無差別曲線群を作図できるのである．

完全代替財

消費者がある財と他の財とを一定の固定比率（必ずしも1対1の比率とはかぎらない）で代替させるとき，この2財を**完全代替財**（perfect substitutes）であるという．完全代替の最も単純なケースは消費者が常に1対1の交換比率で2つの財を代替させる場合である．

たとえば，赤鉛筆と青鉛筆を選択している消費者を想定しよう．この消費者は鉛筆が好きだが，色については無関心である．ある消費ベクトル，たとえば赤鉛筆と青鉛筆を10本ずつ $(10, 10)$ を取り上げよう．この消費者にとっては鉛筆の合計が20本であればどのようなベクトルでも $(10, 10)$ と同等であるとみなすのである．このことを数学を使って表すと，$x_1+x_2=20$ を満たすようなすべての消費ベクトル (x_1, x_2) は $(10, 10)$ を通るこの消費者の無差別曲線上に位置している．したがってこの消費者の無差別曲線群は**図3.3**に描いたように傾きが -1 である平行な直線となる．鉛筆合計数の大きいベクトルが合計数の小さいベクトルより選好されるので，**図3.3**に示したように右，およびまたは，上へ行くほど選好程度が高くなる．

この完全代替財の場合，一般的な手法を使うと無差別曲線をどのように描けるであろうか．$(10, 10)$ の点から第1財の消費量を1単位増加させて11にすると，最初の無差別曲線に復帰させるには第2財をどれだけ変化させねばならないであろうか．答えは明らかである．第2財を1単位減少させればよい．したがって $(10, 10)$ を通る無差別曲線の傾きは -1 である．どのような任意の財

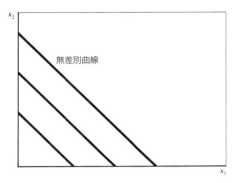

図3.3 完全代替財

ベクトルからも同様な手法を使って同一の結論を得ることができる．この場合，すべての無差別曲線の傾きは一定となり，-1 となる．

完全代替財についての重要な点は無差別曲線の傾きが一定であるということである．たとえば，青鉛筆を縦軸（1本単位で）に，2本組の赤鉛筆を横軸（1セット単位で）に描いてみよう．この2財，1本の青鉛筆と2本組の赤鉛筆，の無差別曲線の傾きは -2 となる．消費者は追加的な2本組の赤鉛筆1セットを獲得するために青鉛筆を2本あきらめるのである．

本書では，財が1対1の固定比率で完全代替となるケースを考察する．一般的なケースはワークブックに残しておく．

完全補完財

常に一定の固定比率で一緒に消費されるような財を**完全補完財**（perfect complements）という．これらの財は互いに「補完的」な関係にある．1つのよい例が右足の靴と左足の靴である．消費者は靴を好むが，常に右足の靴と左足の靴とを一緒に履くものである．一対の靴のうちの一方だけでは消費者の役に立たない．

完全補完財の場合の無差別曲線を描いてみよう．消費ベクトル $(10, 10)$ を取り上げよう．右足の靴を1つ加えて $(11, 10)$ に変化させる．仮定により消費者にとってこの状態は最初の状態と無差別である．片一方の靴だけが増えても消費者はより良い状態にはならない．左足の靴のみが増えても状況は同じである．消費者にとって $(10, 11)$ と $(10, 10)$ とは無差別である．

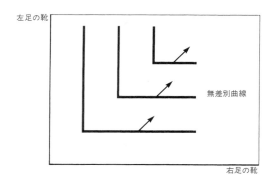

図3.4 完全補完財

したがって無差別曲線はL型となる．L型の頂点（角）は**図3.4**に示したように左足の靴の数と右足の靴の数とが等しいところになる．

左足の靴の数と右足の靴の数とを同時に増加させることによってはじめて消費者はより高い選好位置に到達できる．図の矢印で示したように選好増加の方向は右かつ上となる．

完全補完財についての重要な点は消費者が，必ずしも1対1の比率とはかぎらないが，一定の比率で両財を消費するということである．消費者が1杯の紅茶にいつもスプーン2杯の砂糖を入れて飲み，砂糖を他の用途には使わないならば，無差別曲線はL型となる．この場合，L字の角は（スプーン2杯の砂糖，1杯の紅茶），（スプーン4杯の砂糖，2杯の紅茶），等々のベクトルの点になり，（右足の靴1つ，左足の靴1つ），（右足の靴2つ，左足の靴2つ）等々のベクトルの点と異なる．

本書では，財が1対1の固定比率で消費される場合を考察する．一般的なケースはワークブックに残しておく．

非経済財

消費者が好まないような財を**非経済財**（bads）という．問題としている財がペパローニとアンチョビーであり，消費者はペパローニが好きだがアンチョビーが嫌いである場合を想定しよう．ペパローニとアンチョビーとの間であるトレード・オフが可能であると仮定する．すなわち，消費者がある所与の量のアンチョビーを食べねばならないときの不効用をちょうど補償するようなピザに

3.4 選好の例

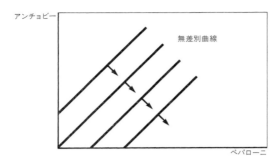

図3.5　非経済財

のせるペパローニのある数量が存在するのである．この無差別曲線を使って消費者の選好をどのように表せるであろうか．

ペパローニとアンチョビーのあるベクトル (x_1, x_2) を取り上げる．この消費者のアンチョビーを増やしたとき，消費者を同一無差別曲線上にとどめるためにはペパローニの数量をどのように変えればよいであろうか．答えは明らかである．消費者のアンチョビーの増加を補償するだけのペパローニを増やせばよい．したがってこの消費者の無差別曲線は**図3.5**に描いたように右上がりの傾きをもつ．

選好増加の方向は図の矢印で示したように右下となる．すなわちアンチョビーの消費を減らし，ペパローニの消費を増やす方向である．

中立財（ニュートラル財）

消費者が気にかけない（好きでも嫌いでもない）ような財を**中立財**（neutral good）という．アンチョビーが消費者にとって中立財となる場合を想定しよう[1]．消費者の無差別曲線は**図3.6**に描いたように垂直な直線となる．この消費者にとってはペパローニの数量のみが重要であり，どれだけアンチョビーを消費できるかということは全然重要ではない．ペパローニが多ければ多いほど望ましいのであり，アンチョビーを増やしても消費者にはなんら影響を与えないのである．

---

[1] アンチョビーがすべての人にとって中立財となれるであろうか．

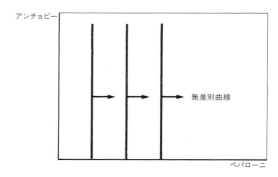

図3.6 中立財

飽和（食）点

　消費者の選好についてあるベクトルが最善の点であり，この最善点に「近ければ近いほど」望ましいときこの最善のベクトル点を**飽和（食）点**（satiation）という．このような飽和点を含む状態を考察しよう．たとえば，消費者がある財ベクトル $(\bar{x}_1, \bar{x}_2)$ を最も選好し，このベクトルから遠ざかるほど悪くなる場合を想定しよう．この場合 $(\bar{x}_1, \bar{x}_2)$ が**飽和**点ないし**至福**（bliss）点となる．図3.7にこの消費者の無差別曲線群を描いた．最善点が $(\bar{x}_1, \bar{x}_2)$ であり，この至福点から離れた点は「より低い」無差別曲線上の点となる．

　この場合，無差別曲線は両財とも「過少」または「過剰」のとき負の傾きとなり，どちらか一方のみが「過剰」のとき正の傾きとなる．消費者にとってどちらかの財が過剰であるときその財は非経済財となる．消費者は非経済財の消

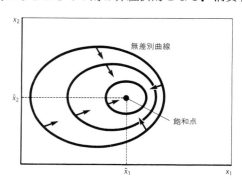

図3.7　飽和点での選好

3.4 選好の例

費を減らすことによって「至福点」に近づくことができる．両財ともが過剰であるとき，これら両財は非経済財となり各々の消費量を減少させることによって至福点に近づくことができる．

2財がチョコレートケーキとアイスクリームである例を想定しよう．1週間に食べたい2財の最適量がある．この最適量より少なくても多くても選好状態は悪化する．

誰もが少し思考をめぐらせば理解できることであるが，ほとんどすべての財は多かれ少なかれチョコレートケーキとアイスクリームのような性質をもつ．すなわち，ほとんどすべての財を過剰に消費することができる．しかし人々は財を好んで過剰に消費することはない．人は一般に消費したい量以上に需要しないであろう．したがって，経済選択の観点から関心がありかつ重要な領域は人々が消費したい最大点以下の領域である．人々が問題にし，かつわれわれが重要視する選択はこのような種類の選択である．

非分割財

われわれは通常小数部分も意味をもつような単位を使って財の量を測定している．たとえば，牛乳を一度に1クォート（1/4ガロン）購入するときでさえ，平均すると1ヵ月に12.43ガロンの牛乳を消費することになるかもしれない．しかし普通，整数単位でしか利用できないような財についての選好を調べたいときもある．

たとえば，自動車についての消費者需要を考えよう．自動車の需要を自動車の使用時間で定義することも可能である．この場合，自動車の需要量は連続変数となる．しかし多くの諸目的にとって関心があるのは，現実の自動車需要台数である．

この種の非分割財についての選択行動も選好を使って支障なく記述できる．整数単位でしか利用できない財（**非分割財**（disccrete good））が x_1，他の諸財へ支出する貨幣量が x_2 であるような場合を想定しよう．この場合の2財に対する無差別曲線群と弱い選好の集合（あるベクトルと無差別となるか，またはこのベクトルより選好されるようなベクトルの集合）を **図3.8** に示した．この場合，ある財ベクトルと無差別となるような財ベクトルは分離した点の集合となる．ある特定のベクトルと少なくとも同じ程度に望ましいようなベクトルの集合は線分の集合となる．

48   3章 選　好

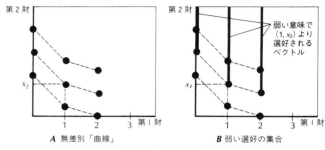

図3.8　非分割財

　財の分割できないという性質を強調するかどうかという選択は適用する状況に依存して決まる．分析期間中に消費者が財を1単位か2単位しか選択できない場合には，財を分割できないという性質を認識することが重要である．しかし，消費者が財を30ないし40単位選択できる場合には，この財を細かく分割できる連続した財であると考える方が便利だろう．

3.5　適正な性質をもつ選好

　これまで無差別曲線のいくつかの例を考察してきた．合理的な，または不合理的な選好状態の多くの場合を以上の簡単な図で表すことができる．しかし一般的な選好状態を記述するとき，無差別曲線の一般型に焦点を当てて考察する方が便利である．本節では選好に関したより一般的な諸仮定および関連した無差別曲線の形についてのこれらの諸仮定の含意を説明する．ここで採用された仮定だけが必ずしも可能な仮定であるとはかぎらない．状況に応じて異なる仮定が必要となるかもしれない．われわれは**適正な性質をもつ無差別曲線群**（well-behaved indifference curves）の特徴を規定するものとしてこれらの諸仮定を採用したのである．

　第1に，多ければ多いほど望ましいと仮定する．すなわち，非経済財ではなく経済財を取り扱う．より正確には，この仮定を次のように表せる．財のベクトル (x_1, x_2) と (y_1, y_2) を取り上げよう．(y_1, y_2) は (x_1, x_2) より両財とも少なくはなく，かつ少なくとも1つの財についてはより多いならば，$(y_1, y_2) \succ (x_1, x_2)$ となる．この仮定を選好の**単調性**（monotonicity）と呼ぶ．飽和点の議論のときに示したように，多いことは望ましいという仮定は飽和点まで有

効である.すなわち単調性の仮定を設けることは,飽和点に到達するまでの範囲を考察の対象としているということである.飽和点以前の所では多ければ多いほど望ましいのである.誰もがすべての財を飽和点まで消費できるような世界のみを対象とするのであれば,経済学が興味深いものであるとはいえない.

単調性の仮定を設けると無差別曲線の形はどのようになるであろうか.無差別曲線の傾きは負(右下がり)になる.図3.9を考察しよう.ベクトル (x_1, x_2) から任意の右かつ上の方向に動くことによってより望ましい地点に到達できる.逆に任意の左かつ下の方向に動くとより望ましくない地点に到達する.したがって無差別な位置を動く場合には左かつ上,または右かつ下の方向のみであり,無差別曲線の傾きは負となる.

第2に,消費者が端点よりも平均(中間点)を選好すると仮定する.同一無差別曲線上の2つの財ベクトル (x_1, x_2) と (y_1, y_2) を選び,次のようにこの2つのベクトルの加重平均をとる.

$$\left(\frac{1}{2}x_1+\frac{1}{2}y_1,\ \frac{1}{2}x_2+\frac{1}{2}y_2\right)$$

第2の仮定はこの加重平均のベクトルが2つの端点のベクトルの各々よりも少なくとも同等であるかまたは強い意味で選好されることを意味する.この加重平均したベクトルは最初の2つのベクトルの第1財の平均量および第2財の平均量とから成り立っている.したがって,ベクトル X とベクトル Y を結んだ直線の中点がこの加重平均したベクトルとなる.

加重が1/2だけでなく0と1との間の任意の大きさの加重に対しても成り立つと仮定しよう.すなわち $(x_1, x_2)\sim(y_1, y_2)$ ならば $0\leq t\leq 1$ を満たす任意の

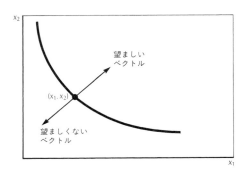

図3.9 単調な選好

t に対して

$$(tx_1+(1-t)y_1, tx_2+(1-t)y_2) \geq (x_1, x_2)$$

となる．このベクトルはベクトル X とベクトル Y とを，ベクトル X に t の加重をつけ，ベクトル Y に $(1-t)$ の加重をつけて計算した加重平均である．ベクトル X の点とベクトル Y の点とを直線で結ぶと，ベクトル X と加重平均したベクトルとの距離はベクトル X とベクトル Y との距離を t 倍した長さになる．

選好についてのこの仮定は，図形上どのような意味を持つであろうか．この仮定より，(x_1, x_2) より弱い意味で選好されるようなベクトルの集合が**凸集合** (convex set) となる．(y_1, y_2) と (x_1, x_2) とが消費者にとって無差別となるようなベクトルである場合を想定しよう．この2つのベクトル（端点）より加重平均したベクトルを弱い意味で選好するならば，(x_1, x_2) と (y_1, y_2) との加重平均すべてが (x_1, x_2) および (y_1, y_2) より弱い意味で選好される．凸集合の性質より，この集合内の任意の2点をとりこの2点を直線で結ぶと，この線分すべてが集合に属する．

凸選好の例を**図3.10A** に描いた．非凸選好の例が**図3.10B** および**図3.10C** である．**図3.10C** は「凹選好」と呼ばれる．

選好が非凸となる場合を想定できるだろうか．アイスクリームとオリーブに関する私の選好は非凸選好の一例である．私はアイスクリームもオリーブも好きだが両方一緒には食べたくない．私が次の時間にどれだけ消費するかを考慮する場合を想定しよう．8オンスのアイスクリームと2オンスのオリーブのベ

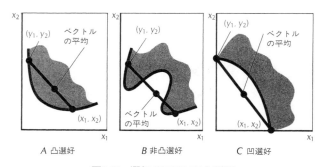

図3.10 選好のいろいろな種類

クトルを消費するのと8オンスのオリーブと2オンスのアイスクリームのベクトルを消費するのとが無差別であるかもしれない．しかしこれらのベクトルのどちらの場合でも，両財を5オンスずつ消費する場合よりも望ましいのである．この種の選好関係を図3.10Cに描いた．

なぜ適正な性質をもつ選好が凸集合であると仮定するのであろうか．それは多くの場合，両財が同時に消費されるからである．図3.10Bおよび図3.10Cに描いた種類の選好のもとでは，少なくともある範囲において消費者が1財のみに特化した消費を好むようになる．しかし通常よくみられる事例は，消費者が1財の一部分を他財と交換して，最終的には，2財のどちらか一方のみに消費を特化するのではなく，両財とも消費するような場合である．

実際，私の場合，即時的な消費ではなく1ヵ月にわたるアイスクリームとオリーブの消費に関する選好の場合では，図3.10Cよりむしろ図3.10Aに近づいてくる．毎月丸1ヵ月を平均すると私はアイスクリームかオリーブだけを消費するように特化するのではなく，同時ではないがアイスクリームとオリーブを両方とも消費したいのである．

最後に凸性の仮定を強めたものが**強い意味での凸性**（strict convexity）の仮定である．この仮定のもとでは2つの無差別なベクトルから作った加重平均は最初の端点である2つのベクトルより強い意味で選好される．凸選好のもとでは無差別曲線の一部分が平らになるかもしれないが，強い意味での凸選好のもとではすべての箇所が円い曲線となるような無差別曲線群しか存在しない．完全代替財となるような2財間の選好は凸選好の場合可能であるが，強い意味の凸選好では成り立たないのである．

3.6 限界代替率（MRS）

無差別曲線上の特定点における曲線の傾きという概念がよく使われる．無差別曲線の傾きを**限界代替率**（marginal rate of substitution）という．無差別曲線の傾きは消費者が進んで1財を他の財と代替するような交換比率を表しているので，この傾きに限界代替率という名前がつけられている．

いま消費者から第1財を1単位 Δx_1 取り去る場合を想定しよう．次にこの消費者を最初の無差別曲線上に復帰させるのに充分な数量 Δx_2 だけ第2財を与える．消費者にとって x_1 と x_2 とを代替させた後と変化前との効用水準はま

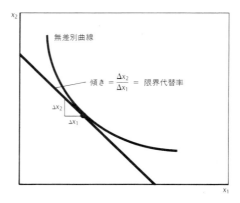

図3.11　限界代替率（MRS）

ったく同じである．この比率 $\Delta x_2/\Delta x_1$ は消費者が進んで第1財のかわりに第2財を代替させる率（交換比率）を表している．

次に Δx_1 が非常に小さな変化量——限界ないし微小変化量——であると考えよう．この場合，比率 $\Delta x_2/\Delta x_1$ は第1財と第2財との限界代替率を表している．Δx_1 を小さくするにつれて $\Delta x_2/\Delta x_1$ は **図3.11** から理解できるように，無差別曲線の傾きに近づくのである．

比率 $\Delta x_2/\Delta x_1$ を考察するとき，分母および分子とも常に微小変化量であると想定する．すなわち，両者とも最初の消費財ベクトルからの限界変化量を表している．したがって，限界代替率を定義している比率は常に無差別曲線の傾きに等しくなる．この比率のもとで，消費者は第1財の消費の減少を第2財の消費の増加で代替させるのである．

限界代替率がマイナスであるということに読者は少々とまどうかもしれない．単調な選好の場合，無差別曲線が負の傾きをもつことをすでに説明した．限界代替率は無差別曲線の傾きを数値で表したものであるから，当然マイナスの数となるのである．

限界代替率は消費者行動の興味深い一面を表している．消費者の選好が適正な性質をもつ，すなわち選好が単調でかつ凸である，と想定しよう．現在の消費ベクトルが (x_1, x_2) である消費者に，E の「交換比率」で第1財を第2財に，または第2財を第1財に任意の希望量で交換するという取引（トレード）を申し出てみよう．

3.6 限界代替率 (MRS)

この消費者が第1財を Δx_1 単位あきらめると，交換によって第2財を $E\Delta x_2$ 単位獲得できる．また逆に，消費者が第2財を Δx_2 単位あきらめると第1財を $\Delta x_1/E$ 単位獲得できる．図3.12 に示したように点 (x_1, x_2) を通り傾きが $-E$ である直線上の任意な点が消費者の動ける機会点である．点 (x_1, x_2) から左上への動きは第1財を第2財へ交換することであり，右下への動きは第2財を第1財へ交換することである．交換比率はどちらの動きの場合も E である．交換は常にある1財を犠牲にして他の財を獲得することであり，交換比率 E は傾き $-E$ に対応している．

次に消費者が点 (x_1, x_2) で表される財ベクトルを選択し続けるようにするには，交換比率をどのような値にしなければならないであろうか．この問いに答えるためには単に次の点にのみ注意すればよい．交換可能線（予算線）が無差別曲線と交わるときにはいつでも，点 (x_1, x_2) より選好されるような点が交換可能線上に存在する．この点は最初の無差別曲線より高い無差別曲線上に位置する．したがって点 (x_1, x_2) から動くような誘因がない場合には交換可能線が無差別曲線と接していなければならない．すなわち交換線の傾き $-E$ が無差別曲線の点 (x_1, x_2) における接線の傾きに等しいのである．他のどのような交換比率でも交換線は無差別曲線と交わり，消費者は点 (x_1, x_2) より選好するような点を選ぶことができる．

したがって無差別曲線の傾きである限界代替率は消費者が取引をするか，それとも取引をしないかの限界点における交換比率を表しているのである．この

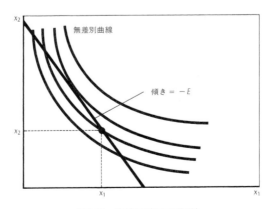

図3.12 交換比率での取引

限界代替率以外の他のどのような交換比率のもとでも，消費者は1財を他の財と取引するであろう．しかし，交換比率が限界代替率と等しい場合には消費者はこの点にとどまるのである．

3.7 限界代替率の含意

　限界代替率（MRS）は消費者が進んで第1財と第2財とを代替させるような限界点における交換比率を表している．MRSは消費者の無差別曲線上における両財の交換比率，すなわち消費者が同じ無差別曲線上にとどまるには第2財をいくらか余分に購入するとき第1財をいくら「支払」わねばならないかということを表している．したがってこの無差別曲線の傾きは消費者の**限界支払性向**（marginal willingness to pay）を表すものであるといえる．

　第2財が第1財を除く「他のすべての財」であると解釈して，縦軸に第2財の消費を表し，しかも消費者がこの集合財へ支出できるドル表示の金額で測ると，この限界支払性向を非常に自然に解釈できる．第2財と第1財との限界代替率は第1財を1単位余分に消費するためには他財への支出を何ドル減らさねばならないかを示している．したがって限界代替率は第1財を限界単位余分に消費するために犠牲にしなければならないドルの限界支払性向を表している．第1財を1単位余分に消費するためにこの金額だけのドルを支払わねばならないのである．

　MRSを限界支払性向として解釈するとき，「限界」と「性向」とに特に注意しなければならない．MRSは消費者が第1財の消費を限界単位増やすために支払ってもよいとみなす第2財の数量を表している．ある財の消費を一定量増やすために現実に支払わねばならない金額は，消費者が支払ってもよいとみなす金額と異なっているかもしれない．いくら支払わねばならないかは当該財の価格に依存している．支払性向は価格に依存しているのではなく，消費者の選好によって決まるものである．

　同様に，消費を大量に増加させるとき支払わねばならない単位当たり金額は消費を限界単位だけ増加させるときに支払う単位当たり金額と等しくないかもしれない．消費者の最終的な現実購入量は，消費者の選好状況と市場で直面する価格とに依存している．しかし，ある財を限界単位だけ増やすときの支払性向は消費者の選好だけに関与しているのである．

3.8 限界代替率の大きさ

　限界代替率の大きさと変化を使って無差別曲線の形をわかりやすく説明できる場合がある．たとえば，「完全代替財」の場合の無差別曲線では限界代替率が常に -1 の大きさで一定となるという特色がある．「中立財」の場合には限界代替率がどこでも無限大となる．「完全補完財」の場合の無差別曲線では限界代替率がゼロか無限大であり，中間の大きさとなることはない．

　すでに指摘したように，単調性の仮定のもとでは無差別曲線の傾きは負となる．したがって単調的な選好の場合，ある財の消費を増やすには常に他の財の消費を減少させねばならないような MRS が対応している．

　凸型の無差別曲線の場合には MRS の特色をもう1つ追加できる．この場合，無差別曲線の傾きである限界代替率は x_1 の消費が増加するにつれて減少する．すなわちこの無差別曲線では**限界代替率が逓減的**（diminishing marginal rate of substitution）となる．限界代替率逓減（法則）とは第1財の消費量が増えるにつれて，追加的な第2財（1単位）を得るためにあきらめる（放出する）第1財の量が増えることを意味する．限界代替率が逓減的な場合には，無差別曲線の凸性は非常に自然な仮定のように思われる．この仮定の意味は消費者がある財を多くもてばもつほど他財との交換にこの財をより多く提供するようになるということである．（ただしアイスクリームとオリーブの例を忘れないように．ある種の財ベクトルの場合には限界代替率逓減の仮定が当てはまらないのである．）

要　　　約

1. 経済学者たちは消費者がいろいろ異なった消費の可能性を順序づけられると仮定する．消費ベクトルの順序づけが消費者の選好を表す．
2. 無差別曲線群は異なった選好順位を記述するのに使われる．
3. 適正な性質をもつ選好は（多ければ多いほど望ましいことを意味する）単調でかつ（極端より平均を好むことを意味する）凸となる．
4. 限界代替率（MRS）は無差別曲線の傾きを表す．MRS は消費者が第1財を1単位余分に獲得したいとき進んで犠牲にする第2財の量を表す．

4章 効　　用

　ビクトリア時代，哲学者や経済学者たちは「効用」を個人の全体的な幸せの指標として不用意に論じていた．効用は個人の幸福の数量的尺度と考えられたのである．この思想のもとでは，消費者は効用を最大化するよう，すなわち可能なかぎり幸福になるよう選択を行う者である，と考えるのは当然であった．

　困ったことに，これらの古典派経済学者たちはどのようにして効用を測るかに関しては実際的に何も述べなかった．異なる選択がもたらす効用の「大きさ」を数量化するには，どのようにすればよいのだろうか．ある個人の効用は他の個人の効用と同じであろうか．追加1本のキャンディ・バーは追加1本のニンジンの2倍の効用をもたらすとは，いったい何を意味するのだろうか．効用の概念は，人々が最大化するものという以外に独自の意味をもっているのだろうか．

　これらの概念上の諸問題のゆえに，経済学者たちは幸福の尺度としての効用という古くさい見方を放棄してきた．それにかわるものとして，消費者行動理論が**消費者選好**（consumer preference）の観点から全面的に再定式化を行い，効用は単に選好を記述するための方法としてみなされている．

　選択行動に関するかぎり，効用について問題となるのはただ，ある財ベクトル（財の組み合わせ）が他の財ベクトルよりも高い効用を持っているかどうか——どの程度高いかは実際上問題ではない——であると経済学者たちはだんだん認識するにいたった．もともと，選好は効用の観点から定義されていた．つまり，財ベクトル (x_1, x_2) が財ベクトル (y_1, y_2) よりも選好されたとすれば，ベクトル X がベクトル Y よりも高い効用をもっていることを意味していた．しかしながら，現在では他の状況で考えるようになった．**選好**とは，選択を分析するために有用な基本的記述であり，効用とは単に選好を記述するための方

法である．

効用関数（utility function）とは，より選好される財ベクトルにあまり選好されない財ベクトルよりも大きな数値を割り当てるという要領で，すべての可能な消費財ベクトルに数値を割り当てる方法である．すなわち，ベクトル (x_1, x_2) がベクトル (y_1, y_2) よりも選好されるのは，(x_1, x_2) の効用が (y_1, y_2) の効用よりも大きいとき，そしてそのときにのみである．記号を用いれば，$(x_1, x_2) > (y_1, y_2)$ であるのは，$u(x_1, x_2) > u(y_1, y_2)$ のとき，そしてそのときのみである．

効用の割り当てに関する重要な唯一の特性は，財ベクトルがどのように順序付けされているかである．効用関数の大きさは異なる消費財ベクトルに順位がつくというかぎりにおいてのみ重要である．任意の2つのベクトルの効用の差異の大きさは問題ではない．ベクトルの順序付けを強調することから，この種の効用は**序数的効用**（ordinal utility）と呼ばれている．

例として**表4.1**を考えよう．そこには3つの財ベクトルに効用を割り当てるいくつかの異なる方法が示されているが，どの方法も財ベクトルに同じような順序付けがされている．この例では消費者はAをBより，BをCより選好している．示された方法のどれもが，同じ選好を記述したものとして有効な効用関数である．なんとなれば，AにはBよりも高い数値が割り当てられており，そのBにはCよりも高い数値が割り当てられているという特性をそれらすべてがもっているからである．

表4.1　異なる方法による効用割り当て

財ベクトル	U_1	U_2	U_3
A	3	17	-1
B	2	10	-2
C	1	.002	-3

ベクトルの順位のみが問題であるので，ベクトルに効用を割り当てる唯一の方法は存在しない．もしベクトルに効用の数値を割り当てる1つの方法を見つけることができれば，その他にも無限個の方法を見い出すことができる．もし $u(x_1, x_2)$ がベクトル (x_1, x_2) に効用の数値を割り当てる1つの方法を示しているならば，この $u(x_1, x_2)$ に2（あるいは，その他の任意のプラスの数値）

を乗じたものも効用を割り当てる方法としてまったく正しいのである．

2を乗じることは**単調変換**（monotonic transformation）の1つの例である．単調変換とは1つの数値の集合から他の1つの数値の集合へ，その数値の順序を保持するような方法による変換である．単調変換を関数 $f(u)$ で示すことにしよう．関数 $f(u)$ は u の各数値をなんらかの他の数値 $f(u)$ へと，$u_1 > u_2$ ならば $f(u_1) > f(u_2)$ であるというように数値の順序を保持するように変換する．単調変換と単調関数は本質的には同じものである．

単調変換の例としては，プラスの数を乗じたり（たとえば，$f(u) = 3u$），任意の数を加えたり（たとえば，$f(u) = u + 17$），奇数乗にしたり（たとえば，$f(u) = u^3$）するものがある[1]．

u が変化するときの $f(u)$ の変化率は，次式のように，u の2つの値での f の値の変化分を u の値の変化分で除したもので測ることができる．

$$\frac{\Delta f}{\Delta u} = \frac{f(u_2) - f(u_1)}{u_2 - u_1}$$

単調変換では，$f(u_2) - f(u_1)$ は常に $u_2 - u_1$ と同じ符号である．したがって，単調変換は常にプラスの変化率をとる．このことから**図4.1A**で描かれているように，単調変換の図は常に正の傾きをもつことになる（**図4.1B**は，負の傾きのところがあるので，単調変換ではない例である）．

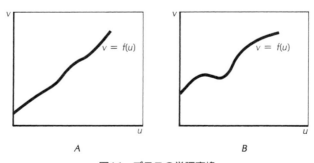

図4.1　プラスの単調変換

---

1) 「単調変換」とここで呼んでいるものは，厳密に言えば，数値の順序を逆にするような「マイナスの単調変換」から区別するために，「プラスの単調変換」と呼ばれる．単調変換は monotonous transformations とも呼ばれることがある．単調とは呼ばれるものの，実際には，たいくつなものでは決してない．

もし $f(u)$ が，なんらかの選好を示す効用関数の任意の単調変換であるならば，$f(u(x_1, x_2))$ もそれと同じ選好を示す効用関数である．

なぜであろうか．その議論は次の3つの記述で与えられる．

1. $u(x_1, x_2)$ が選好 "$\succeq$" を示しているということは，$u(x_1, x_2) > u(y_1, y_2)$ であるのは，$(x_1, x_2) \succ (y_1, y_2)$ のとき，そしてそのときのみであることを意味している．
2. しかし，もし $f(u)$ が単調変換ならば，$u(x_1, x_2) > u(y_1, y_2)$ であるのは $f(u(x_1, x_2)) > f(u(y_1, y_2))$ のとき，そしてそのときのみである．
3. したがって，$f(u(x_1, x_2)) > f(u(y_1, y_2))$ であるのは，$(x_1, x_2) \succ (y_1, y_2)$ のとき，そしてそのときのみであり，ゆえに，関数 $f(u)$ は最初の効用関数 $u(x_1, x_2)$ と同じ選好 "$\succeq$" を示しているのである．

以上の議論は次のような原則を述べることによって要約される．効用関数の単調変換は，元の効用関数と同じ選好を示す効用関数である．

幾何学的には，効用関数とは無差別曲線に番号付けをする方法である．ある1本の無差別曲線上のどの財ベクトルも同じ効用をもつはずであるので，効用関数とは，より高次の無差別曲線にはより大きな数値を割り当てるという要領で，無差別曲線ごとに数値を割り当てる方法である．この観点からすると，単調変換とはまさに無差別曲線の番号を付け直すことである．より選好されるベクトルを含む無差別曲線に，選好されないベクトルを含む無差別曲線よりも大きな数値の番号が付けられるならば，このような番号付けも同じ選好を表すことになる．

4.1 基数的効用

効用の大きさに意味をもたせる効用理論も存在する．これは**基数的効用** (cardinal utility) 理論として知られている．基数的効用理論においては，2つのベクトルの間の効用の差異の大きさはある種の意味をもつとされている．

ある個人があるベクトルを他のそれより選好するかどうかを述べる方法は知られている．すなわち，それはある個人に2つのベクトルを選択させる機会を与え，どちらが選択されたかを見るだけでよい．このようにして，2つのベク

トルに対する序数的効用を割り当てる方法を知ることができる．それは，選択したベクトルに対して断念したベクトルよりも高い効用を割り当てるだけである．このようにしたどの割り当ても効用関数となる．こうして，ある個人について，あるベクトルが他のそれよりも高い効用をもたらすかどうかを決定するための操作基準をもつことになる．

しかしながら，ある個人があるベクトルを他のそれのちょうど2倍好きであるかどうかについては，われわれはどうやって表現するのだろうか．あなたが，あるベクトルを他のそれのちょうど2倍好きであるかどうかを自分にですら，どうやって述べるのだろうか．

この種の割り当てには種々の定義が提案されよう．もしそれに対して2倍の支払いをしてもよいと思うならば，私はそのベクトルが他のそれの2倍好きである．あるいは，それを得るために2倍も遠くまで行ってもよいと考えたり，2倍も長く待ってもよいと考えたり，2倍の賭率で賭をしてもよいと考えたりするとき，私はあるベクトルが他のそれよりも2倍好きである．

これらの定義のいずれもなんら間違いはない．割り当てられた数値の大きさが操作上の意味をもつような効用水準の割り当ての方法をそれらのどれもが表しているのである．しかしながら，それらはどれもそれ以上何も語らない．それらのどれもが，どのような意味であるものが他のものに比べ2倍欲しているかを解釈することは可能であるが，どれか1つがその内容において他よりも特に説得的な解釈だとは思われない．

たとえ説得的と思われる効用の大きさを割り当てる方法が見い出されたとしても，選択行動を説明するうえでどのような利点が与えられるだろうか．どちらのベクトルが選択されるかをいうためには，どちらが選好されるか——どちらがより大きな効用をもっているか——を知るだけで十分である．どの程度大きいかを知ることは，選択の記述のためには必要でない．基数的効用は選択行動を記述するうえで必要でないし，およそ基数的効用を割り当てる説得的方法が存在しないのだから，純粋に序数的効用の枠組みに絞って議論を展開しよう．

4.2　効用関数の作成

しかし，そもそも序数的効用を割り当てるような方法があると確信できるのだろうか．選好順序が与えられるとして，常にその選好と同じように財ベクト

4.2 効用関数の作成

ルが順序付けられるような効用関数を見い出すことができるのだろうか．いやしくも合理的選好順序を記述するような効用関数が存在するのだろうか．

すべての選好が効用関数で表現できるわけではない．たとえば，誰かが非推移的選好をもっており，$A > B > C > A$ であるとしよう．このとき，これらの選好についての効用関数は，$u(A), u(B), u(C)$ の値が $u(A) > u(B) > u(C) > u(A)$ となるようなものから構成されなければならない．しかし，これは不可能である．

しかしながら，非推移的選好というような倒錯した場合を除外するならば，選好を表現できるような効用関数を発見することが一般的に可能であることがわかっている．われわれはここで1つの図例を示し，他の1つは**14**章で示すことにする．

かりに，**図4.2**のような無差別曲線群が与えられたとしよう．効用関数とはより高次の無差別曲線がより大きな数値をとるというようにして無差別曲線に番号付けをする方法であることをわれわれは知っている．これをどうやって行えばよいのだろうか．

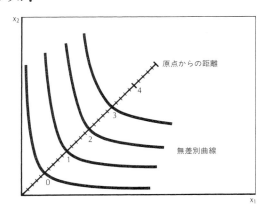

図4.2　無差別曲線からの効用関数の作成

1つの容易な方法は，図示したように原点からの直線を描き，原点からこの線に沿って測った距離で無差別曲線に番号付けをすることである．

これが効用関数であるといえるのだろうか．かりに選好が単調であるならば，この原点を通る直線はすべての無差別曲線とちょうど1度だけ交差する．このようにして，すべての財ベクトルには番号が付けられ，より高次の無差別曲線

上にある財ベクトルにはより大きな数値の番号が付けられる．そして，これこそがまさしく効用関数なのである．

これは，少なくとも選好が単調である場合には，無差別曲線の番号付けを見つける1つの方法である．これがどのような場合でも最も自然な方法だとは必ずしもいえない．しかし，少なくとも序数的効用関数の考えがまったく自然であることを示している．ほとんどどのような「理にかなった」選好であろうとも効用関数によって表現できるのである．

4.3 効用関数の例

3章ではいくつかの選好と，それらを表現する無差別曲線の例を説明した．また，これらの選好は効用関数で表現することも可能である．効用関数 $u(x_1, x_2)$ が与えられるならば，無差別曲線を描くのは比較的簡単である．単に，$u(x_1, x_2)$ を一定にするような (x_1, x_2) のすべての点をなぞっていくだけでよい．数学では，$u(x_1, x_2)$ をある一定の値に等しくするようなすべての (x_1, x_2) の集合を**レベル集合**（level set）と呼ぶ．異なった値に対しては異なった無差別曲線が得られる．

例：効用からの無差別曲線

かりに，効用関数が $u(x_1, x_2) = x_1 x_2$ で与えられたとしよう．無差別曲線はどのような形になるだろうか．

1つの典型的な無差別曲線とはある定数 k に対して $k = x_1 x_2$ となるようなすべての x_1 と x_2 の集合であることをわれわれは知っている．x_1 の関数として x_2 を解くと次式のような1つの典型的な無差別曲線を得る．

$$x_2 = \frac{k}{x_1}$$

この曲線は**図4.3**に，$k = 1, 2, 3, \cdots$ の場合について描かれている．

他の例を考えてみよう．$v(x_1, x_2) = x_1^2 x_2^2$ のような効用関数が与えられたとする．この無差別曲線はどのような形状となるだろうか．代数の標準的公式によって次のようになることがわかる．

4.3 効用関数の例

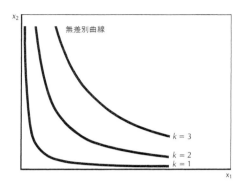

図4.3 無差別曲線

$$v(x_1, x_2) = x_1^2 x_2^2 = (x_1 x_2)^2 = u(x_1, x_2)^2$$

したがって，効用関数 $v(x_1, x_2)$ は効用関数 $u(x_1, x_2)$ のちょうど2乗になっている．$u(x_1, x_2)$ はマイナスにならないので，$v(x_1, x_2)$ は前述の効用関数 $u(x_1, x_2)$ の単調変換である．このことから効用関数 $v(x_1, x_2) = x_1^2 x_2^2$ は図4.3で描かれた無差別曲線と厳密に同じ形状でなければならない．無差別曲線の番号付けの方法は異なるかもしれないが——1，2，3，…という番号付けの方法であったものが，今度は1，4，9，…というようになる——$v(x_1, x_2) = 9$ となるような財ベクトルの集合は $u(x_1, x_2) = 3$ となる財ベクトルの集合と厳密に同じである．このようにして $v(x_1, x_2)$ は，すべての財ベクトルに対して同じ方法で順序付けを行っているので，$u(x_1, x_2)$ と厳密に同じ選好を記述しているのである．

逆の方向の分析——ある無差別曲線を表現するような効用関数の発見——に進むのはいくぶんもっとむずかしい．先に進むには2つの道がある．第1の道は数学的なものである．無差別曲線が与えられると，各無差別曲線に沿っては一定であり，より高次の無差別曲線に対してはより大きな値をとる関数の発見を期待することになる．

第2の道は多少もっと直感的なものである．選好の記述が与えられると，消費者が最大化しようと努めるものは何か——どのような財ベクトルが消費者の選択行動を説明するのか——を考察することにしよう．これは当面はほとんど価値がないように思えるかもしれないが，2，3の例を吟味した後ではもっと

意味のあることがわかろう．

完全代替財

　赤鉛筆と青鉛筆の例を覚えているだろうか．消費者にとって問題のすべては鉛筆の総本数に尽きる．したがって，効用を鉛筆の総本数で測ることはごく自然である．そこで，われわれは前例で効用関数を $u(x_1, x_2) = x_1 + x_2$ とした．これでうまくいくのだろうか．ただ2点を問えばよい．無差別曲線に沿って一定値であろうか．より選好されている財ベクトルにより大きな値の番号が付けられているだろうか．この両方の疑問に対する答えは肯定的であり，したがって，1つの効用関数を得ることになる．

　もちろん，これだけが利用できる唯一の効用関数というわけではない．鉛筆の総本数の2乗も同様に利用できる．そこで，効用関数 $v(x_1, x_2) = (x_1 + x_2)^2 = x_1^2 + 2x_1 x_2 + x_2^2$ も同様に完全代替的選好を表現している．その他 $u(x_1, x_2)$ の任意の単調変換も同じである．

　1対1以外の比率で第1財と第2財を代替したい消費者ならばどうなるだろうか．かりに，たとえば，その消費者が第1財の1単位をあきらめることに対する補償として第2財の2単位を要求するとしよう．これはその消費者にとって第2財よりも第1財が2倍の価値をもつことを意味する．したがって，この効用関数は $u(x_1, x_2) = 2x_1 + x_2$ の形をとる．この効用関数は傾き -2 の無差別曲線を作り出すことに注目してほしい．

　一般的に，完全代替的な選好は次式のような形の効用関数によって示される．

$$u(x_1, x_2) = ax_1 + bx_2$$

ここで a, b はその消費者の第1財と第2財の「価値」を測るなんらかのプラスの数である．典型的な無差別曲線の傾きは $-a/b$ で与えられる．

完全補完財

　これは右足と左足の靴の関係である．このような選好においては，消費者はただ所有している靴の足数にのみ関心がある．そこで，靴の足数を効用関数として選択するのが自然である．所有している完全に対になっている靴の足数とは，右足の靴の数 x_1 と左足の靴の数 x_2 の最小値である．したがって，完全補完財の効用関数は $u(x_1, x_2) = \min\{x_1, x_2\}$ という形をとる．

4.3 効用関数の例

この効用関数が実際に機能することを確かめるために，たとえば，$(10,10)$ のような財ベクトルを取り上げよう．かりに第 1 財が 1 単位追加されて $(11,10)$ となったとしても，われわれは同じ無差別曲線上にとどまるはずである．$\min\{10,10\}=\min\{11,10\}=10$ だから確かにそうなる．

したがって，$u(x_1,x_2)=\min\{x_1,x_2\}$ は完全補完財を記述するような 1 つの可能な効用関数である．例によって，ここでも任意の単調変換が同様に適用される．

消費者が 1 対 1 以外の比率で各財の消費を希望する場合にはどうなるであろうか．たとえば，1 杯の紅茶にいつもスプーン 2 杯の砂糖を入れる消費者についてはどうだろうか．x_1 が入手可能な紅茶のカップ数，x_2 が入手可能な砂糖のスプーン数とすれば，適切な甘さの紅茶のカップ数は $\min\{x_1, \frac{1}{2}x_2\}$ となろう．

これ以上は難しくなるのでやめるが，要は，もし紅茶のカップ数が砂糖のスプーン数の半分よりも多ければ，紅茶各 1 杯に砂糖を 2 杯入れることはできないのである．この場合，$\frac{1}{2}x_2$ 杯の適切な甘さの紅茶が飲めることになる．(x_1 と x_2 にいくつかの数値を入れて各自確かめてみるとよい．)

もちろん，この効用関数の任意の単調変換は同じ選好を記述するだろう．たとえば，分数でなくするために 2 倍にしたくなるかもしれない．そのときには，効用関数は $u(x_1,x_2)=\min\{2x_1,x_2\}$ となる．

一般的に，完全補完的選好を記述する効用関数は次式で与えられる．

$$u(x_1,x_2)=\min\{ax_1,bx_2\}$$

ただし，a,b は各財が消費される比率を示すプラスの数である．

準線形選好

ここでは，これまでみてこなかった種類の選好を述べよう．かりに図4.4におけるように，各無差別曲線が垂直に移動しているような無差別曲線を想定しよう．これは，すべての無差別曲線がちょうどある 1 つの無差別曲線の垂直「移動」型で，その方程式は $x_2=k-v(x_1)$ という形をとる．ただし，k は各無差別曲線ごとに異なった定数である．この方程式は，各無差別曲線の高さが x_1 のなんらかの関数 $-v(x_1)$ に，定数 k を加えたものとなっている．k の値が大きくなれば，より高次の無差別曲線となる．（マイナスの符号は形だけの

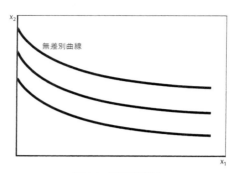

図4.4 準線形選好

ものであり,なぜ,その方が便利かは以下で見る.)

ここでの無差別曲線の番号付けの自然な方法は k で,——つまり,大ざっぱに言って,縦軸に沿った無差別曲線の高さで行うものである. k について解いてそれを効用に等しくさせると,次式を得る.

$$u(x_1, x_2) = k = v(x_1) + x_2$$

この場合,効用関数は第2財について線形となっているが,第1財については(たぶん)非線形となっている.したがって,「部分線形」の効用という意味で,**準線形効用**(quasilinear utility)と名づけられている.準線形効用の具体例として, $u(x_1, x_2) = \sqrt{x_1} + x_2$ や $u(x_1, x_2) = \ln x_1 + x_2$ がある.準線形効用関数は特に現実的というわけではないが,本書の後のいくつかの例で見られるように,扱いが非常に容易である.

コブ-ダグラス型選好

一般的に利用されている他の効用関数は次の**コブ-ダグラス型**(Cobb-Douglas)効用関数である.

$$u(x_1, x_2) = x_1^c x_2^d$$

ただし, c, d は消費者の選好を表すプラスの数値である[2].

---

2) ポール・ダグラス(Paul Douglas)はシカゴ大学の20世紀の経済学者であり,後に米国上院議員となった.チャールズ・コブ(Charles Cobb)はアムハースト大学の数学者であった.当初,コブ-ダグラスの関数型は生産行動を研究するために用いられた.

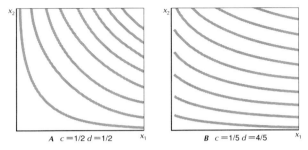

図4.5　コブ-ダグラス型無差別曲線

　コブ-ダグラス型効用関数はいくつかの例で有用である．コブ-ダグラス型効用関数で示される選好は図4.5で描かれているような一般形をしている．図4.5Aには $c=1/2, d=1/2$ の無差別曲線，図4.5Bには $c=1/5, d=4/5$ の無差別曲線が描かれている．パラメータ c と d の値の違いが無差別曲線の形状をどう変えるかに注意されたい．

　コブ-ダグラス型無差別曲線は，3章で「適正な性質をもつ無差別曲線」として引用したように，良好な凸型の単調無差別曲線となっている．この型の選好は正常な無差別曲線の標準的な例であり，簡単な数式で表現できる．後に分析する経済学の考え方を数学的に表現するのに，コブ-ダグラス型選好は非常に便利であることがわかるだろう．

　もちろん，コブ-ダグラス型効用関数の単調変換は厳密に同じ選好を表現するので，これらの変換の例を2，3見ておくことは有用である．

　第1に，効用の自然対数をとってみると，項の積は項の和となるので，次式を得る．

$$v(x_1, x_2) = \ln(x_1^c x_2^d) = c \ln x_1 + d \ln x_2$$

この効用関数の無差別曲線は最初のコブ-ダグラス型関数とまったく同じとなる．なぜなら，対数変換は単調変換だからである．

　第2の例として，次のようなコブ-ダグラス型関数から始めよう．

$$v(x_1, x_2) = x_1^c x_2^d$$

このとき，効用を $1/(c+d)$ 乗すれば，次式を得る．

$$x_1^{\frac{c}{c+d}} x_2^{\frac{d}{c+d}}$$

かりに，新しい数値として，

$$a = \frac{c}{c+d}$$

と定義すれば，効用関数を次のように書くことができる．

$$v(x_1, x_2) = x_1^a x_2^{1-a}$$

このように，コブ-ダグラス型効用関数の単調変換では指数の合計を1とすることが常に可能である．このことで解釈が便利になることを後に見る．

コブ-ダグラス型効用関数は種々の方法で表現しうる．それらを読者は確認すべきであろう．この選好の族は例として非常に有用だからである．

4.4 限界効用

ある財ベクトル (x_1, x_2) を消費している消費者を考えよう．われわれがその消費者に第1財をもう少し多く与えたら，その人の効用はどのように変化するだろうか．この変化率は第1財に関する**限界効用**（marginal utility）と呼ばれる．われわれはそれを MU_1 と書き，次のような比率として考える．

$$MU_1 = \frac{\Delta U}{\Delta x_1} = \frac{u(x_1 + \Delta x_1, x_2) - u(x_1, x_2)}{\Delta x_1}$$

つまり，第1財の量の微小な変化（Δx_1）に連動した効用の変化（ΔU）の率を測るのである．第2財の量はこの計算では固定されていることに注意してほしい．

第1財の消費の微小な変化に連動した効用の変化を計算するには，その財の限界効用に消費の変化を掛ければよいことを以上の定義は意味する．つまり，次のようになる．

$$\Delta U = MU_1 \Delta x_1$$

第2財に関する限界効用は同じような手続きで定義され，次のようになる．

$$MU_2 = \frac{\Delta U}{\Delta x_2} = \frac{u(x_1, x_2 + \Delta x_2) - u(x_1, x_2)}{\Delta x_2}$$

第2財に関する限界効用を計算するときには，第1財の量を一定にとどめていることに注意されたい．第2財の消費の変化に連動した効用の変化は次の式によって計算することができる．

$$\Delta U = MU_2 \Delta x_2$$

　限界効用の大きさが効用の大きさに依存することを知っておくことは重要である．したがって，効用についてわれわれが選択する計測方法に依存する．かりに効用に2を掛ければ，限界効用も2だけ掛けられる．われわれは依然として，同じ選好を表現するような完全に有効な効用関数をもっているのであるが，異なった目盛りで測られていることになる．

　このことは，限界効用自体はなんら行動上の内容をもっていないことを意味する．では，どうしたら消費者の選択行動から限界効用を計算できるのだろうか．それはできない．選択行動は消費者が異なった財ベクトルを順位付ける方法に関する情報のみを表しているにすぎない．限界効用は選好の順序付けを反映させるためにわれわれが用いた特定の効用関数に依存するものであり，その大きさはなんら特殊な意味をもたない．しかしながら次節で見るように，限界効用は行動上の意味内容を備えたあるものを計算するために利用できることが明らかとなっている．

4.5　限界効用と限界代替率（MRS）

　効用関数 $u(x_1, x_2)$ は3章で定義された限界代替率を測るために利用することができる．限界代替率はある財ベクトルでの無差別曲線の傾きを測っていることを想起されたい．それはある消費者が第1財に対して代替してもよいと考える第2財の比率として解釈できる．

　この解釈は限界代替率を計算するための簡単な方法を与えてくれる．効用を一定に保つような各財の消費量の変化（$\Delta x_1, \Delta x_2$）——つまり，無差別曲線に沿ってわれわれを移動させるような消費量の変化を考えよう．このとき，次式を保持していなければならない．

$$MU_1 \Delta x_1 + MU_2 \Delta x_2 = \Delta U = 0$$

無差別曲線の傾きについて解けば次式を得る．

$$MRS = \frac{\Delta x_2}{\Delta x_1} = -\frac{MU_1}{MU_2} \qquad (4.1)$$

(注意してほしいが,方程式の左辺では添え字2を1で割っているし,右辺では1を2で割っている.きちんと記憶すること.)

　MRSの代数学的符号はマイナスである.というのは,かりに第1財をもっと多く獲得すれば,同じ効用水準を維持するためには,第2財の獲得は少なめでなければならないからである.経済学者は普通はMRSを絶対値で——つまり,プラスの数値で用いている.われわれは混乱を来たさないかぎり,このようなしきたりにしたがうことにする.

　さて,MRSの計算について興味をひく点をあげておこう.限界代替率は人々の実際の行動——3章で述べたように,彼らが同じところにとどまろうとする交換比率を見い出すこと——を観察することで計測しうる.

　効用関数,したがって,限界効用関数は一義的に決定されるものではない.ある効用関数の任意の単調変換も等しく有効なもう1つの効用関数である.たとえば,効用に2を掛ければ限界効用も2倍になる.このように,限界効用関数の大きさは任意の効用関数の選択に依存する.それは,行動だけに依存するものではなく,行動を説明するために用いられた効用関数にも依存するのである.

　しかし,限界効用の比率は観察可能な大きさ——すなわち,限界代替率をわれわれにもたらしてくれる.限界効用の比率は選択された効用関数の特定の変換には依存しないのである.かりに効用に2を掛けたらどうなるかを見てみよう.限界代替率は,

$$MRS = \frac{2MU_1}{2MU_2}$$

となる.2が打ち消され,MRSは同じ値にとどまっている.

　効用関数のどのような単調変換を行っても同様のことが起こる.単調変換を行うことはまさに無差別曲線の番号の付け直しを行うことであるが,上述での限界代替率の計算は所与の無差別曲線に沿った移動に関係するものである.限界効用は単調変換で変化させられるが,限界効用の比率は選好を表現するために選択された特定の方法とは独立しているのである.

4.6 通勤の効用

　効用関数は基本的には選択行動を記述する方法である．かりに財ベクトル Y が実現可能であるにもかかわらず，財ベクトル X が選択されたとすれば，X は Y よりも高い効用をもっていなければならない．消費者が行う選択を吟味することで，われわれは彼らの行動を記述する効用関数を推定できる．

　このアイディアは消費者の通勤の行動を研究するために交通経済学の分野で広く応用されてきた．ほとんどの大都市の通勤者は公共交通機関を利用するかマイカーで通勤するかの選択肢をもっている．これらの代替案の各々は異なった特性（乗車時間，待合時間，出費，快適性，便宜性等々）の財ベクトルで表現したものとして考えることができる．x_1 を各輸送手段に必要な乗車時間の量とし，x_2 を各輸送手段の待合時間の量，等々としよう．

　かりに，たとえば，$(x_1, x_2, \cdots, x_n)$ が n 種類の特性についてのマイカー通勤の値を表すとし，$(y_1, y_2, \cdots, y_n)$ がバス通勤のそれらの値を表すものとしよう．われわれは，消費者がある特性の財ベクトルを他の特性のそれよりも選好するかどうかによって，彼がマイカーにするかバスにするかを決定するというモデルを考えることができる．

　より特定化し，特性についての平均的消費者の選好が次のような形の効用関数によって表すことができるものとしよう．

$$U(x_1, x_2, \cdots, x_n) = \beta_1 x_1 + \beta_2 x_2 + \cdots + \beta_n x_n$$

ただし，係数 β_1, β_2 等は未知のパラメータである．もちろん，この効用関数の任意の単調変換も選択行動を同じように説明できるだろう．しかしながら，線形は統計的な観点から処理が非常に容易である．

　かりに，与えられたある特定の通勤時間帯や費用等のもとでマイカー通勤とバス通勤の選択を行っている数多くの同じような消費者を観察するものとしよう．観察されたある消費者の集団によって選択された形に最もよく適合する係数 $\beta_i (i=1, \cdots, n)$ の値を見つけ出すのに利用できる統計学的手法が存在する．これらの統計学的手法は種々の交通様式に対する効用関数を推定する方法を提供している．

　ある研究は，効用関数が次のような形であることを報告している[3]．

$$U(TW, TT, C) = -0.147TW - 0.0411TT - 2.24C \qquad (4.2)$$

ただし,

TW＝バスやマイカーまで／からの総徒歩時間（分）

TT＝総通勤時間（分）

C＝総通勤費用（ドル）．

　この効用関数は，ドメニッチ−マクファデンの研究では93パーセントの家庭のマイカー通勤とバス通勤の選択を正しく説明している．

　(4.2)式の変数の係数は，平均的家庭が彼らの通勤手段の種々の特性に置いているウエイトを表している．すなわち，各特性の限界効用である．ある係数の他の係数に対する比率は，ある特性と他の特性の限界代替率を測っている．たとえば，徒歩時間の限界効用と総通勤時間の限界効用の比率は，平均的消費者が，徒歩時間は通勤時間より大ざっぱに言って3倍厄介なものであるとみなしていることを示唆している．言い換えると，消費者は徒歩時間を1分少なくするためには3分の追加通勤時間を引き受けてもよいと思っている．

　同様に，費用の通勤時間に対する比率は，平均的消費者のこれら2つの変数のトレード・オフを示している．この研究では，平均的通勤者は通勤時間を1分当たり0.0411/2.24＝0.0183ドルの価値と見ている．つまり，1時間当たり1.10ドルである．比較のために，調査年度の1967年での同サンプルの平均通勤者の1時間当たり賃金を見ると，およそ2.85ドルであった．

　このように推定された効用関数は，公共輸送体系を変革するだけの意義があるのかどうかを決定する際には非常に価値がある．たとえば上記の効用関数において，どのような交通体系を選択するかを説明する際の意味のある要因の1つは通勤に必要な時間である．都市交通当局は，何がしかの費用で，この通勤時間を短縮するためにもっと多くのバスを導入することができる．しかし，追加的乗車人数は支出増加分を賄うことができるだろうか．

　効用関数と消費者のサンプルが与えられると，われわれはどの消費者がマイカー通勤をし，どの消費者がバスを利用するかを予測することができる．この

---

3) Thomas Domenich and Daniel McFadden, *Urban Travel Demand* (North-Holland Publishing Company, 1975). 彼らの著書では，ここでの純粋に経済的な変数に加えて家庭における人口学的ないくつかの特性も含めて推定している．Daniel McFadden はこの種の推計モデルの技法を発展させた業績により2000年にノーベル経済学賞を獲得している．

ことが，収入が追加的費用を賄うのに十分であるかに関する多少の考えを提供してくれるのである．

しかも，われわれは各消費者が通勤時間の短縮に置く・価・値を推定するために限界代替率を利用することができる．われわれはドメニッチ-マクファデンの研究で，1967年の平均的通勤者は通勤時間に1時間当たり1.10ドルの価値を置いていることを上で見た．したがって，通勤者は通勤時間を20分短縮するためには0.37ドルを支払ってもよいと思うはずだ．この数値はより適切なバス・サービスの提供による便益のドルでの尺度を与えてくれる．この便益は，そのような提供が価値をもつかどうかを決定するために費用と比較されなければならない．便益の数量的尺度をもつことは，交通政策について合理的な意思決定をする際に確実に役立つだろう．

要　　約

1. 効用関数とは選好順序を表現する，または要約する単なる方法である．効用水準の数量的大きさはなんら本質的意味をもたない．
2. したがって，任意の1つの効用関数が与えられると，その任意の単調変換も同じ選好を表す．
3. 限界代替率は，$MRS = \Delta x_2/\Delta x_1 = -MU_1/MU_2$ という式によって効用関数から計算できる．

5章 選　　択

本章では消費者の最適選択を調べるために予算集合と選好理論を合わせて考えることにする．すでに，消費者選択の経済モデルとは人々が実現可能な範囲で最善の消費財ベクトル（財の組み合わせ）を選択することであると述べた．いまや，この言葉をもっと専門的に表現することができる．「消費者は予算集合から最も選好する消費財ベクトルを選択する」のである．

5.1　最適選択

典型的な場合が**図5.1**に示されている．ここでは，ある消費者の予算集合とその消費者の無差別曲線のいくつかが同一図面に描かれている．われわれは，予算集合内で最高次の無差別曲線に位置する財ベクトルを見つけ出したい．選好は正常で，財の多い方が少ない方よりも選好されるとするので，予算線上にある財ベクトルに注意を集中すればよく，予算線の下方の財ベクトルについて思いめぐらす必要はない．

さて，単純に予算線の右端から出発し，左に移動していこう．予算線に沿って移動するにつれて，より高次の無差別曲線に移動していくことに気づく．われわれは最高次の無差別曲線に到達したときに停止するが，そこでは予算線とちょうど接している．図では，最高次の無差別曲線がちょうど予算線に接しているような財ベクトルを (x_1^*, x_2^*) としている．

選択 (x_1^*, x_2^*) はその消費者にとって**最適選択**（optimal choice）である．(x_1^*, x_2^*) 以上に選好される財ベクトルの集合——その無差別曲線よりも上方の財ベクトルの集合——は，実現可能な財ベクトル——予算線の下方の財ベクトル——とは交わらない．したがって，財ベクトル (x_1^*, x_2^*) はその消費者が

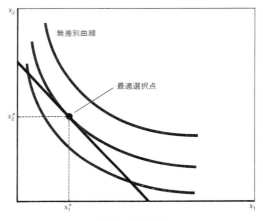

図5.1　最適選択

実現可能な最善のベクトルである．

　この最適ベクトルの重要な特性に注目してほしい．この選択では，無差別曲線は予算線に接している．ちょっと考えてみれば，こうでなければならないことがわかるであろう．かりに，無差別曲線が接するのでなければ交わるということになるが，もし予算線と交わるということであるならば，予算線上のその交点近くに，より高次の無差別曲線に位置する点が存在することになる――つまりはじめから最適ベクトルでなかったはずである．

　この接線条件が本当に最適選択で成立しなければならないであろうか．これがすべての場合に成立するとはかぎらないが，ほとんどの興味ある場合には成立する．どのような場合でも成立するのは，最適点では無差別曲線は予算線と交わることができない，というものである．では，「交わらない」が接するを意味するのはどのようなときであろうか．最初に例外を見てみよう．

　第1に，無差別曲線は**図5.2**のように接線をもっていないかもしれない．ここでは無差別曲線は最適選択で折れ曲がっており，正確な意味での接線とは定義されない．というのも，接線の数学的な定義では，どのような点でもただ1本の接線だけしか存在しないとしているからである．このケースは経済的に見てことさら重要ではなく，厄介さは他のケースよりも単純である．

　第2の例外はもっと興味を引くものである．かりに**図5.3**のように，ある財の消費がゼロのようなところが最適点だとしよう．そのときには，無差別曲線

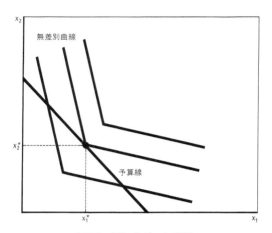

図5.2 折れ曲がった嗜好

の傾きと予算線の傾きは違っている．しかし，無差別曲線は依然として予算線と交わってはいない．**図5.3** は **境界（端点）最適**（boundary optimum）を示しているといい，一方，**図5.1** のような場合は **内部（内点）最適**（interior optimum）を示しているという．

もしわれわれが「折れ曲がった嗜好」を除外したいのであれば，**図5.2** で与えられたような例については忘れてもよい[1]．そして，もし内部最適だけに限定したいのであれば，もう1つの例も除外できる．もし滑らかな無差別曲線と

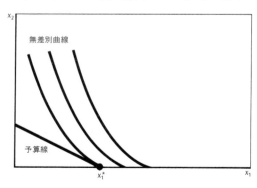

図5.3 境界最適

---

1) そうしないと，本書は「付添い必要」難度の評価をもらってしまう．

内部最適をもっているのであれば,無差別曲線の傾きと予算線の傾きは同じでなければならない.なぜならば,もしそれらが違っていれば無差別曲線は予算線と交わるであろうし,最適点にいるとはみなしえないからである.

以上,最適選択が満たすべき必要条件を見い出してきた.もし最適選択が両財の何がしかの消費を伴うのであれば——したがって,内部最適であるならば——,そのときには必然的に無差別曲線は予算線と接するであろう.しかしながら,この接線条件はその財ベクトルが最適であることの十分条件となっているだろうか.もし無差別曲線が予算線と接しているような財ベクトルを見つけ出せば,われわれは最適選択に到達したと確信できるだろうか.

図5.4 を見よう.ここには接線条件が満たされている3つの財ベクトルがある.いずれも内部最適であるが,そのうちの2つだけが最適である.したがって,一般的には,接線条件は最適性の必要条件でしかなく,十分条件ではない.

しかし,それが十分条件であるような1つの重要な場合がある.それは凸選好の場合である.凸選好の場合には接線条件を満たすどのような点も最適点でなければならない.このことは図からも明らかである.なぜならば,凸型の無差別曲線は予算線から湾曲しながら遠ざからなければならず,それらが再度接するように折れ曲がってくることはできないからである.

図5.4 では,また,一般的に MRS(限界代替率)条件を満たすような最適財ベクトルは1つ以上存在するかもしれないことをわれわれに告げている.しかしながら凸性は限定を意味する.もし無差別曲線が強い意味での凸型——平ら

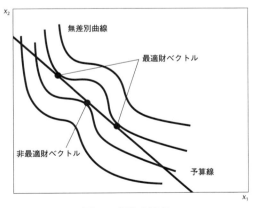

図5.4 複数の接点

になっている箇所が存在しない——であるならば，各予算線ごとにただ1つの最適選択しか存在しない．このことは数学的にも示しうるが，図を見るだけでも十分説得的である．

　限界代替率が内部最適で予算線の傾きと等しくなければならないという条件は図でも明らかであるが，それが経済的にどのような意味をもっているのだろうか．限界代替率についての1つの解釈として，それが消費者が交換せずともよいと思っているところでの交換比率であることを想起してみよう．さて，市場は消費者に $-p_1/p_2$ の交換比率を提示している——もし第1財を1単位あきらめるならば第2財を p_1/p_2 単位購入できる．もし消費者がそのままでいたいとする消費財ベクトルにいるならば，それは次のように限界代替率と，この交換比率を等しくしているものでなければならない．

$$MRS = \frac{p_1}{p_2}$$

　このことを考えるもう1つの方法は，限界代替率が価格比率から乖離しているとすれば何が起こるかを想像することである．かりに，たとえば，MRSが $\Delta x_2/\Delta x_1 = -1/2$ であり，価格比率が1/1だとしよう．このときには，これは，その消費者が第2財を1単位獲得するために第1財を2単位あきらめてもよいと思っていること——しかしながら，市場ではそれらを1対1で交換できること——を意味する．したがって，消費者は第2財をもっと多く購入するために第1財をなにがしか手離してもよいと考えるだろう．限界代替率が価格比率から乖離しているかぎり，つねに消費者は最適選択にいることができないのである．

5.2　消費者需要

　ある価格と所得のもとでの第1財と第2財の最適選択はその消費者の**需要された財ベクトル**（demanded bundle）と呼ばれる．一般的に価格と所得が変化したとき，消費者の最適選択は変化する．**需要関数**（demand function）とは，最適選択——需要された数量——を種々の価格と所得の値に関連させた関数である．

　われわれは，需要関数を価格と所得の両方に従属するものとして表記する．すなわち，$x_1(p_1, p_2, m), x_2(p_1, p_2, m)$ とする．各々の異なった価格と所得の

集合に対して，消費者の最適選択としての異なった財ベクトルが存在する．以下では，異なった選好が異なった需要関数を導くことの例をいくつか簡単に見ることにする．そして，次章以降の数章で，これら需要関数の動き——価格や所得が変化するにつれて最適選択がどのように変化していくか——を主要目標として研究することにしよう．

5.3 例

これまで発展させてきた消費者選択モデルを3章で述べた選好理論の例に応用してみよう．基本的処理はどの例でも同じである．無差別曲線と予算線を描き，最高次の無差別曲線が予算線に接する点を見つけ出すことである．

完全代替財

完全代替財の場合が図5.5に示されている．われわれは3つの可能なケースをもっている．もし $p_2 > p_1$ ならば予算線の傾きは無差別曲線の傾きよりもなだらかである．この場合，最適な財ベクトルは消費者がすべての資金を第1財に支出するところにある．もし $p_1 > p_2$ ならば，消費者は第2財のみを購入する．最後に，もし $p_1 = p_2$ ならば，すべての領域が最適選択である——この場合，予算制約を満たすような第1財と第2財の量ならばどこでも最適である．このように，第1財の需要関数は次のようになる．

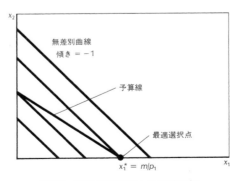

図5.5 完全代替財による最適選択

$$x_1 = \begin{cases} m/p_1 & p_1 < p_2 \text{ のとき} \\ 0 \text{ と } m/p_1 \text{ の間の任意の値} & p_1 = p_2 \text{ のとき} \\ 0 & p_1 > p_2 \text{ のとき} \end{cases}$$

これらの結果は常識と矛盾しないだろうか．もし2財が完全代替財であるならば，消費者は安い方を購入するだろうといっているのである．もし両財が同じ価格ならば，消費者はどちらの財を購入するかについて関心を払うことはない．

完全補完財

完全補完財の場合が **図5.6** に示されている．最適選択は常に45度線上に位置していなければならない．そこでは，価格がどのようなものであろうと，消費者は両財を同量だけ購入している．例に即して言うならば，これは，2本の脚をもつ人々は1足の靴を購入するといっているのである[2]．

最適選択を代数的に解くことにしよう．この消費者は，価格がどのようなものであろうと第1財と第2財を同量だけ購入していることをわれわれは知っている．この量を x で示すことにしよう．このとき，次の予算制約を満たさなければならない．

$$p_1 x + p_2 x = m$$

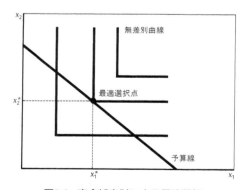

図5.6 完全補完財による最適選択

---

2) 心配する必要はない．後でもっとおもしろい結論を得ることになる．

これを x について解けば，第 1 財と第 2 財の最適選択が獲得でき，次のようになる．

$$x_1 = x_2 = x = \frac{m}{p_1 + p_2}$$

ここでの最適選択に対応する需要関数はまったく直観的なものである．いつでも 2 つの財が一緒に消費されているので，あたかもその消費者が $p_1 + p_2$ の価格をもつ単一の財に資金を支出しているかのようである．

中立財と非経済財

中立財の場合には消費者は資金のすべてを自分の好む財に支出し，中立財をまったく購入しない．同様のことが，一方の財が非経済財の場合にも生じる．したがって，第 1 財が通常財で，第 2 財が非経済財であるならば，需要関数は次のようになる．

$$x_1 = \frac{m}{p_1}$$
$$x_2 = 0$$

非分割財

第 1 財が整数の単位でしか購入できない非分割財であり，第 2 財が他のすべてに支出される貨幣であるとしよう．かりに消費者が 1，2，3，…単位の第 1 財を選択するとすれば，$(1, m-p_1)$, $(2, m-2p_1)$, $(3, m-3p_1)$ 等々の消費ベクトルを選択したことを意味する．われわれはこれらのベクトルの効用を単

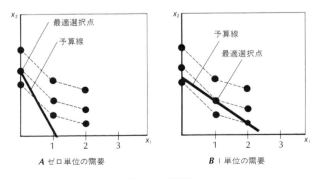

A ゼロ単位の需要　　　　　**B** 1 単位の需要

図5.7　非分割財

純に比較し，どれが最高の効用をもっているかを見ることができる．

他の方法として，図5.7のように無差別曲線分析を利用することができる．いつものように，最適ベクトルは最高次の無差別「曲線」上にある．もし第1財の価格が非常に高ければ，消費者はゼロ単位の消費を選択するかもしれない．その消費者は価格が低下するにつれてその財を1単位消費することが最適であることを知るだろう．型通りに言えば，価格がさらに低下すれば，もっと多くの第1財を消費するだろう．

凹選好

図5.8に示されているような状況を考えてみよう．X 点が最適選択だろうか．もちろんそうではない．このような選好に対する最適選択は，財ベクトル Z のように，常に境界選択になる．非凸選好が何を意味するかを考えてみよう．たとえば，かりにあなたがアイスクリームとオリーブを購入する資金をもちながら，それらの両方を同時に消費したくないと思うならば，あなたはどちらかにそのすべての資金を使うであろう，ということである．

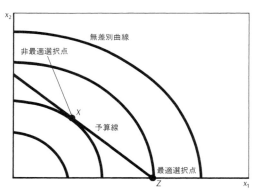

図5.8 凹選好による最適選択

コブ-ダグラス型選好

かりに効用関数がコブ-ダグラス型で，$u(x_1, x_2) = x_1^c x_2^d$ としよう．このときの需要関数は次のようになる．

$$x_1 = \frac{c}{c+d} \frac{m}{p_1}$$

$$x_2 = \frac{d}{c+d}\frac{m}{p_2}$$

このような需要関数はしばしば数学例として有用であるので，記憶しておく方がよい．

コブ–ダグラス型選好は便利な特性をもっている．コブ–ダグラス型消費者が所得から第1財に支出する割合を考えてみよう．もし第1財を x_1 単位消費するならば，この費用は $p_1 x_1$ であり，総所得の $p_1 x_1/m$ の割合となる．x_1 に需要関数を代入すれば，

$$\frac{p_1 x_1}{m} = \frac{p_1}{m}\frac{c}{c+d}\frac{m}{p_1} = \frac{c}{c+d}$$

となる．同様に，消費者が所得から第2財に支出する割合は $d/(c+d)$ である．

このように，コブ–ダグラス型消費者は常に所得の一定割合を各財に支出する．割合の大きさはコブ–ダグラス型関数によって決まる．

これが，なぜ指数の合計が1となるようなコブ–ダグラス型効用関数での表現を採用すると便利かの理由である．もし $u(x_1, x_2) = x_1^a x_2^{1-a}$ ならば，a は所得から第1財に支出された割合であるとただちに解釈できるのである．このような理由で，コブ–ダグラス型選好をこの形式で表現することが多い．

5.4 効用関数の推定

以上，いくつかの選好と効用関数を見てきたし，これらの選好によって生み出される需要行動の種類を調べてきた．しかしながら，実際の場面では普通は異なる方法の研究をしなければならない．需要行動を観察し，この観察された行動からどのような選好が導かれるかが問題となる．

たとえば，かりに，種々の価格と所得水準のもとでの消費者の選択をわれわれは観察するとしよう．一例を**表5.1**に記した．これは，各年度ごとに成立した種々の価格と所得のもとでの2財の需要の表である．また，各年度の各財への所得の支出割合を，公式 $s_1 = p_1 x_1/m$ と $s_2 = p_2 x_2/m$ を使って計算した．

これらのデータによれば，支出割合は比較的一定である．観察値ごとにわずかの変動があるものの，たぶん心配するほど大きくはない．第1財に対する平均支出割合は1/4であり，第2財支出の所得に対する割合は3/4である．これら

表5.1 消費行動を記述したデータ

年	p_1	p_2	m	x_1	x_2	s_1	s_2	効用
1	1	1	100	25	75	.25	.75	57.0
2	1	2	100	24	38	.24	.76	33.9
3	2	1	100	13	74	.26	.74	47.9
4	1	2	200	48	76	.24	.76	67.8
5	2	1	200	25	150	.25	.75	95.8
6	1	4	400	100	75	.25	.75	80.6
7	4	1	400	24	304	.24	.76	161.1

のデータには $u(x_1, x_2) = x_1^{\frac{1}{4}} x_2^{\frac{3}{4}}$ の型の効用関数が非常にきれいに適合するように思われる．すなわち，この形の効用関数が，観察された選択行動に非常に近い選択行動を生み出すかもしれない．便利なように，この推定されたコブ-ダグラス型効用関数を用いて，各観測値に対応した効用を計算しておいた．

観察された行動からするかぎり，消費者は関数 $u(x_1, x_2) = x_1^{\frac{1}{4}} x_2^{\frac{3}{4}}$ を最大化しているようにみえる．消費者行動に関するもっと多くの観察がこの仮説を否定するかもしれない．しかし，われわれが所有している資料に基づくかぎり，最適化モデルへの適合は非常に良好である．

これは非常に重要な意味をもっている．提言された政策変更の効果を評価するためにこの「適合した」効用関数を利用できるからである．かりに，たとえば，消費者が $(2, 3)$ の価格と200の所得の状態になるような税制を政府が企画したとしよう．われわれの推定にしたがえば，これらの価格のもとでの需要ベクトルは次のようになる．

$$x_1 = \frac{1}{4} \frac{200}{2} = 25$$

$$x_2 = \frac{3}{4} \frac{200}{3} = 50$$

このベクトルの推定された効用は，

$$u(x_1, x_2) = 25^{\frac{1}{4}} 50^{\frac{3}{4}} \approx 42$$

である．新租税政策は消費者を第2年度の状態よりは良い状態にするが，第3年度よりは悪い状態にする．このように，消費者への政策変更提案の含意を評価するために観察された選択行動が利用できるのである．

以上は経済学における重要な考えなので，もう一度論理を復習しておこう．選択行動についていくつかの観察値が与えられると，何を最大化しようとしているのかが決まる．最大化しようとしているものがどのようなものであるか推定できれば，われわれはこれを，新しい状況での選択行動の予測と，提案された経済環境の変化に対する評価の両方に利用できる．

もちろん，非常に単純な状況について述べてきた．実際には，通常は個々人の消費選択についての詳細なデータをわれわれはもってはいない．しかし，集団についてのデータはしばしば所有している――10代の若者，中流家計，老齢者等々である．これらの集団は彼らの消費支出パターンに反映されるような種々の財に異なった選好をもっているかもしれない．われわれは彼らの消費パターンを記述する効用関数を推定できるし，この推定された効用関数を需要予測や政策提言評価に利用できる．

上述の単純な例では所得に対する割合は比較的一定であり，コブ–ダグラス型効用関数が非常に適合していることは一見して明らかであった．他の場合にはもっと複雑な形の効用関数が適切かもしれない．計算がもっと厄介で，推定にはコンピュータを利用する必要があるかもしれないが，処理法についての基本的考えは同じである．

5.5 限界代替率（MRS）条件の含意

需要行動の観察は消費者のその行動を作り出したところの基礎となる選好について重要なことを明らかにしてくれる，という重要な考えを前節で述べた．消費者選択についての十分な観察値が与えられるならば，その選択を作り出したところの効用関数を推定することは多くの場合可能である．

しかしながら，ある１つの価格体系での１人の消費者選択を観察するだけでも，消費が変化したときに消費者の効用がどのように変わったかについてある種の有用な推測をすることが可能である．どのようにするかを述べよう．

よく組織された市場では，各財について誰もがほぼ同じ価格に直面している．例として，バターとミルクのようなものを取り上げてみよう．もし誰もがバターやミルクについて同じ価格に直面しており，誰もが最適にあり，誰もが内点解にいるならば，誰もがバターとミルクについて同じ限界代替率をもっていなければならない．

これは前に述べた分析から直接導かれる．市場は全員にバターとミルクについて同じ交換比率を提供しているのであり，全員は2財について彼ら自身がもつ「内部的な」限界評価をそれら2財の市場の「外部的な」評価に等しくさせるまで，消費を調整しているのである．

さて，この説明に関する興味ある点は，それが所得と嗜好からは独立していることである．人々は全体としての2財の消費に対してまったくバラバラに価値付けするかもしれない．ある人々はたくさんのバターとわずかのミルクを消費するかもしれないし，ある人々はその逆かもしれない．裕福な人々はバターもミルクもたくさん消費するかもしれないし，他の人々は両財ともほんのわずかしか消費しないかもしれない．しかしながら，2財を消費している誰もが同じ限界代替率をもっていなければならない．およそ財を消費している誰もが，ある財で測った他財の価値がどれほどであるのか，ある財をいくぶん多く獲得するために犠牲にしてもよいと思うのはどれほどかについて納得していなければならない．

価格比率は限界代替率を測ったものだという事実は非常に重要である．なぜならば，それはわれわれが消費財ベクトルについてありえそうな変化を評価する方法をもっていることを意味するからである．かりに，たとえば，ミルクの価格が1クォート1ドルであり，バターが1ポンド2ドルであるとしよう．このとき，ミルクとバターを消費する者全員にとって，限界代替率は2でなければならない．彼らは1ポンドのバターをあきらめることの補償に2クォートのミルクを得なければならない．あるいは，その逆に，2クォートのミルクをあきらめるためには1ポンドのバターが獲得されなければならない．したがって，両財とも消費している全員が，消費の限界的な変化を同じように評価するだろう．

さてここで，ある発明家がミルクをバターに変える新しい方法を発見したとしよう．3クォートのミルクをこの装置に注ぎ込めば1ポンドのバターが獲得でき，その他の有用な副産物はないものとする．そこで次のような問題を出そう．この発明品の市場はありうるだろうか．ベンチャー資本家は彼のところには殺到しないだろうと確信をもって答えることができる．なぜならば，全員がすでに，2クォートのミルクで1ポンドのバターと取引したいと思っているところで行動しているからである．彼らは3クォートのミルクで1ポンドのバターに交換したいと思うだろうか．答えは彼らはそうしないであろうということ

になる．この発明は何の価値もないのである．

　しかしながら，もし逆に機能し，彼が1ポンドのバターを放り込めば3クォートのミルクを獲得できる装置を発明したならばどうなるだろうか．この装置の市場は存在しうるだろうか．存在する，が答えである．ミルクとバターの市場価格がわれわれに告げているところでは，人々は1ポンドのバターで2クォートのミルクに引き換えることをほとんど喜ばない．しかし，1ポンドのバターで3クォートのミルクを獲得できるとなれば，現在の市場で提供されているものよりも有利な取引である．この装置を発明した彼の会社の株を千株ほど買いたいものだ．それと数ポンドのバターも．

　市場価格は1番目の装置が利益を生み出さないことを示している．それは3ドルのミルクを使用して2ドルのバターを生産するのである．利益を生み出さないということを別の方法で言うと，人々は投入物の方に産出物よりも価値を見い出しているのである．2番目の装置はたった2ドルの価値のバターを使用するだけで3ドルの価値のミルクを生み出す．この装置は，人々が産出物の方に投入物よりも価値を付けているがゆえに，利益を生み出すのである．

　要点は，価格とは，人々がある財を他の財に交換してもよいとする．まさにその比率を測るものであり，それらは消費の変化を伴う政策提言を評価するために利用できるということである．価格とは決して任意の数値ではなく，人々が限界的なものにどのような価値を付けているかを反映したものであり，この事実は経済学における最も基本的かつ重要な考えである．

　もし1つの価格体系のもとでの1つの選択を観察すれば，1つの消費点でのMRSを獲得できる．かりに価格が変化しても，そのもとでのもう1つの選択について観察すればそこでのMRSを獲得する．もっと多くの選択を観察すれば，観察された選択行動を生み出すもとになっている選好の形についてもっと多くを知ることになる．

5.6　税の選択

　これまで議論してきたわずかの消費者理論ですら興味あるかつ重要な結論を導くのに利用できる．以下は2種類の税からの選択を述べた好例である．ある財の消費量に賦課する税を**従量税**（quantity tax）とする．1ガロンにつき15セントのガソリン税のようなものである．所得に賦課する税を**所得税**（income tax）とする．政府が歳入を増大させたいとき，従量税によるものと所得税によるもののどちらが良いのだろうか．この問題に答えるために，いままで学んできたことを適用してみよう．

最初に，従量税賦課を分析してみよう．かりに初期の予算制約が次式であるとする．

$$p_1 x_1 + p_2 x_2 = m$$

もし第1財の消費に t の率の課税をしたならば，予算制約はどうなるだろうか．答えは簡単である．消費者からすれば，あたかも第1財の価格が t だけ上昇したかのようになる．そこで，新しい予算制約は，

$$(p_1 + t)x_1 + p_2 x_2 = m \tag{5.1}$$

となる．

したがって，ある財に対する従量税は消費者によって認知される価格を上昇させる．図5.9はそのような価格変化がどのように需要に影響するかの例である．設例では第1財を減少させると仮定したが，この段階では，この種の税が第1財の消費を増加させるか減少させるかを確実に知ることはできない．どちらの場合でも最適選択 (x_1^*, x_2^*) は次の予算制約を満たさなければならない．

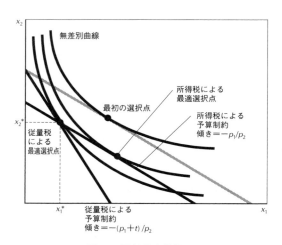

図5.9　所得税と従量税

5.6 税の選択

$$(p_1+t)x_1^* + p_2 x_2^* = m \tag{5.2}$$

この税によって増加した歳入は $R^* = tx_1^*$ である．

次にちょうど同額の歳入を増加させるような所得税を考えてみよう．この予算制約は次のような型になる．

$$p_1 x_1 + p_2 x_2 = m - R^*$$

あるいは，R^* に代入すると，

$$p_1 x_1 + p_2 x_2 = m - tx_1^*$$

となる．この予算線は**図5.9**のどこに行くのだろうか．

　それが最初の予算線と同じ傾き $-p_1/p_2$ をもっているのを見るのは簡単であるが，問題はその位置の決定である．明らかに，所得税による予算線は点 (x_1^*, x_2^*) を通過しなければならない．これを確認する方法は，所得税の予算制約に (x_1^*, x_2^*) を代入し，それを満たすことを調べればよい．

　次の式は正しいだろうか．

$$p_1 x_1^* + p_2 x_2^* = m - tx_1^*$$

もちろん正しい．すでに成立することを知っている (5.2) 式を再整理したものだからである．

　これで (x_1^*, x_2^*) が所得税の予算線上にあることが確定した．つまり，これは消費者にとって実現可能な選択である．しかし，その点が最適選択であろうか．違うという答えを確認するのは簡単である．(x_1^*, x_2^*) では限界代替率は $-(p_1+t)/p_2$ である．しかし，所得税は $-p_1/p_2$ の交換比率での取引を認めるものである．つまり，予算線は (x_1^*, x_2^*) で無差別曲線と交わることになり，これは (x_1^*, x_2^*) よりも選好されるような点が予算線上に存在することを意味する．

　したがって，当局が消費者からの歳入を同額だけ増加させ，しかも従量税よりも所得税のもとで彼らをより良い状態にしておくことができるという意味で，所得税は従量税よりも明らかに優れている．

　これはすばらしい結論であり，記憶しておくだけの価値がある．しかし，同時に限界も理解しておく必要がある．第1に，それは1人の消費者に対しての

み適用されている．上記の議論は，任意の所与の消費者に対して，その消費者から徴収する従量税と同じ額を徴収し，かつ，彼らをより良い状態にするような所得税が存在することを示している．しかし，その所得税の額は一般的には人によって異なっていよう．そこで，すべての消費者に対する単一の所得税は，必ずしもすべての消費者に対する単一の従量税よりも好ましいとはかぎらない．(ある消費者が第1財をまったく消費しない場合を考えよう――この個人は単一の所得税よりも従量税を確実に選好するだろう．)

第2に，所得に税を賦課しても消費者の所得を変えることがないと仮定してきた．所得税は基本的に定額税――消費者が支出しなければならない金額を変化させるが，彼がなすべき選択そのものには影響を与えることがない――であると仮定してきた．これはありそうもない仮定である．所得が消費者によって稼がれるものならば，それに課税することは所得獲得意欲を弱めるだろうことを予想させる．したがって，税引き後の所得は，課税によって取り去られた以上の金額に減少するかもしれない．

第3に，われわれは課税に反応する供給というものを完全に無視してきた．われわれはどれだけ需要が税の変化に反応するかを示してきた．しかし，供給も同様に反応するだろうし，完全な分析とはこのような変化も考慮に入れるはずである．

要　　約

1. 消費者の最適選択とは，その消費者の最高次の無差別曲線上に位置する予算集合の財ベクトルである．
2. 一般的には，最適な財ベクトルとは無差別曲線の傾き（限界代替率）が予算線の傾きと等しいという条件によって特徴づけられる．
3. いくつかの消費選択を観察することにより，その選択行動を生み出したような効用関数を推定することが可能かもしれない．そのような効用関数は新しい経済政策による将来の選択を予想したり，消費者効用を推定することに利用できる．
4. もし2つの財について誰もが同じ価格のもとにいるとするならば，そのとき，誰もが同じ限界代替率をもっており，したがって，誰もが同じような比率で2つの財を交換してもよいと思っているのである．

6章 需　　要

　前章では，予算制約のもとで効用を最大化することがどのように最適選択をもたらすかという消費者理論の基本モデルを示した．消費者の最適選択は彼の所得および財の価格に依存するということを確認したあとで，それがどのようなものになるかを見るためにいくつかの簡単な選好について例題を解いてみた．

　消費者の**需要関数**（demand function）とは，各財に対する需要量を価格と所得の関数として表したものである．したがって，需要関数は

$$x_1 = x_1(p_1, p_2, m)$$
$$x_2 = x_2(p_1, p_2, m)$$

と表される．各方程式の左辺は需要量を表し，右辺はそれが価格と所得の関数であることを表している．

　本章では価格と所得が変化するとき，財に対する需要がどのように変化するかを調べるとしよう．経済環境の変化に対して消費者の選択がどのように反応するかという分析は通常，**比較静学**（comparative statics）と呼ばれている．これについてはすでに1章で説明している．「比較」とは経済環境の変化の前後という2つの状況を比較するということを意味し，「静学」とはある選択から別の選択へ移動する際の調整過程そのものは扱わないということを意味している．われわれは最終的な均衡選択のみを比較しようとしているのである．

　われわれのモデルでは，消費者の最適選択に影響を与える要素は価格と所得の2つだけである．したがって消費理論における比較静学の問題は，価格と所得が変化するとき需要がどのように変化するかを検討することである．

6.1 正常財と劣等財

所得が変化するとき需要がどう変化するかを考えることから始めよう．ある所得のもとでの最適選択は別の所得のもとでの最適選択とどのように比較できるのだろうか．この作業の間は価格は固定されているとして，所得の変化による需要の変化のみを検討する．

価格が固定されているとき貨幣所得の増加が予算線をどのように変化させるかについては，すでに知っている．外側に向かって平行移動させるのである．それでは，これが需要にはどのような影響を与えるのだろうか．

われわれは所得が増加するとき，各財の需要は通常は図6.1に描かれたように増加するだろうと考える．経済学者は，このような財を**正常財**（normal good）と呼んでいる．もし第1財が正常財ならば，所得が増加するときその財に対する需要は増加し，所得が減少するときには減少する．正常財の場合は，需要量は所得の変化と同じ方向に変化するのである．

$$\frac{\Delta x_1}{\Delta m} > 0$$

あるものを正常と呼ぶならば，正常でないものがあるはずである．確かに存在する．図6.2には一般的な無差別曲線が描かれているが，そこでは所得が増

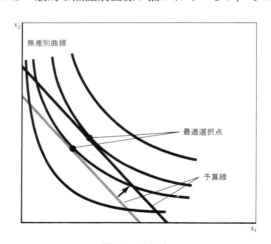

図6.1　正常財

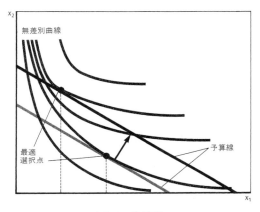

図6.2　劣等財

加するときに一方の財の消費は減少を示している．このような財を**劣等財**(inferior good) と呼ぶ．これは「正常ではない」かもしれないが，よく考えてみるならば劣等財は決して奇妙な現象ではない．所得が増加するときに需要量が減少するような財はわれわれの身のまわりにいくらでもある．オートーミールがゆ，粗悪ソーセージ，低品質住宅等々，品質の劣る財ならどんなものでもその例として適当である．

ある財が劣等財であるかそうでないかは検討している所得水準に依存している．非常に貧しい人は，所得が増加するときにより多くの粗悪ソーセージを消費するかもしれない．しかし，所得がある水準を越えれば，粗悪ソーセージの消費はおそらく減少するであろう．現実の生活では財の消費は所得の増加に伴って増加することもあれば減少することもある．経済理論が両方の可能性を認めていることは十分に納得のいくことといえよう．

6.2　所得-消費曲線とエンゲル曲線

所得が増加するとき予算線は外側に向かって平行移動する．このときの最適消費点を結ぶと**所得-消費曲線** (income consumption curve) が得られる．**図6.3A**に描かれているように，この曲線はさまざまな所得水準で需要される財の組み合わせを示している．所得-消費曲線はまた**所得拡張経路** (income　expansion

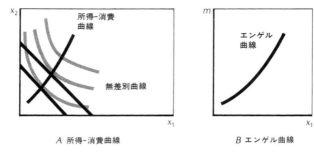

図6.3 所得の変化に対する需要の変化

path) と呼ばれることもある．もし両方の財が正常財ならば，所得拡張経路は図6.3Aに描かれているように正の傾きをもつ．

さまざまな所得水準 m に対して，各財の最適選択が存在する．価格と所得の組に対する第1財の最適選択 $x_1(p_1, p_2, m)$ を考えよう．これは第1財に対する需要関数であるが，第1財，第2財の価格を固定し，所得を変化させたときの需要の変化に注目するならば，**エンゲル曲線**（Engel curve）として知られている曲線を得ることができる．エンゲル曲線はすべての財の価格を固定したまま所得が変化するときに，需要がどのように変化するかを示した曲線である．図6.3Bを見よ．

6.3 例

5章で検討したいくつかの選好について，その所得-消費曲線とエンゲル曲線がどのように描かれるかを見てみよう．

完全代替財

図6.4に描かれているのは完全代替財の場合である．いま $p_1 < p_2$ で，消費者は第1財だけを消費している．所得の上昇は彼が第1財の消費を増加させることを意味する．したがって，所得-消費曲線は図6.4Aに描かれているように横軸そのものとなる．

この場合，第1財への需要は $x_1 = m/p_1$ であるから，エンゲル曲線は図6.4Bに描かれているように傾き p_1 の直線となる．（縦軸に m を，横軸に x_1 をとっ

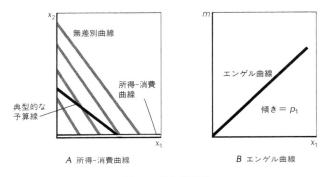

図6.4 完全代替財

ているから $m = p_1 x_1$ と書けば，傾きが p_1 であることがよりはっきりするであろう．)

完全補完財

図6.5には完全補完財に対する需要行動が描かれている．この場合，消費者は何がどうあろうと各財を等しい比率で消費するから，所得-消費曲線は図6.5Aに描かれているように原点を通る直線となる．第1財に対する需要は $x_1 = m/(p_1 + p_2)$ であるから，エンゲル曲線は図6.5Bに描かれているように傾き $p_1 + p_2$ の直線となる．

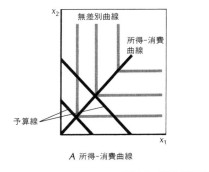
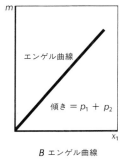

図6.5 完全補完財

コブ-ダグラス型選好

選好がコブ-ダグラス型の場合に，所得-消費曲線，エンゲル曲線のグラフがどうなるかを知るために需要関数を計算してみることは，それほどむずかしいことではない．コブ-ダグラス型選好 $u(x_1, x_2) = x_1^a x_2^{1-a}$ から導かれる第1財に対する需要関数は $x_1 = am/p_1$ という形をしている．p_1 を定数と考えるならばこれは m の線形関数である．したがって，所得が2倍になるならば需要も2倍になり，所得が3倍になるならば需要も3倍になる．実際，所得が t 倍になるときには，需要もちょうど t 倍になっている．

第2財に対する需要は $x_2 = (1-a)m/p_2$ であるから，これもまた線形関数である．両財への需要関数がともに所得の線形関数であるということは所得拡張経路が図6.6Aに描かれているように原点を通る直線となることを意味する．このとき，第1財に対するエンゲル曲線は，図6.6Bに描かれているような傾き p_1/a の直線となる．

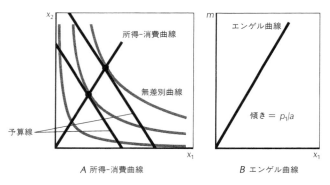

図6.6　コブ-ダグラス型選好

ホモセティック型選好

これまでわれわれが見てきた所得-消費曲線とエンゲル曲線はすべて直線という簡単なものであった．われわれの例がきわめて単純なものであったからにほかならない．実際のエンゲル曲線は常に直線であるとはかぎらない．一般的には，財に対する需要は所得の上昇よりも速い速度で増加することもあれば，低い速度で増加することもある．需要が所得の増加する速度よりも速い速度で

増加するとき，その財を**奢侈品**（luxury good）と呼び，所得の増加速度よりも遅い速度で増加する財を**必需品**（necessary good）と呼ぶ．

それらの境界線は所得の増加速度と等しい速度で需要がのびるケースである．われわれが検討してきた3つのケースがそれである．ところで消費者の選好のいかなる側面がこの性質を導いているのであろうか．

消費者の選好が2財の消費量の比率のみに依存するとしよう．このことはこの消費者が (y_1, y_2) よりも (x_1, x_2) の方を好むならば，彼は $(2y_1, 2y_2)$ よりも $(2x_1, 2x_2)$ の方を好む，$(3y_1, 3y_2)$ よりも $(3x_1, 3x_2)$ の方を好む，等々ということを意味する．2財の消費量の比率が等しいからである．実際，この消費者はいかなるプラスの値 t に対しても (ty_1, ty_2) よりも (tx_1, tx_2) の方を好む．このような性質をもった選好は**ホモセティック型選好**（homothetic preferences）と呼ばれている．さきに見た選好，すなわち完全代替財，完全補完財，コブ−ダグラス型選好などはすべてホモセティック型選好である．

もし消費者がホモセティック型選好をもっているならば，所得−消費曲線は**図6.7**に示されているように原点を通る直線になる．より正確には，選好がホモセティックならば，所得が t 倍になるときは需要も t 倍になることを意味する．これは正確に証明することもできるが，図を見れば明らかであろう．もし無差別曲線が (x_1^*, x_2^*) で予算線に接するならば，(tx_1^*, tx_2^*) を通る無差別曲線は倍の所得に対応する予算線に接する．これはエンゲル曲線もまた直線となることを意味している．所得が2倍になれば各財に対する需要もまたちょうど2倍になるのである．

所得効果が非常に単純であるという点で，ホモセティック型選好は便利なも

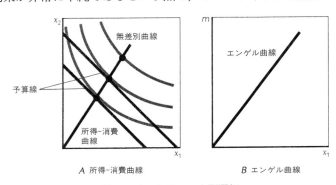

A 所得−消費曲線   B エンゲル曲線

図6.7 ホモセティック型選好

のであるが，残念なことにホモセティック型選好はそれほど現実的なものではない．しかし，われわれはしばしばこれを例として取り上げるであろう．

準線形選好

特殊な所得-消費曲線およびエンゲル曲線を導くもう1つのタイプの選好は準線形選好と呼ばれるものである．4章で与えた定義をもう一度思い出してみよう．これは図6.8に表されているように，その選好を表す無差別曲線群が1つの無差別曲線のある財の方向への「平行移動」によって作られるようなものである．この選好を表す効用関数は $u(x_1, x_2) = v(x_1) + x_2$ と書ける．人々がこの型の選好をもっているとすると，予算線を外側に平行移動するときどういうことが観察されるであろうか．この場合，(x_1^*, x_2^*) で無差別曲線が予算線に接しているならば，他の無差別曲線は $(x_1^*, x_2^* + k)$ でそれぞれの予算線に接していなければならない．ただし k は任意の定数．所得の増加は第1財に対する需要になんら影響を与えず，所得の増加はすべて第2財に向けられる．したがって，もし選好が準線形ならば第1財に対する「所得効果はゼロである」．所得が増加するとき第1財に対する需要が不変なのであるから，第1財のエンゲル曲線は垂直線になる．

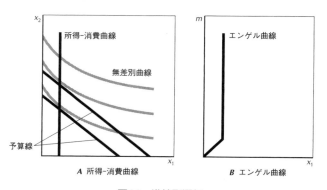

図6.8 準線形選好

この種のことが生じるような実際の状況というのはどういうものであろうか．第1財が鉛筆で第2財が他の財の購入に向けることのできる貨幣であるとしよう．所得が増加するとき，私は鉛筆の消費を増やさず，増加した所得はすべて他の財の消費に向けるであろう．塩や歯磨きなどについても，同じことが言え

る．消費者の予算の非常に大きな部分を占めるのではないある単一の財と他のすべての財との間の選択を考えるならば，少なくとも消費者の所得が十分に大きいときには準線形選好というのはありそうな選好である．

6.4 通常財とギッフェン財

次に価格の変化を考えてみよう．第2財の価格および所得は不変のまま，第1財の価格が低下したとしよう．第1財の需要量にどのような影響が生じるであろうか．常識では，価格が安くなったのであるから第1財に対する需要量は増加すると思われるだろう．実際，図6.9に描かれているようにそれが標準的なケースである．

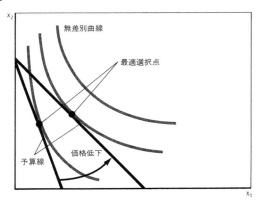

図6.9　通常財

第1財の価格が低下するときには予算線はより平らになる．あるいは，言い換えるならば，縦軸との切片は不変で横軸との切片が右方向に移動する．図6.9では第1財の最適選択も右方向に移動し，第1財に対する需要量も増加している．しかし，いつでもこのような結果が得られるのであろうか．消費者がどんな変わった選好をもっていても価格の低下は需要の増加を導くのであろうか．

以下に見るように答えはノーである．正常な選好のもとでも，第1財の価格が低下するときに第1財の需要量が減少するということは論理的に十分ありうることである．この可能性を初めて発見した19世紀の経済学者にちなんで，そのような財は**ギッフェン財**（Giffen good）と呼ばれている．図6.10はその例で

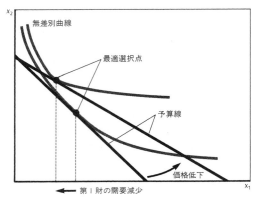

図6.10 ギッフェン財

ある．

　図6.10に描かれているような特殊な行動をもたらす選好というのはどのようなものであろうか．経済学の用語を用いて説明しよう．いま，あなたが消費している財がオートミールとミルクの2つで，1週間に7杯のオートミールと7杯のミルクを消費しているとしよう．つづいて，オートミールの価格が低下したとしよう．もしあなたが前と同じ7杯のオートミールを消費し続けるのならば，残ったお金で以前よりも多くの他の財を購入することができるだろう．実際，オートミールの価格低下のおかげで節約できた余分なお金でより多くのミルクを買い，オートミールの購入量を減らすこともできるのである．このように，価格変化はある程度所得変化に似ている．たとえ貨幣所得が不変であってもある財の価格の変化は購買力を変化させ，それによって需要量を変化させる．

　したがって，たとえギッフェン財のケースは現実にはありそうもないことであっても，理論的には十分可能な現象なのである．しかし，多くの財は，価格が増加すれば需要が減少する通常財（ordinary goods）である．（これが通常の状況であることは，やがてわかるであろう．）

　われわれが劣等財の例とギッフェン財の例としてオートミールを取り上げたのは決して偶然なのではない．これら2つの財の性質の間には密接な関係があるということがやがて明らかにされるであろう．

　しかし，いまのところは，消費者理論の説明はほとんどどんなことでも起こりうるという印象を与えたままでおいておくとしよう．すなわち，所得が増加

すれば需要は増加することもあれば減少することもあり，価格が上昇すれば需要は増加することもあれば低下することもあるのである．消費者理論というのはどのような行動とも両立するのであろうか．あるいは消費者行動の経済モデルが排除する行動というものもあるのだろうか．実は，最大化モデルは消費者の行動にある種の制約を課するということがやがて明らかにされる．しかしながら，それがいかなるものかは次の章の説明を待たなくてはならない．

6.5 価格-消費曲線と需要曲線

第2財の価格 p_2 と所得 m を固定したまま第1財の価格 p_1 が変化するとしよう．幾何学的にはこのことは予算線の回転を意味する．このときの最適点を結ぶならば **図6.11A** に描かれているような**価格-消費曲線**（price consumption curve）を作ることができる．この曲線は第1財のさまざまな価格のもとで需要される財ベクトルを表している．

われわれは同じ情報を違った方法で表現することもできる．再び，p_2 と m を固定し，p_1 のさまざまな値に対する第1財の最適消費水準を描いてみるならば，**図6.11B** に描かれているような**需要曲線**（demand curve）が得られる．需要曲線とは p_2 と m をあらかじめ決められた水準に固定したまま，関数 $x_1(p_1, p_2, m)$ のとる値を図示したものである．

通常は，財の価格が上昇するときにはその財の需要は減少するだろう．したがって，価格と需要量は反対方向に変化する．すなわち，需要曲線は典型的に

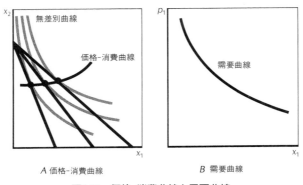

A 価格-消費曲線　　　　B 需要曲線

図6.11　価格-消費曲線と需要曲線

は負の傾きをもっている。変化率の形で表現するならば，

$$\frac{\Delta x_1}{\Delta p_1} < 0$$

と表されるが，これは需要曲線が負の傾きをもつことを意味している．

しかしながら，ギッフェン財の場合には価格が減少するときに財に対する需要も減少することをすでに見てきた．したがって，需要曲線はそう頻繁にというわけではないが正の傾きをもつこともありうるのである．

6.6 例

3章で論じた選好を用いて需要関数の例を2,3導いてみよう．

完全代替財

図6.12は完全代替財である赤鉛筆と青鉛筆に対する価格-消費曲線と需要曲線を描いたものである．5章で見たように，$p_1 > p_2$ のときには第1財に対する需要はゼロ，$p_1 = p_2$ のときには予算線上の任意の量，$p_1 < p_2$ のときには m/p_1 である．価格-消費曲線はこれらの可能性を描いている．

第2財の価格を p_2^* に固定し，第1財の価格に対する第1財の需要量をグラフで表すならば，図6.12に描いたような需要曲線が得られる．

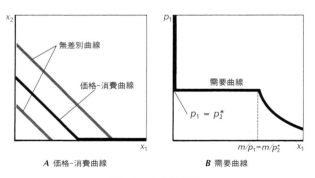

図6.12　完全代替財

完全補完財

このケースは，図6.13 に描かれている，靴の右足と左足のような場合である．価格がどんな水準であろうと消費者は等量の第1財と第2財を需要する．したがってその価格-消費曲線は図6.13A に描かれているように原点を通る直線になる．

われわれは5章で第1財に対する需要は

$$x_1 = \frac{m}{p_1 + p_2}$$

と表されることを見てきた．もし，m と p_2 を固定し，x_1 と p_1 の関係を描くならば，図6.13B に描かれているような曲線が得られるであろう．

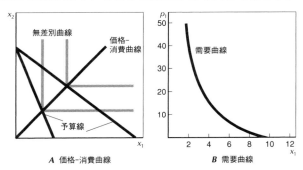

図6.13　完全補完財

非分割財

第1財が非分割財であるとしよう．価格 p_1 が非常に高いならば消費者はこの財をまったく消費しようとはしないだろう．また，もし p_1 がある程度低ければ彼はこの財を1単位消費しようと考えるであろう．そしてその中間に，第1財を1単位消費することとまったく消費しないこととが彼にとって無差別になるような価格 r_1 が見つかるであろう．このように消費者が消費することと消費しないこととが無差別になる価格のことを**留保価格**（reservation price）という[1]．図6.14 には非分割財のケースの無差別曲線と需要曲線が描かれてい

---

1) 留保価格という言い方はオークション市場からきている．個人が売りたいものをオークションにかけるとき，彼はそれを手放してもよいと考える最低価格を指定しておく．そして競りの結果，も

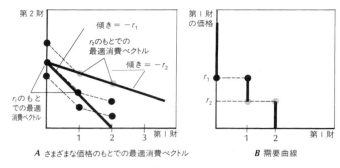

図6.14 非分割財

る．

この図から，非分割財に対する消費者の需要行動は追加的1単位を進んで購入しようとすることから得られる一連の留保価格で記述されることがわかる．価格 r_1 では消費者は進んで1単位を購入しようとするであろう．しかしもし価格が r_2 に低下したならば，彼はもう1単位を購入しようとするであろう．等々．

これらの価格は効用関数を用いて導くことができる．たとえば，いま，ある消費者にとって第1財をまったく購入しないことと1単位の第1財を購入することが無差別となる価格が r_1 であったとすると次式が成立する．

$$u(0, m) = u(1, m-r_1) \tag{6.1}$$

同様に r_2 は次の関係を満たす．

$$u(1, m-r_2) = u(2, m-2r_2) \tag{6.2}$$

この方程式の左辺は価格 r_2 でその財を1単位消費することから得られる効用を表しており，右辺は価格 r_2 で2単位を消費することから得られる効用を表している．

もし効用関数が準線形ならば，留保価格を規定しているこの式はもっと簡単になる．すなわち，$u(x_1, x_2) = v(x_1) + x_2, v(0) = 0$ とすると (6.1) 式は

> し最高の付け値がこの価格を下回るようならば，売り手は購買権を自身に留保するのである．この価格は売り手の留保価格として知られるようになった．そしてさらに個人があるものを喜んで売買する最低価格を指すものとして使われるようになった．

$$v(0)+m=v(1)+m-r_1$$

と書き換えられる。$v(0)=0$ であるから，これを r_1 について解けば

$$r_1=v(1) \tag{6.3}$$

を得る。同様に (6.2) 式は

$$v(1)+m-r_2=v(2)+m-2r_2$$

となり，整理すれば，

$$r_2=v(2)-v(1)$$

を得る。同様の手続きを続けることにより第 3 単位目の消費に対する留保価格は

$$r_3=v(3)-v(2)$$

と得られる。以下同様。

いずれの場合も，留保価格は消費者にその財の追加的 1 単位を選択させるのに必要な効用の増加分を測っている。要するに，留保価格とは第 1 財のさまざまな消費水準における限界効用を測っているといえるであろう。われわれは限界効用の逓減を仮定しているから，この留保価格は徐々に低下していくことになる。$r_1>r_2>r_3\cdots$。

準線形効用関数という特殊な構造ゆえに，留保価格は消費者の保有する第 2 財の量には依存しない。これは確かに特殊なケースである。しかし，これを仮定することで消費者の需要行動はきわめて単純な形で述べることができるようになる。価格 p が与えられたとしよう。われわれはそれが留保価格のリストのどの値に等しいかを調べるだけでよいのである。いま，たとえば p は r_6 と r_7 の間の値であるとしよう。$r_6 \geq p$ ということは，消費者は第 1 財の第 6 単位目を得るために p ドルを進んで支払うであろうということを意味している。他方，$p>r_7$ は第 1 財の第 7 単位目を手にいれるのに p ドルを支払う気はないということを意味している。

この議論はきわめて直感的であるが，それが正しいということを確認するために代数的な展開を見てみよう。いま，消費者が第 1 財を 6 単位需要している

とする．このとき $r_6 \geq p \geq r_7$ となることを証明しよう．

もし消費者が効用を最大化しているならば，どのような x_1 に対しても

$$v(6) + m - 6p \geq v(x_1) + m - px_1$$

という関係が成立していなければならない．特に，$x_1 = 5$ を代入すると，

$$v(6) + m - 6p \geq v(5) + m - 5p$$

であるから，整理すれば，

$$r_6 = v(6) - v(5) \geq p$$

となり，われわれの目的の半分が証明されたことになる．

まったく同じ論理によって，

$$v(6) + m - 6p \geq v(7) + m - 7p$$

が得られるが，これを変形するなら，

$$p \geq v(7) - v(6) = r_7$$

となる．これはわれわれが示したかったことの残りの半分にほかならない．

6.7 代替財と補完財

われわれはすでに代替財，補完財という言葉を使ってきたが，ここで正確な定義を与えるとしよう．完全代替財，完全補完財については何度も見てきたので，ここでは不完全なケースに注目する．

まず最初に，代替財のケースを考える．われわれは少なくとも色に無頓着な人にとっては赤鉛筆と青鉛筆は完全代替財であるといってきた．しかし，鉛筆と万年筆の場合はどうだろうか．これは，「不完全」代替財のケースである．すなわち，万年筆と鉛筆は，赤鉛筆と青鉛筆のような完全代替財ではないけれども，ある程度は互いに代替財である．

同様に，靴の右足と左足は完全補完財であるといってきた．しかし，1足の靴と1足の靴下の場合はどうだろうか．靴の右足と左足はほとんど常に一緒に消費するが，靴と靴下はふつうは一緒に消費するという程度のものである．い

わゆる補完財というものは靴と靴下のように一緒に消費される傾向があるが，必ずしも常に一緒に消費するものでなくともよいものである．

いまや，補完財と代替財についての基本的な概念については十分議論できたので，ここで正確な定義を与えるとしよう．一般には第1財の需要は第1財の価格と第2財の価格に依存するから，$x_1(p_1, p_2, m)$ と書ける．それでは，第2財の価格が上昇したときに第1財の需要量はどのように変化するのであろうか．

第2財の価格が上昇するときに第1財の需要量が増加するならば，第1財は第2財の**代替財**（substitute）であるという．変化率の形で表現するなら，

$$\frac{\Delta x_1}{\Delta p_2} > 0$$

のとき第1財は第2財に対して代替財である．第2財が割高になるとき，消費者は第1財に消費を取り替えようとするからである．消費者はより高いものからより安いものへと財を取り替える(代替する) 傾向があるのである．

他方，第2財の価格が上昇するとき第1財の需要量が減少するならば，第1財は第2財に対して**補完財**（complement）であるという．すなわち，

$$\frac{\Delta x_1}{\Delta p_2} < 0$$

補完財とは，コーヒーと砂糖のように同時に消費されるものをいい，この場合，一方の財の価格の上昇は両方の財の消費を減少させる傾向がある．

完全代替財，完全補完財のケースはこれらの点を忠実に反映している．完全代替財の場合 $\Delta x_1/\Delta p_2$ はプラスであり，完全補完財の場合 $\Delta x_1/\Delta p_2$ はマイナスである．

これらの概念については次の2点に注意する必要がある．第1に，2財のケースというのは代替財であろうと補完財であろうとかなり特殊である．所得は固定されているのであるから，第1財により多く支出するならば第2財への支出額は少なくならざるをえない．このことは可能な行動にある一定の制約を与えることになる．3財以上の財があるときには，この制約はそれほど問題にならない．

第2に，消費者の需要行動における代替財，補完財の定義は現実的であるように見えるが，より一般的な環境において定義することはそれほど簡単ではない．たとえば，3種類以上の財が存在するケースで上記の定義を用いるならば，

第1財が第3財の代替財で，第3財が第1財の補完財であるということが論理的に可能である．この奇妙な性質を回避するために，より進んだ教科書ではいくぶん違った定義がとられることになる．上記の定義は，そこでは**粗代替財**（gross substitutes），**粗補完財**（gross complements）という名で呼ばれているが，われわれにとってはこれで十分である．

6.8 逆需要関数

p_2 と m を固定し，p_1 と x_1 の関係を図示するとき**需要曲線**（demand curve）が描ける．さきに示したように，ギッフェンの事例を別にすれば，典型的には需要曲線は負の傾きをもっている．したがって，より高い価格にはより少ない需要が対応している．

需要曲線が負の傾きをもっているかぎり，**逆需要関数**（inverse demand curve）について論じることは意味がある．逆需要曲線は価格を数量の関数と見た需要関数である．すなわち，第1財に対する需要の各水準に対して消費者がちょうどその消費水準を選択する第1財の価格水準を測ったものを逆需要曲線という．したがって，逆需要曲線は直接需要曲線と同じ関係を逆の角度から測ったものであるといえる．図6.15が逆需要曲線を描いていると見るか，直接需要曲線を描いていると見るかは読者の関心に依存する．

たとえば，第1財に対するコブ-ダグラス型需要関数は $x_1 = am/p_1$ というものであったが，価格を数量に関係づけるとすると $p_1 = am/x_1$ と表すこともで

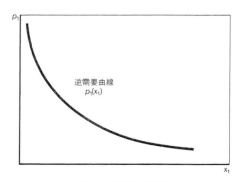

図6.15　逆需要曲線

きる．最初の関数関係が直接需要関数であり，後のものが逆需要関数である．

　逆需要関数には有用な経済学的解釈を与えることができる．2つの財のいずれもがプラスの量だけ消費されている場合にかぎり，最適選択では限界代替率の絶対値が価格比に等しいという条件を思い出そう．すなわち，

$$|MRS| = \frac{p_1}{p_2}$$

である．このことは第1財に対する最適需要水準では

$$p_1 = p_2|MRS| \tag{6.4}$$

という関係が成立しなければならないことを意味している．かくて，最適需要水準では，第1財の価格は第1財の第2財に対する限界代替率の絶対値に比例するということになる．

　単純化のために第2財の価格が1であるとしよう．すると(6.4)式より，最適需要水準では第1財の価格はちょうど限界代替率に等しいということになる．すなわち，第1財の価格は消費者が第1財をもう1単位得るために第2財をどれだけあきらめる準備があるかを測ることになるのである．この場合，逆需要関数は単にMRSの絶対値を測るものとなる．すなわち，逆需要関数は第1財の微小量の減少に対して，消費者はどれだけの第2財でそれを埋め合わせてほしいと考えているのかを教えてくれる．あるいは，逆需要曲線は，第1財の微小量の増加に対して，以前と無差別であるためには消費者はどれだけの第2財を喜んで犠牲にする準備があるかを教えてくれる．

　もし，第2財が他の財に費やすことのできる貨幣であるとするならば，限界代替率とは消費者が第1財の微小量の増加に対していくら支払ってもよいと考えているかという金額を表すものと解釈することができる．この場合，すでに述べたように限界代替率は限界支払意思額を表すと考えることができる．第1財の価格はMRSにほかならないのであるから，第1財の価格そのものが限界支払意思額を表現しているということになる．

　x_1の各水準で，逆需要関数は第1財の微小量の追加に対して消費者がどれだけのドルを支払う意思があるかを測っている．あるいは，消費者が最後に購入した1単位の第1財に対していくら支払っているかを測っている，と言い換えることもできる．第1財の計測単位を十分小さくとれば，この2つの表現は同じことになる．

このように考えるなら，右下がりの逆需要曲線は新しい意味をもってくる．x_1 が十分小さいとき，第1財の微小量の追加に対して消費者はかなりの貨幣を支払うだろう．すなわち多くの他の財を進んであきらめるだろう．x_1 が大きいならば，消費者は第1財の追加的微小量の獲得に対してより少ない貨幣しか進んで支払おうとはしないであろう．かくて，第1財に対する第2財の限界自発的犠牲という意味での限界支払意思額は第1財の消費量を増やすにつれて減少する．

要　　約

1. ある財の需要関数は一般にすべての財の価格と所得に依存する．
2. 正常財とは，所得が増加するとき需要も増加する財のことである．劣等財とは，所得が増加するとき需要が減少する財のことである．
3. 通常財とは，その財の価格が上昇するとき需要が減少する財である．ギッフェン財とは，その価格が上昇するとき需要が増加する財のことである．
4. もし第2財の価格が上昇するとき第1財の需要が増加するならば，第1財は第2財の代替財であるといい，減少するならば補完財という．
5. 逆需要関数は一定の数量がちょうど需要される価格を測るものである．ある消費水準における需要曲線の高さはその水準における追加的1単位に対する限界支払意思額を測っている．

7章　顕示選好

6章では，消費者の選好と予算制約という情報を用いて需要を導く方法について見てきた．本章では，この順序を逆転して，消費者の需要に関する情報から彼の選好を見い出す方法について考えることとしよう．いままでは，われわれは個人の選好から彼の行動についてどのようなことがいえるだろうかという問題に関心をもってきた．しかしながら，現実の生活では選好が直接観察されることはない．われわれは個人の行動を観察することから彼の選好を発見しなくてはならない．本章では，そのための手法を紹介する．

人々の行動を観察することからその人の選好を決定することを論じるとき，われわれは行動を観察している間は彼の選好が変化しないということを仮定しなければならない．長い期間を考えるときはこの仮定は適当でないが，1ヵ月とか，四半期とか，経済学者がよく用いる時間では消費者の選好が大きく変化するということはありそうもない．したがって，われわれが観察している期間では消費者の選好は安定的であるという仮定を採用するとしよう．

7.1　顕示選好の考え方

この問題を検討する前に1つの便宜的な仮定を設定するとしよう．すなわち，本章では，人々の選好は厳密に凸であるとする．したがって，1つの予算には必ず1つの需要ベクトル（需要の組み合わせ）が対応する．この仮定は顕示選好の理論には必ずしも必要ではないが，これがあると表現がずっと簡単になるのである．

図7.1を考えよう．ここには消費者の需要ベクトル (x_1, x_2) と予算線の下方に位置するもう1つの任意の消費ベクトル (y_1, y_2) が描かれている．この消

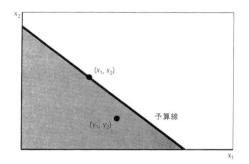

図7.1 顕示選好

費者はわれわれがこれまで検討してきたタイプの最適化行動をとる消費者であるとしよう．これら 2 つの財ベクトルから彼の選好についてわれわれは何をいうことができるであろうか．

　財ベクトル（y_1, y_2）は彼の予算で購入することができる．すなわち，もし欲するならこの財ベクトルを購入することができたはずである．しかも予算には余りが生じたはずである．他方，（x_1, x_2）は最適な消費ベクトルであるからこれは，彼が購入できるどんな消費ベクトルよりもより良い消費ベクトルでなくてはならない．したがって，当然（y_1, y_2）よりも良い．

　同様の議論が予算線上および予算線の下方のすべての財ベクトルについて成り立つ．すなわち，その予算のもとで購入可能であったにもかかわらず購入されなかった財ベクトルよりも実際に購入されたもののほうが良い．ここでは各予算に対してはただ 1 つ需要される財ベクトルが存在するという仮定が使われている．もし，選好が厳密な凸ではなく，無差別曲線が平らな部分をもっているならば，予算線上の財ベクトルのいくつかは需要された財ベクトルと少なくとも同程度に良いということになるだろう．この不都合を処理することはそれほどむずかしいことではないが，はじめからそれを除外しておく方が面倒が少なくてよいであろう．

　図7.1 の予算線の下方で影の部分にある財ベクトルは，需要された財ベクトル（x_1, x_2）よりも劣っていることが顕示されたといえる．なぜならば，それらは選ばれることもできたはずなのに，実際は（x_1, x_2）が選ばれているからである．次に顕示選好の図による説明を代数的な説明に言い換えるとしよう．

　ある消費者の所得が m，価格が（p_1, p_2）のとき（x_1, x_2）が購入されている

としよう．この価格と所得のもとで (y_1, y_2) が購入可能であるということは (y_1, y_2) が予算制約を満たしているということを意味する．すなわち，

$$m \geq p_1 y_1 + p_2 y_2$$

ところで，実際に購入されている (x_1, x_2) は予算制約を等号で成立させているはずであるから，

$$p_1 x_1 + p_2 x_2 = m$$

したがって，(y_1, y_2) が予算 (p_1, p_2, m) のもとで購入可能であるということは

$$p_1 x_1 + p_2 x_2 \geq p_1 y_1 + p_2 y_2$$

を意味する．

この不等式が成立し，(y_1, y_2) が (x_1, x_2) と異なる財ベクトルであるとき，(x_1, x_2) は (y_1, y_2) よりも**直接的に顕示選好された**（directly revealed preferred）ということとする．

この不等式の左辺は価格 (p_1, p_2) のもとで実際に選択された財ベクトルに対する支出金額である．したがって，顕示選好とはある予算のもとで実際に購入された財ベクトルとその予算のもとで購入できたはずの財ベクトルとの間の関係である．

「顕示選好」という言葉は確かに誤解されやすいものであるかもしれない．もし消費者が最適な選択をしているならば，顕示選好と実際の選好の間には密接な関係があることは確かだが，実際はそれら2つのものは特に何の関係ももっていない．「X が Y よりも顕示選好された」というよりもむしろ「Y よりも X が選ばれた」といった方がよいかもしれない．X が Y よりも顕示選好されたというときに，われわれが言いたいのは Y を選ぶことができたのに X が選ばれたということなのである．すなわち，$p_1 x_1 + p_2 x_2 \geq p_1 y_1 + p_2 y_2$ ということである．

7.2 顕示選好から選好へ

前節の議論を簡単に要約しておこう．われわれの消費者行動のモデルからは

次のことが導かれる．人々は買えるものの中で最も良いものを選んでいる．彼らの選択したものは選べたのに選ばなかったものよりは選好されている．前節の用語を用いるなら，もし (x_1, x_2) が (y_1, y_2) よりも直接的に顕示選好されているならば，実際に (x_1, x_2) は (y_1, y_2) よりも選好されているといえる．より形式的に述べるならば，

顕示選好の原理．(x_1, x_2) を価格 (p_1, p_2) のもとで選ばれている財ベクトルであるとする．(y_1, y_2) を $p_1x_1 + p_2x_2 \geq p_1y_1 + p_2y_2$ を満たす別の消費ベクトルであるとする．このとき，もし消費者が彼の購入しうる最善のものを選択するならば，$(x_1, x_2) > (y_1, y_2)$ である．

この原理は一見トートロジーのように思えるかもしれない．X が Y よりも顕示選好されているならば，それは自動的に X が Y よりも選好されることを意味しているのではないだろうか．答えはノーである．「顕示選好」は Y が購入可能であるときに X が選ばれていることを意味しているだけである．他方，「選好」は X を Y の前に順位づけることを意味する．もし消費者が購入可能な最適ベクトルを選択するならば「顕示選好」は「選好」と矛盾しない．しかし，これは行動モデルの結果であって用語の定義ではない．

さきに「顕示選好される」という用語よりも「選択される」という表現の方がよいかもしれないと述べた理由はまさにここにあるのである．したがって，顕示選好の原理は次のように言い換えることができる．「もし Y ではなく X が選択されているならば，X は Y よりも選好されているはずだ．」この表現ならば，行動モデルが目に見えない選好についてなにごとかを述べるために，観察された選択をどのように利用するかが明らかである．

どのような用語を用いようと，本質は明らかである．他のものが購入できたにもかかわらずあるものを購入しているということを観察したなら，それら2つの財ベクトルの間の選好に関してわれわれはあることを知りえたのである．すなわち，第1のものは第2のものよりも選好されているのである．

いま，価格 (q_1, q_2) のもとで (y_1, y_2) が需要されているとする．また (y_1, y_2) 自身，もう1つの財ベクトル (z_1, z_2) よりも顕示選好されているとする．すなわち，

$$q_1 y_1 + q_2 y_2 \geq q_1 z_1 + q_2 z_2$$

かくてわれわれは，$(x_1, x_2) > (y_1, y_2)$ に加えて $(y_1, y_2) > (z_1, z_2)$ を得る．このとき，推移律の仮定から $(x_1, x_2) > (z_1, z_2)$ を結論づけることができる．

この議論は **図7.2** に描かれている．顕示選好と推移律はここに描かれた選択を行う消費者にとっては，(x_1, x_2) の方が (z_1, z_2) よりも良いと判断されていることを教えてくれる．

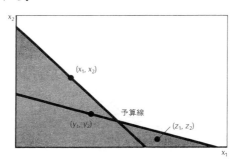

図7.2 間接的顕示選好

この場合，(x_1, x_2) の方が (z_1, z_2) よりも**間接的に顕示選好されている**（indirectly revealed preferred）と述べることは自然であろう．もちろん観察された選択の「鎖」は3よりも長くてもよい．たとえば，A は B よりも直接的に顕示選好され，B は C よりも，C は D よりも……等々，この鎖が M まで続くとすると，A は M よりも間接的に顕示選好されているといえるのである．間接比較の連鎖はどれほど長くてもよい．

もし，ある財ベクトルが別の財ベクトルよりも直接的あるいは間接的に顕示選好されているならば，前者は後者よりも**顕示選好されている**（revealed preferred）という．顕示選好の考え方はきわめて単純であるが，これは驚くほど強力な分析道具である．消費者の選択結果を観察しているだけで，その背後にある選好に関するたくさんの情報をわれわれに与えてくれるのであるから．たとえば，**図7.2** を考えよう．ここには異なる予算のもとで観察される複数の需要ベクトルが描かれている．これらの観察から (x_1, x_2) は直接あるいは間接に影の領域内の財ベクトルよりも顕示選好されていると結論づけることができる．実際，(x_1, x_2) はこの選択を行う消費者によってそれらの財ベクトルよ

りも選好されているのである．言い換えるなら，それがいかなるものであろうと，(x_1, x_2) を通る真の無差別曲線は影の領域の上方を通過すると述べることができる．

7.3 無差別曲線の推定

　消費者の行う選択を観察することから，われわれは彼の選好についてある程度知ることができる．より多くの選択を観察すればするほど，消費者の選好がどのようなものであるかについてより良い推定ができるようになる．

　選好に関するこのような情報は政策決定を行おうとするとき大変重要である．経済政策の多くはある財を別のものにおきかえるというトレード・オフ関係を伴っている．たとえば，靴に課税し洋服に補助金を出すとすると，われわれはおそらくより多くの洋服とより少ない靴を消費するようになるであろう．この政策の望ましさを判定するためには，人々の靴と洋服との間の選好についてなんらかの情報をもっていなければならない．われわれは，消費者の選択を観察し，顕示選好とそれに関係する知識を用いることでそのような情報を引き出すことができる．

　もし消費者の選好に対してより多くの仮定を追加してもよいなら，われわれは無差別曲線の形状を正確に推定することができる．たとえば，図7.3 に描かれているように，X よりも顕示選好されている 2 つのベクトル Y, および Z

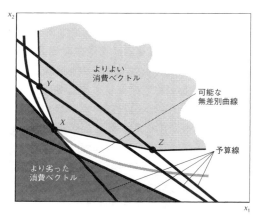

図7.3　無差別曲線の推定

7.4 顕示選好の弱公理（WARP）

があるとしよう．さらに，選好は凸であるという仮定を追加しよう．すると，Y と Z の加重平均はすべて X よりも選好されるということがわかる．また，選好が単調であると仮定すれば，X, Y, Z あるいはそれらの加重平均よりも両財をより多くもっている財ベクトルは X よりも選好されるということができる．

図7.3 で「より劣った消費ベクトル」と書かれた領域は，それよりも X の方が顕示選好されるあらゆる消費ベクトルから成り立っている．すなわち，この領域は X よりも安あがりの消費ベクトル，および，X よりも安あがりの消費ベクトルよりも安あがりの消費ベクトル，等々，から成り立っている．

したがって，図7.3 では，これらの選択をした消費者の選好によれば，上の影の領域内の財ベクトルはすべて X よりも良く，下の影の領域内の財ベクトルはすべて X よりも劣ると結論づけることができる．したがって，X を通る真の無差別曲線はこれら2つの影の領域の中間にあるはずである．われわれは，顕示選好の理論のアイディアと若干の選好に関する仮定とをうまく用いることだけから無差別曲線をきわめて正確に導き出すことができたのである．

7.4 顕示選好の弱公理（WARP）

これまでの議論はすべて，消費者は選好を・も・っ・て・お・り，彼は常に購入可能な財ベクトルの中から最善のものを選んでいるということを想定している．しかし，もし消費者がこのように行動しないならば，前節で行った無差別曲線の「推定」という作業はまったく意味のないものになってしまう．問題は，消費者が最大化モデルにしたがっているとどうしてわかるのかということである．あるいは逆に，どういうことが観察されれば，消費者は最大化行動をとって・い・ないと結論づけることができるのであろうか．

図7.4 に描かれた状況を考えてみよう．最大化行動を行う消費者はこの (x_1, x_2) や (y_1, y_2) を選ぶことがあるだろうか．顕示選好の理論にしたがうなら，図7.4 からは次の2つのことを推論することができる．(1) (x_1, x_2) は (y_1, y_2) よりも選好される．(2) (y_1, y_2) は (x_1, x_2) よりも選好される．しかし，これは明らかにばかげている．図7.4 では，消費者は (y_1, y_2) が選択可能であったにもかかわらず (x_1, x_2) を選んでいる．そして，そのことは，(x_1, x_2) が (y_1, y_2) よりも選好されているということを意味する．しかるに，彼は $(x_1,$

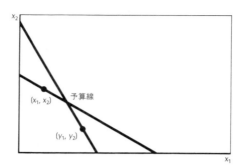

図7.4　顕示選好の弱公理に違反するケース

x_2）が選択可能であるにもかかわらず（y_1, y_2）を選んでいる．まったく逆ではないか．

　明らかに，この消費者は最大化行動にしたがっていない．この消費者は彼が購入可能な財ベクトルの中から最善のものを選んでいないか，あるいはわれわれが知らない選択問題の他の側面があるかのいずれかであろう．おそらく，彼の嗜好あるいは彼の置かれた経済環境が変化したのであろう．いずれにせよ，この種の変化は不変の経済環境における消費者選択モデルとは両立しない．

　消費者選択の理論ではこのような事態は生じない．もし消費者が，彼の購入可能な財ベクトルの中から最善のものを選んでいるなら，購入可能でありながら選ばれていなかった財ベクトルは選ばれたものよりは劣っていなければならない．経済学者はこの単純な原理を消費者理論の基本公理としてまとめている．

顕示選好の弱公理（WARP）． もし（x_1, x_2）が（y_1, y_2）よりも直接的に顕示選好されており，これら2つの財ベクトルは同一ではないとすると，（y_1, y_2）が（x_1, x_2）よりも直接的に顕示選好されることはない．

　これは次のように言い換えることができる．いま，価格（p_1, p_2）のもとで財ベクトル（x_1, x_2）が購入されており，価格（q_1, q_2）のもとで財ベクトル（y_1, y_2）が購入されているとする．このときもし

$$p_1 x_1 + p_2 x_2 \geq p_1 y_1 + p_2 y_2$$

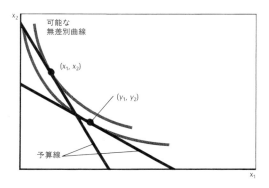

図7.5　WARP を満たしているケース

が成立するなら

$$q_1 y_1 + q_2 y_2 \geq q_1 x_1 + q_2 x_2$$

というようなことはありえない．さらに，言葉で表現しよう．財ベクトル Y が購入可能なとき，財ベクトル X が購入されているならば，Y が購入されるときに X は購入可能ではない．

図7.4 に描かれた消費者は WARP に違反している．したがって，この消費者は最大化原理にしたがっていないことがわかる．

図7.4 に描かれた2つの財ベクトルをともに効用最大化の財ベクトルとするような無差別曲線を描くことはできない．他方，図7.5 の消費者は WARP を満たしている．したがって，彼の行動が最適化行動となるような無差別曲線を見い出すことは可能である．ここには無差別曲線の一例が描かれている．

7.5　WARP テスト

WARP はつねに購入可能なものの中から最善のものを選択しているような消費者が満たさねばならない条件であるということを理解しておくことが重要である．顕示選好の弱公理というのはこのモデルの論理的帰結であり，したがって，特定の消費者，すなわちわれわれが消費者としてモデル化しようとしている特定の経済主体がわれわれの経済モデルと整合的か否かをチェックするのに用いることができる．

表7.1 消費のデータ

観察例	p_1	p_2	x_1	x_2
1	1	2	1	2
2	2	1	2	1
3	1	1	2	2

それでは実際,どのようにして WARP の成否をテストするかを見てみることにしよう.まず,さまざまな価格で,いくつかの財ベクトルの選択が観察されたとする.t 番目の価格と選択をそれぞれ (p_1^t, p_2^t),(x_1^t, x_2^t) で表すとする.特定の例をあげて考えるため,**表7.1** に示されるデータを考えよう.

これらのデータが与えられたとすると,それぞれの価格で各財ベクトルを購入するのにいくらかかるかを計算することができる.**表7.2** がその結果である.たとえば,第3行第1列の要素は,3番目の価格の組のもとで第1番目の財ベクトルを購入するのに消費者はいくら支払わねばならないかを測っている.

表7.2 の対角要素は各選択で消費者がいくら支払っているかを表している.各行の要素は特定の価格の組でさまざまな財ベクトルを購入したならいくら支払わねばならないかを測っている.われわれは,たとえば,第3行第1列の要素(第3の価格の組のもとで第1の財ベクトルを購入するのに支払う金額)が第3行第3列の要素(第3の価格の組のもとで第3の財ベクトルを購入するのに実際に支払った金額)よりも小さいか否かをみることで,第3の財ベクトルが第1の財ベクトルよりも顕示選好されているか否かを知ることができるのである.この特殊ケースでは,第1の財ベクトルが購入可能であったにもかかわらず第3の財ベクトルが購入されている.それはすなわち,第3の財ベクトルが第1の財ベクトルよりも顕示選好されていることを意味している.そこで,

表7.2 各々の価格の組での財ベクトルの費用

財ベクトル

		1	2	3
	1	5	4*	6
価格	2	4*	5	6
	3	3*	3*	4

表の第3行第1列の財ベクトルに*印をつけておくとしよう．

数学的な観点からは，その数がs行s列の値よりも小さいs行t列の要素に*印をつけたにすぎない．

この表でいうなら，WARPを満たさないときには，t行s列とs行t列に*印がつく．なぜなら，このことはsのもとで購入された財ベクトルがtのもとで顕示選好され，同時にtのもとで購入された財ベクトルがsのもとで顕示選好されていることを意味しているからである．

われわれはいまや，コンピュータ（または研究助手）を用いて，観察された選択の中にそのようなものがあるかどうかを調べればよい．もし存在するなら，そのような選択は消費者理論と整合的ではない．この特定の消費者に関しては，理論がまちがっているかあるいは彼の経済環境にわれわれの知りえない変化があったかのいずれかであろう．かくて，顕示選好の弱公理はある観察された選択が消費者理論と整合的か否かを調べる簡単な条件をわれわれに提供しているのである．

表7.2では，第1行第2列と第2行第1列に*印がついている．これは消費者が第2の財ベクトルが選択可能であったにもかかわらず第1の財ベクトルを選択しており，同時に逆のことが観察されているということを意味している．したがって顕示選好の弱公理に反する．かくて，**表7.1**および**表7.2**に描かれたデータは，常に購入可能なものの中から最善のものを選択するような安定的な選好をもった消費者からは得ることのできないものである．

7.6 顕示選好の強公理（SARP）

前節で説明した顕示選好の弱公理は，最適化行動にしたがう消費者ならば満たしていなければならない観察可能な条件を与えてくれた．しかし，しばしば役に立つ，より強力な条件がある．

われわれはすでに，財ベクトルXがYよりも顕示選好されており，YがZよりも顕示選好されているならば，XはZよりも選好されていなければならないということをみてきた．もし消費者が整合的な選好をもっているならば，ZがXよりも選好されると推測されるような選択の連鎖を観察することは決してありえない．

顕示選好の弱公理は，もしXがYよりも・直・接・的・に顕示選好されるならば，

Y が X よりも直接的に顕示選好されることは決してないということを要求していたが，**顕示選好の強公理**（Strong Axiom of Revealed Preference）は，間接的な顕示選好に対して同様のことを要求するものである．より正確には次のように述べられる．

顕示選好の強公理（SARP）． もし，(x_1, x_2) が (y_1, y_2) よりも直接的または間接的に顕示選好され，両者が同一の財ベクトルではないとすると，(y_1, y_2) が (x_1, x_2) よりも直接的または間接的に顕示選好されることはない．

もし観察された行動が最適化行動ならば，それは強公理を満たしていなければならないということは明らかである．なぜなら，もし消費者が最適化行動にしたがい，かつ (x_1, x_2) が (y_1, y_2) よりも直接的または間接的に顕示選好されるならば，$(x_1, x_2) > (y_1, y_2)$ でなければならない．したがって，(x_1, x_2) が (y_1, y_2) よりも顕示選好され，かつ (y_1, y_2) が (x_1, x_2) よりも顕示選好されるなら，$(x_1, x_2) > (y_1, y_2)$ かつ $(y_1, y_2) > (x_1, x_2)$ が得られるが，これは明らかに矛盾である．この場合には，消費者は最適化行動にしたがわなかったか，嗜好とか他の価格とかの消費者の経済環境に変化があったのかのいずれかであると結論づけなければならない．

厳密さを犠牲にして言うならば，消費者の選好が推移的でなければならないから彼の顕示選好も推移的でなければならないということになるのである．SARP は最適化行動の必要条件である．もし消費者が常に購入可能なものの中から最善のものを選択しているのであるならば，彼の観察される行動は SARP を満たさなければならない．さらに驚くべきことには，強公理を満たす任意の行動は次のような意味で最適化行動から得られたものと考えることができるのである．すなわち，もし観察された行動が SARP を満たしているならば，観察された選択を導いたであろう正常な無差別曲線を常に見い出すことができるのである．この意味で SARP は最適化行動の十分条件でもある．もし観察された行動が SARP を満たしているならば，観察された行動が最適化行動となるような選好を見い出すことが常に可能である．この主張の証明は残念ながら本書の範囲を越えているが，その重要性は十分認識しておく必要がある．

その意味するところは，SARP は最適化を行う消費者のモデルによって導

かれる行動に対する制約のすべてをわれわれに与えてくれるということである．なぜならば，観察された選択が SARP を満たすならば，われわれはそれらの選択を導いたであろう選好を「構成」することができるからである．かくて，SARP は観察された選択が消費者選択の経済モデルと整合的であるための必要かつ十分条件なのである．

　このことは構成された選好が観察された選択を実際に生み出すことを証明するだろうか．もちろんそういうことはない．あらゆる科学的言明と同様にわれわれは観察された行動が主張と矛盾することはないことを示したにすぎない．われわれは経済モデルが正しいことを証明することはできない．われわれはモデルから何が導かれるかを決め，観察された選択がその主張と矛盾するか否かを決定することができるにすぎない．

7.7　SARP テスト

　表7.2 では，観察 t が観察 s よりも直接的に顕示選好されるならば t 行 s 列に * 印をつけた．再び同様の表を考えよう．どうしたらこの表を利用してSARP の成否を調べることができるだろうか．

　最も単純な方法はこの表を書き換えることである．その例が **表7.3** に描かれている．これは **表7.2** と同じようなものであるが，異なった値から作られている．ここで * 印は直接的顕示選好を表している．(*) 印の意味についてはやがて明らかにされる．

表7.3　SARP テスト

		財ベクトル		
		1	2	3
価格	1	20	10*	22(*)
	2	21	20	15*
	3	12	15	10

　さて，表内の値を体系的に検討し，ある財ベクトルが他の財ベクトルよりも間接的に顕示選好されているような観察値の鎖があるかどうかを見てみよう．たとえば，第 1 行第 2 列に * 印があるから，第 1 の財ベクトルは第 2 の財ベク

トルよりも直接的に顕示選好されている．また第2行第3列に＊印があるから，第2の財ベクトルは第3の財ベクトルよりも直接的に顕示選好されている．したがって第1の財ベクトルは第3の財ベクトルよりも間接的に顕示選好されている．したがって，第1行第3列に（＊）印をつけることでそれを表そう．

　一般に，多くの観察値をもっているならば，ある財ベクトルが他のものよりも間接的に顕示選好されているかどうかを見るためには，あらゆる長さの鎖を調べてみる必要がでてくる．それをどうやればよいかはそれほど自明ではないけれども，直接的顕示選好の表から間接的顕示選好の関係を計算する簡単なコンピュータ・プログラムが作られている．コンピュータは他の観察値の任意の鎖によって s が t よりも顕示選好されているときに，表の s 行 t 列の位置に＊印をつけていく．

　一度この計算をしてしまえば，SARP のテストは容易である．t 行 s 列と s 行 t 列の両方に＊印があるかどうかを調べればよい．もし存在するならばそれは s が t よりも直接的または間接的に顕示選好されており，同時に t が s よりも直接的または間接的に顕示選好されていることになり，顕示選好の強公理に違反していると結論づけられる．

　他方，もしそのような違反を見つけることができなかったならば，観察値は消費者理論と整合的であると知ることができるのである．すなわち，これらの観察値は正常な選好をもった消費者の最適化行動から作り出すことができるものである．かくて，われわれは特定の消費者が経済理論と整合的な仕方で行動しているか否かを完全にテストすることができるのである．

　これは重要なことである．なぜなら，複数の経済主体を1人の消費者としてモデル化することができるのであるから．たとえば，何人かの家族からなる家計を考えてみよう．家計の消費は「家計の効用関数」を最大化しているといえるであろうか．もし家計の消費選択のデータが得られるならば，顕示選好の強公理を使ってそれをテストすることができるのである．消費者のように行動していると考えたい別の主体には病院や大学といった非営利企業がある．大学はその経済的選択をするときに効用関数を最大化しているであろうか．もし大学が行う経済的選択のリストが手に入るならば，原則的には，この問題に答えることができるはずである．

7.8 数量指数

2つの異なる時点における消費者の消費ベクトルを比較するとしよう．基準時点を b，比較時点を t という添字で表すとする．どうしたら t 時点の「平均的」消費を基準時の消費と比較できるのだろうか．

t 期の価格を (p_1^t, p_2^t)，消費者の選択を (x_1^t, x_2^t)，b 期の価格を (p_1^b, p_2^b)，そのときの消費者の選択を (x_1^b, x_2^b) とする．さて，この2時点間で「平均的」消費はどのように変化したといえるであろうか．

w_1 および w_2 を平均を計算する際の「ウエイト」とすると，次のような形の数量指数を考えることができる．

$$I_q = \frac{w_1 x_1^t + w_2 x_2^t}{w_1 x_1^b + w_2 x_2^b}$$

もし I_q が1よりも大きいならば b から t にかけて「平均的」消費は増加したということができる．また，もし I_q が1よりも小さいならば b から t にかけて「平均的」消費は減少したということができる．

問題はウエイトとして何をとるかということである．自然なやり方は価格を用いることである．なぜなら，価格はある意味で2財の相対的重要度を測るものだからである．しかし，ここには b 期と t 期の2組の価格がある．どちらを使うべきなのだろうか．

b 期の価格をウエイトに用いるなら**ラスパイレス**（Laspeyres）指数，t 期の価格をウエイトに用いるなら**パーシェ**（Paasche）指数が得られる．どちらの指数も「平均的」消費に何が起こったかという問題に答えることができる．しかし，それらは平均をとる操作の際に異なったウエイトを用いている．

ウエイトのところに t 期の価格を代入してみるなら，**パーシェ数量指数**（Paasche quantity index）が

$$P_q = \frac{p_1^t x_1^t + p_2^t x_2^t}{p_1^t x_1^b + p_2^t x_2^b}$$

で与えられる．また，ウエイトのところに b 期の価格を代入してみるなら，**ラスパイレス数量指数**（Laspeyres quantity index）が

$$L_q = \frac{p_1^b x_1^t + p_2^b x_2^t}{p_1^b x_1^b + p_2^b x_2^b}$$

で与えられる．

ラスパイレス指数，パーシェ指数の大きさは消費者の厚生に関してきわめて興味深いことを教えてくれる．いま，パーシェ数量指数が1よりも大きかったとしよう．

$$P_q = \frac{p_1^t x_1^t + p_2^t x_2^t}{p_1^t x_1^b + p_2^t x_2^b} > 1$$

この消費者の t 期の生活水準は b 期と比べて向上したといえるであろうか．

答えは顕示選好の理論を用いて得られる．この不等式を次のように書き換えよう．

$$p_1^t x_1^t + p_2^t x_2^t > p_1^t x_1^b + p_2^t x_2^b$$

この消費者は t 期に b 期の消費ベクトルを購入可能であったにもかかわらず，それを選ばなかったのであるから，消費者の厚生は t 期では b 期よりも良化したといえる．

パーシェ指数が1よりも小さいときはどうなのであろうか．このときは

$$p_1^t x_1^t + p_2^t x_2^t < p_1^t x_1^b + p_2^t x_2^b$$

という式が成立する．この式は，t 期の消費ベクトルが選択されているとき b 期の消費ベクトルは購入不可能であることを意味している．しかし，これは財ベクトルの順位付けについては何も語っていない．高すぎて購入できないというだけではそれを現在の選択よりも選好しているかどうかはわからない．

ラスパイレス指数についてはどうであろうか．実は，パーシェの場合と同様の議論が成立する．ラスパイレス指数が1よりも小さいとしよう．すなわち，

$$L_q = \frac{p_1^b x_1^t + p_2^b x_2^t}{p_1^b x_1^b + p_2^b x_2^b} < 1$$

これを次式のように変形する．

$$p_1^b x_1^b + p_2^b x_2^b > p_1^b x_1^t + p_2^b x_2^t$$

これは b 期の選択が t 期の選択よりも顕示選好されていることを述べている．したがって，消費者の厚生は t 期では b 期よりも悪化しているといえる．

7.9 物価指数

物価指数についても同様の議論を行うことができる．一般に，物価指数はさまざまな価格の加重平均の比である．すなわち，

$$I_q = \frac{p_1^t w_1 + p_2^t w_2}{p_1^b w_1 + p_2^b w_2}$$

この場合，平均を出すためのウエイトとしては数量を選ぶことが自然である．どの時点の数量をウエイトに選ぶかによって2つの指数が作れる．もし，t 期の数量をウエイトとするならば**パーシェ物価指数**（Paasche price index）

$$P_p = \frac{p_1^t x_1^t + p_2^t x_2^t}{p_1^b x_1^t + p_2^b x_2^t}$$

が，b 期の数量をウエイトにとるならば**ラスパイレス物価指数**（Laspeyres price index）

$$L_p = \frac{p_1^t x_1^b + p_2^t x_2^b}{p_1^b x_1^b + p_2^b x_2^b}$$

が得られる．

パーシェ物価指数が1よりも小さいとしよう．消費者の t 期と b 期の厚生状態について顕示選好の理論は何を教えてくれるであろうか．

実は，顕示選好の理論は何も教えてくれない．問題は，指数を定義している分数の分子分母に異なる価格がとられているため，顕示選好の比較ができないということにある．

そこで，総支出の変化の新しい指数（支出指数）を次のように定義しよう．

$$M = \frac{p_1^t x_1^t + p_2^t x_2^t}{p_1^b x_1^b + p_2^b x_2^b}$$

これは t 期の支出額と b 期の支出額の比率である．

いま，パーシェ物価指数が支出指数 M よりも大きいとしよう．すなわち，

$$P_p = \frac{p_1^t x_1^t + p_2^t x_2^t}{p_1^b x_1^t + p_2^b x_2^t} > \frac{p_1^t x_1^t + p_2^t x_2^t}{p_1^b x_1^b + p_2^b x_2^b}$$

両辺の分子を消去し，逆数をとると，

$$p_1^b x_1^b + p_2^b x_2^b > p_1^b x_1^t + p_2^b x_2^t$$

を得る．この式は b 期に選択された財ベクトルは t 期に選択された財ベクトルよりも顕示選好されているということを述べている．この分析は，もしパーシェ物価指数の値が支出指数 M よりも大きいならば，消費者の厚生は b 期よりも t 期において悪化しているということを意味している．

これはまったくわれわれの直感にも一致する．b 期から t 期にかけての変化で所得の上昇よりも物価がより大きく上昇するなら，消費者の厚生状態は悪化しているといえるからである．さきに与えた顕示選好分析はこの直感を確かめることにほかならない．

ラスパイレス物価指数についても同様の議論が成り立つ．もしラスパイレス物価指数の値が M よりも小さいならば，消費者の厚生状態は b 期においてよりも t 期において良化しているといえる．再び，これはもし物価上昇が所得増加よりも小さいならば，消費者の厚生は良化するという直感的認識を確認することになる．物価指数の場合は，問題とすべきは，指数の値が 1 より大きいか小さいかではなく，支出指数よりも大きいか小さいかである．

要　　約

1. 2つの財ベクトルを考える．第1のものを購入できたにもかかわらず第2のものが選ばれているとき，第2のものは第1のものよりも顕示選好されているという．
2. 消費者はつねに購入可能なものの中から最善のものを選んでいるとする．このとき，選ばれた財ベクトルは購入可能でありながら選ばれなかったものよりも選好されていることを意味する．
3. 消費者の選択を観察することはその選択の背後にある選好を「発見」あるいは「推定」することを可能にする．より多くの選択を観察すればするほど，それらの選択を発生させた選好をより正確に推定することができる．
4. 顕示選好の弱公理（WARP）と強公理（SARP）は，消費者の選択が最適選択の経済モデルと整合的であるならば，したがわなければならない必要条件である．

8章　スルツキー方程式

　経済学者はしばしば経済環境の変化に対して消費者の行動がどう変化するかに関心をもつ．本章でわれわれが検討したいのは，価格の変化に対して消費者の選択はどう反応するかということである．価格が上昇すれば財の需要が減ると考えるのは自然である．しかしながら，6章で見てきたように，価格が低下するときに財に対する最適需要が減少するような財の例をあげることも可能である．この性質をもつ財は**ギッフェン財**（Giffen good）と呼ばれている．

　ギッフェン財はかなり特殊な財である．そして，理論的にも奇妙な現象である．この他にも価格が変化するとき「逆の」変化をみせる状況というものがある．しかし，それらはよく考えてみればそれほど非合理的でないことが多い．たとえば，われわれは普通，人はより高い賃金が得られるならより多く働こうとするであろうと考える．たとえば，賃金が時給10ドルから1,000ドルに上昇したとしよう．あなたはより多く働こうとするだろうか．確かに，労働時間を増やして，増えた賃金で何か別のことをしようと考えるかもしれない．それでは，時給1,000,000ドルになったらどうであろうか．労働時間をさらに多くしようとは思わないのではないだろうか．

　もう1つの例は，リンゴの価格が上昇するときのリンゴに対する需要である．あなたはおそらくリンゴの消費量を減らすだろう．しかし，売るためにリンゴを栽培している家庭ではどうであろうか．リンゴの価格が上昇すれば彼らの所得も上昇するかもしれない．その結果，この家庭ではリンゴを以前よりも多く消費できるようになるかもしれない．この家庭の消費者にとってはリンゴの価格の上昇はリンゴの消費量の増加に結びつくかもしれないのである．

　何が生じているのであろう．価格の変化が需要に対して及ぼす効果はどうしてそれほど曖昧なのだろうか．本章および次章ではこの種の効果を深く検討す

ることにしよう．

8.1 代替効果

　財の価格が変化するとき，2種類の効果を分類できる．すなわち，財の交換比率が変化することがもたらす効果と，所得の購買力の変化がもたらす効果の2つである．いま，第1財の価格が安くなったとしよう．これは第1財を購入するためにあきらめなければならない第2財の量が以前よりも少なくてよいということを意味する．第1財の価格の変化は第1財を第2財に「代替」する市場の交換比率を変化させるのである．市場が消費者に提供する2財間のトレード・オフ関係が変化するのである．

　同時に，第1財の価格の低下は，あなたの貨幣所得でより多くの財を購入できるようになることを意味する．あなたの貨幣の購買力は上昇したといえるであろう．あなたのもつドルの大きさは不変でもそれが買うことのできるものの量が多くなっているのである．

　第1のもの，すなわち2財間の交換比率の変化による需要の変化は**代替効果**（substitution effect）と呼ばれている．第2の効果，すなわちより大きな購買力をもつようになったことによる需要の変化は**所得効果**（income effect）と呼ばれている．これらは2つの効果の大ざっぱな定義である．より正確な定義を与えるためにはもう少し詳しい検討が必要である．

　そのために，価格の動きを2段階に分けてみるとしよう．第1段階では相対価格を変化させ，同時に購買力を不変に保つように貨幣所得を調整する．次に相対価格を不変にとどめたまま購買力を調整するとする．

　これは**図8.1**を用いることで最もよく説明できる．ここには，第1財の価格が低下した場合が描かれている．予算線は縦軸との切片 m/p_2 を中心に回転して傾きが小さくなっている．さて，われわれはこの予算線の動きを2段階に分解する．第1段階は，最初に需要されていた財ベクトル（財の組み合わせ）を中心に予算線を回転させ，第2段階で回転後の予算線を新たな需要の財ベクトルに接するまで外側に平行移動させる．

　この「回転・平行移動」の操作は需要の変化を2つの部分に分解する便利な方法を提供している．第1段階の「回転」は購買力を不変にしたまま，予算線の傾きを変化させる動きである．第2段階の「平行移動」は予算線の傾きは一

8.1 代替効果

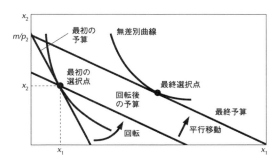

図8.1 回転と平行移動

定で，購買力が変化する動きを意味している．もちろん，この分解は仮説的な操作にすぎない．消費者は単に価格の変化を観察し，それに反応して新しい財ベクトルを選択するだけである．しかし，消費者の選択がどう変化するかを分析するには，予算線が回転，平行移動という2段階に変化すると考えた方が役に立つ．

予算線が回転し，平行移動するということはどのような経済的意味をもっているのであろうか．まず，回転後の予算線について考えよう．これは価格変化後の予算線と同じ傾きをもっている．したがって，同じ相対価格をもっている．しかしながら，縦軸との切片が異なるのであるから，それぞれの予算線に伴う貨幣所得は同じではない．最初の消費ベクトル（x_1, x_2）は回転後の予算線の上にある．したがって，その消費ベクトルはちょうど購入可能である．この意味で，回転の前後で消費者の購買力は不変のままであると考えられる．

以前の消費ベクトルをちょうど購入できるようにしておくには，どれだけ貨幣所得を調整すればよいかを計算してみよう．第1財の価格の変化後にも最初の消費ベクトルをちょうど購入できるようにするために必要な貨幣所得量をm'とする．これは回転後の予算線に伴う貨幣所得の大きさである．(x_1, x_2)は(p_1, p_2, m)，(p'_1, p_2, m')，のいずれの価格体系のもとでもちょうど購入可能なのであるから

$$m' = p'_1 x_1 + p_2 x_2$$
$$m = p_1 x_1 + p_2 x_2$$

を得る．第1式から第2式を引くと，

$$m' - m = x_1(p'_1 - p_1)$$

を得る．この式は新しい価格のもとで以前の財ベクトルをちょうど購入できるようにするのに必要な貨幣所得の変化は，以前の財ベクトルに価格の変化分を掛けたものに等しいということを表している．

$\Delta p_1 = p'_1 - p_1$ で第1財の価格の変化分を，$\Delta m = m' - m$ で以前の財ベクトルを購入できるようにするのに必要な所得の変化分を表すとすると，

$$\Delta m = x_1 \Delta p_1 \tag{8.1}$$

となる．いまや，所得と価格は常に同方向に変化することがわかる．すなわち，価格が上昇するとき以前と同じ消費を維持しようとするならば所得は上昇しなければならない．

実際に数字を用いて計算してみよう．いま，ある消費者は1週間に20本のキャンディ・バーを消費していたとする．キャンディ・バーの価格は1本当たり50セントであった．価格が10セント上昇したとしよう．すなわち，$\Delta p_1 = 0.60 - 0.50 = 0.10$．以前の消費ベクトルを購入できるようにするためには所得はどれくらい上昇しなければならないであろうか．

公式を適用してみよう．

$$\Delta m = \Delta p_1 \times x_1 = 0.10 \times 20 = \$2.00$$

すなわち，もし消費者があと2ドル多く所得を得ていたならば彼は以前と同じ数，すなわち20本のキャンディ・バーを買うことができるであろう．

いまや，われわれは回転した予算線の式を得たといえる．これは新しい価格と Δm だけ変化した所得の作る予算線である．もし第1財の価格が低下するならば所得の調整額はマイナスになるだろう．第1財の価格が低下するときには消費者の購買力は上昇し，購買力を以前と同じ水準にとどめておくためには所得を引き下げなければならないからである．同様に，価格が上昇するときには購買力は低下するから，購買力を不変にとどめるために必要な所得の調整額はプラスでなければならない．

(x_1, x_2) が購入可能であるとしてもそれが回転後の予算線のもとでの最適な消費ベクトルであるとはかぎらない．図**8.2**では，回転後の予算線のもとでの最適購入ベクトルは Y で示されている．この消費ベクトルは，変化後の価格

8.1 代替効果

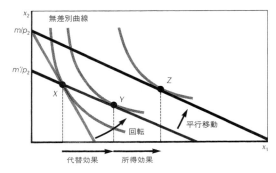

図8.2 代替効果と所得効果

のもとで，以前の消費ベクトルがちょうど購入可能になるように所得が調整されたときの最適な選択である．X から Y への動きは**代替効果**（substitution effect）と呼ばれている．それは価格が変化し購買力が不変にとどまるとき，ある財が他の財にどのように「代替」されるかを表すものである．

より正確には，代替効果 Δx_1^s とは，第1財の価格が p_1' に変化し，同時に貨幣所得が m' に変化するときの，第1財の需要の変化のことである．すなわち，

$$\Delta x_1^s = x_1(p_1', m') - x_1(p_1, m)$$

代替効果を決定するためには，(p_1', m') および (p_1, m) のもとでの最適選択を計算しなければならない．そしてそのためには消費者の需要関数を用いなければならない．第1財に対する需要の変化は消費者の無差別曲線に応じて大きいこともあれば小さいこともある．しかし，需要関数が与えられれば，数値を用いて代替効果を計算することは容易である．（もちろん第1財の需要関数は第2財の価格にも依存する．しかし，記号の煩雑さを回避するために第2財の価格はこの計算の間，不変にとどめ，これを需要関数から落としておいてもよいだろう．）

代替効果は**補償需要**（compensated demand）の変化と呼ばれることもある．価格が上昇するとき消費者は彼の以前の消費水準を維持するためにちょうど必要な所得を与えられるという意味で補償されているからである．もちろん価格が低下するときには所得の一部を奪われるという形で「補償」が行われることになる．われわれは記述の一貫性のために「代替効果」という呼び方をするが，「補償」という言い方も広く用いられている．

8.2　所得効果

次に価格調整の第2段階である予算線の平行移動について考えてみる．これもまた経済学的解釈を与えることは容易である．われわれは，予算線の平行移動は相対価格が不変のまま所得が変化するときに生じるものであることを知っている．だからこそ価格調整の第2段階は**所得効果**（income effect）と呼ばれているのである．われわれは，価格を（p_1', p_2）で一定に保ち，所得を m' から m に上昇させる．**図8.2** にはこの変化によって消費ベクトルが Y から Z へ移動することが示されている．ここでわれわれが行っていることは，価格を不変にしたまま所得を変化させているのであるから，これを所得効果と呼ぶのは当然である．

より厳密には，所得効果 Δx_1^n は，第1財の価格を p_1' に固定したまま所得を m' から m へ変化させるときの第1財に対する需要の変化である．すなわち，

$$\Delta x_1^n = x_1(p_1', m) - x_1(p_1', m').$$

われわれは所得効果についてはすでに **6.1** 節で言及している．そこでは，所得効果は，正常財を扱うか劣等財を扱うかで需要は増加，減少のいずれの場合もありうることを見てきた．

財の価格が減少するときは，購買力を不変に保つためには所得を減少させねばならない．その財が正常財ならば，この所得の減少は需要の減少につながるだろう．また，その財が劣等財ならば，所得の減少は需要の増加につながる．

8.3　代替効果の符号

われわれは，財が正常財か劣等財かによって，所得効果がプラスまたはマイナスの符号をもつことを見てきた．それでは，代替効果の符号についてはどうであろうか．さきに結論を述べるなら，**図8.2** に描かれているように，ある財の価格が低下するとき，代替効果によるその財の需要の変化は決してマイナスの符号をとることはない．すなわち，もし $p_1 > p_1'$ ならば，$x_1(p_1', m') \geq x_1(p_1, m)$ であり，したがってまた，$\Delta x_1^s \geq 0$ である．

その証明は次のようになされる．まず，**図8.2** で，回転後の予算線上の点で

第1財の消費量が X におけるよりも少ないものを考える．これらの財ベクトルは旧価格（p_1, p_2）のもとで購入可能であったにもかかわらず実際には購入されなかったものである．実際に購入されているのは X である．もしこの消費者が購入可能なものの中から最善のものを選ぶ主体であるならば，最初の予算線の内部にあって同時に回転後の予算線上にあるあらゆる財ベクトルよりも X の方が選好されていなければならない．

このことは，回転後の予算線上の最適な選択は最初の予算線の下方にある財ベクトルであってはならないということを意味する．回転後の予算線上の最適選択は X かあるいは X の右側に存在しなくてはならない．これは新しい最適選択はもとの最適選択と少なくとも同量以上の第1財を消費するものでなければならないということを意味する．そして，これこそわれわれが知りたかったことである．**図8.2** で描かれているケースでは，回転後の最適選択は Y であり，そしてそれは確かに最初の消費点 X よりも多くの第1財を消費するようなものである．

かくて，代替効果は常に価格変化と逆方向に変化するといえる．すなわち，代替効果はマイナスである．すなわち，価格が上昇するなら代替効果による財の需要は必ず減少する．

8.4 全部効果

全部効果 Δx_1 とは，所得を不変にとどめたままで価格が変化したときの需要の変化のことである．すなわち，

$$\Delta x_1 = x_1(p_1', m) - x_1(p_1, m)$$

われわれは，これまでこの変化をいかに代替効果と所得効果の2つの変化に分解するかについて検討してきた．これまでの記号で表現するなら，

$$\Delta x_1 = \Delta x_1^s + \Delta x_1^n$$
$$x_1(p_1', m) - x_1(p_1, m) = \{x_1(p_1', m') - x_1(p_1, m)\}$$
$$+ \{x_1(p_1', m) - x_1(p_1', m')\}$$

言葉で表現するならば，この式は全部効果は代替効果と所得効果の和であるということを述べている．この方程式は**スルツキー恒等式**（Slutsky identity）

またはスルツキー方程式（Slutsky equation）と呼ばれている[1]．これは恒等式であることに注意すべきである．すなわち，この式はあらゆる p_1, p'_1, m, m' の値に対して成立する．右辺の第1項と第4項を相殺すれば，右辺は恒等的に左辺に等しいことがわかる．

スルツキー恒等式の重要性は代数的恒等式という数学的に自明なことにあるのではない．それは右辺の2つの項が代替効果と所得効果と解釈できることにあるのである．そして，代替効果と所得効果の符号に関するわれわれの知識を利用することで全部効果の符号を決定できることにあるのである．

代替効果は常にマイナス——価格の変化と逆の方向——でなければならないが，所得効果はプラス，マイナスいずれの符号をもとりうる．したがって全部効果はプラスの値をとることもあれば，マイナスの値をとることもある．しかしながら，もし正常財を考えるなら代替効果，所得効果とも同じ方向に働く．価格の上昇は代替効果による需要の低下を意味する．もし価格が上昇するならば，所得の低下と同様，正常財の場合は需要の減少を意味する．両効果は互いに同方向に働く．われわれの記号でいうなら，正常財の場合は，価格が上昇するときの需要の変化は

$$\Delta x_1 = \Delta x_1^s + \Delta x_1^n$$
$$(-) \quad (-) \quad (-)$$

となる．（各項の下に書かれているマイナス記号は，この表現の各項が，負であることを示している．）所得効果の符号に特に注意しよう．われわれは価格が上昇するケースを考えているのであるから，これは購買力の低下を意味している．正常財の場合は，需要の低下につながる．

他方，劣等財の場合は所得効果が代替効果を上回り，価格上昇に伴う需要の総変化はプラスになることがありうる．次のようなケースである．

$$\Delta x_1 = \Delta x_1^s + \Delta x_1^n$$
$$(?) \quad (-) \quad (+)$$

実際，右辺第2項が十分大きければ全部効果はプラスになりうる．これは価格

---

[1] 需要理論の研究者であったロシアの経済学者ユージン・スルツキー（Eugen Slutsky, 1880-1948）にちなんで名づけられた．

8.4 全部効果

の上昇が需要の増加につながっていることを意味しており，さきに論じたギッフェン財のケースに相当する．価格の上昇が購買力を低下させ，劣等財の消費を増加させるのである．

スルツキー恒等式はこの種の例外的現象が生じるのは劣等財の場合にかぎられることを教えてくれる．価格が下落するとき，もしその財が正常財ならば，所得効果，代替効果は互いに同方向の需要変化をもたらし，全部効果はつねに「プラス」の方向を向くことになるのである．

かくて，ギッフェン財は劣等財でなければならない．しかし，劣等財は必ずしもギッフェン財であるとはかぎらない．ギッフェン財であるためには所得効果が「逆」方向であるのみならず代替効果の本来の方向を凌駕するに足るだけ十分大きなものでなければならない．これが現実生活ではなぜギッフェン財がそれほど珍しいかということの理由でもある．それは単に劣等財であるだけでは不十分で，強度の劣等財でなければならないのである．

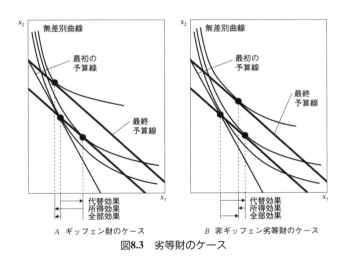

図8.3 劣等財のケース

これは図8.3に描かれている．そこでは，代替効果と所得効果を見つけるために通常の回転・平行移動の図が描かれているが，どちらの場合にも第1財が劣等財であり，所得効果はマイナスである．図8.3Aでは所得効果が十分大きく，代替効果を上回り，ギッフェン財を作り出している．図8.3Bでは，所得効果は小さく，第1財は価格の変化に対して通常の方法で反応している．

8.5 変 化 率

われわれは所得効果,代替効果は回転と平行移動の組み合わせによって図解できること,および代数的にはスルツキー恒等式として次のように表現できることを見てきた.

$$\Delta x_1 = \Delta x_1^s + \Delta x_1^n$$

この式は全部効果が代替効果と所得効果の和に分解できることを示している.スルツキー恒等式はこのように絶対的な変化として表現することもできるが,より一般的なのは変化率の形での表現である.すなわち,

スルツキー恒等式を変化率の形で表現するときには,Δx_1^m をマイナスの所得効果と定義しておくと便利である.すなわち,

$$\Delta x_1^m = x_1(p_1', m') - x_1(p_1', m) = -\Delta x_1^n$$

この定義を用いると,スルツキー恒等式は,

$$\Delta x_1 = \Delta x_1^s - \Delta x_1^m$$

と表せる.

両辺を Δp_1 で割ると,

$$\frac{\Delta x_1}{\Delta p_1} = \frac{\Delta x_1^s}{\Delta p_1} - \frac{\Delta x_1^m}{\Delta p_1} \tag{8.2}$$

となる.

右辺の第1項は価格が変化し所得が以前の消費ベクトルを購入できるように調整されているときの需要の変化,すなわち代替効果である.第2項について考えよう.分子は所得変化に伴う需要の変化を表すものであるから,変化率の形式を得るためには分母に所得変化をもってくる必要がある.

所得変化 Δm と価格変化 Δp_1 は次の式で関係づけられることを思い出そう.

$$\Delta m = x_1 \Delta p_1$$

Δp_1 について解くと,

8.5 変化率

$$\Delta p_1 = \frac{\Delta m}{x_1}$$

を得る．

(8.2) 式の最後の項にこの表現を代入すると最終的な表現

$$\frac{\Delta x_1}{\Delta p_1} = \frac{\Delta x_1^s}{\Delta p_1} - \frac{\Delta x_1^m}{\Delta m} x_1$$

を得る．

これがスルツキー恒等式の変化率による表現である．われわれは，各項を次のように解釈することができる．

$$\frac{\Delta x_1}{\Delta p_1} = \frac{x_1(p_1', m) - x_1(p_1, m)}{\Delta p_1}$$

は所得を一定にしたまま価格が変化するときの需要の変化率であり，

$$\frac{\Delta x_1^s}{\Delta p_1} = \frac{x_1(p_1', m') - x_1(p_1, m)}{\Delta p_1}$$

は以前の消費ベクトルが購入できるように所得が調整されるときの，価格変化による需要の変化，すなわち代替効果である．そして，

$$\frac{\Delta x_1^m}{\Delta m} x_1 = \frac{x_1(p_1', m') - x_1(p_1', m)}{m' - m} x_1 \tag{8.3}$$

は価格を一定にしたまま所得を調整するときの需要の変化，すなわち所得効果である．

所得効果自身はさらに所得が変化するときの需要の変化と最初の需要水準との積に分解できる．価格が Δp_1 だけ変化するとき，所得効果による需要の変化は

$$\Delta x_1^m = \frac{x_1(p_1', m') - x_1(p_1', m)}{\Delta m} x_1 \Delta p_1$$

である．この最後の項 $x_1 \Delta p_1$ は以前の消費ベクトルを購入可能にするのに必要な所得の変化分である．すなわち，$x_1 \Delta p_1 = \Delta m$ である．したがって，所得効果による需要の変化は

$$\Delta x_1^m = \frac{x_1(p_1', m') - x_1(p_1', m)}{\Delta m} \Delta m$$

ということになる．これは，さきにわれわれが示したものにほかならない．

8.6 需要法則

5章で，われわれは消費者理論は何もことさら特別なことを主張するものではないということを述べておいた．価格が上昇するとき需要は増加することもあれば減少することもある．また所得が上昇するとき需要は増加することもあれば減少することもある．しかしながら，もし理論が観察される行動をいかなる意味においてもまったく制限しないならば，それは理論とはいえない．あらゆる行動と両立するようなモデルは実際には何も中身がないものと同じである．

しかしながら，消費者理論は確かにある中身をもっている．たとえば，最適化原理にしたがう消費者の行う選択は顕示選好の強公理を満たしていなければならないということを，われわれは見てきた．また，われわれは価格変化の効果は2つの変化に分解できることを見てきた．すなわち，価格変化と逆の方向に変化するという意味でマイナスの代替効果と，財が正常財か劣等財かに応じて符号が決まる所得効果の2つである．

消費者理論は価格や所得が変化するとき需要がどう変化するかを限定するものではないが，これら2種類の変化がどのように関連しているかを確かに限定しているのである．特に，

需要法則．所得が増加するとき需要が増加するならば，その財の価格が上昇するときはその財に対する需要は減少しなければならない．

これはスルツキー方程式からただちに導かれるものである．所得が上昇するとき需要が増加するならばその財は正常財である．正常財ならば代替効果と所得効果は互いに同方向であり，価格の上昇は必ず需要を低下させる．

8.7 所得効果と代替効果の例

ここで特殊な選好に対する価格変化の例を考え，需要の変化を所得効果と代替効果に分割するとしよう．

まず完全補完財の場合から始めよう．スルツキー分解は**図8.4**に描かれている．選択されている消費ベクトルを中心に予算線を回転させると，新しい予算

8.7 所得効果と代替効果の例

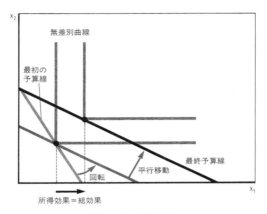

図8.4 完全補完財

線上の最適選択は古い消費ベクトルとまったく同じである．これは代替効果がゼロであることを意味している．需要が変化するとすればそれはすべて所得効果の結果である．

図8.5にあるような完全代替財の場合はどうであろうか．ここでは，予算線が回転するとき需要ベクトルは縦軸上から横軸上にジャンプする．予算線を平行移動させる必要はまったくない．この場合，需要の変化はすべて代替効果からきているのである．

第3の例として，準線形選好を考えよう．この場合はちょっと変わっている．

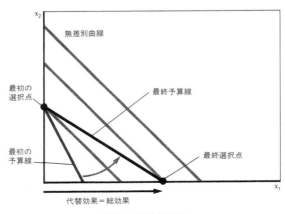

図8.5 完全代替財

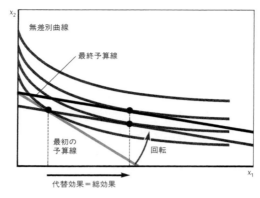

図8.6 準線形選好

われわれは，選好が準線形ならば，所得の変化は第1財に対する需要に何も変化を引き起こさないということを知っている．このことは図8.6に見られるように，需要の変化はすべて代替効果のためであって，所得効果はゼロであるということを意味している．

8.8 もう1つの代替効果

代替効果というのは，消費者の購買力が一定に保たれているという条件のもとで，したがってまた最初の消費ベクトルも購入可能であるという条件のもとでの価格の変化に対する需要の変化に，経済学者が与えた名前である．しかし，これは代替効果の 1 つの定義にすぎない．実は，もう1つ有用な定義がある．

これまでの定義は**スルツキーの代替効果**（Slutsky substitution effect）と呼ばれるものであり，この節で紹介するのは**ヒックスの代替効果**（Hicks substitution effect）というものである[2]．

予算線を最初の消費点の周りで回転させるかわりに，図8.7に示したように，最初の消費点を通っていた無差別曲線に沿って予算線をずらすとしよう．このようにして，われわれは消費者に新しい予算線を与えることができる．これは

---

2) イギリスのノーベル経済学賞受賞者，ジョン・ヒックス卿（Sir John Hicks）にちなんで名づけられた概念である．

8.8 もう1つの代替効果

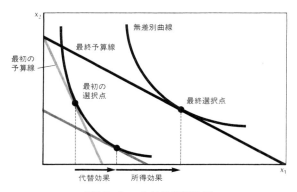

図8.7 ヒックスの代替効果

回転によって得た予算線と比べると相対価格は同一であるが所得は異なっている．この予算では，彼は以前の消費ベクトルを購入することはできない．しかし，以前の消費ベクトルと無差別な消費ベクトルを購入するには十分である．

かくて，ヒックスの代替効果は購買力を一定にとどめるのではなく，効用水準を一定にとどめるものであるといえる．スルツキーの代替効果は，消費者に以前の消費ベクトルを買い戻すに十分な貨幣を与える．一方，ヒックスの代替効果は，消費者に以前の無差別曲線に戻るのに十分な貨幣を与えるものである．このように定義が異なっているにもかかわらず，ヒックスの代替効果もスルツキーの代替効果と同様に，価格変化と需要変化の方向が逆であるという意味で，マイナスでなければならないということが導かれる．

証明は再び顕示選好の理論による．価格 (p_1, p_2) のもとで (x_1, x_2) が需要され，価格 (q_1, q_2) のもとで (y_1, y_2) が需要されているとする．このとき所得は (x_1, x_2) と (y_1, y_2) が無差別となるようなものであるとする．(x_1, x_2) と (y_1, y_2) が無差別であるから，一方が他方よりも顕示選好されるということはない．

顕示選好の定義を使うと，これは次の2つの不等式が真ではないということを意味する．

$$p_1 x_1 + p_2 x_2 > p_1 y_1 + p_2 y_2$$
$$q_1 y_1 + q_2 y_2 > q_1 x_1 + q_2 x_2$$

したがって，次の方程式が成立する．

$$p_1x_1 + p_2x_2 \leq p_1y_1 + p_2y_2$$
$$q_1y_1 + q_2y_2 \leq q_1x_1 + q_2x_2$$

これら2式を加え，整理すると，

$$(q_1-p_1)(y_1-x_1) + (q_2-p_2)(y_2-x_2) \leq 0$$

を得る．

これは，消費者を同一の無差別曲線上にとどめるように所得が調整されるならば，価格の変化に対して需要がいかに反応するかということに関する一般的な関係である．特に，第1財の価格のみが変化するという特殊な状況を考えるなら，$q_2=p_2$ であるから，

$$(q_1-p_1)(y_1-x_1) \leq 0$$

となる．

この式は，需要数量の変化は価格変化と逆の符号をもっていなければならないということを述べている．これがわれわれが示したかったことである．

需要の総変化は依然として代替効果と所得効果との合計に等しい．ただし，ここでいう代替効果はいまやヒックスの代替効果である．これもマイナスであるから，スルツキー方程式はさきに示したものとまったく同じ形をしており，同じ解釈を与えることができる．代替効果をヒックスのように定義しようがスルツキーのように定義しようがどちらも有用であり，どちらがより役に立つかは取り扱う問題に依存する．実際，価格の変化が非常に小さいならば，これら2つの代替効果はほとんど同一になるということが知られている．

8.9 補償需要曲線

われわれはこれまで，3つの異なった文脈で価格変化にたいして需要がどのように反応するかということを見てきた．すなわち，所得一定のケース（標準のケース），購買力一定のケース（スルツキーの代替効果のケース），そして効用一定のケース（ヒックスの代替効果のケース）の3つである．われわれは所得，購買力，効用のいずれを一定にしても価格と需要量の関係を描き出すことができる．そしてそれらは，それぞれ標準的需要曲線，スルツキー需要曲線，

そしてヒックス需要曲線という異なる需要曲線を導くのである．

本章の分析はスルツキーとヒックスの需要曲線が常に右下がりであること，さらには正常財については通常の需要曲線も右下がりになることを明らかにした．しかしながらまた，ギッフェン財の分析によって劣等財については通常の需要曲線は右上がりになる可能性もあることが示された．

ヒックスの需要曲線すなわち効用一定のもとでの需要曲線は**補償需要曲線**（compensated demand curve）と呼ばれることもある．ヒックスの需要曲線を導く際に価格が変化しても消費者の効用を一定に保つように所得を調整していたことを考えればこの呼び方も自然であろう．価格変化に対して消費者は補償されている．つまりヒックスの需要曲線上のどの点でも彼の効用は一定なのである．これは通常の需要曲線とは大きく異なる点である．通常の需要曲線では，低い価格に直面している消費者よりも高い価格に直面している消費者の方が効用は悪化している．なぜなら，彼の所得は（調整されておらず）一定なのだから．

より進んだ分析，特に，費用便益分析などにとっては補償需要曲線は非常に役に立つ道具である．この種の分析では，なんらかの政策変更に対して消費者を補償するのにどれくらいの支出が必要かを求めることはよくやられることである．この支出の大きさは政策変更の費用の有効な推定値を与えてくれる．しかしながら，補償需要曲線の実際の計算はこのテキストで展開した以上の数学的準備が必要なことはいうまでもない．

要　約

1. 財の価格が低下するときには，消費には2つの効果が現れる．相対価格の変化は消費者により安い財を多く消費するようにさせる．価格の低下による購買力の増大はその財が正常財か劣等財かに依存して，消費を増加したり減少したりする．
2. 相対価格の変化による需要の変化は代替効果と呼ばれている．他方，購買力の変化による需要の変化は所得効果と呼ばれている．
3. 代替効果とは，価格が変化するとき，最初の消費ベクトルが購入可能であるという意味で購買力が一定に保たれるならば，需要がどれほど変化するかを表すものである．実際に購買力を一定に保つためには貨幣所得が変化

しなければならない．必要な貨幣所得の変化は $\Delta m = x_1 \Delta p_1$ と表される．
4. スルツキー方程式とは全部効果が代替効果と所得効果の和であることを示すものである．
5. 需要法則は正常財は右下がりの需要曲線をもたねばならないということをいっている．

9章 売　買

　これまでの章でわれわれが扱ってきた消費者行動の単純モデルでは，所得は所与とされていた．しかし，現実生活では，人は彼らの作ったもの，蓄積してきたもの，そして最も一般的には彼らの労働を売って所得を稼ぎ出す．本章では，この種の行動を考慮にいれたとき，これまでの議論がどのように修正されるかを検討するとしよう．

9.1　純需要と粗需要

　これまでと同様，2財の世界で考えるとする．消費者はこの2財の一定量を**初期保有量**（endowment）としてもっている．いまそれを (ω_1, ω_2) で表すとする．これは消費者が市場に参加する前に2財をどれだけもっていたかを表している．ω_1 単位のニンジンと ω_2 単位のポテトをもって市場に出かける農夫を考えよう．農夫は市場で2財の価格を調べ，どれだけを買いどれだけを売るかを決定するであろう．
　ここで消費者の**粗需要**（gross demands）と**純需要**（net demands）を区別しよう．粗需要とは消費者が実際に最終的に消費する各財の量をいう．両財をどれだけ市場からもって帰ってきたかは関係ない．他方，純需要とは最終的に消費する数量（粗需要）と初期保有量との差のことである．純需要は単純には売買される量である．
　粗需要を (x_1, x_2) と表すならば純需要は $(x_1 - \omega_1, x_2 - \omega_2)$ と表される．通常，粗需要はプラスの値をもつが，純需要はプラスの値をもつこともあれば，マイナスの値をもつこともある．もし第1財の純需要がマイナスの値をもつならば，それは消費者が保有しているよりも少ない量の消費を欲しているという

ことを意味する．すなわち，彼は第1財を供給したいのである．マイナスの純需要とは単に供給のことである．

経済分析にとっては，粗需要の方が重要である．なぜなら，それこそが消費者が最終的に関心をもっていることだからである．しかし，純需要は市場で実際に示されるものであり，一般の人が需要・供給という言葉で考えていることにより近いものである．

9.2 予算制約

まず最初に考えるべきことは予算制約の形である．何が消費者の最終的消費を制約するのだろうか．消費者が家へもち帰る財ベクトルの価値は彼が家からもってきたものの価値に等しくなければならない．したがって，代数的には

$$p_1 x_1 + p_2 x_2 = p_1 \omega_1 + p_2 \omega_2$$

である．われわれはこの予算線を純需要の形で次のように表現することもできる．

$$p_1 (x_1 - \omega_1) + p_2 (x_2 - \omega_2) = 0$$

もし $(x_1 - \omega_1)$ がプラスならば，消費者は第1財の**純購入者**（net buyer）あるいは**純需要者**（net demander）であるという．他方，それがマイナスならば，彼は第1財の**純販売者**（net seller）あるいは**純供給者**（net supplier）であるという．上の式は消費者が購入するものの価値は彼が売るものの価値に等しくなければならないということを述べている．

初期保有量が存在するとき，予算線をこれまでと同じ方法で表現しようとするなら，それは次のように2つの式からなるであろう．

$$p_1 x_1 + p_2 x_2 = m$$
$$m = p_1 \omega_1 + p_2 \omega_2$$

価格が一定ならば，初期保有量の価値したがって消費者の貨幣所得も一定である．

予算線はどのようなグラフを描くだろうか．価格が一定であるときには，貨幣所得も一定であるから，予算線はこれまでわれわれが用いてきたものとまっ

たく変わらない．すなわち，傾きは $-p_1/p_2$ で，これまでと同様である．唯一の問題はその位置を決定することである．

直線の位置は次のような単純な観察から決定される．初期保有点は常に予算線の上にある．すなわち，予算線上のある1点 (x_1, x_2) で $x_1 = \omega_1, x_2 = \omega_2$ なのである．消費者が使うことのできる予算は常に初期保有量の価値に等しいのであるから，初期保有量はこの予算でちょうど購入可能である．

これらの事実をあわせて考慮すると，予算線は傾き $-p_1/p_2$ をもち，初期保有点を通るということがわかる．これは図9.1に描かれている．

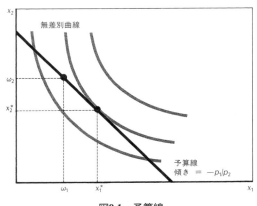

図9.1　予算線

消費者はこの予算制約を所与として，最適な消費を選択する．図9.1では最適消費点は (x_1^*, x_2^*) で表されている．限界代替率が価格比に等しいという最適条件が成立している．

この特殊なケースでは $x_1^* > \omega_1, x_2^* < \omega_2$ であり，消費者は第1財については純購入者であり，第2財については純販売者であることがわかる．純需要は単に2財が売買される純量にすぎない．一般に消費者は2財の相対価格に応じて買い手になったり，売り手になったりする．

9.3　初期保有量の変化

先に，われわれは，価格を一定にしたまま貨幣所得が変化するとき最適消費はどう変化するかを検討した．ここで同様の分析を行って，価格を一定にした

まま初期保有量が変化するとき最適消費がどう変わるかを調べることにする．
初期保有量が (ω_1, ω_2) から (ω'_1, ω'_2) に変化し

$$p_1\omega_1 + p_2\omega_2 > p_1\omega'_1 + p_2\omega'_2$$

という関係が得られたとする．この不等式は，新しい初期保有量は以前の初期保有量よりも価値が低いことを意味している．すなわち，初期保有量を売却して獲得できる貨幣所得は以前よりも小さい．

これは図9.2Aに描かれている．予算線は内側に平行移動している．この変化はちょうど貨幣所得の減少と同じなので，さきの分析で導いたこととまったく同じ2つの結論を述べることができる．第1に，新しい初期保有量 (ω'_1, ω'_2) のもとで，以前の初期保有量のときよりも消費者の厚生状態は確実に悪化している．第2に，各財への需要はそれが劣等財か正常財かによって増加したり減少したりする．

たとえば，もし第1財が正常財ならば，そして消費者の初期保有量がその価値を低下させるような形で変化するならば，第1財に対する消費者の需要は減少すると結論づけることができる．

図9.2Bには，初期保有量の価値が増加する場合が描かれている．上記の議論を続けるならば，予算線が外側へ平行移動するときには消費者の厚生状態は良化すると結論することができる．代数的には，初期保有量が (ω_1, ω_2) から (ω'_1, ω'_2) に変化し，$p_1\omega_1 + p_2\omega_2 < p_1\omega'_1 + p_2\omega'_2$ であるときには，消費者の新しい

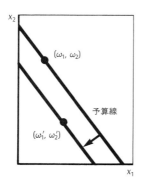
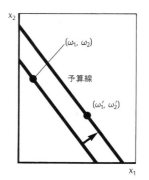

A 初期保有価値の減少　　　　B 初期保有価値の増加

図9.2　初期保有価値の変化

予算集合は古い予算集合を含んでいなければならず，新しい予算集合のもとでの消費者の最適選択は，以前の初期保有量のもとでの最適選択よりも選好されているはずであるということを意味している．

もう少しこの点についてよく考えてみよう．7章で，消費ベクトルが他のものよりも単に高価だということだけでは，それが他のものよりも選好されていることにはならないと論じた．しかし，それは消費される財ベクトルについてのみ成り立つにすぎない．もし消費者がある財ベクトルを一定の価格で市場で販売できるならば，彼はより高い価値の財ベクトルを低い価値のものよりも選好するであろう．より高い価値の財ベクトルの方がより大きな所得を，したがってまたより多くの消費の可能性をもたらしてくれるからである．したがって，より高い価値をもった初期保有量はより低い価値の初期保有量よりも常に選好される．この簡単な観察はやがて非常に重要な意味をもってくる．

もう1つ考えておくべきケースがある．それは $p_1\omega_1 + p_2\omega_2 = p_1\omega_1' + p_2\omega_2'$ ならば何が起こるかということである．予算線はまったく変わらない．消費者の厚生状態は (ω_1, ω_2) のときと (ω_1', ω_2') のときとで変わらない．最適選択はまったく同一である．初期保有量が最初の予算線上で位置を変えただけである．

9.4 価格変化

われわれは前に，価格が変化したとき需要はどのように変化するかを検討したときに，貨幣所得は変わらないという仮定のもとでその作業をすすめた．いまや，貨幣所得は初期保有量の価値によって決められるものであるから，そのような仮定は適当ではない．もし，あなたが販売する財の価値が変化するならあなたの貨幣所得も確実に変化する．したがって消費者が初期保有量をもっているときには価格変化は自動的に所得変化を意味する．

まず最初に，これを幾何学的に扱おう．もし第1財の価格が低下するならば，予算線はより平らになる．初期保有ベクトルは常に購入可能であるから，これは図9.3に示すように予算線が初期保有点を中心に回転することを意味する．

この場合，消費者ははじめ第1財の売り手であり，価格が下落したあとも売り手であり続けている．この消費者の厚生状態についてどのようなことがいえるであろうか．ここには価格変化後の消費選択の点が変化前に比べてより低い無差別曲線上に位置するケースが描かれている．しかし，これは一般に成り立

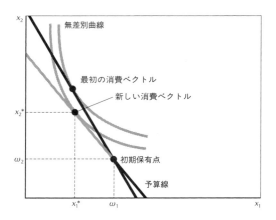

図9.3　第1財価格の低下

つことであろうか．答えは顕示選好の理論を適用すれば得られる．

　もし消費者が供給者であり続けるならば，彼の新しい消費ベクトルは新しい予算線の色の薄い部分になければならない．新しい予算線のこの部分は最初の予算集合の内部である．これらの選択はすべて価格変化前にも消費者に開かれていたものである．したがって，顕示選好の理論によってこれらの選択はすべて最初の消費ベクトルよりも劣っている．かくて，われわれは消費者が売っている財の価格が低下し，それでも彼が売り手であり続けるなら，彼の厚生状態は低下していなければならないということを知る．

　消費者が売っている財の価格が低下し，彼が売り手であることをやめてその財の買い手にまわったとしたらどうであろうか．この場合，消費者の厚生状態は以前よりも良くなることもあれば，悪くなることもある．これを判定する方法はない．

　消費者が財の純購入者である状況を考えよう．この場合，すべてがこれまでの説明と逆になる．その財の価格が上昇し，彼が買い手であり続けるならば，彼の厚生状態は確実に悪化する．しかし，価格の上昇が彼を売り手に変えるならば，良くなる，悪くなるのどちらのケースもありうる．これらの観察はさきに説明した顕示選好の理論の適用によって説明できる．このグラフを書いてみることは読者の理解度を確認するための良い練習問題となるであろう．

　顕示選好の理論はまた価格が変化するとき，買い手にとどまるか売り手に変

9.4 価格変化

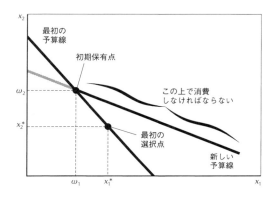

図9.4　第1財価格の低下

わるかの決定に関する興味深い点を明らかにするのに役に立つ．図9.4 に描かれているように，消費者は第1財の純購入者であるとする．第1財の価格が低下するとき何が生じるであろうか．このとき，まず予算線はより平らになる．

消費者はより多くの第1財を購入するようになるのか，より少なく購入するようになるのかは確実にはわからない．それは彼の好みに依存する．しかしながら，消費者は第1財の純購入者であり続け，決して売り手には変わることはないだろうということだけはいうことができる．

なぜそれがわかるのか．もし彼が売り手に変わったとしたら何が起こるかを考えてみよう．彼は図9.4 の新しい予算線の色の薄い部分のどこかで消費するだろう．しかしこれらの消費ベクトルは最初の予算線のもとでも購入可能なものであった．にもかかわらず，それではなく (x_1^*, x_2^*) が選ばれたのである．かくて (x_1^*, x_2^*) はそれらよりも良いものでなければならない．新しい予算線のもとでも (x_1^*, x_2^*) は購入可能な消費ベクトルである．したがって，新しい予算線のもとでどんなものを彼が選択しようと，それは (x_1^*, x_2^*) よりも良いものでなければならない．したがってまた，新しい予算線の薄い部分の点よりも良いものでなければならない．このことは x_1 の消費は初期保有点の右側になければならないことを意味する．すなわち，彼は第1財の純購入者にとどまる．

再び，このような見方を純販売者の個人に等しく適用してみよう．彼が売っている財の価格が上昇したとする．彼は純購入者に変わることはないだろう．

われわれは彼が売っている財をより多く消費するのかより少なく消費するのかを確実に知ることはできないが，彼がその財の売り手であり続けるということはわかるのである．

9.5　価格-消費曲線と需要曲線

6章で価格-消費曲線とは消費者が需要する両財の組の軌跡であること，需要曲線とはある財の需要数量と価格の関係を描いたものであることを見てきたことを思い出そう．消費者が初期に一定量の両財をもっているときにもまったく同じことがいえる．

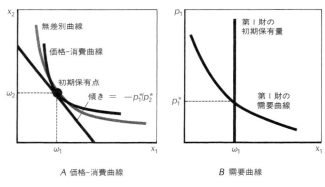

図9.5　価格-消費曲線と需要曲線

図9.5を考えよう．ここにはある消費者の価格-消費曲線と需要曲線が描かれている．価格-消費曲線は必ず初期保有点を通る．なぜなら初期保有量はある価格のもとで需要される財ベクトルだから，すなわち，その価格のもとで消費者は取引しないことを最適なものとして選択しているのである．

すでに見てきたように，消費者はある価格のもとでは第1財の買い手になり，別のある価格のもとでは第1財の売り手になる．一般に，価格-消費曲線は初期保有点の左上から右下へと引かれる．

図9.5Bに描かれている需要曲線は粗需要曲線である．すなわち，消費者の第1財消費の総量を測っている．純需要量のグラフは図9.6のようになる．

第1財に対する純需要量はある価格に対してはマイナスになる．これは第1

9.5 価格-消費曲線と需要曲線

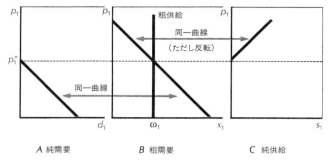

図9.6 純需要，粗需要および純供給

財の価格が高すぎたため消費者が売り手に変わるときに生じることである．ある価格を境として消費者は第1財の純需要者から純供給者に変わるのである．

供給はマイナスの需要と考えた方が現実にも意味があるにもかかわらず，供給曲線を正象限に描くのは単に便宜的なものにすぎない．ここでは伝統にしたがって純供給を，**図9.6C**のように通常の方法でプラスの量として描くとしよう．

代数的には，第1財に対する純需要 $d_1(p_1, p_2)$ は，粗需要 $x_1(p_1, p_2)$ と第1財の初期保有量との差である．ただし，その差はプラスであるとする．すなわち，消費者は自分が保有していた量以上のものを欲するとする．したがって，

$$d_1(p_1, p_2) = \begin{cases} x_1(p_1, p_2) - \omega_1 & \text{この値がプラスのとき} \\ 0 & \text{他の場合} \end{cases}$$

純供給曲線は消費者がどれだけもっていたかという量と彼がどれだけ欲しているかという量の差，ただしプラスの値，のことである．すなわち，

$$s_1(p_1, p_2) = \begin{cases} \omega_1 - x_1(p_1, p_2) & \text{この値がプラスのとき} \\ 0 & \text{他の場合} \end{cases}$$

需要行動に関してわれわれが確立した特性は消費者の供給行動に対してもそのまま適用できる．なぜならば，供給はマイナスの需要にすぎないからである．もし粗需要曲線が右下がりの傾きをもっているならば，純需要曲線もまた右下がりの傾きをもち，純供給曲線は右上がりの傾きをもっている．もし価格の上昇が純需要をマイナスにするならば，純供給はプラスになる．

9.6 スルツキー方程式再論

さきの例からもわかるように顕示選好の適用はとても便利なものだが，価格の変化に対して需要がどう変化するかという重要な問題には実際，何も答えてくれない．8章では，もし貨幣所得が一定ならば，そして財が正常財ならば，価格の減少は需要の増加を導くということを見てきた．

落し穴は「貨幣所得が一定に保たれる」という部分にある．本章でわれわれが検討している問題は，必ず貨幣所得の変化を含んでいる．なぜなら，初期保有量の価値は価格が変化するときには必ず変化するものだからである．

8章では，需要の変化を代替効果と所得効果の2つに分解するものとしてスルツキー方程式を導いた．所得効果とは価格の変化に伴って生じる購買力の変化による需要変化のことである．しかし，価格の変化に伴って購買力が変化することには2つの理由がある．第1のものは，スルツキー方程式の定義に含まれるものである．たとえば，価格が低下するときには，以前消費していたものと同じ財ベクトルを購入しさらに余分の貨幣を残金としてもつことができる．そこでこれを**通常の所得効果**（ordinary income effect）と呼ぶことにする．第2の効果は新しいものである．財の価格が変化するとき，初期保有量の価値は変化し，したがって貨幣所得も変化する．たとえば，もしあなたがある財の純供給者であるとすると，その財の価格の低下はあなたの貨幣所得を低下させる．なぜなら，もはや初期保有量の売却によって以前と同じ貨幣を手にすることができないからである．かくて，われわれはこれまでの所得効果に加え，初期保有量の価値の変化による所得効果というものを考えなければならない．これを，**初期保有所得効果**（endowment income effect）と呼ぼう．

スルツキー方程式のはじめの形では貨幣所得の水準は固定されていた．いまや，われわれは初期保有量の価値が変化するとき貨幣所得がどう変化するかということに気を配らなければならない．したがって，価格変化の需要に及ぼす効果を計算しようというときには，スルツキー方程式は次のようになる．

全部効果＝代替効果＋通常の所得効果＋初期保有所得効果

最初の2つの効果はおなじみのものである．以前と同様，Δx_1 で需要の総変化を，Δx_1^s で代替効果による需要の変化を，Δx_1^m で通常の所得効果を表すこ

9.6 スルツキー方程式再論

ととする。これらを用いてさきに「言葉で表現したスルツキー方程式」を書き換えると、次のような変化率表示のスルツキー方程式を得る。

$$\frac{\Delta x_1}{\Delta p_1} = \frac{\Delta x_1^s}{\Delta p_1} - x_1 \frac{\Delta x_1^m}{\Delta m} + 初期保有所得効果 \tag{9.1}$$

最後の項は記号ではどのように表されるであろうか。明示的な表現を得る前にそれが何を含んでいるかを考えておこう。初期保有財の価格が変化するとき、貨幣所得が変化する。そして貨幣所得の変化は需要の変化をもたらす。したがって初期保有所得効果は、次のような2つの要素から成り立っているということができる。

$$初期保有所得効果 = 所得変化による需要変化 \times 価格変化による所得変化 \tag{9.2}$$

まず第2の要素についてさきに考えよう。所得は

$$m = p_1 \omega_1 + p_2 \omega_2$$

と定義されるから、

$$\frac{\Delta m}{\Delta p_1} = \omega_1$$

を得る。この式は、第1財の価格が変化するときに貨幣所得がどれだけ変化するかを示している。もし第1財を10単位もっているならば、その価格の1ドルの上昇は貨幣所得を10ドルだけ上昇させる。

(9.2) 式の第1要素は所得が変化したとき需要がどれだけ変化するかを示すものである。われわれはこの大きさを表す記号をすでに定めている。すなわち、所得変化額で割った需要の変化分である $\Delta x_1^m / \Delta m$ である。かくて初期保有所得効果は、

$$初期保有所得効果 = \frac{\Delta x_1^m}{\Delta m} \frac{\Delta m}{\Delta p_1} = \frac{\Delta x_1^m}{\Delta m} \omega_1 \tag{9.3}$$

と表される。

(9.3) 式を (9.1) 式に代入すると、スルツキー方程式の最終的な形が得られる。

$$\frac{\Delta x_1}{\Delta p_1} = \frac{\Delta x_1^s}{\Delta p_1} + (\omega_1 - x_1) \frac{\Delta x_1^m}{\Delta m}$$

この式が，はじめに述べた問題に答えてくれる．代替効果の符号は常にマイナス，すなわち価格変化の方向と逆であるということを知っている．いま考えている財は正常財であるとしよう．すなわち，$\Delta x_1^n / \Delta m > 0$．したがって，合成された所得効果の符号はこの消費者が当該財の純需要者であるか純供給者であるかに依存する．もし彼が正常財の純需要者であるならば，価格が上昇するとき彼はより少なく購入するであろう．もし彼が正常財の純供給者であるならば，総効果の符号は不確定である．それは，プラスの合成された所得効果とマイナスの代替効果のどちらが大きいかに依存する．

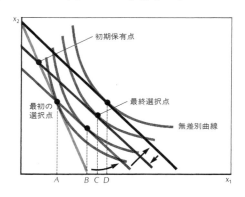

図9.7　スルツキー方程式再論

やや煩雑になるが，これまで同様，これらの変化をグラフで表現することができる．**図9.7**は価格変化のスルツキー分解を描いている．第1財に対する全部効果はAからCへの動きで表される．これは3つの別個の動きの合成である．すなわち，AからBへの代替効果と2つの所得効果である．BからDへの動きで表される通常所得効果は貨幣所得を固定した需要変化，すなわち，**8**章で検討した所得効果である．しかし，価格が変化するときには初期保有量の価値も変化する．初期保有量の価値の変化は貨幣所得を変化させる．かくて，いまやもう1つの所得効果を考えなければならない．貨幣所得のこの変化は予算線を初期保有点を通過するように内側へ平行移動させる．DからCへの需要の変化がこの初期保有所得効果を表している．

9.7 スルツキー方程式の応用例

8章のはじめに考えた消費者を再び登場させよう．彼は裏庭で育てたリンゴとオレンジを売ろうとしている．8章では，リンゴの価格の上昇はこの消費者により多くリンゴを消費させることになるだろうと論じた．本章で展開したスルツキー方程式を用いると，その理由が簡単に示せる．この消費者のリンゴに対する需要を x_a，リンゴの価格を p_a とすると，スルツキー方程式は

$$\frac{\Delta x_a}{\Delta p_a} = \frac{\Delta x_a^s}{\Delta p_a} + (\omega_a - x_a)\frac{\Delta x_a^m}{\Delta m}$$
$$(-) \qquad (+) \qquad (+)$$

となる．

この式はリンゴの価格が変化するときのリンゴの需要の変化は代替効果と所得効果の合計であることを述べている．価格が上昇するときは需要は低下するという意味で，代替効果は正しい方向に働いている．しかし，もしリンゴがこの消費者にとって正常財であるならば，所得効果は逆方向に働くだろう．消費者はリンゴの純供給者であるから，リンゴの価格の上昇は彼の貨幣所得を上昇させ，所得効果によってより多くのリンゴを消費するようになるからである．ここで，もし後者の項が代替効果を上回るほど十分強いならば，いわゆる「逆の」結果が得られるのである．

9.8 労働供給

これまでの初期保有量に関する分析を労働供給決定の分析に応用してみよう．消費者は長時間働いて多くを消費することと，短時間の労働で少なく消費することのいずれかを選ばなければならない．消費と労働の量は彼の無差別曲線と予算線の相互作用によって決定されるであろう．

予算制約

消費者ははじめに一定量の貨幣 M をもっているとしよう．それは働いて得たものであるかどうかは問わない．投資から得た収益でも親類からもらったものでもよい．われわれはこれを消費者の**非労働所得**（nonlabor income）と呼ぶ．

（消費者によっては非労働所得がゼロの者もいるだろうが，当面，それはプラスであるとする．）

　消費財の消費量を記号 C で，消費財の価格を p で表すとする．さらに賃金率を w，労働供給量を L で表すならば，予算制約は次のように表せる．

$$pC = M + wL$$

これは消費者が消費する金額は非労働所得と労働所得の合計であるということを表している．

　この式をこれまでの予算制約の例と比べてみよう．最も大きな違いは，式の右辺に消費者が選んだ労働供給が入っているということである．これを左辺に移行するなら，

$$pC - wL = M$$

となる．

　この方がわかりやすい．しかし，通常ならばプラスの符号がついていなければならないところにマイナスの符号のものが入っていることに注意しよう．どうしたらよいだろうか．そこで，労働供給には上限があるとしよう．1日は24時間，1週間は7日間，等どんな尺度を用いるかにかかわらず上限がある．これを $\bar{L}$ で表し，上式の両辺に $w\bar{L}$ を加え，整理すると次のようになる．

$$pC + w(\bar{L} - L) = M + w\bar{L}$$

　続いて消費者がまったく働かなかったときに消費できる消費財の量を $\bar{C} = M/p$ と定義しよう．すなわち，$\bar{C}$ は初期状態における消費財保有量である．したがって，

$$pC + w(\bar{L} - L) = p\bar{C} + w\bar{L}$$

となる．

　これでわれわれはさきに得たものと非常によく似た式を手に入れた．左辺には2つの選択可能量が，右辺には2つの初期保有量が入っている．$\bar{L} - L$ は「余暇」を表す．そこで，働いていない時間である余暇を表すものとして変数 R（relaxation）を用いよう．$R = \bar{L} - L$ である．余暇の上限を $\bar{R}$ とするなら，$\bar{R} = \bar{L}$ である．かくて，予算制約は

9.8 労働供給

$$pC + wR = p\bar{C} + w\bar{R}$$

となる．

　この式は形式的には本章のはじめに示した予算制約と同じだが，もっと興味深い解釈を与えることができる．それは消費量と余暇の価値額合計は彼の消費財の初期保有量の価値と賃金率で評価された余暇の初期保有量の価値との合計に等しいということである．賃金率は労働の価格だけではなく余暇の価格でもあるのである．

　賃金率が1時間当たり10ドルのとき，もう1時間だけ余暇を消費することを選択するならばその費用はいくらになるだろう．答えは，失った所得10ドルである．これがもう1時間余暇を消費することの価格である．経済学者はしばしばこのことを賃金率は余暇の**機会費用**（opportunity cost）であると表現する．

　この予算制約の右辺はしばしば消費者の**完全所得**（full income）あるいは**潜在所得**（implicit income）と呼ばれる．これは消費者が所有している（もしもっていればであるが）消費財および彼自身の時間の価値を測ったもので，消費者が彼の時間の一部を売ることによって手に入れる**実際の所得**（measured income）とはっきり区別されるべきものである．

　この予算制約の利点は，われわれがすでに何度も目にしてきたものとほとんど同じだということにある．それは初期保有点 $(\bar{L}, \bar{C})$ を通り，傾き $-w/p$ の直線で表現される．ここで初期保有量とは，もし彼がいっさい市場で取引をしなかったときに消費者が手にするものであり，予算線の傾きとはある財を他

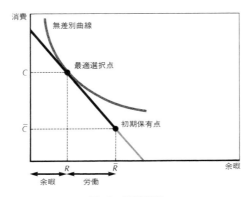

図9.8 労働供給

の財に交換するときの比率を表している．

図9.8に描かれたように，最適消費点は消費と余暇のトレード・オフ関係を表す限界代替率が**実質賃金**（real wage）w/p に等しいところで得られる．そこでは，もう少し働くことから得られる消費の追加分の価値がその消費を可能にするために失った余暇の価値にちょうど等しくなっている．実質賃金とは1時間だけ余暇をあきらめることで消費者が購入できる消費の量のことである．

9.9 労働供給の比較静学

まずはじめに，価格と賃金が固定されたまま貨幣所得が変化するときの労働供給の変化について考えてみよう．あなたが宝くじに当たり，結構な臨時収入があったとしよう．労働供給はどのように変化するだろうか．また余暇に対する需要はどのように変化するだろうか．

多くの人の場合，貨幣所得が増加するときには労働供給を低下させる．言い換えれば，貨幣所得が増加するときに余暇の消費を増やす．すなわち，多くの人にとっては余暇は正常財である．この主張には多くの証拠をあげることができる．そこで，われわれは余暇は正常財であると仮定するとしよう．

このことは賃金率の変化に対する労働供給の反応について，何を意味するのだろうか．賃金率が上昇するときには，2つの影響が生じる．すなわち，労働の収益は増加し，同時に余暇を消費する費用も増加する．スルツキー方程式の所得効果，代替効果の考え方を用いるならば，これらの効果を識別し分析することができる．

賃金率が上昇するときには余暇はより高価なものとなる．そしてそのことは人々をしてより少ない余暇の消費へと導く（代替効果である）．余暇は正常財であるから，賃金率の上昇は必ず余暇に対する需要の減少，すなわち労働供給の増加につながる．このことは8章で与えられたスルツキー方程式から明らかである．正常財の需要曲線は負の傾きをもっていなければならない．もし余暇が正常財ならば，労働供給曲線の傾きは正でなければならない．

しかし，この分析にも問題がある．第1に，直感的に，賃金の上昇が常に労働供給の増加を導くということはいえないだろう．もし私の賃金がきわめて高いならば，私は追加的所得を余暇の消費に「使う」かもしれない．この明らかにありそうな行動をどのようにさきの経済理論と調和させたらよいのだろうか．

9.9 労働供給の比較静学

もし理論が間違った答えを出しているなら，それはおそらく理論を間違って応用したせいだろう．そして実際，この場合もそうである．さきに述べたスル・・・・・・・・・ツキーの例は貨幣所得を一定に保つときの需要の変化に関するものである．しかし，もし賃金率が変化するならば貨幣所得もまた変化している．貨幣所得の変化による需要の変化は追加的な所得効果を生む．初期保有所得効果である．これは通常の所得効果のほかに生じるのである．

もし本章で展開したように，スルツキー方程式の正しい定式を適用するなら，・・・次のような表現を得る．

$$\frac{\Delta R}{\Delta w} = 代替効果 + (\bar{R} - R)\frac{\Delta R}{\Delta m} \tag{9.4}$$
$$\quad\quad (-) \quad\quad (+) \quad (+)$$

この表現で代替効果は，いつもそうであるように，必ずマイナスであり，$\Delta R/\Delta m$ は余暇が正常財であると仮定しているから必ずプラスである．$(\bar{R} - R)$ もまたプラスである．したがって式全体の符号は決まらない．通常の消費者行動の場合と違って，余暇に対する需要はたとえ余暇が正常財であっても符号は確定しないのである．賃金率が上昇するとき人々はより多く働こうとするかもしれないし，少なく働こうとするかもしれない．

なぜこのような不確定性が生じるのだろう．賃金率が上昇するとき，代替効果は余暇の消費を代替するためより多く働くということを示している．しかし，賃金率の上昇は，初期保有量の価値をも同時に上昇させる．これはちょうど臨時収入のようなものである．そしてそれを使ってより多くの余暇を手に入れることもできるのである．そのどちらがより大きな効果なのかは実証の問題であって，理論のみからは決定できない．どちらの効果が支配的かは人々の実際の労働供給決定を観察しなければならない．

賃金率が上昇するときに労働供給が減少するケースは**後屈的労働供給曲線**(backwardsbending labor supply curve) として知られている．スルツキー方程式によれば，このような現象は $(\bar{R} - R)$ が大きなとき，すなわちすでに十分大きな労働を供給しているときに起こりやすい．$\bar{R} = R$ のときには，消費者は余暇のみを消費している．したがって賃金率の上昇は純粋に代替効果のみをもたらす．したがって労働供給は増加する．しかし，労働供給が増加していくにつれ，賃金率の上昇は彼が働いているあらゆる時間に対して追加的な所得をもたらす．その結果，ある水準を過ぎると，人はこの追加的所得を余暇の「購

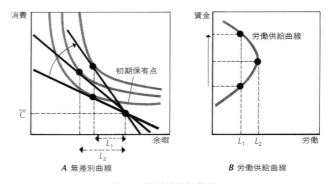

図9.9 後屈的労働供給

入」に向けようと考えるようになる．すなわち，労働供給の低下である．

図9.9には後屈的労働供給曲線が描かれている．賃金が低いときには代替効果が所得効果を上回り，賃金の上昇は余暇に対する需要を減少させ労働供給を高める．しかし，より高い賃金率のもとでは，今度は所得効果が代替効果を上回り，賃金の上昇は労働供給の低下をもたらしている．

要　　約

1. 消費者は初期保有量を売却することによって所得を稼ぐ．
2. 財に対する粗需要とは，消費者が最終的に消費する量である．純需要とは消費者が購入する量であり粗需要と初期保有量との差である．
3. 予算制約は傾き $-p_1/p_2$ をもち，初期保有点を通過する．
4. 価格が変化するとき，消費者の売るものの価値も変化する．したがってスルツキー方程式にもう1つの所得効果が発生する．
5. 労働供給は所得効果と代替効果の相互作用に関する興味深い例を提供している．労働供給の価格に対する反応は両者の相対的な大きさに依存しており，その符号を確定することはできない．

10 章　異時点間の選択

本章では，貯蓄および多期間にわたる消費選択に関する消費者行動を検討する．多期間にわたる消費の選択は**異時点間の選択**（intertemporal choices）問題と呼ばれている．

10.1　予算制約

ある消費者が連続する 2 期間の消費量を選択しようとしているとする．われわれはこの財を 2 章で考えたように合成財であると仮定するが，もし特定の財と考えたければそれでもよい．各期の消費量を（c_1, c_2）と表す．また，各期の消費財の価格は 1 であるとする．各期において消費者がもっている貨幣量は（m_1, m_2）と表される．

まずはじめに，消費者が第 1 期から第 2 期へ貨幣を移転する方法は利子を生まない貯蓄だけであると仮定する．さらに，いまのところ彼は金を借りることはできないとしよう．したがって，彼が第 1 期に消費できるのはたかだか m_1 である．彼の予算制約は**図10.1** に描かれているもののようになるだろう．

2 つの可能な選択肢がある．消費者は（m_1, m_2）で消費すること，すなわち各期で獲得した所得をその期で消費してしまうか，あるいは第 1 期には稼いだ所得よりも少なく消費するかである．後者のケースでは消費者は将来の消費のために第 1 期の消費を貯蓄しているのである．

次に，ある利子率 r での貸し借りが可能であるとしよう．簡単化のために，各期の消費財の価格は依然として 1 であるとして予算線を導いてみよう．そこでまず最初に消費者が貯蓄者であったとしよう．すなわち彼の，第 1 期の消費 c_1 は第 1 期の所得 m_1 よりも小さい．この場合，彼は利子率 r で貯蓄額 m_1

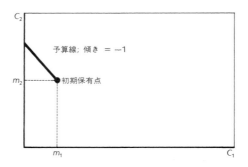

図10.1 予算制約

$-c_1$ から利子を稼ぐことができる．したがって，次の期に彼が消費できる量は

$$c_2 = m_2 + (m_1 - c_1) + r(m_1 - c_1)$$
$$= m_2 + (1+r)(m_1 - c_1) \quad (10.1)$$

となる．これは，彼が第2期に消費できる量は，彼の第2期の所得と第1期に貯蓄した額および貯蓄による利子収入の合計である，ということを述べている．

次に，消費者が借金をする場合を考えよう．彼の第1期の消費は彼の第1期の所得よりも大きくなる．すなわち $c_1 > m_1$ であり，第2期に彼が支払わなければならない利子は $r(c_1 - m_1)$ である．もちろん，彼は借りた額 $c_1 - m_1$ も返さなければならない．したがって彼の予算制約は

$$c_2 = m_2 - r(c_1 - m_1) - (c_1 - m_1)$$
$$= m_2 + (1+r)(m_1 - c_1)$$

となる．これはまさにわれわれがさきに得たものと同じである．もし $m_1 - c_1$ がプラスならば消費者はこの貯蓄によって利子を稼ぎ，それがマイナスならば彼は借り入れに対して利子を支払うのである．

$c_1 = m_1$ ならば，当然 $c_2 = m_2$ であり，彼は借り手でも貸し手でもない．この消費点をわれわれは「ポロニウス点」と呼ぼう[1]．

---

1) 「借り手にも貸し手にもならない方がよい．なぜなら，貸すことは金のみならず友人をも失い，借りることは家計のやりくりをいいかげんなものにしてしまうから．」『ハムレット』第1幕第3場，ポロニウスが彼の息子に忠告をする．

10.1 予算制約

上記の予算制約は次のように書き換えることができる．

$$(1+r)c_1 + c_2 = (1+r)m_1 + m_2 \tag{10.2}$$

あるいは，

$$c_1 + \frac{c_2}{1+r} = m_1 + \frac{m_2}{1+r} \tag{10.3}$$

と表してもよい．どちらの式も

$$p_1 x_1 + p_2 x_2 = p_1 m_1 + p_2 m_2$$

という形式をもっていることに注意せよ．(10.2) 式では，$p_1 = 1+r, p_2 = 1$で，(10.3) 式では，$p_1 = 1, p_2 = 1/(1+r)$ である．

われわれは (10.2) 式を**将来価値** (future value) で表現された予算制約，(10.3) 式を**現在価値** (present value) で表現された予算制約と呼ぶことにする．そのように名づける理由は，第 1 の予算制約は将来の消費の価格 p_2 を 1 にしており，第 2 の予算制約は現在の消費の価格 p_1 を 1 としているからである．第 1 の予算制約は第 2 期価格を基準に第 1 期価格を測っており，第 2 の予算制約はその逆である．

現在価値および将来価値の幾何学的解釈は **図10.2** で与えられる．2 期間にわたって与えられる貨幣量の現在価値とは初期貨幣保有 (m_1, m_2) が導くものと同じ予算集合を導く第 1 期の貨幣量のことである．これはちょうど予算線の横軸との切片で，第 1 期に消費可能な最大量のことである．予算制約を検討すると，その大きさは $\bar{c}_1 = m_1 + m_2/(1+r)$ となる．これが初期貨幣保有の現在価

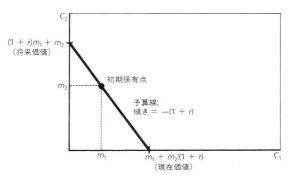

図10.2　現在価値と将来価値

値である．

同様に，縦軸との切片は第2期消費の最大量を表す．そしてそれは $c_1=0$ で生じている．ふたたび，予算制約から初期保有量の将来価値を $\bar{c}_2=(1+r)m_1+m_2$ と求めることができる．

異時点間の予算制約の表現としては現在価値形式の方がより重要である．なぜなら，それは現在を基準に将来を測るものであり，それがわれわれが普通ものごとを見るやり方だからである．

このどちらの式からも予算制約の形状を知ることができる．予算線というものは購入可能な消費パターンを表すものであるから，(m_1, m_2) を通る傾き $-(1+r)$ の直線である．

10.2　消費に対する選好

無差別曲線で表現される消費者の選好について考えよう．無差別曲線の形は各時点の消費に対する消費者の選好を表現している．たとえば，傾き -1 の無差別曲線は，今日と明日のどちらで消費してもよいという消費者の嗜好を表現している．このとき今日の消費と明日の消費の間の限界代替率は -1 である．

完全補完財の無差別曲線を描くならば，それはその消費者は今日と明日でまったく同じ量の消費をしたいということを表現している．そのような消費者はある時点から他の時点へ消費を代替することをしたがらないだろう．そうすることが彼にとっていかに価値があるように思われても．

いつもそうであるように，極端なケースよりも中間的なケースの方が一般的である．消費者はある一定量の消費を今日から明日に代替しようとするし，どれだけを代替しようとするかは彼のもっている特定の消費パターンに依存する．

この場合，凸選好が最も自然であろう．なぜなら，消費者というのは，今日たくさん消費し，明日は何も消費しないとか，その逆のような消費パターンよりも，各期に「平均的な」消費をすることを選ぶものであろうから．

10.3　比較静学

2期それぞれの消費に対する選好と予算制約が与えられるならば，われわれは最適消費選択 (c_1, c_2) について考えることができる．もし消費者が $c_1<m_1$

10.3 比較静学

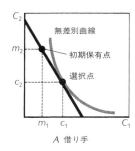 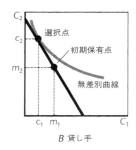

図10.3 借り手と貸し手

を選択するならば，彼は**貸し手**（lender）であるということができる．他方，$c_1 > m_1$ ならば，彼は**借り手**（borrower）である．**図10.3A**は消費者が借り手のときを，**図10.3B**は貸し手の場合を描いている．

ここで，利子率の変化に対して消費者がどのように反応するかを考えてみよう．(10.1) 式から利子率が上昇するときには予算線は回転して傾きがより急になることがわかる．利子率が高くなると，c_1 の減少から得られる第2期の消費がより多くなるからである．もちろん，初期保有量は購入可能である．したがって，回転は初期保有点を中心に生じる．

われわれはまた，利子率が変化するときに借り手，貸し手の選択がどのように変化するかについてもなにごとかを述べることができる．消費者がはじめに借り手であったか，貸し手であったかによって2つのケースが区別される．はじめに貸し手であったとしよう．もし利子率が上昇するならば彼は貸し手であり続けるであろう．

このことは**図10.4**に描かれている．消費者がはじめに貸し手であったならば彼の選択する消費ベクトル（消費の組み合わせ）は初期保有点の左側にある．いま，利子率が上昇したとしよう．消費者は初期保有点の右側に彼の新しい消費点を移動させることがあるだろうか．

否，なぜなら，それは顕示選好の原理に反するからである．すなわち，初期保有点の右側の選択は最初の予算集合のもとでも消費可能であったにもかかわらず，実際には選択されなかったのである．最初の最適消費点は新しい予算線のもとで依然として消費可能であるから，新しい最適消費点は最初の予算集合の外側になくてはならない．そしてそれは新たな最適点が初期保有点の左側になくてはならないことを意味する．消費者は利子率が上昇するときには貸し手

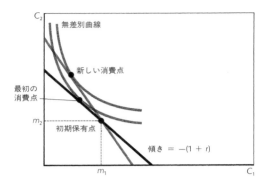

図10.4 ある人が貸し手であり利子率が上昇するなら，彼は貸し手であり続ける

であり続けるのである．

借り手の場合にも同様の議論が成り立つ．すなわち，もし消費者がはじめに借り手であるならば，利子率が減少するときには，彼は借り手であり続けるのである．（読者は**図10.4**と同様の図を描き，上記と同様の議論を構成してみよ．）

かくて，もし消費者が貸し手だったなら，利子率が上昇するときに彼は貸し手であり続け，もし彼が借り手だったならば，利子率が減少するときに彼は借り手であり続けるといえる．他方，もし彼が貸し手で利子率が減少するときには彼は借り手に変わるかもしれない．同様に，利子率の上昇は借り手を貸し手へと変えるかもしれない．顕示選好の理論はこれら2つのケースについては何も知らせてはくれない．

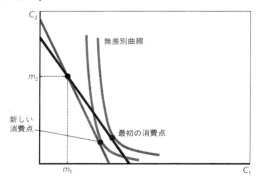

図10.5 利子率の上昇は借り手の厚生状態を悪化させる

顕示選好の理論はまた利子率が変化するときに消費者の厚生状態がどう変化するかを知るためにも利用できる．消費者がはじめに借り手であり，利子率が上昇したにもかかわらず借り手であり続けることを選んでいるとすると，彼の厚生状態は新しい利子率のもとでは悪化しているにちがいない．この議論は図10.5に示されている．すなわち，もし消費者が借り手であり続けるならば，彼は古い予算集合のもとで購入可能であったが選ばれなかった点を選んでいることになるが，これは彼の厚生状態が悪化していることを意味する．

10.4　スルツキー方程式と異時点間の選択

本節では9章にならって，利子率の変化による需要の変化をスルツキー方程式を用いて所得効果と代替効果に分解することを考えてみる．利子率が上昇したとしよう．各期の消費に及ぼす効果はどのようなものであろうか．

これは現在価値形式の予算制約のもとでよりも将来価値形式の予算制約のもとでの方が分析しやすい．将来価値形式のもとでは利子率の上昇は明日の消費を基準とした今日の消費の価格の上昇と同じように扱うことができるからである．スルツキー方程式を書くならば次のようになる．

$$\frac{\Delta c_1^t}{\Delta p_1} = \frac{\Delta c_1^s}{\Delta p_1} + (m_1 - c_1)\frac{\Delta c_1^m}{\Delta m}$$
$$(?)\quad(-)\quad\quad(?)\quad(+)$$

代替効果はこれまでと同様，価格と反対の方向に働く．この場合，第1期の消費の価格が上昇するとき，代替効果は消費者は第1期にはより少ない消費しかしなくなることを主張する．これが代替効果の下にマイナスの符号をつけた理由である．今期の消費は正常財であるとしよう．したがって，最後の項，すなわち，所得が変化するとき消費がどう変化するかを示す項はプラスである．したがって，最後の項の下にはプラスの符号をつけた．かくて，全体の符号は$(m_1 - c_1)$に依存することになる．もしこの個人が借り手ならば，この項はマイナスとなり全体の符号ははっきりとマイナスになる．すなわち，借り手にとっては利子率の上昇は今日の消費を低下させるように働くのである．

なぜこのようなことが起こるのだろうか．利子率が上昇するとき今日の消費を減らすような方向に代替効果が働くことは確かである．借り手にとっては，利子率の上昇は明日により多くの利子を支払わなければならないということを

意味するから，彼は借り入れを少なくしようとするだろう．したがって，第1期の消費を減少させることになるのである．

貸し手にとってはこの効果は曖昧である．全部効果はマイナスの代替効果とプラスの所得効果の合計だからである．貸し手の立場からは，利子率の上昇は所得の上昇をもたらし，第1期の消費を増やしたいと思うだろう．

利子率の変化の効果はまったくもって不可解というほどのものでもない．他の価格変化の場合と同様，代替効果と所得効果がある．さまざまな効果を分離するスルツキー方程式のような道具なしではその変化を解き明かすことはむずかしいが，この道具があれば効果の識別はまったく簡単である．

10.5　インフレーション

これまでの分析は一般的「消費」財に関して行われてきた．ところで，今日 Δc だけの消費をあきらめるならば明日は $(1+r)\Delta c$ だけの消費の増加を手に入れることができる．この分析に隠されている仮定は，消費財の「価格」が変化しないということである．すなわちインフレーションもデフレーションも存在していない．

しかしながら，これまでの分析をインフレーションを扱えるように修正することはそれほどむずかしくはない．消費財が各期に異なった価格をもつと仮定しよう．今日の消費財の価格を1とし，明日の消費財の価格を p_2 で表そう．初期保有量は消費財の単位で測られるとする．したがって第2期における初期保有量の貨幣価値は $p_2 m_2$ である．かくて，第2期に消費者が使うことのできる貨幣量は次の式で与えられる．

$$p_2 c_2 = p_2 m_2 + (1+r)(m_1 - c_1)$$

したがって第2期に消費可能な消費は

$$c_2 = m_2 + \frac{1+r}{p_2}(m_1 - c_1)$$

である．この式はさきに導いた式と非常によく似ている．さきの式の $1+r$ を $(1+r)/p_2$ で置き換えただけである．

この予算制約をインフレ率に関して表現してみよう．インフレ率 π とは物価上昇率のことである．$p_1 = 1$ であることを思い出すなら，

10.5 インフレーション

$$p_2 = 1 + \pi$$

という式が成立する．そしてこれはさきの式を

$$c_2 = m_2 + \frac{1+r}{1+\pi}(m_1 - c_1)$$

と変える．新しい変数として**実質利子率**（real interest rate）ρ を導入し，それを

$$1 + \rho = \frac{1+r}{1+\pi}$$

と定義する．これで，予算制約は

$$c_2 = m_2 + (1+\rho)(m_1 - c_1)$$

となる．$1+\rho$ はもし第1期にある程度の消費を我慢したなら第2期にどれだけの消費を追加的に行うことができるかを表している．これが ρ を実質利子率と呼んでいる理由である．これはどれだけのドルを追加的に手に入れられるかではなく，どれだけの消費財を追加的に手に入れられるかを示している．

ドルに対する利子率は**名目**（nominal）利子率と呼ばれる．さきに見てきたように両者の間には

$$1 + \rho = \frac{1+r}{1+\pi}$$

という関係がある．

ρ そのものの定義式を得るためには，この式を次のように変形すればよい．

$$\rho = \frac{1+r}{1+\pi} - 1 = \frac{1+r}{1+\pi} - \frac{1+\pi}{1+\pi}$$

$$= \frac{r - \pi}{1+\pi}$$

これが実質利子率の正確な表現であるが，われわれは通常，簡略形を用いて議論している．もしインフレ率がそれほど大きくないならば，この式の分母はほとんど1と考えてよいであろう．したがって実質利子率は近似的に

$$\rho \approx r - \pi$$

と表現される．すなわち，実質利子率は名目利子率からインフレ率を引いたものである．（記号 "$\approx$" は「近似的に等しい」ことを意味する．）これは完全に

十分な意味をもっている．もし利子率が18パーセントで物価が10パーセントで上昇していたとすると，実質利子率，すなわちいま一定の消費をあきらめることで来期にどれだけの消費を増やすことができるかという割合は，大まかに言って8パーセントである．

われわれは消費計画を作り上げるときにはいつでも将来を考慮している．しかし，通常，来期の名目利子率は知られているが，来期のインフレ率はわからない．したがって，実質利子率は通常，現在利子率から期待インフレ率を引いたものと考えられる．来期のインフレ率がどのような値をとるかに関する人々の予想が異なっている分だけ，実質利子率の推計値もばらついている．もしインフレ率が十分に予測可能ならば，このばらつきはなくなるだろう．

10.6　現在価値：より正確な検討

10.1節で記述した予算制約の2つの表現（10.2）式と（10.3）式に戻ろう．すなわち，

$$(1+r)c_1 + c_2 = (1+r)m_1 + m_2$$

および，

$$c_1 + \frac{c_2}{1+r} = m_1 + \frac{m_2}{1+r}$$

である．

第1式の右辺は初期保有量を将来価値形式で表現し，第2式の右辺は現在価値形式でそれを表現している．

それでは，将来価値の概念について検討するとしよう．もし利子率rで貸し借りができるならば，今日の1ドルと将来の何ドルが等価値であろうか．答えは$(1+r)$ドルである．今日の1ドルは，それを単に利子率rで銀行に貸し出すことで来期の$(1+r)$ドルに転換できるからである．言い換えるなら，来期の$(1+r)$ドルは今日の1ドルに等しい．それが今日1ドルを借りることに対して来期に支払わなければならない額だからである．$(1+r)$は来期のドルで測った今日の1ドルの価格なのである．このことは将来のドル額で表現されている第1の予算制約から容易にみてとれる．すなわち，第2期の1ドルの価格が1で，第1期のドルはそれに相対的に測られている．

現在価値についてはどうであろうか．事態はまったく逆である．すべては今日のドルで測られる．来期の1ドルを今日のドルで表すならば $1/(1+r)$ である．なぜなら，それを利子率 r で貯蓄するだけで来期には1ドルが得られるからである．来期に手に入れられる1ドルの現在価値が $1/(1+r)$ ドルなのである．

現在価値の概念は2期間消費問題の予算制約を表現するもう1つの方法を与えてくれる．すなわち，消費の現在価値が所得の現在価値に等しいとき消費計画は実現可能であるというものである．

この現在価値の概念は **9** 章で指摘した点に密接に関係した重要な意味をもっている．すなわち，もし消費者が一定の価格で初期保有量を自由に売買できるとするならば，消費者は低い価値の初期保有量よりも高い価値の初期保有量を常に好むというものである．異時点間の決定の場合，この原理は，一定の利子率で自由に貸し借りできるならば消費者は低い現在価値の所得パターンよりも高い現在価値の所得パターンの方を常に選好するものである，ということを意味している．

そしてこれは **9** 章での主張が正しいのと同じ理由で正しい．すなわち，より高い価値の初期保有量はより外側の予算線で表現される．新しい予算集合が古い予算集合を包含しているとき，それは古い予算集合のもとでのすべての消費機会以上のものを含んでいるということを意味している．低い現在価値の初期保有量を売却することと引き換えにある消費財ベクトル（各期の消費の組）を手に入れることができるなら，より高い現在価値をもった初期保有量を売却することによって，それより多くの財からなる財ベクトルを手に入れることができる．この意味で，経済学者はしばしば高い現在価値の初期保有量は低い現在価値のものを**優越する**（dominates）といっている．

もちろん，もしある初期保有量がもう1つのものよりも高い現在価値をもっているならば，将来価値も高いはずである．しかしながら，異時点にわたる貨幣の初期保有量の購買力を計測するには，現在価値の方がより良い方法である．だからこそわれわれは現在価値形式の方に一層の注意を払っているのである．

10.7　多期間の現在価値分析

3期間モデルを考えよう．各期では利子率 r で貸し借りができる．利子率

はこの３期間にわたって一定であるとする．かくて，第１期の消費で測った第２期の消費の価格は前と同様に $1/(1+r)$ である．

第３期の消費の価格はどうであろうか．もし今日１ドルを投資したとすると次の期にはそれは $(1+r)$ ドルになるだろう．そしてそれをそのままにしておくならば第３期には $(1+r)^2$ に成長するだろう．したがって，今日 $1/(1+r)^2$ から始めるならば，それは第３期には１ドルになるだろう．したがって第３期に消費する１ドルの今日の価値は $1/(1+r)^2$ ドルである．このことは予算制約が次のような式であることを意味する．

$$c_1 + \frac{c_2}{1+r} + \frac{c_3}{(1+r)^2} = m_1 + \frac{m_2}{1+r} + \frac{m_3}{(1+r)^2}$$

これはわれわれがさきに見てきたものとほとんど同じである．今日の消費で測った t 期の消費の価格は

$$p_t = \frac{1}{(1+r)^{t-1}}$$

で表されている．これまでと同様，これらの価格のもとでより高い現在価値をもっている初期保有量に移動することは消費者によって選好される．なぜなら，そのような変化は必ずより外側の予算線へ移動するものだから．

われわれはこの予算線を一定の利子率という仮定のもとで導いたが，利子率が変化する場合に一般化することはそれほどむずかしいことではない．たとえば，第１期から第２期へ貯蓄することから得られる利子は r_1，第２期から第３期へ貯蓄することから得られる利子は r_2 であるとする．このとき，第１期の１ドルは第３期には $(1+r_1)(1+r_2)$ ドルになっている．したがって第３期の１ドルの現在価値は $1/(1+r_1)(1+r_2)$ である．したがって予算制約の正確な形は

$$c_1 + \frac{c_2}{1+r_1} + \frac{c_3}{(1+r_1)(1+r_2)} = m_1 + \frac{m_2}{1+r_1} + \frac{m_3}{(1+r_1)(1+r_2)}$$

となる．この表現はそれほど扱いにくいものではないが，当面のところ固定利子率の場合を検討すれば十分であろう．

表10.1 はさまざまな利子率のもとで t 年後の１ドルの現在価値を示したものである．この表で注目すべきは「適当な」利子率のもとでも現在価値がいかに急激に低下していくかという点である．たとえば，利子率が10パーセントときには，20年後の１ドルはなんとわずか15セントでしかない．

表10.1　t 年後の 1 ドルの現在価値

利子率	1	2	5	10	15	20	25	30
.05	.95	.91	.78	.61	.48	.37	.30	.23
.10	.91	.83	.62	.39	.24	.15	.09	.06
.15	.87	.76	.50	.25	.12	.06	.03	.02
.20	.83	.69	.40	.16	.06	.03	.01	.00

10.8　現在価値の応用例

　重要な一般原理を述べることから出発しよう．現在価値形式は収入の流列を今日のドルに変換する唯一の正しい方法である．この原理は現在価値の定義からただちに導かれる．すなわち，現在価値形式は消費者の初期貨幣保有の価値を測るものである．固定された利子率で自由に貸し借りできるかぎり，高い価値をもった初期保有量は常により低い現在価値の初期保有量よりも各期に多くの消費を生み出す．異なる期におけるあなたの好みがどうであろうと，あなたは必ず低い現在価値をもたらすものよりも高い現在価値をもつ収入の流列を好むはずである．なぜなら，それが各期でより多くの消費の可能性をもたらすものであるから．

　この議論は 図10.6 に図示されている．この図で，(m'_1, m'_2) はもともとの初期保有点 (m_1, m_2) よりも悪い消費ベクトルである．なぜなら，このベクトル

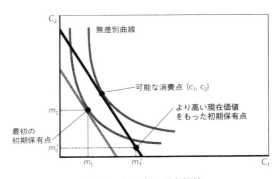

図10.6　より高い現在価値

は初期保有点を通る無差別曲線の下方に位置するものだからである．それにもかかわらず，消費者はもし利子率 r で貸し借りができるなら，(m_1, m_2) よりも (m'_1, m'_2) を選好するかもしれない．初期保有点 (m'_1, m'_2) のもとでは，現在の消費ベクトルよりも確実に良い消費ベクトル (c_1, c_2) を消費できるからである．

現在価値形式の1つの非常に有用な応用例はさまざまな投資から期待される収入流列の評価比較である．もしあなたが異なる利益の流列をもたらす2つの異なる投資のどちらがより望ましいかを比較したいなら，2つの投資からの収益流列の現在価値を計算しその大きな方を選びさえすればよい．より大きな現在価値をもつ投資は必ず大きな消費の可能性をもたらすであろう．

しばしば異時点にわたる支払いの約束をして収入流列を購入するということが必要になることがある．たとえば，毎年一定の返済を約束して銀行から資金を借り入れることによって投資としての賃貸アパートを購入するということがある．収入流列を (M_1, M_2)，返済額の流列を (P_1, P_2) としよう．このとき (P_1, P_2) で (M_1, M_2) を購入していると考えてよいだろう．

この場合，われわれは収入流列の現在価値を年々の返済の現在価値と比較することによってこの投資を評価することができる．もし

$$M_1 + \frac{M_2}{1+r} > P_1 + \frac{P_2}{1+r} \tag{10.4}$$

ならば，収入流列の現在価値が投資費用の現在価値を上回っているからこれは有利な投資である．すなわち，われわれの財産の現在価値を高める，と判定される．

原理的に同じことだが，投資を評価するもう1つの方法に**純現在価値**（net present value）法というものがある．純現在価値を求めるには，各期のネット・キャッシュ・フローを計算し，そのあとでこれを現在に割り引かなければならない．この例では，ネット・キャッシュ・フローは $(M_1 - P_1, M_2 - P_2)$ となり，その現在価値は

$$NPV = M_1 - P_1 + \frac{M_2 - P_2}{1+r}$$

と表される．これを (10.4) 式と比較するなら，純現在価値 (NPV) がプラスであるとき，そのときにかぎってこの投資を行うべきだと結論づけることができる．

純現在価値法は大変便利な方法といえよう．なぜなら，各期ごとにあらゆるプラス，マイナスのキャッシュ・フローを合計し，そのあとでキャッシュ・フローの流列を割り引けばよいからである．

10.9 債　　券

有価証券（securities）は一定の支払いパターンを約束する金融手段である．人々が欲する支払いのパターンはさまざまであるから金融手段もたくさん存在する．金融市場は人々にさまざまな多期間にわたるキャッシュ・フローを手に入れる機会を与えている．そのキャッシュ・フローが将来の消費を賄うのに用いられるのである．

ここでわれわれが分析しようと思うのは**債券**（bonds）である．債券は政府または企業によって発行される．それらは基本的に金を借りる方法である．借り手，すなわち債券の発行者は一定額 x のドル（**クーポン**（coupon））を**満期**（maturity date）T まで毎期支払うことを約束する．満期で借り手は**額面価値**（face value）F を債券の保有者に支払う．

かくて，債券から得られる収益流列は $(x, x, x, \cdots, F)$ である．もし利子率が一定ならば，この債券の割引現在価値を計算するのはたやすい．それは

$$PV = \frac{x}{(1+r)} + \frac{x}{(1+r)^2} + \cdots + \frac{F}{(1+r)^T}$$

となる．

債券の割引現在価値は利子率が上昇すれば低下することに注意せよ．利子率が上昇するとき将来に得られる1ドルの現在の価格は低下する．したがって債券から得られる将来の収益の現在の価値は低くなるのである．

債券の市場は大規模かつ発展している．債券の市場価値は利子率の変動に伴って変化する．債券が保証している収益流列の現在価値が変化するからである．

興味深い特殊な債券がある．永久債券である．それらは**コンソル公債**（consols）あるいは**永久公債**（perpetuities）と呼ばれている．さて，永久に毎年 x ドルを支払い続けることを明記したコンソル公債を考えよう．このコンソル公債の現在価値を計算するには無限級数

$$PV = \frac{x}{(1+r)} + \frac{x}{(1+r)^2} + \cdots$$

を計算しなければならない．

これを計算するための奥の手は $1/(1+r)$ で括弧をくくって

$$PV = \frac{1}{(1+r)}\left[x + \frac{x}{(1+r)} + \frac{x}{(1+r)^2} + \cdots\right]$$

とすることである．すると，括弧の中は $PV+x$ であることがわかる．代入して PV について解くならば，

$$PV = \frac{1}{(1+r)}[x+PV]$$
$$= \frac{x}{r}$$

となる．この計算は全然むずかしくないが，もっと簡単な方法もある．利子率 r のもとで x ドルを永久に得るにはどれだけの貨幣が必要かと考えるのである．それを V で表すなら

$$Vr = x$$

という関係が成立しなくてはならない．すなわち，V の利子が x でなければならない．このとき投資の値は

$$V = \frac{x}{r}$$

である．かくて，永久に x ドルを支払うことを約束するコンソル公債の現在価値は x/r でなければならない．

コンソル公債の場合は，利子率の上昇が債券の価格を低下させるということがただちに導かれる．たとえば，利子率が10パーセントのときコンソル公債が発行されたとする．もしそれが毎年10ドルを支払うことを約束するものであるなら，その価値は100ドルである．なぜなら，100ドルを預金すれば利子所得として毎年10ドルが得られるからである．

いま，利子率が20パーセントに上昇したとすると，コンソル公債の価値は50ドルに低下するであろう．なぜなら，利子率20パーセントのもとでは毎年10ドルの利子を手に入れるのには50ドルで十分だからである．

コンソル公債に関する公式は長期債券の近似値を計算する際にも用いることができる．たとえば，もし利子率が10パーセントなら，いまから30年後の1ドルの価値はわずかに6セントである．われわれが普通直面する利子率の大きさ

にとっては，30年というのはほとんど無限と同じと考えられる．

10.10 税

アメリカでは利子収入は通常所得として課税対象となっている．したがって，利子所得も労働からの所得と同率で課税される．あなたの限界税率区分が t で追加所得 Δm ドルに対しては $t\Delta m$ が課税されるとしよう．したがって，X ドル投資して rX の利子収入を得たとすると，trX の税を支払わなければならず課税後所得として $(1-t)rX$ だけが手元に残る．われわれはこの $(1-t)r$ を**課税後利子率**（after-tax interest rate）と呼ぶ．

もし X ドルを貸す（投資する）のではなく，借りたとしたらどうだろうか．借りた金に対しては rX の利子を支払わなければならないだろう．しかしアメリカでは利子支払いには課税控除の対象となるものとそうでないものとがある．たとえば，抵当証券に対する利子支払いは控除対象であるが通常の消費者ローンの支払いは控除の対象とはみなされない．一方で企業は，その利子支払いの多くが控除対象とされている．

もし特定の利子支払いが控除対象であったとすると，他の総所得からその利子支払いを控除した額に対する税額のみを納めればよい．したがって rX の利子支払いは納税額を trX だけ減少させる．かくて，X ドルの借り入れの総費用は $rX - trX = (1-t)rX$ となる．

かくて，課税後利子率は借り手であっても貸し手であっても同じ課税区分に属しているかぎり変わりないのである．貯蓄に対する課税は人々が貯蓄したいと考える額を低下させる．しかし借り入れへの補助金は人々が借りたいと考える額を増加させるだろう．

10.11 利子率の選択

これまでの議論では，われわれは「唯一の利子率」を考えてきた．しかし，現実社会では，多くの利子率が存在する．名目利子率，実質利子率，課税前利子率，課税後利子率，短期利子率，長期利子率，等々．割引現在価値を計算するときに用いる「べき」利子率はどれであろうか．

この問題に答えるために基本に戻ろう．割引現在価値の概念はある一時点の

貨幣を他の時点の等価値額に転換することから生じている．「利子率」はわれわれが資金をこのように移転させる投資の収益のことである．

もしさまざまな利子率が利用可能なとき割引現在価値を求めようとするなら，われわれが評価しようとしている収益流列に最もよく似た性質をもっているものは何かを調べてみる必要がある．もし収益流列が課税されていないならば，われわれは課税後利子率を用いるべきである．もし収益流列が30年以上も続くならば，長期利子率を採用すべきである．もし収益流列がリスクを伴うものであるならそれと同じくらいリスクの特性をもった投資の利子率を用いるべきである．（われわれはこの最後の主張については後ほどあらためて詳しく論じてみるつもりである．）

利子率は資金の**機会費用**（opportunity cost）を測っている．すなわちその資金で他の何ができたかを測っている．したがって，あらゆる収益流列は税の取り扱い，リスクそして流動性の面で同様の特性をもった最善の代替的手段と比較されなければならない．

要　　　約

1. 異時点間の消費の予算制約は現在価値または将来価値の形で表現することができる．
2. 一般的選択問題に関して導いた比較静学の結果は異時点間の消費の選択に関しても応用できる．
3. 実質利子率は今日一定の消費をあきらめることで将来どれだけの追加的消費が得られるかを測る．
4. 一定の利子率で貸し借りができる消費者は，必ず低い現在価値の初期保有量よりも高い現在価値の初期保有量の方を選好する．

11章 資産市場

　資産（assets）とは，ある期間にわたりサービスのフローを提供する財のことである．資産は，家屋のように消費サービスのフローを提供することもあるし，また，消費財を購入するための貨幣を提供することもある．貨幣を提供する資産は，**金融資産**（financial assets）と呼ばれる．

　前章で論じた債券は，金融資産の一例である．金融資産が提供するサービスは，利子の支払いである．本章では，資産がもたらす将来のサービスのフローが確実なときにおける資産市場の機能について検討する．

11.1　収益率

　不確実性がないという極端な仮定のもとでは，資産の収益率に関して次の簡明な原則が成立する．すなわち，資産がもたらすキャッシュ・フローが確実であれば，すべての資産は同一の収益率をもたねばならないという原則である．もしある資産が他の資産よりも高い収益率を生めば，低い収益率を生む資産をもとうとする人は誰もいなくなる．したがって，均衡において実際に保有される資産は，同一の収益率を生まねばならない．

　この収益率の均等化がどうして実現するかを考えよう．今期の価格が p_0 で，次期の価格が p_1 であると予想される資産Aを想定しよう．今期の価格については誰もが確実に知っており，次期の価格についても全員が確実にわかっているとする．簡単化のために，今期と次期の間に配当やその他の現金の支払いは行われないとしよう．さらに，今期と次期の間に保有でき，r の利子率を生む資産Bがあるとする．ここで次の2つの投資計画を考えよう．1つは，今期Aに1ドル投資し，次期にそれを現金に換えるという投資であり，もう1つは，

Bに1ドル投資し，次期までに r ドルの利子を稼ぐという投資である．

　これら2つの投資計画の，次期の期末における価値はいくらだろう．資産Aに1ドルを投資するためにAを x 単位買ったとすると，x は $p_0 x = 1$ を満たす．つまり

$$x = \frac{1}{p_0}$$

そのため，次期における x の将来価値（future value：FV）は

$$FV = p_1 x = \frac{p_1}{p_0}$$

である．

　一方，Bに1ドル投資すると，次期には $r+1$ ドルが手に入る．もし均衡において資産AとBがともに保有されるなら，どちらに投資をしても，次期には両者は同じ価値をもたねばならない．したがって，均衡条件は次のようになる．

$$1 + r = \frac{p_1}{p_0}.$$

　もしこの等式が成立しないとどうなるだろう．そのときには，確実にもうかる方法がある．たとえば，もし

$$1 + r > \frac{p_1}{p_0}$$

であれば，資産Aをもつ人は今期にそれを p_0 ドルで売り，かわりに資産Bを買えば，資産Bは次期には $p_0(1+r)$ の価値をもつが，これは仮定により，p_1 よりも大きい．そのため，資産Bをもてば，次期に資産Aを p_1 ドルで買い戻すに十分な現金が得られたうえに余分の金が手に入る．

　このように，ある資産をいくらか買って他の資産をいくらか売ることにより確実に利益を得る操作は，**安全な裁定取引**（riskless arbitrage），または単に**裁定取引**（arbitrage）と呼ばれる．このような「確実なもうけ」を探し求める人々がいるかぎり，裁定取引の機会はすぐになくなってしまうだろう．つまり，資産市場の均衡条件は，裁定取引の機会が存在しないことである．これを**裁定取引非存在条件**（no arbitrage condition）と呼ぼう．

　では，どのようにして裁定取引の機会はなくなるのだろう．上の例では，さきに述べたようにもし $1+r > p_1/p_0$ であれば，次期にAを買い戻すに十分なお金が手に入ることが確実だから，資産Aをもつ人は誰でもAを売ろうとする．

しかし誰に売るのだろう．誰がそれを買いたがるだろう．多くの人が価格 p_0 で資産Aを売ろうとしているのに対し，その価格で買おうとする人はいないはずである．そのため，資産Aの供給は需要を上回り，価格は低下する．その低下は，均衡条件 $1+r=p_1/p_0$ が成立するまで続くのである．

11.2　裁定取引と現在価値

裁定取引非存在条件は，次のように書き直すことができる．

$$p_0 = \frac{p_1}{1+r}$$

この式は，資産の現在価格はその資産の現在価値に等しくなければならないことを示している．このように，裁定取引条件における将来価値の比較は，現在価値の比較に変換できる．したがって，裁定取引非存在条件が満たされるときには，資産は現在価値で売られねばならないことがわかる．現在価値からのいかなる乖離も，もうけの余地を残すことになる．

11.3　資産間の相違の調整

裁定取引非存在のルールは，異なる資産は同じサービスを提供することを仮定している．もし異なる資産が異なる性格のサービスをもたらすとすれば，すべての資産が同じ均衡収益率を生むと主張するためには，それらのサービスの差を調整しなければならない．

たとえば，ある資産は他の資産よりも売りやすいかもしれない．通常このことは，ある資産は他の資産よりもより**流動的**（liquid）だと表現される．この場合，資産の買い手を見つけることの容易さを考慮して収益率を調整しなければならない．たとえば，10万ドルの価値がある家は，10万ドル分の国債よりもおそらく流動性が小さいだろう．

同様に，ある資産は他の資産よりもリスクが高いかもしれない．ある資産の収益率は保証されているのに，他の資産の収益率はきわめてリスクが高いことがありうる．資産のリスクの差の調整については，**13**章において検討する．以下では，消費の価値に対する収益をもつ資産と，異なる課税をされている資産に関する調整について考えよう．

11.4 消費収益を生む資産

多くの資産は貨幣の形で収益が支払われる．しかし，収益が消費の形をとる資産も存在する．代表的な例は家屋である．もしあなたが自分の家をもっていれば，家を借りる必要はないから，家をもつことの「収益」は，家賃を払わずに住めるということである．あるいは，あなたは自分自身に家賃を払っていると考えてもよい．これは奇妙に聞こえるかもしれないが，重要な意味をもっている．

あなたは，自分の家に住むのに明示的には家賃を払ってはいないが，陰伏的な形で払っていると考えることは有用である．あなた自身の家の**陰伏的賃貸料**（implicit rental rate）は，あなたが同様の家を借りることができる家賃の大きさである．言い換えれば，その値段であなたが他人に貸すことができる家賃である．「自分自身に自分の家を貸す」ことは，他人に貸して家賃を得る機会を逃すことを意味するから，機会費用を生むのである．

あなたの家の陰伏的賃貸料が年に T ドルだとしよう．すると，家をもっていることにより，年に T ドルの所得があなたにもたらされる．

しかし，それはあなたの家の収益のすべてではない．不動産業者がよく言うように，家屋の購入は1つの投資である．あなたが家を買うときには大金を払わねばならないが，そのときあなたは，家の価値が上昇し，その投資から収益を得ることができることを期待するだろう．そのような資産価値の上昇は，**アプリシエーション**（appreciation）と呼ばれる．

あなたの家の資産価値が1年間に A ドルだけ上昇するとしよう．あなたが家をもつことの総収益は，家賃 T と資産価値の上昇による投資の収益 A との合計である．もし家の購入価格が P であれば，家への投資の総収益率は次のようになる．

$$h = \frac{T+A}{P}$$

この総収益率は，消費の収益率 T/P と投資の収益率 A/P からなる．

他の金融資産の収益率を r で表そう．すると，均衡では家屋の総収益率は r に等しくなければならないから，次の条件が成立する．

$$r = \frac{T+A}{P}$$

次のように考えてみよう．あなたは，年の始めに銀行に P ドルを預け rP ドルの利子を得るか，あるいは，P ドルで家を買い，T ドル分の家賃を節約し，年末に家の値上がりにより A ドルを稼ぐことができる．この2つの投資の総収益は同じでなければならない．もし $T+A < rP$ であれば，銀行に P ドルを預金し，T ドルの家賃を払う方が収益は大きい．逆に $T+A > rP$ ならば家を買うべきである．（もちろん，ここでは不動産会社への手数料などの取引費用は考慮していない．）

総収益率は利子率に等しくなければならないから，金融資産の収益率 A/P は一般に利子率より低い．それゆえ，消費の形で収益がもたらされる資産の収益率は一般に純粋な金融資産の収益率よりも低い．このことは，家，絵画，宝石などの消費財を単に金融投資のために購入するのは賢明ではないことを意味している．しかし，もしこれらの資産が十分に高い消費の収益を生むと考えるなら，あるいはこれらの資産から賃貸収入が得られるなら，それらを購入するのは意味がある．つまりそれらの資産の総収益を測れば，購入の意味はありえるのである．

11.5 資産の収益への課税

国税局は，課税の都合上，資産の収益を2つの種類に区分している．1つは，**配当** (dividend) または**利子** (interest) である．これらの収益は，毎年あるいは毎月決まって支払われる．これらの収益に対しては，賃金所得に対するのと同率の税が課される．

もう1つの種類の収益は**キャピタル・ゲイン** (capital gains) である．キャピタル・ゲインは，資産を買ったときの価格よりも高い価格で売れば得られる．キャピタル・ゲインに対する税金は，資産が実際に売られたときのみ課される．現行の税法のもとでは，キャピタル・ゲインに対する税率は，通常の所得に課される税率と同一である．しかし，キャピタル・ゲインに対する税率をもっと低くするべきだという提案をする人々もいる．

キャピタル・ゲインに対する税率を通常の所得と同一にするのは，「中立的な」政策だといわれることがある．しかし，この考えには少なくとも2つの点

で問題がある．第1の問題は，配当や利子に対する税は毎年支払われるのに対し，キャピタル・ゲインに課された税は，資産が売却されたときにのみ支払われる点である．キャピタル・ゲインへの税の支払いが，資産の売却時まで延期されるということにより，キャピタル・ゲインに対する実効税率は，通常の所得に対する実効税率より低くなる．

第2の問題は，キャピタル・ゲインへの課税は，資産の名目価値に基づいて課されるため，キャピタル・ゲインと通常の所得の税率を同一にすることは，中立的な政策ではないという点である．もし単にインフレーションのために資産価値が上昇したとすれば，資産の実質価値は変化していないにもかかわらず，消費者は税金を払わねばならない．たとえば，ある人が100ドルで資産を買い，10年後にその価値が200ドルになったとしよう．そして，一般物価水準もその10年間に2倍になったとしよう．すると，資産の実質購買力はまったく変化していないにもかかわらず，その人は100ドル分のキャピタル・ゲインについて税を支払わねばならない．インフレーションのために，キャピタル・ゲインに対する税は通常の所得に対する税よりも重くなってしまうのである．第1の問題と第2の問題のいずれがより重大であるかについては意見が分かれている．

利子，配当に対する課税とキャピタル・ゲインへの課税との違い以外にも，現行の税法では，資産の収益をさまざまな形で区別している．たとえば，アメリカでは，州または市が発行する**地方債**（municipal bonds）は，連邦政府の課税の対象にはならない．また，さきに触れたように，自己で保有している家屋の消費の収益には課税されない．さらにアメリカでは，自宅を売却したときのキャピタル・ゲインの一部は課税対象になっていない．

資産によって課税の仕方が異なるということは，裁定取引のルールにおける収益率の比較も修正されねばならないことを意味する．ある資産の税引き前の利子率が r_b であり，別の課税対象にはなっていない資産の収益が r_e だとしよう．すると，所得税率が t のときに両方の資産が人々によって保有されるなら

$$(1-t)r_b = r_e$$

でなければならない．つまり，両方の資産の税引き後の収益率は同じでなければならない．そうでなければ，人々は高い税引き後の収益率をもたらす資産のみをもとうとするだろう．ただし，ここでは流動性やリスクの差は無視している．

11.6 市場バブル

　あなたが，いまから1年後には確実に22,0000ドルの値がつくと予想される住宅を買うことを考えており，現在の利子率が10％だとしよう．するとその家の正当な現在価値は20,0000ドルである．

　しかし事態はそこまで確実ではなく，多くの人がその家は1年後には22,0000ドルの価値をもつと予想しているが，現実にはそうならない可能性もあるとしよう．家を買ったあとで状況が変化し，その家は1年後に20,0000ドル以下でしか売れないかもしれない．

　ところが，予想に反し，1年後に家の価値は24,0000ドルになったとしよう．すると，利子率は10％にもかかわらず，家の価値は20％も上昇したことになる．このような予想外の値上がりを経験すると，多くの人は家の将来の価値に関する予想についてより楽観的になり，1年後には20％，あるいはそれ以上の値上がりが生じると予想するようになるだろう．

　もしそのような楽観的な予想が支配的になると，多くの人たちは，現在の家の値段がもっと高くても割に合うと思うようになるだろう．そのため，家を買う人が増え，現在の家の価格が上がるから，人々はさらなる値上がり期待を抱くようになる．資産価格の調整を論じた際に見たように，人々が利子率を超える収益率の実現を期待するようになると，その資産の現在の価格は上昇する．価格の上昇は需要の低下を招くが，同時に，人々がさらに高い将来収益を期待する原因にもなる．

　価格上昇が需要を引き下げるという最初の効果は，資産価格を安定化させる．しかし現在の価格上昇が，将来価格のさらなる上昇を招くという2番目の効果は，資産価格を不安定化させる．

　これが**資産バブル**の例である．バブルが生じると，何らかの理由で資産価格が上がれば，人々はその資産の価格が将来さらに上がると予想するようになる．そのため，将来の大きな値上がりを期待することによる需要が生まれるから，その資産の現在の価格は一層上昇する．

　金融市場では，このようなバブルが発生する可能性がある．とくに市場の参加者が経験に乏しい場合は，バブルが生じやすい．たとえば，アメリカやその他の多くの国では，2000年から2001年にかけてIT関連の株が高騰した．また

2005年から2006年にかけて，アメリカにおいて激しい住宅価格の値上がりがあった．

しかし，すべてのバブルはやがては破裂する．バブルが崩壊すれば，価格は急落し，買ったときよりもはるかに価値の下がった資産を抱える人たちが生じる．

バブルの発生を避けるためには，経済的なファンダメンタルズに注目せねばならない．アメリカで住宅バブルが生じていた当時は，住宅の価格とそれと同等な賃貸住宅の1年間の賃貸料の比率は，過去の平均値をはるかに上回っていた．このギャップは，住宅購入者の将来の値上がり期待を反映していたのであろう．

また当時は，住宅の平均価格と人々の平均年収との比率も，それまで見られなかったほどの高さに達していた．これらの異常な値は，高価格がいつまでも維持できないことを警告していた．

「今回はこれまでと違う」と思い込むことは，とくに金融市場においては非常に危険である．

11.7 応　　用

すべての安全資産の収益率は等しくなければならないということは明白であるが，非常に重要である．この原則は，資産市場の機能にとって驚くほど強力な意味をもっている．

有限資源

石油のように有限な資源の市場均衡について検討しよう．多数の供給者がおり，かつ簡単化のために採掘費用がゼロであるような競争的石油市場を考えよう．このとき，石油価格は時間とともにどのように変化するだろう．

石油価格は利子率と等しい率で上昇しなければならない．その理由は，石油は地下に埋もれている資産だからである．もし石油会社が石油を1期間もちこすとすれば，その会社が入手できる他の資産と同じ収益が，石油の保有によって得られねばならない．t期と$t+1$期の石油価格をそれぞれ p_t と p_{t+1} とすれば，異時点間にわたる裁定取引条件は

$$p_{t+1}=(1+r)p_t$$

となる．

　議論の要点はきわめて簡単である．地下の石油は銀行の預金と同じである．銀行の預金が r の利子率を生むならば，地下の石油もそれと同じ収益率を生まねばならない．もし地下の石油が預金よりも高い収益率を生むのであれば，誰も石油をすぐに採掘しようとはせず，採掘は延期される．そのため石油の価格は上昇する．逆に地下の石油の収益率が預金の利子率よりも低ければ，油田の持ち主はただちに石油をくみ上げて売り，その売り上げを預金しようとするから，石油の価格は下落する．

　以上の議論は石油の価格がどのように変化するかを示している．しかし，価格水準そのものを決める要因は何だろう．実際には，石油価格は石油の需要によって決まるのである．そこで，石油市場の需要サイドについての非常に簡単なモデルを考えてみよう．

　石油の1年間の需要が D バレルという一定値をとり，石油の世界全体の埋蔵量は S バレルであるとしよう．したがって，われわれには $T=S/D$ 年間分の石油が残されていることになる．石油が枯渇すると，われわれは別のエネルギー（たとえば液化石炭）を使わねばならないが，その代替物の生産費用が1バレルにつき C ドルであるとする．この液化石炭は，石油と完全に代替的であると仮定しよう．

　さて，いまから T 年後において，石油は1バレル何ドルで売られねばならないだろう．いうまでもなく，石油の完全代替財である液化石炭と同じ C ドルの価格で売られねばならない．そのため，現在1バレル p_0 ドルの石油価格は，利子率 r と同率で上昇し，T 年後には C ドルになる必要がある．これは，

$$p_0(1+r)^T=C$$

すなわち

$$p_0=\frac{C}{(1+r)^T}$$

が成立することを意味する．

　この式が示すように，石油の現在価格は他の変数に依存している．この式を用いると，いくつかの興味深い比較静学ができる．たとえば，新しい油田が偶

然発見されたらどうなるだろう．そのときには，石油が残存する期間 T が延びるから $(1+r)^T$ は増大し，したがって p_0 は下落する．つまり，石油の供給の増大は，当然のことながら石油の現在価格を引き下げる．

では技術革新が起こり，C が下がればどうなるだろう．このときには，上の式より p_0 は下落せねばならないことがわかる．

森林をいつ伐採すべきか

ある森林の規模——その森から得られる木材の量によって測られているとする——が時間の関数 $F(T)$ で表されるとしよう．さらに，木材の価格は一定であり，森林の成長率は初期には高く，徐々に低下していくと仮定しよう．もし木材の競争市場があれば，いつ森林を伐採すればよいだろうか．

その答えは，森林の成長率が利子率に等しくなったときである．そのときまでは，森林は銀行の預金の利子率以上の収益率を生むが，そのとき以後は利子率よりも低い収益率しか生まない．森林を伐採する最適な時点は，森林の成長率が利子率にちょうど等しくなるときである．

このことをもう少し正確に表現するためには，T 期における森林の現在価値を見ればよい．この現在価値は

$$PV = \frac{F(T)}{(1+r)^T}$$

である．われわれは，森林の現在価値を最大にするような T を選ばねばならない．もし非常に小さい T を選ぶと，森林の成長率は利子率を上回るから，もう少し伐採を待った方が現在価値 PV は高まる．逆に，非常に大きな T を選べば，森林は利子率よりも低い率で成長しているから，伐採を延期するほど PV は低くなるだろう．現在価値を最大にする T は，成長率がちょうど利子率に等しくなった時点の T である．

以上のことが **図11.1** に描かれている．**図11.1A** は，森林の成長率と銀行に預けた1ドルの成長率(すなわち利子率)を示している．将来のある時点に最大の額の金額を得るためには，手持ちの金を各時点において最も高い収益率を生む資産に投資しなければならない．森林が若い頃は，森林が最も高い収益率をもたらす資産である．時がたつにつれて森林の成長率は低下し，やがて銀行の預金の方が高い収益率をもたらすようになる．

総資産に対する効果は **図11.1B** に描かれている．T 期までは，森林に投資す

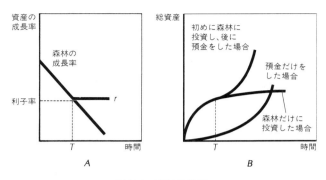

図11.1 森林の伐採

ると資産は最も速く増大する．T 期以後は，銀行に預金をすると資産は最も速く成長する．したがって，T 期にそれを伐採し，そしてそれ以後は木材の売上金を預金するのが最適な戦略なのである．

11.8 金融制度

資産市場の存在により，人々は異時点間にわたる消費のパターンを変えることができる．たとえば，異なるパターンの収入を得ている人物AとBを考えよう．Aは今日100ドルを得るが明日は収入がなく，Bは明日100ドルを得るが今日の収入はゼロだとする．どちらもが今日と明日にそれぞれ50ドルずつ得たいと思うことがあるだろう．これは，AがBに今日50ドルを与え，BがAに明日50ドルを与えるだけで実現する．

この特定の例では，利子率はゼロである．AはBに50ドルを貸し，次の日にそれを返してもらうだけである．もし人々が今日の消費と明日の消費に関して凸型の選好をもつとすれば，たとえ利子率がゼロであっても，彼らは一度にすべてを消費するよりも，各期に平均して消費する方を好むだろう．

これと同じことが，資産がもたらす収益のパターンについても成立する．ある人は毎期一定の収益をもたらす資産をもっているが，一度に収入を得たいと思っており，別の人は一度に収益を得る資産をもっているが，毎期一定の収入を得たいと思っているかもしれない．たとえば，20歳の人は一定の金額をいま手に入れ家を買いたいと考え，60歳の人は引退後の生活を支えるために毎年安

定した収入を得たいと考える可能性がある．このとき，両者が貸借を行うことによってともに利益を得ることができるのは明白である．

現代の経済では，このような貸借を容易にするために金融制度が存在している．上の例では，60歳の人は彼のまとまったお金を銀行へ預け，銀行はそれを20歳の人に貸すことができる．そして20歳の人は銀行にローンを支払い，それが60歳の人への利子支払いにまわる．もちろん，銀行はそのような取引をアレンジする手数料をとるが，銀行業界が十分に競争的であれば，その手数料は実際に業務を行うための費用にほとんど等しくなるはずである．

消費を異時点間にわたって再配分することを可能にさせる金融制度は，銀行だけではない．もう1つの重要な例は株式市場である．たとえば，ある企業家が会社を設立し，成功させようとしているとする．会社を設立するためには，収入が入るようになるまで必要な金を貸してくれる資金の提供者を見つけねばならない．会社が設立されれば，設立のために出資した人々は，企業が将来得る利潤の分け前を要求する権利をもつ．彼らは，会社から毎期支払いを受けることができる．

しかし，企業設立の努力の見返りを一時期にまとめて受け取りたいという人々もいるだろう．そのときには，彼らは株式市場を通して自らの企業を他人に売ることができる．彼らは株式を発行し，株主たちが将来の企業の利潤の取得をあきらめるかわりに，現時点でまとまった支払いを受けることができるようにする．企業の利潤の分け前を得たいと思う人は，株を元の持ち主から買えばよい．こうして，株式市場における買い手と売り手の双方が，彼らの富を異時点間にわたり再配分できる．

異時点間にわたる取引を容易にする制度や市場は，この他にも多数存在する．しかし，明日の消費を売りたい人々が，それを買いたい人々よりも多ければどうなるだろう．もし供給が需要を上回っていれば，他のあらゆる市場と同様に価格が下がる．すなわち，明日の消費の価格は低下する．さきに述べたように，明日の消費の価格は

$$p = \frac{1}{1+r}$$

によって与えられるから，利子率が上がらねばならない．利子率の上昇により，人々は貯蓄を増やし，今日の消費を減らすから，明日の消費の需給は一致するようになる．

要　約

1. 均衡において，収益を生むすべての資産の収益率は等しくなければならない．さもないと，安全な裁定取引の機会が存在することになる．
2. すべての資産が同一の収益率をもつということは，すべての資産はそれらの現在価値に等しい値で売られねばならないことを意味する．
3. 異なる仕方の課税をされたり，異なるリスクをもつ資産については，それぞれ税引き後の収益率と，リスクを考慮して調整した収益率を比較せねばならない．

12章 不確実性

不確実性は日常生活のあらゆる面に見られる．われわれは，シャワーを使ったり，道を横断したり，あるいは投資をするときにリスクに直面する．しかし，保険市場や株式市場などの金融制度はこれらのリスクのいくらかを弱めてくれる．これらの市場の機能については次章で検討をするが，その前に，不確実性を含む選択に関する個人の行動について学ばねばならない．

12.1 条件付き消費

われわれは，消費者選択の標準的理論についてはすでに完全にわかっているから，それを不確実性下の選択を考察するために用いてみよう．まず問題になるのは，選択の対象となる「物」は一体何かということである．

消費者は，財のさまざまなベクトル（組み合わせ）が消費できる**確率分布** (probability distribution) に関心をもっていると考えられる．確率分布は，種々の結果のリスト（この場合は種々の財の消費のリスト）と，それぞれの結果が生じる確率からなる．ある消費者が，どれだけの自動車保険を買い，また株式市場にいくら投資をするかを決めたとすると，その消費者は，異なる確率を伴うさまざまな財の消費のパターンを決めたことになる．

たとえば，あなたが100ドルもっており，13という番号のクジを買おうとしていると仮定しよう．もし13番が当たれば，当選者には200ドルが支払われる．このクジは5ドルだとしよう．生じる事象は，そのクジが当たるという事象と当たらないという事象の2つである．

もしあなたがクジを買わなければ，あなたの富は，13番のクジが当たるか当たらないかにかかわらず100ドルのままである．しかし，もしクジを買えば，

12.1 条件付き消費

当たったときにはあなたの富は295ドルになり，当たらなければ95ドルになる．クジを買えば，生じる事象によって富は変化する．この点についてもっと詳しく考えよう．

この例では，説明の便宜のために金銭的な賭に話を限っている．もちろん，問題は金銭上のことにとどまらない．最終的に選択される「財」は，その賭で得た金で買える消費財である．したがってここで問題にしていることは，財そのものを対象とする賭についても成立するが，金銭的な結果に限る方が議論は簡単になる．また，ここでは，少数の結果しか生じえない状況を考えているが，これも簡単化のための仮定にすぎない．

以上ではクジの例を述べたが，次に保険の例を考えてみよう．ある個人が初期に35,000ドルの資産をもっているが，そのうちの10,000ドルが失われる可能性があるとしよう．たとえば，車が盗まれたり，家が嵐の被害を受ける可能性があるとする．そのような可能性の生じる確率は$p=0.01$だとする．すると，彼が直面する確率分布は，1％の確率で25,000ドルの資産をもち，99％の確率で35,000ドルの資産をもつということになる．

保険を用いると，この確率分布を変えることができる．たとえば，もし損失が生じたら，1ドルの保険料と引き換えに100ドルを支払ってくれる保険があるとしよう．もちろん，保険料は損失の有無にかかわらず払わねばならない．もし10,000ドルの保険を買えば，100ドルの費用がかかる．そのときには，1％のチャンスで34,900ドル（35,000ドルの資産－10,000ドルの損失＋10,000ドルの保険金－100ドルの保険料）が得られるか，あるいは99％のチャンスで34,900ドル（35,000ドルの資産－100ドルの保険料）を得るかのいずれかになる．したがって，何が起ころうと，消費者は結果的には同額の資産をもつから，彼は損失に対して完全に保険をかけたことになる．

一般に，この個人がKドルの保険を買いγKドルの保険料を支払うとすると，彼は次のような賭をしていることになる．

$$0.01\text{の確率で}25{,}000+K-\gamma K \text{ドルを得る}$$

かまたは

$$0.99\text{の確率で}35{,}000-\gamma K \text{ドルを得る．}$$

彼がどのような保険をかけるかは，彼の選好に依存する．彼は非常に用心深

く，たくさんの保険をかけるかもしれないし，あるいはリスクを恐れず，保険をまったく買わないかもしれない．通常の財の消費に関して人々がそれぞれ異なる選好をもつのと同様に，各人は確率分布に関して異なる選好をもつのである．

実際，不確実性下の意思決定をとらえる有用な方法は，異なる状況のもとで得られる金額を異なる財とみなすことである．大きな損失を被った後の1,000ドルは，そうではないときの1,000ドルとは非常に違った意味をもつだろう．もちろん，この考え方はお金に限ったことではない．たとえば，もし明日が暑い晴天であれば，そのときのアイスクリームは，明日が寒い雨天であるときとは非常に違ったものになる．一般に，消費財は，それが入手できる状況に応じて消費者にとって異なる価値をもつのである．

ある確率事象の異なる結果を異なる**状態**（state of nature）とみなそう．さきの保険の例では，2つの状態がある．1つは損失を被るという状態であり，もう1つは被らないという状態である．このとき，それぞれの状態において消費できるものを特定化し，それを**条件付き消費計画**（contingent consumption plan）と考えることができる．条件付きとは，まだ確実ではないものに依存していることを表しているから，条件付き消費計画は，ある確率事象の結果に依存する計画である．保険の場合には，条件付き消費は保険契約（損失が生じるとどれだけの金額を得，損失が生じないとどれだけを得るかという契約）のかたちをとる．天候の例でいえば，条件付き消費は，それぞれの天候の状態に応じて何を消費するかという計画のことである．

人々は実際の消費について選好をもつのと同じように，消費計画についても選好をもつ．もし将来の消費計画に対し完全に保険がかかっていれば，消費者の安心感は確実に高まるだろう．消費者は，異なる状況のもとでの消費に関して彼の選好を反映した選択をするから，これまで論じてきた消費者選択の理論を不確実性の存在する場合にも適用できる．

もし条件付き消費計画を通常の消費財のベクトルとみなせば，いままでの章で説明したフレームワークを用いることができる．さまざまな消費計画についての選好を考え，「交易条件」が予算制約の形で与えられたとすれば，いままでと同様に，消費者は自らの制約のもとで最善の消費計画を選ぶと仮定できるのである．

いままでの章で用いた無差別曲線を利用して保険の購入について説明しよう．

12.1 条件付き消費

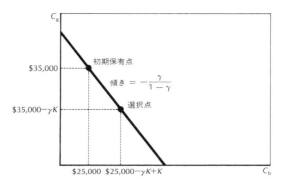

図12.1 保 険

損失が生じるという状態と生じないという状態がある．条件付き消費は，それぞれの状態においてどれだけの金額が手に入るかである．図12.1にこれが描かれている．

「悪い」状態（損失が生じる状態）における条件付き消費は25,000ドルであり，「良い」状態（損失が生じない状態）におけるそれは35,000ドルである．保険をかけると，この所与の消費パターンを変えることができる．もしKドル保険を買えば，良い状態での消費をγKドルあきらめるかわりに，悪い状態における消費を$K-\gamma K$ドル増やすことができる．したがって，良い状態において失う消費を悪い状態に得られる追加的消費で割ると，次のようになる．

$$\frac{\Delta C_g}{\Delta C_b} = -\frac{\gamma K}{K-\gamma K} = -\frac{\gamma}{1-\gamma}.$$

これは，初期保有点を通る予算線の傾きである．すなわち，良い状態での消費の価格が$1-\gamma$で，悪い状態でのそれはγであるかのようにみなせる．

さらに，条件付き消費に関する消費者の無差別曲線を描くことができる．ここでも，無差別曲線が原点に対して凸であると仮定するのが自然である．この仮定は，消費者はある状態の消費を大きくし，もう一方の状態の消費を小さくするよりは，それぞれをほどほどに消費するのを好むことを意味している．

それぞれの状態における消費の無差別曲線が与えられると，保険をどれだけ買うべきかを調べることができる．いままで通り，これは接線の条件によって特徴づけられる．すなわち，2つの状態における消費の間の限界代替率は，2つの状態での消費の価格比に等しくなければならない．

言うまでもなく，以上のように最適選択をモデル化すれば，いままでの章で学んだすべての分析方法を適用することができる．たとえば，保険料や消費者の富が変化すると，保険の需要はどのように変わるかを知ることができる．消費者行動の理論は，不確実性がない場合だけではなく，不確実性がある場合にもそのまま適用可能である．

例：カタストロフ債

　以上で見たように，保険は良い状態から悪い状態に富を移転する1つの方法である．もちろん，これらの富の移転には，保険を買う側と売る側という2つの側面がある．保険市場における売り手は，保険の購入者と直接取引をする小売業者と，リスクを他の集団に売る卸売り業者の2種類に分類できる．保険市場における卸売りの領域は，**再保険市場**（reinsurance market）と呼ばれている．

　通常，再保険市場は，リスクに対して資金上の保証をする年金基金のような大規模な投資家に依存している．しかし，大口の個人投資家に依存する再保険もある．たとえば，ロンドンのロイズは，一般に個人投資家を対象とする最もよく知られた再保険業者の組合である．

　最近，再保険業界は，**カタストロフ債**（catastrophe bonds）と呼ばれるもの作り出したが，これは再保険を提供するより柔軟な方法であるといわれている．この債券は通常は大きな組織に売られ，地震やハリケーンのような自然災害と結びついている．

　再保険会社や投資銀行のような金融機関が，保険対象となる特定の事象（例：地震）に対して，たとえば少なくとも5億ドルの保険金を保証する債券を発行する．もし地震が発生しなければ，投資家たちには高い利子が支払われる．しかし地震が発生し，保険金の請求が債券で保証した金額を超えた場合は，投資家たちは出資金と利子の受け取りをあきらめねばならない．

　カタストロフ債にはいくつかの魅力的な点がある．まずカタストロフ債によってリスクの負担は広範囲になり，しかもいくらでも小さく分割できる．そのため，投資家たちが負担せねばならないリスクは小さくてすむ．さらに，保険金の支払いを保証する資金は，債券を投資家に販売することによってあらかじめ確保されているから，保険金支払が不履行になる危険性がない．

経済学的に見ると，カタストロフ債（通称 'cat bonds'）は，**条件付き証券** (state contingent security) の一種である．すなわち，ある事象が生じたときにかぎり，保証金が支払われる証券である．条件付き証券の概念は，ノーベル賞を受賞したケニス・アローが1952年に発表した論文において初めて紹介されたが，長い間，単なる理論上の概念だとみなされていた．しかしいまでは，すべてのオプション取引と多くのデリバティブは，条件付き証券の概念を使うとよく理解できることが明らかになっている．ウォール街の秀才たちは，カタストロフ債のような奇抜な新型のデリバティブを作り出す際に，50年前の研究に依拠しているのである．

12.2 効用関数と確率

　異なる状態における消費に関して消費者が選好をもつとすれば，そのような選好は，いままでと同様に効用関数によって表現できるだろう．ただし，不確実性のもとでの選択を考える際には，選択問題は特別な構造をもつ．一般に，消費者がある状態のもとでの消費を別の状態における消費と比べてどのように評価するかは，当該の状態が生じる確率に依存する．たとえば，消費者が雨天のときの消費を晴天のときの消費と比較していかに評価するかは，彼が雨の降る可能性がどれだけだと考えているかに左右される．さまざまな状態における消費についての選好は，それらの状態が生じる可能性に関する消費者の信念に依存しているのである．

　そのため，効用関数は消費水準だけではなく，確率の関数でもある．ここで，相互に排他的な2つの事象（たとえば晴天と雨天，あるいは損失が生じることと生じないこと）があるとしよう．第1事象と第2事象における消費をそれぞれ c_1 と c_2 とし，各事象が生じる確率を π_1 と π_2 とする．2つの事象が完全に排他的であれば，どちらか一方のみが実際に起きるから $\pi_2 = 1 - \pi_1$ である．

　以上の記号を用いると，第1事象と第2事象における消費の効用関数は $u(c_1, c_2, \pi_1, \pi_2)$ と表せる．この関数によって，各事象における消費に関する個人の選好が表現される．

例：効用関数の具体例

いままで用いたほとんどの効用関数は，不確実性のもとにおける選択においても利用できる．1つの良い例は，完全代替の場合である．2つの財が完全代替なら，不確実性のもとでは，それぞれの財が消費される確率でウエイトをつけるのが自然である．このとき，効用関数は次のような形になる．

$$u(c_1, c_2, \pi_1, \pi_2) = \pi_1 c_1 + \pi_2 c_2.$$

不確実性が存在するときには，上のような表現は，**期待値**（expected value）と呼ばれる．これは，消費者の平均消費量にほかならない．

不確実性下の選択問題で使われる効用関数のもう1つの例は，次のようなコブ-ダグラス型の効用関数である．

$$u(c_1, c_2, \pi, 1-\pi) = c_1^{\pi} c_2^{1-\pi}.$$

この場合は，消費の組み合わせがもたらす効用は，各財の消費量と非線形の関係にある．

いままでと同様に，効用を単調変換しても表現される選好は変化しない．たとえば，コブ-ダグラス型の効用関数の対数をとると

$$\ln u(c_1, c_2, \pi, 1-\pi) = \pi_1 \ln c_1 + (1-\pi) \ln c_2$$

のように線形になり，たいへん使いやすい形になる．

12.3 期待効用

特に便利な効用関数は

$$u(c_1, c_2, \pi_1, \pi_2) = \pi_1 v(c_1) + \pi_2 v(c_2)$$

という形のものである．これは，効用が各事象における消費のある関数 $v(c_1)$ と $v(c_2)$ の加重平均で表され，しかもそのウエイトが各事象が生じる確率で表されることを意味している．

この関数の具体例は前節で与えられている．$v(c) = c$ とすれば，完全代替

12.3 期待効用

財のケース，すなわち期待値で表される効用関数が得られる．コブ-ダグラス型はこのタイプの関数ではないが，対数をとり $v(c)=\ln c$ とおけばこの形になる．

もし第1事象が確実に生じるのであれば，$\pi_1=1$ だから，$v(c_1)$ は第1事象における消費の効用である．同様に $\pi_2=1$ なら，$v(c_2)$ は第2事象における消費の効用である．したがって

$$\pi_1 v(c_1) + \pi_2 v(c_2)$$

は，(c_1, c_2) という消費パターンがもたらす効用の平均値，すなわち期待効用である．そこで，この特別な形の効用関数を**期待効用関数**（expected utility function），または**フォン・ノイマン-モルゲンシュテルン型効用関数**（von Neumann-Morgenstern utility function）と呼ぶことにしよう[1]．

以下において，消費者の効用が期待選好で表されるというときには，上のような加法的な形の効用関数を仮定していることを意味する．もちろん，期待効用関数を単調変換したものも元の関数と同一の選好を表現するから，別の形の関数を選ぶこともできる．しかし，加法的な形の関数は非常に便利である．もし消費者の選好が $\pi_1 \ln c_1 + \pi_2 \ln c_2$ によって表されると，彼の選好は $c_1^{\pi_1} c_2^{\pi_2}$ によっても表現できる．しかし前者は期待効用の性質をもっているが，後者は期待効用の性質を満たしていない．

期待効用関数は，ある種の単調変換のもとでも，期待効用の性質を保持できる．ある関数 $v(u)$ は，$v(u)=au+b, a>0$ という形になるとき**正アフィン変換**（positive affine transformation）と呼ばれる．正アフィン変換はプラスの係数を掛け定数を加えた変換である．ある期待効用関数を正アフィン変換をした関数は，元の関数と同じ選好を表すだけでなく（正アフィン変換は単調変換だから，これは明らかである），期待効用の性質も保持している．

経済学者たちは，期待効用関数の性質は「アフィン変換に関する限り不変である」という．つまり，ある期待効用関数をアフィン変換した関数は，元の関数と同じ選好を表す期待効用関数なのである．しかしそれ以外の変換をほどこ

---

[1] フォン・ノイマン（John von Neumann）は20世紀の偉大な数学者の1人である．彼は，物理学，コンピュータ・サイエンス，経済理論にも重要な貢献をした．オスカー・モルゲンシュテルン（Oscar Morgenstern）はプリンストン大学にいた経済学者であり，ノイマンと協力して数理的ゲーム理論を開発した．

すと，期待効用の性質は満たされなくなる．

12.4　期待効用の合理性

　期待効用を用いる定式化は確かに便利ではあるが，はたして理にかなっているだろうか．不確実な選択についての選好が，期待効用という特定の構造をもつ理由はあるだろうか．以下で明らかになるように，不確実性下の選択問題において期待効用に注目することが理にかなっているという十分な根拠が存在する．

　不確実性下の選択の結果が，さまざまな状態において消費される消費財の選択であるということは，最終的にはそれらの結果のうちでどれか1つだけが生じることを意味する．われわれが定式化した選択問題では，多くの生じえる結果の中の1つだけが生じるから，ただ1つだけの条件付き消費が実際に実現する．

　このことは，非常に興味深い意味をもっている．たとえば，あなたがあなたの家に来年保険をかけることを考えているとしよう．この選択をする際に，あなたは3通りの状態における富に注目するだろう．すなわち，あなたの現在の富（c_0），家が焼けたときの富（c_1），焼けなかったときの富（c_2）の3つである．（もちろん，実際に問題になるのは3つの状態のもとでの消費の大きさであるが，ここでは簡単に富を消費の代理変数とみなしている．）いま π_1 を家が火事になる確率，π_2 をならない確率とすれば，3つの異なる消費についての選択は，一般に $u(\pi_1, \pi_2, c_0, c_1, c_2)$ という効用関数によって表せる．

　さてここで，現在の富と生じえる結果のうちの1つとの間のトレード・オフ，たとえば，もし家が焼けたときにいくらかの金額を手に入れるために現在いくらの金額を支払ってもよいかという選択について考えよう．すると，この決定はもう1つの状態においてどれだけ消費できるか，すなわち家が焼けなかったときにどれだけの富をもつかということとは無関係でなければならない．家は焼けるか焼けないかのいずれかである．もし焼ければ，そのときに得られる富の価値は，焼けなかったときの富の価値に依存しない．済んだことは済んだことであり，何かが起こったということが，それが起こらなかったときの消費に影響を与えてはならないのである．

　上で述べたことは，消費者の選好についての仮定であることに注意しよう．

この仮定は成立しないことがある．コーヒーか紅茶かという選択は，あなたがもっているクリームの量に依存する可能性がある．ただしそうなるのは，あなたがコーヒーにクリームを入れることにしている場合にのみである．もしあなたがコーヒーか，紅茶か，それともクリームを手に入れるかという賭をしているのであれば，入手できうるクリームの量は，コーヒーと紅茶の間の選好には影響しない．なぜなら，この場合にはあなたは，どれか1つだけを得ることを考えているからである．もしクリームを得れば，コーヒーか紅茶かという選択はもう問題ではなくなる．

このように，不確実性下の選択においては，異なる結果の間に「独立性」が存在している．ある状態のもとで消費者が行う選択は，別の状態のもとでの選択と独立でなければならない．この仮定は**独立性の仮定**（independence assumption）として知られている．この仮定のもとでは条件付き消費に対する効用関数は非常に特別の形になる．すなわち，異なる条件付き消費のもたらす効用を加えた形になるのである．

異なる状態における消費を c_1, c_2, c_3 とし，それらの状態が生じる確率をそれぞれ π_1, π_2, π_3 とすると，独立性の仮定のもとでは効用関数は

$$U(c_1, c_2, c_3) = \pi_1 u(c_1) + \pi_2 u(c_2) + \pi_3 u(c_3)$$

という形になる．

これは期待効用関数にほかならない．期待効用関数は，2つの財の間の限界代替率がもう1つの財の量には依存しないことに注意しよう．たとえば，第1財と第2財の間の限界代替率は

$$MRS_{12} = \frac{\Delta U(c_1, c_2, c_3)/\Delta c_1}{\Delta U(c_1, c_2, c_3)/\Delta c_2}$$

$$= \frac{\pi_1 \Delta u(c_1)/\Delta c_1}{\pi_2 \Delta u(c_2)/\Delta c_2}$$

となる．これは，MRSが第1財と第2財の量にのみ依存し，第3財の量には関係がないことを示している．

12.5 リスク回避

前節で述べたように，期待効用関数は不確実性下の選択を分析するために非

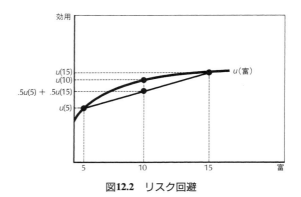

図12.2 リスク回避

常に便利な性質をもっているが，本節ではその具体例を示そう．

期待効用を簡単な選択問題に適用しよう．10ドルの富をもっている消費者が，50パーセントの確率で5ドルを得，50パーセントの確率で5ドルを失う賭をするとしよう．この賭の期待値は10ドルだが，期待効用は

$$\frac{1}{2}u(15\text{ドル}) + \frac{1}{2}u(5\text{ドル})$$

である．**図12.2** はこれを描いている．この賭の期待効用は，$u(15\text{ドル})$ と $u(5\text{ドル})$ という2つの数の平均値であり，図では $0.5u(5)+0.5u(15)$ により表されている．また図では，賭によって得られる金額の期待値も $u(10)$ により示されている．この図においては，賭のもたらす期待効用が期待値の効用よりは小さいことに注意しよう．つまり

$$u\left(\frac{1}{2}15 + \frac{1}{2}5\right) = u(10) > \frac{1}{2}u(15) + \frac{1}{2}u(5)$$

が成立している．

この場合には，消費者は**リスク回避**（risk averse）をするという．なぜなら，消費者は賭そのものをするよりは賭の期待値を好むからである．もちろん，期待値よりも賭を好む消費者もいる可能性もあり，そのときには，彼は**リスク愛好者**（risk lover）であるという．その例は**図12.3** に示されている．

図12.2 と **図12.3** の差に注意しよう．リスク回避をする消費者は凹型の効用関数をもち，富が増えるほど効用関数の接線の傾きが小さくなる．それに対し，リスク愛好の消費者は凸型の効用関数をもち，効用関数の接線の傾きは富が大

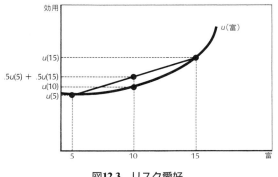

図12.3　リスク愛好

きくなるほど増大する．したがって，効用関数の曲率（曲り方）は消費者のリスクに対する態度を表している．一般に，効用関数の凹性がより増すほど消費者はよりリスク回避的になり，凸性が増すほどリスク愛好的になる．

その中間的なケースは効用関数が線形になる場合である．このとき消費者は**リスク中立的**（risk neutral）であり，賭の期待効用はその期待値にちょうど等しくなる．これは以前に見た完全代替財のケースである．この効用関数をもつ消費者は，賭の危険性はまったく気にかけず，その期待値のみに関心をもつ．

例：保険の需要

期待効用の考え方を，前に論じた保険の需要に適用しよう．先の例では，35,000ドルの資産をもつ人が，10,000ドルの損失を被る可能性があったことを思い出そう．損失が生じる確率は1％で，Kドルの保険をかけるための保険料はγKドルである．さきに見たように，無差別曲線を用いてこの選択問題を分析すると，最適な保険の選択は，2つの状態——損失が生じるかあるいは生じないか——における消費のMRSが$-\gamma/(1-\gamma)$に等しいという条件によって決定された．ここで，損失が生じる確率をπとし，生じない確率を$1-\pi$としよう．

状態1を損失が生じない場合とすると，状態1におけるこの人の資産は

$$c_1 = \$35,000 - \gamma K$$

である．また，状態2を損失が生じる場合とすれば，この場合の資産は

$$c_2 = \$35{,}000 - \$10{,}000 + K - \gamma K$$

となる．このとき，消費者の最適な保険額の決定条件は，2つの状態における消費の MRS が価格比率に等しくなり

$$MRS = -\frac{\pi \Delta u(c_2)/\Delta c_2}{(1-\pi)\Delta u(c_1)/\Delta c_1} = -\frac{\gamma}{1-\gamma} \tag{12.1}$$

が成立することである．

次に，保険会社の立場からこの保険の契約について考えてみよう．保険会社は，π の確率で K ドルの保険金を支払い，$1-\pi$ の確率で何も支払わなくてよい．いずれが起ころうとも，保険会社は γK ドルの保険料を手に入れる．したがって，保険会社の期待利潤 P は，以下のようになる．

$$P = \gamma K - \pi K - (1-\pi)\cdot 0 = \gamma K - \pi K$$

ここで，保険会社はこの保険契約によって，平均すると損も得もしないとしよう．つまり，保険会社は，保険の期待価値がちょうどコストに等しくなるような「フェア」な保険料を課すと仮定するのである．このとき

$$P = \gamma K - \pi K = 0$$

となるから，$\gamma = \pi$ が成立する．これを方程式 (12.1) に代入すると，次の式が得られる．

$$\frac{\pi \Delta u(c_2)/\Delta c_2}{(1-\pi)\Delta u(c_1)/\Delta c_1} = \frac{\pi}{1-\pi}$$

これを書き直すと

$$\frac{\Delta u(c_1)}{\Delta c_1} = \frac{\Delta u(c_2)}{\Delta c_2} \tag{12.2}$$

となる．この式は，損失が生じたときの貨幣の限界効用が，損失が生じないときの貨幣の限界効用に等しいことを表している．

もし消費者がリスク回避的であれば，この消費者の貨幣の限界効用は，所有する金額が大きくなるほど低下する．そのため，$c_1 > c_2$ であれば，c_1 のもとでの限界効用は c_2 のもとでの限界効用より小さく，逆は逆である．さらに上の式が示すように，c_1 と c_2 における限界効用が等しければ，$c_1 = c_2$ でなけれ

ばならない．c_1 と c_2 の定義より，$c_1 = c_2$ は

$$35{,}000 - \gamma K = 25{,}000 + K - \gamma K$$

を意味するから，$K = 10{,}000$ ドルである．すなわち，もし「フェア」な保険料が課されるとすれば，リスク回避的な消費者は損失を完全にカバーするような保険をかけるのである．

このような結果になるのは，ある状態のもとで資産がもたらす効用が，その状態で消費者がもつ総資産のみによって決まり，他の状態でもつかもしれない資産の大きさには依存しないと仮定しているからである．この仮定のもとでは，それぞれの状態において消費者が所有する資産の大きさが同じであれば，それがもたらす限界効用も同じになる．

以上のように，消費者が期待効用を最大化するリスク回避者であり，損失に対してフェアな保険をかけることができるとすると，この消費者は完全な保険をかけることになる．

12.6 資産の分散

本節では不確実性の関するもう1つのトピックである分散の利益について考えよう．あなたが，サングラスを製造する会社とレインコートを製造する会社に100ドルを投資することを考えているとする．長期予報によると，今年の夏は雨天の日と晴天の日がほぼ半分ずつになるという．あなたは100ドルをどのように投資すべきだろう．投資のリスクを減らすために，両方の会社に投資すべきだろうか．投資を分散させるとより確実な投資からの収益が必ず得られるから，リスク回避的な人にとってはふり分けて投資をするのが望ましい．

たとえば，サングラス会社とレインコート会社の株がともに1株10ドルで売られているとしよう．もし雨の多い夏になれば，レインコート会社の株は20ドルになり，サングラス会社の株は5ドルになる．もし晴れの日が多い夏になると逆の結果が生じ，サングラス会社の株は20ドルに，レインコート会社の株は5ドルになる．もしあなたが100ドルをすべてサングラス会社に投資すれば，50％の確率で200ドルを得，50％の確率で50ドルを得るという賭をすることになる．もしレインコート会社にすべてを投資しても同じである．いずれの場合も，期待収益は125ドルになる．

しかし，もしそれぞれの会社に50ドルずつ投資したらどうなるだろう．そうすると，晴天の日が多ければサングラス会社への投資から100ドルが得られ，レインコート会社への投資から25ドルが得られる．もし雨が多ければ，レインコート会社への投資から100ドル，サングラス会社への投資から25ドルが得られる．いずれの場合も，確実に125ドルを得ることができる．投資を2つの会社に分散させることにより，期待収益を変えることなく，投資にまつわるリスクを減らせるのである．

この例では投資の分散はきわめて容易である．2つの資産の価値は完全に逆行しており，一方が上がれば必ず他方が下がるようになっている．このような2つの資産を組み合わせるとリスクは目に見えて下がるから，両方をあわせもつことは非常に有益である．しかし残念ながら，この例のような資産はめったに存在しない．大半の資産の価値は同じ方向に変化する．GMの株価が高いときには，フォードやグッドリッチの株価も高いのが普通である．しかし資産の価格が完全に相関して同方向に動くのでないかぎり，投資の分散による利益は残されている．

12.7　リスクの分担

再び保険に戻ろう．前の例では，35,000ドルの富をもち，1％の確率で10,000ドルを失う可能性がある個人について考えた．ここでそのような個人が1,000人いるとしよう．すると，平均して10人が損失を被るから，毎年10万ドルが失われる可能性がある．つまり，1,000人のうちの各人の期待損失額は毎年$0.01 \times 10,000 = 100$ドルになる．以下では，ある人が損失を被る確率は，他の人が損失を被る確率には影響を与えないと仮定する．すなわち，各人のリスクは互いに独立であると仮定しよう．

このとき，各人の富の期待値は$0.99 \times 35,000$ドル$+ 0.01 \times 25,000$ドル$= 34,900$ドルとなる．ただし，各人は1％の確率で10,000ドルを失うという大きな危険性にも直面している．

もし各人がこのリスクを分散させようとすればどうすればよいだろう．そのためには，各人のリスクを誰か他人に売ればよい．1,000人が互いに保険をかけあうと仮定してみよう．もし誰かが10,000ドルの損失を被ると，1,000人の消費者たちはその人に10ドルずつ寄付をする．こうすれば，その不運な人の損

失は補償され，しかも他の人々ももし自分が損失を被っても補償してもらえるという安心感を得ることができる．これは**リスクの分担**（risk spreading）の一例である．各人は自らのリスクを他人と分け合い，個人で負担するリスクを減少させるのである．

さて，1年間に平均して10軒の家が火事で焼けるため，各人は毎年平均100ドルずつ支払わねばならないとしよう．しかしこれはあくまで平均である．ある年には12軒が焼けるかもしれず，ある年には8軒が焼けるかもしれない．各人が1年に200ドル以上を支払わねばならないという可能性は非常に小さいとしても，リスクは残っている．

しかし，このリスクもさらに分散させることが可能である．消費者たちが，損失の発生の有無にかかわらず毎年必ず100ドルずつを支払うことに同意したとしよう．そうすると，人々は火事が平均以上に起こった年のための資金を蓄積することができる．彼らは毎年確実に100ドルずつ払うから，平均すれば資金は毎年生じうる火災を補償するに十分である．

読者もすでに気づかれているように，上で考えた工夫は一種の協同保険会社にきわめて似ている．現実の保険会社は，消費者から集めた資金を投資して利子を稼ぐという点で少し違うが，上で考えたシステムは保険会社の本質を明らかにしている．

12.8　株式市場の役割

株式市場は，保険市場がリスク分担を可能にさせるのと同様な働きをする．第11章を思い出そう．そこで述べたように，株式市場を利用すれば，企業の所有者は，企業の将来収益を株価によって評価することができる．そればかりではなく，株式市場のおかげで，企業の所有者は彼らの富のすべてを1つの企業に投資するというリスクを避け，さまざまな資産に投資してリスクを分散できる．そのため，企業の本来の所有者たちは，自分たちの企業のリスクを多数の株主に分担させるために株を発行しようとするのである．

同様に，株主たちも株式市場を利用して彼らのリスクを再配分できる．もし企業がある株主にとってあまりに危険だと思われる活動方針をとれば（あるいは逆にあまりに小心だと思われる活動方針をとれば），彼はその企業の株を売り，他の会社の株を買えばよい．

保険の場合には，保険を買うことによって個人が自らのリスクをなくしてしまうことができた．100ドルを払えば，10,000ドルの損失を完全にカバーする保険が買えた．これが成立するのは，基本的には，市場全体にかかわるリスクが存在しないからである．損失の生じる確率が1％であれば，1,000人のうちの10人が平均して損失を被ることがわかっている．わからないのは，誰が実際に損失にみまわれるかということだけである．

　それに対し，株式市場の場合には，市場全体にかかわるリスクが存在する．株式市場は，ある年には全般的に好況であり，別の年には全般的に不調でありうる．株式市場は，リスクの負担を望まない人からリスク負担に耐えうる人へリスクのある投資を移転する働きをする．もちろん，賭を好む人たちを別にすれば，リスク負担を好む人はほとんどおらず，大半の人たちはリスク回避者である．したがって，株式市場は，リスク回避者から，もし十分な補償があればリスク負担をしてもよいと考える人々へリスクを移すと考えることができる．この考えについて，次章でさらに検討をしよう．

要　　　約

1. 異なる状態における消費は，異なる消費財とみなせるから，いままでの章で論じたすべての分析方法は不確実性下の選択にも適用できる．
2. 不確実性下の選択を表す効用関数は特別の構造をもちえる．特に，効用関数が生じうる状態の確率について線形であれば，ある賭の効用はその賭が生む結果の期待効用にほかならない．
3. 期待効用関数の曲率は，消費者のリスクに対する態度を表現する．期待効用関数が凹型であれば消費者はリスク回避者であり，凸型であればリスク愛好者である．
4. 保険市場や株式市場のような金融制度によって，消費者はリスクを分散させ，互いに分担することができる．

13章 危険資産

前章では,不確実性下における個人の行動を検討し,保険市場と株式市場という不確実性に対処するための2つの経済制度の役割について考えた．本章では,株式市場がリスクをいかに配分するのかについてさらに検討しよう．そのためには,不確実性のもとにおける行動の簡単化したモデルを考えるのが便利である．

13.1 平均-分散モデル

われわれは前章において,不確実性下の選択を期待効用モデルを用いて分析した．不確実性のもとでの選択を分析するもう1つは方法は,選択対象の確率分布を少数のパラメータで表し,効用関数をそれらのパラメータに関して定義するというやり方である．この接近法の中で最もよく知られているのは,**平均-分散モデル** (mean-variance model) である．消費者の選好を,生じうるあらゆる結果についての富の確率分布に依存させるかわりに,平均-分散モデルは,消費者の選好が彼の富の確率分布を集約する少数の指標で表現できると仮定する．

ある確率変数 w が,それぞれ π_s の確率で $w_s(s=1,\cdots,S)$ という値をとるとしよう．確率分布の**平均** (mean) は,文字通りの平均

$$\mu_w = \sum_{s=1}^{S} \pi_s w_s$$

である．これは各 w_s にそれが生じる確率を掛けて合計したものであり,平均値の公式にほかならない．

確率分布の**分散** (variance) は,$(w-\mu_w)^2$ の平均値である．

$$\sigma_w^2 = \sum_{s=1}^{S} \pi_s (w_s - \mu_w)^2$$

分散は分布の「散らばり」を測っており，リスクの指標になりえる．分散とよく似た測度に**標準偏差**（standard deviation）がある．これは σ_w で表されるが，分散の平方根（$\sigma_w = \sqrt{\sigma_w^2}$）である．

確率分布の平均は分布の中心がどのあたりにあるかを示している．分布の分散は，分散の「散らばり」，すなわち平均の周りで分布がどの程度広がっているのかを示している．図13.1 において，異なる平均と分散をもつ確率分布の例が描かれている．

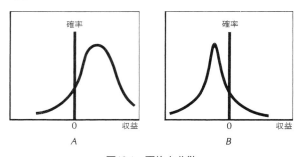

図13.1　平均と分散

平均-分散モデルは，投資家に π_s の確率で w_s だけの富をもたらす確率分布の効用が，その分布の平均と分散の関数として $u(\mu_w, \sigma_w^2)$ のように表せると仮定する．あるいは——この方がより扱いに便利なのであるが——平均と標準偏差の関数 $u(\mu_w, \sigma_w)$ により表されると仮定する．分散も標準偏差もともに富のリスクを測っているから，いずれを用いてもよい．

このモデルは，前章で説明した期待効用モデルを簡単化したものとみなせる．もしなされる選択が平均と分散によって完全に描写できるのであれば，平均と分散に基づく効用関数は，選択対象を期待効用関数とまったく同じように順序づける．さらに，たとえ確率分布が平均と分散によって完全に表現できないとしても，平均-分散モデルは期待効用モデルを近似しているとみなすことができる．

ここで，他の事情を一定にすれば，期待収益が高いほど望ましく，分散が大きいほど望ましくないというもっともな仮定をおこう．これは，人々は一般にリスク回避をするという仮定を別の言葉で表現したにすぎない．

13.1 平均-分散モデル

さて，平均-分散モデルを用いて簡単な資産選択問題を分析しよう．いま投資対象となりえる2つの資産があるとする．1つは**安全資産**（risk-free asset）であり，常に一定の収益 r_f を生む．これはたとえば，何が起こっても一定の利子を支払う国債のようなものである．

もう1つの資産は**危険資産**（risky asset）である．この資産は，たとえば株を購入する大量の投資信託である．株式市場が好況であれば，この資産への投資は良い結果をもたらす．逆に株式市場が不況であれば，投資の結果は良くない．状態 s が生じたときの収益を m_s とし，s の生じる確率を π_s とする．以下では r_m を危険資産の期待収益とみなし，σ_m をその収益の標準偏差とみなそう．

もちろん，消費者がこれらの2つの資産のいずれかのみを選ぶ必要はない．一般に消費者は彼の富を2つの資産に分けて投資しようとするだろう．消費者が彼の富のうち x の割合を危険資産に投資し，$(1-x)$ の割合を安全資産に投資するとすれば，彼のポートフォリオの平均収益（r_x）は次のように定まる．

$$r_x = \sum_{s=1}^{S}(xm_s + (1-x)r_f)\pi_s$$
$$= x\sum_{s=1}^{S} m_s\pi_s + (1-x)r_f\sum_{s=1}^{S}\pi_s$$

ただし $\sum \pi_s = 1$ だから

$$r_x = xr_m + (1-x)r_f$$

が成立する．すなわち，ポートフォリオの期待収益は2つの資産の期待収益の加重平均である．

ポートフォリオの収益の分散は

$$\sigma_x^2 = \sum_{s=1}^{S}(xm_s + (1-x)r_f - r_x)^2 \pi_s$$

となる．これに上で求めた r_x を代入すると次のようになる．

$$\sigma_x^2 = \sum_{s=1}^{S}(xm_s - xr_m)^2 \pi_s$$
$$= \sum_{s=1}^{S} x^2(m_s - r_m)^2 \pi_s$$
$$= x^2 \sigma_m^2$$

したがって，ポートフォリオの収益の標準偏差は次のようである．

$$\sigma_x = \sqrt{x^2 \sigma_m^2} = x \sigma_m$$

通常は $r_m > r_f$ と仮定できる．なぜなら，危険資産が安全資産よりも低い期待収益しか生まないとすれば，リスク回避的な投資家は，危険資産を決してもとうとしないからである．そのため，消費者が彼の資産のより大きい割合を危険資産に投資すれば，期待収益は大きくなるが，同時にリスクも増す．これが**図13.2**に描かれている．

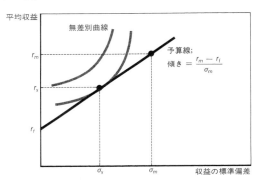

図13.2　リスクと収益

$x=1$ とすると，消費者は資金のすべてを危険資産に投資し，期待収益と標準偏差はそれぞれ r_m と σ_m になる．$x=0$ とすれば，すべての資金が安全資産に投資され，期待収益と標準偏差はそれぞれ r_f と 0 になる．もし x を 0 と 1 の間の値に決めれば，(r_m, σ_m) と $(r_f, 0)$ を結ぶ直線上のいずれかに位置することになる．この直線はリスクと収益の間のトレード・オフを表す予算線とみなせる．

われわれは人々の選好が彼らの富の平均と分散だけに依存していると仮定しているから，リスクと収益に関する個人の選好を示す無差別曲線を描くことができる．もし人々がリスク回避者であれば，期待収益が大きいほど望ましく，標準偏差が大きいほど望ましくない．これは標準偏差は「マイナスの財」に相当することを意味し，したがって無差別曲線は**図13.2**に示されるように右上がりになる．

リスクと収益の間の最適な選択は，**図13.2**における予算線の傾きと無差別曲

線の傾きが等しくなる点で実現する．この傾きは，ポートフォリオの選択においてリスクと収益のトレード・オフがどの程度であるかを測っているから，**リスクの価格**（price of risk）と呼ぶことができる．**図13.2** を眺めると，リスクの価格は

$$p = \frac{r_m - r_f}{\sigma_m} \tag{13.1}$$

によって与えられることがわかる．したがって，安全資産と危険資産の間の最適なポートフォリオの選択は，リスクと収益の間の限界代替率がリスクの価格に等しい，すなわち

$$MRS = -\frac{\Delta U/\Delta \sigma}{\Delta U/\Delta \mu} = \frac{r_m - r_f}{\sigma_m} \tag{13.2}$$

という条件によって特徴づけられる．

いまこれら2つの資産の選択を行う人たちが多数いるとしよう．各人は，彼の限界代替率がリスクの価格に等しくなるような選択をしなければならない．したがって，均衡においてはすべての人の MRS は同一になる．つまり，リスクを取引できる十分な機会が与えられるなら，リスクの均衡価格は全員にとって同じになるのである．この点で，リスクも一般の財と同様である．

人々の選択がパラメータの変化にいかに反応するかを分析するためには，いままでの章で学んだ方法を用いればよい．正常財，劣等財，顕示選好などはすべてこのモデルにも適用できる．たとえば，ある人が，r_y の平均収益と σ_y の標準偏差をもつ新しい危険資産 y を買うようにすすめられているとしよう．

彼がもとからもっている資産 x と，この新しい y との間の選択はどのようになされるだろう．最初の予算集合と新しい予算集合が **図13.3** に描かれている．最初の予算集合のもとで選択可能なリスクと収益の組み合わせは，どれも新しい予算集合のもとでも可能であることに注意せよ．これは，新しい予算集合が最初の予算集合を含むからである．そのため，消費者は新しい予算集合のもとでより望ましいポートフォリオの選択が可能になるから，x と安全資産に投資するよりも y と安全資産に投資する方がよい．

以上の議論では，消費者が危険資産をもつときに，リスクと収益の間のさまざまな組み合わせが選べるという点が非常に重要である．もし選択が「二者択一」の形でなされねばならないなら，すなわち消費者が彼のすべての資金を x か y のいずれかに投資しなければならないのならば，結果は非常に違ってく

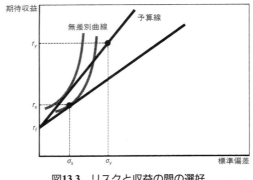

図13.3 リスクと収益の間の選好

る．図13.3の例では，(r_x, σ_x) を通る無差別曲線は (r_y, σ_y) を通るそれより上方に位置するから，消費者は x のみに投資することを好む．しかし，もし彼が危険資産と安全資産を同時にもつことができれば，x との組み合わせより y との組み合わせを常に選択するのである．

13.2 リスクの測度

前節ではリスクの価格についてのモデルを考えた．しかし，ある資産がもつリスクの大きさを測るにはどうすればよいだろう．たぶん，最初に誰もが思いつくのは，資産の収益の標準偏差であろう．われわれは効用が富の期待値と分散のみに依存すると仮定したから，これはもっともな思いつきである．

前節の例のように，危険資産が1つしかない場合には，上の着想は正しい．危険資産の大きさは標準偏差で表される．ところが，危険資産が多数あるときには，標準偏差は資産のリスクの大きさの測度としては不適当である．

その理由は，消費者の効用は1つの資産の収益の平均と分散ではなく，彼の富全体の平均と分散によって決まるからである．この場合に重要なのは，消費者がもつさまざまな資産の収益が，富の平均と分散を決める際にどのように相互関連するかである．経済学の他の分野と同様に，ある資産の価値を決めるのはその資産自体の価値ではなく，その資産の保有が総効用に及ぼす限界的な貢献である．もう1杯のコーヒーの価値が，どれだけクリームが使えるかに依存して決まるように，消費者が危険資産をもう1単位もつためにどれだけ支払う

13.2 リスクの測度

かは，その資産が彼のポートフォリオの中の他の資産とどのように相互関連をするかによって決まる．

たとえば，あなたが2つの資産を買おうとしており，生じうる結果は2つだけであることがわかっているとしよう．資産Aは10ドルかまたは－5ドルの価値があり，資産Bは－5ドルか10ドルの価値がある．しかも，Aが10ドルのときBは－5ドル，Aが－5ドルのときBは10ドルだとする．つまり，2つの資産の価値はマイナスの相関関係をもっており，一方の価値が高いとき他方の価値は低い．

さらに2つの結果は同じ確率で生じ，したがって各資産の平均価値は2.5ドルになるとしよう．もしあなたがリスクを一切考慮せず，かついずれかの資産を必ず保有せねばならないとすれば，いずれをもつにしても，あなたが支払おうとするのはたかだか2.5ドル——それぞれの資産の期待価値——である．もしあなたがリスク回避者であれば，2.5ドル以下しか支払おうとはしないだろう．

しかし，もしあなたが2つの資産を同時にもつことができればどうなるだろう．そのときには，それぞれの資産を1単位ずつもてば，結果のいかんにかかわらず5ドルを得ることができる．一方の資産が10ドルの価値をもてば，他方は常に－5ドルの価値をもつからである．したがって，両方の資産をもつことができるとき，あなたが両方の資産を買うために支払ってもよいと考える額は5ドルである．

この例が示すように，ある資産の価値は，一般にそれが他の資産とどのような相関関係にあるのかに依存する．互いにマイナスの相関関係にある資産は，全体のリスクを低減するという点で非常に貴重である．一般的に，ある資産の価値は，それ自身の分散よりもその収益が他の資産といかなる関係にあるかに依存する面が大きい．そのため，資産のリスクの大きさは，他の資産との相関関係によって決まるのである．

1つの資産のリスクを測るには，株式市場全体のリスクと対比させると便利である．市場全体のリスクと比べたある株のリスクの程度をその株の**ベータ** (beta) と呼び，ギリシャ文字の β で表そう．したがって，ある特定の株を i で表せば，その株の市場に対する相対的なリスクの程度は β_i と書ける．大まかに言えば

$$\beta_i = \frac{\text{危険資産 } i \text{ のリスクの大きさ}}{\text{株式市場のリスクの大きさ}}$$

となる.

ある株のベータが1であれば, その株のリスクの程度は市場全体のリスクの程度と同じである. 市場全体が10パーセントの上昇をすれば, その株の価値も平均して10パーセント上昇する. もし株のベータが1以下であれば, 市場が10パーセント上昇するとき, その株の価値は10パーセント以下しか上がらない. 株のベータは, ある変数の動きが他の変数の動きにどの程度反応するかを測る統計的方法によって推定できる. 多くの証券投資サービス業者が, 株のベータの推定値を提供している[1].

13.3 カウンターパーティ・リスク

金融機関は個人に融資をするだけではなく, 他の金融機関にも融資をする. この場合, 融資を受けた金融機関が借りた資金を返却できない可能性が生じるが, このような危険性を**カウンターパーティ・リスク**と呼ぶ.

このようなことがどうして起こるのかを見るために, 簡単な例を考えてみよう. いま銀行Aは銀行Bから10億ドルを借りており, 銀行Bは銀行Cから10億ドルを借りているとする. さらに銀行Cは銀行Aから10億ドルを借りているとしよう. ここでAの資金が枯渇したため, AはBから融資を受けた資金の債務放棄をしたとしよう. するとBはCから融資を受けた資金が返せなくなり, そのためCもAへの返済ができなくなる可能性が生じる. このような負の連鎖は, **金融の伝染病** (financial contagion) あるいは**システミック・リスク**と呼ばれる. 上の例は, 2008年の秋にアメリカの金融機関に起こったことを非常に単純化したものである.

このような問題を解決するひとつの方法は, 「最後の貸し手 (lender of last resort)」が存在することである. 最後の貸し手は, 通常は中央銀行であり, アメリカの場合は連邦準備制度がその役割を果たしている. 上の例において, 銀行Aが連邦準備制度に10億ドルの緊急融資を受けることができれば, AはBに

---

[1] 統計学を知っている読者であれば, 株のベータは $\beta_i = \mathrm{cov}(r_i, r_m)/\mathrm{var}(r_m)$ と定義されることがわかるだろう. つまり, β_i は, i 株の収益と市場収益の共分散を, 市場収益の分散で割った値である.

10億ドルを返済できから，BもCに返済が可能になる．そしてCはAに返済ができ，Aは連邦準備制度に10億ドルを返すことができる．

もちろんこのような例は，現実を過度に単純化している．上の例では，3つの銀行の間にネットの債務は存在しない．もし銀行A，B，Cが集まり，互いの資産と負債を比べれば，この事実は直ちに判明する．しかし，貸借関係が数千の金融機関に及んでいれば，各金融機関のネットの資産ポジションを明らかにするのは困難であり，最後の貸し手の必要性が生じる．

13.4 危険資産市場の均衡

本節では，危険資産市場の均衡条件について述べよう．不確実性がないときには，すべての資産は同じ収益率を生まねばならないことを思い出そう．危険資産の市場においても同様の原則が成立し，リスクを考慮して調整を行った後にすべての資産は同じ収益率をもたらさねばならない．

問題は，どのようにしてリスクを考慮した調整をするかである．その答えは，すでに見た最適選択の分析にある．われわれは，安全資産と危険資産の間の最適なポートフォリオについて考えたことを想起しよう．われわれは，危険資産は１つの投資信託，すなわち多数の危険資産を含む多様なポートフォリオであるとみなした．本節では，このポートフォリオが危険資産のみから成ると仮定する．

そうすると，この危険資産のポートフォリオの期待収益は，危険資産市場の期待収益 r_m と同一視でき，収益の標準偏差は市場のリスクの大きさ σ_m と同一視できる．一方，安全資産の収益は確定値 r_f である．

(13.1) 式で示したように，リスクの価格 p は

$$p = \frac{r_m - r_f}{\sigma_m}$$

で与えられる．また上で見たように，所与の資産 i の市場に対する相対的なリスクの大きさは β_i である．したがって，資産 i のリスクの絶対的な大きさは $\beta_i \sigma_m$ で与えられる．

このリスクのコストはいくらだろう．それは，リスクの大きさ $\beta_i \sigma_m$ にリスクの価格 p を掛ければ得られる．このコストがリスク調整にほかならない．つまり，

$$\text{リスク調整} = \beta_i \sigma_m p$$
$$= \beta_i \sigma_m \frac{r_m - r_f}{\sigma_m}$$
$$= \beta_i (r_m - r_f)$$

 以上から，危険資産市場の均衡条件は次のようになる．すなわち，均衡においてすべての資産は同一のリスク調整済み収益率を生まねばならない．この条件が成立する理由は，**12章**での議論と同じである．もしある資産が他の資産よりも高いリスク調整済み収益率を生めば，誰もがその資産をもとうとする．そのため，均衡ではすべての資産のリスク調整済み収益率は均等化せねばならない．

 もし 2 つの資産 i と j の期待収益率が r_i と r_j，ベータが β_i と β_j とすれば，均衡では次の条件が成立する必要がある．

$$r_i - \beta_i(r_m - r_f) = r_j - \beta_j(r_m - r_f)$$

この式は，均衡において 2 つの資産のリスク調整済み収益率は同一にならねばならないことを示している．

 この条件を別の形で表すには，次のことに注目するとよい．安全資産は定義により $\beta_f = 0$ である．なぜなら，安全資産のリスクはゼロであり，β は資産のリスクの測度だからである．したがって，任意の資産 i について

$$r_i - \beta_i(r_m - r_f) = r_f - \beta_f(r_m - r_f) = r_f$$

が成り立つ．これを書き換えると

$$r_i = r_f + \beta_i(r_m - r_f)$$

となるが，これは，ある資産の期待収益は安全資産の収益にリスク調整を加えたものに等しいことを表している．リスク調整の部分は，その資産のリスクを負担するために人々が要求する追加的収益を反映している．この方程式は，**資本資産評価モデル**（Capital Asset Pricing Model：CAPM）の主要結果であり，金融市場の研究でよく用いられている．

13.5 収益の調整

不確実性がない場合の資産市場を検討したとき，われわれは収益率を均等化するために資産価格がどのように変化するかを明らかにした．不確実性がある場合にも同様の調整プロセスを考えることができる．

前節で示したモデルによると，すべての資産の期待収益は安全資産の収益にリスク・プレミアムを加えたものであり，

$$r_i = r_f + \beta_i (r_m - r_f)$$

のように決まった．

図13.4 では，横軸に β_i を，縦軸に期待収益をとり，この式が描かれている．われわれのモデルにしたがうと，均衡において所有されるすべての資産はこの直線上になければならない．この線は**市場線**（market line）と呼ばれる．

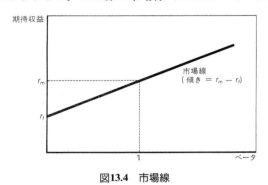

図13.4　市場線

もしある資産の期待収益とベータがこの直線上になければどうなるだろう．資産の期待収益は，資産価格の期待変化をその資産の現在価格で割ったものだから

$$r_i = \frac{p_1 - p_0}{p_0} \text{の期待値}$$

となる．これは，「期待値」ということばが付け加わっている点を除けば，以前の定義と同じである．「期待値」がついているのは，次期の資産価格は不確実だからである．

さて、ある資産のリスク調整済み収益が安全資産の収益率より高く

$$r_i - \beta_i(r_m - r_f) > r_f$$

であるとしよう。すると、この資産は安全資産よりも有利で非常に買い得である。

このことがわかれば、人々はこの資産を買おうとするだろう。人々はその資産を買って保有するか、あるいは買ってから他の人に売ろうとするだろう。いずれにせよ、その資産を買えば、リスクと収益の関係は改善されるから、その資産の売買は必ず発生する。

しかし皆がこの資産を買おうとすれば、資産の現在価格 p_0 は上昇する。そのため、期待収益率 $r_i = (p_1 - p_0)/p_0$ は低下する。この低下は、期待収益が市場線上の値になるまで続く。

このように、市場線の上方に位置する資産は買い得であるが、人々がその資産が手持ちのものよりも有利だということを知れば、その資産の価格は上がる。

ただし以上の結果は、各資産のリスクの大きさについて人々が同じ判断を下すという仮説に基づいている。もし人々が各資産の期待収益やベータについて異なる意見をもっていれば、モデルははるかに複雑になってしまう。

例：投資信託のランク付け

資本資産価格モデルは、異なる投資をそれぞれの危険度と収益に応じてランク付けするために使える。一般的な投資の1つに投資信託（mutual funds）がある。大きな組織が個人投資家たちから資金を集め、それを用いて企業の株式を売買する。このような投資の収益は、個人投資家に配分される。

投資信託の長所は、専門家に資産運用を任せることができる点である。短所は、資産運用の手数料を支払わねばならないことである。ただし通常は、手数料は法外な額ではなく、小規模な個人投資家の大半は、投資信託を利用するようにアドバイスされるだろう。

しかし、どの投資信託に投資するかを決めるにはどうすればよいのだろう。もちろん、投資家は高い期待収益を得たいと願うが、同時にリスクは最小にしたいと思うだろう。問題は、高い収益を得るために、投資家がどれだけのリスクに耐えようとするかである。

13.5 収益の調整

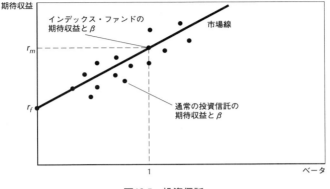

図13.5 投資信託

投資家がやりそうなことの1つは，さまざまな投資信託の過去のパフォーマンスを調べたうえで，年間の平均収益とベータ（リスクの大きさ）を計算することである．本書ではベータの正確な定義を与えていないから，これはむずかしい作業のように思われるかもしれないが，投資信託の過去のベータを集めた本が利用できる．

ベータと収益率をプロットすれば，図13.5のようなグラフが描けるだろう[2]．期待収益が高い投資信託には一般に高いリスクがある．高い期待収益は，投資家がリスクに耐えることへの報酬なのである．

図13.5のようなグラフを利用してできる興味深いことの1つは，専門家に投資をまかせた場合と，**インデックス・ファンド**（index funds）に投資をするという非常に単純な戦略をとった場合とを比べることである．株式市場には，ダウ・ジョーンズ指数やスタンダード・アンド・プアーズ指数などいくつかのインデックスがある．通常，これらのインデックスは，ある特定されたグループの株の平均収益を表している．たとえば，スタンダード・アンド・プアーズ指数は，ニューヨーク証券取引所で取引される500種の株の平均収益に基づいて

---

[2] 本章で描き出したツールを使った投資信託の成果をいかに説明するか，についてのさらに詳しい議論は，Michael Jensen, "The Performance of Mutual Funds in the Period 1945-1964," *Journal of Finance*, 23 (May 1968), 389-416 を見よ．Mark Grinblatt and Sheridan Titman, "Mutual Fund Performance: An Analysis of Quarterly Portfolio Holdings," *The Journal of Business*, 62 (July 1989), 393-416 はさらに最近のデータを説明している．

作成される．

インデックス・ファンドとは，このようなインデックスの元になる株を保有する投資信託である．したがって，インデックス・ファンドをもてば，定義により，インデックスに含まれる株の平均収益は保証される．平均的な収益を保証することは，少なくとも平均以上の収益をあげることに比べるとやさしいから，一般にインデックス・ファンドの手数料は安い．またインデックス・ファンドは非常に広範囲の危険資産を元に構成されるので，そのベータの値は1に近い．つまり，インデックス・ファンドは株式市場のほとんどすべての株を含むため，その危険度は市場全体の危険度に近いのである．

さてここで，市場線より下にある投資信託の数を数えてみよう．これらの投資信託は，安全資産とインデックス・ファンドを組み合わせたときのリスクと収益の組よりも劣ったリスクと収益の組しかもたらさない．数えた結果，投資信託が生み出すリスクと収益の組の大半は，市場線より下に位置することがわかるだろう．市場線より上にある投資信託が見つかるのは，ほとんど偶然に近い．

以上のことは，見方によっては当然の結果である．株式市場というのは極度に競争的な環境である．人々は，つねに過小評価されている株を見つけて買おうとしている．そのため，平均すると，株はそれが本来あるべき価格で取引される．そうだとすれば，平均的なものに投資するのは，非常に理にかなった戦略である．なぜなら，株式市場で平均以上の収益を得ることは，まず不可能だからである．

要　　約

1. 予算集合と無差別曲線を用いて，危険資産と安全資産にいくら投資すべきかを分析できる．
2. リスクと収益の間の限界代替率は予算線の傾きに等しくならねばならない．この傾きはリスクの価格といわれる．
3. ある資産が含むリスクは，その資産と他の資産との間の相関関係に大きく依存している．収益が逆方向に変化する2つの資産を同時にもつと，ポートフォリオ全体のリスクの大きさを低減できる．
4. 市場全体に対するある資産の相対的なリスクの程度は，その資産の**ベータ**

と呼ばれる．
5. 危険資産市場の基本的な均衡条件は，すべての資産のリスク調整済み収益率が等しくなることである．
6. 融資を受けた側が返済できない危険性をカウンターパーティ・リスクと呼ぶが，これも重大な危険要因である．

14章 消費者余剰

いままでの章では，与えられた選好，あるいは効用関数から，どのようにして消費者の需要関数を導出するかを見てきた．しかし実際にはその逆の問題，すなわち，観察された消費者の需要行動からいかにして選好や効用関数を推定するか，を知りたいことが多い．

この問題については，すでに2つの章で検討した．5章では，観察された需要行動からどのようにすれば効用関数のパラメータが推定できるかを考えた．そこで用いたコブ–ダグラス型関数の例では，各財への支出が総支出に占める割合を計算するだけで，観察された選択行動を説明する効用関数を知ることができた．そして，そのようにして得られた効用関数を，消費の変化を調べるために使うことができた．

7章では，観察された選択を生み出す選好を推定するために，顕示選好分析をどのように用いればよいかを説明した．そこで推定された無差別曲線は，やはり消費の変化を調べるために利用できた．

本章では，観察された需要行動から効用関数を推定する問題に対し，さらに検討を加える．本章で扱う方法のいくつかは，5章と7章で論じた方法よりも一般性に欠けるが，後の章で取り上げるいくつかの適用例に対しては有用となる．

以下ではまず，効用の推定が容易にできる特別な需要行動について復習をする．その後で，より一般的な選好と需要行動について考える．

14.1 非分割財の需要

6章で論じた，準線形の効用関数のもとでの非分割財の需要をもう一度考え

よう．効用関数が $v(x)+y$ という形であり，x 財は整数値だけをとるとしよう．y を x 以外の財に支出される貨幣とし，貨幣の価格は 1 であるとする．また x 財の価格を p としよう．

6 章で見たように，この場合には，消費者の行動は留保価格を用いて $r_1 = v(1) - v(0), r_2 = v(2) - v(1), \cdots$ のように表すことができる．留保価格と需要の関係は非常に簡単であり，もし n 単位の非分割財が需要されれば，$r_n \geq p \geq r_{n+1}$ が成立する．

この不等号の関係を確かめるために，一例をあげよう．価格が p のとき，消費者は 6 単位の x 財を消費するとしよう．すると，$(6, m-6p)$ を消費するときの効用は，その他の組み合わせ $(x, m-px)$ を消費するときの効用より大きいか等しくなければならない．したがって，

$$v(6) + m - 6p \geq v(x) + m - px \tag{14.1}$$

が成立する．この不等式は $x = 5$ のときにも当然成立するから

$$v(6) + m - 6p \geq v(5) + m - 5p$$

これを書き直すと，$v(6) - v(5) = r_6 \geq p$ となる．

(14.1) 式は $x = 7$ についても成立するから

$$v(6) + m - 6p \geq v(7) + m - 7p$$

これを書き直すと次式が得られる．

$$p \geq v(7) - v(6) = r_7$$

以上からわかるように，6 単位の x 財が需要されれば，x 財の価格は r_6 と r_7 の間になければならない．一般に，n 単位の x 財が価格 p のもとで需要されれば $r_n \geq p \geq r_{n+1}$ となり，われわれが示したかった結果が得られる．留保価格のリストは，需要行動を説明するのに必要なすべての情報を与えるのである．**図14.1** に示されるように，留保価格のグラフは「階段状」になる．この階段状のグラフが非分割財の需要曲線にほかならない．

14.2 需要から効用へ

前節では，与えられた留保価格ないしは効用関数から，どのようにして需要曲線を構成するかを見た．これとちょうど逆の操作も可能である．少なくとも準線形の効用関数の場合には，与えられた需要曲線から効用関数を導出することができる．

これは形式的には簡単な計算問題にすぎない．留保価格は効用の差であると定義されるから，以下の式が成り立つ．

$$r_1 = v(1) - v(0)$$
$$r_2 = v(2) - v(1)$$
$$r_3 = v(3) - v(2)$$
$$\vdots$$

たとえば $v(3)$ が知りたければ，上の式の両辺を加えればよい．すなわち，

$$r_1 + r_2 + r_3 = v(3) - v(0)$$

消費がゼロのときの効用はゼロであると定めると便利だから，$v(0) = 0$ としよう．すると，$v(n)$ は r_1 から r_n までの n 個の留保価格の和に等しくなる．

以上のことは，**図14.1A** に示されるように，図形的にわかりやすい意味をもっている．n 単位の非分割財を消費するときの効用は，需要関数を構成する最初の n 本の棒グラフの領域に等しい．なぜなら，各棒グラフの高さはそれぞれの需要水準に対応する留保価格を表し，その幅は 1 だからである．この領域は，財の消費に伴う**粗便益**（gross benefit）または**粗消費者余剰**（gross consumer's surplus）と呼ばれる．

ただしこれは，第 1 財の消費が生む効用のみを問題にしていることに注意しよう．消費の最終的な効用は，消費者が第 1 財と第 2 財をどれだけ消費するかに依存する．もし消費者が n 単位の非分割財を消費すれば，$m - pn$ だけの所得が他の財を買うために残されている．したがって，消費者の総効用は，

$$v(n) + m - pn$$

となる．この効用もグラフの領域で表せる．**図14.1A** の棒グラフの影をつけた

14.3 消費者余剰の別の解釈　　　　　　　　　　　　　　　　　　231

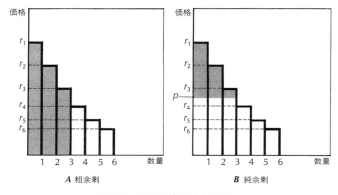

図14.1　留保価格の消費者余剰

領域から非分割財への支出額 pn を引き，それに m を加えればよいのである．

$v(n)-pn$ は**消費者余剰**（consumer's surplus）または**純消費者余剰**（net consumer's surplus）といわれる．これは，n 単位の非分割財を消費することの純便益，つまり，効用 $v(n)$ と非分割財への支出額（m からその他の財への支出額（$m-pn$）を引いた額）との差を示している．**図14.1B** に，消費者余剰が描かれている．

14.3　消費者余剰の別の解釈

消費者余剰は別の方向から解釈することができる．非分割財の価格を p としよう．非分割財の最初の1単位に対する消費者の留保価格は r_1 であるが，彼が支払うのは p である．したがって最初の1単位の消費から得られる「余剰」は r_1-p である．2単位目の非分割財の留保価格は r_2 だが，消費者が支払うのはやはり p である．そのため，2単位目の消費が生む余剰は r_2-p である．この余剰を n 単位目まで加えると，以下のように総余剰が得られる．

$$CS = r_1 - p + r_2 - p + \cdots + r_n - p = r_1 + \cdots + r_n - np$$

留保価格の和は，n 単位の非分割財の消費から得られる効用にほかならないから，上の式は次のように書ける．

$$CS = v(n) - pn$$

消費者余剰は，さらに別の解釈も可能である．消費者が n 単位の非分割財を買い，pn ドルを支払うとしよう．消費者にこの財の消費を完全にあきらめてもよいと思わせるためには，どれだけの金額が必要だろうか．その金額を R とすれば，R は

$$v(0) + m + R = v(n) + m - pn$$

を満たさなければならない．$v(0) = 0$ と定めたから，上の式は

$$R = v(n) - pn$$

となる．これは消費者余剰にほかならない．このように，消費者余剰は，ある財の消費を完全にあきらめさせるために，消費者に支払わねばならない金額を示しているのである．

14.4　消費者余剰から消費者全体の余剰へ

いままでは単一の消費者について考えてきた．もし複数の消費者を対象にすれば，各消費者の余剰を足し合わせた，**消費者全体の余剰**（consumers' surplus）を作ることができる．消費者余剰と消費者全体の余剰の違いに注意する必要がある．消費者余剰は単一の消費者の余剰を意味し，消費者全体の余剰は，何人かの消費者の余剰の総和である．

消費者余剰が取引から得る個人の利益を測るのと同様に，消費者全体の余剰は，取引から得る各個人の利益を集計した値の測度である．

14.5　需要関数の近似

すでに見たように，非分割財の需要曲線の下側の領域は，この財の消費が生む効用を測っている．これを連続量で消費できる財のケースに拡張するには，連続な需要曲線を階段状のグラフで近似すればよい．連続な需要曲線の下側の領域は，階段状の需要曲線の下側の領域にほぼ等しい．

図**14.2** にその例が示されている．

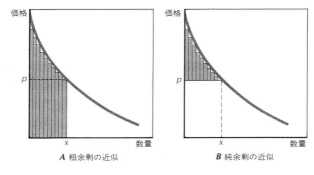

図14.2 連続な需要の近似

14.6 準線形効用

いままでの分析において準線形効用関数が果たす役割を考えることは有益である．一般に，消費者が第1財の購入のために支払ってもよいと考える価格は，彼が他の財への支出にまわす金額に依存する．すなわち，第1財の留保価格は，一般に第2財の消費量に依存するのである．

しかし，準線形効用のケースでは，留保価格は第2財の消費量とは独立になる．経済学者はこのことを，準線形効用には「所得効果がない」という．所得の変化が需要に影響を及ぼさないからである．この事実のおかげで，準線形の場合には効用はきわめて簡単に計算できる．需要曲線の下側の領域で効用を測ることができるのは，正確には効用関数が準線形のときのみである．

しかし多くの場合，需要曲線の下側の領域は良い近似になっている．所得が変化したときに当該の財の需要があまり変化しなければ，所得効果はそれほど大勢に影響せず，したがって消費者余剰の変化は効用の変化の妥当な近似になるのである[1]．

---

[1] もちろん消費者余剰の変化は効用の変化を近似する1つの方法にすぎない．たとえば消費者余剰の平方根も近似になる．しかし，普通は消費者余剰を効用変化の標準的な測度として用いる．

14.7 消費者余剰の変化の解釈

消費者余剰の大きさそのものが問題になるという場合はそう多くない．われわれが一般に関心をもつのは，ある政策の変化により引き起こされる消費者余剰の変化についてである．たとえば，財の価格が p' から p'' へ変化したとしよう．このとき消費者余剰はどのように変わるだろうか？

図14.3 では，価格変化に伴う消費者余剰の変化が描かれている．消費者余剰の変化は，ほぼ三角形をした 2 つの領域の面積の差であるから，台形に近い形になる．これはさらに 2 つの部分に分割できる．つまり，R で示されたボックスと T で示されたほぼ三角形の領域の 2 つである．

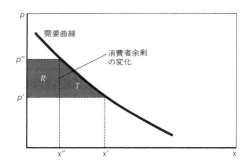

図14.3　消費者余剰の変化

ボックスの部分は，価格変化によって消費者がより高い価格を支払わねばならなくなったことにより生じる余剰の損失を表している．価格が上昇した後も，消費者は x'' だけの財を消費するが，財は 1 単位につき $p''-p'$ だけ価格が高くなっている．したがって，価格が上がる以前と比べると，消費者は x'' 単位の消費のために $(p''-p')x''$ だけ余分の金額を払わねばならない．

しかしこれが失われた余剰のすべてではない．価格が上昇したために，消費者は x 財の消費を減らさねばならない．三角形 T の部分は，x 財の消費の減少分の価値を測っている．したがって，消費者の総損失は，彼が消費し続ける財に，より高い価格を払わねばならないことによる損失 R と，消費を減らしたことによる損失 T の和である．

14.8 補償変分と等価変分

　消費者余剰の理論は，準線形効用の場合にはきわめて明解である．効用が準線形でなくても，多くの応用例において，消費者余剰は消費者の厚生の適切な測度になる．一般には，需要曲線の測定誤差の方が，消費者余剰を近似として用いることの誤差よりも大きい．

　しかし，近似では十分ではないという応用例もある．本節では，消費者余剰を用いずに「効用の変化」を測る方法を説明しよう．この場合，実際は2つの独立した問題が含まれる．第1は，消費者の選択を観察してどのように効用を推定するかという問題である．第2は，効用をいかにして金額で表すかという問題である．

　効用関数の推定についてはすでに触れた．5章で，コブ-ダグラス型効用関数をどのようにして推定するかを見た．コブ-ダグラス型関数の場合には，各財への支出の割合が一定になるから，関数のパラメータを推定するために支出の割合を使うことができた．もし各財への支出の割合が一定でなければ，効用関数はもっと複雑な形になるが，推定方法は基本的には同じである．需要行動を十分に観察でき，しかもその行動が最大化行動と矛盾しなければ，最大にされているその関数を推定することは一般に可能である．

　観察された選択行動を説明する効用関数が推定できれば，それを用いて価格変化が消費に与える効果を測ることができる．最も基礎的な分析では，これで十分である．基礎的な分析では，消費者の選好や消費者の選好をうまく説明できるような効用関数こそが重要なのである．

　しかし，効用を金額で測ると便利な場合もある．たとえば，ある消費者の消費パターンが変化したとき，どれだけの貨幣を彼に与えればそれによる変化分を補償できるかという問題がそれである．これは基本的には効用の変化を測る問題であるが，それを貨幣単位で測らねばならないという問題でもある．便利な測定方法があるだろうか？

　図14.4に描かれた状況を考えよう．ここでは，消費者は最初 $(p_1^*, 1)$ の価格に直面し，(x_1^*, x_2^*) の消費を行っている．そこで第1財の価格が p_1^* から $\hat{p}_1$ へ変化し，消費も $(\hat{x}_1, \hat{x}_2)$ に変化したとする．この価格変化によって，消費者はどれほどの損失を被っただろうか？

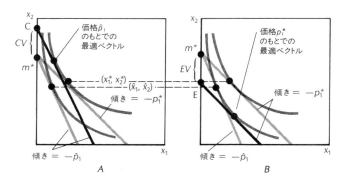

図14.4　補償変分と等価変分

　この問いに答える1つの方法は，消費者を価格変化前と同じ状態にするためには，価格変化後にどれだけの貨幣を彼に与えねばならないかを調べることである．図でいえば，最初の消費点 (x_1^*, x_2^*) を通る無差別曲線に接するためには，新しい予算線をどれだけ上方に移動させねばならないかを調べるのである．消費者を最初の無差別曲線上にとどめるために必要な所得変化は，所得の**補償変分**（compensating variation）と呼ばれる．なぜなら，それは，消費者が直面する価格変化に対し，彼を補償するような所得の変化を示すからである．補償変分は，もし政府が消費者に価格変化に対する補償をするとすれば，どれだけの貨幣を彼に払わねばならないかを表している．

　価格変化の効果を貨幣で測るもう1つの方法は，消費者を価格変化後と同じ状態にするには，どれだけの貨幣を価格変化前に彼から取り上げねばならないかを調べることである．この取り上げるべき金額は所得の**等価変分**（equivalent variation）と呼ばれる．なぜなら，それは，効用の変化で表した価格変化と同等な所得の変化を示すからである．**図14.4B** で，新しい消費点を通る無差別曲線に接するためには，最初の予算線をどれだけ下方へ移動しなければならないかを調べよう．等価変分は，この予算線の移動の程度，すなわち価格変化からまぬがれるために，消費者が最大限犠牲にしてもよいと考える所得の大きさを測っているのである．

　一般に，価格変化をまぬがれるために消費者が払ってもよいと考える金額と，価格変化を補償するために払ってほしいと考える金額は一致しない．いずれにせよ，価格が変われば消費者が1ドルで購入できる財の量は変わるから，彼に

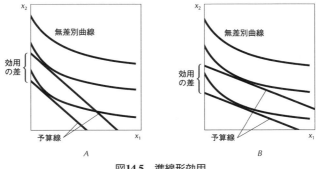

図14.5 準線形効用

とっての1ドルの価値は変化するのである.

　図でいうと，補償変分と等価変分は，2つの無差別曲線が「どれだけ離れているか」を測る2つの異なる方法である．どちらの場合も，2つの無差別曲線の距離はそれぞれの接線の距離で測られる．この距離は一般に両接線の傾き，すなわち予算線の傾きを決める価格に依存する．

　しかし，補償変分と等価変分は，準線形効用のケースでは一致する．この場合には，無差別曲線は互いに平行になり，図14.5で描かれているように，2つの無差別曲線の距離は測り方のいかんにかかわらず同じである．準線形効用の場合には，補償変分，等価変分，そして消費者余剰の変化は，価格変化が消費者の厚生に及ぼす効果をまったく同一の貨幣額で表している．

14.9　生産者余剰

　需要曲線がそれぞれの価格のもとでの需要量を表すのに対し，**供給曲線**（supply curve）はそれぞれの価格のもとでの供給量を表す．需要曲線の下側の領域が財の需要者が享受する余剰を測るのとまったく同様に，供給曲線の上側の領域は財の供給者が享受する余剰を測っている．

　需要曲線の下側の領域を消費者余剰と呼ぶのと同様に，供給曲線の上側の領域は**生産者余剰**（producer's surplus）と呼ばれる．消費者余剰と生産者余剰という用語はいくぶんミスリーディングである．なぜなら，誰が消費し，誰が生産するかは実際上問題ではないからである．その意味ではむしろ「需要者余

剰」と「供給者余剰」と呼ぶ方が適切であるが，伝統にしたがい通常の用語を使うことにする．

ある財の供給曲線が与えられたとしよう．これは，それぞれの価格のもとで供給される財の量を表す．財は，それを保有する個人によって供給されるかもしれないし，それを生産する企業によって供給されるかもしれない．ここでは，伝統的な用語法に敬意を表し，後者の場合を考えよう．生産者の供給曲線が**図14.6**で与えられ，生産者が p^* の価格で x^* だけの財を販売できるとすれば，彼の生産者余剰はどれだけになるだろうか？

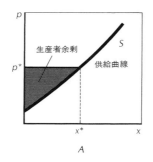 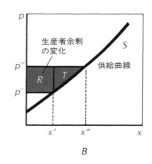

図14.6 生産者余剰

これを分析するには，生産者の逆供給関数 $p_s(x)$ を用いると便利である．この関数は x 単位の財を供給するのに，生産者はどれだけの価格を要求するかを示している．

非分割財の逆供給関数を考えよう．この場合には，生産者は最初の１単位を少なくとも $p_s(1)$ の価格で供給してもよいと考えるのであるが，実際には市場価格 p^* で供給する．同様に，２単位目の財は $p_s(2)$ で供給してもよいと考えるが，実際の価格はやはり p^* である．これを生産者が販売する最後の単位の財に至るまで続けると，その最後の単位では $p_s(x^*) = p^*$，つまり彼が供給してもよいと考える価格と市場価格が一致する．

生産者が x^* 単位の財を供給してもよいと考える最低限の金額と，実際の販売額との差が**生産者余剰**（producer's surplus）または**純生産者余剰**（net producer's surplus）である．それは**図14.6A**のほぼ三角形の部分で示される．

消費者余剰の場合とまったく同様に，価格が p' から p'' に変わったとき，生産者余剰はどれだけ変化するかも調べることができる．一般に，生産者余剰の

変化は 2 つの三角形の差で表され，したがって図14.6B に描かれたように，ほぼ台形の領域になる．消費者余剰と同様に，この領域は，ボックス R とほぼ三角形をした T に分割できる．R は，p' で売っていた財を p'' というより高い価格で売ることから得られる利益を表す．T は，p'' の価格で以前よりも多く売ることから得られる利得を表す．この議論は，消費者余剰の変化の場合と類似している．

このような利得の変化は生産者余剰の増大と通常言われる．しかしそれが，供給曲線をもたらしている企業ではなく，企業を所有する消費者に帰属すると考えれば，消費者余剰の増大とみなすこともできる．このように，生産者余剰は利潤の概念と密接に関係している．しかし，その関係を明らかにするには，企業行動をより詳しく分析するまで待たなければならない．

14.10 便益－費用分析

さまざまな経済政策が採用された場合に生じる便益や費用を計算するため，いままで論じてきた消費者余剰という道具を利用することができる．

たとえば，**価格上限**（price ceiling）という制度のインパクトを検討してみよう．図14.7 に描かれた状況を考察しよう．この市場に何も干渉がない場合，価格は p_0，販売される数量は q_0 となるだろう．

政策当局がこの価格は高すぎると判断し，価格上限を p_c に規制したとしよう．この場合，供給者が供給してもよいと考える量は q_c へと減少し，生産者余剰は図の影をつけた領域（PS）へと減少する．

消費者にとって利用可能な量は q_c だけであるから，誰がそれを得るかが問題となる．

1 つの仮定は，その生産物は最も高い支払意思を有する消費者へ向かうだろうということである．p_e を消費者に q_e の需要を喚起させる価格，つまり**実効価格**（effective price）としよう．p_e 以上の支払意思のある人であれば誰でもその財を得ることができ，その場合の消費者余剰は図の影をつけた領域（CS）となる．

失われた消費者と生産者の余剰は図の真ん中の台形の領域であることに留意しよう．この領域が，競争市場で得られる消費者余剰＋生産者余剰と最高価格が設定された市場で得られる消費者余剰＋生産者余剰との間の差である．

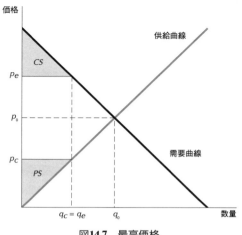

図14.7 最高価格

たいていの場合，利用可能な量 q_c が最も高い支払意思をもった消費者に向かう，という話はあまりにも楽観的すぎると考えられよう．したがって，この台形の領域は最高価格制を採用した場合に生じる消費者余剰＋生産者余剰の減少分の下限であると考えることができる．

割り当て

上で検討した図は，**割り当て**（rationing）がもたらす社会的損失を表すためにも利用される．q_c だけの単位を購入させるため，価格を p_c という最高価格に固定する代わりに，政策当局が割り当てクーポンを発行すると仮定しよう．当該財の1単位を購入するために，消費者は売り手に p_c を支払い，1枚の割り当てクーポンを提出する必要がある．

もしこのクーポンが市場化できるとすると，それは $p_e - p_c$ の価格で売り出されるだろう．つまるところ，購入のための総価格は，販売される財の市場を均衡させる価格，p_e に等しくなるのである．

14.11 利得と損失の計算

もしある財の需要曲線と供給曲線が推定できれば，政府が政策を変更したと

14.11 利得と損失の計算

きの消費者余剰の損失を計算するのは原則的にはむずかしくない。たとえば，政府がある財に対する課税政策を改めたとしよう。それによって価格は変化し，消費者が消費する財の量も変化する。このとき，さまざまな課税政策に対応する消費者余剰を計算することができるから，どの課税政策が消費者の損失を最小にするのかがわかる。

この方法は，さまざまな課税政策を判断するうえで有益な情報を与えるが，2つの欠点がある。第1に，さきに述べたように，消費者余剰の計算が有効なのは，準線形効用関数の場合だけである。準線形効用関数は，所得の変化によって需要が大きく変わらないような財に対しては妥当するが，消費量が所得と密接に関連する財に対して消費者余剰を用いるのは適当ではない。

第2に，この種の損失計算はすべての消費者と生産者を一緒にし，架空の「代表的消費者」が被る政策の「費用」を測定する。しかし，多くの場合，知りたいのは平均的な費用だけではなく，誰がその費用を負担するのかである。政策が成功するか否かは，平均的な利得や損失の大きさよりも，利得や損失の分配に依存することが多いのである。

消費者余剰の計算はむずかしくないが，すでに見たように，補償変分と等価変分の計算もそれほどむずかしくはない。各家計の需要関数が推定できれば（あるいは少なくとも，代表的な家計のサンプルについて需要関数が推定できれば），補償変分あるいは等価変分を用いて，各家計に対する政策の効果を計算できる。政策の変更によって各家計にもたらされる「利得」あるいは「損失」を測定できるのである。

ロンドン・スクール・オブ・エコノミクスのマービン・キングは，「家計データを用いた税制改革の厚生分析」（*Journal of Public Economics*, 21(1983), pp. 183-214）という論文で，イギリスにおける住宅課税の改革を分析するために，上で述べた方法をうまく用いている。

キングはまず，5,895家計の住宅支出を調べ，住宅サービスの購入を説明する需要関数を推定した。次に彼は，この需要関数を用いて，各家計の効用関数を推定した。最後に，この効用関数を利用して，イギリスの住宅に対する課税のある変更が，各家計にどれだけの利得あるいは損失をもたらしたかを計算した。キングが用いた測度は等価変分とほぼ同じである。彼が研究した税制改革は，自己所有住宅への税制上の優遇措置を廃止し，さらに公営住宅の家賃を引き上げるというものであった。この変更によってもたらされた税収は，家計の

所得に比例した移転支出の形で家計に払い戻されることになっていた．

キングは，5,895家計のうち4,888の家計がこの改革で利得を受けることを見い出した．さらに重要なことには，この税制改革でどの家計が大きな損失を被るかも発見したのである．たとえば，最高の所得階層の98パーセントは改革により利得を得るが，最低の所得階層のうち利得を得るのは58パーセントだけであることが示されている．この種の情報は，税制改革において所得分配上の配慮をするときに有用である．

要　　約

1. 財が分割できず，効用関数が準線形であれば，n単位の非分割財の消費から得られる効用は，n個の留保価格の和に等しい．
2. 上記の和はn単位の非分割財の消費から得られる便益を示す．これからその財の購入にあてた金額を引くと，純消費者余剰が得られる．
3. 価格変化にともなう消費者余剰の変化は，ほぼ台形の領域で表される．これは，価格変化にともなう効用の変化を表すとみなすことができる．
4. 一般に，所得の補償変分と等価変分は，価格変化が消費者の効用に与える効果を金額で測ったものとみなすことができる．
5. 効用関数が準線形であれば，補償変分，等価変分，消費者余剰の変化はすべて等しい．効用関数が準線形でない場合でも，消費者余剰の変化は，価格変化が消費者の効用に与える効果をうまく近似していることが多い．
6. 供給行動の場合には，ある量の産出物を生産することによって供給者が得る利得を測るものとして生産者余剰が定義できる．

15章 市場需要

これまでのいくつかの章では個々の消費者の選択をいかにしてモデル化するかを考えてきた．ここでは全体の**市場需要**（market demand）を得るために，個人の選択をいかにして集計するかを考える．市場需要曲線を導出した後で，需要と収入の関係をはじめとする市場需要曲線のいくつかの特徴を検討する．

15.1 個別需要から市場需要へ

第1財および第2財に対する消費者 i の需要関数をそれぞれ $x_i^1(p_1, p_2, m_i)$ と $x_i^2(p_1, p_2, m_i)$ としよう．n 人の消費者がいると仮定すれば，第1財の**市場需要**（market demand）つまり第1財の**集計的需要**（aggregate demand）は，すべての消費者の個別需要を合計したものである．すなわち，

$$X^1(p_1, p_2, m_1, \cdots, m_n) = \sum_{i=1}^{n} x_i^1(p_1, p_2, m_i)$$

である．第2財についても同様の式が成立する．

各財に対する個々人の需要は価格とその人の貨幣所得に依存するので，一般に集計的需要は価格と所得の分配に依存する．しかし集計的需要を，ある「代表的消費者」，すなわちすべての個人の所得の合計にちょうど等しい所得を有している消費者の需要と考えるのが便利なこともある．これが成立するためにはかなり厳しい条件を必要とするが，その問題は本書の程度を越えるので触れずにおく．

この代表的消費者の仮定を採用すれば，集計的需要関数は $X^1(p_1, p_2, M)$ という形をとる．ただし M は個々の消費者の所得の合計である．この仮定のもとでは，経済の集計的需要は，価格 (p_1, p_2) に直面し，所得 M を有するある

個人の需要と同じだと考えることができる．

貨幣所得と第2財の価格を固定すれば，第1財の集計的需要とその価格の関係を 図15.1 のように示すことができる．この曲線が，すべての他財の価格や所得を固定させたもとで描かれていることに注意しよう．他財の価格や所得が変化すれば，この集計的需要曲線は移動するだろう．

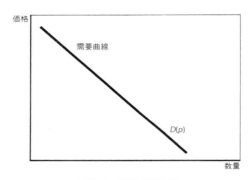

図15.1 市場需要曲線

たとえば，第1財と第2財が代替財であれば，第2財の価格の上昇は，一般に第1財の需要を増加させるだろう．このことは，第2財の価格の上昇が第1財の集計的需要曲線を外側に移動させることを意味する．同様に，第1財と第2財が補完財であれば，第2財の価格の上昇は，第1財の集計的需要曲線を内側に移動させるだろう．

もし第1財がある個人にとって正常財であれば，他の事情を一定にしたもとで，その個人の貨幣所得が増加すると，彼の第1財の需要は増加するだろう．したがって，集計的需要曲線は外側に移動する．代表的消費者モデルを採用し，さらにその代表的消費者にとって第1財が正常財であると仮定すれば，集計的所得を増加させるどのような経済的変化も第1財の需要を増加させることになる．

15.2 逆需要関数

集計的需要曲線は価格の関数として数量を示すとみなすこともできるし，数量の関数として価格を示すとみなすこともできる．後者の観点を強調したいと

き，**逆需要関数**（inverse demand function）$P(X)$ が用いられることがある．この関数は需要される第 1 財の X 単位に対して，どれだけの市場価格が成立しなければならないかを示す．すでに見たように，ある財の価格は，当該の財と他のすべての財の間の限界代替率，すなわち当該財の追加 1 単位に対する需要者の限界支払性向を表している．もしすべての消費者が同一の価格に直面すれば，最適な選択をするとき彼らは同一の限界代替率を有することになる．したがって，逆需要関数 $P(X)$ は，その財を購入しているすべての個人の限界代替率（限界支払性向）を測ると考えられる．

上述した集計手順の幾何学的解釈はきわめて明白である．需要曲線あるいは供給曲線が横に集計されていることに注意しよう．つまり，任意の所与の価格のもとで，横軸で測られた個々人の需要量が集計されるのである．

15.3 非分割財

すでに見てきたように，ある財が分割できない量でのみ利用可能ならば，その財の需要は消費者の留保価格で表される．ここでは，この種の財の市場需要を検討しよう．単純化のため，非分割財は 0 か 1 の単位でしか利用できないとしよう．

この場合，ある消費者の需要は，彼の留保価格，つまり彼が 1 単位を購入してもよいと考える価格で完全に表現される．図15.2 で，2 人の消費者 A，B の需要曲線と，この 2 つの需要曲線を合計した市場需要曲線が描かれている．市場価格が低下すれば，少なくともその価格のもとで財を購入しようとする消費者の数が増えるので，市場需要曲線は「右下がり」にならなければならない．

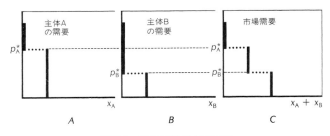

図15.2 非分割財の市場需要

15.4 拡張的限界と集約的限界

前のいくつかの章で，プラスの量の財を消費する消費者の選択問題に専念してきた．価格が変化したとき，消費者はある財または他の財をより多く消費するか，より少なく消費するかを決定するが，彼は常にどの財も消費し続けるのである．経済学者はこのことを**集約的限界**（intensive margin）に基づく調整であるという．

留保価格モデルでは，消費者はある財または他の財の市場に参入するか否かを決定する．これは**拡張的限界**（extensive margin）に基づく調整と呼ばれる．集計的需要曲線の傾きはこの両者がどう決まるかによって影響を受ける．

すでに見たように，集約的限界に基づく調整は正常財について「まともな」方向になされるから，価格が上昇したとき需要量は減少する．拡張的限界に基づく調整も「まともな」方向へ作用する．したがって，集計的需要曲線は一般に右下がりの傾きをもつと考えることができよう．

15.5 弾力性

6章では，需要曲線をその基礎となる消費者選好からいかにして導出するかを検討した．価格や所得の変化に対し需要がどれほど「感応的」であるかを測る測度があればなお興味深い．まず，すぐに思い浮かぶのは，感応性の測度として需要曲線の傾きを利用することである．需要曲線の傾きの定義は，需要量の変化分を価格の変化分で割ったもの，すなわち

$$\text{需要曲線の傾き} = \frac{\Delta q}{\Delta p}$$

である．

なるほど，これは感応性の1つの測度ではあるが，いくつかの問題を有している．最も重要な問題は，その傾きが需要量や価格を測る単位に依存しているということである．もし需要量がクォートではなくガロンで測られるとすれば，需要曲線の傾きは4倍急になる．単位をそのたびに指定するよりは，むしろ単位から解放された感応性の測度を考える方が便利である．そこで，経済学者は，**弾力性**（elasticity）を測度として使用する．

需要の価格弾力性（price elasticity of demand）——本書ではこれを ε という記号で表す——は，需要量の変化率（％）を価格の変化率（％）で割ったものである．10パーセントの価格の上昇は，価格の単位がドルであるかポンドであるかにかかわらず，同じ大きさの上昇率を表す．したがって百分率のタームで変化を測る弾力性の定義は，単位の問題とは独立になるのである．

弾力性の定義は記号を使うと

$$\varepsilon = \frac{\Delta q/q}{\Delta p/p}$$

である．この定義を整理し直すと，次のより一般的な式を得る．

$$\varepsilon = \frac{p}{q}\frac{\Delta q}{\Delta p}$$

つまり，弾力性は需要曲線の傾きに価格と数量の比を掛けたものである．

需要の価格弾力性は一般にマイナスである．需要曲線が通常負の傾きをもっているからである．しかし，いちいちマイナス記号をつけるのはわずらわしいから，−2や−3ではなく2や3で弾力性を表現するのが一般的である．弾力性の絶対値を問題にすることを前提にしたうえで，本書では弾力性の値にマイナスの符号をそのままつけておく．通常はマイナスの符号をつけないことが多いので注意が必要である．

マイナスの符号がもつもう1つの問題は弾力性の大きさを比較するときに生じる．−3の弾力性は−2の弾力性より大きいだろうか，それとも小さいだろうか．代数的には−3は−2より小であるが，経済学者は−3の弾力性をもつ需要は−2のそれよりも「より弾力的」であるということが多い．本書ではこの種のあいまいさを避けるため，絶対値を使い比較する．

15.6 弾力性と需要

もしある財が絶対値で1より大きい需要の弾力性をもてば，それは**弾力的な需要**（elastic demand）をもつという．その弾力性が絶対値で1より小さければ，その財は**非弾力的な需要**（inelastic demand）をもつという．そして，それがちょうど−1に等しい弾力性をもつならば，その財は**弾力性1の需要**（unit elastic demand）をもつという．

弾力的な需要曲線とは，需要が価格にきわめて感応的な需要曲線である．す

なわち，価格が1パーセント上昇すれば需要量は1パーセントより多く減少する．弾力性を需要量の価格に対する感応性と考えれば，弾力的あるいは非弾力的という表現が何を意味するかは容易に理解できよう．

一般にある財の需要の弾力性は，もっぱらその財にどれだけ多くの代替財が存在するかに依存している．赤鉛筆と青鉛筆という極端な例を取り上げよう．すべての人がこれらの財を完全な代替財とみなしていると仮定しよう．これらがともに購入されるとすれば，両者は同じ価格で販売されねばならない．赤鉛筆の価格が上昇し，青鉛筆の価格が不変のとき，赤鉛筆の需要はどうなるだろう．明らかにその需要はゼロになる．つまり，赤鉛筆には完全な代替財が存在しているので，その需要はきわめて弾力的なのである．

ある財に多くの密接な代替財が存在すれば，その需要曲線は当該財の価格変化にきわめて感応的であろう．一方，ある財に対して密接な代替財がほとんど存在しないならば，その財の需要はきわめて非弾力的になる．

15.7 弾力性と収入

収入（revenue）は財の単位当たりの価格にその財の販売量を掛けたものである．財の価格が上昇すれば販売量は減少するから，収入は増加するかもしれないし，減少するかもしれない．それがどの方向に変化するかは，もっぱら価格変化に対し需要がどれだけ感応的であるかに依存する．価格が上昇したとき，需要が大幅に落ち込めば収入は減少し，需要がわずかしか減少しなければ収入は増加するだろう．これは，収入変化の方向が需要の弾力性と関係があることを示している．

実際，需要の価格弾力性と収入変化との間にはきわめて重要な関係がある．収入の定義は

$$R = pq$$

である．価格が $p+\Delta p$，需要量が $q+\Delta q$ へ変化すると，新しい収入について

$$R' = (p+\Delta p)(q+\Delta q)$$
$$= pq + q\Delta p + p\Delta q + \Delta p \Delta q$$

が得られる．R' から R を差し引くと，

15.7 弾力性と収入

$$\Delta R = q\Delta p + p\Delta q + \Delta p \Delta q$$

となる．Δp と Δq が十分小さな値であれば，最後の項は無視してよい．したがって，収入変化の式は

$$\Delta R = q\Delta p + p\Delta q$$

となる．つまり，収入の変化はおおむね，数量と価格変化の積に価格と数量変化の積を加えたものに等しい．もし価格変化と収入の変化の比を示したければ，この式を Δp で割ればよい．その結果，次式が成立する．

$$\frac{\Delta R}{\Delta p} = q + p\frac{\Delta q}{\Delta p}$$

以上のことを図示すると，**図15.3** のようになる．収入はボックスの領域，価格 (p) ×数量 (q) で示される．価格が上昇したとき，その上部の四角形の領域 $(q\Delta p)$ を加え，さらにボックスのわきの四角形の領域 $(p\Delta q)$ を差し引く．p の変化が十分小さければ，これがまさに上で与えた収入変化の式にほかならない．（残りの部分 $\Delta p \Delta q$ はボックスのコーナーの小さい四角形であり，$q\Delta p$ や $p\Delta q$ と比べきわめて小さい．）

これら2つの効果の結果がプラスになるのはどのようなときだろうか？ すなわち，どんな場合に不等式

$$\frac{\Delta R}{\Delta p} = p\frac{\Delta q}{\Delta p} + q(p) > 0$$

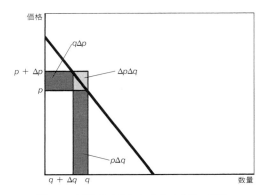

図15.3 価格が変化したときの収入の変化

が満たされるだろうか？　これを整理し直すと，

$$\frac{p}{q}\frac{\Delta q}{\Delta p}>-1$$

となる．この式の左辺は，マイナスの値をとる弾力性 $\varepsilon(p)$ である．両辺に -1 を掛けると，不等号が逆向きになって，次式を得る．

$$|\varepsilon(p)|<1$$

したがって価格が上昇したとき，もし需要の弾力性が絶対値で1より小さければ，収入は増加する．逆に需要の弾力性が絶対値で1より大きければ，収入は減少する．

以上のことを見るための第2の方法は，さきのように収入変化を

$$\Delta R = p\Delta q + q\Delta p > 0$$

と書くことである．これを整理し直せば

$$-\frac{p}{q}\frac{\Delta q}{\Delta p}=|\varepsilon(p)|<1$$

を得る．

さらに第3の方法は，$\Delta R/\Delta p$ を表す式を次のように整理し直すことである．

$$\begin{aligned}\frac{\Delta R}{\Delta p}&=q+p\frac{\Delta q}{\Delta p}\\&=q\left[1+\frac{p}{q}\frac{\Delta q}{\Delta p}\right]\\&=q[1+\varepsilon(p)]\end{aligned}$$

需要の弾力性は通常マイナスだから，この式を

$$\frac{\Delta R}{\Delta p}=q[1-|\varepsilon(p)|]$$

と書くこともできる．この式を用いて，価格変化に収入がどのように反応するかをみるのは容易である．もし弾力性の絶対値が1より大きければ，$\Delta R/\Delta p$ はマイナスでなければならない．逆は逆である．

これらの数学的事実を直観的に憶えるのはむずかしくない．もし需要が価格に対しきわめて感応的，すなわちきわめて弾力的であれば，価格の上昇は収入の低下をもたらすほど需要を減少させる．逆に，もし需要が価格にきわめて非

感応的, すなわちきわめて非弾力的であれば, 価格の上昇は需要をたいして変化させないから, 結果的に収入は増加する. 分岐点は弾力性が−1のときである. この点では価格が1パーセントだけ上昇すれば, 需要は1パーセントだけ減少する. したがって, 収入そのものは少しも変化しないのである.

15.8 弾力性一定の需要

　需要の弾力性が一定になるのは, どのような需要曲線だろうか. 線形需要曲線の場合, 需要の弾力性はゼロから無限大まで動くから, 弾力性は一定ではない.

　1つの例を得るため, 上で述べた収入変化の式を利用できる. さきに見たように, 価格 p のもとで弾力性が−1なら, 価格がわずかだけ変化しても収入は変化しない. したがって, どのような価格のもとでも価格変化に対して収入が一定にとどまるならば, どの点においても−1の弾力性をもつ需要曲線が存在しなければならない.

　この需要曲線を見い出すことは容易である. つまり,

$$pq = \bar{R}$$

と表される価格と数量の関係を求めればよい. この式は

$$q = \frac{\bar{R}}{p}$$

と書ける. これが常に−1の弾力性をもつ需要曲線の式である. 関数 $q=\bar{R}/p$ のグラフは **図15.4** で与えられる. 価格と数量の積が需要曲線にそって常に一定であることに注意しよう.

　一定の弾力性 ε をもつ需要曲線の一般的公式は,

$$q = Ap^{\varepsilon}$$

である. ここで A は任意のプラスの定数, ε (弾力性) は通常マイナスの値をとる定数である. この公式は後に述べるいくつかの例で有用となる.

　一定の弾力性をもつ需要曲線を表現する便利な方法は, 上の式の両辺の対数をとり,

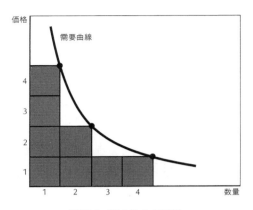

図15.4 弾力性 1 の需要

$$\ln q = \ln A + \varepsilon \ln p$$

と書くことである．この式では，q の対数は p の対数の線形関数となっている．

15.9 弾力性と限界収入

15.7 節では，財の価格が変化するとき収入はどのように変化するかを検討したが，財の数量が変化するとき収入はどのように変化するかを考えることも興味深い．これは，企業の生産の決定を考察するときに特に有用となる．

さきに見たように，価格と数量がわずかだけ変化する場合，収入の変化は次式で与えられる．

$$\Delta R = p \Delta q + q \Delta p$$

この式の両辺を Δq で割ると，**限界収入**（marginal revenue）の式，

$$MR = \frac{\Delta R}{\Delta q} = p + q \frac{\Delta p}{\Delta q}$$

を得る．

この式は次のように書き換えられることに注意しよう．

$$\frac{\Delta R}{\Delta q} = p \left[1 + \frac{q}{p} \frac{\Delta p}{\Delta q} \right]$$

カッコ内の第 2 項は弾力性ではないが，それと密接に関連している．実は，この第 2 項は弾力性の逆数

$$\frac{1}{\varepsilon}=\frac{1}{\frac{p}{q}\frac{\Delta q}{\Delta p}}=\frac{q}{p}\frac{\Delta p}{\Delta q}$$

である．したがって，限界収入についての式は

$$\frac{\Delta R}{\Delta q}=p(q)\left[1+\frac{1}{\varepsilon(q)}\right]$$

となる．（ここで $p(q)$, $\varepsilon(q)$ と書いたのは，価格，弾力性がともに産出水準に依存するということを思い起こしたいからである．）

弾力性がマイナスの数であるという事実のために混乱が生じるとき，上の式を，

$$\frac{\Delta R}{\Delta q}=p(q)\left[1-\frac{1}{|\varepsilon(q)|}\right]$$

と書くことがある．

この式は，もし需要の弾力性が -1 ならば限界収入はゼロ，つまり産出量が増加したとき収入は変化しないことを意味する．もし需要が非弾力的ならば，$|\varepsilon|$ は 1 より小さくなり，$1/|\varepsilon|$ が 1 より大きいことを意味する．したがって，$1-1/|\varepsilon|$ はマイナスとなり，収入は産出量が増加したとき減少する．

このことは次のようにして直観的に理解できる．もし需要が価格に対してそれほど感応的でないならば，産出量を増加させるためにはかなりの価格引き下げを行わなければならない．そのため，収入は低下する．以上の議論はわれわれがすでに考えたこと——価格が変化したとき収入はどのように変化するかということ——と完全に整合的である．なぜなら，数量の増加は価格の下落を意味し，逆もまた同様だからである．

15.10 限界収入曲線

前節で見たように，限界収入は

$$\frac{\Delta R}{\Delta q}=p(q)+\frac{\Delta p(q)}{\Delta q}q$$

あるいは，

$$\frac{\Delta R}{\Delta q} = p(q)\left[1 - \frac{1}{|\varepsilon(q)|}\right]$$

で与えられる．

後で明らかになるように，限界収入曲線を描くと役に立つことが多い．まず，数量がゼロのとき，限界収入はちょうど価格に等しいことに注意しよう．販売される財の最初の1単位について得られる追加的収入はちょうど価格に等しい．しかしそれ以後は，$\Delta p/\Delta q$ がマイナスとなるので限界収入は価格より低くなる．

これを示すため次のことを考えよう．もし産出物をさらにもう1単位販売する決定がなされると，価格は低下しなければならない．しかしこの価格低下は，すでに販売している産出物のすべての単位から得られる収入を減少させることになる．したがって追加的収入は，そのもとで追加的単位を販売する価格より低くなる．

線形の（逆）需要曲線という特別なケース，すなわち，

$$p(q) = a - bq$$

のケースを考えよう．この曲線の傾きが一定であることは，

$$\frac{\Delta p}{\Delta q} = -b$$

であることから明らかである．したがって，限界収入の式は，

$$\begin{aligned}\frac{\Delta R}{\Delta q} &= p(q) + \frac{\Delta p(q)}{\Delta q} q \\ &= p(q) - bq \\ &= a - bq - bq \\ &= a - 2bq\end{aligned}$$

となる．この MR（限界収入）曲線は **図15.5A** で示されている．限界収入曲線は需要曲線と同じ縦軸との切片をもつが，傾きは需要曲線の2倍である．$q > a/2b$ のとき，限界収入はマイナスになる．弾力性が -1 に等しくなるのは $q = a/2b$ のときである．それより多い数量では需要は非弾力的となるが，これは限界収入がマイナスとなることを意味する．

弾力性一定の需要曲線も特殊な限界収入曲線を与える．もし需要の弾力性が $\varepsilon(q) = \varepsilon$ という一定値であれば，限界収入曲線は

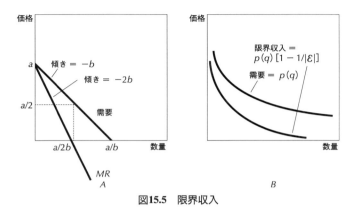

図15.5 限界収入

$$MR = p(q)\left[1 - \frac{1}{|\varepsilon|}\right]$$

となる．カッコ内の項は一定であるから，限界収入曲線と逆需要曲線の比は一定になる．$|\varepsilon|=1$ のとき，限界収入は常にゼロである．$|\varepsilon|>1$ のときには，図15.5Bに示されているように，限界収入曲線は逆需要曲線の下方にある．$|\varepsilon|<1$ のときには，限界収入はマイナスになる．

15.11 所得弾力性

需要の価格弾力性は，次の式で定義されていたことを思い起こそう．

$$需要の価格弾力性 = \frac{需要量の変化率（\%）}{価格の変化率（\%）}$$

この式は，需要量が価格の変化にいかに反応するかについて，需要量や価格の単位とは独立な尺度を与える．

需要の所得弾力性（income elasticity of demand）は，需要量が所得の変化にいかに反応するかを表すために使用され，

$$需要の所得弾力性 = \frac{需要量の変化率（\%）}{所得の変化率（\%）}$$

と定義される．

所得が増加すれば，需要量を増加させるような財，つまり**正常財**（normal goods）の場合には，需要の所得弾力性は正である．一方，所得が増加すれば，

需要量を減少させるような財，つまり劣等財の場合には，需要の所得弾力性は負となる．経済学者はときとして**奢侈品**（luxury goods）という言葉を使う．これは，需要の所得弾力性が1より大きな財，つまり，1パーセントの所得増が，1パーセントより多くの需要増をもたらす財である．

しかし，おおざっぱに言って所得弾力性は1に近い値をとるようになる．このことは家計の予算制約を検討することで得られる．所得レベルの異なる2つの予算制約を次の2つの式で表現しよう．

$$p_1 x_1' + p_2 x_2' = m'$$
$$p_1 x_1^0 + p_2 x_2^0 = m^0$$

第1式から第2式を引き，需要量や所得の差を，いままでのように Δ で表せば，

$$p_1 \Delta x_1 + p_2 \Delta x_2 = \Delta m$$

が得られる．左辺第1項に x_1/x_1 を，第2項に x_2/x_2 を掛け，両辺を m で割ると，

$$\frac{p_1 x_1}{m} \frac{\Delta x_1}{x_1} + \frac{p_2 x_2}{m} \frac{\Delta x_2}{x_2} = \frac{\Delta m}{m}$$

となる．さらに，両辺を $\Delta m/m$ で割り，財 i への**支出シェア**（expenditure share）である $p_i x_i / m$ を s_i で表せば，最終的に次式が得られる．

$$s_1 \frac{\Delta x_1/x_1}{\Delta m/m} + s_2 \frac{\Delta x_2/x_2}{\Delta m/m} = 1$$

この式は需要の所得弾力性の加重平均が1に等しいことを主張している．ちなみにこの場合のウエイトは支出シェアである．所得弾力性が1より大きい奢侈品は，所得弾力性が1より小さい財によって埋め合わされなければならない．したがって，平均して，所得弾力性は1となるのである．

要　　約

1. 市場需要曲線は，単に個別需要曲線を集計したものである．
2. 留保価格は，消費者がある財を購入するか，または購入しないかについてちょうど無差別となる価格を表す．

3. 需要関数は価格の関数としての需要量を測り，逆需要関数は数量の関数としての価格を測る．所与の需要曲線はいずれの方法でも示すことができる．
4. 需要の価格弾力性は，価格に対する需要量の感応性を測るものである．形式的には，数量の変化率（％）を価格の変化率（％）で割ったものとして定義される．
5. ある点で需要の価格弾力性の絶対値が1より小さければ，その点で需要は非弾力的であるという．ある点で弾力性の絶対値が1より大きければ，需要はその点で弾力的であるという．ある点で弾力性の絶対値がちょうど1に等しいならば，需要はその点で1の弾力性をもつという．
6. ある点で需要が非弾力的であれば，数量の増加は収入の低下をもたらす．需要が弾力的ならば，数量の増加は収入の増大をもたらす．
7. 限界収入は販売量を増すことによって得られる追加的収入のことである．限界収入と弾力性を結びつける公式は，$MR = p[1+1/\varepsilon] = p[1-1/|\varepsilon|]$ である．
8. 逆需要曲線が線形関数 $p(q) = a - bq$ で表されると，限界収入は，$MR = a - 2bq$ によって与えられる．
9. 需要の所得弾力性は所得に対する需要の感応性を測るものである．形式的には，需要量の変化率（％）を所得の変化率（％）で割ったものとして定義される．

16章 均　　衡

　これまでは選好と価格という情報を利用して個別需要曲線の組み立て方を見てきた．15章では，こうして得られた個別需要曲線をすべて加えることによって市場需要曲線を導出した．本章では，市場需要曲線から均衡市場価格がいかに決定されるかを検討しよう．

　1章で検討したように，ミクロ経済分析には2つの基本的な原理——最適化原理と均衡原理——がある．これまでは最適化原理の例——たとえば，人々が予算集合から消費について最適選択をするという仮定を立て，それから何が導き出されるか——を見てきた．後の数章でこの最適化原理を引き続き利用して企業の利潤最大化行動を学ぶ．最後に，消費者行動と企業行動を結びつけ，市場における両者の相互作用の結果，実現する均衡状態を検討する．

　しかし，それに先立ちこの段階で均衡分析についていくつか例をあげて検討することは意義がある．たとえば，経済主体のそれぞれの需要と供給に関する意思決定を両立可能にする価格の調整機能を理解することは重要である．そのためには，市場のもう1つの側面である供給側を大筋だけでも眺めておく必要がある．

16.1 供　　給

　すでに供給曲線の例をいくつか見てきた．1章のアパートの例では垂直な供給曲線を学んだ．9章では，消費者がどのような状態で所有する財について純供給者になるのか，あるいは純需要者になるのかを検討し，労働供給の決定についても吟味した．

　これらの例すべてにおいて，供給曲線は経済主体が市場価格のそれぞれの水

準に対応して財をいくら供給するかを示す．事実，これは供給曲線の定義であり，各価格 p に対する財の供給 $S(p)$ を表している．続く数章で企業の供給行動を取り扱う．供給曲線と需要曲線の両曲線は最適化行動から説明されるが，多くの場合，必ずしもその詳細を知る必要はない．当面，価格と数量との間に関数関係があるという事実を知っておけば十分である．

16.2 市場均衡

いまある財について多くの消費者がいると想定しよう．その消費者個々の個別需要曲線が与えられれば，それを加え合わせることによって市場需要曲線を得ることができる．同様に，この財について独立の多くの供給者がいれば，個々の供給曲線を加え合わせることによって**市場供給曲線**（market supply curve）を得ることができる．

個々の需要者と供給者は価格を所与のもの——すなわちコントロールできないもの——として行動すると仮定する．この仮定のもとでは，市場価格が与えられれば，各経済主体は単に最適化の行動をとると考えればよい．各経済主体が市場価格をコントロールできないと考えて行動する市場を**競争市場**（competitive market）という．

通常，競争市場の仮定は次の理由によって正当化される．すなわち，各消費者あるいは生産者は市場全体から見るとごく一部であり，その結果，市場価格への影響力はほとんどなく，無視できる．たとえば，各々の麦の供給者は麦をいくら生産し，市場にいくら供給するかを決定する際，市場価格を通常は独立のものとして考える．

競争市場では市場価格は個々の経済主体の行動と独立であるが，すべての経済主体の行動は全体として市場価格を決定する．ある財の**均衡価格**（equilibrium price）はその財の供給がその需要に等しいときの価格である．図で示せば，需要曲線と供給曲線が互いに交わるときの価格といえる．

いま需要曲線を $D(p)$，供給曲線を $S(p)$ で示せば，均衡価格は次の式を満たす価格 p^* である．

$$D(p^*) = S(p^*)$$

この式の解 p^* は市場需要と市場供給が等しいときの価格である．

なぜこれが均衡価格なのだろう．経済的均衡は，すべての経済主体が自分自身の可能な行動のうち最も良いものを選び，しかも各経済主体の行動は他の経済主体の行動と矛盾しない状態である．均衡価格以外の価格では，いく人かの経済主体の行動は実現不可能であり，彼らは行動を変えなければならない．したがって，価格が均衡価格ではないとき，その価格をそのまま維持することができない．というのは，少なくとも数人の経済主体の行動を変更させる誘因があるからである．

需要曲線と供給曲線はそれぞれ関連する経済主体の最適選択を示しており，ある価格 p^* で需給が一致することは需要者と供給者の行動が両立することを示す．需要と供給が一致する価格以外の価格では，両者の行動は両立しない．

たとえば，ある価格 $p'(<p^*)$ で需要が供給を上回っていると想定しよう．そのとき財を手に入れられなくて失望している需要者がいる．この需要者にいく人かの供給者は現行価格 p' よりも高い価格で販売できることに気づく．このことに気づく供給者が多くなるにつれて，市場価格は需要と供給が等しい点まで押し上げられることになる．

同様に，$p' > p^*$ であれば，すなわち需要が供給を下回っていれば，いく人かの供給者は販売したいと思っている量を販売することができない．販売量を増やすことができる唯一の方法は，現行価格よりも低い価格で販売を申し出ることである．しかし，すべての供給者が同じ財を売っており，いく人かの供給者が現行価格よりも低い価格を申し出れば，他の供給者もその価格に合わさるをえない．したがって，超過供給は市場価格に下落の圧力を加える．人々がある所与の価格で買いたいと思う量が，人々がその価格で売りたいと思う量に等しいときにのみ，市場は均衡している．

16.3　2つの特殊ケース

問題点を明確にする特殊なケースが2つある．まず第1に固定供給のケースである．すなわち，供給量がある所与の値であり，価格と独立なケースである．このとき供給曲線は垂直となる．この場合，均衡数量は供給条件によって完全に決定され，均衡価格は需要条件によって完全に決定される．

もう1つのケースは逆に供給曲線が完全に水平なケースである．ある産業が完全に水平な供給曲線を示す場合，その産業はある所与の価格で需要される量

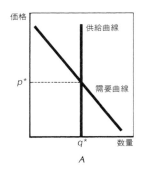 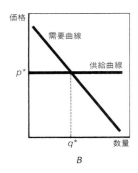

図16.1 均衡の特殊なケース

を常に供給する．この状態では均衡価格は供給条件によって決定され，均衡数量は需要曲線によって決定される．

この2つのケースは図16.1に示されている．これら2つの特殊なケースでは，価格と数量は別々に決定される．しかし，一般的な場合，均衡価格と均衡数量は需要曲線と供給曲線双方の関係によって決定される．

16.4 逆需要曲線と逆供給曲線

市場均衡を通常とは異なった方法で検討することもできる．最初に示したように，通常，個別需要曲線は最適需要量を価格の関数として表す．しかし，同じことを逆需要関数で表すこともできる．逆需要関数を，ある財のある所与の量を得るために人が支払ってもよいと考える価格として表現する．同じことが供給曲線についてもいえる．通常，供給曲線は供給量を価格の関数として描く．しかし，供給曲線をある所与の供給量を喚起するに十分な価格とみなすこともできる．

前と同じ方法で個別需要・供給両曲線からそれぞれに対応した市場需要・供給両曲線を得ることができる．逆需要・逆供給両関数を用いた均衡価格の決定について見てみよう．いま，消費者がある量を購入したいと思っているとき，その量を購入するのに支払ってもよいと考える価格を需要価格とする．さらに，供給者がある量を販売したいと思っているとき，その量の供給に値する価格を供給価格とする．均衡価格は需要価格と供給価格が互いに等しくなる需給量を

見つけることによって決定される．

したがって，$P_S(q)$ を逆供給曲線，$P_D(q)$ を逆需要曲線とすれば，均衡は次の条件によって決まる．

$$P_S(q^*) = P_D(q^*)$$

16.5 比較静学

前節では，需要と供給が等しいという条件（あるいは需要価格が供給価格に等しいという条件）を利用することによって均衡を見い出した．次に，需要と供給の両曲線が変化するとき，均衡がどのように変化するかを検討しよう．たとえば，需要曲線が右に平行移動したとき——各々の価格で需要量がある一定量だけ増加したとき——，均衡価格と均衡数量がともに上昇しなければならないことを容易に確認できる．逆に，供給曲線が右に移動すれば，均衡数量は増加するが，均衡価格は下落しなければならない．

両曲線がともに右に移動したとすれば，何が起こるだろう．数量は必ず増加するが，価格の変化は不確定であり，上昇する場合もあるし，下落する場合もある．

16.6 税

課税前と課税後の市場を比較することは，経済政策の観点からも非常に興味あるばかりではなく，比較静学の観点からも格好の例題となる．それがいかになされるかを以下で見てみよう．

税が市場に導入されたとき，重要なことは2つの異なった価格——需要者が支払う価格と供給者が得る価格——が生じることである．これら2つの価格——需要価格と供給価格——には税額の差がある．

税にはいくつかの異なったタイプがある．ここで考察する例は**従量税**（quantity taxes）と**従価税**（value taxes；ad valorem taxes）の2つである．

従量税は売買の1単位当たりに課される税である．この具体例としてガソリン税がある．ガソリン税はガロン当たりおおよそ12セントである．需要者がガソリン1ガロン当たり $P_D = \$1.50$ を支払えば，供給者は1ガロン当たり $P_S =$

$1.50-\$0.12=\$1.38$ の収入がある．一般に，販売量1単位当たりの従量税を t とすれば，供給価格と需要価格の両者の関係は

$$P_D = P_S + t$$

となる．

　従価税はパーセント表示される税である．従価税の最も身近な例は州の売上税である．もしある州が5パーセントの売上税を課していれば，何か買ったとき（税込みで）1.05ドルを支払えば，供給者は1.00ドルを得る．一般に，税率が τ のとき，供給価格と需要価格の両者の関係は

$$P_D = (1+\tau)P_S$$

で示される．

　従量税が課されていると市場で何が起こるかを考えてみよう．まず，ガソリン税のケースのように供給者が税を支払わなければならないと想定しよう．供給量は供給価格——供給者が税の支払い後に実際に手に入れる額——に依存し，需要量は需要価格——需要者が支払う額——に依存する．供給者が得る額は需要者が支払う額から税額を差し引いた額となる．これらから次の2つの式を得る．

$$D(P_D) = S(P_S)$$
$$P_S = P_D - t$$

第2式を第1式に代入すれば，均衡条件が得られる．すなわち，

$$D(P_D) = S(P_D - t)$$

　またもう1つの方法として第2式を変形し，$P_D = P_S + t$ を得ることができる．これを第1式に代入すれば，均衡条件

$$D(P_S + t) = S(P_S)$$

が得られる．どちらの方法も同じ結果を生むが，どちらを利用するかは便宜的なものである．

　次に，供給者ではなく需要者が税を支払わねばならないと想定しよう．その場合，需要者が支払う額から税を差し引けば供給者の得る価格に等しい．すな

わち，
$$P_D - t = P_S$$
である．これを均衡条件に代入すれば，
$$D(P_D) = S(P_D - t)$$
を得ることができる．

このように，供給者が税を支払う場合と同じ結果が得られる．均衡価格に関するかぎり，誰が税を支払うかは問題ではない．問題なのは誰かによって税が支払われなければならないということだけである．

この結論はそれほど不思議なものではない．ガソリン税を考えてみよう．ガソリンは税を表示価格に含んで販売されている．しかし，価格が課税前価格として表示されていれば，ガソリン税は需要者によって支払われる別項目として加えられるが，それによってガソリン需要量が変化することはないだろう．結局，税がどちらの方法で課税されたとしても消費者の支払う最終価格は同一である．消費者が購入する財の純費用を知っているかぎり，税がどの方法で課税されても問題ではなく，結果は同じになる．

逆需要関数と逆供給関数を利用すれば，これをもっと簡単に説明することができる．均衡数量 q^* は q^* のときの需要価格から支払税額を差し引いたものが q^* のときの供給価格にちょうど等しくなる数量である．記号で示せば，次のようになる．
$$P_D(q^*) - t = P_S(q^*)$$

税が供給者に課される場合，均衡条件を，供給価格に税額を加えたものが需要価格に等しいというものに変えればよい．すなわち，均衡条件は
$$P_D(q^*) = P_S(q^*) + t$$
となる．

もちろん，これら2つの式は同じ均衡価格と均衡数量をもたらさなければならない．

最後に，図によってこれを見てみよう．上述した逆需要関数と逆供給関数を利用すれば容易に確かめることができる．曲線 $P_D(q) - t$ と曲線 $P_S(q)$ が交

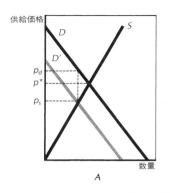
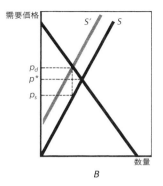

図16.2 課税の効果

差する数量を見つけるためには，図16.2 に見られるように，需要曲線を t だけ下方に移動し，移動した需要曲線が供給曲線と交わる点を見ればよい．もう1つの方法として $P_D(q)$ と $P_S(q)+t$ が等しいときの数量を求めることができる．この方法は単に供給曲線を課税額だけ上方に移動させればよい．どちらの方法によっても同じ均衡数量が得られる．

図16.2 から税の質的効果を容易に見ることができる．数量は減少し，需要者によって支払われる価格は上昇し，逆に供給者が受け取る価格は下落しなければならない．

図16.3 は課税の影響を別の方法で示している．この市場の均衡の定義を思い

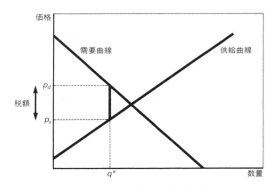

図16.3 課税の影響を測定する方法

起こせば，供給者が価格 p_s に直面し，需要者が価格 $p_d=p_s+t$ に直面しているとき，均衡数量 q^* は需要者によって需要され，供給者によって供給される．そのような均衡数量 q^* は次のようにして求められる．いま税額 t を垂直線によって表す．これを供給曲線に沿って需要曲線にちょうど接するまで移動する．このとき得られるものが均衡数量である．

16.7 税の転嫁

　生産者への課税は，企業が消費者に税を転嫁するから利潤に影響を与えないとよくいわれる．上で見てきたように，税は企業や消費者にかかると考えるべきではない．むしろ，税は企業と消費者の間の取引にかかるのである．一般に，税は消費者が支払わなければならない価格を引き上げ，企業が受け取る価格を引き下げる．したがって，税のうちいくらが転嫁されるかは，需要と供給のそれぞれの特性に依存する．

　これは極端な2つのケース——完全に水平な供給曲線と完全に垂直な供給曲線——を考えれば容易に理解することができる．これらは**完全に弾力的**（perfectly elastic）なケースと**完全に非弾力的**（perfectly inelastic）なケースとして知られている．

　本章のはじめで検討したように，ある産業の供給曲線が水平であれば，所与の価格でその産業は望むだけの量を供給し，それよりも低い価格では供給量はゼロとなる．この場合，価格は完全に供給曲線によって決定され，販売量は需要によって決定される．もしある産業の供給曲線が垂直であれば，供給量は固定されている．その財の均衡価格は完全に需要によって決定される．

　供給曲線が完全に弾力的な市場における課税の影響を考えてみよう．上で見たように，課税は供給曲線を **図16.4A** のようにちょうど税額だけ上方に移動させる．

　この完全に弾力的な供給曲線の場合，消費者に請求する価格はまさに税額だけ上昇し，供給価格は課税前とまったく同じである．すなわち，需要者は税を全額支払うことになる．この意味を理解するのは困難ではない．水平な供給曲線の場合，産業がある特定の価格 p^* では財をいくらでも供給し，それより低い価格では供給量がゼロになる．したがって，その財が均衡点で販売されるならば，供給者はその販売で価格 p^* を受け取らなければならない．これは均衡

16.7 税の転嫁

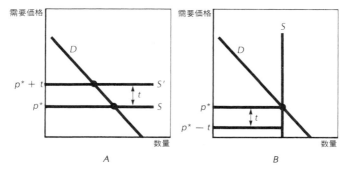

図16.4 課税の特殊なケース

供給価格を事実上決定し，需要価格は p^*+t となる．

逆のケースが**図16.4B** に描かれている．供給曲線が垂直であれば，「供給曲線を上方に移動」したとしても図には何の変化も起こらない．課税されようとされまいと供給される量に変化はない．この場合，財の均衡価格を決定するのは需要者であり，課税されようとされまいと財の供給に対してある額 p^* を支払う．したがって，需要者は p^* を支払い，供給者は p^*-t を受け取ることになる．すなわち，税の全額が供給者によって支払われる．

このケースは逆説のように見えるが，そうではない．課税されるときもし供給者が価格を引き上げることができ，固定供給量を完全に売ることができるなら，彼らは課税前に価格を引き上げ，より多く稼いでいたにちがいない．需要曲線が変化しないとき，価格が上昇する唯一の方法は供給が減少することである．もし政策が供給あるいは需要に変化を与えないとすれば，価格に影響を与

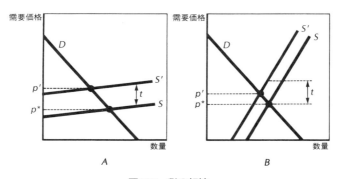

図16.5 税の転嫁

えることも決してできない．

特殊なケースを理解できたので，供給曲線が右上がりで，完全に垂直ではない中間的なケースを吟味しよう．この場合，転嫁される税額は供給曲線と需要曲線の相対的な傾き加減に依存する．供給曲線が水平に近いほど，転嫁される税額は大きくなる．一方，供給曲線が垂直に近いほど，転嫁される税額は小さくなる．それらの例が図16.5に示されている．

16.8 税のデッドウエイト・ロス

課税の典型的な効果は需要者の支払価格を上昇させ，供給者の受取価格を下落させる．これは確かに需要者と供給者にとって費用となるが，経済学の観点から見ると，税の本当の費用は課税によって失われる産出である．

課税によって失われる産出は税の社会的費用である．**14**章で展開した消費者余剰と生産者余剰の概念を利用して税の社会的費用を検討してみよう．**図16.6** には税 t を課した後の均衡需要価格と供給価格が描かれている．

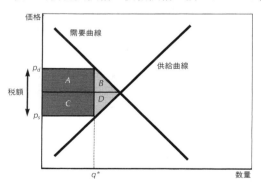

図16.6　税のデッドウエイト・ロス

課税によって減少させられた産出，すなわち，社会的損失を評価するのに消費者余剰と生産者余剰の概念を利用することができる．消費者余剰の損失は領域 $A+B$ で示され，生産者余剰の損失は領域 $C+D$ で示される．これらは**14**章で吟味したものと同じ種類の損失である．

税の社会的費用をすでに示したので，そのまま領域 $A+B$ と $C+D$ を互いに加え合わせて問題の財の消費者と生産者について損なわれる総損失を求める

ことができるように思われるが，もう1つの関係者，すなわち政府が残っている．

　政府は税収入を得ている．もちろん，この税収入を財源として提供される政府サービスを受益する消費者も税の恩恵を受けている．どのくらい恩恵を受けるかは税が何に使われるかを知るまで明確なことはいえない．

　ここで税収入はちょうどその額だけ消費者と生産者に還元されると仮定しよう．あるいは同じことだが，政府によって提供されるサービスの価値額はちょうど政府の税収入に等しい，したがって受益者の恩恵に等しいと仮定しよう．

　政府の純収入は領域 $A+C$――税からの総収入――である．生産者と消費者の両余剰の損失は純費用であり，政府の税収入は純収入であるから，税の純費用は3者の領域の代数的合計である．すなわち，消費者余剰の損失 $-(A+B)$，生産者余剰の損失 $-(C+D)$，と政府の収入 $+(A+C)$ を合計したものである．

　それらを合計して得られる純結果は領域 $-(B+D)$ である．この領域は税の**デッドウエイト・ロス**（deadweight loss）あるいは税の**超過負担**（excess burden）として知られている．

　消費者余剰の損失をどう解釈したかを思い出そう．消費者余剰の損失は，消費者が税を避けるために支払ってもよいと考える金額に対応する．この図によると，消費者は税を回避するために $A+B$ だけ支払ってもよいと考える．同様に，生産者は税回避のために $C+D$ だけ支払ってもよいと考える．両者で税回避のために $A+B+C+D$ だけ支払ってよいと考える．しかし，税収は $A+C$ ドルである．それゆえ税の超過負担は $B+D$ である．

　この超過負担の源泉は，基本的には財の販売減少によって消費者と生産者が失う損失である．売れないものに課税するわけにはいかないので[1]，政府は財の販売減少分については税収を得ることができない．社会的観点からはそれは純粋の損失であり，デッドウエイト・ロスといわれる．

　デッドウエイト・ロスは，失われる産出の社会的価値を測定することによって直接導出できる．以前の均衡から左に移動した場合，失われた最初の1単位について見ると，誰かがそれに支払ってもよいと考える価格が，誰かが販売し

---

[1] 少なくとも政府は現在のところ課税する方法を見つけていない．しかし，現実にそれは発生している．

てもよいと考える価格にほぼ等しい．この単位は均衡から外れて販売された最初の限界単位であるから社会的損失はほとんどない．

さらにもう少し左に移動させてみよう．需要価格は誰かがその財を受け取るとき支払ってもよいと考える価格を示し，供給価格は誰かがその財を供給してもよいと考える価格を示す．その差は当該財の当該単位について課税によって失われた価値である．税のために生産もされず，消費もされない財の各単位についてその差を合計していけば，デッドウエイト・ロスを求めることができる．

16.9　パレート効率性

ある人の厚生を高めるのに他の人の厚生を低下させる方法しかない場合，そのような経済的状態を**パレート効率**（Pareto efficient）であるという．パレート効率は望ましい状態である．ある人々の厚生を改善する方法があれば，それを実行するのは当然に思える．しかし，効率が経済政策の唯一の目標とはかぎらない．たとえば，効率は所得分配あるいは経済的公正についてほとんど何も語らない．

それでも，効率は重要な目標の1つである．競争市場がパレート効率を達成するのにいかにうまく機能するかを検討することは意義がある．競争市場にかぎらず，いかなる経済メカニズムも2つのことを決定しなければならない．すなわち，いくら生産し，そして誰がその生産物を得るのか，という2つのことである．競争市場では，いくら生産するかを，その財を購入するのに人々が支払ってもよいとする金額と，その財を供給する人々にとって受け取られなければならないと考える金額との比較に基づいて決定する．

図16.7で考えてみよう．均衡数量 q^* よりも低い産出量では，ある人がその財の追加1単位に支払ってもよいと考える価格よりも低い価格でその財の追加1単位を供給してもよいと考える人がいる．もしその財が生産され，これら2人の間で，需要価格と供給価格との間の任意の価格で交換されるならば，両者はこの取引からともに利益を得ることになる．したがって，均衡数量以下の産出量はパレート効率ではありえない．少なくとも2人は交換によって厚生を高めることができるからである．

同様に，産出量が均衡数量 q^* よりも大きいとき，その財の追加1単位に支払ってもよいと考える価格は，その財の供給価格よりも低い．市場均衡 q^* に

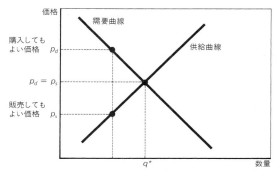

図16.7　パレート効率性

おいてのみパレート効率が達成される．この点では，追加1単位に支払ってもよいと需要者が考える価格はちょうど追加1単位を供給してもよいと供給者が考える価格に等しい．

したがって，競争市場はパレート効率的な産出量を生み出す．では，その財の消費者間への配分に関しては，効率性は達成されるだろうか．競争市場ではすべての人が財に対して同じ価格を支払う．その財と「他のすべての財」の間の限界代替率はその財の価格に等しい．この価格を支払ってもよいと考える人は誰でもその財を買うことができ，その価格を支払いたくない人はその財を買うことができない．

その財と「他のすべての財」の間の限界代替率が同じでないような財の配分があったとき何が起こるだろうか．その場合には，その財の限界1単位について異なった評価をする人が少なくとも2人はいなければならない．ある1人の人は限界単位を5ドルで評価し，他の1人は4ドルで評価するとしよう．そのとき，もし低い評価を与える人が高い評価を与える人に4ドルと5ドルの間の価格で販売すれば，両者は厚生のともに高めるだろう．そのため異なった限界代替率を示す配分はパレート効率ではありえない．

要　　約

1. 供給曲線は各価格水準に対応したある財の供給量を示す．
2. 均衡価格は，人々が供給したいと考えている量が需要したいと考えている

量に等しいときの価格である．

3. 需要曲線と供給曲線が変化するとき均衡価格と均衡数量がいかに変化するかについて検討することは，比較静学の1つの例である．

4. 財に課税されるとき，常に2つの価格——需要者が支払う価格と供給者が受け取る価格——が生じる．両価格の差は税額を示す．

5. 消費者にいくら税が転嫁されるかは，需要と供給の両曲線の相対的な傾きの差に依存する．供給曲線が水平であれば，すべての税が消費者に転嫁され，供給曲線が垂直であれば，税はまったく転嫁されない．

6. デッドウェイト・ロスは課税することから発生する消費者余剰と生産者余剰の純損失の和である．それは課税されたため売ることができなくなった産出物の価値額によって評価する．

7. あるグループの厚生を高めるために他のグループの厚生を犠牲にしなければならない状態を，パレート効率であるという．

8. ある単一市場においてパレート効率的な産出量は需要曲線と供給曲線が互いに交差するときの数量である．なぜならその数量のもとでは，需要者が産出物を1単位追加するとき支払ってもよいと思う価格が，供給者がその追加1単位を供給してもよいと考える価格に等しいからである．

17章 計　　量

　いままで単純な代数を使って効用関数，生産関数，需要関数，供給関数，その他を表してきた．現実に応用するためには統計手法を使ってこれらの関数を推計しなければならない．この手法の有効な研究が**計量経済学**である．
　データを分析するとき，一般に次のような問題に直面する．

要約（Summarize）　　データをどのように簡潔に表せられるだろうか．例：人はコーヒーを1日当たり何杯消費するだろうか．

推定（Estimate）　　未知のパラメータをどのように推定できるだろうか．例：コーヒーの需要弾力性はどのくらいだろうか．

検定（Test）　　未知のパラメータが一定の条件を満たしているかどうかをどのように決められるのだろうか．例：男性と女性は平均すると1日同じ量のコーヒーを飲むのだろうか．

予想（Forecast）　　来年のコーヒー価格をどのように予想できるだろうか．

予測（Predict）　　何か（外生変数）が変化したとき問題にしている（内生）変数がどうなるのかをどのように予測できるだろうか．例：政府がコーヒーに税を課すと，消費はどうなるだろうか．

　このような問題に答えるような統計手法はたくさんある．いくつかを本章で取り上げよう．まず最初に推定と予測に焦点を合わせ，他のトピックスに関し

ても少し言及する．

17.1 データの要約

データを要約する最も単純な方法は表を作ることである．たとえば，**表17.1**は「1日平均コーヒーを何杯飲みますか」と質問された1,000人の消費者の一連の調査からのデータを表示したものである．この表によると被験者の約45%が1日当たり1杯のコーヒーも消費しない．表を詳細に見ると1日平均1杯のコーヒーを飲む被験者の割合と1日平均2杯のコーヒーを飲む被験者の割合がほぼ同じ16%である．

表17.1 一連の調査によるコーヒー消費量

0杯	1杯	2杯	3杯	4杯および それ以上
0.448	0.163	0.161	0.110	0.119

この情報は **図17.1** のように棒グラフを使ってより鮮明に表示できる．この図によると被験者のうち1日1杯のコーヒーを飲む人の割合と1日2杯飲む人の割合が同じで，また1日3杯飲む人の割合と1日4杯以上飲む人の割合がほぼ

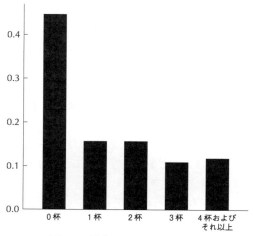

図17.1 標本例のコーヒー消費量

表17.2 性別平均コーヒー消費量

杯	女性	男性
0	0.176	0.219
1	0.093	0.057
2	0.079	0.070
3	0.050	0.046
4 以上	0.057	0.052

同一である．

また，この情報をカテゴリーごとに分解できる．同一調査を被験者の性別ごとに分類すると **表17.2** および **図17.2** のようにコーヒーの消費が性別によってどのように異なるかを調べることができる．前回同様，棒グラフを使うと情報をより理解されやすいように要約できる．たとえば，コーヒーを1杯も飲まないと報告された割合は女性より男性の方が多く，全体的には男性より女性の方がコーヒーを多く飲むということが明確になる．

このデータを基礎にしていろいろな**集約等計量**を計算すると有用だろう．1日に消費されるコーヒー量の**平均**値は1.28である．また，コーヒーを飲む人の平均コーヒー消費量や男性が飲むコーヒーの平均値のような**条件付き平均値**を計算できる．条件付き平均値を計算することは（1日0杯より多くのコーヒーを飲む人，男性である，等々）一定の条件を満たす消費者の平均値を算出する

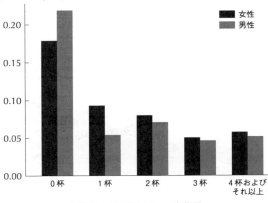

図17.2 性別コーヒー消費量

ことである．上記の例では，男性は1日平均1.25杯のコーヒーを飲み，女性は1.39杯のコーヒーを飲むのである．

例：シンプソンの逆説（パラドックス）

条件付き平均は時々驚くような動きが見出される．男女別のコーヒー需要量を所得の関数として描こう．仮説的な依存関係が**図17.3**のようであるとしよう．ここで男女ともコーヒーの消費は所得の増加とともに増加しているが，全体の消費量は所得が増加すると減少していることに注意しよう．この現象は**シンプソンの逆説**の例である．

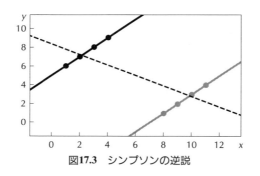

図17.3 シンプソンの逆説

現実にはシンプソンの逆説は稀なことではない．**表17.3**は1973年秋のカリフォルニア大学バークレイ校の男女別大学院応募者と入学許可者の統計である．

一見男性の方が女性より容易に入学許可を獲得できそうである．これは性別による偏りがある例であろうか．**表17.4**はこのデータを各部ごとに分類した表である．この表によるとどの学部も男性を優遇しているような偏りはないこと

表17.3 1973年秋のカリフォルニア大学バークレイ校の応募者数と入学許可者数

性別	応募者数	入学許可者数
男性	8,442	44%
女性	4,321	35%

表17.4 学部ごとの入学許可者数

学部	男性の応募者数	男性の入学許可者数	女性の応募者数	女性の入学許可者数
A	825	62%	108	82%
B	560	63%	25	68%
C	325	37%	593	34%
D	417	33%	375	35%
E	191	28%	393	24%
F	272	6%	341	7%

がわかる．事実，多くの学部は多少であるが，女性を優遇する偏りがある．

この報告から次のように結論付けられる．この一見明らかな逆説は女性が低入学許可率の学部に応募しがちであり，男性は高入学許可率の学部を応募する傾向がある結果であると説明できる．学部水準では偏りがあるという証拠はないが，全体の統計値では偏りがあるとの印象を与えるのである[1]．

17.2 検　　定

前節では男性が1日平均1.23杯のコーヒーを，女性が1日平均1.39杯のコーヒーを飲んでいる例を示した．しかし，この結果は1,000人の消費者の特殊な標本例である．この例とは異なる標本例を取り上げると異なる数値結果となるだろう．全母集団で女性の平均コーヒー消費量が男性の平均コーヒー消費量より多いということにどれだけ確信できるであろうか．

この問題に答えられる1つの方法は仮説検定することである．男性も女性も現実には1日当たり同一量のコーヒーを飲むという仮説を想定しよう．1,000人の消費者の特殊な標本例で一集団（女性）が他集団（男性）より1.39－1.23＝0.16杯多く飲むことが観察できるもっともらしさはどのくらいだろうか．

上記の標本例では少し仮定を追加することで男女間の差が少なくともこれだけの数値となる確率は約9.6%である．言い換えると，母集団で男性と女性と

---

[1] P. J. Bickel, E. A. Hammel and J. W. O'Connell (1975). "Sex Bias in Graduate Admission: Data from Berkley." *Science* 187(4175): 398-404.

の平均コーヒー消費量が同一ならば，推定誤差がこの大きさあるいはそれ以上となるのは10標本例のうち1標本例であろう．標本例で男性と女性のコーヒー消費量がいくぶん異なっているような場合でも，この関係が母集団で成り立っているという確信はもてないだろう．

17.3 実験データによる需要の推定

　コンピュータのウェブサイトを使ってコーヒー豆を販売している会社で働いている社員を想定しよう．コーヒーの現行価格は1ポンド15ドルであるが，今後14ドルに値下げする場合を考えよう．価格を下げるとより多くのコーヒーが売れると思われるが，どれほど増加するだろうか．販売を伸ばすためには価格を下げることが有効だろうか．

　この場合，価格を変えるとコーヒーの需要が変化するかを調べるために実験することが妥当であろう．たとえば，コーヒーの価格を数週間だけ下げるとどれだけコーヒーの追加販売ができるかを調べられる．利潤が増えるなら，価格を永続的に下げるのが道理にかなうだろう．

　もう1つの可能性はコーヒーの値下げ販売を数州ないし数都市で実施し，これらの地域で何が生じるかを観察することである．この実験を実施する重要な点はコーヒーの需要に影響を与える要因は価格以外にも諸要因が存在すると認識することである．たとえば，一定の期間特定地域でのコーヒー販売量は季節や天候によって変わるだろう．

　硬貨をはじくような無作為法を使って都市を選択するのが望ましいだろう．このような**無作為法**（randomized treatment）によって系統的な偏りの源泉を除くことができる．

　系統的な影響を対処できる方法を想定しよう．たとえば，価格を下げた都市の販売量と下げない都市の販売量を比較できる．または調査している都市の天候についてのデータを集め，統計手法を使って天候変化による需要量の変化を対処できる．

　統計学の用語を使うとコーヒーの価格を下げた都市を**処置グループ**（treatment group），コーヒー価格を一定に維持した都市を**対象グループ**（control group）という．実験をすることは実施しようとしている政策，すなわちすべての人に対して価格を下げるという政策，の縮小版である．実験をできるだけ

提案した政策に近づけられるなら，実験することでこの実験を全国まで拡張したときどうなるかについて適切な予想ができるだろう．

17.4 処置効果

コーヒー需要が価格下落にどのように反応するかを推定できるもう1つの方法は，無作為に選択した人々にクーポンを送り，何人がコーヒー購入にクーポンを使うかを観察する方法である．

この手法に付随する困難は，クーポンを使ってコーヒーを購入しようとしている人は母集団の一般的な人とは異なるかもしれないことである．クーポンを故意に使おうとする人々は，使わない人々よりも価格変化に過敏になりがちである．

クーポンの事例では，母集団の一部の人々（クーポン使用者）は低いコーヒー価格に単純に直面した場合よりも，クーポンを使うことによって低価格を受け入れることを選択するのである．一般に，処置されることを選択する人々は処置に対してより強く関心をもっている人々であり，処置に対して母集団の一般の人々とは異なる反応をしがちである．したがって，処置（クーポン）がクーポンの利用を選ぶ人々（被処置者）へ及ぼす影響はすべての人々に対する価格下落の影響とは異なるであろう．

他方，母集団全体での処置効果と対比させて，ときには「被処置者の処置効果」に関心があるだろう．たとえば，意図した政策がクーポンを母集団の全員に送ることなら，母集団の部分集合にクーポンを送ることを含んだ実験は適切な実験となるだろう．

重要なことは，消費者が処置される（すなわち，低価格を利用できる）かどうかを選択できるかどうか，ということである．実験をできるだけ提案した政策に近いようにすることが望ましい．

17.5 観察データによる需要の推定

次に上記とは異なる状況を想定しよう．アメリカ合衆国全体のコーヒー総需要量が価格の変化につれてどのように変わるかの推定を考えよう．この場合，実験を実施する明確な方法はない．**実験で作ったデータ**がないので**観察された**

データを使うしかない．

　このような問題を経済学者が取り扱うとき最も一般的な統計手法は**回帰分析**（regression）である．回帰分析は条件付き期待値の単純な表現法である．たとえば，回帰分析は消費者が女性であるという条件のもとで無作為に選択された消費者のコーヒー消費予想を表している．回帰式を推定するとき問題としている変数（上記の場合コーヒー消費量）と性別，所得，年齢，価格，等々のような他変数との関係を表そうとしているのである．たくさんの回帰分析があるが，ここでは最も単純な形である**最小自乗法**ないし **OLS** に焦点を当てよう．

　異なる時点における価格およびコーヒー販売量のデータが所与であると想定しよう．このデータをどのように使って需要関数を推定できるだろうか．

　どのようにしてデータが作られたのかという**データ生成過程**を考えることが重要である．消費者選択についてこれまでの各章で展開した理論を適応できる．

　コーヒー（x_1）と「他のすべての財」（x_2）からなる2財を購入している消費者を考えよう．第2財は7章で述べたように，**合成財**ないし**数量指数**である．

　コーヒーの価格を p_1，「他のすべての財」（合成財）の価格を p_2，総支出を m と表そう．単一消費者の効用最大化問題は

$$p_1 x_1 + p_2 x_2 = m$$

の条件のもとで効用関数

$$u(x_1, x_2)$$

を最大化させることである．コーヒーの需要関数を

$$x_1 = D(p_1, p_2, m)$$

と表せる．2.4節で説明したように，価格すべてと所得を正の一定倍率変化させても需要は一定のままである．価格および所得を $1/p_2$ 倍しよう（すなわち p_1 と m を $1/p_2$ で基準化する）．需要関数は

$$x_1 = D(p_1/p_2, 1, m/p_2)$$

と表せる．

　コーヒーの需要は他のすべての財の価格との比で表示したコーヒーの相対価格と他のすべての財の価格との比で表示した所得との関係である．実際，消費

者物価指数（CPI）や個人消費支出物価指数（PCEPI）を使って計算できる．（これらの物価指数がどのように算出された指数であるのかについては7章の議論を参照すること．）

次に，すべての消費者の需要を総計することで全体の需要を計算できる．表記記号を追加するのを避けて，上記と同じ記号を使って総需要量を $x = D(p, m)$ と表記しよう．ただし，x はコーヒーの需要量であり，p は消費者物価指数（CPI）で割ったコーヒー価格であり，m は CPI で割った総消費者支出であり，$D(p, m)$ は総需要関数である．

関数形

次に需要関数の代数表示形が必要であろう．一般に使われている需要関数の3つの形を次のように表そう．

線形需要関数　　　$x_1 = c + bp + dm$

対数線形需要関数　　　$\log(x) = \log(c) + b\log(p) + d\log(m)$

セミ対数需要関数　　　$\log(x) = c + bp + dm$

最も一般的な形は対数線形需要関数である．なぜなら回帰式の係数の解釈が容易だからである．15章の15.8節で説明したように，b と d はそれぞれ需要の価格弾力性および所得弾力性を表している．（ここではすべての対数は自然対数である．）

統計モデル

上記モデルが完全に適合するとは予想できないので，e_t で表す**誤差項**を追加することが必要である．誤差項は需要量の理想的な計算値と実際に観測される需要量との差異を表すものである．誤差項は需要量に影響を与えるが省略されている，観察できないすべての変数の累積効果であると解釈できる．

したがってデータ生成過程の最終回帰式は

$$\log(x_t) = \log(c) + b\log(p_t) + d\log(m_t) + e_t$$

と表示できる．ここで誤差項はコーヒー消費と相関のある他のすべての変数の集計であると解釈できる．

一定の条件のもとでは最小自乗法を使うことによってパラメータ (b, c, d) を最良推計できる．最も重要な条件はコーヒー価格および総支出と誤差項との相関がないことである．

なぜこの条件が必要なのかは直感的にはわかりにくいことだろう．係数 b は他のすべてが一定のとき，価格の変化がコーヒー需要量に及ぼす影響を測るものである．しかし，上記の例でデータからの p_t と e_t とに正の相関が見られるならば，p_t の増加は e_t を増加させる傾向がある．したがって，x_t の観察された変化は p_t の変化と e_t の変化の両方に依存しているのである．この場合，**合成効果**が存在するという．コーヒー価格が変化するとき他の変数も系統的に変化する場合には，価格変化がコーヒー消費量にどのような影響を与えたかという推定は貧弱となる．

コーヒー価格と誤差項とが相関しないようにする理想的な方法は実験を行うことである．上記の問題では異なった価格を選び出し，それぞれ需要がどのように反応するかを調べることである．しかし上述したように，このような**実験データ**から総コーヒー需要量を集計することはむずかしい．**観察データ**しか使えない場合が多いのである．

コーヒー市場に関する知識が所与のもとで，コーヒー価格の変化とコーヒー需要に影響する他の諸要因とにどのくらい相関しそうであろうか．よく見られるようにコーヒー豆は多くの国々で生産され，世界市場で販売されている．コーヒー豆の供給は天候，政治的事象，輸送費用，等々の影響を受け，毎年大きく変動する．

コーヒー需要よりもコーヒー供給を左右する諸要因に価格は依存しているのであるから，一国に限定すると，コーヒー価格は外生的に変化するとみなせる．

推　　定

残された問題は実際に推定を行うことである．上述の回帰式を推定するためにRやStataのような統計パッケージを使える．推定された価格弾力性は-0.077であり，所得弾力性は0.34であった．すなわち，価格が1％上昇するとコーヒー消費量が0.77％減少する．したがってコーヒー需要はかなり非弾力的である．この推定値はあまり正確でないかもしれないが，利用可能なデータ

を使って算出できる最良値である．

17.6 識　別

コーヒーの需要を推定するときコーヒーの世界価格は特定国にとって外生的であると考えた．供給と需要で表すと，単一国が直面している供給曲線は均衡価格のところでほぼ水平となる．天候や他の要因の影響を受けて価格は年々変化し，その結果として均衡は**図17.4**に示すような需要曲線を描きだすのである．

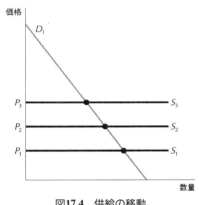

図17.4　供給の移動

次にコーヒーの世界全体の需要を想定しよう．この場合，価格が外生的に決められると仮定するのは合理的ではない．そうではなくて，価格は供給と需要との相互作用で決まる．

たとえば，コーヒー供給は所与の年ではほぼ一定であるが，天候に左右されて年ごとに変化すると考えよう．この場合，供給曲線は移動するが需要曲線は一定に留まる．観測される価格と数量は需要曲線上の組み合わせである．したがって，価格の関数として需要を推定することは有意義である．

問題となる場合は**図17.5**のように供給曲線と需要曲線の両方ともが移動する場合である．この場合どちらの曲線も推定できない．一般に，供給曲線を移動させるが，需要曲線を移動させないような条件がある場合に需要関数を推定でき，逆に需要曲線を移動させるが供給曲線を移動させないような条件がある場合供給関数を推定できる．両曲線が未知の方法で移動するような場合には何が

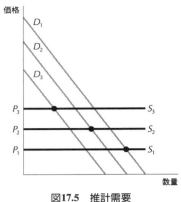

図17.5 推計需要

価格変化および数量変化を生じさせているのかを識別できない．これは**識別問題**として知られている．

17.7 何を間違うのか

上述の単純推定問題に戻ろう．ただし，生産物の価格が世界市場で外生的に決定されるのではなく，販売者が設定する場合を想定しよう．具体的には次のような想定をしよう．コーヒータイム（KoffeeTime）という会社がコーヒーティノ（Koffeetino）という清涼飲料を生産している．過去何年にもわたってこの会社は市場状況に合わせて価格を設定してきた．不況のため経済が停滞しているときにはコーヒーティノの販売量が減少するので，この会社はコーヒーティノの価格を下げた．逆に経済が好況なら販売量が増加するので価格を上げたのである．

歴史上のデータを見るかぎり，販売が多い好況時は価格が高く，販売が少ないとき価格が低いのである．したがって観察された「需要曲線」の傾きは右上がりとなる．何が起きているのだろうか．通常，価格が高いと消費者は購入量を減らす．ここでは消費の減少が価格を下げているのである．しかし，何が消費を減少させているのだろうか．この場合答えは「不景気」のため所得が減少したということである．所得が回帰式の左辺と右辺，すなわち価格と需要量の両方に影響を与えるので，所得は**合成変数**（confounding variable）なのである．

所得が一定の場合，コーヒーティノの価格が上がると需要が減り，価格が下がると需要が増えるだろう．（理論が指摘するように）所得を回帰式に追加すると，価格弾力性の有意義な推定値を得ることができる．計量経済学の表現では，これは**欠損変数による偏り**である．すなわち回帰式に重要な変数を入れなかったため偏りのある推定値となったのである．

 しかし現実には需要に影響を与えるすべての変数の完全なリストを考えることは不可能であるから，つねに除外された変数がある．たとえば，天候がコーヒーティノの需要に影響するかもしれない．特別寒い気候の年には販売量が減少し，温かい年には販売量が増えるだろう．会社は販売量の変化に対応させて価格を上下させるだろう．その結果，上述したのと同様な問題に直面するだろう．

 すでに述べたように，価格と相関のない除外変数は重大な問題とはならない．価格と相関した除外変数（合成変数）が偏りのある推定値を導出するのである．価格が選ばれる場合このような事例がよく見られる．なぜなら，この選択には計量経済学者が観察しなかったような多くの事柄に依存していたかもしれないからである．

 より高度な計量経済学過程でこの問題が取り上げられるだろう．実験は金（the gold standard）であるが，明確な実験ができない場合でも観察可能なデータを用いて因果関係が推定される．

17.8 政策評価

 変化による影響力の大きさを推定する一般的な理由は政策を変えようと試みているからである．提案した政策の影響を推定するためには小規模な実験を実施できれば理想的である．しかしながら，これまで見てきたように，このような実験をすることは往々にしてむずかしかったり，費用がかさんだりする．

 ときには可能な場合に実施できる理想的な実験とよく似た**自然の実験**（natural experiment）を見出すことがある．たとえば，2008年老齢者医療保険制度（Medicare）を適用できる人々を決めるためにオレゴン州は低所得者の成人にくじ引きを実施した．このくじ引きの1年後，老齢者医療保険制度に応募できる機会を得た人々からなる被処置集団はくじ引きに外れた人々より多くの割合の人々がこの医療保険制を利用した[2]．

研究者たちは被処置グループと対象グループとの差異を分析できる．研究の最初の1年から次のように結論付けられた．すなわち，被処置グループの方が対象グループより健康管理施設を多く利用し，自己負担の医療支出，医療負債が少なく，かつ自己申告心身状態が良好であった．以上のことから，医療保険制に参加できる機会を与えるより大きい集団にまで拡張するように望まれるであろう．

　もちろん人々に医療保険制度を適用できる機会を与えることは医療保険制度を母集団全員に適応することとは異なっている．最初の場合，人々はなおこの制度に応募するかどうかを選択し，応募した人々は母集団の人々より重要な点で異なるだろう．

要　　約

1. 統計学を使って要約，推定，検定および予測できる．
2. 回帰分析をするとき回帰式に他の変数と相関のある重要な変数を入れないとき除外変数による偏りが生じる．この場合，除外変数は合成変数である．
3. 観察されたデータは相関のみを明示できるが因果関係を決めるには実験が必要である．
4. 関心のある問題に答えるのに，ときには，自然の実験を使える場合がある．
5. 母集団全体に適用する政策の効果と参加するかどうかを選択できる集団の人々だけに適用する政策の効果を区別することが重要である．
6. 一般に，提案した政策を評価するとき，使われる実験は意図した政策にできるだけ近似させるべきであろう．

---

2) Amy Finkelstein et al., "The Oregon Health Insurance Experiment: Evidence from the First Year," http://economics.mit.edu/files/6796.

18章 オークション

　オークションは，少なくとも紀元前500年から存在する最も古い市場形態の1つである．今日では，中古のコンピュータから生花にいたるあらゆる種類の商品がオークションで売られている．

　1970年代初頭にOPECが原油価格をつり上げるためにカルテルを組んだときから，経済学者たちはオークションに関心を払うようになった．アメリカの内務省は，石油が大量に採掘可能だと考えられた沿岸地域の油田の採掘権を売るために，オークションを開くことに決定した．政府は経済学者たちにオークションの形態を決めるように依頼し，企業もどのような戦略で競り落とすかを決めるために経済学者たちを雇った．その結果，オークションのデザインと競りの戦略に関して数多くの研究が生まれた．

　最近では，連邦通信委員会（Federal Communication Commission: FCC）が，携帯電話や個人用の情報通信機器などで使用する電波の周波数を割り当てるためにオークションを行うことを決めた．このときにも，経済学者がオークションのデザインと買い手たちの戦略決定に際して大きな役割を果たした．これらのオークションは非常に成功した公共政策だと賞賛されており，今日までに230億ドルを超える収入をアメリカ政府にもたらしたのである．

　他の諸国でも，国有財産を民間に払い下げる際にオークションが行われてきた．たとえば，オーストラリア政府は国有の発電所のいくつかを民間にオークションで売ったし，ニュージーランド政府は国有の電話システムの一部をオークションにかけた．

　消費者向けのオークションも，インターネット上で新しい展開を見せている．インターネットでは，コレクター・アイテム，コンピュータ，旅行サービス等の多数の商品がオークションで販売されている．インターネットのオークショ

ン会社の中では最大といわれている OnSale は，1997年に4100万ドル以上の取引を行ったと報告している．

18.1 オークションの分類

オークションを分類するためには，2つのことを考えねばならない．1つは競売にかけられる財の性質であり，もう1つは競売のルールである．財の性質に関しては，経済学者は**私的価値オークション**（private-value auctions）と**一般的価値オークション**（common-value auctions）を区別している．

私的価値オークションでは，競売されている財に関して買い手たちはそれぞれ異なる評価をしている．ある美術品は，それぞれの趣味に応じて，ある収集家には500ドルの価値があるが，他の収集家にとっては200ドルの価値があり，さらに別の収集家にとっては50ドルの価値しかないかもしれない．それに対し，一般的価値オークションでは，競売されている財は基本的にすべての買い手にとって同じ価値をもっている．ただし，買い手たちはその共通の価値について異なる見積もりをしている可能性がある．海底油田の採掘権のオークションは，そのような性質をもっている．なぜなら，競りにかけられているのは，ある量の石油を採掘するか否かということだからである．それぞれの石油会社は，独自に行った地質調査に基づいて原油の埋蔵量について異なる予想をするかもしれないが，石油の市場価値は誰が採掘権を得るかということにかかわらずに決まる．

本章では，もっぱら私的価値オークションについて論じる．一般的価値オークションの特徴については，本章の終わりで触れることにする．

競売のルール

オークションにおける競売のルールとして最も一般的なのは，**イギリス型オークション**（English auction）である．この型のオークションでは，競売人は，財の売り手が許容できる最低の価格を**留保価格**（reserve price）として設定する[1]．買い手たちは順次により高い価格をつけて競り上げていくが，多くの場合，直前につけられた価格よりも少なくとも最低限度以上の**競り上げ**（bid

---

[1] 「留保価格」については，6章を見よ．

increment) をしなければならない．そして，競り上げをする買い手が誰もいなくなったとき，競売された財は最も高い値をつけた買い手の手に入る．

　イギリス型とは別のオークションの形態として知られているのは，**オランダ型オークション**（Dutch auction）である．オランダ型と呼ばれるのは，オランダにおいてチーズと生花の競売で使われている方法だからである．この型のオークションでは，競売人は高い価格をまず指定し，誰かが最初に買う意思を示すまで徐々に値を下げていく．多くの場合，実際の「競売人」は針がついたダイアルのような器械であり，競りが進むにつれて針はより低い数字を示す．一般にオランダ型オークションは敏速に進行し，それがこのタイプの利点の1つである．

　オークションの第3のタイプは，**入札型オークション**（sealed-bid auction）である．この型のオークションでは，買い手は自分がつけた値を紙に書き封筒に入れて封をする．そして集められた封筒は開封され，最も高い値をつけた買い手がその金額を競売人に支払えば，競り落とすことができる．もし留保価格が指定されており，誰もがそれ以下の値しか書いていなければ，競りは不成立となる．

　入札型オークションは，建設業界で通常使われている．建設工事の発注者はいくつかの建設業者に付け値を出させ，最も低い値をつけた業者に工事を請け負わせるのである．

　最後に，**切手収集家型オークション**（philatelist auction）または**ヴィックリイ・オークション**（Vickrey auction）と呼ばれるタイプがある．これは入札型オークションの変形である．切手収集家型と呼ばれるのは，この型のオークションがもともと切手収集家たちによって使われたからである．またヴィックリイという呼び名は，オークションに関する先駆的研究で1996年にノーベル経済学賞を受賞したウィリアム・ヴィックリイ（William Vickrey）に因んでいる．ヴィックリイ・オークションは入札型オークションとよく似ているが，1つだけ大きな違いがある．それは，このオークションでも競り勝つのは最高の値をつけた買い手であるが，その買い手が支払うのは2番目に高い付け値だという点である．言い換えると，最も高い価格をつけた買い手が財を得るが，彼または彼女が支払うのは，2番目に高い価格をつけた買い手の競り値でよいのである．これは一見すると奇妙に思えるが，後で見るように，このオークションは非常にすぐれた特徴をもっている．

18.2 オークションのデザイン

われわれがオークションにかける1つの財をもっていると仮定しよう．買い手は n 人おり，それぞれが当該の財に $v_1, v_2, \cdots, v_n$ という（私的な）価値をつけているとする．簡単のために，$v_1, \cdots, v_n$ の値は正であるが，売り手自身の評価額はゼロだとしよう．われわれの目的は，この財を売るためにオークションの形態を決めることである．

これは経済の**メカニズム・デザイン**（mechanism design）の特殊例である．オークションの場合には，次の2つが妥当な目的である．

- **パレート効率性．** パレート効率性をもたらすようなオークションをデザインすること．
- **利潤最大化．** 売り手の期待利潤を最大にするようなオークションをデザインすること．

利潤最大化は当然の条件と思われるが，パレート効率性はこの場合どのような意味をもっているのだろう．すぐわかるように，パレート効率性が成立するためには，最も高い値をつけた者が競り落とせることが必要である．これを確認するために，買い手1が最高の値をつけ，買い手2がそれより低い値をつけたとしよう．このとき，買い手2が財を手に入れることができるとすると，買い手1と2がともにより高い厚生を得られる簡単な方法がある．買い手2が買い手1に財を譲り，その対価として，1は2に v_1 と v_n の間の金額を支払えばよいのである．このことは，最高の値をつけたもの以外に財を売れば，パレート効率性は成立しえないことを示している．

売り手が $v_1, \cdots, v_n$ の値を知っていれば，オークションのデザインはきわめて容易である．利潤最大化が目的であれば，売り手は最も高い値をつけた買い手に売り，その付け値どおりに支払わせればよい．パレート効率性の達成が目的であれば，最高の値をつけた者がやはり財を得るが，支払額はその付け値とゼロの間のどれでもよい．なぜなら，パレート効率性は，余剰の分配の仕方には関わらないからである．

より興味深いのは，売り手が $v_1, \cdots, v_n$ の値を知らない場合である．このと

18.2 オークションのデザイン

き，どうすれば利潤最大化あるいはパレート効率性は達成できるだろう．

まずパレート効率性について考えよう．パレート効率性が，最も高い値をつけた買い手が財を手に入れるイギリス型オークションによって達成されることはすぐにわかるだろう．ただし，買い手が支払うべき金額については少し考えねばならない．買い手が支払うべき額は，2番目に高い値をつけた買い手の価格に，おそらく最低限度の競り上げ幅に相当する額を加えたものになるだろう．

たとえば，競り値の最高額が100ドルであり，2番目の競り値が80ドル，そして競り上げ幅の最低額が5ドルだとしよう．すると，100ドルの値をつけた買い手が85ドルで競り落とそうとすれば，80ドルの値をつけた買い手はあきらめるはずである．したがって，最高の値をつけた買い手が実際に支払うのは2番目に高い付け値に，おそらく最小の競り上げ幅を加えた額である．（ここで，「おそらく」という言葉を付け加えているのは，もし80ドルで売られるとすれば，2人の買い手の付け値が同じになり，どちらが財を手に入れるかは，2人がタイになったときいかにして買い手を決めるかというルールに依存することになるからである．）

利潤最大化の方はどうだろう．こちらは，分析が必ずしも容易ではない．なぜなら，期待利潤は，買い手の評価について売り手がどのように予想するかに依存しているからである．たとえば，2人の買い手だけがいて，いずれの買い手も競売されている財に10ドルまたは100ドルの値をつける可能性があるとしよう．どちらの値をつける確率も同じだとすると，2人の競り値の組み合わせは (10, 10), (10, 100), (100, 10), (100, 100) の4通りあることになり，それぞれのケースは等しい確率で生じうる．さらに，最小の競り上げ幅は1ドルであり，2人が同じ値をつけたときは，コインを投げて決めると仮定しよう．

上の4通りの組み合わせにおいて，競り落とすことができる付け値はそれぞれ10, 11, 11, 100ドルである．それぞれが1/4の確率で成立し，いずれの場合も最高値をつけた買い手が財を入手できる．したがって，売り手の期待収入は，$(1/4)(10+11+11+100) = 33$ドルである．

売り手はこれよりも高い収入を得ることができるだろうか．売り手が適切な留保価格を設定すれば，それは可能である．この場合の利潤最大化を実現する留保価格は100ドルである．留保価格を100ドルに設定すると，売り手は3/4の確率で財を100ドルで売ることができ，1/4の確率で競りは不成立になる．そのため，期待収入は75ドルになり，留保価格をつけないイギリス型オークション

よりもはるかに高い収入が得られる．

　ただし，上の戦略はパレート効率的ではないことに注意しよう．開かれたオークションの1/4では，誰も財を手に入れることができないからである．これはちょうど独占市場で生じるデッドウエイト・ロスと同じであり，それが生じる理由も同一である．

　売り手が利潤最大化に関心があるなら，留保価格の設定は非常に重要である．1990年に，ニュージーランド政府はラジオ，テレビ，および携帯電話用の電波の周波数をヴィックリイ・オークションにかけた．そのときの競り値の最高値は10万ニュージーランド・ドルであったが2番目の競り値はわずか6ニュージーランド・ドルだった！　このオークションはパレート効率的な結果をもたらしたが，利潤最大化には明らかに反していた．

　上で述べたように，留保価格をゼロに設定したイギリス型オークションはパレート効率性を達成する．しかし，オランダ型オークションでは必ずしもそうではない．たとえば，オランダ型オークションで，それぞれ100ドルと80ドルの値をつけている2人の買い手がいるとしよう．高い方の値をつけている買い手が，2番目に高い競り値は70ドルだと誤った予想をしたとすると，この買い手は，競り値がたとえば75ドルに下がってくるまで買う意思は示さないだろう．しかし，このときにはすでに2番目の値をつけた買い手が80ドルで競り落としているから，時すでに遅しである．したがって，オランダ型オークションでは，財はそれを最高に評価する買い手のものになるとは限らないのである．

　上と同様の結果は，入札型オークションにおいても生じうる．それぞれの買い手にとっての最適な競り値は，他の買い手たちがどのような値をつけているかという予想に依存する．この予想が不正確であれば，最高の値をつけていない買い手が競り落とす可能性は十分にある[2]．

　最後に，ヴィックリイ・オークションについて考えよう．先に触れたように，これは入札型オークションの変形であり，最高の値をつけた買い手が財を手に

---

[2] 一方，買い手たちの予想が単に「平均して」正しいだけであったとしても，すべての買い手が最適な行動をすれば，いままで説明してきたさまざまな形態のオークションは，均衡において同一の配分と同一の期待価格を成立させる．この点に関するより詳しい分析については，P. Milgorm, "Auction and Bidding: a Primer," *Journal of Economic Perspective*, 3 (3), 1989, pp. 3-22 および P. Klemperer, "Auction Theory: A Guide to the Literature," *Economic Surveys*, 13(3), 1999, pp. 227-286 を見よ．

入れるが，支払う価格は2番目に高い値でよいというものであった．

　もし誰もが正直に自分の評価額を表明したとすれば，当然最高の値をつけた買い手が財を手に入れ，その買い手が払う額は2番目の付け値である．この結果は，イギリス型オークションと本質的に同じである．しかし，ヴィックリイ・オークションにおいて正直に本当の評価額を表明することは，最適な戦略だろうか．先に見たように，一般的な入札型オークションでは，それは必ずしも最適な戦略ではなかった．しかしヴィックリイ・オークションは違う．驚くべきことに，ヴィックリイ・オークションではどの買い手にとっても，本当の評価額を正直に示すことが最適な行動になるのである．

　なぜそうなのかを見るために，2人の買い手だけがいる特別な場合を考えよう．各買い手にとって財の真の価値はそれぞれ v_1 と v_2 であり，書いた競り値はそれぞれ b_1 と b_2 であるとしよう．このとき，第1の買い手の期待利得は

$$\mathrm{Prob}(b_1 \geq b_2)[v_1 - v_2]$$

となる．ただし，Prob は確率を表し，$\mathrm{Prob}(b_1 \geq b_2)$ は買い手1が最高の値をつける確率を示している．また $[v_1 - v_2]$ は，買い手1が競り落としたときに享受できる消費者余剰を表している．（$b_1 < b_2$ のときには，買い手1は消費者余剰を得られないから，$\mathrm{Prob}(b_1 < b_2)$ を考慮する必要はない．）

　もし $v_1 > v_2$ であれば，買い手1は競り勝つ確率を最大にするために，$b_1 = v_1$ とするだろう．逆に $v_1 < b_2$ であれば，買い手1は競り勝つ確率を最小にしようとし，$b_1 = v_1$ とする．どちらの場合も，買い手1にとっての最適な戦略は，自分の本当の評価額と同じ値を書くことである．少なくともヴィックリイ・オークションにおいては，正直が最良の戦略なのである．

　ヴィックリイ・オークションの興味深い特徴は，競りを繰り返すことなく，イギリス型オークションと本質的に同じ結果をもたらすことである．この点が，ヴィックリイ・オークションが切手収集家たちの間で使われてきた理由である．彼らは，仲間内の集会ではイギリス型オークションを行い，ニューズレターを通じた競売では，競り値を伏せたオークションを使ってきた．そこで誰かが，入札型オークションは，最高の競り値をつけた買い手が2番目の高い付け値を支払うことにすると，イギリス型オークションと同じ結果を生むことに気がついた．この切手収集家たちのオークションの方法を初めて精密に分析したのがヴィックリイであった．彼は，切手収集家たちのオークションでは正直に評価

額を表明するのが最適な戦略であり，その結果はイギリス型オークションと等しいということを明らかにしたのである．

18.3 他の形態のオークション

オンライン・オークションが広がるまでは，ヴィックリイ・オークションは特殊であるとみなされていた．世界最大のオンライン・オークション会社であるイーベイ（eBay）によれば，ほぼ3000万人の登録者がおり，2000年には50億ドルの取引がなされたという．

イーベイが主催するオークションは，数日，場合によっては数週間にわたって行われるから，参加者がオークションの過程を常時観察することは困難である．常に観察をしなくてもよいように，イーベイは，彼らが**プロクシ入札者**（proxy bidder）と呼んでいる自動化された**代理入札者**（bidding agent）を導入した．イーベイの利用者は，彼らが競り落とそうとしている物に支払える最大額と最初の入札額を代理入札者に告げる．オークションが進むにつれて，代理入札者は，参加者の競り値を最小限の幅で徐々に上げていく．そしてこれを，参加者があらかじめ定めた最大の値付け額を超えないかぎり，続けるのである．

これは，本質的にはヴィックリイ・オークションの一種である．利用者は代理入札者に自分が払う意志がある最大額を知らせる．理論では，最大の値付けをしたものが競りにかけられた物を獲得するが，彼が支払わねばならないのは2番目の入札額（より正確には，2番目の入札額に最小の競り上げ額を加えた金額）である．先に示したように，競りの参加者は，競られている物が彼あるいは彼女とってもつ真の価値を表明するインセンティブをもつ．

実際には，オークションの参加者の行動は，ヴィックリイ・モデルが想定するものとは少し違っている．参加者は，オークションが終わりに近づくまで入札を待つことが多い．それには2つの明確な理由がある．1つは，ゲームのあまり早い段階で本音を明らかにしたくないという理由であり，もう1つは，参加者が少なくなってからオークションの駆け引きをしたいという理由である．それでも，代理入札者のモデルは非常に役立っているようである．かつては理論上の興味しかないと考えられていたヴィックリイ・オークションが，いまや世界最大のオンライン・オークション会社が好んで用いる入札方法になっているのである！

他にも，さらに目新しい形態のオークションが使われることがある．1つの特異な例は，**エスカレーション・オークション**（escalation auction）である．この型のオークションでは，最高の入札額を示した参加者が落札できるが，最高の値付けをした者だけではなく，2番目の入札額を提示した参加者もその金額を支払わねばならない．

たとえば，エスカレーション・オークションのルールにしたがって，多数の参加者に対し，あなたが1ドルを競りにかけたとしよう．通常は少数の参加者が10セントや15セントの入札額を申し出るだろうが，やがてほとんどの参加者はあきらめる．最高の入札額が1ドルに近づくにしたがい，まだ残っている参加者たちは，彼らが直面している問題に気づくようになる．もし誰かが90セントの値付けをし，2番目の付け値が85セントだとすると，85セントの値を付けた参加者は，次のように考えるだろう．もしここであきらめれば85セントを払ったうえに何も得られないが，95セントの値付けをすれば1ドルが手に入り，5セントのもうけがでる．そこで彼が95セントの値を付ければ，90セントの値付けをした参加者も同じように考える．事実，90セントの値を付けた参加者は，たとえ1ドルを超える入札額を提示しても割に合う．なぜなら，たとえば1ドル5セント値を付けて競り勝てば，彼の損失は90セントではなく，5セントですむからである．このようなオークションでは，落札額が5ドルや6ドルになってしまうことも決して珍しくない．

これと似たものに，**全員支払いオークション**（everyone pays auction）がある．たとえば，次のような条件のもとで彼の議決権を売りに出すと宣言した悪徳政治家がいるとしよう．すなわち，すべてのロビイストは彼のキャンペーンに貢献しなければならないが，彼が議決権を行使するのは，最大の貢献をしたロビイストが望む歳出に対してである．これは，参加者の誰もが支払わねばならないが，望む物を得るのは最大額を支払った者だけであるという点で，本質的に全員支払いオークションだとみなせる．

18.4 ポジション・オークション

ポジション・オークションは，行列における順番やウェブページ上の位置に関するオークションである．このオークションの際だった特徴は，オークションのすべての参加者が順番や位置については同じランク付けをしているが，そ

れぞれの順番や位置についての評価は異なっていることである．つまり，誰もが列の先頭にいる方が後方に位置するより良いと考えているが，先頭にいるために支払ってもよいと思う金額は参加者により異なっている．

　ポジション・オークションの典型的な例は，グーグル，マイクロソフト，ヤフーなどのサーチ・エンジンの提供者が広告を売るために使うオークションである．この場合，広告を出そうとしているどの業者も，ウェブページの最初に位置するのがベストであり，2番目に位置するのがその次だと考えている．しかし，それぞれの業者が販売しているものは異なるから，消費者がウェブページを見たことから得られる期待利潤の額は違うだろう．

　ここでは，このようなオンライン広告のオークションに関する簡単な例を考えてみよう．それぞれのサーチエンジンによって詳細は異なるだろうが，以下のモデルは，ポジション・オークションの一般的な特徴を描いている．

　まず広告を掲載するスロットがS個あるとしよう（$s=1,2,\cdots,S$）．またそれぞれのスロットの広告がクリックされる回数は，$x_1 > x_2 > \cdots > x_S$であるとしよう．さらに，s番目のスロットに広告を出した業者が1クリックごとにページの訪問者から得られると期待する利潤をv_sと表す．各業者がそれぞれ提示する入札額b_sは，各自がs番目のスロットに投入してもよいと考える金額に関係している．最も良い1番目のスロットは，最も高い入札額を示した業者が獲得し，2番目のスロットは2番目に高い入札額を示した業者が獲得する．ただし入札に対して業者が支払う実際の価格は，1つ下の位置に付けた入札者の入札額である．これは先に見たヴィックリー・オークションの一種であり，**一般化されたセカンドプライス・オークション**（generalized second price auction），略してGSPオークションと呼ばれることがある．

　GSPオークションでは，1番目のスロットを得た業者が1クリックごとにb_2を支払い，2番目のスロットを得た業者が1クリックごとにb_3を支払う．このようなルールが課される理由は，各自の入札額どおりに支払わせると，入札者が他の入札者に勝てる最低限の入札額を提示しようとする誘因が生まれるからである．s番目のスロットを獲得した入札者に$s+1$番目のスロットを獲得した入札者の入札額を支払わせれば，自分の入札額を可能なかぎり引き下げようとする誘因はなくなる．

　以上より，s番目のスロットを得た入札者の利潤は$(v_s - b_{s+1})x_s$である．これは，クリックから得られる価値とコストの差である．

18.4 ポジション・オークション

この場合，均衡価格はどのように決まるだろう。ヴィックリー・オークションの結果から類推すれば，各入札者は，自分が本当に支払ってもよいと考える入札額を示すと予想されるかもしれない。1つのスロットだけが競売にかけられているなら，そのとおりである。しかし，複数のスロットが同時に競売されている場合はそうではない。

入札者が2人の場合

以下では，スロットが2つあり，入札者が2人の場合を考えてみよう。ここでは，高い入札額を提示した入札者が x_1 だけのクリックを獲得し，2番目入札者の入札額である b_2 を支払うとしよう。2番目の入札者は2番目のスロットを獲得し，留保価格である r を支払う。

もしあなたのつけた価値が v であり，入札額が b ならば，あなたは $b > b_2$ のときには $(v-b_2)x_1$ の利得を得て，$b < b_2$ のときには $(v-r)x_2$ の利得を得る。したがって，あなたの期待利得は

$$\mathrm{Prob}(b>b_2)(v-b_2)x_1 + \mathrm{Prob}[1-\mathrm{Prob}(b>b_2)](v-r)x_2$$

である。これを

$$(v-r)x_2 + \mathrm{Prob}(b>b_2)[v(x_1-x_2)+rx_2-b_2x_1] \tag{18.1}$$

と書き換えよう。

すると，中括弧の中が正のとき（正の利得が得られるとき），あなたは $b > b_2$ となる確率をできるだけ引き上げようとするだろう。逆に中括弧内が負なら，$b > b_2$ となる確率をできるだけ引き下げようとするだろう。

これを実行するのは簡単である。次の条件を満たすように入札額 b を決めればよい。

$$bx_1 = v(x_1-x_2)+rx_2$$

すぐわかるように，この条件のもとでは，$b > b_2$ のときには中括弧内は必ず正になり，$b \leq b_2$ のときには必ず負かゼロになる。そのため，あなたがオークションに勝ちたいときには必ず勝ち，負けたいときには必ず負ける。

他の入札者がとる戦略にかかわらず，どの入札者も上の公式にしたがう戦略をとるから，上の入札方法は支配戦略である。そのため当然ながら，最初に最

高の入札額を提示した入札者がオークションに勝利する．

　このオークションにおける入札の意味付けも簡単である．もし2つのスロットと2人の入札者がいれば，2番目の入札額を示した入札者がつねに2番目のスロットを獲得し，rx_2 を支払う．ここで争われるのは，最高の入札額を示した入札者が得る追加的なクリック数である．最高額を提示した入札者はこの追加クリックを得るが，彼が支払うのは2番目の入札者に勝つために必要な最低額である．

　以上で見たように，入札者はクリック当たりに本当に支払おうと思う額を示す必要はない．オークションに勝つことによって得られる追加クリック数に支払ってもよいと考える額に基づき，入札額を示せばよいのである．

入札者が3人以上の場合

　入札者が3人以上いる場合は，一般に支配戦略は存在しないが，均衡価格は存在する．例として3つのスロットと3人の入札者の場合を考えよう．

　この場合，3番目の入札者は留保価格 r を支払う．均衡では3番目の入札者は2番目になることを望まないから，

$$(v_3-r)x_3 \geq (v_3-p_2)x_2$$

すなわち

$$v_3(x_2-x_3) \leq p_2x_2-rx_3$$

が成り立つ．この不等式が意味するのは，入札者が2番目よりも3番目の順位をより好むのは，スロット2で得られる追加的なクリックの価値が，それを得るための追加的コストよりも低いからだということである．

　また上の不等式を見れば，2番目の順位を得るために支払える追加的なコストの上限は

$$p_2x_2 \leq rx_3+v_3(x_2-x_3) \tag{18.2}$$

であることがわかる．同様の議論を順位2位の入札者に適用すれば，次式を得る．

$$p_1x_1 \leq p_2x_2+v_2(x_1-x_2) \tag{18.3}$$

18.4 ポジション・オークション

(18.2) 式と (18.3) 式より

$$p_1 x_1 \leq r x_3 + v_3(x_2 - x_3) + v_2(x_1 - x_2) \tag{18.4}$$

が成立する．

このオークションの総収入は $p_1 x_1 + p_2 x_2 + p_3 x_3$ である．(18.2) 式, (18.4) 式およびスロット3の入札から得られる収入 $p_3 x_3 = r x_3$ を辺々合計すると, オークションの総収入の下限（$= R_L$）が次のように得られる．

$$R_L \leq v_2(x_1 - x_2) + 2v_3(x_2 - x_3) + 3r x_3$$

それでは入札者が3人ではなく, 4人いればどうなるだろう. この場合, 留保価格は4番目の入札者がつける価値になる. 4番目の入札者は, この価値を超えるクリックについては追加的な支払いを望むが, これはヴィックリー・オークションと同じである. このとき, オークションの収入の下限は

$$R_L \leq v_2(x_1 - x_2) + 2v_3(x_2 - x_3) + 3v_4 x_3$$

を満たす．

上の不等式は次のことを意味している. まずサーチ・エンジンのオークションは, 追加的なクリック数をめぐる競争である. つまり, 順位が上がるとどれだけ追加的なクリック数が得られるかが問題である. 第2に, 順位の違いによるクリック数の差が大きいほど, オークションの収入は大きい. 第3に, $v_4 > r$ であれば, 収入はさらに増える. すなわち, 競争はオークションの収入を増加させる傾向がある．

質のスコアー

実際には, 入札額に**質のスコアー**（quality score）を掛けることによってオークションの順位のスコアーが求められる. すなわち, 入札額に質のスコアーを掛けた値が最も高い入札者が順位1位になり, その値が2番目の入札者が順位2位になり, 以下同様である. 広告主はそれぞれのポジションを維持するために支払うクリック単位の価格の最小値を支払う. スロット s の広告の質を q_s とすれば, 広告は $b_1 q_1 > b_2 q_2 > b_3 q_3 \cdots$ のように順位付けられる．

スロット1の広告主がその位置を確保するために支払う価格は $p_1 q_1 = b_2 q_2$ だから, $p_1 = b_2 q_2 / q_1$ となる. (この等式は近似的に成立すると見る必要がある.)

ウェブ広告の質にはいくつかの側面がある．おそらく最も重要な側面は，実際にどれだけの利用者がバナー広告をクリックして広告主のホームページに移動するかだろう．したがって，広告のランクは一般に次の値に応じて決まる．

$$\frac{費用}{クリック数} \times \frac{クリック数}{広告の効果} = \frac{費用}{広告の効果}$$

そのため，順位1位のポジションを得るのは，広告の効果（実際に広告主のホームページが見られる回数）に対して最も高い費用を支払う広告主であり，1クリックに対して最も高い価格を支払う広告主ではない．

これは理にかなっている．たとえば，ある広告主は1クリックに10ドル払おうとしているが，クリック数は1日に1回だけであるのに対し，別の広告主は1クリックに1ドルしか払わないが，クリック数は1日100回だとしよう．このとき，どちらの広告をより有利なポジションにつければよいかは明らかである．

広告をこのようにランク付けすることは，広告の利用者にとっても有用である．もし2つの広告が入札額が1クリックにつき同じなら，利用者がより多くクリックする広告の方がより有利な位置につくだろう．つまり広告の利用者は，彼らにとって最も有用な広告に対して「クリックによる投票」をしているのである．

18.5　ブランド広告の是非

オンライン広告オークションにおいてよく問題になるのは，広告主は自分のブランドを宣伝するべきか否かという問題である．この問題は強力な周知のブランドを確立している広告主にとってはとりわけ重要である．なぜなら，彼らのブランドはオーガニック検索［訳注：広告につられのではない純粋な検索］において高位の位置を占めることが多いからである．オーガニック検索をよくされる周知のブランドであれば，オンライン広告をクリックさせるために費用をかける必要はない．

簡単な数式を用いて，この問題を考えてみよう．いままでと同様に，vをクリック（ウェブサイトへの訪問）の価値とする．ただし，オーガニック検索による訪問と広告による訪問は区別しない．またx_aを広告のクリック数，x_{oa}を広告があるときのオーガニック検索によるクリック数，x_{on}を広告がないと

きのオーガニック検索によるクリック数としよう．そして $c(x_a)$ を x_a を実現する費用だとする．

ウェブサイトの持ち主がオンライン広告をすれば，利潤は $vx_a + vx_{oa} - c(x_a)$ になる．ここで注意が必要なのは，広告主が支払う費用は広告によるクリック数に対してのみだという点である．広告をしなければ，ウェブサイトの持ち主が得る利潤は vx_{on} である．したがって，広告をした方が利潤が大きくなる条件は

$$vx_a + vx_{oa} - c(x_a) > vx_{on}$$

である．この不等式を書き換えると

$$v > \frac{c(x_a)}{x_a - (x_{on} - x_{oa})}$$

となる．（ただし，分母が正であることを仮定している．）この不等式において重要なのは，右辺の分母に含まれる $x_{on} - x_{oa}$ である．この項は，広告がオーガニック検索を「共食い」する程度を表している．共食いがなければ，$x_{on} = x_{oa}$ だから，$v > c(x_a)/x_a$ となり，正の利潤が存在する条件は，「価値が平均費用を上回る」という通常のものになる．しかし共食い部分が大きければ，広告を選択するためには，クリックの価値 v は十分に大きくなければならない．

18.6 オークションの収入と入札者の数

入札者の数が増えるとオークションの収入がどのように変化するかは，興味深い問題である．いま入札者がつける価値の分布が与えられ，その中から無作為に n 人の入札者を選び出したとしよう．彼らが抱く価値はそれぞれ v_1, v_2, …, v_n であるとする．また簡単のために，留保価格はゼロだとしよう．すると，入札者が1人だけであり，彼のつける価値が v_1 だとすれば，入札者はただでその価値を入手できる．そこでもう1人別の入札者を n 人の中から選べば，彼は1/2の確率で v_1 よりも高い価値をつける可能性があるから，オークションの期待収入は $\min(v_1, v_2)$ になる．さらにもう1人を選ぶと，その入札者が最高の価値をつける確率は1/3になる．以下同様に，議論を続けることができる．

したがって，一般的に入札者が増えるほど，オークションの期待収入は大き

くなる．ただし，その増加の割合は人数が増えるにしたがい逓減する．期待収入は，n人の入札者から選んだサンプル内における2番目に高い価値の期待値だから，**2次統計量**（second order statistic）と呼ばれるものである．価値の分布の仕方を特定化すれば，オークションへの参加者を増やすにしたがい，この2次統計量がどのように変化するかを調べることができる．

図**18.1**は，価値の分布が$[0, 1]$における一様分布であるときの入札者数とオークションの期待収入の関係を描いている．図が示すように，参加者が10人程度になると期待収入は上限の1にかなり近づく．このことは，オークションが収入を生み出す有効な方法であることを示している．

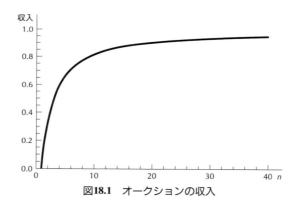

図**18.1** オークションの収入

18.7 オークションにまつわる問題

以上で見たように，イギリス型オークション（およびヴィックリイ・オークション）は，パレート効率的な結果をもたらすという望ましい特徴がある．そのため，イギリス型オークションは魅力的な資源配分メカニズムになりえる．実際，連邦通信委員会（FCC）が行っている通信電波の周波数のオークションはイギリス型オークションの一種である．

しかしイギリス型オークションも完璧ではない．参加者が共謀する余地が残っているからである．

他にもオークションの結果を有利なものにする策略がある．これまでの分析

では，競り落とした買い手は自分がつけた値で買わなければならないと仮定してきた．しかし，オークションによっては，競り勝った買い手が辞退できる場合もある．これが許されると，有利な結果を導く策略が可能になる．一例をあげると，1993年にオーストラリア政府は，通常の入札型オークションによって衛星テレビの放送権を販売した．Ucom という会社が，この放送権の1つを2億1200万ドルで競り落とした．政府が Ucom が競り勝ったことを宣言した後で，同社は購入権を放棄したため，政府は2番目に高い値をつけた買い手に放送権を売ることにしたが，なんとその買い手も Ucom であった．Ucom はその購入権も放棄した．その後さらに数回の権利放棄を行って，4ヶ月後に Ucom は最初の買値より9500万ドルも低い1億1700万ドルで権利を手に入れたのである．結局，最高の値をつけた買い手が2番目に高い付け値で放送権を買ったことになったが，オークションのデザインがまずかったため，オーストラリアの有料テレビ放送の開始は少なくとも1年間は遅れてしまった[3]．

18.8 勝者の災い

最後に，**一般的価値オークション**について説明しよう．この場合，競売の対象になっている財は，すべての買い手にとって同じ価値をもっている．ただし，それぞれの買い手は，その価値について異なる見積もりをしている可能性がある．これを強調するために，買い手にとって共通の真の価値を v とし，買い手 i が推測する価値を $v + \varepsilon_i$ としよう．ε_i は買い手 i の推測にともなう誤差を表してくる．

この状況を前提にして，入札型オークションについて考えてみよう．買い手 i はどのような買値を表明すべきだろう．直感に訴えるために，すべての買い手が自分の推測値どおりに値をつけたとしよう．すると，最大の ε_i（これを ε_{max} と表す）をつけた買い手が財を競り落とすことになる．しかし $\varepsilon_{max} > 0$ である限り，この買い手は真の価値以上の価格で財を買わねばならない．これがいわゆる**勝者の災い**（Winner's Curse）である．オークションに勝ったのは，

---

[3] 以上のエピソードの詳細と，この教訓がアメリカにおける放送権の販売にどのように取り入れられたかについては，John McMillan, "Selling Spectrum Rights," *Journal of Economic Perspective*, 8 (3), pp. 145-152を参照せよ．この論文では，先に触れたニュージーランドにおける例についても述べられている．

競売された財を過大評価したからである．つまり，競り勝つためには必要以上に楽観的でなければならないのである．

　この例のような一般的価値オークションにおける最適な戦略は，自分の推測値よりも低い価格を表明することであり，買い手の数が多いほど低い値をつければよい．なぜそうなのかは，次のように考えれば明らかである．たとえば，ある買い手が5人の買い手の中で最高の値をつけたとしたら，その買い手は過度に楽観的であるが，もし20人の買い手の中で最高の値をつけたなら，とんでもなく楽観的である．より多くの買い手がいるほど，買い手は競売されている財の真の価値をより控えめに見積もる必要がある．

　1996年5月にFCCが行った個人情報通信用の電波周波数のオークションでは，この勝者の災いが生じたようである．そのオークションにおいて最高の買値を示して競り勝ったネクスト・ウェイブ・パーソナル・コミュニケーション社は，63の使用権に42億ドルの値をつけ，競売されたすべての周波数を手に入れた．しかし，同社はこの代金を支払うことができず，1998年1月に倒産防止条例の適用を申請することになってしまった．

18.9　安定結婚問題

　消費者同士が相手を選ぶ**双方向マッチング・モデル**（two-sided matching models）には多くの例がある．たとえば，デートサービスや結婚相談所を利用して男性は女性と結ばれるかもしれない．また学生と大学，入部希望者と学生クラブ，そしてインターンと病院は互いを選び合う．

　これらのマッチングを実現するための良い方法はあるだろうか．また「安定的な」マッチングはつねに存在するだろうか．以下では，正確に定義された意味での安定的なマッチングを見つけるための簡単なメカニズムを紹介しよう．

　いま n 人の男性と n 人の女性がおり，それぞれのダンスの相手を見つける必要があるとしよう．各女性はそれぞれの好みにしたがって男性をランク付けし，男性も同様に女性をランク付けしている．簡単のために，ランク付けには同順位はないとし，誰もがダンスに参加することを望んでいるとしよう．

　この場合，ダンスの相手を見つける魅力的な方法のひとつは，「安定的な」マッチングを見つけることである．ここで安定的という意味は，どのカップルも他の相手とカップルになりたくないと考えている状態である．言い換えれば，

ある男性にとって現在の相手よりもより好ましい女性がいるのであれば，その女性にとって当該の男性は彼女の現在の相手よりも好ましくないということである．

では安定的なマッチングはつねに存在するだろうか．存在するならば，どうやってそれを見つければよいだろう．メロドラマやロマンス小説が与える印象とは異なり，安定的なマッチングはつねに存在する．そしてそれを見つけることは案外簡単である．

最も有名な方法は，**受け入れ保留方式**（deferred acceptance algorithm）と呼ばれるものであり，次のような操作をする[4]．

ステップ1．各男性は彼が最も好む女性にダンスを申し込む．

ステップ2．各女性は，彼女が受けた申し込みのリストをカードに記録する．

ステップ3．すべての男性の申し込みが終わると，各女性は自分が最も好む男性以外の申し込みを（やさしく）拒否する．

ステップ4．拒否された男性は各自が2番目に好む女性にダンスを申し込む．

ステップ5．ステップ2に戻り同じことを繰り返し，それをすべての女性が申し込みを受けるまで続ける．

この方式ではつねに安定的なマッチングを見つけることができる．もしそうではなく，ある男性にとって，現在のパートナーよりも好ましい女性がいたとしよう．そうだとすれば，彼は現在のパートナーと出会う前にそのより好ましい女性にダンスを申し込んでいたはずである．もしその女性が現在のパートナーよりもその男性が好ましいのなら，彼女は現在のパートナーの申し込みをすでに断っていたはずである．

すべての男性は他の安定的なマッチングよりもこの方式で得られたマッチン

---

[4] David Gale and Lloyd Shapley, "College Admissions and theStability if Marriage," *American Mathematical Monthly*, 69, 1962, pp.9–15.

グをより好むから，受け入れ留保方式にしたがえば，男性にとって最善な安定的マッチングが実現する．もちろん，男女の役割を逆にすれば，女性にとって最善な安定的マッチングが実現する．

上の例はいくぶん些末に思えるかもしれないが，受け入れ留保方式によるマッチングは，生徒と学校のマッチングに関してボストンとニューヨークにおいて実際に使われており，研修医と病院のマッチングについては全米で使われている．

18.10　メカニズム・デザイン

以上で論じてきたオークションや双方向マッチングは，**経済メカニズム**の例である．経済メカニズムの基本的な考え方は，ある望ましい結果を生み出す「ゲーム」あるいは「市場」を定めることである．

たとえば，ある人が絵画を売るためのメカニズムをデザインしたいとしよう．この場合，自然なメカニズムはオークションである．しかしオークションにはさまざまなデザインの仕方がある．オークションは，最も効率的なように（すなわち，その絵に最も高い価値をつける人の手に入るように）デザインするべきだろうか．あるいは，たとえ売れ残る危険があっても，売り手の収入が最大になるようにデザインするべきだろうか．

すでに見たように，オークションにはいくつかのタイプがあり，それぞれ利点と欠点がある．与えられた特定の状況のもとで，どのタイプのオークションを選べばよいかは重要な問題である．

メカニズム・デザインは，基本的には**ゲーム理論**を逆にしたものである．ゲーム理論では，あらかじめ与えられたゲームのルールのもとで，どのような結果が生まれるかを決定する．メカニズム・デザインの場合は，実現したい結果がまず与えられ，それを実現するようなゲームをデザインするのである[5]．

メカニズム・デザインはオークションと双方向マッチングだけに限るわけではない．**投票のメカニズム**や37章で論じた**公共財**のメカニズムも含まれるし，35章で説明した**外部性**のメカニズムも含まれる．

---

[5]　2007年度のノーベル経済学賞は，メカニズム・デザインへの貢献に対してレオ・ハヴィッツ，ロジャー・マイヤーソン，およびエリック・マスキンに与えられた．

18.10 メカニズム・デザイン

一般的なメカニズムでは，さまざまな経済主体（たとえば消費者や企業）がいるとして，それぞれが私的な情報をもっていると考える．オークションの場合には，私的情報は競りにかけられているものの評価価値であり，企業が含まれる問題の場合に，私的情報はたとえば企業の費用関数である．

経済主体は私的情報の一部を「中央当局」（オークションの場合は競売人）に通知する．当局は経済主体のメッセージを検討し，誰が競りにかけられているものを受け取るか，企業は何を生産するべきか，誰が支払い，誰が支払われるのかなどについて経済主体に報告をする．

メカニズム・デザインをする際の主要な決定事項は，当局にどのようなメッセージを送るかということと，当局がどのようななルールを課すかということである．問題の制約は，通常の資源制約（すなわち，1つのものしか販売されない），および各経済主体は自己の利益のために行動するという制約である．後者の制約は，**誘因両立性制約**（incentive compatibility constraint）と呼ばれる．

またこれら以外の制約も考えられる．たとえば，経済主体が自主的にメカニズムに参加するという制約，つまり参加した方が報酬が大きくなるという制約もありえる．しかし，以下では簡単のためにこのような制約は無視をする．

メカニズム・デザインのイメージを得るために，分割できない財を2人の経済主体のどちらかに与えるかという問題を考えよう．経済主体1が財を得るときは $(x_1, x_2) = (1, 0)$ と表し，経済主体2が財を得るときは $(x_1, x_2) = (0, 1)$ と表す．また財の価格を p とする．

各経済主体が当局に知らせる情報は各自にとっての財の価値だけだとしよう．これは**直接顕示メカニズム**（direct revelation mechanism）と呼ばれる．このメカニズムでは，当局は最も高い価値を報告した経済主体に財を与え，価格 p を支払わせる．

この場合，価格 p にはどのような制約がかかるだろう．たとえば経済主体1が最も高い価値を報告したとしよう．すると，主体1が当局に送るメッセージは，彼が主体2と同じメッセージを送ったときに得られる報酬（それはゼロである）よりも高い報酬を得ることを明らかにしなければならない．これは

$$v_1 - p \geq 0$$

を意味する．同様にして，経済主体2のメッセージは，彼が主体1と同じメッ

セージを送っていれば財を得られたであろうことを示さねばならないから，

$$0 \geq v_2 - p$$

を満たさねばならない．これらを合わせると $v_2 \geq p \geq v_1$ となるから，当局が課す価格は，最大の価値と最小の価値の間になければならない．

実際に当局が課すべき価格を決めるためには，当局の目的と情報を考える必要がある．もし当局が v_1 が v_2 に十分近いと判断するなら，最も高い入札額を示した経済主体に財を与え，v_2 の価格を支払わせるだろう．

このオークションでは最も高い額を示した入札者が財を得て，2番目に高い入札額を支払うから，**18.1** で説明した**ヴィックリイ・オークション**にほかならない．このケースでは，ヴィックリイ・オークションは非常に魅力的なメカニズムである．

要　　約

1. オークションは，大昔からある商品の販売方法である．
2. 競売されている財の各買い手にとっての価値が，他の買い手にとっての価値とは独立に決まる場合，オークションは私的価値オークションと呼ばれる．競売されている財がすべての買い手にとって基本的に同じ価値をもつときには，一般的価値オークションと呼ばれる．
3. 一般的なオークションの形態はイギリス型オークション，オランダ型オークション，入札型オークション，そしてヴィックリイ・オークションである．
4. イギリス型とヴィックリイ・オークションはパレート効率的な結果をもたらすという望ましい特徴をもっている．
5. オークションにおいて利潤最大化を実現するには，一般にオークションを始めるときの留保価格を戦略的に決める必要がある．
6. オークションは優れた市場メカニズムではあるが，共謀やその他の策略にさらされる危険性をもっている．

19章 技　　術

　本章から企業行動の検討を始めよう．まず，企業行動に制約を課す要因から吟味しよう．企業が種々の選択をするとき，多くの制約に直面する．これらの制約は顧客，競争相手の企業，自然界によって課される．本章では自然界の制約を取り扱う．自然界は生産方法に制約を課する．すなわち，投入物から産出物を生産するとき，企業にはある限られた実現可能な方法しかない．言い換えれば，生産方法はある種の技術上の選択に限定されている．経済学がこの技術的制約をいかに説明しているかを見てみよう．

　読者が消費者理論を理解していれば，生産者理論も同じ分析ツールを用いるから，理解は非常に容易であろう．実際，生産理論は消費理論よりもずっと簡単である．なぜなら，消費の「アウトプット」である効用は直接観察できないのに対し，生産過程の産出物は一般に観察できるからである．

19.1　投入物と産出物

　生産への投入物を**生産要素**（factors of production）という．生産要素はしばしば土地，労働，資本，原材料のように大まかな分類がなされる．労働，土地，原材料が意味することはかなり明白であるが，資本については初学者にとって新しい概念であるかもしれない．**資本財**（capital goods）はそれ自体生産された財であり，生産への投入物である．基本的には資本財はいろいろな形態の機械・設備であり，たとえばトラクター，建物，コンピュータ等である．

　資本は企業活動を開始するときや事業を維持するうえでの資金の意味で使われることもある．この意味で使われるときは常に**金融資本**（financial capital）という言葉を使用する．資本財というとき，それは生産された生産要素を指し，

物的資本（physical capital）という言葉を使用する．

以下では，通常，投入物や産出物をフ・ロ・ー・単位で測定する．たとえば，1週間当たりの労働量と1週間当たりの機械稼働時間が，1週間当たりの産出量を生産するという具合いに表現する．

ただし以下では，上述した分類をそれほど頻繁には使用しない．技術について述べるとき投入物や産出物の種・類・にほとんど触れずにすますことができ，投入量と産出量の関係がわかっていればよい．

19.2 技術的制約

自然界は企業に**技術的制約**（technological constraints）を課する．すなわち，ある所与の産出量を生産するのにあらゆる投入物の組み合わせのうちいくつかの組み合わせだけが実現可能な方法であり，企業は技術的に実現可能な生産計画に自ら制約を課さざるをえない．

実現可能な生産計画を記述する最も容易な方法は，それらをリストにすることである．そうすれば，技術的に実現可能な投入物と産出物のすべての組み合わせを一覧することができる．技術的に実現可能な生産方法を包括する投入物と産出物のすべての組み合わせの集合を**生産集合**（production set）という．

たとえば，投入物と産出物が1つずつしかないと想定しよう．投入量を x で示し，産出量を y で示す．生産集合が**図19.1**で示した形をもっているとき，ある点 (x, y) がその生産集合に属する場合，投入量が x であれば，産出量 y を生産することが技術的に可能であるという．生産集合は企業が直面する可・能・

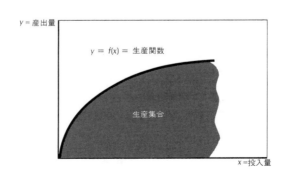

図19.1 生産集合

な技術的選択を示す．

投入に費用がかかるかぎり，ある一定の投入量から得られる最大可能産出量に限定して検討しても意味がある．最大可能産出量は**図19.1**に描かれている生産集合の境界線である．この境界線によって決定される関数は**生産関数**（production function）として知られている．生産関数は，ある一定の投入量とそれから得られる最大可能産出量との関係を示す．

もちろん，生産関数の概念は投入物が複数ある場合でも同様に成立する．たとえば，投入物が2つあるケースを考えてみれば，生産関数 $f(x_1, x_2)$ は第1要素を x_1 単位，第2要素を x_2 単位投入したとき得られる最大産出量を示す．

投入物が2つある場合，その生産関係を**等量曲線**（isoquant）を用いて描くと便利である．等量曲線は，ある一定の産出量を生産するのに過不足のない第1投入物と第2投入物のあらゆる可能な組み合わせの集合である．

等量曲線は無差別曲線に似ている．前述したように，無差別曲線はある効用水準を生み出すのに過不足のないさまざまな消費ベクトルの集合を描く．しかし，無差別曲線と等量曲線には重要な差異が1つある．等量曲線は効用水準ではなくて生産可能な産出量に結びつけられている．すなわち，等量曲線の水準は技術によって固定されており，効用水準のように任意の値を与えることはできない．

19.3 技術の例

無差別曲線についてはすでによく知っているので，等量曲線がどのようなものかを容易に見ることができる．技術と等量曲線についていくつか例をあげ検討していこう．

固定比率

いま穴を掘る場合に，1人が1つのシャベルを使って穴を掘り，その方法しかないと想定しよう．1人に2つ以上のシャベルを割り当てても意味がなく，1つのシャベルに2人以上を振り向けたとしても意味がない．したがって，達成可能な穴の数は確保可能な人数と利用可能なシャベルの数のうち小さい方に制約される．このようなとき生産関数は $f(x_1, x_2) = \min\{x_1, x_2\}$ と書かれる．その場合の等量曲線が**図19.2**に描かれている．これらの等量曲線は消費理論に

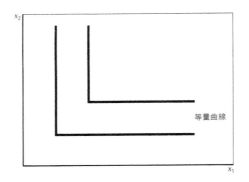

図19.2　固定比率

おいて見られた完全補完財のケースに相当する．

完全代替財

宿題をするとき，投入物は赤鉛筆と青鉛筆であると想定しよう．達成される宿題量はただ鉛筆の数だけに依存するので，生産関数を $f(x_1, x_2) = x_1 + x_2$ と表現する．その場合の等量曲線は**図19.3**に描かれており，それは消費理論における完全代替財のケースに相当する．

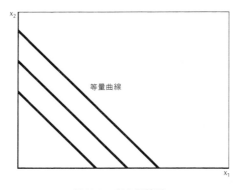

図19.3　完全代替財

コブ-ダグラス型

生産関数が $f(x_1, x_2) = Ax_1^a x_2^b$ の形をしているとき，**コブ-ダグラス型生産関**

数（Cobb-Douglas production function）という．これは前述したコブ-ダグラス型選好のケースに相当する．効用関数の場合，基数的大きさは重要ではなかったので $A=1$ とし，通常 $a+b=1$ とする．しかし，生産関数では大きさが意味をもつのでこれらのパラメータは任意の値をとると考えなければならない．パラメータ A は，大まかに言って，生産の規模を示す指標であり，各投入物を1単位ほど使用したときいくらの産出量が得られるかを示す．パラメータ a と b は各投入物の投入量の変化に対応していくら産出量が変化するかを示す．これらの影響については後に詳細に検討する．いくつかの例では計算を簡単にするために $A=1$ とする．

コブ-ダグラス型等量曲線はコブ-ダグラス型無差別曲線と同様に適正な性質をもつ形をしている．効用関数のケースと同様に，コブ-ダグラス型生産関数は適正な性質をもつ等量曲線の最もシンプルな例である．

19.4　技術の特性

消費理論と同様に，一般に技術についていくつかの特性が仮定される．まず一般に，技術は**単調**（monotonic）であると仮定される．すなわち，ある一定の投入量からある一定の産出量が得られるとき，その産出量の生産を可能にする最低必要投入量があり，それを超えた投入物を余分にもっていても生産の障害にならないとする．これは**自由処分**（free disposal）の仮定といわれることが多い．もし企業が投入物を費用をかけずに処分することができれば，投入物を余分にもっていても損害を被らない．

第2に，しばしば技術は**凸型**（convex）であると仮定される．これは次のことを意味する．y 単位の産出量を生産するとき2つの方法 (x_1, x_2) と (z_1, z_2) があれば，それらの加重平均は少なくとも y 単位の産出量を生産できるはずである．

凸型の技術については次のように考えることができる．第1要素を a_1 単位，第2要素を a_2 単位だけ利用して産出量1単位を生産する方法があり，別に第1要素を b_1 単位，第2要素を b_2 単位だけ利用して産出物1単位を生産する方法があると想定しよう．産出物を生産するこれらの2つの方法を**生産技術**（production techniques）という．前者 (a_1, a_2) を「a」技術，後者 (b_1, b_2) を「b」技術とする．

さらに，生産を任意の規模で自由に拡大させることができると想定しよう．すなわち，投入量をたとえば $(100a_1, 100a_2)$ と $(100b_1, 100b_2)$ のように100倍に増加させれば，100単位の産出物を生産することができる．しかし，第1要素を $25a_1+75b_1$ 単位，第2要素を $25a_2+75b_2$ 単位投入すれば，そのときでも100単位の産出物を生産できることに注意する必要がある．それはちょうど「a」技術を利用して25単位の産出物を生産し，「b」技術を利用して75単位の産出物を生産すると考えればよい．

このことが**図19.4**に描かれている．「a」と「b」の2つの活動水準の組み合わせを自由に操作することによって，一定の産出量をいろいろ異なった方法で生産することができる．特に，点 $(100a_1, 100a_2)$ と $(100b_1, 100b_2)$ を結ぶ線に沿うすべての要素の組み合わせは産出物を100単位生産するのに実現可能な方法である．

生産過程についてその規模を容易に拡大したり縮小したりすることができ，しかも，別々の生産過程が互いに矛盾しない場合，技術の凸性はごく自然な仮定である．

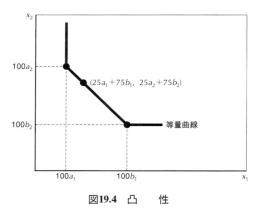

図19.4 凸　性

19.5　限界生産物

ある点 (x_1, x_2) で操業しているとき，第2要素を x_2 の水準で一定に保ちながら第1要素をごくわずか増加させたと想定しよう．そのようなとき，第1要素の追加的1単位当たりいくらの産出量を得ることができるだろう．第1要素

の変化分 Δx_1 単位当たりの産出量の変化分 Δy を見なければならない．それは，

$$\frac{\Delta y}{\Delta x_1} = \frac{f(x_1 + \Delta x_1, x_2) - f(x_1, x_2)}{\Delta x_1}$$

である．これを**第1要素の限界生産物**（marginal product of factor 1）という．第2要素の限界生産物も同様な方法で定義される．第1要素と第2要素の限界生産物をそれぞれ $MP_1(x_1, x_2)$，$MP_2(x_1, x_2)$ で表す．

以下では，若干厳密ではないが，限界生産物を第1要素の追加「1」単位から得られる産出量の増加分と表現することもある．第1要素の「1」単位が使用している総量と比較して小さいかぎり，この表現には問題がないだろう．しかし，限界生産物は率，すなわち追加投入物単位当たりの産出量増加分であることに注意しなければならない．

限界生産物の概念は，効用の序数性を別にすれば，消費理論のところで述べた限界効用の概念にちょうど対応する．ここでは物的産出を議論しており，要素の限界生産物は具体的な数値であり，原則として観察することができる．

19.6　技術的代替率

ある点 (x_1, x_2) で操業しているとき，第1要素の使用を少しだけ取り止め，代わりに第2要素を増やして同じ産出水準 y を生産すると想定しよう．もし取り止めた第1要素の量が Δx_1 であるとすれば，第2要素の追加量 Δx_2 はいくら必要だろうか．これはちょうど等量曲線の接線の傾きであり，これを**技術的代替率**（technical rate of substitution）といい，$TRS(x_1, x_2)$ で示す．

技術的代替率は生産における2つの投入物のトレード・オフを測る尺度である．それは企業が産出量を一定に保つためにある投入物から他の投入物に代替しなければならない率を示す．

TRS の定義式を導出するには，無差別曲線の傾きを定義したときと同じ考え方を利用することができる．産出量を一定に保つような第1要素と第2要素の投入量の変化を考える．すなわち，

$$\Delta y = MP_1(x_1, x_2)\Delta x_1 + MP_2(x_1, x_2)\Delta x_2 = 0$$

これを解けば，

$$TRS(x_1, x_2) = \frac{\Delta x_2}{\Delta x_1} = -\frac{MP_1(x_1, x_2)}{MP_2(x_1, x_2)}$$

が得られる．限界代替率の定義と似ていることに注意せよ．

19.7 限界生産物の逓減

第1要素と第2要素がある量だけ使用されており，第2要素を一定に保ち，第1要素を追加していくと想定しよう．このとき，第1要素の限界生産物に何が起こるだろうか．

技術が単調であるかぎり，第1要素の投入量を増加すれば，総産出量は上昇していく．しかし，その増加額は次第に減少していくと考えるのが自然である．具体的に，農業を例にとって考えてみよう．

1人の人が1エーカーの土地から100単位のトウモロコシを生産していると想定しよう．いまここで土地を広げず人だけを1人増やせば，200単位のトウモロコシが得られるとする．このとき，追加の労働者の限界生産物は100である．この土地にさらに労働者を追加し続ける．各労働者は産出量を増やすことができるが，追加の労働者によって生産されるトウモロコシの増加量はいつかは100単位より小さくなるだろう．4人，5人と追加していけば，労働者1人当たりの産出量増加分は90, 80, 70, …と下落していく．あるいは，産出の水準が下落することさえある．1エーカーの土地に100人もの人がひしめいて働いているとき，追加された労働者は産出の低下を惹き起こしさえする．

ある要素の限界生産物は，その要素を追加していけばいくほど減少していくと考えるのが普通である．これが**限界生産物逓減の法則**（law of diminishing marginal product）といわれるものである．これは本当は「法則」ではなく，ほとんどの生産過程に共通な特徴であるにすぎない．

限界生産物逓減の法則はすべての他の投入物が一定に固定されているときのみ妥当することに注意すべきである．農業の例では，労働投入だけを変化させ土地と原材料は固定されている．

19.8 技術的代替率の逓減

限界生産物逓減と密接に関連するもう1つの技術に関する仮定は，**技術的代**

替率の逓減 (diminishing technical rate of substitution) の仮定である．第1要素の投入量を増加させ，同一の等量曲線にとどまるように第2要素の投入量を調整していくとき，技術的代替率は下落していく．大まかに言って，TRS 逓減の仮定は，等量曲線に沿い投入物 x_1 を増加させる方向で移動するにつれて等量曲線の傾きの絶対値は減少しなければならず，投入物 x_2 を増加させる方向で移動するとき等量曲線の傾きは急にならなければならないことを意味する．このことは，等量曲線が適正な性質をもつ無差別曲線と同じように凸型をしていることを意味する．

技術的代替率逓減の仮定と限界生産物逓減の仮定は密接に関連しているが，異なったものである．限界生産物逓減は，他の要素の投入量を一定に保ち，ある要素の投入量を増加させていくときの限界生産物の変化に関する仮定である．TRS 逓減の仮定は，ある要素の投入量を増加させ，同一の等量曲線にとどまるように他要素の投入量を減少させるとき，各要素間の限界生産物の比率――等量曲線の傾き――の変化について規定したものである．

19.9 長期と短期

技術を実現可能な生産計画のリストと考える最初の概念に立ち帰ろう．生産計画はすぐに実現可能なものといずれ実現可能なものに区別できる．

短期 (short run) では，すでに決められた水準に固定されている生産要素がいくつかある．農業の例では利用可能な土地すべてを利用している場合，農業者は土地を一定と考えて生産計画を立てるだろう．もっと多くの土地をもっていればトウモロコシをもっと多く生産できていただろうが，短期的にはもっている土地に縛られている．

他方，**長期** (long run) では農業者は自由に土地を購入したり，手放したりすることができる．すなわち，利潤が最大になるように土地投入量の水準を調整することができる．

長期と短期の経済学上の区別は次のとおりである．すなわち，短期においてはいくつかの生産要素は固定されている．一定の土地，一定の設備，一定の機械等はその例である．長期においてはすべての生産要素が変化しうる．

ただし，短期と長期の具体的な長さは決まっていない．何が長期であり，何が短期であるかは分析しようとしている事項に依存する．短期では少なくとも

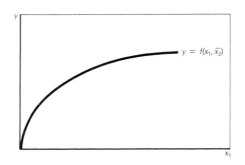

図19.5 生産関数

いくつかの要素は所与の水準で固定されているが，長期ではこれらの要素の投入量は変化しうる．

たとえば，第2要素が短期において $\bar{x}_2$ に固定されていると想定すれば，短期の生産関数は $f(x_1, \bar{x}_2)$ である．産出量 y と投入量 x_1 との関数関係を**図19.5**のように図示することができる．

短期的生産関数の図において，第1要素の投入量が増加するにつれて曲線が次第に平らになっていることに注意せよ．これは限界生産物逓減の法則が働いているためである．もちろん，初期の段階で第1要素の投入量を加えていくと第1要素の限界生産物が増加する領域があることは容易に想像できる．農業の例について見ると，最初の段階では少数の労働者が効率的に分業することによって，追加的労働者はいままで以上に産出量を増加させることが可能かもしれない．しかし，土地を固定しているかぎり，労働の限界生産物はいつかは下落を始める．

19.10 規模に関する収穫

いますべての生産要素の投入量を同時に増加させてみよう．言い換えれば，すべての投入量の規模をある一定倍，たとえば，第1要素と第2要素の投入量をともに2倍に拡大すると想定しよう．

各生産要素の投入量を2倍に増加した場合，産出量がいくらになるかを検討しよう．もっともありそうな結果は，産出量が2倍になることである．これは**規模に関して収穫一定**（constant returns to scale）といわれる．生産関数上で

19.10 規模に関する収穫

は，これは各投入量を2倍にすれば，2倍の産出量が得られることを意味する．投入物が2要素の場合，これを数学的に表現すれば，

$$2f(x_1, x_2) = f(2x_1, 2x_2)$$

となる．一般に，規模に関して収穫一定ならば，生産要素の投入規模を t 倍にすれば，産出量も t 倍になる．すなわち，

$$tf(x_1, x_2) = f(tx_1, tx_2)$$

企業は以前なしていたことを再現できるから，収穫一定は現実にありそうである．企業が各投入物を2倍にする場合，2組の設備を並べて建設することができ，したがって，産出量を2倍にすることができる．各投入物を3倍にすれば，3組の設備を建設し，3倍の産出量を得ることができる．各投入物を t 倍にすれば，t 組の設備を建設し，t 倍の産出量を得ることができる．

技術が規模に関して収穫一定と各要素の限界生産物逓減を同時に示すことは完全に可能である．**規模に関する収穫**（returns to scale）はすべての投入物を増加させたとき起こることを説明し，一方，限界生産物逓減は他の投入物を一定にしておき，ある1つの投入物だけを増加させたとき起こることを説明する．

規模に関して収穫一定は，技術を再現できるから最も「自然な」ケースであるが，これ以外のケースが起こらないとはかぎらない．たとえば，両要素の投入量をある倍率 t で規模拡大した場合，t 倍を超える産出量を得ることはありえる．この場合は**規模に関して収穫逓増**（increasing returns to scale）のケースという．数学的には，規模に関して収穫逓増はすべての $t>1$ について

$$f(tx_1, tx_2) > tf(x_1, x_2)$$

を意味する．

規模に関して収穫逓増の技術の例は何があるだろうか．格好な例はオイル・パイプラインである．いま使っているパイプの口径を2倍し，原材料も2倍使用するが，パイプの断面は4倍になる．したがって，そのパイプから得られるオイルは2倍を超すことができる．（もちろん，この方法をそのままずっと押し進めていくことはできない．パイプの口径を2倍し続けていけば，それ自体の重さでいずれ破壊されるだろう．規模に関して収穫逓増は通常産出量のある範囲内で当てはまる．）

もう1つは**規模に関して収穫逓減** (decreasing returns to scale) のケースである．数学的には，すべての $t>1$ について

$$f(tx_1, tx_2) < tf(x_1, x_2)$$

で表される．

このケースはいくぶん変わっている．各要素を2倍投入したにもかかわらず産出量が2倍に達しない場合，何か間違ったことをしているにちがいない．以前にできていたことを再現することは可能なはずだからである．

規模に関して収穫逓減が起こる理由は，何かある投入物を忘れているためである．ある要素を除いて各投入物を2倍したならば，以前になしていたことを確かに再現することはできず，2倍の産出量を得られない．いずれはこのような状況を改善できるので，規模に関する収穫逓減はきわめて短期的な現象である．

もちろん，産出水準が異なれば，技術は規模に関して異なったタイプの収穫を示す．産出水準が低ければ，技術は規模に関して収穫逓増の性格をもつかもしれない．すなわち，投入物を t 倍だけ増加すれば，産出物は t 倍を超えて増加する．やがて産出水準が高くなれば，t 倍の規模拡大は同じ t 倍の産出量をもたらすようになる．

要　　約

1. 企業の技術的制約は生産集合と生産関数によって表される．生産集合は投入物と産出物の技術的に実現可能なすべての組み合わせを示し，生産関数はある所与の投入量に対応する生産可能な産出量の最大値を示す．
2. 企業が直面する技術的制約を説明するもう1つの手段は等量曲線である．等量曲線は所与の産出量の生産を可能にする投入物のすべての組み合わせを示す．
3. 一般に，等量曲線は，適正な性質をもつ選好と同様に，凸型であり，単調性を示すと仮定される．
4. 限界生産物は，他のすべての投入物を一定に保ったもとで，ある投入物の追加1単位当たりの産出量の変化分を示す．典型的には，投入要素の限界生産物は投入量が増加するにつれて逓減すると仮定される．

5. 技術的代替率（TRS）は等量曲線の傾きである．一般に，TRS は等量曲線に沿い右に移動するにつれて減少すると仮定される．これは等量曲線が凸型であることを別の形で表現したものである．
6. 短期的にはいくつかの投入物は固定されるが，長期的にはすべての投入物は可変である．
7. 規模に関する収穫は，生産規模を変化させたとき，その規模の変化と産出の変化の関係を述べたものである．すべての投入物を t 倍だけ規模拡大した場合，産出も同じ倍率で増加すれば，それを規模に関して収穫一定という．産出が t 倍を超えれば，規模に関して収穫逓増となり，逆に，産出が t 倍を下回れば，規模に関して収穫逓減となる．

20章　利潤最大化

　前章では企業が直面する技術的選択について論じた．本章ではモデルを利用して企業が選択する生産量と生産方法について説明する．ここで採用するモデルは利潤最大化モデルであり，このモデルで想定する企業は，利潤の最大化をもたらす生産計画を選択する．

　本章では，企業が直面する投入物と産出物の価格は所与であると仮定する．すでに述べたように，経済学では個々の生産者がそれらの価格をコントロールできないと考えて行動する市場を**競争市場**（competitive market）という．本章では，生産要素と産出物の市場が競争市場である場合を取り上げ，その市場における企業の利潤最大化問題を扱う．

20.1　利　潤

　利潤（profits）は収入から費用を差し引いたものと定義される．企業が n 種類の産出物（$y_1, \cdots, y_n$）を生産し，m 種類の投入物（$x_1, \cdots, x_m$）を使用するとしよう．産出物の価格を（$p_1, \cdots, p_n$），投入物の価格を（$w_1, \cdots, w_m$）とする．

　企業が受け取る利潤 π は

$$\pi = \sum_{i=1}^{n} p_i y_i - \sum_{i=1}^{m} w_i x_i$$

と表現される．第1項は収入であり，第2項は費用である．

　企業によって使用される生産要素はすべて費用に含められ，市場価格で評価されねばならない．普通これはごく当然なことであるが，企業が同一個人によって所有され経営されている場合，いくつかの生産要素が忘れ去られてしまうことがある．

20.1 利潤

　たとえば，ある個人が自分自身の企業で働いていれば，その労働力は投入物であり，それを費用の一部として算入しなければならない．彼の賃金はその労働の市場価格——その労働を公開市場で販売したら得られたと思われる価格——である．同様に，農業者が土地を所有し，生産にそれを使用した場合，経済的費用を計算するとき土地は市場価格で評価されなければならない．

　これらの経済的費用はしばしば**機会費用**（opportunity costs）といわれる．その名称の由来は次のとおりである．たとえば，ある人が自分の労働をあることに用いている場合，他の雇用機会を棄て，その雇用から得られるはずの賃金を失っていることによる．したがって，その失われた賃金は生産費用の一部である．同様に，土地に例をとると，農業者は農地を誰か他の人に貸す機会があるが，その農地を自分自身に貸すために得られるはずの地代をあきらめている．この失われた地代は機会費用の一部になる．

　経済学で利潤を定義するときにはすべての投入物と産出物を機会費用で評価しなければならない．会計士によって規定される利潤は必ずしも正確な経済学的意味における利潤ではない．会計士が費用計算を行う場合，費用を歴史的費用——その生産要素を購入したときの費用——として把握するが，経済学における費用は，投入物をいま購入したとすればいくらかかるかで評価される．「利潤」という術語にはさまざまな使用方法があるが，常に経済学的定義で用いる．

　利潤に関してしばしば発生するもう１つの混乱は，時間のスケールを混同することから起こる．通常，要素投入物は**フロー**のタームで測定される．たとえば１週間当たりのある労働時間と１週間当たりのある機械稼働時間は，１週間当たりのある産出量を生産するという形で測定される．そのとき要素価格はそのようなフローの購入に適した単位で測定される．たとえば，賃金は当然時間当たりでドル表示されている．同様に，機械の要素価格も**レンタル率**（rental rate）——機械を一定期間貸すときの率——で表示される．

　企業が資本設備を調達する場合，一般的には自社用に購入するので，機械については十分発達したレンタル市場はほとんど見られない．この場合，期首の機械購入費用を見積り，それと期末の機械の転売見積額を比較することによって得られるレンタル率を計算しなければならない．

20.2 企業形態

　資本主義経済では企業は個人によって所有される．企業は法的実体であるにすぎず，究極的には企業の所有者は企業行動に責任をもつ人々であり，彼らが企業行動から得られる収入を獲得し，費用を支払う．

　一般に，企業は個人経営，共同経営，あるいは法人経営として設立される．**個人経営企業**（proprietorship）は1人の個人によって所有される企業である．**共同経営企業**（partnership）は2人以上の個人によって所有される．**法人経営企業**（corporation）は通常複数の個人によって所有されるが，法律上は実際の所有者から分離された実体である．したがって，共同経営企業は，所有者が生きているかぎり，そして彼らが企業の存続に合意するかぎり存続する．法人経営企業はその所有者の寿命よりも長く存続することができる．この理由から，ほとんどの大企業は法人経営企業として設立されている．

　このように企業にはさまざまな形態があるが，それらの所有者は企業経営について異なった目標をもっている．個人経営と共同経営の企業の所有者は毎日の企業経営に直接関わっているので，企業経営上のどのような目的であっても自ら実行する立場にある．典型的には所有者は企業の利潤を最大化することに関心をもっている．しかし，もし所有者が非利潤動機をもっていれば，その目的に合わせて行動する．

　法人経営企業では，その法人の所有者はしばしば実際の会社の経営者とは別である．すなわち，所有と経営の分離が見られる．会社の所有者は企業経営について経営者が遵守すべき目的を定めなければならない．さらに，所有者の念頭にある目標を経営者が実際に追求していくかどうか強い関心を示して見守る．通常，利潤最大化は共通の目標である．以下に見るように，企業経営者は企業の所有者の関心が利潤最大化にあると考えて企業経営を行う．

20.3　利潤と株式の市場価値

　しばしば企業が採用する生産過程は複数期間にまたがる．t期に配置される投入物は，後にサービスの総フローが得られて採算が成り立つ場合がある．たとえば，企業が建設した工場は50年から100年存続することができる．この場

合，ある期の投入物は将来にわたって産出物を生産するのに利用されることになる．

このような場合，費用のフローと収入のフローをある一定期間にわたって評価しなければならない．**10章**で見たように，そのために適切な方法は現在価値の概念を導入することである．金融市場で人々が借りたり貸したりするとき，利子率は異なった期間の消費の自然価格を定義するのに利用できる．企業も同じ種類の金融市場に参加でき，利子率をまさに同じ方法で投資決定の評価に利用できる．

企業の将来利潤のフローが既知である完全な確実性の世界を想定しよう．この世界では，企業の利潤の現在価値は**企業の現在価値** (present value of the firm) を表す．それは誰かがその企業を買ってもよいと思う金額を示している．

上述したように，ほとんどの大企業は法人経営企業として組織されており，多くの個人によって共同で所有されている．会社は個人の持ち分を示すために株式を発行する．ある時期に会社はこれらの持ち分に基づいて企業の利潤の分け前である配当を支払う．会社の所有権を示す株式は**株式市場** (stock market) で売買される．株式価格は，人々が全期間にわたって会社から受け取ると期待する総配当の現在価値を表している．企業の総株式の市場価値はその企業が全期間にわたって生み出すと期待される総利潤の現在価値を表している．したがって，企業の目的——企業が全期間にわたって生み出す総利潤の現在価値を最大化すること——は，株式の市場価値を最大化することでもあるといえる．確実性の世界ではこれら2つの目標は同じものである．

一般に，企業の所有者は企業にその株式市場価値が最大となる生産計画を選択するよう願う．株主は株式価値をできるだけ大きくしたいと考えているからである．**10章**で見たように，異時点における消費者個人の好みがどのようなものであっても，消費者は常に低い現在価値をもつ初期保有量よりも高い現在価値をもつものを選好する．株式の市場価値を最大化することによって，企業は株式所有者の予算集合を可能なかぎり大きくできるから，すべての株主が最も望む方向で行動する．

企業の全期間にわたる総利潤に不確実性がある場合，経営者に利潤の最大化を求めることは意味をもたない．経営者は期待利潤を最大化すべきだろうか，それとも利潤の期待効用を最大化すべきだろうか．危険な投資に対して経営者はどのように対応すべきだろうか．不確実性が存在する場合，利潤最大化に意

味をもたせることは困難である．しかしながら，不確実性の世界でも株式の市場価値を最大化することはなお意味がある．もし経営者が企業の株式価値をできるだけ大きくすることを企てるならば，それは企業の所有者（株主）を可能なかぎり豊かにすることでもある．したがって，株式の市場価値を最大化することは，どのような経済環境にある企業にとっても十分明確な目的になる．

　時間と不確実性についていくつかの点に触れてきたが，以下では主に簡単な――すなわち，単一産出物と単一期間の――利潤最大化問題に限定して検討する．この単純なモデルでも本質的な点を理解することができ，企業行動をより一般化したモデルで研究する際にも役立つ．単純なモデルで用いる大半の考え方は，一般的なモデルに自然な形で応用することができる．

20.4　企業の境界

　企業経営者がいつも直面している１つの大きな問題は「作るか買うか」である．すなわち，企業が何かを作るとき，組織内部で作るべきか，あるいは外部の供給者から買うべきか．それが物的財にかかわるばかりではなく，さまざまなサービスについてもかかわるので，問題は言葉の響きよりも広い．事実，最も広い解釈では，「作るか買うか」は企業が決定するほとんどすべてのことに関連している．

　会社は自社用のカフェテリアを提供しなければならないのか．管理人サービスについてはどうか．複写サービスについてはどうか．旅行支援についてはどうか．明らかに，多くの要因がその決定にかかわってくる．１つの重要な点は規模である．12名の従業員しかいない小さなママ・パパビデオショップではおそらくカフェテリアを提供するということにはならないだろう．しかし，管理人サービスの場合，費用や能力やスタッフの状態によっては外部発注を考えるようになるかもしれない．

　大きな組織でさえ，給食サービスを提供できる余裕が十分あっても，そのようにするかしないかは選択肢の利用可能性に依存している．大都市に立地する組織の従業員は食事に適した施設は周辺に十分にあるが，組織がへんぴな場所に立地していれば，選択は限られたものになる．

　決定的な問題は，対象となる財やサービスが独占的に提供されているか，競争市場で提供されているかにかかっている．概して，利用可能であれば，管理

者は財やサービスを競争市場で買うことを好む．次善の策として，内部の独占者と取引する．サービスの価格と品質の面から見て，最悪の選択は外部の独占者と取引することである．

　複写サービスについて考えてみよう．ビジネスにとって理想的な状態は，競い合う競争的な提供者をたくさんもつことである．そうすれば，安い価格で品質の高いサービスを得ることになる．学校が大きかったり，都市部にあれば，複写サービスは競い合って提供されているかもしれない．他方，田舎の小さな学校は選択の余地が少なく，しばしば高い価格を余儀なくさせられる．

　同じことがビジネスの世界でも当てはまる．高度に競争的な環境にある場合，利用者にとっては選択の幅が広がっている．比較してみると，企業内部の複写部門はあまり魅力的ではないかもしれない．たとえ価格が低くても，サービスは怠慢であるかもしれない．しかし，ただの1社しかない外部の提供者に委ねざるをえない場合は，疑いもなく，最も魅力的でない選択肢である．内部の独占的な提供者のサービスは悪いかもしれないが，少なくとも資金は企業内部にとどまる．

　技術が変化するにつれて，企業内部で構造的に起こったことはなんだろうか．40年前，企業は多くのサービスを自らのために行っていた．現在では，企業はできるだけ外部発注する傾向にある．給食サービス，複写サービス，管理人サービスはしばしばそのような活動に特化する外部の組織によって提供される．そのような特化は，しばしばそれらのサービスを利用する組織に，品質が高くて，それほど高くない価格でサービスを提供することができるようになっている．

20.5　固定要素と可変要素

　ある種の投入物については，ある所与の期間内にその投入量を調整することは非常に困難である．典型的な例をあげると，企業はある投入物をある水準で使用する契約的義務をもっているのが普通である．たとえば，企業が使用期間中ある一定の空間を購入する法的義務を負う建物のリース契約がそうである．企業にとって投入量が固定されている生産要素を**固定要素**（fixed factor）という．要素を異なった量で使用できるとき，それを**可変要素**（variable factor）という．

19章で見たように，短期とはいくつかの固定要素——固定量でのみ利用される要素——が存在する期間と定義された．他方，長期では，企業はすべての生産要素を変えることが可能である．このときすべての要素は可変要素である．

短期と長期の間に厳密な境界はない．厳密な時間の区分は考慮する問題に依存する．重要なことは生産要素のいくつかは短期では固定され，長期では可変的であることである．長期ではすべての要素が可変的であるから，企業は常に投入物と産出物をともにゼロにすること——すなわち，事業から手を引くこと——を自由に選択できる．したがって，企業が長期に実現可能な最も少ない利潤はゼロである．

短期では，たとえ企業が産出量をゼロと決定したとしても，企業はある要素を使用することを義務づけられているので，短期では利潤はマイナスになることも十分ありうる．

定義によって，固定要素は企業が産出量をゼロにしても支払わなければならない生産要素である．たとえば，企業が建物の長期リースを契約していれば，その期間中産出量の水準にかかわらず各期間のリース料金を支払わなければならない．しかし，企業がプラスの産出量を選択した場合にのみ支払いの必要な生産要素も存在する．一例は電灯の電気代である．もし企業が産出量をゼロとすれば電灯を灯す必要がない．しかし，もし産出量をゼロにしなければ電灯を灯すために一定の電気代が必要であり，それに対して支払いをしなければならない．

このような要素を**準固定要素**（quasi-fixed factors）という．産出量がプラスであるかぎり，それらは企業の産出量と独立に一定量使用されなければならない生産要素である．固定要素と準固定要素との区別は，企業の経済行動を分析するに当たって有用になることがある．

20.6　短期の利潤最大化

第2投入物がある水準 $\bar{x}_2$ で固定されている短期の利潤最大化問題を検討しよう．$f(x_1, x_2)$ をある企業の生産関数とし，p を産出物価格，w_1 と w_2 をそれぞれ両投入物の価格とする．その企業が直面する利潤最大化問題は，

$$\max_{x_1} pf(x_1, \bar{x}_2) - w_1 x_1 - w_2 \bar{x}_2$$

20.6 短期の利潤最大化

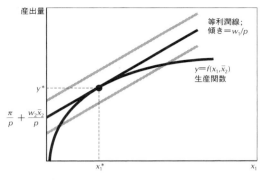

図20.1 利潤最大化

と表すことができる．第1要素の最適選択条件を見つけることは困難ではない．

もし x_1^* が第1要素の利潤最大化選択であれば，産出物価格に第1要素の限界生産物を掛けたものが第1要素の価格に等しくならなければならないから，

$$pMP_1(x_1^*, \bar{x}_2) = w_1$$

となる．言い換えれば，要素の限界生産物の価値はその価格に等しい．

このことを理解するために，第1要素の投入量をごくわずか増加させたと想定しよう．その増加分を Δx_1 とすれば，産出物の増加分は $\Delta y = MP_1 \Delta x_1$ となり，その価値は $pMP_1 \Delta x_1$ である．この産出物の増加分を生産するのに $w_1 \Delta x_1$ の限界費用がかかる．限界生産物の価値がその費用を超過していれば，第1要素を増加させることによって利潤を増加させることができる．もし限界生産物の価値がその費用よりも小さければ，第1要素の水準を減少させることによって利潤を増加させることができる．

第1投入物を増加させても減少させても利潤が増加しないとき，利潤は最大となっている．これは投入物と産出物について利潤を最大にする選択がなされているとき，限界生産物の価値 $pMP_1(x_1^*, \bar{x}_2)$ がその要素価格 w_1 に等しいことを意味する．

この条件を図で導出できる．図20.1に第2要素を $\bar{x}_2$ に固定した場合の生産関数が描かれている．企業の産出量を y で示せば，利潤 π は

$$\pi = py - w_1 x_1 - w_2 \bar{x}_2$$

である．これを y について解き，x_1 の関数として産出量を表現できる．すなわち，

$$y = \frac{\pi}{p} + \frac{w_2}{p}\bar{x}_2 + \frac{w_1}{p}x_1 \tag{20.1}$$

である．この式を**等利潤線**（isoprofit lines）という．これはまさに利潤 π のある一定水準をもたらす投入物と産出物のすべての組み合わせを示す．π が変化するにつれて傾きが w_1/p で縦軸との切片が $\pi/p + w_2\bar{x}_2/p$ である平行な直線の集合が得られる．縦軸との切片は利潤と固定費用を合計したものである．

固定費用は固定されているので，ある等利潤線から他の等利潤線に動くにつれて変化する唯一のものは利潤の水準である．したがって，等利潤線の縦軸との切片が高ければ高いほど利潤の水準も高い．

利潤最大化問題は最も高い等利潤線を示す生産関数上の点を見つけることである．そのような点は **図20.1** に描かれている．通常のように，利潤最大化は接線条件によって決定される．利潤が最大であるとき，生産関数の傾きは等利潤線の傾きに等しくなければならない．生産関数の傾きは限界生産物であり，等利潤線の傾きは w_1/p であるから，この条件はまた

$$MP_1 = \frac{w_1}{p}$$

とも書ける．これはさきに導出した条件にほかならない．

20.7 比較静学

図20.1 を利用して，投入物と産出物の価格が変化するとき企業の投入物と産出物の選択がいかに変化するかを分析できる．すなわち，企業行動について**比較静学**（comparative statics）分析の1方法を示すことができる．

たとえば，第1要素の価格 w_1 が変化するとき第1要素の最適選択はどのように変化するだろうか．等利潤線を定義している (20.1) 式によると，第1要素の価格 w_1 の増加は **図20.2A** に見られるように等利潤線の傾きを急にする．等利潤線の傾きが急になるとき，接点は左に寄らなければならない．したがって，第1要素の最適投入量は減少しなければならない．これは第1要素の価格が上昇すると第1要素の需要は減少しなければならないことを意味する．すなわち，要素需要曲線は右下がりでなければならない．

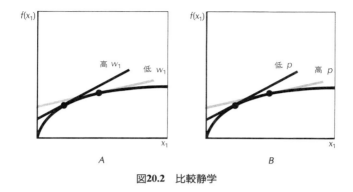

図20.2 比較静学

　同様に，産出物の価格が下落すれば，等利潤線の傾きは**図20.2B**に見られるように急にならなければならない．上述したものと同じ議論によって，利潤最大化によって選択された第1要素の投入量は減少する．第1要素の投入量が減少し，仮定によって短期的に第2要素の水準が固定されているとき，産出物の供給は減少しなければならない．これはすでに1つの比較静学上の結論を示している．すなわち，産出物価格の下落は産出物の供給を減少させなければならない．言い換えれば，産出物の供給曲線は右上がりでなければならない．

　最後に，第2要素の価格が変化すると何が起こるかを検討しよう．ここでは短期分析を行っているから，第2要素の価格に変化があったとしても，第2要素の水準は $\bar{x}_2$ に固定されているので，企業が選択する第2要素の投入量を変化させない．第2要素の価格変化は等利潤線の傾きに影響を与えない．したがって，第1要素の最適選択は変化しないし，産出物の供給も変化しない．変化するのは企業利潤だけである．

20.8　長期の利潤最大化

　長期的には企業はすべての要素の投入量を自由に選択できる．したがって長期の利潤最大化問題は，

$$\max_{x_1, x_2} pf(x_1, x_2) - w_1 x_1 - w_2 x_2$$

で示すことができる．これは基本的には上述した短期問題と同一であるが，こ

こでは両要素を自由に変化させることができる．

　最適選択を規定する条件は本質的に以前と同一であるが，こんどはそれを各々の要素に適用しなければならない．さきに見たように，第2要素の水準がどのようなものであっても第1要素の限界生産物の価値はその価格に等しくなければならない．同様な条件が各生産要素の選択についても成立しなければならない．すなわち，

$$pMP_1(x_1^*, x_2^*) = w_1$$
$$pMP_2(x_1^*, x_2^*) = w_2$$

が成立しなければならない．もし企業が第1要素と第2要素について最適選択をすれば，各要素の限界生産物の価値はそれぞれの価格に等しい．最適選択のもとではどの要素の投入量を変化させても企業の利潤を増加させることができない．

　議論の筋道は短期の利潤最大化と同一である．たとえば，もし第1要素の限界生産物の価値が第1要素の価格を超えれば，第1要素のごくわずかの使用増加は産出物を MP_1 だけ増加させ，販売額を pMP_1 ほど増加させる．もしこの産出物の価値がそれを生産するのに使用される要素の費用を超えれば，明らかに企業はこの要素の使用量を拡大しようとするだろう．

　これらの条件から2つの方程式と2つの未知数 x_1^* と x_2^* が得られる．限界生産物が x_1 と x_2 の関数であるならば，各要素の最適選択を要素価格の関数として解くことができる．その結果得られる式は**要素需要曲線**（factor demand curves）として知られている．

20.9　逆要素需要曲線

　企業の**要素需要曲線**（factor demand curves）はある要素の価格とその要素の利潤最大化選択との関係を示す．上で見たように，利潤最大化のもとでは，任意の価格（p, w_1, w_2）に対して各要素の限界生産物の価値がそれぞれの価格に等しいような要素需要（x_1^*, x_2^*）がある．

　逆要素需要曲線（inverse factor demand curve）は別の観点から同一の関係を示し，要素価格が需要されるある所与の投入量に対応するものでなければならないことを示す．第2要素の最適選択が与えられれば，第1要素の最適選択と

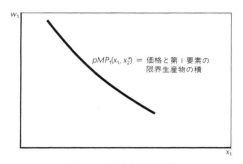

図20.3 逆要素需要曲線

価格との関係を**図20.3**のように描くことができる．これは次の式を図示したものである．

$$pMP_1(x_1, x_2^*) = w_1$$

この曲線は限界生産物逓減の仮定によって右下がりである．また，第2要素の投入量を x_2^* に保ったとき，任意の x_1 について，第1要素の価格が企業に x_1 だけの需要を誘発するものでなければならないことを描いている．

20.10 利潤最大化と規模に関する収穫

競争的利潤最大化と規模に関する収穫との間には重要な関係がある．企業が (x_1^*, x_2^*) の投入水準で生産し，長期的利潤最大化産出量 $y^* = f(x_1^*, x_2^*)$ を選択したとしよう．そのとき利潤は

$$\pi^* = py^* - w_1 x_1^* - w_2 x_2^*$$

で与えられる．

このとき企業の生産関数は規模に関して収穫一定に基づいており，均衡における利潤はプラスであると想定しよう．もし企業が投入量の水準を2倍にしたとすれば何が起こるかを考えてみよう．規模に関して収穫一定の仮定によれば，産出量も2倍になる．では，利潤はどうなるだろうか．

利潤もまた2倍になりそうである．しかし，これは最初の選択において利潤が最大化されているという仮定と矛盾する．この矛盾は最初の利潤がプラスで

あるという仮定からきている．最初の利潤がゼロであれば，問題は起こらない．2倍してもゼロはゼロである．

このことは，あらゆる産出水準で規模に関して収穫一定を示す競争企業にとって，長期的利潤の唯一の根拠ある水準はゼロであることを示す．（もちろん，長期において企業がマイナスの利潤しかあげることができなければ，企業は事業から手を引くだろう．）

ほとんどの人はこの事実に驚く．企業は利潤を最大化するのではなかったのか．企業は長期的にゼロの利潤しか手に入れることができないのか．

際限もなく規模拡大を試みた企業に何が起こるかを考えてみよう．3つのことが起こりうる．まず第1に，企業が大きくなりすぎて効果的に経営することができなくなる．すなわち，企業はすべての産出水準で規模に関して収穫一定の技術を実際に適用することができない．いつかは組織上の調整問題によって規模に関して収穫逓減の領域に入る可能性がある．

第2に，企業は非常に大規模になり，その生産物の市場を席巻するかもしれない．この場合，企業が競争企業のように価格を与えられたものとして行動する理由はなくなる．かわりに，そのような企業はその規模を利用して市場価格に影響を与えることに意味を見い出す．競争相手がいないので，競争的利潤最大化モデルはもはやこの企業にとって理に適ったものとはいえない．この状態の企業行動については独占を扱うときに適当なモデルを用いて説明する．

第3に，もしある企業が規模に関して収穫一定の技術でプラスの利潤をあげることができれば，同じ技術を用いて他の企業もそうすることができる．ある企業が産出を拡大すれば，他の企業もそうするだろう．しかし，もしすべての企業が産出を拡大すれば，これは確実に産出物の価格を低下させ，その産業に属するすべての企業の利潤を低下させる．

20.11 顕示利潤性

利潤を最大化する企業が投入物と産出物を選択するとき，企業は次の2つのことを明らかにする．第1に，投入物と産出物の組み合わせは実現可能な生産計画を提示する．第2に，これらの選択は他の実現可能な選択よりも大きな利潤をもたらす．これらの点をもう少し詳しく検討しよう．

企業が異なった2つの価格のもとで行う2つの選択を想定しよう．t期にお

20.11 顕示利潤性

いて企業は価格 (p^t, w_1^t, w_2^t) に直面しており，(y^t, x_1^t, x_2^t) を選択する．s 期では，企業は価格 (p^s, w_1^s, w_2^s) に直面し，(y^s, x_1^s, x_2^s) を選択する．もし企業の生産関数が t 期と s 期の間で変化せず，企業は利潤最大化行動をとれば，それぞれの期間に対応して，

$$p^t y^t - w_1^t x_1^t - w_2^t x_2^t \geq p^t y^s - w_1^t x_1^s - w_2^t x_2^s \qquad (20.2)$$

$$p^s y^s - w_1^s x_1^s - w_2^s x_2^s \geq p^s y^t - w_1^s x_1^t - w_2^s x_2^t \qquad (20.3)$$

が成立しなければならない．すなわち，t 期の価格に直面している企業が達成する利潤は，s 期の計画のもとでの利潤よりも大きくなければならない．逆はまた逆である．この2つの不等式のうちどちらかが成立しなければ，（技術が変化しない場合）その企業は利潤を最大化していないことになる．

したがって，この両不等式が成立しない2期を観察すれば，企業は利潤最大化を少なくとも2期のいずれかで実現していないことがわかる．これらの両不等式が満たされることは，事実上，利潤最大化行動の公理である．したがって，これを**利潤最大化行動の弱公理**（Weak Axiom of Profit Maximizing Behavior：WAPM）ということにする．

もし企業の選択が WAPM を満足するならば，価格が変化するとき，要素需要と産出物供給の変化について比較静学上有益な結論を導出することができる．(20.3) 式の両辺を適当に移項すれば，

$$-p^s y^t + w_1^s x_1^t + w_2^s x_2^t \geq -p^s y^s + w_1^s x_1^s + w_2^s x_2^s \qquad (20.4)$$

を得ることができる．そして (20.4) 式を (20.2) 式に加えれば，

$$\begin{aligned}(p^t - p^s) y^t &- (w_1^t - w_1^s) x_1^t - (w_2^t - w_2^s) x_2^t \\ &\geq (p^t - p^s) y^s - (w_1^t - w_1^s) x_1^s - (w_2^t - w_2^s) x_2^s\end{aligned} \qquad (20.5)$$

が得られる．

この式を適当に変形すれば，

$$(p^t - p^s)(y^t - y^s) - (w_1^t - w_1^s)(x_1^t - x_1^s) - (w_2^t - w_2^s)(x_2^t - x_2^s) \geq 0 \qquad (20.6)$$

最後に，価格の変化分を $\Delta p = (p^t - p^s)$，産出の変化分を $\Delta y = (y^t - y^s)$ という具合にそれぞれ定義する．これを上式に代入して整理すれば，次式を得る．

$$\Delta p \Delta y - \Delta w_1 \Delta x_1 - \Delta w_2 \Delta x_2 \geq 0 \qquad (20.7)$$

　この式が最終結果である．すなわち，産出物の価格変化分に産出の変化分を掛け，その項から各要素価格の変化分に投入の変化分を掛けたものを引けば，プラスかゼロとならなければならない．この式はもっぱら利潤最大化の定義に由来する．それでも，利潤最大化選択について比較静学上の結論をすべて含んでいる．

　たとえば，産出物価格は変化するが，各要素の価格は一定にとどまる状態を考えてみよう．もし $\Delta w_1 = \Delta w_2 = 0$ であれば，(20.7) 式は

$$\Delta p \Delta y \geq 0$$

に帰する．したがって，産出物の価格が上昇すれば，すなわち，$\Delta p > 0$ であれば，産出の変化もまたプラスかゼロでなければならず，$\Delta y \geq 0$ となる．利潤最大化行動に立つ競争企業の供給曲線の傾きはプラス（少なくともゼロ）でなければならない．

　同様に，もし産出物と第2要素の価格が一定にとどまれば，(20.7) 式は

$$-\Delta w_1 \Delta x_1 \geq 0$$

となり，したがって，

$$\Delta w_1 \Delta x_1 \leq 0$$

となる．

　そのため，第1要素の価格が上昇，すなわち $\Delta w_1 > 0$ であれば，(20.7) 式は第1要素の需要が下落し（あるいは同一水準にとどまり），$\Delta x_1 \leq 0$ となる．このことは要素需要曲線が要素価格の減少関数でなければならないことを意味する．すなわち，要素需要関数は右下がりである．

　WAPM の簡単な不等式と (20.7) 式が意味することは，企業行動について観察可能な強い制約を与える．次に，これらが利潤最大化モデル企業に課される制約のすべてであるかどうかを検討しよう．別の言い方をすれば，企業の選択を観察し，これらの選択が WAPM を満足すれば，観察された選択が利潤最大化を裏打ちするものであり，そのときの技術の推定が可能であるかどうかを検討する．**図20.4** はそのような技術の構築方法を示している．

20.11 顕示利潤性

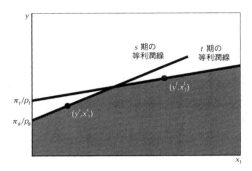

図20.4 可能技術の構築

図によって説明するために，投入物と産出物がともに1つであると想定しよう．t 期と s 期において観察された選択をそれぞれ (p^t, w_1^t, y^t, x_1^t) と (p^s, w_1^s, y^s, x_1^s) で示す．各期の利潤 π_s と π_t を計算し，これらの利潤をもたらす y と x_1 のすべての組み合わせをプロットすることができる．

ここで，2つの等利潤線

$$\pi_t = p^t y - w_1^t x_1$$
$$\pi_s = p^s y - w_1^s x_1$$

についてプロットし，検討してみよう．

t 期の等利潤線を超える点は t 期の価格で評価した π_t よりも高い利潤を示し，s 期の等利潤線を超える点は s 期の価格で評価した π_s より高い利潤を示す．WAPM によると，t 期の選択は s 期の等利潤線の下方になければならず，s 期の選択は t 期の等利潤線の下方になければならない．

この条件が満たされるならば，(y^t, x_1^t) と (y^s, x_1^s) が利潤最大化を裏づける選択であり，そのときの技術を見つけることは困難ではない．両曲線の下側の影の部分をとればよいのである．影の部分のすべての選択は t 期と s 期の価格集合に対応する選択よりも低い利潤をもたらす．

この技術に対応する観察された選択が利潤最大化を裏づける選択であることを証明するには，図示するとわかりやすい．価格 (p^t, w_1^t) のもとで，選択 (y^t, x_1^t) は最も高い等利潤線上にある．同じことが s 期の選択についても成立する．

したがって，観察された選択が WAPM を満足するとき，その観察に対応する技術を「再構築」することができる．この意味で WAPM と矛盾しない観察された選択は，利潤最大化を実現する選択となりうる．企業がなす選択の観察を多くしていけば，図20.5 に見られるように，生産関数の形が次第に明確になってくる．

生産関数のこの推定方法はその他の環境における企業行動を予測したり，経済分析上の他の用途にも利用することができる．

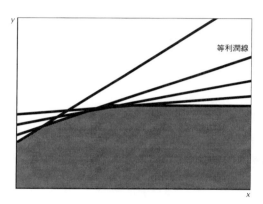

図20.5　技術の推定

20.12　費用最小化

もし企業が利潤を最大化し，ある産出 y を供給することを選択すれば，企業は y を生産する費用を最小化していなければならない．これが事実でなければ，産出 y を生産するのにより安い方法があるはずである．このことは企業がはじめから利潤を最大化していなかったことを意味する．

この簡単な事実は企業行動を考えるうえで非常に有用であることがわかる．利潤最大化問題を 2 つの段階に分けて考えると便利である．まず，任意の産出 y の生産費を最小化する方法を見い出し，そのうえでどの産出水準が利潤最大化を実現する水準であるかを見つけ出す．これを次章で検討しよう．

要　　約

1. 利潤は収入と費用の差である．この定義で重要なことは，すべての費用が適正な市場価格で評価されなければならないことである．
2. 固定要素はその投入量が産出水準と独立な要素である．一方，可変要素はその投入量が産出水準の変化に依存する要素である．
3. 短期では，ある要素はすでに決められた量で使用されなければならない．しかし，長期ではすべての要素が自由に変更されうる．
4. 企業が利潤を最大化していれば，企業が投入量を自由に変えられる要素について，その限界生産物の価値は，その要素価格に等しくなければならない．
5. 利潤最大化の論理によれば，競争企業の供給関数は産出物価格の増加関数でなければならず，要素需要関数は要素価格の減少関数でなければならない．
6. 競争企業の技術が規模に関して収穫一定であれば，その企業の長期的最大利潤はゼロでなければならない．

21章 費用最小化

われわれの目的は，競争市場や非競争市場において利潤最大化を図る企業の行動を分析することである．前章では，利潤最大化問題そのものを直接扱うことによって，競争市場における企業の利潤最大化行動を分析した．

しかし，より間接的なアプローチによって，いくつかの重要な洞察が得られる．そのやり方として，利潤最大化問題を2つの段階に分けて分析を行う．まず，ある与えられた産出水準を生産する費用をいかにして最小化するかという問題を調べ，次に，利潤が最大になる産出水準を選択する方法を検討する．本章では，第1の段階，すなわち与えられた産出水準を生産するときの費用最小化問題を取り上げることにしよう．

21.1 費用最小化

2つの生産要素を考え，それぞれの価格を w_1 と w_2 とする．このとき，所与の産出水準 y を生産する最も安価な方法を考えてみよう．2つの生産要素の投入量を x_1 および x_2 で表し，企業の生産関数を $f(x_1, x_2)$ とすると，費用最小化問題は次のように書くことができる．

$$\min_{x_1, x_2} w_1 x_1 + w_2 x_2$$

ただし，

$$f(x_1, x_2) = y.$$

分析を進めるに当たって，前章同様に注意すべきことは，費用を計算するときはすべての生産費用を含めること，およびすべての変数を矛盾のない時間の

尺度で評価することの2点である．

　この費用最小化問題の解——望ましい産出水準を生産するのに必要とされる最小の費用——は，w_1, w_2 および y によって決まる．そこで，その解を $c(w_1, w_2, y)$ と書くことにしよう．この関数は**費用関数**（cost function）として知られ，大変興味深い関数である．費用関数 $c(w_1, w_2, y)$ は，要素価格が (w_1, w_2) であるときに y 単位の産出量を生産する最小の費用を表す．

　費用最小化問題の解法について理解を深めるために，企業が直面する費用と技術的制約を同じ図の上に描くことにしよう．等量曲線は，y を生産する x_1 と x_2 のすべての組み合わせを示す技術的制約を表現したものである．

　費用がある与えられた水準 C であるときの投入量のすべての組み合わせを描くことにしよう．費用関数は，

$$w_1 x_1 + w_2 x_2 = C$$

と書くことができ，これを変形すると次の式が得られる．

$$x_2 = \frac{C}{w_2} - \frac{w_1}{w_2} x_1.$$

容易にわかるように，これは傾き $-w_1/w_2$ と縦軸切片 C/w_2 をもつ直線である．C を変化させることによって，**等費用線**（isocost lines）を得る．等費用線上の点はいずれも同一の費用 C を表し，より上方の等費用線ほどより大きな費用を示す．

　したがって，費用最小化問題は次のように言い換えることができる．すなわち，この問題は，等量曲線が最下方の等費用線と接する点を見つけることである．そのような点は，**図21.1** で示されている．

　最適解がそれぞれの要素をいくらか使用することを意味し，等量曲線が良い形のなめらかな曲線であれば，費用最小点は，等量曲線の傾きが等費用線の傾きに等しくなるという接線の条件によって示されることに注意しよう．つまり，19章で定義した用語を用いると，最適点では技術的代替率は要素価格比に等しくなければならない．すなわち，次の式が成立する．

$$-\frac{MP_1(x_1^*, x_2^*)}{MP_2(x_1^*, x_2^*)} = TRS(x_1^*, x_2^*) = -\frac{w_1}{w_2}. \tag{21.1}$$

（2要素のうち一方しか用いられないような端点解が存在すれば，この接線の条件は成立しない．同様に，生産関数が「屈折点」をもつ場合も，接線の条件

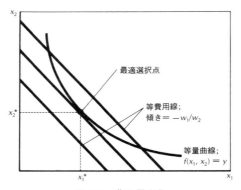

図21.1 費用最小化

はなんら意味をもたない．これらの例外は，消費者選択の場合とまったく同じ状況であるので，本章ではこれらのケースについて立ち入ることはしない．)

(21.1) 式は容易に導出できる．産出水準を一定に保つような生産パターンの任意の変化 $(\Delta x_1, \Delta x_2)$ を考えよう．このような変化は，次の式を満たさなくてはならない．

$$MP_1(x_1^*, x_2^*)\Delta x_1 + MP_2(x_1^*, x_2^*)\Delta x_2 = 0. \tag{21.2}$$

Δx_1 と Δx_2 の符号が逆であることに注意しよう．第 1 要素の使用量を増やすとき，産出水準を一定に保つためには，第 2 要素の使用量を減らさなくてはならないからである．

費用最小点では，この変化によって費用がさらに減少することはありえない．したがって，

$$w_1\Delta x_1 + w_2\Delta x_2 \geq 0 \tag{21.3}$$

を得る．次に，変化 $(-\Delta x_1, -\Delta x_2)$ を考える．この場合もまた一定の産出水準を生産するが，費用をこれ以上減少させることはできない．このことは次の式が成立することを意味する．

$$-w_1\Delta x_1 - w_2\Delta x_2 \geq 0. \tag{21.4}$$

(21.3) 式と (21.4) 式より，次の式が得られる．

$$w_1 \Delta x_1 + w_2 \Delta x_2 = 0. \tag{21.5}$$

(21.2) 式と (21.5) 式を $\Delta x_1/\Delta x_2$ について解くと，

$$\frac{\Delta x_2}{\Delta x_1} = -\frac{w_1}{w_2} = -\frac{MP_1(x_1^*, x_2^*)}{MP_2(x_1^*, x_2^*)}$$

となる．この式は，図解によって上で導出した費用最小化の条件式にほかならない．

図21.1 は，すでに分析した消費者選択問題の解法と表面上は似ている．両者の解法は同じように見えるが，実は同じ種類の問題ではない．消費者選択の問題では，直線は予算制約であり，消費者は最も高い選好状態を見つけるように予算制約に沿って動いた．生産者選択の問題では，等量曲線は技術的制約であり，生産者は最適状態を見い出すように等量曲線に沿って動くのである．

企業の費用を最小にする投入量の選択は，一般に，要素価格と企業が生産しようとする産出水準に依存する．そこで，これらの選択を $x_1(w_1, w_2, y)$ および $x_2(w_1, w_2, y)$ と書くことにしよう．これらの関数は，**条件付き要素需要関数**（conditional factor demand functions）または**派生要素需要**（derived factor demands）と呼ばれる．条件付き要素需要関数は，要素価格および産出水準と企業の最適要素選択の間の関係を表し，企業が所与の産出水準 y を生産することを条件とする．

条件付き要素需要と前章で議論した利潤最大化要素需要の違いに，十分注意を払う必要がある．条件付き要素需要は，所与の産出水準に対して費用最小化する選択を与える．一方，利潤最大化要素需要は，所与の生産物価格に対して利潤最大化する選択を表す．

条件付き要素需要は，通常，直接に観察されない仮説上の構成概念である．この概念は，企業が最小の費用で所与の産出水準を生産しようとするときに，その企業がそれぞれの要素をどれだけ用いるのかという問題に答えてくれる．条件付き要素需要は，最適産出水準を決定する問題を，生産の最も費用効率的な方法を決定する問題から切り離すやり方として有用なのである．

21.2 顕示費用最小化

企業は産出物の生産費用を最小化するように生産要素を選択するという仮説

から，要素価格の変化によって観察される選択がどのように変化するか，ということがわかる．

要素価格の2つの組 (w_1^t, w_2^t) および (w_1^s, w_2^s) とそれぞれに対応する企業の選択 (x_1^t, x_2^t) および (x_1^s, x_2^s) が観察されるとしよう．そして，それぞれの選択は，同一産出水準 y を生産するものと仮定する．このとき，それぞれの選択が対応する価格のもとでの費用最小化の選択であれば，

$$w_1^t x_1^t + w_2^t x_2^t \leq w_1^t x_1^s + w_2^t x_2^s$$

および

$$w_1^s x_1^s + w_2^s x_2^s \leq w_1^s x_1^t + w_2^s x_2^t$$

が成立するはずである．もし企業が y 単位の産出量を生産するときに費用を最小化する方法をいつも選択しているとすれば，t 時点と s 時点における企業の選択は，上記の不等式を満たすものでなければならない．これらの不等式を**費用最小化の弱公理**（Weak Axiom of Cost Minimization：WACM）と呼ぶ．

第2式を

$$-w_1^s x_1^t - w_2^s x_2^t \leq -w_1^s x_1^s - w_2^s x_2^s$$

と書き，それを第1式に加えると，

$$(w_1^t - w_1^s) x_1^t + (w_2^t - w_2^s) x_2^t \leq (w_1^t - w_1^s) x_1^s + (w_2^t - w_2^s) x_2^s$$

となるが，整理すると次の式が得られる．

$$(w_1^t - w_1^s)(x_1^t - x_1^s) + (w_2^t - w_2^s)(x_2^t - x_2^s) \leq 0.$$

要素需要と要素価格の変化分を表すのに Δ を用いると，

$$\Delta w_1 \Delta x_1 + \Delta w_2 \Delta x_2 \leq 0$$

を得る．

この不等式は，費用最小化の行動仮説のみから導かれたものである．産出量が一定であり，投入価格が変化したとき，この不等式を満たすように，企業は行動を変えることになる．

たとえば，第1要素の価格が上昇し，第2要素の価格が一定にとどまるなら

ば，$\Delta w_2 = 0$ であり，不等式は次のようになる．

$$\Delta w_1 \Delta x_1 \leq 0.$$

この不等式からいえることは，もし第1要素の価格が上昇すれば，第1要素に対する需要は減少するということである．したがって，条件付き要素需要関数は右下がりとなる．

パラメータを変化させると，最小費用はどのように変化するだろうか．容易にわかることは，どちらか一方の要素価格が上昇すれば，費用は必ず増加するということである．1つの要素価格が高騰し，もう一方の要素価格に変化がなければ，最小費用は減少することはありえず，一般には増加するであろう．同様にして，企業が産出量をより多く生産するとき，要素価格が一定ならば，その企業の費用は増加せざるをえない．

21.3　規模に関する収穫と費用関数

19章において，生産関数をもとに規模に関する収穫の概念を議論した．すべての $t > 1$ に対して $f(tx_1, tx_2) > tf(x_1, x_2)$, $f(tx_1, tx_2) < tf(x_1, x_2)$, $f(tx_1, tx_2) = tf(x_1, x_2)$ に応じて，技術は規模に関して収穫逓増，収穫逓減，収穫一定である，と定義したことを思い起こそう．生産関数によって表現される規模に関する収穫の種類と費用関数のふるまいの間には，都合のよい関係が存在する．

まず，規模に関して収穫一定という自然なケースから考えよう．1単位の産出量を生産するために，費用最小化問題を解いたとする．したがって，われわれは，**単位費用関数**（unit cost function）$c(w_1, w_2, 1)$ を知っている．では，y 単位の産出量を生産する最も費用のかからない方法とは，どのような方法なのか．簡単である．1単位の産出量を生産するのに用いられるすべての投入量を，ちょうど y 倍だけ使用することである．このことから，y 単位の産出量を生産する最小費用は，ちょうど $c(w_1, w_2, 1)y$ となる．規模に関して収穫一定の場合，費用関数は産出量の1次関数となるのである．

規模に関して収穫逓増の場合はどうだろうか．この場合，費用は産出量の比例倍数以下でしか増加しない．もし企業が産出量を2倍生産することを決意すれば，要素価格が一定であるかぎり，企業は2倍以下の費用で生産を行うことができる．これは規模に関して収穫逓増という概念が意味する当然の結果であ

り，この場合，企業が自らの投入量を一律2倍にすると，その産出量は2倍以上に増加する．したがって，企業が産出量を2倍生産しようとすれば，すべての投入量を2倍以下で用いることによって，そうすることが可能なのである．

ところで，すべての投入量を2倍使用することは，費用がちょうど2倍になることを意味する．それゆえすべての投入量を2倍以下で用いると，費用の増加は2倍以下にとどまる．このことは，費用関数が産出量に対して逓減することを述べていることにほかならない．

同様に，技術が規模に関して収穫逓減を示す場合には，費用関数は産出量に対して逓増する．産出量が2倍になれば，費用は2倍以上に増加するのである．

以上の事実は，**平均費用関数**（average cost function）の性質を用いて表すことができる．平均費用関数は，y 単位の産出量を生産する単位当たり費用であり，次のように定義される．

$$AC(y) = \frac{c(w_1, w_2, y)}{y}.$$

もし技術が規模に関して収穫一定であれば，上で確かめたように，費用関数は $c(w_1, w_2, y) = c(w_1, w_2, 1)y$ という形になる．このことから，平均費用関数は，

$$AC(w_1, w_2, y) = \frac{c(w_1, w_2, 1)y}{y} = c(w_1, w_2, 1)$$

となることがわかる．すなわち，産出量の単位当たり費用は，企業が生産しようとする産出水準のいかんにかかわらず，一定となる．

もし技術が規模に関して収穫逓増を示せば，費用は産出量に対して逓減するから，平均費用は産出量に対して減少し続けるであろう．産出量が増加するにつれ，平均費用は減少する傾向をもつのである．

同様にして，技術が規模に関して収穫逓減を示すときには，産出量が増加するにつれ，平均費用は増加し続けるであろう．

さきに見たように，所与の技術は規模に関して収穫逓増，収穫一定，収穫逓減の領域をもつことができる．それぞれの領域では，異なる生産水準において，産出量は企業の操業規模に比べ速いテンポで，同じテンポで，遅いテンポで増加する．このとき，異なる生産水準において費用は産出量に比べ遅いテンポで，同じテンポで，速いテンポで増加することになる．以上のことは，さまざまな産出水準の領域にわたって平均費用関数が逓減，一定，逓増することを意味す

る．次章において，これらの可能性をより詳細に検討する予定である．

以下では，産出水準が可変であるときの費用関数のふるまいに焦点を当てて考察する．たいていの場合，要素価格はある所与の水準に固定されているとみなし，費用は企業が選択する産出水準のみに依存するものとして考える．したがって以下では，費用関数を産出量だけの関数 $c(y)$ で表すことにする．

21.4 長期費用と短期費用

費用関数は，所与の産出水準を生産する最小費用として定義される．多くの場合，企業がその生産要素のすべてを調整するときの最小費用と，生産要素の一部だけを調整するときの最小費用を区別することは，大切なことである．

われわれは，短期をいくつかの生産要素が固定量で用いられる期間であると定義した．長期では，すべての生産要素は可変である．**短期費用関数**（short-run cost function）は，可変的生産要素だけが調整されるときの，所与の産出水準を生産する最小費用として定義される．**長期費用関数**（long-run cost function）は，生産要素のすべてを調整するときの，所与の産出水準を生産する最小費用を表す．

第2要素は，短期ではある所与の水準 $\bar{x}_2$ に固定されているが，長期では可変であると想定する．このとき，短期費用関数は次の式によって定義される．

$$c_s(y, \bar{x}_2) = \min_{x_1} w_1 x_1 + w_2 \bar{x}_2$$

ただし，

$$f(x_1, \bar{x}_2) = y.$$

短期での y 単位の産出量を生産する最小費用は，一般に，利用可能な固定要素の量と費用に依存することに注意しよう．

2要素の場合，最小化問題は容易に解ける．実際，$f(x_1, \bar{x}_2) = y$ となるような x_1 の最小量をただちに求めることができる．しかし，短期で変化する多数の生産要素がある場合，費用最小化問題はより手の込んだ計算を必要とする．

第1要素に対する短期要素需要関数は，費用を最小化する第1要素の量である．一般に，それは要素価格と固定要素の水準にも依存する．そこで，短期要素需要関数を次のように書く．

$$x_1 = x_1^s(w_1, w_2, \bar{x}_2, y)$$
$$x_2 = \bar{x}_2.$$

　これらの式が意味するのは，たとえば短期において建物の大きさが固定されているとき，任意の所与の要素価格の組および産出量の選択のもとで，企業が雇用する労働者の数は基本的には建物の大きさによって規定される，ということにほかならない．

　短期費用関数の定義によって，

$$c_s(y, \bar{x}_2) = w_1 x_1^s(w_1, w_2, \bar{x}_2, y) + w_2 \bar{x}_2$$

となることに注意しよう．この式は，産出量 y を生産する最小費用が，投入について費用最小化選択を行ったときの費用であるということを述べている．定義によってそうなるが，やはりこの式は有用である．

　いまの例では，長期費用関数は次のように定義される．

$$c(y) = \min_{x_1, x_2} w_1 x_1 + w_2 x_2$$

ただし，

$$f(x_1, x_2) = y.$$

ここで，2つの生産要素はともに可変である．長期費用は，企業が要素価格にしたがって生産しようとする産出水準だけに依存する．長期費用関数を $c(y)$ で表し，長期要素需要関数を次のように書く．

$$x_1 = x_1(w_1, w_2, y)$$
$$x_2 = x_2(w_1, w_2, y).$$

　長期費用関数は，次のように書き表すこともできる．

$$c(y) = w_1 x_1(w_1, w_2, y) + w_2 x_2(w_1, w_2, y).$$

さきほどと同様に，この式は，企業が生産要素について費用最小化選択を行うときの費用が最小費用であることを述べている．

　短期費用関数と長期費用関数の間には，興味深い関係があり，その関係は次章において用いられる．簡単化のために，要素価格はある所与の水準に固定さ

れていると想定し，長期要素需要関数を

$$x_1 = x_1(y)$$
$$x_2 = x_2(y)$$

と書くことにしよう．

　すると，長期費用関数は次のように書ける．

$$c(y) = c_s(y, x_2(y)).$$

この式が成立することを示すために，それが何を意味するかを考えてみよう．この式は，すべての生産要素が可変であるときの最小費用が，長期費用を最小化する水準に第2要素を固定したときの最小費用そのものであることを示している．可変要素に対する長期需要——費用最小化選択——は，結局，次の式によって与えられる．

$$x_1(w_1, w_2, y) = x_1^s(w_1, w_2, x_2(y), y).$$

この式からわかるように，長期における可変要素の費用最小化数量は，固定要素に対する長期費用最小化数量のもとで，企業が短期において選択する数量に等しくなる．

21.5　固定費用と準固定費用

　20章において，固定要素と準固定要素を区別した．固定要素とは，産出量の生産のいかんにかかわらず，支払いを受ける生産要素のことである．準固定要素とは，企業がプラスの産出量を生産することを決定したときにのみ支払いが必要な生産要素のことである．

　同じようなやり方で，固定費用と準固定費用を定義しよう．**固定費用**（fixed costs）は，固定要素と結びついた費用である．固定費用は産出水準とは独立であり，企業が産出量を生産するかどうかにかかわらず，支払われなくてはならない．**準固定費用**（quasi-fixed costs）も産出水準と独立であるが，企業がプラスの産出量を生産するときにのみ支払いが必要な費用のことである．

　定義によって，長期では固定費用は存在しない．しかし，準固定費用は長期において存在することがありえる．産出量が生産される以前に，一定額の貨幣

を支出する必要が生じたときは，準固定費用が存在するのである．

21.6 埋没費用

　埋没費用は固定費用の一種である．その概念は，例題によってうまく説明できる．いま，1年間，事務所を賃借することを決めたと想定する．支払うべき月々の家賃は，産出量水準にかかわらず支払い義務を負っているので，固定費用である．さて，ペンキ塗装をし，調度品を買って，事務所を改装することを決めたとしよう．塗装のための費用は固定費用であるが，支出され回収できない支払いなので，それはまた**埋没費用**（sunk cost）でもある．他方，調度品の購入費用は，使用済み後にそれを転売することができるので，完全に埋没するわけではない．埋没するのは，新品調度品の費用と中古調度品の転売価値の差額だけである．

　このことをより詳しく説明するために，年初にたとえば10％の金利で20,000ドルを借り入れたと想定しよう．事務所を借りるために借家契約にサインし，家賃を前金で12,000ドル支払う．事務所の調度品に6,000ドルを支払い，2,000ドルで事務所を塗装する．年末に20,000ドルの借入金プラス2,000ドルの利子支払いを返済し，中古の事務調度品を5,000ドルで売却する．

　このときの総埋没費用は，12,000ドルの家賃，2,000ドルの金利，2,000ドルの塗装費，1,000ドルだけの調度品費の合計である．調度品費については，当初の調達費用のうち5,000ドルは回収可能だからである．

　埋没費用と回収可能費用のちがいは，かなり重要である．5台の軽トラックを購入するための100,000ドルの経費は，大金のように思われる．しかし，後日，中古トラック市場において80,000ドルで売却できるなら，実際の埋没費用はわずかに20,000ドルにすぎない．同じ100,000ドルでも，転売価値がゼロであるような特別注文の打ち抜き型プレス機に支出する場合はまったく異なっている．この場合，経費はすべて埋没費用となる．

　これらの論点を正しく理解する最良の方法は，年間の事業を行うのにどれだけの費用がかかるかというように，フロー・ベースにかかるすべての経費を正確に処理することである．このように，だれもが資本設備の転売価値を無視するということはなく，埋没費用と回収可能費用の区別立てをはっきりさせている．

要　　約

1. 費用関数 $c(w_1, w_2, y)$ は，所与の要素価格のもとで，ある与えられた産出水準を生産する最小費用を表す．
2. 費用最小化行動は，企業が行う選択に対して注目すべき制約を課す．特に，条件付き要素需要関数は負の傾きをもつ．
3. 技術によって示される規模に関する収穫と費用関数のふるまいの間には深い関係がある．規模に関する収穫逓増は平均費用逓減，規模に関する収穫逓減は平均費用逓増，規模に関する収穫一定は平均費用一定，をそれぞれ意味する．
4. 埋没費用は，回収できない費用である．

22章 費用曲線

前章では，企業の費用最小化行動を検討した．本章では，**費用曲線**（cost curve）という重要なグラフを用いて，引き続き費用最小化行動について考察する．費用曲線は，企業の費用関数を図形的に表現するのに用いられ，最適な産出量の決定について分析するのに重要である．

22.1 平均費用

前章で示された費用関数を検討しよう．これは，要素価格が (w_1, w_2) であるときに，産出水準 y を生産する最小の費用を示す関数 $c(w_1, w_2, y)$ である．以下，本章では要素価格は固定されているものと考える．したがって，費用は y だけの関数 $c(y)$ として書くことができる．

企業の費用のある部分は，企業の産出水準とは独立である．21章で見たように，それは固定費用である．固定費用とは，企業が生産する産出水準のいかんにかかわらず，支払われる費用のことである．たとえば，企業はその産出水準がどうであれ，支払うべき不動産ローンの支払いがあるはずである．

他の費用は，産出量の変化に伴って変化する可変費用である．企業の総費用は，可変費用 $c_v(y)$ と固定費用 F の和である．すなわち，

$$c(y) = c_v(y) + F.$$

平均費用関数（average cost function）は，産出量の単位当たり費用を表す．**平均可変費用関数**（average variable cost function）は産出量の単位当たり可変費用を表し，**平均固定費用関数**（average fixed cost function）は産出量の単位当たり固定費用を表す．上の式より，

22.1 平均費用

$$AC(y) = \frac{c(y)}{y} = \frac{c_v(y)}{y} + \frac{F}{y} = AVC(y) + AFC(y)$$

ここで，$AVC(y)$ は平均可変費用であり，$AFC(y)$ は平均固定費用である．これらの関数はどのような形をしているだろうか．最も簡単なのは，平均固定費用関数である．すなわち，平均固定費用は，$y=0$ のとき無限大となり，y が増加するにつれゼロに近づく．これは図22.1A で描かれている．

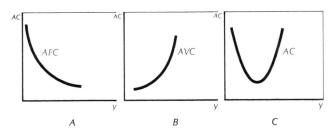

図22.1 平均費用曲線の構成

次に可変費用関数を考えよう．ゼロの産出水準から出発し，1単位を生産することを考える．このとき，$y=1$ での平均可変費用は，ちょうどこの1単位を生産する可変費用である．いま，産出水準が2単位へ増加したとする．可変費用は最悪の場合でも2倍になると予想されるから，平均可変費用は一定のままであろう．産出規模が増大するとき，より効率的な方法で生産を組織化できれば，平均可変費用ははじめのうち減少することさえありえる．しかし最終的に，平均可変費用は増加すると考えられよう．なぜなら，固定要素が存在すれば，それが最終的には生産過程の制約要因となるからである．

たとえば，固定した大きさの建物に対する賃貸料ないし不動産ローンの支払いに基づく固定費用を想定してみよう．この場合，生産が増加すると，平均可変費用——単位当たり生産費用——はしばらくの間一定のままであろう．しかし，建物の許容能力に達すると，これらの費用は急増するであろう．このような事実によって，図22.1B で描かれるような形の平均可変費用曲線が得られる．

平均費用曲線は，平均可変費用曲線と平均固定費用曲線を足し合わせたものである．したがって，平均費用曲線は 図22.1C で描かれているU字型の形状をもつ．平均費用のはじめの逓減部分は平均固定費用の減少によるものであり，平均費用の最終的な逓増部分は平均可変費用の増加によるものである．この2

つの効果を合成すると，図で描かれているU字型の曲線が得られる．

22.2 限界費用

興味深いいま1つの費用曲線がある．それは，**限界費用曲線**（marginal cost curve）である．限界費用曲線は，産出量の所与の変化分に対する費用の変化分を表す．すなわち，限界費用は，任意に与えられた産出水準 y において，産出量をある量 Δy だけ変化させるとき，費用がどれだけ変化するかを示してくれる．したがって，

$$MC(y) = \frac{\Delta c(y)}{\Delta y} = \frac{c(y+\Delta y) - c(y)}{\Delta y}.$$

われわれは，限界費用の定義を可変費用関数を用いてうまく記述することができる．

$$MC(y) = \frac{\Delta c_v(y)}{\Delta y} = \frac{c_v(y+\Delta y) - c_v(y)}{\Delta y}.$$

これは上の定義と同値である．なぜなら，$c(y) = c_v(y) + F$ であり，y が変化するとき固定費用 F は変化しないからである．

たいていの場合，Δy を1単位の産出量として考える．したがって，限界費用は，もう1単位の産出量を生産するときの費用変化分を示す．離散型の財の生産を考えると，y 単位の産出量を生産する限界費用は，ちょうど $c(y) - c(y-1)$ である．限界費用についてこのように考えるのはしばしば便利であるが，ときとして誤解を招くことがある．限界費用は，費用の変化分を産出量の変化分で割った変化率を表す概念であることを心にとどめておこう．産出量の変化分が1単位であるならば，限界費用は費用の単なる変化分であるかに見える．しかし正しくは，1単位だけ産出量を増大させたときの変化率が限界費用なのである．

この限界費用曲線は，上に示した図でどのように描けるだろうか．まず，以下のことに注意しよう．産出量がゼロであるとき，定義によって可変費用はゼロである．したがって，生産される1単位の産出量に対して

$$MC(1) = \frac{c_v(1) + F - c_v(0) - F}{1} = \frac{c_v(1)}{1} = AVC(1).$$

すなわち，産出量の最初の微小単位に対する限界費用は，産出量1単位に対す

22.2 限界費用

る平均可変費用に等しいのである．

次に，平均可変費用が逓減している領域で生産を行っていると想定しよう．この領域では，限界費用は平均可変費用より小さいはずである．なぜなら，平均が下がるのは平均よりも小さい追加単位が加えられるからである．

異なる産出水準で平均費用を表している一連の数値を考えよう．平均費用が逓減していれば，生産される追加単位当たりの費用は，その点に至るまで平均費用より小さいはずである．平均を下げるには，平均より小さい追加単位を追加しなくてはならないからである．

同様に，平均可変費用が逓増している領域では，限界費用は平均可変費用より大きい．そこでは，より高い限界費用が平均可変費用を押し上げていることになる．

したがって，平均可変費用の最小点の左側では限界費用はその下方に，右側ではその上方に位置しなければならないことがわかる．このことは，限界費用曲線が平均可変費用曲線とその最小点で交わることを意味する．

まったく同じ議論が平均費用曲線についても当てはまる．平均費用が逓減していれば，限界費用は平均費用より小さく，平均費用が逓増していれば，限界費用は平均費用よりも大きくなる．以上の考察によって，**図22.2**のような限界費用曲線を描くことができる．

要点をまとめると，以下のようになる．

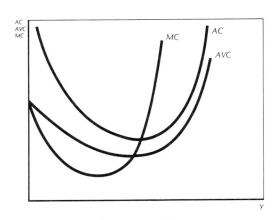

図22.2 費用曲線

- 平均可変費用は，はじめは右下がりとなるが，生産を制約する固定要素が存在するかぎり，最終的には逓増する．
- 平均費用は，はじめは平均固定費用の減少によって逓減するが，やがて平均可変費用の増加によって逓増する．
- 限界費用と平均可変費用は，産出量の最初の単位では同じ値を示す．
- 限界費用曲線は，平均可変費用曲線と平均費用曲線の両方の最小点を通る．

22.3 限界費用と可変費用

これまで述べてきた曲線の間には，上記以外の関係も存在する．その一例として，一見わかりにくい関係であるが，限界費用曲線の y までの下方の領域は y 単位の産出量を生産する可変費用を表す関係がある．なぜそうなるのか．

限界費用曲線は，産出量の各追加単位を生産する費用を表す．産出量の各追加単位の生産費用を加え合わせると，総生産費用を得る．ただし，固定費用は除かれる．

産出量が離散量で生産される場合，この議論は厳密に展開することができる．まず，次式に注目しよう．

$$c_v(y) = [c_v(y) - c_v(y-1)] + [c_v(y-1) - c_v(y-2)] + \cdots + [c_v(1) - c_v(0)].$$

$c_v(0) = 0$ であり，また右辺の第2項と第3項，第4項と第5項というようにすべての中間項は相殺されるから，上の議論が成り立つ．ところで，右辺の各項は異なる産出水準での限界費用である．すなわち，

$$c_v(y) = MC(y-1) + MC(y-2) + \cdots + MC(0).$$

したがって，右辺の各項は，高さが $MC(y)$ で底辺が1であるボックスの領域を表す．これらすべてのボックスを足し合わせたものが，**図22.3**で描かれている限界費用曲線の下方の領域である．

例：費用曲線の特定形

費用関数 $c(y) = y^2 + 1$ を考えよう．われわれは，以下の費用曲線を導出す

22.3 限界費用と可変費用

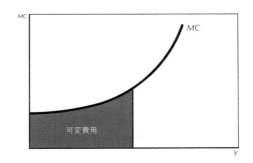

図22.3 限界費用と可変費用

ることができる．

- 可変費用：$c_v(y) = y^2$
- 固定費用：$c_f(y) = 1$
- 平均可変費用：$AVC(y) = y^2/y = y$
- 平均固定費用：$AFC(y) = 1/y$
- 平均費用：$AC(y) = \dfrac{y^2+1}{y} = y + \dfrac{1}{y}$
- 限界費用：$MC(y) = 2y$

　最後のものを除いて，すべて明らかである．限界費用も微分を知っていればただちに理解できる．費用関数が $c(y) = y^2 + F$ ならば，限界費用関数は $MC(y) = 2y$ によって与えられる．この事実をまだ知らないのなら，覚えておくとよい．

　これらの費用曲線は，どのような形をしているだろうか．それらを描く最も簡単な方法は，最初に，傾き1をもつ直線で示される平均可変費用曲線を描くことである．限界費用曲線も容易に描ける．それは傾き2をもつ直線である．

　平均費用曲線は，平均費用が限界費用に等しくなるところで最小となる．したがって，

$$y + \frac{1}{y} = 2y$$

を解いて，$y_{\min} = 1$ を得る．$y=1$ での平均費用は2であるが，それは限界費用にも等しい．最終的なグラフは，**図22.4** で与えられる．

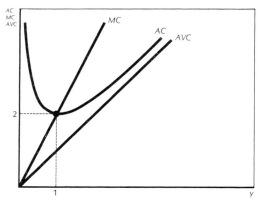

図22.4　費用曲線

例：2つの工場の限界費用曲線

異なった費用関数 $c_1(y_1)$ と $c_2(y_2)$ をもつ2つの工場について考えよう．企業は最小の費用で y 単位の産出量を生産したいが，この場合，一般になにがしかの産出量を2つの工場で生産することになるであろう．問題は，それぞれの工場においてどれだけ生産すべきかということである．

最小化問題をつくろう．

$$\min_{y_1,y_2} c_1(y_1) + c_2(y_2)$$

ただし，

$$y_1 + y_2 = y.$$

さて，この問題をどのようにして解けばよいか．2つの工場の間に産出量の最適な配分がなされていれば，工場1で産出量を生産する限界費用は工場2での限界費用に等しくなくてはならない．これを証明するために，限界費用は等しくないとしよう．すると，高い限界費用をもつ工場から低い限界費用をもつ工場へ産出量をいくらか移し替えるであろう．産出量の配分が最適であれば，1つの工場から他の工場へ産出量を移し替えることによって，費用が減少することはありえない．

$c(y)$ を最小の費用で y 単位の産出量を生産するときの費用関数とする。すなわち，$c(y)$ は最善の方法で産出量を2つの工場に振り分けて y 単位を生産する費用である。産出量の追加単位を生産する限界費用は，それをどの工場で生産したとしても同じでなくてはならない。

2つの限界費用曲線 $MC_1(y_1)$ と $MC_2(y_2)$ を図22.5に描こう。2つの工場を一緒にした限界費用曲線は，図22.5Cに描かれているように，ちょうど2つの限界費用曲線を水平に足し合わせたものになる。

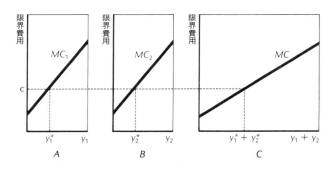

図22.5　2つの工場をもつ企業の限界費用

限界費用の任意の固定水準，たとえば c に対して，$MC_1(y_1^*) = MC_2(y_2^*) = c$ となるように y_1^* と y_2^* を生産し，結局，$y_1^* + y_2^*$ 単位の産出量を得る。したがって，任意の限界費用 c で生産される産出総量は，工場1と工場2の限界費用がともに c と等しくなる水準での産出量の和，すなわち限界費用曲線を水平に足し合わせたものにちょうど等しくなるのである。

22.4　オンライン・オークションの費用曲線

検索エンジン広告のオークション・モデルを18章で分析した。その設定を思い出そう。ユーザーが検索ワードを入力すると，広告主が選んだキーワードとのマッチングが行われる。検索ワードとマッチするようなキーワードをもつ広告主たちの間でオークションが始まる。最高値をつけた入札者が最も目立つ場所を得て，次に高い値をつけた者は2番目に目立つ場所を得て，以下同様に進む。他の条件（たとえば広告の質）が同一なら，より目立つ場所にあるほど，

広告はよりクリックされやすい．

これまで分析したオークションでは，広告主はそれぞれキーワードごとに別々の入札額を選ぶことができると仮定していた．実際には，広告主が選ぶ入札額は1つだけであり，参加するすべてのオークションで同じ額を使う．価格がオークションで決まるということ自体は，広告主の立場からすればそれほど重要ではない．大事なのは，広告がクリックされる回数 x とその費用 $c(x)$ との関係である．

これは，周知の総費用関数にほかならない．広告主は費用関数を知っていれば，買いたいクリック数を決めることができる．クリック1回の価額を v とおくと，利潤最大化問題は

$$\max_x vx - c(x).$$

これまで見たように，最適解ではクリックの価額と限界費用が一致しなければならない．利潤を最大化するクリック数が決まってしまえば，広告主はそのクリック数を得るように入札額を選ぶことができる．

図22.6はこうした手続きを表している．それには，通常の平均費用と限界費用に加え，新たに入札額を表す線が描かれている．

広告の費用曲線はどうすれば見つけられるだろうか．1つのやり方は実験である．広告主がさまざまな入札額を設定し，得られるクリック数と費用を記録していけばよい．あるいは，検索エンジンならオークションで集めた情報を使って費用関数を推定することができる．

たとえば，1クリック当たり入札額をもし50セントから80セントに上げたら

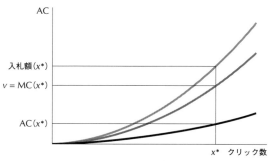

図22.6 クリック・費用曲線

どうなるか推定したいとする．検索エンジンなら，広告主が参加する各オークションを調べ，オークションの順位がどう変化し，変化後の順位ではどれだけ新たなクリックが期待できるかを推定できる．

22.5 長期費用

これまでの分析では，短期において調整することのできない生産要素に対する支払いを含む費用として企業の固定費用を説明してきた．長期では，企業は自らの「固定」要素の水準を選択できるから，固定要素はもはや固定されたものではなくなる．

もちろん，長期では準固定要素は依然として存在しえる．すなわち，任意の正の産出水準を生産するためには，何がしかの費用を支払わなくてはならないというのが技術の特性となることもある．しかし，長期では費用がゼロのもとで生産活動を停止することが常に可能である．すなわち，事業から撤退することが常に可能であるという意味において，いかなる固定費用も存在しないのである．もし長期において準固定要素が存在すれば，平均費用曲線は，短期の場合とちょうど同じように，U字型になるであろう．しかし長期の場合，長期の定義によって，費用がゼロのもとで生産活動を停止することが常に可能なのである．

いうまでもなく，長期とは何かは，分析している問題の性質による．もし固定要素を工場の規模であるとすると，長期とは企業がその工場の規模を変えるのに要する期間ということになる．固定要素を給与支払いの契約上の債務と考えれば，長期は企業が労働力の大きさを変えるのに要する期間である．

問題を特定化して，固定要素を工場規模と考え，それを k で表すことにしよう．k 平方フィートの工場を所有するときの企業の短期費用関数は，$c_s(y, k)$ によって示される．ここで，s は「短期」を表す．（ここでの k は，21章の $\bar{x}_2$ にかわる変数である．）

任意に与えられた産出水準について，その水準の産出量を生産する最適な規模の工場が存在するであろう．この工場規模を $k(y)$ によって表すことにしよう．これは，産出量の関数として示される工場規模に対する企業の条件付き要素需要である．（いうまでもなく，それは工場価格と他の生産要素の価格にも依存するが，その点については無視することにしよう．）すると，21章で見

たように，企業の長期費用関数は $c_s(y, k(y))$ によって与えられる．これは，企業がその工場規模を最適な水準に調整することが可能であるときの産出水準 y を生産する総費用である．企業の長期費用関数は，固定要素の最適選択水準で評価した短期費用関数そのものである．すなわち，

$$c(y) = c_s(y, k(y)).$$

これをグラフで表すとどうなるかを見てみよう．ある産出水準 y^* をとり，$k^* = k(y^*)$ をその産出水準に対する最適工場規模であるとする．k^* の規模の工場についての短期費用関数は $c_s(y, k^*)$ によって与えられ，長期費用関数は上述のように $c(y) = c_s(y, k(y))$ によって与えられる．

ここで，産出量 y を生産する短期費用は，長期費用に少なくとも等しいかまたはより大きくなければならない，という重要な事実に注目しよう．そうなるのはなぜか．短期では企業は固定的な工場規模をもつのに対し，長期ではその工場規模を調整できるからである．企業の長期選択の1つは，最適な工場規模 k^* を選択することであるから，y 単位の産出量を生産するその最適な長期選択は，$c(y, k^*)$ に等しいかまたはより小さい費用をもつ選択になるはずである．このことが意味するのは，企業は，工場規模を調整することによって，それを固定化するとき以上に生産できなければならないということである．したがって，y のあらゆる水準に対して

$$c(y) \leq c_s(y, k^*).$$

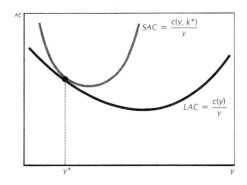

図22.7　短期平均費用と長期平均費用

事実，y の特定の水準 y^* において

$$c(y^*) = c_s(y^*, k^*)$$

となることがわかる．それは，y^* における工場規模の最適選択が k^* だからである．したがって，y^* において長期費用と短期費用は一致するのである．

短期費用が常に長期費用より大きく，産出量が y^* のときに両者が等しくなるならば，短期平均費用と長期平均費用は，上と同じ性質 $AC(y) \leq AC_s(y, k^*)$ および $AC(y^*) = AC_s(y^*, k^*)$ をもつ．この関係式は，短期平均費用曲線が必ず長期平均費用曲線の上方にあって，1つの点 y^* で両者が接することを示している．したがって，図22.7 で描かれているように，長期平均費用曲線（LAC）と短期平均費用曲線（SAC）は y^* で接しなければならない．

y^* 以外の産出水準についても，同様に議論することができる．産出水準 y_1, $y_2, \cdots, y_n$ を考え，対応する工場規模を $k_1 = k(y_1)$, $k_2 = k(y_2)$, $\cdots$, $k_n = k(y_n)$ とする．このとき，図22.8 で示されるようなグラフが得られる．図22.8 の要点は，長期平均費用曲線は短期平均費用曲線の**下側包絡線**（lower envelope）である，ということである．

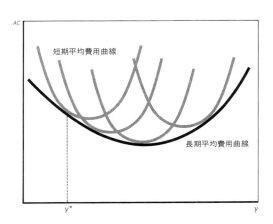

図22.8　短期平均費用と長期平均費用

22.6 離散型工場規模

これまでの議論で，連続数の工場規模を選択することができることを暗黙のうちに仮定していた．したがって，それぞれ異なる産出水準は，それに対応した最適工場規模をただ1つだけもつことになる．ところで，選択する工場規模の水準がわずかに違うときにどうなるかを考察することもできる．

たとえば，4つの異なる選択規模 k_1, k_2, k_3 および k_4 を想定しよう．**図22.9** のように，これらの工場規模に対応した4つの異なる平均費用曲線を描くことができる．

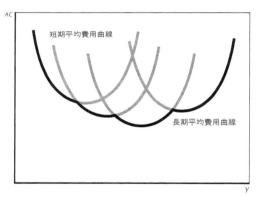

図22.9　離散型工場規模

このとき，長期平均費用曲線はどのように描けるだろうか．ここで，長期平均費用曲線は，k を最適水準に調整することによって得られる費用曲線であることを思い出そう．いまの場合，長期平均費用曲線を描くことはむずかしくない．4つの異なる工場規模しか存在しないから，それぞれに対応する最小費用を見つけ，工場規模を決めることができる．すなわち，任意の産出水準 y について，この産出水準を生産する費用が最小である工場規模を適切に選択するのである．

したがって，長期平均費用曲線は，**図22.9** で示されるように，短期平均費用曲線の下側包絡線となる．この図は，性質上，**図22.8** と同じ意味をもつことに注意しよう．つまり，短期平均費用は必ず長期平均費用に少なくとも等しいか

またはより大きく，固定要素に対する長期需要が固定要素量に等しくなる産出水準で両者は一致するのである．

22.7 長期限界費用

われわれは，前節において，長期平均費用曲線が短期平均費用曲線の下側包絡線であることを見てきた．このことは，限界費用とどのような関わりをもっているのだろうか．最初に，工場規模が離散型の場合を検討しよう．この場合，図22.10で描かれているように，長期限界費用曲線は短期限界費用曲線の適当な部分から構成される．それぞれの産出水準に対して，操業中の短期平均費用を見つけることができ，またそれに対応した限界費用を求めることができる．

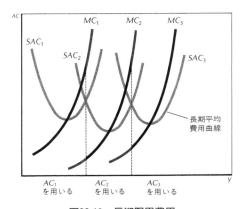

図22.10　長期限界費用

このことは，たとえ多数の異なる規模の工場が存在しても，成立するはずである．したがって，連続な場合のグラフは図22.11のように示される．任意の産出水準 y における長期限界費用は，y を生産する工場の最適規模に対応する短期限界費用に等しくなければならないのである．

要　約

1. 平均費用は，平均可変費用と平均固定費用を足し合わせたものである．平均固定費用は産出量の増加に伴い必ず逓減するのに対し，平均可変費用は

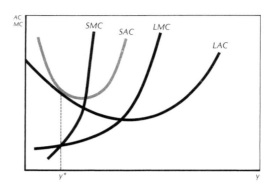

図22.11　長期限界費用

逓増する．その結果，U字型の平均費用曲線が得られる．
2. 限界費用曲線は，平均費用が逓減しているときには平均費用曲線の下方にあり，それが逓増しているときには上方に位置する．したがって，平均費用の最小点において，限界費用は平均費用と等しくなる．
3. 限界費用曲線の下方の領域は，可変費用を表す．
4. 長期平均費用曲線は，短期平均費用曲線の下側包絡線である．

23章　企業の供給

本章では，利潤最大化モデルを用いて，競争企業の供給曲線がその費用関数からどのように導出されるかを示す．そのために，まず，企業が操業する市場環境を説明することから始めよう．

23.1　市場環境

どの企業も2つの重要な意思決定に直面する．それは，どれだけ生産するかという選択と，価格をどの水準に設定するかという選択である．利潤最大化を行う企業に対して何の制約もなければ，その企業は勝手に高い価格をつけ，大量の産出量を生産するであろう．しかし，そのような制約なしの環境下にある企業はまずない．一般に，企業はその活動について2種類の制約に直面するのである．

まず，企業は生産関数によって要約される**技術的制約**（technological constraints）に直面する．投入と産出のある実現可能な組み合わせだけが存在するのであり，金もうけに熱心な企業でさえ，物質世界の現実に配慮する必要がある．すでに技術的制約をどのように要約できるかを議論し，また技術的制約が費用関数によって要約される**経済的制約**（economic constraints）をどのように導くかを見てきた．

ここで，新たな制約，少なくともこれまでの制約を別の観点から提示する．それは**市場の制約**（market constraint）である．企業は，物理的に実行可能なものは生産でき，自ら望むどんな価格でも設定することができる．しかし，人々が購入する数量しか販売できないのである．

企業はある価格 p を設定して，ある産出量 x を販売する．企業が設定する

価格と販売する数量の関係を，**企業が直面する需要曲線**（demand curve facing the firm）と呼ぶ．

市場にただ1つの企業しか存在しない場合は，企業の直面する需要曲線はいたって簡単に描ける．それは，消費者行動についての章で描いた市場需要曲線そのものになる．なぜなら，市場需要曲線は，それぞれの価格水準のもとで人々がどれだけの財を購入しようとしているかを表すものだからである．したがって，需要曲線は，すべてが自分自身に対する市場であるような企業が直面する市場の制約を要約するのである．

しかし，市場に他の企業が存在すれば，個々の企業が直面する制約は違ったものになろう．この場合，企業は，自らの価格と産出量を選択するにあたって，市場における他の企業がどのように行動するかを予想しなくてはならない．

これは，企業と経済学者のいずれにとっても，容易に解ける問題ではない．いろいろと解決の糸口があるので，それらを体系的な方法で検討することにしよう．以下において，企業が自らの価格付けと産出量の決定を行うときの互いの反応の仕方を表すのに**市場環境**（market environment）という用語を用いることにする．

本章では，最も簡潔な市場環境である**純粋競争**（pure competition）を検討する．純粋競争は，多くの他の市場環境と比較対照するときの基準となるが，それ自身としても大変興味深い概念である．まず，経済学者による純粋競争の定義を与え，次にその概念が正統化できるような状況を検討しよう．

23.2 純粋競争

一般の人にとって，「競争」には強い敵対意識というニュアンスがある．経済学者による競争の定義がきわめて受動的であることに，学生がしばしば驚かされる理由はここにある．個々の企業が市場価格は自らの産出水準と独立であると考えるとき，市場は**純粋競争的**（purely competitive）であるという．したがって，競争市場においては，それぞれの企業はどれだけの産出量を生産するかについて配慮するだけで十分である．企業が生産したものが何であれ，それは相場となる市場価格でしか販売できないのである．

企業が価格を所与と考えるこの仮定が支持されるのは，どのような市場環境においてであろうか．そこで，同質の産出物を生産する多くの企業によって構

成されるある産業を考え，それぞれの企業は市場では小さな存在であるとしよう．1つの好例は小麦市場である．アメリカでは何千もの小麦農家がいて，その中の最大の農家でさえ総供給のごくわずかしか生産しない．この場合，その産業の個々の企業にとって，市場価格を所与と考えるのはごく自然である．小麦農家は，自分の小麦価格をどうするかについてまったく心配する必要はない．もしいくらかでも売りたければ，小麦農家はそれを市場価格で売らなくてはならない．彼は**価格受容者**（price taker）なのである．すなわち，彼に関するかぎり，価格は所与である．彼が気にすべきことは，どれだけ生産するかということだけである．

このような同質の生産物と多数の小さな企業という状況は，価格受容行動が実際的である状況の標準的事例である．しかし，それだけが価格受容行動が可能なケースではない．たとえ市場にごく少数の企業しか存在しない場合でも，やはり市場価格をコントロールできないものとしてみなすことがありえる．

生鮮食料品，たとえば鮮魚や切り花などの供給が市場において固定されているケースを考えよう．市場にわずか3社ないし4社の企業しか存在しない場合でさえ，それぞれの企業は他の企業の価格を所与のものとして考えなければならない場合がありうる．市場の顧客が最低の価格でしか購入しないならば，提示された最低価格が市場価格となる．他の企業の1社がわずかでも売りたいと望むなら，その企業は市場価格で売らなくてはならない．したがって，このような状況では，市場価格をコントロールできないものとみなす競争的行動もまた実際的であるように見える．

競争企業が読み取る価格と数量の関係は，**図23.1**で示されるようなグラフによって表すことができる．一見してわかるように，この需要曲線は非常に単純である．競争企業は，かりに市場価格以上の価格をつけたなら，何一つ売れないことを知っている．もし市場価格で売れば，企業は売りたいだけの数量を売ることができる．さらに，市場価格以下で売れば，その価格に対する市場需要の全部を獲得することになろう．

例によって，この種の需要曲線を2つの方法で考えることができる．数量を価格の関数として考えるならば，この曲線は，市場価格またはそれ以下の価格で売りたいだけの数量を売ることができることを示している．価格を数量の関数と考えると，たとえどんなにたくさん販売したとしても，市場価格は販売量と独立であることをこの曲線は述べているのである．

（いうまでもなく，この関係は文字通りにどんな数量についても成立するわけではない．価格は，企業が売ろうと考えている産出量と独立でなければならない．切り花販売業者の場合，その価格は，最大販売可能量である在庫の範囲内で，どれだけの量を販売するかということと独立でなければならない．）

「企業が直面する需要曲線」と「市場需要曲線」の違いについて理解を深めることは重要である．市場需要曲線は，市場価格と産出物の販売総量の関係を表し，企業が直面する需要曲線は，市場価格と特定の企業の産出量との関係を表す．

市場需要曲線は消費者の行動に依存するが，企業の直面する需要曲線は消費者の行動だけでなく，他の企業の行動にも依存する．競争モデルが一般に成立するのは，市場に多数の小さな企業が存在していて，それぞれの企業が水平の需要曲線に直面する場合である．市場に2つの企業だけが存在する場合でも，そのうちの一方が任意の水準に価格を固定することを主張するならば，市場のもう一方の企業は図23.1で描かれているような競争的需要曲線に直面するであろう．このようなことから，競争モデルは見た目よりも広範囲の市場環境において成立しえるといえよう．

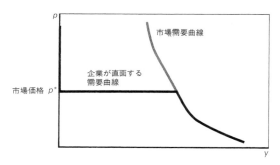

図23.1　競争企業が直面する需要曲線

23.3　競争企業の供給決定

費用曲線に関する議論をもとに，競争企業の供給曲線を描くことにしよう．定義によって，競争企業は市場価格に対する自らの影響力を無視する．したがって，競争企業が直面する最大化問題は次のようになる．

23.3 競争企業の供給決定

$$\max_y py - c(y).$$

この問題は，競争企業が収入 py と費用 $c(y)$ の差である利潤を最大化しようとすることを述べたものにほかならない．

競争企業は，どれだけの産出水準を生産しようとするだろうか．答えは以下のとおりである．すなわち，企業は，限界収入が限界費用と等しくなる水準，つまり産出量のもう1単位によって得られる追加的収入がそのときの追加的費用にちょうど等しくなる水準で生産するのである．もしこの条件が成立しないなら，企業は産出水準を変えることによって，いつでも利潤を増やすことができる．

競争企業の場合，限界収入は市場価格である．これを確かめるために，競争企業が産出量を Δy だけ増加させるとき，どれだけの追加的収入が得られるかを見てみよう．仮定によって，p は変化しないから

$$\Delta R = p \Delta y$$

を得る．それゆえ，産出量の単位当たり追加的収入は，

$$\frac{\Delta R}{\Delta y} = p$$

によって与えられるが，これは限界収入を表す式である．

したがって，競争企業は y での限界費用がちょうど市場価格に等しくなる産出水準 y を選択するのである．記号では，次のように示される．

$$p = MC(y).$$

われわれは，所与の市場価格 p について利潤が最大となる産出水準を求めたい．価格がある産出水準 y での限界費用より大きければ，企業はわずかばかりの産出量を生産することによってその利潤を増やすことができる．限界費用よりも大きな価格は，

$$p - \frac{\Delta c}{\Delta y} > 0$$

を意味するからである．したがって，Δy だけの産出量の増加は，

$$p\Delta y - \frac{\Delta c}{\Delta y} \Delta y > 0$$

を意味する．整理すると，

$$p\Delta y - \Delta c > 0$$

となる．この不等式は，追加的産出量から得られる収入の増加分が費用の増加分を上回ることを表している．したがって，利潤は増加するはずである．

価格が限界費用より小さい場合も，同様に議論できる．収入の減少は費用の減少によって十分に埋め合わせできるから，産出量の減少は利潤を増加させる．

よって，最適産出水準では，企業は価格と限界費用が等しくなるように生産していなければならない．市場価格 p の水準がどのような水準であろうと，企業は $p=MC(y)$ が成立するところで産出水準 y を選択するのである．したがって，競争企業の限界費用曲線は供給曲線そのものになる．言い換えると，各企業が利潤最大化の水準で生産しているかぎり，市場価格は限界費用にちょうど等しくなるのである．

23.4 例 外 (1)

さて，上述の条件が成立しない2つのまぎらわしいケースがある．第1のケースは，図**23.2** で描かれている場合のように，価格が限界費用に等しくなる産出水準が複数存在する場合である．この図の場合，価格と限界費用が等しい産出水準は2つある．企業はどちらを選択するだろうか．

これに答えるのはむずかしいことではない．はじめの交点を考えよう．この

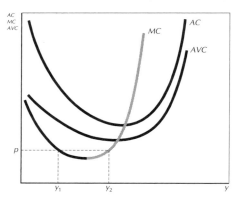

図**23.2** 限界費用と供給

点では，限界費用曲線は右下がりである．この点で産出量を少しだけ増やすと，産出量の追加単位ごとの費用は減少する．これは，限界費用曲線が逓減していることを意味する．ところが，市場価格は同じ水準のままだから，利潤は確実に増加するはずである．

以上のことから，限界費用曲線が右下がりとなる領域の産出水準を除外することができる．そのような領域では，産出量の増加は必ず利潤の増加を伴うことになる．競争企業の供給曲線は限界費用曲線の右上がり部分でなければならない．このことが意味するのは，供給曲線そのものは常に右上がりになるということである．「ギッフェン財」的現象は，供給曲線については起こりえないのである．

価格と限界費用の均等化は，利潤最大化のための必要条件である．一般に，それは十分条件ではない．なぜなら，価格と限界費用が等しい点を見つけても，それが利潤最大点を意味しないからである．しかし，利潤最大点では価格と限界費用は必ず等しい．

23.5 例 外 (2)

これまでの議論では，何かを生産することが利益になると仮定している．しかし，産出物をまったく生産しないことが企業にとって最善の策であることがありえる．産出物をまったく生産しないということは常に可能だから，利潤最大化の選択候補とまったく何も生産しないという選択を比べる必要がある．

かりに産出物をまったく生産しないとしても，企業は固定費用 F を支払わなくてはならない．したがって，産出物をまったく生産しないときの利潤はちょうど $-F$ であり，産出水準 y を生産するときの利潤は $py - c_v(y) - F$ である．したがって，

$$-F > py - c_v(y) - F$$

が成立するとき，つまり，何も生産しないときの「利潤」（固定費用分だけの支払い）が，価格と限界費用が均等化する水準で生産するときに得られる利潤を超過するかぎり，事業から撤退することが企業にとって有利である．この式を整理すると，**操業停止条件** (shutdown condition) が得られる．すなわち，

$$AVC(y) = \frac{c_v(y)}{y} > p.$$

もし平均可変費用が p より大きければ，企業は産出物をまったく生産しない方が有利である．以上のことから，産出量 y を販売して得られる収入は，可変費用 $c_v(y)$ をカバーしないことさえあるということが理解できる．この場合，企業は事業から撤退した方がよい．まったく何も生産しないなら固定費用分だけの損失にとどまるが，生産を続けるなら固定費用以上の損失を被ることになるのである．

以上の議論から，平均可変費用曲線の上方に位置する限界費用曲線の部分だけが供給曲線として有効であることがわかる．価格と限界費用が等しくなる点が平均可変費用曲線の下方にあれば，何も生産しないことが企業の最適選択となる．

以上から，図23.3 で示されるような供給曲線が得られる．競争企業は，平均可変費用曲線の上方に位置する右上がりの限界費用曲線に沿って生産を行うのである．

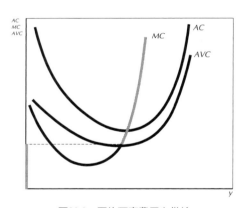

図23.3　平均可変費用と供給

23.6　逆供給関数

競争企業の供給曲線が，価格と限界費用が等しいという条件によって決定されることを見てきた．以前と同様に，価格と産出量の間のこの関係を2通りの

方法で表現することができる．いつものように産出量を価格の関数として考えることができるし，逆に価格を産出量の関数とする「逆供給関数」を考えることもできる．後者の観点から価格と産出量の関係を検討することによって，1つの見通しが得られる．供給曲線上では価格は限界費用に等しいから，市場価格は，その産業で操業しているすべての企業がもつ限界費用を表す．産出物をたくさん生産している企業もわずかしか生産していない企業も，利潤最大化を行っているかぎり，同一の限界費用をもつ．各企業の総費用はまったく異なるが，限界費用は同じでなければならないのである．

$p = MC(y)$ は，産出量の関数として価格を与える逆供給関数を示す式である．供給曲線をこのように表す方法は，たいへん有用である．

23.7 利潤と生産者余剰

市場価格が与えられると，$p = MC(y)$ という条件から企業の最適操業水準を求めることができる．逆に，最適な操業水準が与えられると，企業の利潤を計算することができる．図23.4のボックスの領域はちょうど総収入 p^*y^* である．ここで，

$$yAC(y) = y\frac{c(y)}{y} = c(y)$$

が成立するから，領域 $y^*AC(y^*)$ は総費用である．利潤は，これら2つの領域の差として求められる．

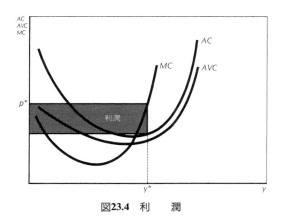

図23.4　利　潤

14章での**生産者余剰**（producer's surplus）に関する議論を思い出そう．需要曲線の左側の領域で示される消費者余剰との類推で，生産者余剰を供給曲線の左側の領域として定義した．生産者余剰が企業の利潤と密接に関係していることは明らかである．より正確には，生産者余剰は，収入から可変費用を差し引いたもの，または利潤に固定費用を加えたものに等しい．すなわち，

$$利潤 = py - c_v(y) - F$$
$$生産者余剰 = py - c_v(y).$$

図23.5A のように，収入のボックスとボックス $y^* AVC(y^*)$ の差によって生産者余剰を直接的に表すことができる．ところで，限界費用曲線そのものによって生産者余剰を表す別の方法がある．

22章からわかるように，限界費用曲線の下方の領域は総可変費用を表す．このことは，限界費用曲線の下方の領域が最初の限界単位を生産する費用プラス次の限界単位を生産する費用プラス等々となることから，明らかである．そこで，生産者余剰を求めるために，収入のボックスから限界費用曲線の下方の領域を差し引くと，**図23.5B** で描かれている領域が得られる．

最後に，われわれは，生産者余剰を測る上記の 2 つの方法を一緒に使うこと

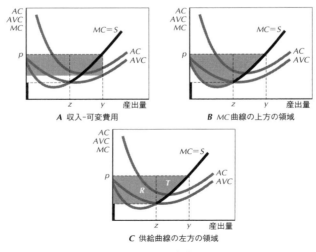

図23.5　生産者余剰

ができる．図23.5C で示されるように，限界費用と平均可変費用が等しい点までの「ボックス」(R) と，限界費用曲線の上方の領域（T）を加えたのがそれである．この3番目の方法によれば，生産者余剰は供給曲線の左方の領域となるから，多くの応用では大変便利な方法である．これは，14章で与えた生産者余剰の定義とも合致している．

われわれは，生産者余剰の総額に関心を持つことはあまりない．通常関心があるのは，生産者余剰の変化分である．企業が産出量 y^* から y' へ動くとき，生産者余剰の変化分は，一般に，図23.6 で描かれているような台形の面積で示される．

定義によって固定費用は変化しないから，企業が y^* から y' へ動くときの生産者余剰の変化分は，それに対応した利潤の変化分である．したがって，平均費用曲線にまったくふれないで，限界費用曲線に関する情報だけから，産出量の変化が利潤に与える影響を測ることができるのである．

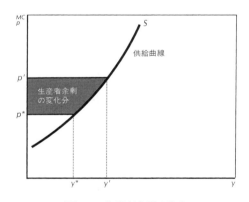

図23.6　生産者余剰の変化

23.8　企業の長期供給曲線

　企業の長期供給関数は，工場の規模（あるいは短期において固定されている生産要素の量）が調整できるときに，企業が最適にどれだけ生産するかを表す．すなわち，長期供給曲線は

$$p = MC_l(y) = MC(y, k(y))$$

によって与えられる．短期供給曲線は，k のある固定水準における価格と限界費用の均等性，

$$p = MC(y, k)$$

によって与えられる．

　この2つの式の違いに注意しよう．短期供給曲線が所与の産出水準で k を固定したときの限界費用を表すのに対し，長期供給曲線は k を最適に調整するときの限界費用を表す．

　ところで，われわれは短期と長期の限界費用の関係について，重要なことを知っている．それは，短期限界費用に対応した固定要素の選択が最適選択 k^* であるような産出水準 y^* において，短期限界費用と長期限界費用が一致することである．したがって，企業の短期供給曲線と長期供給曲線は，図23.7のように，y^* で交わる．

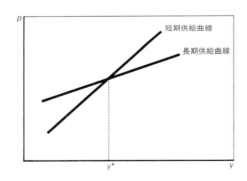

図23.7　短期供給曲線と長期供給曲線

　短期では，企業は供給が固定されているいくつかの生産要素をもっているが，長期ではこれらの生産要素は可変となる．このことから，産出価格が変化するとき，企業は短期よりも長期においてより多く調整のための選択ができる．この事実は，図23.7で示されているように，長期供給曲線が短期供給曲線に比べ，価格に対してより感応的——より弾力的——であることを示している．

　その他に，長期供給曲線について何がいえるだろうか．長期は，企業がすべ

ての投入量を自由に調整できる期間として定義される．企業が行う選択の1つは，事業を継続するかどうかという選択である．長期では，企業は事業から撤退することによって常に利潤をゼロとすることができるから，長期均衡において企業が生み出す利潤は最小限ゼロでなければならない．すなわち，

$$py - c(y) \geq 0.$$

これは，次のことを意味する．

$$p \geq \frac{c(y)}{y}.$$

この関係式より，長期では価格は少なくとも平均費用以上の大きさでなくてはならない．したがって，**図23.8** で描かれているように，長期供給曲線は，長期平均費用曲線の上方に位置する長期限界費用曲線の右上がりの部分となる．

これが短期の議論と矛盾するところはまったくない．長期ではすべての費用は可変費用である．したがって，平均可変費用の上方の価格について成立する短期の条件は，平均費用の上方の価格について成立する長期の条件と一致するのである．

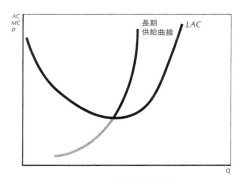

図23.8　長期供給曲線

23.9　一定の長期平均費用

興味ある1つの特別なケースとして，企業の長期技術が規模に関して収穫一定を示す場合がある．この場合，長期供給曲線は長期限界費用曲線であるが，

後者は平均費用が一定なら長期平均費用曲線と一致する．したがって，図23.9 で描かれているように，長期供給曲線は一定の平均費用の水準 c_{min} で水平線となる．

この長期供給曲線は，企業が $p=c_{min}$ で産出物の任意の数量を，$p>c_{min}$ では任意の大きな数量を，そして $p<c_{min}$ ではゼロ単位の産出量をそれぞれ供給しようとしていることを意味している．規模に関する収穫一定の議論をくり返すと，以上のことが成立する．規模に関する収穫一定は，c_{min} ドルで1単位の生産が可能なら，nc_{min} ドルで n 単位の生産が可能であることを意味する．したがって，c_{min} に等しい価格では産出物の任意の数量を供給し，c_{min} より高い価格のもとでは任意の大きな数量を供給しようとするであろう．

他方，$p<c_{min}$ のときは，1単位の産出量すら供給できないから，n 単位の産出量を供給しえないのは明らかである．すなわち，c_{min} 以下の任意の価格では，産出物はまったく供給されないのである．

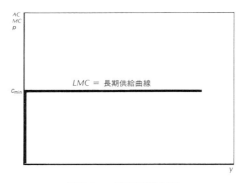

図23.9　一定の平均費用

要　約

1. 企業がつける価格と販売する産出量の関係は，企業が直面する需要曲線として知られる．定義によって，競争企業は市場価格，すなわち市場の他の企業によって形成される価格によってその水準が決められる水平の需要曲線に直面する．
2. 競争企業の（短期）供給曲線は，平均可変費用曲線の上方に位置する右上

がりの（短期）限界費用曲線の部分である．
3. 市場価格が p_1 から p_2 へ変化するときの生産者余剰の変化分は，p_1 と p_2 の間の限界費用曲線の左方の領域で示される．それはまた企業の利潤の変化分を表す．
4. 企業の長期供給曲線は，長期平均費用曲線の上方に位置する右上がりの長期限界費用曲線の部分である．

24章　産業の供給

以上においては，企業の供給曲線が限界費用曲線からどのように導出されるのかを見た．だが，競争市場では，企業が多数存在するのが通常であるから，市場の供給曲線は，各個別企業の供給曲線を集計したものとなる．本章では，**産業供給曲線**（industry supply curve）とは何かを調べてみよう．

24.1　短期の産業供給

まずはじめに，n個の企業が存在する1つの産業を取り上げる．第i企業の供給曲線を$S_i(p)$と書く．すると，**産業供給曲線**（industry supply curve）または**市場供給曲線**（market supply curve）は，各個別企業の供給曲線を集計したものとして

$$S(p) = \sum_{i=1}^{n} S_i(p)$$

と与えられる．図で説明すれば，**図24.1**のようになる．すなわち，それはそれぞれの価格に対して，各企業が供給する数量の総和にほかならず，各企業の供給曲線を水平方向に集計したものとして求められる．

24.2　短期の産業均衡

産業均衡を見つけるためには，市場供給曲線と市場需要曲線との交点を求めればよい．このような交点が均衡価格p^*を示す．

均衡価格が決まった場合には，各個別企業に立ち戻ることによって，その企業の産出水準と利潤の大きさを知ることができる．**図24.2**は，3つの企業A，

24.2 短期の産業均衡

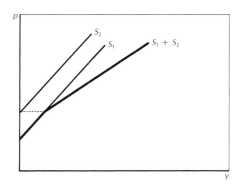

図24.1 産業供給曲線

BおよびCの短期均衡を示す．この図では，企業Aは，価格が平均費用とちょうど等しくなる産出量のところで操業している．すなわち，

$$p = \frac{c(y)}{y}$$

上式の両辺に y を掛けて整理すれば，

$$py - c(y) = 0$$

となるので，企業Aの利潤はゼロである．

企業Bは，価格が平均費用を上回る点，すなわち $p > c(y)/y$ となる点で操業している．このことは，短期均衡において，企業Bの利潤がプラスであることを意味する．企業Cは，平均費用を下回る点で操業しているので，企業Cの利潤はマイナスであり，損失が発生している．

一般に，価格と限界費用曲線との交点が平均費用曲線より上方にくれば当該

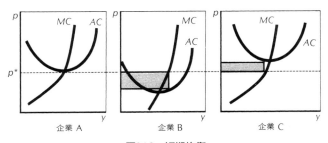

図24.2 短期均衡

企業の利潤はプラスとなり，その交点が平均費用より下方にあれば利潤はマイナスとなる．だが，利潤がマイナスの場合であっても，もし価格と限界費用曲線との交点が平均可変費用曲線より上方に位置すれば，企業は操業を続ける方が有利である．なぜならば，操業の続行によって生じる損失の大きさは，生産の完全中止から生じる損失を下回るからである．

24.3　長期の産業均衡

　長期的に見れば，企業は固定要素の大きさを調整することができる．工場規模や資本設備の大きさなどに関して，企業は長期利潤の最大化をもたらすように選ぶことが可能である．だがこのことは，企業が問題にするのが短期費用曲線ではなく長期費用曲線であることを意味するにすぎず，分析上新しい問題はなんら生じない．長期限界費用曲線から導出された長期供給曲線の方を使用すればよいのである．

　だが，1つの長期的効果が新たに出現する．もし企業が長期にわたって損失を被り続けるならば，もはやこの産業に踏みとどまる理由はなく，産業からの退出が起こると考えてよい．その理由は，このような退出によって，企業は損失をゼロにまで減らすことができるからである．言い換えれば，企業の長期費用曲線として有効な部分は，平均費用曲線より上方に位置する部分のみである．というのは，このような部分においてのみ利潤がプラスかゼロとなるからである．

　同様に，もし企業の利潤がプラスならば，参入が起こるだろう．つまり，この費用曲線は，産出物を生産するのに必要なすべての要素を市場価格で評価し，その機会費用を測ったものであって，企業が長期的な利潤を得ている場合には，誰でもこの市場に参加して必要な要素を手に入れ，同額の費用で同量の生産をすることができる．

　最も競争的な産業の場合，参入しようとする新企業に対する規制はまったく存在しない．この場合，産業は**参入自由**（free entry）であるという．だが，免許や産業内の生存可能企業数に関する法的規制のような**参入障壁**（barriers to entry）をもつ産業も存在する．たとえば，多くの州で規制が行われている酒類販売業には自由な参入ができない．

　固定要素の入手，および参入・退出という2つの長期的効果は互いに密接に

関連している.産業内の既存企業は新工場や店舗を入手して,増産を決意できる.一方,新規企業は新工場を入手し生産を開始することによって,この産業に参入するかもしれない.双方の相違点は,単に誰が新規生産設備を所有するかということにすぎない.

産業への企業の参入や赤字企業の退出が生じる場合,生産総量は変化し,それに伴って,当然,市場価格も変化する.これが再び利潤や参入・退出の意欲に影響を与える.結局,参入自由な産業内での最終的な均衡がどこに落ち着くかが問題になる.

さて,すべての企業の長期費用曲線が,等しく $c(y)$ であるとしよう.費用曲線が与えられれば,最小平均費用を与える産出水準 y^* を求めることができる.最小平均費用を $p^*=c(y^*)/y^*$ とする.この費用は,企業が市場に要求できる最低価格であると同時に,採算のとれる状態を保証する最低価格でもある.

次に,市場内のさまざまな企業数に対応する産業供給曲線を描いてみよう.**図24.3** は,市場内の企業数が $1, \cdots, 4$ 個であるときの各々の産業供給曲線を示したものである.ここでは4企業の例を示したが,競争産業内の実際の企業数ははるかに多い.すべての企業の供給曲線が等しいので,市場内企業数が2であるときの総供給量は,企業数が1のときの供給量の2倍であり,3のときの総供給量は3倍になる.

この図に,プラスまたはゼロの利潤を保証する最低価格 p^* を通る水平線と市場需要曲線を加え,$n=1, 2, \cdots$ 個の企業の供給曲線との交点を求めてみよう.

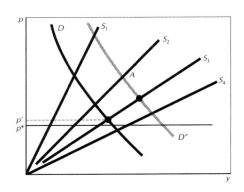

図24.3 参入自由な産業の供給曲線

利潤がプラスのとき，数企業が参入すれば，問題の交点からプラスまたはゼロの利潤を保証する最低価格が得られる．図23.3のp'は，市場内の企業数が3の場合の最低価格である．だが，さらに1企業が参入すれば，利潤はマイナスとなる．それゆえ，この産業が支えることのできる競争企業の最大数は3である．

24.4 長期供給曲線

市場内企業数に対応する産業供給曲線を導出し，プラスまたはゼロの利潤を獲得できる企業の最大数を求める，という上述の理論は，厳密で応用も簡単である．だが，近似法もまた有用である．

さきに求めたn個の曲線から1つの産業供給曲線を導出してみよう．まず，供給曲線上のp^*より下方に位置する点はすべて無視できる．というのも，そのような点では，長期にわたる操業が不可能だからである．また，p^*の上方に位置する部分にも省略できるものがある．

通常，市場需要曲線は右下がりと仮定されるので，最も傾きの急な需要曲線は垂直線である．ところで，図24.3の点Aが実現することはありえない．なぜなら，点Aを通る任意の需要曲線をD''とすれば，p^*より高い価格が参入を誘発して企業数が増加し，それに対応する産業供給曲線がp''と新しい交点をもつことになるからである．

だから，供給曲線上のこの部分を長期均衡点となる可能性の部分から除くことができる．産業内企業数1のときの産業供給曲線のうち，産業内企業数2のときの産業供給曲線とp^*を通る水平線との交点より右側の部分は長期均衡点となりえない．同様に，産業内企業数2のときの産業供給曲線のうち，産業内企業数3のときの産業供給曲線とp^*を通る水平線との交点より右側の部分は長期均衡点となりえない……，産業内企業数nのときの産業供給曲線のうち，産業内企業数$n+1$のときの産業供給曲線とp^*を通る水平線との交点より右側の部分は長期均衡点となりえない．

図24.4の供給曲線群のうち，線の濃い部分が実際に長期均衡点となりうる．n番目の濃い線は，産業内企業数nのときの長期均衡点となりうるすべての価格と産出量の組み合わせを表している．産業内企業数が多いほど，つまり，産業全体の産出量が多いほど，この線分は平らになる．

24.4 長期供給曲線

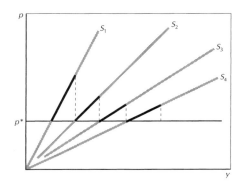

図24.4 長期供給曲線

　そこで，この線分が平らになる理由を考えてみよう．市場内企業数が1のとき，価格が Δp だけ上昇したとすると，企業はたとえば Δy だけ増産するだろう．市場内企業数が n のとき，価格が Δp だけ上昇し，各企業が各々 Δy だけ増産すれば，産業全体では $n\Delta y$ だけ増産されることになる．市場内企業数が多数であるほど，供給曲線はより平らになる．なぜなら，産出物の供給が価格に対してより敏感になるからである．

　市場で合理的な企業数が決まるまでは，供給曲線の傾きはきわめて平らであろうから，供給曲線の傾きはゼロと考えてよい．つまり，最小平均費用に等しい価格を通る水平線を長期産業供給曲線と考えるわけである．逆に，少数の企業が競争的に行動すると考えるのもまた妥当ではあるまい．だから，長期にわ

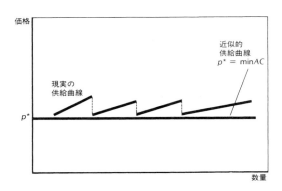

図24.5 近似的長期供給曲線

たって多数の企業が生存すると考えてよく，その場合，図23.5からわかるように，均衡価格は最小平均費用からそう外れることはありえない．

図24.5は，参入自由な競争産業では，利潤がゼロから大幅にそれるようなことが起こりえないことを示している．つまり，参入自由な産業内で，利潤が高水準にあれば，この産業への新規企業参入を誘発する結果，利潤はゼロに押し下げられる．

すべての生産要素をその市場価格で評価すれば，経済的費用を正確に計算できる．すべての要素を計測し，適切な値がつけられるかぎり，プラスの利潤を得る企業の行動は，誰にでもそっくり真似できる．つまり，誰もが自由市場へ出かけて必要な生産要素を購入し，当該企業と同一製品を同一方法で生産することができる．

参入・退出自由な産業の長期平均費用曲線は，最小平均費用に等しい価格を通る水平線である．規模に関して収穫一定の技術をもつ企業の長期供給曲線が，まさにこの形をしているのは偶然ではない．企業は以前の行動を常に繰り返すことができるので，規模に関して収穫一定は妥当な仮定である．だが，他企業も同様の反復ができるから，同様な工場を作って生産を拡大するのは，新規企業が同様な設備を携えて市場に参入してくることと同じである．だから，参入自由な競争産業の長期供給曲線は，規模に関して収穫一定な企業の長期供給曲線と同じく，最小平均費用に等しい価格のところで水平な線となる．

24.5 利潤ゼロの意味

参入自由な産業では，新規参入を通じて利潤はゼロになる．だが利潤がわずかでもプラスであるかぎり，新規企業の参入が誘発される．ところで，利潤がゼロであることは，産業の消滅を引き起こすわけではなく，単に参入が起きず，産業の成長が止まることを意味するにすぎない．

利潤ゼロの長期均衡状態では，すべての生産要素は，市場で稼得できる報酬すなわち生産要素の市場価格を受け取る．たとえば，企業の所有者は，自分の労働時間に対する支払いを受け取る．さらに，企業に投資した資金その他，操業用に投入したすべてのものの対価を回収する．他の生産要素についても同様である．企業は，操業の続行によって必要な投入物の購入にあてる資金を稼得する．各生産要素の報酬はどの産業においても同額である．だから，新生産要

素が純利潤という余分な報酬によってある産業に引きつけられるという状態は生じない．生産要素が退出を迫られる要素も存在しない．利潤ゼロの長期均衡状態にある産業は成熟した産業である．『ビジネス・ウィーク』誌に掲載される成功物語には登場しそうもないが，成熟産業は経済のバックボーンを形成している．

さて，利潤はすべての生産要素の市場価格を用いて定義される．市場価格は生産要素が他の機会に稼得可能だった金額を表している．生産要素への支払いを超過する収入は純利潤である．だが，ある産業で純利潤が発生すれば，その産業への参入が生じ，超過利潤を得る試みがなされる．利潤獲得のこのような企ては，結局，参入自由な競争産業での利潤をゼロに引き下げる．

利潤動機が軽蔑の目で見られる地域も存在はする．だが純粋に経済的見地からすれば，利潤は資源配分についての妥当な信号を提供する．だから，企業がプラスの利潤を得ているならば，当該企業の産出物は投入物より高く評価されたといえる．その意味で，同様の製品がより多くの企業によって生産されるのは合理的である．

24.6　固定要素とレント

参入自由な場合，長期的には利潤はゼロとなる．だが，すべての産業が参入自由とはかぎらず，ある産業では産業内企業数が固定される．

その主な理由は，いくつかの生産要素の供給が固定されているということである．さきに説明したように，長期的には固定要素も個別企業によって売買されうる．だが実際には，経済全体として，長期にわたり固定的である要素がいくつか存在する．

最も明確な例は資源採掘業である．たとえば，原油は特定の地域に埋蔵されており，地中の原油は原油採掘業にとって不可欠な投入物である．石炭・ガス・貴金属・その他の類似の資源についても同様である．他の例は農業である．農業に適した土地は限られている．

また，次のような風変わりな固定要素もある．プロの運動選手やエンタテイナーになるに充分な才能をもつ人々の数は限られている．この分野でも「参入自由」ではあるが，たいていは成功しない．

その他，法律によって固定される要素の例もある．免許や許認可の必要な多

数の産業がその例である．免許・許認可の数は法律によって固定されることが多い．多くの都市のタクシー業界はこの方法で規制を受けている．酒類販売免許も同様の例である．

産業内の企業数に関してこのような規制が存在すれば，企業はその産業に自由に参入することができず，利潤をゼロに導く経済力が作動しないままプラスの利潤を享受する産業が発生しうる．

だがこれは錯覚であって，利潤をゼロに追い込む経済力は常に作動する．長期的に利潤がプラスであるように見える点で企業が操業を続けているとすれば，参入を阻害するすべての要素の市場価値を適切に測っていない疑いがある．

経済的費用の定義によれば，生産要素の価値はその・市・場・価・格，つまり機会費用で測られねばならない．農家が生産費を差し引いてもなおプラスの利潤を得ているとすれば，その原因は土地費用を考慮していないことにある．

さて，土地費用を除くすべての農業用投入物の評価を行った結果，年当たりπドルの利潤を計上したとすると，自由市場におけるこの土地の価値および1年間借地することに対する地代は次のように算定することができる．

土地を賃借するのは，年当たりπドルという「利潤」を得たいためである．だが，πドルの利潤を得るために土地を借りるには，農業に関して何の知識も必要としない．ただ単に農業労働者の労働用役を市場価格で評価し，労働者を1人雇ったうえになおπドルの利潤が得られることがわかればよい．だからこの土地の市場価値，つまり競争的地代（これをレントと呼ぶ）はちょうどπであり，農業による利潤はゼロとなる．

この方法によって求められた賃貸料は，農業の実際上の費用とは何の関係もない．重要なことは，何を買ったかではなく，何を売ることができるか，ということであって，それが機会費用を決定する．

ある産業に参入するのを妨げる固定要素が存在するならば，必ずその要素の均衡賃貸料が存在する．固定要素の存在いかんにかかわらず，産業内の既存企業の買収によって常にその産業に参入することが可能である．自社を売却できる産業内の既存企業が，それをしないための機会費用は，企業が念頭に置くべき生産費である．

上に説明したように，利潤をゼロに引き下げるような参入の・可・能・性は常に存在する．産業に参入するには，新規企業を起こすか，あるいは，既存企業を買収すればよい．新規企業が産業内での生産に必要なものすべてを購入したうえ

で利潤をあげられるならば，企業はその方法を選択する．だが，供給を固定された要素が存在する場合，潜在的参入者の間で要素に対する競争が生じ，利潤がゼロになるまで要素価格が上昇を続ける．

24.7 レント

前節で，**レント** (economic rent) の例をいくつか見た．レントとは，その生産要素が供給されるのに最低必要な支払いを超えて支払われる部分である．

さきに見た原油の例でいえば，原油を生産するために労働や機械設備，および地下の原油が必要である．既存の油井から地下の原油を汲み出すために1バーレル当たり1ドルの費用がかかる場合，1バーレル当たりの価格が1ドルを超えれば，企業は既存の油井から原油を生産しようと考える．だが，実際の原油価格は，1バーレル当たり1ドルよりはるかに高い．人々はさまざまな理由で原油をほしがり，原油の生産費より高い価格を支払う．だから，価格のうち生産費を超える部分はレントである．

石油産業に企業が参入しないのは，利用可能な原油の量がごく限られているからであって，原油は限られた供給のゆえに生産費を超える価格で販売される．

次に，タクシー免許について考えてみよう．ニューヨーク市では，ただ同然の紙切れに見えるタクシー免許を，10万ドルという驚くべき価格で売却することができる．この産業に参入者が殺到し，タクシー免許が乱造されないのは，市がタクシー免許の供給を規制しているため，参入は違法だ，というのがその理由である．

レントの別の例は農地である．土地の総量は全体として一定であるから，1エーカー当たり1,000ドルのとき供給される土地の量と1エーカー当たり0ドルで供給される土地の量は同じである．だから土地に対する支払いはレントとなる．

経済全体から見れば，農地の価格を決めるのは農産物の価格だが，農夫個人から見れば，農地の価値は農産物に含まれる生産費である．

図24.6 の AVC は，ただ1つの固定要素である土地の費用を除くすべての生産要素の平均費用を表す．この土地の収穫物の価格が p^* なら土地に帰すべき「利潤」はレントであって，ボックスの領域で表される．これは，利潤がゼロになるような競争市場でのレントでもある．

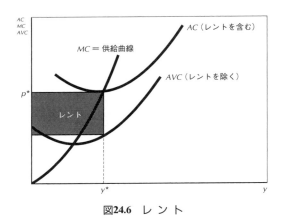

図24.6　レント

　土地の価値を含む平均費用曲線は AC である．土地の価値が正しく測られるならば，農場経営による利潤はゼロになる．利潤ゼロのときの土地に対する均衡レントから，次式が得られる．

$$p^* y^* - c_v(y^*) - \text{レント} = 0$$

または，

$$\text{レント} = p^* y^* - c_v(y^*) \tag{23.1}$$

これは以前に説明した生産者余剰に等しい．両者はまったく同じ概念であって，単に見方を変えたものにすぎない．限界費用曲線の左側の領域からレントを求めることができる．

　(23.1) 式はレントの定義である．さきの説明が正しいことは，この式からも理解できる．レントを決定するのはあくまでも均衡価格である．企業は，固定要素の支出とは独立の限界費用曲線に沿って供給する．レントは利潤をゼロにするように調整される．

24.8　賃貸料と価格

　これまでは，産出物をフロー単位，つまり単位時間当たりの産出量で測ってきた．単位時間当たりの利潤やレントをドルで測るには，注意が必要である．

そのためこれまでの議論では，土地の年間レントやタクシー免許の年間報酬について述べた．

土地や免許が賃貸でなく一度に売却されてしまう場合，均衡価格は賃貸料の流列の現在価値となる．つまり，競争市場で支出の流列を生み出す資産は，その現在価値で売却されなければならない．

24.9 レントの政治学

多くの場合，産業への参入を法的に規制することにより，レントが生ずる．タクシー免許と酒類販売免許の数の制限は産業への参入規制であり，レントが発生する．

ニューヨーク市当局がタクシーの稼働台数を増やそうとする場合，既存のタクシー免許の市場価値は下落するにちがいない．価値の下落は産業の利権に打撃を与えるので，それを阻止するためロビー活動が活発になる．

連邦政府も，いくつかの生産物の産出量を人為的に規制することにより，結果的にレントを発生させている．連邦政府によるタバコ栽培地の指定がその例である．指定の結果，土地の価値はタバコ需要に依存して決まるようになった．この指定を解除させるには，厳しい政治的圧力と戦う必要がある．政府が人為的に生み出した稀少性を消滅させるのは不可能に近い．

特定の産業での操業権を取得し，人為的な稀少性の利益を享受できる業者は，産業のいかなる拡大にも強く反対し，法的に規制された産業内の既存業者の有利な立場の維持のために，大量の資源をつぎ込むかもしれない．こうした明らさまな政治活動の費用は相当の額になるだろうが，社会全体から見れば，これは純粋に社会的浪費である．つまり，この費用は生産費あるいは増産の費用ではない．ロビー活動や広報活動といった政治活動は，それを行った業者が既存の産出物の枠内で利益を獲得するのを容易にするにすぎない．

供給が固定的な要素に対する権利を保有または獲得するための努力は，**レント・シーキング**（rent seeking）とも呼ばれる．これは社会全体から見ると，純デッドウエイト・ロスであって，産出物を生み出すことなく，単に生産要素の所有者を変える効果しかもたない．

24.10 エネルギー政策

本章を終わるにあたって，われわれが開発したいくつかの概念を使った応用例を述べようと思う．

1974年，OPEC（石油輸出国機構）は原油価格を大幅につり上げた．非産油国にとって，エネルギー政策に選択の余地はほとんどなく，原油と石油製品の価格は上昇せざるをえなかった．

当時，アメリカの原油生産量は国内消費量の約半分だった．議会は，原油価格の無統制な上昇によって国内原油生産者が「棚ぼた式の利益」を得るのは不公平だと考えた．棚ぼた式の利益というのは，自らの生産の意思決定による増益ではなく，外部の事件が原因で増加する利益のことである．結局，議会は石油製品の価格引き下げという奇妙な案をひねり出した．これらの製品の中で一番有名なのはガソリンである．ガソリンを例に，この制度が市場に与えた効果を分析しよう．

原油の二重価格制

議会が採択した政策は，原油の「二重価格制」として知られているもので，次のように運営された．輸入原油はいくらであれ市場価格で販売されるが，国産原油，つまり1974年以前の既存油井から産出される原油は，OPECの決定以前の旧価格で販売される．大まかにいって，輸入原油価格は1バーレル当たり15ドルだが，国産原油の販売価格は約5ドルであった．こうすれば原油の平均価格が1バーレル当たり約10ドルになるので，ガソリン価格の引き下げができる，というのがこの政策の考え方であった．

議会の思惑通りにいくものかどうかをガソリン生産者の立場から考えてみよう．ガソリンの供給曲線を求めるためには，ガソリンの限界費用曲線がどのようなものになるか考えてみなければならない．

読者がガソリン精製業者なら一体どう行動するだろうか．まず真っ先に安い国産原油を使おうとするのは明らかである．国産原油を使い切るまでは，誰も高い輸入原油を使おうとはするまい．だから，ガソリンの限界費用曲線の総和，つまり産業供給曲線は**図24.7**のような形にならざるをえない．この曲線は，アメリカの原油生産が枯渇し，輸入原油が使われはじめる点で跳ね上がる．この

24.10 エネルギー政策

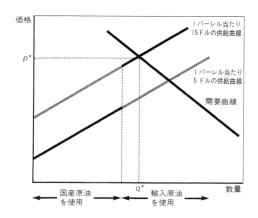

図24.7 ガソリンの供給曲線

点の手前では，国産原油価格がガソリン生産にとって適切な要素価格である．この点を過ぎると，適切な要素価格は輸入原油価格となる．

図24.7には，すべての原油の売値が1バーレル当たり15ドルの国際価格である場合のガソリンの供給曲線と，すべての原油の販売価格が1バーレル当たり5ドルの国内価格である場合のガソリンの供給曲線が描かれている．もし現実に国産原油の販売価格が1バーレル当たり5ドルであり，外国産原油の販売価格が1バーレル当たり15ドルならば，ガソリンの供給曲線は安い国産原油を使い切るまでは1バーレル5ドルのときの供給曲線に一致し，その後，1バーレル15ドルのときの供給曲線に一致する．

ここで，均衡価格を見い出すために，**図24.7**の供給曲線と市場需要曲線との交点を求めてみよう．図は興味深い事実を示している．ガソリン価格は，二重価格制のもとでも，すべての原油の売値が国際価格に等しいときとまったく同じ水準にある．ガソリン価格は，限界費用によって決められるが，限界費用は輸入原油の費用によって決まる．

ちょっと考えてみれば，これが当然であることがわかる．ガソリン会社は自社の製品に対して市場が支払う意思のある価格を販売価格にする．というのは，運よく安い原油を少々手に入れたからといって，それを他社のガソリン販売価格より安く売る必要はないからである．

さて，すべての原油の売値が1つであり，価格 p^* で市場が均衡していると

き，政府介入によって，各精製業者が使用原油のうちの最初の100バーレルの価格だけを引き下げると，企業の供給の意思決定はどのような影響を受けるだろうか．何の影響もない，というのがその答えである．供給を変えるためには，マージンを変えなければならない．だから，ガソリン価格引き下げの唯一の方法は供給の増加を図ることであり，そのためには，原油の限界費用をさらに引き下げなければならない．

原油の二重価格政策は，国産原油生産者から国内の精製業者への所得移転をもたらしたにすぎなかった．国内生産者が自ら生産した原油の価値にも満たない5ドルを受け取る一方，彼らが受け取るはずだった利潤はガソリン精製業者がせしめた．この政策は，ガソリンの供給に何の効果もなく，したがってガソリン価格にも何の効果も与えることができなかった．

価格統制

この議論に登場するさまざまな経済力が自己主張を始めるのに長くはかからなかった．エネルギー省は，市場の実勢が二重価格制にしたがってガソリン価格を決めるはずがないということに間もなく気がついた．それというのも，市場の実勢のもとではガソリン価格は1つになるはずであり，しかも，それは二重価格が存在しない場合に成立する価格に一致するからである．

そこでエネルギー省は，ガソリンの価格統制を始めた．各精製業者はガソリン生産費，すなわち購入可能な原油価格に見合うガソリン価格で販売するよう強制された．

安い国産原油が手に入るかどうかは場所によって異なる．主要生産地に近いテキサス州では，安く供給される原油を大量に買うことができた．しかも価格統制のため，テキサスのガソリンは相対的に安かった．ほとんどの原油が輸入されるニュー・イングランドでは，ガソリンの価格は非常に高かった．

同一生産物に2つの価格がついていれば，企業が高い方の価格で売りたがるのは当然である．エネルギー省は，ガソリンが低価格地域から高価格地域に無統制に出荷されるのを防ぐため，またもや介入せざるをえなくなった．しかしその結果，中部17州で，かの有名なガソリン不足が生じ，この地域のガソリン供給は定期的に枯渇し，どんな値をつけても少しのガソリンも手に入らなかった．自由市場制をとっている石油製品についてはこんなことは決して起こらなかった．ガソリン不足は，価格統制と組み合わされた二重価格制が引き起こし

たものだった．

当時，経済学者たちはこの点を指摘したが，政策を動かすほどの効果はなく，むしろ，ガソリン精製業者によるロビー活動の方が効果的だった．国産原油売買のほとんどは長期契約によるものであり，これを大量に購入できる特定の精製業者以外は高価な外国産原油しか買うことができなかった．このような不公平に不満が生じたのは当然であり，議会は安い国産原油をもっと公平に配分するための別の方策を考え出した．

受給資格制度

この制度は「受給資格制度」として知られるもので，次のように運営された．精製業者が高価な外国産原油を1バーレル買うたびに，安い国産原油を一定量買うことのできるクーポンが与えられる．購入を許される原油量は供給条件に応じて決められる．しかしそれはいわば1対1だったため，購入する15ドルの外国産原油1バーレルにつき5ドルの国産原油を1バーレル入手できるようになった．

さて，これが原油の限界価格にいかなる影響を与えたか考えてみよう．この場合，原油の限界価格はちょうど国産原油価格と外国産原油価格の加重平均になる．上述の1対1の場合，価格は10ドルとなる．ガソリン供給曲線への影響は図24.8に示したようになる．

原油の限界費用はうまい具合に下がった．これはガソリンの価格もうまく

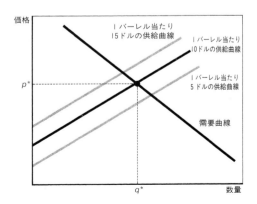

図24.8　受給資格制度

下がったということである．しかし，これを可能にしたのは国産原油の生産者たちである．だから，アメリカは実質ドルで1バーレル当たりの費用が15ドルの外国産原油を買い，それがあたかも10ドルであるかのごとくに振る舞ったことになる．国産原油生産者は，生産した原油を国際相場より安い価格で販売するよう強制された．つまり，アメリカ国民は外国産原油の輸入に補助金を出し，国産原油の生産者にこの補助金を支払わせていたことになる．

その後，この制度は廃止され，アメリカは次のようにして棚ぼた式の利潤に課税することにした．原油はすべて同価格で販売してよいが，国産原油生産者がOPECの行動のおかげで得た棚ぼた式の利益を丸ごと手に入れてしまわないよう，国産原油の生産に課税したのである．むろん，そのような課税は国産原油の生産を減退させ，ガソリンの価格を上昇させるだろうが，当時，この方法は議会にとって納得のいくものだった．

24.11　炭素税とキャップ・アンド・トレード

地球温暖化を憂慮する気象学者たちは，各国政府に，CO_2排出量（厳密にはエネルギー起源二酸化炭素）削減政策の策定の必要性を力説してきた．経済学的観点からすると，削減政策のうち，**炭素税**と**キャップ・アンド・トレード**の2つの政策が興味深い．

炭素税は，CO_2排出量に課税するものである．これに対し，キャップ・アンド・トレード制度は，整備された市場で排出可能なCO_2量を取引するライセンスを与える，というものである．これらの制度を比較するため，簡単なモデルを検討してみよう．

最適排出量

まず，費用を最小にしながら削減目標量を達成する，という問題から検討を始めよう．現在のCO_2排出量を$(\bar{x}_1, \bar{x}_2)$とする2企業があるとする．企業iは$c_i(x_i)$の費用で排出レベルをx_iだけ下げることができる．**図24.9**は，この費用関数のありうる形状を示している．

目的は，費用を最小にしながら排出量を目標値Tだけ削減することである．この最小化問題は次のように表すことができる．

24.11 炭素税とキャップ・アンド・トレード

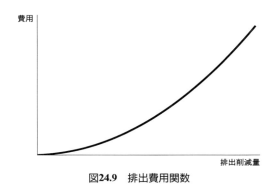

図24.9 排出費用関数

$$\min_{x_1, x_2} c_1(x_1) + c_2(x_2)$$
$$\text{ただし，} x_1 + x_2 = T$$

　もしこの費用関数がわかっていれば，理論上，政府はこの最小化問題を解いて，それぞれの企業に，算出された排出量を割り当てればよい．しかしCO_2を排出する企業が多数だったら，このような方法は現実的でない．解決すべき課題は，最適解を達成するための，分権的で市場をベースとする方法を見つけ出すことである．

　そこで，この最適化問題の構造を調べてみよう．まず明らかなのは，最適解のもとでは，排出削減の限界費用が，各企業とも同じでなければならない，ということである．そうでなければ，限界費用がより低い企業は排出量を増やし，限界費用がより高い企業は排出量を減らすことになる．このとき，総排出量は目標値に維持されるが，費用は減少するだろう．

　これによって次のような簡単な原理がわかったことになる．つまり，最適解のもとでは，排出削減の限界費用はどの企業も同じだ，ということである．検討してきた2企業のケースでは，簡単な図を用いて最適点を見つけることができる．$MC_1(x_1)$を企業1の排出削減量x_1の限界費用とし，企業2の排出削減量の限界費用を企業1の排出削減量の関数として表すことにして，$MC_2(T-x_1)$としよう．ただし目標削減量は達成されているものとする．**図24.10**に，この2つの曲線が描かれている．2つの曲線の交点が2つの企業の最適配分点であり，このとき実現している排出削減総量はTである．

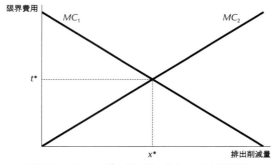

図24.10　キャップ・アンド・トレード市場均衡

炭素税

次に，費用最小化問題を直接解く代わりに，炭素税を用いた分権的解決法を考えてみよう．この枠組みでは，CO_2排出に課される税率 t を政府が決める．いま，企業1がはじめの排出量 $\bar{x}_1$ を x_1 だけ削減したとすると，この企業は $\bar{x}_1 - x_1$ だけ排出を行ったことになる．この企業が排出1単位当たり t だけ支払うとすると，企業の炭素税は $t(\bar{x}_1 - x_1)$ となる．この税額を知った企業1は，操業の総費用，つまりCO_2削減費用と残りの排出量に対する炭素税の支払い合計，が最小になるように排出削減レベルを選択するだろう．このことから，次のような費用最小化問題が導かれる．

$$\min_{x_1} c_1(x_1) + t(\bar{x}_1 - x_1)$$

明らかにこの企業は，さらなる排出削減の限界費用が炭素税とちょうど等しくなるところまで排出量を削減しようとする．つまり $t = MC_1(x_1)$ である．

炭素税が図24.10に示されたような税率 t^* に設定されるなら，排出されるCO_2の総量は目標値 T に一致するだろう．だから，炭素税は，最適な成果を達成するための分権的な方法なのである．

キャップ・アンド・トレード

こんどは炭素税ではなく，その代わりに，政府が取引可能な排出ライセンスを発行する，という状況を想定してみよう．これらのライセンスによって，企

業は一定量の排出を行うことを許される．政府は削減目標を達成できるように排出ライセンスの数を選択する．

さてここで，単位当たり価格 p で CO_2 を x 単位排出するライセンスを各企業が買うことのできる市場を想定してみよう．排出量を x_1 だけ削減する企業 1 の費用は $c_1(x_1)+p(\bar{x}_1-x_1)$ である．明らかに，この企業は排出ライセンスの価格が限界費用と一致するところ，すなわち $p=MC_1(x_1)$ の点で操業しようとするだろう．つまり，この企業は CO_2 を 1 単位排出する費用が，ライセンスを買わなくてもすむことによって節約できる費用にちょうど等しくなるように排出レベルを決めるのである．

このようにして，限界費用曲線から，排出供給が価格の関数として得られることになる．均衡価格は，総排出供給を目標値 T に等しくするような価格である．この価格は図24.10の最適税率 t^* と同じになる．

残る問題はこのライセンスをどのように配分するか，ということである．1つの方法は，政府が企業にライセンスを販売することである．これは基本的に炭素税制度と同じことである．政府は，その価格でライセンスがたくさん需要されるように価格を選んで売ることもできる．あるいはその代わりに目標排出レベルを選んで，オークションで売り切るようにすることもできる．このとき企業は自分で価格を決定することになる．これが「キャップ・アンド・トレード」制度の1つのタイプである．どちらの政策でも基本的に同じく需給を一致させる市場価格が導き出される．

その他の可能性としては，政府がなんらかの方式で企業にライセンスを配分する，ということがあるだろう．こうした方式は，さまざまな基準に基づいているだろうが，もしかしたら，この価値あるライセンスを授与する重大な理由が，この政策への政治的な支持を構築することにあるかもしれない．ライセンスは，企業が最大の雇用を抱えているとか，なんらかの政治的理由から最も多くの寄付をしたとかの観客的な基準に基づいて授与されるかもしれない．

経済学的観点からすると，政府がライセンスを所有し，企業に販売する（基本的にこれは炭素税）か，企業がライセンスを与えられ，企業同士が互いに売買する（これは基本的にキャップ・アンド・トレード）かは問題ではない．

もし，キャップ・アンド・トレード制度が創設されるなら，企業は排出許可を獲得するための投資を魅力的だと考えるだろう．たとえば，企業はそうしたライセンスのために議会へのロビー活動を行おうとするかもしれない．こうし

たロビー活動の費用は，前出の**レント・シーキング**の議論で示したように，制度費用の一部として算入されるだろう．もちろん，炭素税制度も同様に，ロビー活動を免れることはできない．企業は間違いなくいくつかの理由をつけて，特別の炭素税適用除外を求めるだろう．それでも炭素税制度は，キャップ・アンド・トレード制度よりは政治的操作からの影響を受けにくいといわれている．

要　　約

1. 産業の短期供給曲線は，その産業の個別企業の供給曲線を単純に水平に加えたものである．
2. 産業の長期供給曲線は，その産業への企業の参入・退出を考慮しなければならない．
3. 参入・退出が自由ならば，長期均衡においてプラスまたはゼロの利潤を得ることのできる企業の最大数が存在する．これは，長期供給曲線が最小平均費用に等しい価格で厳密に水平になるということを意味する．
4. 企業がプラスまたはゼロの利潤を得られる産業に参入するのを阻止するような力が働く場合，参入を阻止する要素によってレントを稼得できる．レントの大きさは，産業の産出物の価格によって決定される．

25章 独　　占

　前章までにおいては，小規模の企業が多数存在する場合に一番ありそうな市場構造，つまり競争産業の行動を分析した．本章では，それと反対に，産業の中にただ1企業が存在する場合の市場構造，すなわち**独占**（monopoly）について考える．

　市場に1つしか企業が存在しない場合，その企業が価格を所与と考えるということはありそうにもない．むしろ，独占企業は市場価格に与える自らの影響力に目覚め，自己の総利潤を最大化するような価格水準と産出水準を選ぼうとする．

　価格と産出量を互いに無関係に選ぶことはできないのはもちろんである．というのは，どの価格水準であろうと，独占企業は市場が受け入れてくれる量しか販売できないからである．もし高い価格をつければ，独占企業の販売はわずかになる．独占企業の価格と数量の選択に枠をはめるのは消費者の需要行動である．

　独占企業は適当に価格を選択して消費者にその価格での購入量を選択させる，と考えてもよいし，あるいは，独占企業が数量を適当に決めたうえで，それに対して消費者がいくら支払おうとするかを決めさせる，と考えることもできる．はじめの考え方の方がより自然であるが，2番目のものは，分析するのにより好都合である．正しく分析されていれば，もちろん双方の考え方は同じになる．

25.1 利潤最大化

　まず独占企業の利潤最大化問題を考えてみよう．$p(y)$ を市場の逆需要関数，$c(y)$ を費用関数とする．$r(y)=p(y)y$ は独占企業の収入関数である．独占

企業の利潤最大化問題は,

$$\max_y r(y) - c(y)$$

である.

この問題の最適条件は単純なものである.最適な産出量を選択すると限界収入は限界費用に等しくならなければならない.限界収入が限界費用よりも小さければ,企業は産出量を減らそうとする.費用の節約が収入減を補って余りあるからである.しかし限界収入が限界費用より大きいなら,企業は産出量を増やそうとする.限界収入と限界費用が等しいときにのみ,企業は産出量をそれ以上変えたいと思わない.

記号で書けば,この最適条件は,

$$MR = MC$$

あるいは,

$$\frac{\Delta r}{\Delta y} = \frac{\Delta c}{\Delta y}$$

となる.

$MR = MC$ という条件そのものは競争企業についても満たされなければならない.この場合,限界収入は価格に等しくなるので,上の条件は $p = MC$ となる.

独占企業の場合,限界収入の項はもう少し複雑になる.独占企業が産出量を Δy だけ増加させようと決めた場合,利潤に対して2つの影響がある.第1に,販売量の増加によって収入が $p\Delta y$ だけ増える.第2に,価格は Δp だけ下がらざるをえないので,すでに販売しているすべての産出物をもこの安い価格で販売することになる.

その結果,産出量を Δy だけ変更することによる収入への総効果は,

$$\Delta r = p\Delta y + y\Delta p$$

となる.そこで産出量の変化分で収入の変化分を割ると限界収入は,

$$\frac{\Delta r}{\Delta y} = p + \frac{\Delta p}{\Delta y}y$$

である.(これは**15**章で限界収入の議論をしたときに行ったのとまったく同じ

25.1 利潤最大化

導出法である。読者はもう一度復習してみるとよい。）

これについてのもう1つの方法は，独占企業が産出量と価格を同時に選択すると考えることであるが，需要曲線の制約を念頭に置くのはもちろんである。独占企業がもっと多くの生産物を販売したいなら，価格を下げなければならない。ところが，引き下げられた価格は，新しい1単位にだけつけられるのではなく，企業が現に販売しているすべての単位にもつけられるので，変化分は $y\Delta p$ となる。

競争があるなら，他企業の販売価格より低い価格で販売できる企業は競争相手からただちに全市場を奪い取ることができる。だが，独占の場合，独占企業はすでに全市場を手に入れているので，価格を引き下げた場合，企業は価格の低下が販売量のすべてに及ぼす効果を考慮しなければならない。

15章と同様に，限界収入を弾力性を用いて，

$$MR(y) = p(y)\left[1 + \frac{1}{\varepsilon(y)}\right]$$

と表現できる。また，「限界収入は限界費用に等しい」という最適条件は

$$p(y)\left[1 + \frac{1}{\varepsilon(y)}\right] = MC(y) \tag{25.1}$$

となる。弾力性は自然な形ではマイナスなので，この式を

$$p(y)\left[1 - \frac{1}{|\varepsilon(y)|}\right] = MC(y)$$

と書くこともできる。これらの式から，競争的な場合についての関係も簡単にわかる。競争的な場合，企業は水平な需要曲線に直面する。つまり，需要曲線は無限に弾力的である。すると，$1/\varepsilon = 1/\infty = 0$ であることから，この条件は競争企業にとって単に価格と限界費用が等しい，ということを意味する。

需要曲線が非弾力的なら，独占企業は操業水準を決めることができない。というのは，$|\varepsilon|<1$ なら，$1/|\varepsilon|>1$ となって限界収入はマイナスになるから，限界収入と限界費用は等しくなりえない。非弾力的な需要曲線が意味するものを考えてみれば，この点ははっきりする。$|\varepsilon|<1$ のとき，産出量の減少は収入を増加させ，総費用を減少させるはずだから，利潤は必ず増加する。だから，$|\varepsilon|<1$ となる点ではどこでも，生産を減らして利潤を増加することができるので，独占企業にとってこの点は利潤最大ではありえない。それゆえ，利潤最大となる点は $|\varepsilon|\geq 1$ のときにのみ生じる。

25.2 線形需要曲線と独占

独占企業が次のような線形需要曲線に直面しているとしよう．

$$p(y) = a - by$$

すると，収入関数は，

$$r(y) = p(y)y = ay - by^2$$

限界収入曲線は

$$MR(y) = a - 2by$$

となる．（これは**15**章の終わりで与えられた式から導いたもので，簡単な式で求められる．計算の仕方を知らなくても，これから頻繁に使うことになるので覚えておくとよい．）

限界収入曲線は需要曲線と同じ縦軸との切片 a をもち，傾きが倍であることに注意しよう．これは限界収入曲線を描く簡単な方法である．縦軸との切片が a であることはわかっている．横軸との切片を求めるには，需要曲線の横軸との切片のちょうど半分を取り，2つの切片を直線で結べばよい．**図25.1** にこうして描いた需要曲線と限界収入曲線が示されている．

最適産出量 y^* は，限界収入曲線と限界費用曲線との交点にある．独占企業

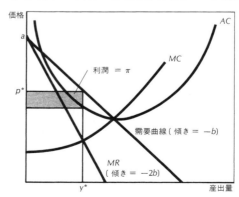

図25.1 線形需要曲線と独占

は，この産出量を売り切ることのできる最高価格 $p(y^*)$ を売値にする．こうして独占企業の収入は $p(y^*)y^*$ となり総費用 $c(y^*)=AC(y^*)y^*$ を差し引けば図に示したような利潤部分が残る．

25.3 マーク・アップ価格

別の方法で独占企業の最適価格政策を説明するために，弾力性を利用できる．(25.1) 式を変形すれば，

$$p(y)=\frac{MC(y^*)}{1-1/|\varepsilon(y)|} \qquad (25.2)$$

となる．上式は，市場価格が限界費用を超えるマーク・アップであることを示している．ただし，マーク・アップの大きさは需要の弾力性の大きさに依存する．マーク・アップは，

$$\frac{1}{1-1/|\varepsilon(y)|}$$

で与えられる．独占企業は常に需要曲線が弾力的なところで操業するので，$|\varepsilon|>1$ となるから，マーク・アップは 1 より大きいと仮定してよい．

需要曲線の弾力性が一定である場合，つまり $\varepsilon(y)$ が定数のとき上式は特に簡単になる．弾力性一定の需要曲線に直面している独占企業は，弾力性に一定のマーク・アップを上乗せした価格をつける．このことが **図25.2** に描かれている．$MC/(1-1/|\varepsilon|)$ と書かれた曲線は限界費用より高い定数倍のもので，最

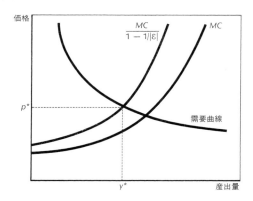

図25.2 需要弾力性一定のもとでの独占

適産出水準は $p=MC/(1-1/|\varepsilon|)$ のところで求まる．

25.4 独占の非効率性

競争産業は価格と限界費用が等しくなる点で操業する．独占産業は価格が限界費用より高いところで操業する．だから，企業が競争的でなく独占的に行動すると，価格はより高く，産出量はより少なくなる．そのため，消費者は競争的な産業よりも独占的な産業内でより不利な立場に置かれるのが普通である．

だが，同じことが企業をより有利にする．企業と消費者双方を勘案してみても，競争と独占のどちらが「より良い」状態なのかは明確でない．消費者と企業の相対的厚生についてなんらかの価値基準が必要にみえるが，独占については効率性を基礎に置いてこれを議論することが可能である．

図25.3 のような独占状態について考えてみよう．この企業が競争的に行動し，市場価格を外生的に与えられたものとして受け取るよう，この企業に費用なしで要求できると仮定すれば，競争価格と産出量として (p_c, y_c) が得られる．逆に，この企業が市場に対する自己の影響力を自覚し，利潤が最大になるように産出水準を決めれば，独占価格と産出量 (p_m, y_m) が得られる．

ある人の立場を不利にすることなしには誰の立場をも改善できないとき，経済状態はパレート効率的である．独占的産出水準はパレート効率的だろうか．

逆需要曲線の定義からわかるように，$p(y)$ はどれほどの人が財の追加的単位を喜んで買おうとするかを各産出水準について示したものである．y_m と y_c

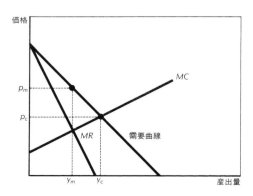

図25.3　独占の非効率性

の間にあるすべての産出水準で $p(y)$ は $MC(y)$ より大きいので，この産出量の範囲で消費者は１単位の産出物に対してその生産費よりもよけいに払おうとする．だから，ここにはパレート改善の余地がある．

たとえば，独占的産出水準 y_m での状態を考えてみよう．$p(y_m) > MC(y_m)$ だから，追加１単位の産出量に対してそれを生産する費用以上の価格を支払おうとする人々が存在する．企業がこの追加分の産出物を生産し，$p(y_m) > p > MC(y_m)$ の範囲の適当な価格で販売するとしよう．すると，消費者はこの１単位に $p(y_m)$ だけ支払おうとしていたにもかかわらず，$p < p(y_m)$ で売ってもらえたので，この人の立場は改善される．ところが，１単位追加生産した独占企業は $MC(y_m)$ だけ費用をよけいに負担するものの，これを価格 $p > MC(y_m)$ で販売する．一方，産出物の他のすべての単位は以前と同じ価格で販売されているので，この状態に変化は生じない．にもかかわらず，産出物を追加１単位販売したために市場の売り手と買い手の双方の立場が改善され，しかも誰も不利な立場に追い込まれていない．だから，これはパレート改善にほかならない．

非効率がなぜ生じたのかを考えてみるとよい．追加１単位の産出物に支払う意思のある金額が，この追加１単位の生産費に等しいなら，産出水準は効率的である．競争企業なら，このような比較をするが，独占企業は**周辺**（inframarginal）単位から得られる収入を勘案して増産の効果をみる．だが，このような周辺単位は効率に何の貢献もしない．独占企業は現に販売されている他のすべての周辺単位の価格を引き下げなくてもすむなら，追加の１単位だけを現行価格より安く売ってもよいと考える．

25.5 独占のデッドウエイト・ロス

さて，独占が非効率なのはわかったが，どれほど非効率なのか知りたいものである．独占による効率の総損失を測る方法はあるだろうか．p_c ではなく p_m だけ払わされる消費者の損失を測るには，消費者余剰の変化を見ればよい．また，p_c ではなく p_m を価格とすることで得られる利潤を測る方法は，生産者余剰の変化を見ることである．

これら２つの数値を結びつける一番自然な方法は，企業，より正確には企業の所有者と消費者を同等に扱い，企業利潤と消費者余剰を合計することである．

企業利潤の変化，つまり生産者余剰の変化は，独占下で企業所有者がより高い価格をつけるためにどれだけ費用を支払おうとしているかを測るものであり，消費者余剰の変化は，それらを補償するために消費者がどれだけ高い価格を支払わされるかを測るものである．だから，この2つの数値の差は独占の純便益または費用を測る感度のよい尺度である．

独占的産出水準から競争的産出水準に移動したときの生産者余剰と消費者余剰の変化が**図25.4**に描かれている．独占企業の余剰は，すでに販売している量を安い価格で売るので A だけ減少する．一方，現在販売している追加分の単位から得られる利潤のおかげで，独占企業の余剰は C だけ増加する．

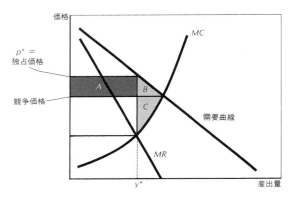

図25.4 独占のデッドウエイト・ロス

消費者余剰は A だけ増加する．というのは，前に消費者が購入していた単位のすべてをより安い価格で手に入れたからである．また，新たに販売されるようになった追加分の単位によるいささかの余剰が手に入るので，消費者の余剰は B だけ増加する．領域 A は独占企業から消費者への単なる移転にすぎない．市場の一方のものは改善され，もう一方のものは立場が不利になるが，総余剰は変化しない．領域 $B+C$ は余剰の真の増加を表し，生産された追加分の産出量に対して消費者および生産者が認めた価値を測るものである．

領域 $B+C$ は，独占による**デッドウエイト・ロス**（deadweight loss）として知られている．これは，人々が競争価格と比べてどれだけ不当に独占価格を支払っているかを測るものである．課税によるデッドウエイト・ロスと同じく，独占によるデッドウエイト・ロスも，失われた産出量の価値を測るものである．

その測定は，人々がその単位に対して支払おうとした価格で，失われた産出物の各単位を評価することによって得られる．

　デッドウエイト・ロスが失われた産出物の価値を測るものだということを理解するために，独占状態から出発し，産出物をもう1単位生産することを考えてみよう．産出物の限界単位の価値額はちょうど市場価値に等しい．つまり，これは誰かがこの最後の1単位に支払おうとする額である．この追加1単位の生産費は限界費用である．だから追加1単位の生産の「社会的価値」は，価格から限界費用を引いたものになる．さて，次の1単位の価値を考えると，やはりその社会的価値はその産出水準での価格と限界費用との差になる．以下同様である．独占的産出水準から競争的産出水準へと移動して需要曲線と限界費用曲線の差を「合計」すると，独占的行動によって失われた産出物の価値が得られる．独占的産出量から競争的産出量までの間の2つの曲線の間の総面積がデッドウエイト・ロスである．

25.6　自然独占

　前節で，産業のパレート効率的な産出量は価格と限界費用の一致するところで達成されることがわかった．独占企業は限界収入と限界費用が等しくなるところで生産を行うので，産出量が過小になる．非効率をなくするために独占を規制するのは簡単に見える．つまり，すべての規制者は，価格と限界費用を等しくさせればよく，利潤最大化は二の次である．残念ながら，この分析は問題の重大な局面を見逃している．独占企業はそのような価格水準のもとではマイナスの利潤しか得られない可能性がある．

　図25.5にそのような例が示されている．この図では，平均費用の最小点が需要曲線の右側にあり，需要曲線と限界費用曲線の交点は，平均費用曲線より下方にある．産出水準 y_{MC} は効率的であっても，これではプラスの利潤を得られない．規制者が産出量をこの点に制約すれば，独占企業はこのビジネスからの撤退を選ぶ．

　このような状況は公益事業によく見られる．たとえば，ガス会社について考えてみよう．ここでの技術は巨大な固定費用，たとえばガス管の配管と維持管理を必要とするが，ガスをいくらか余分に供給するために必要な限界費用は非常に小さい．つまり，一度ガス管が設置されてしまえば，より多くのガスを送

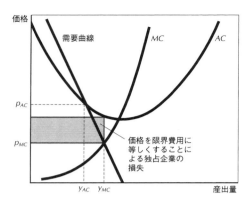

図25.5　自然独占

り込む費用はごくわずかですむ．同様に，地方の電話会社も電話線や切り替えネットワークを設置するのに莫大な固定費用を必要とするが，電話サービスの追加1単位を供給するための限界費用は非常に低い．莫大な固定費用とわずかな限界費用という組み合わせの場合，図25.5に描かれているような状況が簡単に起こる．このような状況を**自然独占**（natural monopoly）という．

　自然独占企業が独占価格を設定するのはパレート非効率だから望ましくないが，そうかといって自然独占企業に競争価格で生産するよう強制することも，利潤がマイナスであるために実現不可能だとすると一体何が残るだろうか．ほとんどの自然独占企業は規制されるか，政府によって操業されている．国によって採用する手段も多様であるが，ある国では電話サービスを政府が行い，他の国では政府の規制を受ける民間企業が行う．だが，どちらのやり方にも一長一短がある．

　政府が自然独占を規制する場合，規制される企業が補助金なしで経営しようとすれば，利潤はプラスまたはゼロでなければならない．つまり企業は平均費用曲線上かそれを上回るところで操業しなければならない．だが，支払う意思のあるすべての人々にサービスを提供すべきならば，企業は需要曲線上で操業しなければならない．だから規制を受ける企業にとって自然な操業位置は，図25.5の点（p_{AC}, y_{AC}）である．ここで企業は産出物を平均生産費で販売するので，費用は賄われるが，その産出水準は効率的産出水準にくらべて相対的に過小である．

この解は自然独占企業に対する次善の最適価格政策の一種としてよく採用される．規制者たる政府は公益事業として許容できる価格を設定する．理想をいえば，企業の収支が均衡するように価格を設定すべきである．つまり価格と平均費用が等しくなるように生産するのがよい．

規制者が直面する問題は，企業の真の費用は何かを見きわめることである．通常は，公益事業委員会が設置され，真の平均費用を決定するために独占企業の費用を調査し，費用を賄うに足る価格を設定する．（もちろんこのような費用として，株主，および企業に金を貸した債権者へ企業が支払うべき金額も含まれる．）

アメリカでは，連邦および地方のレベルでこのような規制委員会が運営され，電力，天然ガス，電話サービスをこの方法で生産している．ケーブル・テレビのような他の自然独占企業は，通常，地方レベルで規制される．

自然独占問題のもう1つの解は政府による操業である．その場合の理想的な解は，サービスを限界費用に等しい価格で提供し，企業経営が成り立つよう一括払いの補助金を支払うことである．これはバスや地下鉄のような，地域の公共交通機関についてよく採られる方法である．一括払いの補助金は，それ自体では非効率な操業に影響を与えないかもしれないが，こういった公益事業につきものの巨額の固定費用に影響を与える．

だが，補助金は非効率を象徴するものである．政府運営の独占事業の問題点は，その費用を計測することが，規制を受ける公益事業体の費用の計測と同じく困難だということである．公益事業の営業を監督する政府規制委員会は，企業に対して費用のデータを判定するのに必要な詳しい聞き取り調査をすることが多い．だが実際には政府の役人がそういった綿密な調査を避けるかもしれない．政府の独占事業を運営する役人が，規制を受ける独占企業経営者より公衆に対して責任感が薄いことはありうる話である．

25.7 独占の原因

費用と需要に関する情報が与えられたとき，ある産業が競争的になるか，独占的になるかを予言できるのはいつの時点だろうか．この問いに対する答えは，一般に平均費用曲線と需要曲線の間の関係に依存する．重要な要因となるのは，需要の規模と関連した**最小効率規模**（minimum efficient scale：MES）の大きさ，

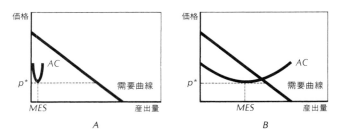

図25.6 最小効率規模と需要の関係

すなわち平均費用を最小にするような産出水準である．

2財の平均費用曲線と市場需要曲線が描かれている **図25.6** について考えてみよう．第1の市場では，p^* に近い価格で比較的小規模操業をする企業が多く参加できる余地がある．第2の市場では，ただ1つの企業しかプラスの利潤を得ることができない．だから第1の市場は競争市場としてうまく運営されるし，第2の市場は独占市場になると予言できる．

だから，基礎となる技術によって決定される平均費用曲線の形状は，市場が競争的に運営されるか独占的に運営されるかを決定する1つの要点である．生産の最小効率規模，つまり平均費用を最小にする産出水準が市場規模にくらべて小さいならば，競争条件が整っているといえる．

だが，これは相対的な言い方である．重要なのは，市場規模に対する工場規模の大きさである．最小効率規模は技術によって決まるのでたいしたことは期待できないが，経済政策なら市場規模に影響を与えることができる．ある国が外国貿易を規制しない政策をとれば，国内企業は外国との競争にさらされ，国内企業が価格に影響を与える余地はずっと少なくなる．逆に，ある国が貿易規制政策をとれば，市場規模は国内に限られ，独占的慣行がもっとはびこるだろう．

最小効率規模が市場規模にくらべて大きいか，あるいは市場規模を拡大するのが無理なために独占が生じた場合，この産業は規制その他の政府干渉を受ける．もちろんこうした規制や干渉には費用がかかる．規制委員会は金がかかり，規制委員会を満足させようとする企業の努力は非常に高くつくかもしれない．だから社会的に見れば，独占のデッドウエイト・ロスが規制の費用を超えるかどうかが問題である．

独占の可能性の第2の理由は，産業内の数企業が結託して産出量を制限し，価格を引き上げて利潤を増加させるかもしれないことである．企業がこのような方法で結託し，減産によって価格引き上げを謀るとき，この産業は**カルテル**(cartel)として組織されている，という．

カルテルは違法である．司法省の反トラスト局および連邦取引委員会(FTC)競争局は，企業の反競争的行動の事実の一部を調査する責任を負っている．企業グループによる生産制限や他の競争阻害的行為の実行を政府が立証できれば，当該企業は重い罰金を課される可能性がある．

一方，まったくの歴史的な事情から，産業に1つの支配的企業が存在することもありうる．ある企業がある産業への最初の参入者である場合，他企業が参入をためらうに十分な費用上の優位性を持つことがありうる．たとえば，参入に巨額の「機械据え付け」費用がかかるとすると，既存企業は，一定の条件があれば，参入阻止を目的とする価格の大幅引き下げの実行可能性を潜在的参入者に悟らせることができる．この方法で参入阻止することにより，企業は最終的に市場を支配することができる．**29**章では参入阻止価格の例を取り上げる．

要　　約

1. 産業内にただ1つの企業が存在するとき，これを独占と呼ぶ．
2. 独占企業は限界収入と限界費用が等しくなる点で操業し，限界費用にマーク・アップをつける．マーク・アップの大きさは需要の弾力性に依存する．
3. 独占企業は限界費用を超える価格を設定するので，その産出量は非効率的である．非効率性の大きさはデッドウエイト・ロス，つまり消費者の純損失および生産者余剰で測られる．
4. 企業が損失を被らずに効率的産出水準で操業できない場合，自然独占が発生する．多くの公益事業がこの種の自然独占であるため政府の規制を受ける．
5. 産業が競争的になるか非競争的になるかは，ある部分，技術の性質に依存する．もし最小効率規模が需要にくらべて大きければ独占になるかもしれない．だが最小効率規模が需要にくらべて小さい場合，産業に多くの企業が存在する余地があり，競争的な市場構造になると期待できる．

26章 独占行動

競争的市場では，通常いくつかの企業が同質の財を販売している．ある企業が，市場価格より高い価格で自社の製品を販売しようとすると，消費者は競争相手に利益をもたらすような形で，高値を押し付けるこの企業から逃げ出してしまう．独占市場では，その財を販売する企業はただ1社である．独占企業が価格を引き上げると，顧客のうちの何人かを失うことにはなるが，すべての客に逃げられるわけではない．

現実には，ほとんどの産業がこの両極端の間に位置している．小さな町のガソリンスタンドがガソリンの販売価格を引き上げたところ，ほとんどの顧客を失ってしまったとしたら，この企業は競争的企業として行動すべきだ，と考えるのが合理的である．同じ町のレストランが価格を引き上げたにもかかわらず，ほとんど客が逃げなかったとすれば，このレストランはある程度の独占力をもっていると考えてよい．

ある程度の独占力をもつ企業は，完全競争的な産業の企業よりも多くの選択肢をもっている．たとえば，そのような企業は，競争的産業の企業よりも複雑な価格設定やマーケティング戦略を用いることができる．あるいは，こうした企業は，競争者が販売する製品に対して，製品差別化をすることによって，市場支配力をさらに強めることもできる．この章では，企業がどのようにして自らの市場支配力を高めたり発展させたりするかを検討する．

26.1 価格差別

これまでの議論によって，独占企業が非効率的産出水準で操業できるのは，追加分の産出物に対して，消費者が生産費以上の額を支払おうとする水準に独

占企業が生産を制限しているためだということがわかった．だが，独占企業はこの追加分の産出物を生産する意思はない．というのは，追加の産出量のために，独占企業がすべての産出量に対して設定できたはずの価格が引き下げられてしまうからである．

だが，独占企業が異なった価格で異なった単位の産出物を販売できるなら，話は違ってくる．産出物の各単位を異なった価格で販売することを**価格差別**（price discrimination）という．経済学者は一般に3種類の価格差別を考える．

一次価格差別（first-degree price discrimination）とは，独占企業が産出物の各単位を異なった価格で販売し，かつ，それらの価格が相手によって異なることをいう．これらは**完全価格差別**（perfect price discrimination）ともいわれる．

二次価格差別（second-degree price discrimination）とは，独占企業が産出物の異なった単位を異なった価格で販売し，同量を買う買い手はすべて同価格を支払うものをいう．つまり価格は財の購入単位によって異なるのみであって，買い手を区別しない．最も一般的な例は大量購入に対する値引きである．

三次価格差別（third-degree price discrimination）とは，独占企業が異なった買い手に異なった価格で財を売るが，特定の買い手に売られる産出物の単位はどれも同じ価格で販売される，というものである．これが価格差別の一番普通の形態であって，高齢者割引，学生割引などがその例である．

価格差別がどのように作用するかを経済学的に調べるため，これらを個別に検討する．

26.2 一次価格差別

一次価格差別ないしは**完全価格差別**のもとでは，産出物の各単位は，それを一番高く評価した人に，その買い手が支払おうとする最高価格で販売される．

図26.1について考えてみよう．これは，ある財に対する2人の消費者の需要曲線を表したものである．ここでは，個人があるまとまった需要を選択するような予約価格モデルが考えられており，需要曲線のステップのそれぞれは，この財の追加的単位にこの人がいくら払おうとするかを表している．また，この財の限界費用（一定）曲線も示されている．

完全価格差別を行うことのできる生産者は，この財のそれぞれの単位を最も高く売れる価格，すなわち予約価格で販売する．それぞれの単位は，その1単

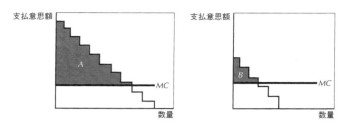

図26.1　一次価格差別

位に対する消費者の予約価格で販売されるので，この市場では消費者余剰は発生せず，すべての余剰は生産者の手に入る．図26.1の影のついた領域は，独占者が獲得する生産者余剰を示している．通常の競争的市場では，この領域は消費者余剰を表すが，完全価格差別の場合，独占者がこの余剰を自分のものにしてしまうことができる．

この市場では，生産者がすべての余剰を手に入れることができるので，生産者は余剰をできるだけ大きくしたいと考える．言い換えれば，生産者の目的は，消費者が必ずその財を買おうとする，という制約のもとに，利潤（生産者余剰）を最大にすることである．これは，この結果がパレート最適であることを意味する．なぜなら，消費者と生産者を同時によくする方法はもうないからである．つまり，利潤はすでに最大となっているので，生産者の利潤はもはやこれ以上増やすことはできず，消費者の余剰は，生産者の利潤を減らすことなしにはこれ以上増やすことができない．

図26.2のような，よりなめらかな需要曲線で見ると，完全価格差別を行う独占者は，価格が限界費用と等しくなる生産水準で生産を行うはずだ，というこ

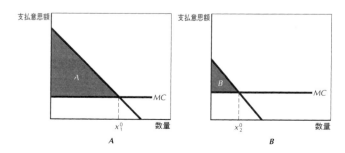

図26.2　なめらかな需要曲線での一次価格差別

とがわかる．価格が限界費用よりも高いとしたら，それは，あともう1単位生産するのに必要な費用以上に支払おうとする人がいる，ということを意味する．それならその人にあともう1単位をその人の予約価格で販売して利潤を増やさない手はない．

競争市場の場合とまったく同様に，生産者余剰と消費者余剰の合計は最大になるが，完全価格差別の場合，生産者が市場に発生した余剰のすべてを手に入れる．

一次価格差別とは，それぞれの単位を，つけることが可能な最高価格で販売することである，と説明されてきた．だがこれは財の特定の量を「買うか買わないかぎりぎりの」価格で売ること，と考えることもできる．**図26.2**で示された例では，独占者は個人1にこの財 x_1^0 単位を面積 A だけの価格で販売し，個人2に x_2^0 単位を面積 B だけの価格で販売する．前と同じように，それぞれの人の消費者余剰はゼロであり，すべての余剰は独占者の手に入る．

完全価格差別は，「完全」という言葉が示しているように，理想化された概念であるが，競争市場以外にパレート効率性を達成する資源配分メカニズムを与えてくれるので理論的に興味深い．完全価格差別の現実の例はほとんど存在しない．一番近い例は，小さな町の医者が，患者の支払い能力に応じて異なった価格を請求する，というようなものであろう．

26.3 二次価格差別

二次価格差別は，**非線形価格設定**（nonlinear pricing）として知られる．この場合，産出物の単位当たり価格が一定でなく，どれだけの量を買うかに依存する．この型の価格差別は，公益事業がよく用いる．たとえば，電力料金は，どれだけ購入したかに依存して決まることがよくある．他の産業でも大量購入に対する割引をときどき見かける．

さきに取り上げた **図26.2** の場合を考えてみよう．独占者は個人1に数量 x_1^0 を価格 $A+$ コストで，個人2に数量 x_2^0 を価格 $B+$ コストで売りたいと考えていることがわかっている．正確な価格を設定するためには，独占者は消費者の需要曲線を知らなければならない．つまり，独占者はそれぞれの人が正確にいくら払おうとしているかを知らなければならないのである．かりに，独占者が支払いの意思の統計上の分布について——たとえば大学生は映画の切符に対し

てエリート・サラリーマンより安くしか支払おうとしない，などということを──何か知っていたとしても，切符売り場に並んでいるサラリーマンと大学生を区別するのはむずかしいだろう．

同じように，航空券を扱う旅行社が，ビジネス客は観光客より高い金を航空券に支払ってもよいと考えていることを知っていたとしても，特定の個人がビジネス客か観光客かを区別することはむずかしいことが多い．グレーのフランネルの背広からレジャー用半ズボンに着替えることで旅費が500ドルも節約できるとしたら，会社の衣服規定はたちまち変更されるだろう．

図26.2で取り上げられた一次価格差別の場合の問題点は，個人1，すなわち高い金を払ってもよいと考えている人が，個人2，すなわち安い金しか支払おうとしない人のふりをする，ということである．売り手にはこの2人を区別する有効な方法はない．

この問題を回避する1つの方法は，この市場に2種類の異なった価格-数量パッケージを提供することである．一方のパッケージは高い需要者にねらいを絞ったものであり，もう一方のパッケージは低い需要者をねらったものである．独占者が価格-数量パッケージを組み立てるとき，消費者が自分にとって重要だと思える方を選ぶことができるように組み立てる，というのはよくあることである．経済学用語でいうと，独占者は，消費者に**自己選択**（self select）の誘因を与えるような価格-数量パッケージを作成する．

これがどのように作用するかを見るために，図26.3に図26.2と同様の需要曲線を示してあるが，今度はそれぞれを重ね合わせてある．また，議論を単純にするために，限界費用はゼロとしてある．

前と同様に，独占者はx_1^0を価格Aで，x_2^0を価格$A+B+C$で提供しよう

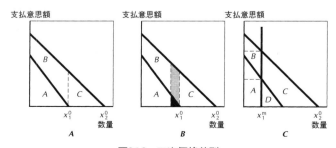

図26.3 二次価格差別

としている．こうすれば，独占者にはすべての余剰が転がり込み，最大可能な利潤を生み出す．だが，独占者にとって残念なことに，こうした価格-数量の組み合わせは自己選択と両立しない．高い需要をもつ消費者は，価格 A を支払って数量 x_1^0 を選ぶのが最適だということに気がつくだろう．つまり，そうすれば彼の手元には領域 B だけの余剰が残り，x_2^0 を選んで余剰ゼロとなるよりも良い状態となる．

独占者にできることは，価格 $A+C$ で x_2^0 を提供しようと申し出ることである．この場合，高い需要をもつ消費者は x_2^0 を選んで $A+B+C$ だけの粗余剰を受け取ることが最適だということに気づく．彼は独占者に $A+C$ だけ支払い，この消費者は純余剰として B を得る．これは彼が x_1^0 を選んだとしたらちょうど得られたはずのものである．これは一般に独占者がただ1種類の価格-数量の組み合わせを提供した場合に得られた利潤よりも多くの利潤を独占者にもたらす．

だが話はこれで終わりではない．独占者にとってさらに利潤を増加させる手だてが残っている．こんどは低需要をもつ1番目の消費者に x_1^0 を価格 A で提供するかわりに，独占者が x_1^0 よりわずかに少ない量を，A よりわずかに低い価格で提供すると仮定してみよう．このことによって1番目の人から得る独占者の利潤は図**26.3B** の小さな黒い三角形の分だけ減少する．しかし，1番目の人のパッケージは2番目の人にとって前ほど魅力がなくなっているために，今度は2番目の人に x_2^0 を前より高く売りつけることができる，ということに注意しよう．つまり，独占者は x_1^0 を減らすことによって，領域 A をわずかに（黒い三角形の分だけ）小さくする一方で，領域 C を（三角形プラス影のついた領域だけ）大きくする．その結果，独占者の利潤は増加する．

この方法を繰り返すことによって，独占者は1番目の人に提供する数量を，1番目の人への供給量が減少することによって生じる利潤の喪失が2番目の人から得られる利潤とちょうど一致するところまで減少させようとする．この点で，図**26.3C** に示されているように，限界利潤と数量減少のコストがちょうど釣り合う．1番目の人は x_1^m を選択し，A だけ請求される．2番目の人は x_2^0 を選択し，$A+C+D$ だけ請求される．1番目の人は余剰ゼロであり，2番目の人は余剰 B を得るが，それは彼が x^m を選択したならば得られたはずのものである．

現実には独占者はこの例のように数量を調整することによってこのような自

己選択を促すのではなく，財の質を調整することが多い．さきにふれた航空券の価格設定は良い例である．USエアラインズは通常2種類の航空券を提供している．1つは制約のないものである．ビジネス客にとって，このような，制約のつかない料金制は魅力的である．というのも，彼らの旅行計画は急に変更されることが多いからである．もう1つの料金にはいくつかの制約がある．旅客は土曜日の夜に宿泊しなければならない，とか，航空券を14日前に購入しなければならない，などといったものである．こうした制約のある航空券はビジネス客，つまりたくさん支払ってもよいと考えている旅客にとってあまり魅力的なものではないが，一方でこうした制約を受け入れる旅行者もいる．全体として，いずれのタイプの旅行者も自分に合った料金クラスを選択し，航空会社は一律料金で航空券を販売する場合よりもはるかに大きな利潤を生み出す．

26.4 三次価格差別

　三次価格差別とは，独占企業が異なった買い手に異なった価格で販売するが，特定の集団に対して販売される各単位は同価格である，というものである．三次価格差別は価格差別の一番普通の形態であって，その例として，映画の学生割引や，薬局での高齢者割引などがあげられる．独占企業は，各市場で請求する最適価格をどのように決定するのだろうか．

　独占企業は2つの買い手グループを識別し，各々のグループに1つの品目を異なった価格で販売することができる，と仮定しよう．各市場で消費者はこの財を再販売できないものとする．第1グループの逆需要曲線を$p_1(y_1)$，第2グループのそれを$p_2(y_2)$とする．また，$c(y_1+y_2)$は生産費である．すると独占企業が直面する利潤最大化問題は，

$$\max_{y_1, y_2} p_1(y_1)y_1 + p_2(y_2)y_2 - c(y_1+y_2)$$

となる．

　最適解は

$$MR_1(y_1) = MC(y_1+y_2)$$
$$MR_2(y_2) = MC(y_1+y_2)$$

を満たさなければならない．つまり，産出物の追加1単位を生産するための限

界費用は，各々の市場での限界収入に等しくなければならない．限界費用は各市場とも等しいのだから，各市場の限界収入もまた等しくなければならない．だから財はそれぞれが第1市場，第2市場のどちらで販売されても同額の収入の増加をもたらさなければならない．

ここで標準的な弾力性の式を限界収入に適用して利潤最大化条件を次式のように表そう．

$$p_1(y_1)\left[1-\frac{1}{|\varepsilon_1(y_1)|}\right]=MC(y_1+y_2)$$

$$p_2(y_2)\left[1-\frac{1}{|\varepsilon_2(y_2)|}\right]=MC(y_1+y_2)$$

$\varepsilon_1(y_1)$ と $\varepsilon_2(y_2)$ は，利潤を最大にする産出量で評価された各々の市場での需要弾力性を表す．

さて次のことに注意しよう．$p_1>p_2$ なら

$$1-\frac{1}{|\varepsilon_1(y_1)|}<1-\frac{1}{|\varepsilon_2(y_2)|}$$

であるから

$$\frac{1}{|\varepsilon_1(y_1)|}>\frac{1}{|\varepsilon_2(y_2)|}$$

つまり

$$|\varepsilon_2(y_2)|>|\varepsilon_1(y_1)|$$

である．したがって価格が高い方の市場の需要弾力性は低くならなければならない．よく考えてみると，これは大変なことである．価格差別する企業は，価格に敏感なグループに対して低い価格を設定し，価格に比較的鈍感なグループに対して高い価格を設定する．この方法によって，企業は全体の利潤を最大にする．

高齢者割引と学生割引が三次価格差別の良い例であるといったが，こう考えると彼らがなぜ割引してもらえるのかが理解できる．学生や高齢者は平均的消費者よりも価格に敏感そうである．だから彼らに関わりのある価格の領域について需要がより弾力的だと考えられ，利潤を最大化する企業は彼らを優遇するよう価格差別をする．

26.5 抱き合わせ

　企業は財を**抱き合わせ**（bundles）で販売することが多い．つまり関連のある財を一緒に詰め合わせたものを売るのである．そのよい見本は「ソフトウエア・スーツ」などとして知られるソフトウエアの抱き合わせである．そうした抱き合わせは，ワープロソフトや表計算ソフト，プレゼンテーション用のソフトなど，数種類の異なったソフト類で構成されており，まとめてワンセットで販売される．その他の例として学術雑誌がある．これは原則的には別々に販売することのできる論文の抱き合わせである．同様に，雑誌はよく予約購読の形で販売されるが，これはまさに別々の号を一緒に抱き合わせる方法である．

　抱き合わせは費用を節約するために行われることがある．論文をばらばらに売るよりは，いくつかをホッチキスで止めて売る方が安上がりであることが多い．あるいは組みこまれている財が互いに補完財であるために抱き合わせにされることもある．抱き合わせになったソフトウエアのプログラムは出来合いのプログラムより効率的に働いてくれることが多い．

　だが，消費者行動にもいくつかの理由が含まれている．簡単な例を考えてみよう．2種類の消費者と，ワープロソフトと表計算ソフトという異なった2つのソフトウエア・プログラムがあるとする．タイプAの消費者はワープロソフトに120ドル，表計算ソフトに100ドル支払ってもよいと考えている．タイプBの消費者は正反対の選好をもっている．つまり，表計算ソフトに120ドル支払うが，ワープロソフトには100ドルしか支払おうとしない．この情報は**表26.1**に示されている．

　さて，この2つの財を販売するとしてみよう．単純にするために，限界費用は無視できるほどわずかであり，したがって，収入を最大にしさえすればよい，と考えよう．また，ワープロソフトと表計算ソフトの抱き合わせに対して支払

表26.1　ソフトウエアの組み合わせに対する支払意思額

消費者のタイプ	ワープロソフト	表計算ソフト
タイプA	120	100
タイプB	100	120

おうとする金額は，それぞれのソフトに支払おうと考える金額の合計だ，という，やや控えめな仮定をおくことにする．

　2つの異なったマーケティング戦略から得られる利潤を考えてみよう．まずそれぞれの品目をばらばらに販売してみることにする．収入を最大にする戦略は，それぞれのソフトウエアの価格を100ドルに設定することである．そうすると，ワープロソフトを2つと表計算ソフト2つを販売することができ，総収入400ドルを受け取ることになる．

　だが，品物をまとめて抱き合わせにしたらどうだろうか．その場合，それぞれの抱き合わせセットを220ドルで売ることができ，収入は440ドルとなる．抱き合わせ戦略は確かに魅力的である．

　この例では何が起こっているのだろうか．さまざまな異なった人々に1つの品目を販売する場合，販売価格は最も安く買おうと考える購入者によって決定される．個人がさまざまであればあるほど，特定の数の品目を売りさばくために設定しなければならない価格は安くなる．この例では，ワープロソフトと表計算ソフトを抱き合わせたことが，支払い意思のばらつきを減少させたことになる．つまり，独占者は商品の抱き合わせによってより高い価格を設定できたのである．

26.6　二部料金

　遊園地の所有者が価格設定問題に直面しているとしよう．設定する価格は，1つは遊園地の入場券に，もう1つは乗物券につけられるものである．利潤を最大にするためには，この2種類の券にどのような価格をつけるべきだろうか．入場の需要と乗物の需要は相互に関連し合っている．つまり，人々が遊園地に入るために支払ってもよいと考える価格は，乗物に乗るために支払わなければならない価格に依存している，ということに注目してみよう．この種の，2つの部分からなる価格設定方法は**二部料金** (two-part tariff) として知られている[1]．

　二部料金の応用はたくさんある．ポラロイド社はカメラをある価格で売り，フィルムを別の価格で売る．カメラを買おうかどうか考えている人々は，たぶ

---

1) 次の古典といってよい論文を参照されたい．Walter Oi, "A Disneyland Dilemma : Two-Part Tariffs for a Mickey Mouse Monopoly," *Quarterly Journal of Economics*, 85 (1971), pp. 77-96.

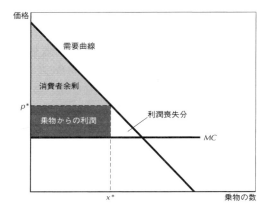

図26.4　ディズニーランドのジレンマ

んフィルムの価格のことを考慮に入れる．ひげそりを製造している会社は，ひげそりをある価格で，刃を別の価格で販売するが，やはり，刃に設定される価格がひげそりの需要に影響する，などである．

さて，この価格設定問題をもともとの事例，いわゆるディズニーランドのジレンマの話で考えてみよう．いつものように，いくつかの単純化のための仮定をおくことにする．まず，ディズニーランドには乗物がたった1種類しかないと仮定する．次に，人々は乗物に乗りたいというだけのためにディズニーランドに行くものとする．最後に，誰もが乗物に対して同じ好みをもっていると仮定する．

図26.4には乗物の需要曲線と（一定の）限界費用曲線が描かれている．いつものように，需要曲線は右下がりである．つまり，ディズニーの乗物の価格が高いなら，乗る人は少なくなる．さて，**図26.4**のように，x^* だけの乗物需要を生み出すような乗物価格が設定されたとしよう．すると与えられた乗物コストのもとで，遊園地の入場料はいくらに設定できるだろうか．

乗物 x^* に対して支払ってもよいと考える総額は消費者余剰で測られる．だから，遊園地の所有者が入場料として徴収できる最大額は，**図26.4**で「消費者余剰」と書かれた領域である．独占者の総利潤は，この領域と乗物の利潤 $(p^*-MC)x^*$ を加えたものである．

価格と限界費用が一致するところで総利潤が最大になることは簡単にわかる．すでに見たとおり，この価格が最大可能な消費者余剰プラス生産者余剰を与え

る．独占者は人々から消費者余剰分を徴収できるので，乗物価格を限界費用と等しい大きさに設定し，入場料をその結果として生じる消費者余剰の大きさに設定することが利潤最大化政策である．

事実，これがディズニーランドの政策であり，他のほとんどの遊園地もこれに追随している．そこでは入場料としての価格のみが存在し，場内でのアトラクションは無料である．ここでの乗物の限界費用は，どうも，客から別々にお金を徴収するという取引費用よりも低いらしいのである．

26.7 独占的競争

独占産業は，単一の大規模生産者として描かれてきた．だが，一産業を構成するものが厳密には何であるのかについて，いささか曖昧だった．産業の1つの定義は，特定の産出物を生産するすべての企業からなるもの，である．それでは産出物とは何か．結局，コカコーラを生産するただ1つの企業が存在するということが，この企業は独占者だということを意味するのだろうか．

明らかに，答えは否である．コカコーラ社は他のソフト・ドリンク生産者と競争しなければならない．産業とは，消費者にとって似通った代替物に見えるような産出物を生産する1組の諸企業，と考えるべきである．その産業の各企業はユニークな製品，たとえばユニークなブランド名などをもつ製品を生産できる．だが，消費者は各々のブランドを同じ程度の代替品としかみなさない．

かりに企業がトレード・マークやブランド名についての合法的独占者であり，他の企業が厳密に同じ製品を作ることはできないとしても，他企業にとって同じような製品を作ることはいつでも可能である．特定の企業から見て，競争者による生産の意思決定は，この企業が何を生産し，それにいくらの価格をつけることができるかを厳密に決定するうえで非常に大切な問題である．

企業が直面する需要曲線は同じような製品を生産する他企業が設定する価格と産出量の決定に大きく依存している．企業が直面する需要曲線の傾きは，他企業の製品がどれほど似ているかに依存する．産業の多くの企業が同一の製品を生産すれば，それらの企業のどれもが直面する需要曲線はまさに水平である．各企業は他企業がつける価格が何であれ，その価格で産出物を売らなければならない．自社製品価格を，同一の製品を販売する他企業の価格より高く引き上げようとする企業はすべて，即座に自社の全顧客を失う．

他方，企業が特定の製品を販売する排他的な権利をもっていれば，その企業は顧客のすべてを失わずに価格を引き上げることができる．顧客の一部は競争者の産出物に切り替えるかもしれないが，すべてがそうするわけではない．

企業が産業内で製品を販売して利潤を得ており，他企業はその製品の完全な複製を許されない場合でも，類似してはいるが差異のある製品を生産するのは儲けになると考えるかもしれない．経済学者はこの現象を**製品差別化**（product differentiation）と呼んでいる．つまり，産業内の各企業は自社製品を他企業のそれから差別化しようとする．他企業が販売している類似製品から自社製品を差別化するのに成功すればするほど，その製品の需要曲線の弾力性が小さくなって，その企業はより強い独占力をもつようになる．たとえば，ソフト・ドリンク産業について考えてみると，産業内に類似してはいるが同一ではない製品を生産する多数の企業が存在する．各々の製品は顧客をもっており，ある程度の市場支配力がある．

このような産業構造は，競争と独占の両方の要素をもちあわせているので，**独占的競争**（monopolistic competition）と呼ばれる．各企業が自社製品に関して右下がりの傾きをもつ需要曲線に直面しているという意味で，この産業構造は独占的である．競争企業のように市場価格にしたがうのではなく，自社固有の価格を設定できるという意味で，企業はいささかの市場支配力をもつ．一方，企業は自社が販売する製品の価格と種類の両方で顧客をめぐって競争しなければならず，また，独占的競争産業への新規企業の参入には何の制約もない．これらの状況から，この産業は競争産業のようにも見える．

独占的競争は，おそらく産業構造の最もありふれた形態である．残念ながら，それはまた，分析するのが一番むずかしいものでもある．純粋独占と純粋競争という極端なケースははるかに簡単であり，独占的競争のより精密なモデルへの第1次接近としてよく用いられる．独占的競争産業のより詳細なモデルは，企業の戦略的選択の性質と同じく，産出物と技術の細かい点に多くを依存している．だから，純粋競争や純粋独占の単純なケースについて行ったのと同様の方法で，独占的競争産業を抽象的にモデル化するのは無理である．むしろ，問題となる特定の産業の制度上の細かい点こそが検討されるべきである．次の2つの章では，経済学者が戦略的選択を分析するのに用いるいくつかの方法が示されている．しかし独占的競争の詳細な研究はさらに進んだ課程まで待たねばなるまい．

26.7 独占的競争

だが，この段階でも独占的競争の参入の自由についての興味深い性質を示すことができる．特定の種類の製品を生産している産業に企業がどんどん参入してくる場合，既存企業の需要曲線はどのように変わると予想したらよいだろうか．まず第1に，この需要曲線が内側へ移動する，と考えてよさそうである．というのは，産業に企業がどんどん参入してくるので，各価格水準で既存企業が販売する量は減るからである．第2に，より多くの企業が類似製品をどんどん生産すれば，既存企業が直面する需要曲線はしだいに弾力的になると考えてよい．だから類似製品を生産する新規企業が産業に参入することによって，既存企業の直面する需要曲線は左に移動し，傾きもより平らになる．

企業がプラスの利潤を期待するかぎり，参入が続くとすれば，産業の均衡は次のように表すことができる．

1. 各産業は自社の需要曲線上の価格と産出量を組み合わせて販売する．
2. 直面する需要曲線のもとで，各企業は利潤を最大にする．
3. 参入は各企業の利潤をゼロに押し下げる．

これらの事実から，需要曲線と平均費用曲線が互いに接するという非常に特殊な幾何学的関係が生じる．

図**26.5**にこのことが説明されている．第1の事実は，価格と産出量の組み合わせが需要曲線上になければならないことを示している．第3の事実は，価格と産出量の組み合わせが平均費用曲線の上にも乗っていなければならないこと

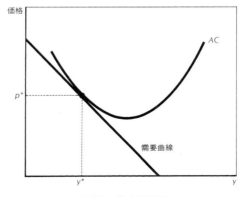

図**26.5** 独占的競争

を示す．だから，この企業の操業点は両方の曲線の上になければならない．ところで，需要曲線は平均費用曲線と交わらない．もし両曲線が交わるなら，需要曲線上に平均費用を超える点が存在することになり，企業はプラスの利潤を得る[2]．だが第2の事実によって，利潤最大点では利潤がゼロでなければならない．

このことを理解するもう1つの方法は，図26.5に示された企業が収支均等価格以外の価格をつけたら，一体何が起こるかを検討することである．これ以外の価格では，それが高かろうと安かろうと，この企業は損失を被る．それにひきかえ，収支均等価格では，この企業の利潤はゼロである．だから収支均等価格は利潤最大化価格である．

独占的競争均衡について，2つの貴重な観察事項がある．第1に，利潤がゼロであるにもかかわらず，状況はなおもパレート非効率である．利潤は効率の問題になにも貢献しない．価格が限界費用より大きいと，効率性の議論によって生産は拡大される．

第2に，通常，明らかに企業は平均費用が最小になる産出水準の左側で操業する．このことは，独占的競争では「過剰能力」が存在する，というように説明されることもある．かりに，企業数がもっと少なかったなら，各企業はより効率的な操業規模で操業できたにちがいない．このことは消費者の立場を改善するが，少数の企業しか存在しなければ，製品の多様性が貧弱になり，消費者の立場を不利にするかもしれない．両効果のどちらが支配的になるかを決めるのは難問である．

26.8 製品差別化の立地モデル

アトランティックシティに，海岸沿いに長く延びた散歩用の遊歩道がある．手押し車のアイスクリーム売りがこの遊歩道の上でアイスクリームを売りたいと考えている．ここでアイスクリームを売る許可をもらおうとしている売り手はどこに立地すればよいだろうか．

消費者は海岸沿いに均等に分布しているとしよう．社会的見地からすれば，アイスクリーム売りはすべての消費者の歩く距離の合計が最小になるように立

---

[2] もし $p > c(y)/y$ ならば，簡単な計算によって $py - c(y) > 0$ となる．

地するのが合理的である．最適な立地が歩道の中央になるということは簡単にわかる．さて今度は，2人のアイスクリーム売りに営業許可が与えられたとしよう．アイスクリームの価格が一定であるとしたとき，歩く距離が最小になるためには売り手はどこに立地すればよいだろうか．各消費者が，最も近いアイスクリーム売りのところまで歩いていくとすれば，一方の売り手を遊歩道の端から4分の1のところに，もう一方の売り手を4分の3のところに配置すればよい．遊歩道のちょうど中央にいる消費者にとっては，2人のアイスクリーム売りのどちらも無差別である．つまり，双方の売り手の市場シェアは消費者の半数ずつである．**図26.6A** を見てほしい．

だがこのアイスクリーム売りはこのような立場にとどまる誘因をもつだろうか．あなたが売り手 L の立場に立ったとしてみよう．もしあなたがもう少し右へ移動すれば，もう一方のアイスクリーム売りの顧客を奪い，しかも自分の顧客は1人も失わない．右へと移動したとき，あなたは自分の左側にいる顧客にとって最も近い売り手となると同時に，右側の顧客にとってもより近い売り手であり続けることになる．つまりあなたは自分の市場シェアを広げ，利潤を増やしたのである．

だが，売り手 R も少し左へ移動してもう一方の売り手の顧客を奪い，しかも自分の客は1人も失わないようにすることができる．このことから，社会的に最適な立地は均衡でないことがわかる．唯一の均衡は，**図26.6B** に示されているように売り手 $L(R)$ が右（左）へ近づいていき，最終的に2人の売り手がともに遊歩道の中央で売ることである．この場合，顧客獲得競争は結果として非効率な立地を生み出す．

遊歩道のモデルは，いろいろな製品差別化問題の比喩として使うことができ

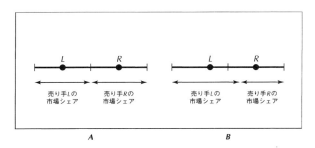

図26.6 立地競争

る．遊歩道のかわりに2つのラジオ局の音楽番組の選択を考えてみよう．一方の局はクラシック音楽を流し，もう一方の局はヘビー・メタル・ロックを流している．それぞれの聴取者は，より自分に合った局を選択する．もしクラシック局が少しだけクラシックとロックの中間的な嗜好の方に寄った音楽を流せば，クラシック好みの客を失うことなしに中間的な嗜好の聴き手を獲得することができる．もしロック局が少しだけ中間よりになれば，ロック愛好者を失うことなく若干の中間嗜好の聴き手を獲得できる．均衡では，双方の局が同じ種類の音楽を流し，クラシック，ロックどちらの愛好者もつまらない思いをすることになる．

26.9 製品差別化

遊歩道のモデルは，独占的競争の結果，製品差別化が少なくなりすぎる，ということを示唆している．それぞれの企業は他の企業の顧客を奪おうとして，他企業と同様の製品を造りたがる．実際，最適な場合にくらべて多すぎる模造品が現れるような市場を考えることができる．

だがこのようなことがいつでも起こるわけではない．遊歩道が非常に長いと仮定してみよう．その場合それぞれのアイスクリーム売りは遊歩道の別々の端近くにいるのが一番よい．彼らの市場の範囲が重なり合わないのなら，遊歩道の中央寄りに移動しても何の得にもならない．この場合，双方の独占者はどちらも相手をまねようとは思わない．そして製品は，企業がそうしたいと思う程度に異なったものになるだろう．

ところで，製品差別化が過剰になるような独占的競争モデルを作ることもできる．そうしたモデルは，企業がある程度の独占力を創出しようとして，消費者に自社製品が競争者の製品とは違うと思いこむようにしむける．企業が，消費者にこの製品には類似の代替品がないと思わせることに成功すれば，この企業はそうでなかった場合よりも高い価格をつけることができる．

したがって，それぞれの生産者は高いブランドイメージを創り出そうとして巨額の投資を行う．たとえば洗濯用洗剤は非常に標準化の進んだ商品である．しかし生産者は消費者が競争相手のブランドよりも自分のブランドを選んでくれれば，もっと洗濯物がきれいになり，香りもずっと良く，ひいてはより良い結婚生活，より良い人生まで手にできる，ということを伝える広告に巨額の資

金を投じる．こうした「製品イメージ作り」は，真っ向からの熾烈な競争を避けようとして互いに相手から距離を置くアイスクリーム売りの立地に非常によく似ている．

26.10　アイスクリーム売りが多数である場合

　市場領域が重なり合っている2人のアイスクリーム売りが同一価格で販売するなら，2人とも最終的に遊歩道の「中央」に立地することになる，ということを先に示したが，もしその場所で競争する売り手が2人以上だったら何が起きるだろうか．

　最も簡単なケースは売り手が3人のときである．この場合，立地パターンに均衡が存在しないという奇妙な結果が得られる．このことを理解するために図26.7を見てみよう．遊歩道に3人の売り手がいるならば，1人は必ず他の2人の中間に立地しているはずである．前と同様に，「外側」のそれぞれの売り手は真ん中の売り手の方に近寄ることが利益になる．なぜなら，双方の売り手は自分の顧客を失うことなく，真ん中の売り手の顧客の一部を奪い取ることができるからである．だがもし双方の売り手が真ん中の売り手に近づきすぎれば，真ん中の売り手は右または左の競争相手を飛び越して彼らの市場を奪い取ることができる．立地パターンがどのようなものであろうと，誰かが移動することが利益を生むのである．

　幸いなことに，この「あまのじゃくな」結果は競争者が3人のときにのみ生じる．競争者が3人より多くなると，一般的に，均衡な立地パターンが現れる．

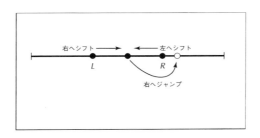

図26.7　均衡が存在しない場合

要　　約

1. 独占者は通常ある種の価格差別を行おうとする誘因をもつ．
2. 完全な価格差別とは，それぞれの消費者に別々の，買うか買わないかぎりぎりの価格を請求することである．
3. 企業が2つの異なった市場でそれぞれ異なった価格をつけることができる場合，需要がより弾力的な市場に対してより低い価格をつけようとする．
4. 企業が二部料金を設定することができ，消費者が均質である場合，一般に価格を限界費用に等しくなるように設定し，利潤のすべてを入場料から得ようとする．
5. 独占的競争と呼ばれる産業構造は，製品差別化が存在してそれぞれの企業はある程度の独占力をもつが，参入が自由なために利潤はゼロになる．
6. 独占的競争の結果，一般に過剰な製品差別化や過小な製品差別化が生じることがある．

27章　要素市場

20章の要素需要についての検討の中では，競争的産出物市場および競争的要素市場に直面する企業の場合のみを考察した．前章で独占行動を学んだので，ここでは要素需要行動のいくつかのタイプを検討しよう．たとえば，産出物市場で企業が独占者として行動する場合，要素需要はどうなるのか，あるいは，企業がある要素の唯一の需要者である場合，要素需要はどうなるのか，というような問題などを本章で考える．

27.1　産出物市場での独占

企業が要素を利潤最大になるよう需要する場合，その需要を少しだけ余計に用いることによって得られる限界収入と，そうすることで必要になる限界費用とを一致させるように要素需要量を選択する．これは通常の理論によるものであって，ある行動に伴う限界収入がその行動の限界費用に等しくないなら，行動を変更することが企業の利益になる．

企業が操業する環境に関する仮定いかんによって，この一般ルールはいろいろな形をとる．たとえば，企業が産出物について独占者である場合を考えよう．簡単にするため生産要素は1種類で，生産関数は $y=f(x)$ であると仮定する．企業が受け取る収入は産出物の生産に依存するので，$R(y)=p(y)y$ と書ける．$p(y)$ は逆需要関数である．投入量がわずかに増加するとき，企業の収入にどう影響するかを見よう．

投入量がごくわずか，Δx だけ増加すると，産出量は Δy だけ増加する．投入物の増加量に対する産出物の増加量の比は要素の**限界生産物**（marginal product）

$$MP_x = \frac{\Delta y}{\Delta x} = \frac{f(x+\Delta x) - f(x)}{\Delta x} \tag{27.1}$$

である．

産出物の増加は収入に影響する．収入の変化は**限界収入**（marginal revenue）と呼ばれ，

$$MR_y = \frac{\Delta R}{\Delta y} = \frac{R(y+\Delta y) - R(y)}{\Delta y} \tag{27.2}$$

である．投入量のわずかな増加が引き起こす収入の変化量は**限界収入生産物**（marginal revenue product）と呼ばれる．(27.1) 式と (27.2) 式から，

$$MRP_x = \frac{\Delta R}{\Delta x} = \frac{\Delta R}{\Delta y} \frac{\Delta y}{\Delta x}$$
$$= MR_y \times MP_x$$

となる．上式を限界収入の標準的な表現を使って書くと，

$$MRP_x = \left[p(y) + \frac{\Delta p}{\Delta y} y \right] MP_x$$
$$= p(y) \left[1 + \frac{1}{\varepsilon} \right] MP_x$$
$$= p(y) \left[1 - \frac{1}{|\varepsilon|} \right] MP_x$$

となる．第1の式は限界収入の通常の表現である．第2の式は**15**章で論じたように，限界収入を弾力性によって表現したものである．

さきに**20**章で検討した競争的ケースを一般化するのは簡単である．競争市場で個別企業が直面する需要曲線の弾力性は無限大であり，競争企業の限界収入はちょうど価格に等しい．だから競争市場の企業にとって投入物の「限界収入生産物」はちょうど投入物の**限界生産物の価値**（value of the marginal product）pMP_x に等しい．

限界収入生産物は（独占の場合），どのようにして限界生産物の価値と比較したらよいだろうか．需要曲線の傾きは負なので，限界収入生産物は限界生産物の価値より常に小さくなる．つまり，

$$MRP_x = p \left[1 - \frac{1}{|\varepsilon|} \right] MP_x \leq pMP_x$$

需要関数が完全に弾力的でないかぎり MRP_x は pMP_x より厳密に小さい．

27.1 産出物市場での独占

したがって，独占企業は競争企業に比べて，要素投入量についても追加的単位の限界価値は小さくなる．本節の残りの部分で，独占企業が実際に独占力をもつ場合を検討する．

まず第1に，この命題は逆説的に見える．というのは，独占企業は競争企業より高い利潤を得ているからである．その意味で，独占企業の総要素投入量は競争企業のそれよりも「価値がある」．

この「逆説」を解くカギは，総価値と限界価値の違いに注目することである．独占企業は要素から競争企業より多くの利潤を得るだろうから，独占企業が使用する要素総量は競争企業のそれよりも確かに価値が高い．だが，所与の産出水準で要素使用量を増加すれば産出量が増加し，独占企業が設定できる価格水準は下がってしまう．一方，競争企業の産出量の増加は価格の変化を引き起こさない．したがって，限界価値では要素使用量のわずかな増加は独占企業にとって競争企業のそれより価値がないということになる．

短期的には独占企業の要素使用量の増加が競争企業のそれより限界値で低いので，独占企業は通常，投入量をより少なくしようとする．実際，これは一般に真実であって，独占企業は産出量の減少によって利潤を増加させる．だから要素投入量は競争企業の投入量よりたいてい少なくなる．

企業がどれだけの要素を使用するか決定するために，要素の追加的単位による限界収入と，それを使用することによる限界費用とを比較しなければならない．この企業が競争的な要素市場で操業しているとすると，企業は要素を一定の価格 w で欲しいだけ手に入れることができる．このとき，競争企業は要素を x_c だけ需要するので，

$$pMP(x_c) = w$$

である．一方，独占企業は x_m だけ要素を需要し，

$$MRP(x_m) = w$$

となる．

図27.1 がこの状況を示している．$MRP(x) < pMP(x)$ だから，$MRP(x_m) = w$ となる点は常に $pMP(x_c) = w$ となる点より左側にある．したがって独占企業は競争企業より少ない量しか使用しない．

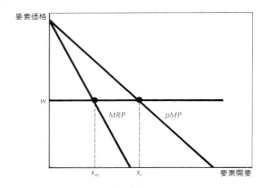

図27.1　独占企業の要素需要

27.2　需要独占

独占の場合，商品の売り手は1人である．**需要独占**（monopsony）では，買い手が1人である．需要独占の分析は独占と同じなので，単純化のため要素の買い手が競争市場で販売するための産出物を生産するものとする．

上と同様に，企業は生産関数 $y=f(x)$ にしたがって単一の要素を使用し，生産を行うと考える．だが上の議論と異なり，この企業は要素市場を支配し，自ら需要する要素の量がその要素に支払わねばならない価格に影響を与えることを自覚しているものとする．

この関係は（逆）供給曲線 $w(x)$ に集約される．この関数の意味は，企業が要素を x 単位だけ使用したいなら，価格 $w(x)$ を支払わねばならない，というものである．$w(x)$ は増加関数であると仮定する．つまり x 要素をより多く使用すればするほど，要素価格は高くなる．

競争的要素市場の企業は，定義によって水平な要素供給曲線に直面している．したがって，企業は要素を欲しいだけ現行価格で手に入れることができる．需要独占者は右上がりの要素供給曲線に直面している．したがって要素をより多く使用すれば，より高い要素価格を申し出なければならない．つまり競争的要素市場の企業は**価格受容者**（price taker）と考えられるが，需要独占者は**価格設定者**（price maker）である．

需要独占者が直面する利潤最大化問題は，

$$\max_{x} pf(x) - w(x)x$$

である．

利潤最大化の条件は，要素の追加的単位の使用による限界収入がその限界費用に等しくならなければならない，ということである．産出物市場は競争的であると仮定しているので，限界収入は単に pMP_x である．限界費用はどうか．

Δx だけ労働を余分に雇うことによる総費用の変化は，

$$\Delta c = w \Delta x + x \Delta w$$

となり，要素変化量 Δx 1単位当たりの費用の変化は，

$$\frac{\Delta c}{\Delta x} = MC_x = w + \frac{\Delta w}{\Delta x} x$$

となる．上式の解釈は限界収入と同じである．つまり企業が要素使用量を増やせば，その要素に対して $x\Delta w$ だけ余分に支払わねばならない．だが，要素需要量の増加によって要素価格は Δw だけ押し上げられ，その結果，企業はすでに使用した単位も含めてすべての単位に高くなった価格を支払わねばならない．

要素の追加的使用量の限界費用を

$$MC_x = w\left[1 + \frac{x}{w}\frac{\Delta w}{\Delta x}\right]$$
$$= w\left[1 + \frac{1}{\eta}\right]$$

と書くこともできる．ただし，η は要素の供給弾力性である．供給曲線は通常右上がりなので η はプラスの値をとる．供給曲線が完全に弾力的なら，η は無限大となり，競争的要素市場に直面する企業の場合に帰着する．この事実は独占の場合と同じである．

さて，需要独占者が線形の供給曲線に直面している場合を考えよう．供給曲線は，

$$w(x) = a + bx$$

したがって，総費用は，

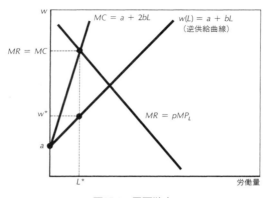

図27.2　需要独占

$$C(x) = w(x)x = ax + bx^2$$

また，追加的投入1単位の限界費用は

$$MC_x(x) = a + 2bx$$

となる．

　需要独占解は**図27.2**に示される．すなわち，限界収入と限界費用が一致する点で x^*（図では L^*）および要素価格が決定される．

　要素の追加1単位の限界費用が要素価格を超えているので，要素価格は競争市場で企業が直面するものよりも低くなる．したがって，競争市場に比べて要素使用量が過小になり，独占と同じく，需要独占の場合もパレート非効率な点で操業が行われる．だがこの場合，非効率は産出物市場ではなく要素市場で発生することになる．

27.3　川上の独占と川下の独占

　前節では，産出物市場で独占者でありながら競争的要素市場に直面する企業と，産出物市場で競争的でありながら要素市場で独占者となる企業をそれぞれ観察することによって，不完全競争と要素市場を含む2つのケースを検討したが，これ以外の市場の組み合わせも考えることができる．たとえば，要素市場

27.3 川上の独占と川下の独占

に独占的売り手が存在する場合や，産出物市場に需要独占的な買い手が存在する場合などがそうである．それらのケースは上の2つのケースに帰着してしまい，いちいち取り上げても意味がない．だが，独占企業の生産物が他の独占企業の生産物の要素として投入されるケースは検討する価値がある．

産出物 x を一定の限界費用 c で生産する独占企業を考えよう．この企業は産出物を要素 x として価格 k で相手の独占企業に販売する．前者を**川上の独占企業** (upstream monopolist)，後者を**川下の独占企業** (downstream monopolist) と呼ぶ．川下の独占企業は生産関数 $y=f(x)$ にしたがって要素 x を用い，産出物 y を生産する．y は需要関数 $p(y)$ に直面する独占市場で販売される．ここでは $p(y)=a-by$ とする．

話を単純化して，生産関数は $y=x$ であるとすると，独占企業は投入物 x の1単位につき y を1単位生産できる．また，川下の独占企業の費用は，川上の独占企業に支払う x の1単位当たり価格 k だけであるとする．

この市場がどのように機能するかを知るため，まず川下の独占企業を見ると，利潤最大化問題は

$$\max_{y} p(y)y - ky = [a-by]y - ky$$

であるから，限界収入と限界費用を等しくすれば

$$a - 2by = k$$

となり，

$$y = \frac{a-k}{2b}$$

を得る．

独占企業は y の1単位産出につき x を1単位投入するので，上式から要素需要関数

$$x = \frac{a-k}{2b} \tag{27.3}$$

が得られる．この式は川下の独占企業の要素需要量と要素価格 k の間の関係を表す．

一方，川上の独占企業はおそらく事の成り行きを知り，どれだけの売値 k をつければ財をどれだけ販売できるか決めることができるだろう．これはまさ

に (27.3) 式の要素需要関数そのものであって，川上の独占企業は利潤を最大にする x を選択する．

この産出水準は簡単に求まる．(27.3) 式から x の関数として k を解けば，

$$k = a - 2bx$$

要素需要関数から得られる限界収入は

$$MR = a - 4bx$$

であるから，限界収入と限界費用を等しくおけば，

$$a - 4bx = c$$

または

$$x = \frac{a-c}{4b}$$

である．生産関数は $x = y$ だから，最終生産物の総産出量は，

$$y = \frac{a-c}{4b} \tag{27.4}$$

となる．

この結果を，統合された単一独占企業による産出量と比較すると興味深いことがわかる．川上と川下の独占企業が合併して，産出物1単位当たりの限界費用が定数 c で，産出物の逆需要曲線 $p = a - by$ に直面する単一独占企業になったとしよう．限界収入と限界費用を等しくおくと

$$a - 2by = c$$

となるから，利潤最大化産出量は

$$y = \frac{a-c}{2b} \tag{27.5}$$

である．(27.4) 式と (27.5) 式を比較すると，統合独占企業の生産量が非統合独占企業の2倍であることがわかる．

この状況は 図**27.3** に示されている．川下の独占企業が直面する最終需要曲線は $p(y)$ であり，これに対応する限界収入曲線はそれ自身，川上の独占企業の直面する需要曲線となる．だからこの需要曲線に対応する限界収入曲線 $p(y)$

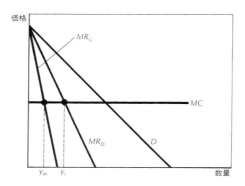

図27.3 川上の独占と川下の独占

の傾きは最終需要曲線の傾きのちょうど4倍になる．

　もっとも，最後の限界収入曲線の傾きが4倍になるのは需要曲線が直線になっているためであるが，通常，統合独占企業の生産量が川上-川下の独占企業の生産量より多くなるのは予想に難くない．川上-川下独占の場合，川上の独占企業は販売価格を自己の限界費用より高く設定し，川下の独占企業はすでにマーク・アップされているこの費用よりさらに高い販売価格を設定する．だからこの場合，二重のマーク・アップ（double markup）となり，価格は社会的な観点からみて高すぎるばかりでなく，最大共同利潤からみても高すぎる．2つの独占企業が合併すれば，価格は下がり，利潤は増加する．

要　　約

1. 利潤最大化を図る企業は常に限界収入と限界費用を等しくしようとする．
2. 独占企業の場合，要素使用量1単位の増加による限界収入の増加を限界収入生産物という．
3. 独占企業の場合，産出量の増加による限界収入の増加が常に価格より小さいので，限界収入生産物は限界生産物の価値より常に小さい．
4. 独占が市場に単一の売り手が存在することを意味するのと同様，需要独占は市場に単一の買い手が存在することを意味する．
5. 需要独占者にとって，要素の限界費用曲線の傾きは，その要素の供給曲線の傾きより急である．

6. 上述の理由によって，需要独占者の生産要素使用量は非効率な過小使用量となる．
7. 川上の独占企業が川下の独占企業に生産要素を販売すると，二重マーク・アップのために産出物の最終販売価格が高くなりすぎる．

28章 寡占

　これまでの章においては，2種類の重要な市場構造を取り上げた．その1つは，市場に小さな競争者がきわめて多数存在する純粋競争であり，他の1つは，大きな企業がただ1つ存在する純粋独占であった．しかし，現実の世界を見ると，多くの場合，市場はこれら両極端のいずれでもなく，その中間に位置する．実際の市場では比較的多くの競争企業が存在するが，その企業数は各企業による価格への影響力を無視できるほど多くはないのである．そして，このような中間的状況は，**寡占**（oligopoly）と呼ばれる．

　25章で述べた独占的競争は，寡占の特別な一形態であり，製品差別化や参入の問題に力点がおかれる．ところが，より一般的な寡占のモデルでは，産業を構成する少数の企業間における戦略的相互依存関係が強調されることになる．

　寡占的環境においては，現実の企業はさまざまな異なった行動様式をとるので，それに応じてさまざまな寡占モデルが存在する．現実に多くの異なった行動パターンが観察される以上，すべての行動パターンを総括するような寡占の統一モデルを作り上げることは，とうてい無理な話である．そこで以下では，寡占企業のいくつかの行動パターンを紹介し，そのさまざまな行動をモデル化しながら，それぞれのモデルがどのような状況において有用性を発揮するかを説明しよう．

　簡単化のために，2つの企業の場合に限定したい．これは**複占**（duopoly）と呼ばれている．複占においても，戦略的相互依存関係の中にいる企業の特徴をつかむことが可能となり，しかも多数の企業を考える場合と違って，用いられる記号はいたって少なく，分析は簡単になる．また，各企業は同一の生産物を生産するというケースに限定する．これにより，製品差別化の問題を避けて，戦略的相互依存関係にのみ集中することが可能となる．

28.1 戦略の選択

市場に2つの企業が存在し，彼らは同質の生産物を生産しているとしよう．すると，ここに4個の重要な変数が存在する．それは，個々の企業が設定する価格と，個々の企業の生産数量である．

一方の企業がその生産物の価格と数量を選択するときには，相手方の企業の選択をすでに知っているかもしれない．もし一方の企業が相手方の企業の選択よりもさきにその選択をするときには，この企業を**価格先導者**（price leader）と呼び，他方を**価格追随者**（price follower）と呼ぶ．同様に，一方の企業が数量の選択をさきに行うときには，その企業を**数量先導者**（quanitity leader），他方を**数量追随者**（quantity follower）と呼ぶ．このような場合には，戦略的相互行動は**逐次ゲーム**（sequential game）を構成する[1]．

ところが，一方の企業がその選択を決定するときには，相手方の企業の選択を知らないというときがある．このようなときには，企業は，合理的な決定をするために相手方の企業の選択を予想しなければならない．これが**同時ゲーム**（simultaneous game）である．この場合にも2つの企業は同時に価格を選択するという場合と，同時に数量を選択するという2つの可能性が存在する．

以上のことから，数量先導者の場合，価格先導者の場合，同時数量設定の場合，同時価格設定の場合，の4つに分類することができる．それぞれの相互依存関係にはそれぞれ異なった戦略的集合が対応している．

また，それとは異なった相互行動の可能性が存在し，これについても検討する予定である．すなわち，企業は互いに競争するのではなく，互いに**結託**（collude）することもできるのである．この場合，企業は共同して価格，数量を決定し，彼らの共同利潤を最大にすることができるのである．この種の結託を**協力ゲーム**（cooperative game）と呼ぶ．

28.2 数量先導の場合

数量先導の場合，一方の企業が他の企業よりさきに生産量の選択を行う．そ

---

[1] 次章でゲーム理論について詳しく検討する予定だが，ここで特別な例を紹介しておくことは適切であろう．

のようなモデルは，先導者，追随者の相互行動をはじめて体系的に分析した経済学者にちなんで**シュタッケルベルグ・モデル**（Stackelberg model）としばしば呼ばれる[2]．

シュタッケルベルグ・モデルは，1つの優勢な企業，すなわち，自然発生的な先導者が存在する産業を分析するときによく用いられる．たとえば，IBMは，コンピュータ産業において優勢な企業であると考えられる．コンピュータ産業における小さな企業は，その共通のパターンとして，IBMの新製品の発表を待って，自分たちの生産決定をあわせる．この場合，IBMをシュタッケルベルグの先導者，他の企業を追随者として，コンピュータ産業をモデル化することができる．

さて，当面の理論モデルを詳しく述べよう．第1企業が先導者であり，y_1の産出量を選択したとする．第2企業はこれに対し，y_2の産出量をもって反応するとしよう．各々の企業は，市場の均衡価格が総産出量に依存することを知っている．産業の産出物の合計 $Y=y_1+y_2$ の関数として均衡価格を表現するために，逆需要関数 $p(Y)$ を用いる．

先導者は，その利潤を最大にするために，どのような産出量を選択するであろうか．その答えは，追随者が，先導者の選択に対してどう反応するか，という先導者の予想に依存する．おそらく先導者は，追随者が先導者の選択を所与として自らの利潤を最大化すると予想するであろう．したがって先導者が生産に関して合理的な決定をするためには，追随者の利潤最大化問題を考えていなければならない．

追随者の問題

追随者は，自分の利潤を最大化しようと行動し，

$$\max_{y_2} p(y_1+y_2)y_2 - c_2(y_2)$$

という問題を解く．追随者の利潤は先導者の産出量の選択に依存している．ただし，追随者の視点からすれば，先導者の産出量はすでに決まっている．先導者による生産はすでに行われているのであり，追随者は単純にこれを一定と見

---

2) ハインリッヒ・フォン・シュタッケルベルグ（Heinrich von Stackelberg）は，市場組織に関する影響力の大きな業績，『市場形態と均衡』（*Marktform und Gleichgewicht*）を1934年に出版したドイツの経済学者である．

るのである．

　追随者は，限界収入が限界費用に等しくなるように，つまり，

$$MR_2 = p(y_1+y_2) + \frac{\Delta p}{\Delta y_2}y_2 = MC_2$$

が成立するように産出水準を選択する．このような限界収入の解釈は一般的なものであり，追随者は，その産出量を増加させるときに，市場価格でより多くのものを売るということによって収入を上昇させる．しかし，そのことは価格を Δp だけ押し下げ，その結果として，産出量の全単位の価格が従来より下落する．

　重要なことは，追随者の利潤を最大化する選択が，先導者によってなされた選択に依存しているという点である．このような依存関係は

$$y_2 = f_2(y_1)$$

と表される．関数 $f_2(y_1)$ は，追随者の利潤を最大化する産出量を，先導者の選択の関数として表現する．それは，先導者の産出量の選択に対して，追随者がどのように反応するかを示しており，**反応関数**（reaction function）と呼ばれる．

　ここで，簡単な線形需要関数の場合の反応曲線を導出してみよう．この場合，（逆）需要関数は $p(y_1+y_2) = a - b(y_1+y_2)$ の形をとる．便宜上，生産にかかる費用はゼロとする．

　このとき，第2企業の利潤関数は

$$\pi_2(y_1, y_2) = [a - b(y_1+y_2)]y_2$$

または

$$\pi_2(y_1, y_2) = ay_2 - by_1y_2 - by_2^2$$

となる．

　これを用いて**図28.1**に**等利潤曲線**（isoprofit curve）を描くことができる．等利潤曲線は，第2企業の利潤が等しくなるような y_1 と y_2 の組み合わせを示している．つまり，等利潤曲線は

$$ay_2 - by_1y_2 - by_2^2 = \bar{\pi}_2$$

を満たす点 (y_1, y_2) によって構成される.

ここで注意すべきことは，第2企業の利潤は等利潤曲線が左に移っていくにつれて上昇するということである．これは，第2企業の産出量を一定に固定しておいたときに，第1企業の産出量が減少すると，第2企業の利潤は上昇することにより明らかである．第2企業は，第1企業の産出量がゼロのときに，つまり独占企業であるときに，最大可能な利潤を得る．

第1企業のそれぞれの産出量に対して，第2企業は利潤を可能なかぎり最大にするような産出量を選択したいと思う．つまり，y_1 のそれぞれの値に対して，第2企業は，図28.1 に示されたように，最も左にある彼の等利潤曲線の上の点を選択するのである．この点は通常の接線の条件を満たしている．つまり，等利潤曲線の傾きは最適選択点においては垂直でなければならない．これら接線の条件を満たす点の軌跡は第2企業の反応曲線 $f_2(y_1)$ となる．

この結果を代数的にみるためには，第2企業の限界収入についての表現が必要となる．これは利潤関数から派生的に求まり，この例の場合

$$MR_2(y_1, y_2) = a - by_1 - 2by_2$$

と表現される.

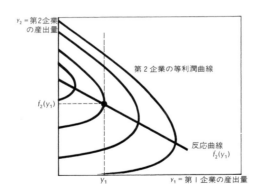

図28.1　反応曲線の導出

（これは解析学的に簡単に導出しうる．もし読者が解析学を知らなければ，計算結果を信じてもらうほかない．）限界収入を限界費用（これはいまの例ではゼロである）と等しいとおけば，

$$a - by_1 - 2by_2 = 0$$

となるから，第2企業の反応曲線は

$$y_2 = \frac{a - by_1}{2b}$$

となる．対応する反応曲線は**図28.1**の直線で示されている．

先導者の問題

　これまでは先導者の選択を$\overset{\cdot\cdot}{\text{所与}}$として，追随者がどのようにその産出量を選択するかということを検討してきた．次に，先導者の利潤最大化問題を取り上げることにする．

　おそらく，先導者もまた，その行動が追随者の産出量の選択に影響を与えることを知っているであろう．この関係は反応関数 $f_2(y_1)$ によって表現される．そして，先導者が産出量の選択を行うときには，追随者に対する影響を認識しているのであるから，したがって，先導者の利潤最大化問題は

$$\max_{y_1} p(y_1 + y_2) y_1 - c_1(y_1)$$

ただし

$$y_2 = f_2(y_1)$$

となる．第2の式を第1の式に代入し，

$$\max_{y_1} p[y_1 + f_2(y_1)] y_1 - c_1(y_1)$$

を得る．ここで重要なことは，先導者は，彼が y_1 を選んだときには総産出量は $y_1 + f_2(y_1)$，つまり，彼の産出量と追随者の産出量の和になることを知っているということである．

　もし先導者が産出量を変化させようとするときには，そのことが追随者に対してどのような影響を与えるかについて認識していなければならない．この点について，上で述べた線形需要曲線で検討してみよう．そこでは，反応関数は

$$f_2(y_1) = y_2 = \frac{a - by_1}{2b} \tag{28.1}$$

で与えられるのを見た．

28.2 数量先導の場合

限界費用はゼロと仮定しているので，先導者の利潤は

$$\pi_1(y_1, y_2) = p(y_1+y_2)y_1 = ay_1 - by_1^2 - by_1y_2 \tag{28.2}$$

となる．ここで，追随者の産出量 y_2 は，反応関数 $y_2 = f_2(y_1)$ を経由して先導者の選択に依存しているのである．

(28.1) 式を (28.2) 式に代入して

$$\pi_1(y_1, y_2) = ay_1 - by_1^2 - by_1 f_2(y_1)$$
$$= ay_1 - by_1^2 - by_1 \frac{a-by_1}{2b}$$

を得る．これを簡単にすると

$$\pi_1(y_1, y_2) = \frac{a}{2} y_1 - \frac{b}{2} y_1^2$$

となる．この関数の限界収入は

$$MR = \frac{a}{2} - by_1$$

である．これをいま，限界費用と等しく，ゼロとおいたのち y_1 について解くと，

$$y_1^* = \frac{a}{2b}$$

となる．追随者の産出量を見つけるために，単純に y_1^* を反応関数に代入し，

$$y_2^* = \frac{a-by_1^*}{2b}$$
$$= \frac{a}{4b}$$

を得る．これら 2 つの式より産業全体の総産出量は $y_1^* + y_2^* = 3a/4b$ となることがわかる．

等利潤線を用いてシュタッケルベルグ解を図示すれば，**図28.2** のようになる．(この図は，後の節で示されるクールノー均衡をも説明している．) そこでは，両企業の反応曲線と第 1 企業の等利潤曲線が示されている．第 1 企業の等利潤曲線は，第 2 企業の等利潤曲線と同じ形状をもっている．それらは単純に90度回転させただけである．第 1 企業の利潤は，彼の等利潤曲線上の点を下方向に下がっていくことによって上昇していく．なぜなら第 1 企業の利潤は第 2 企業

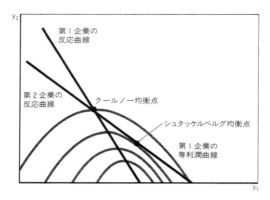

図28.2　シュタッケルベルグ均衡

の産出量が減少したときに上昇するからである．

　第2企業は追随者として行動する．つまり，彼はその反応曲線 $f_2(y_1)$ の上の産出量を選択するのである．そして，第1企業はその反応曲線の上で自らの利潤を最大にするような点を選択するのである．この最大利潤とは，図28.2で示されているように，第2企業の反応曲線の上で最も低い等利潤曲線と接するような点によって与えられるのである．通常の最大化の論理によって，この点で反応関数は等利潤曲線に接していなければならない．

28.3　価格先導の場合

　数量を設定する代わりに先導者は価格を設定することもできる．価格の設定に関して合理的な決定をするためには，先導者は追随者がどのように反応するかを予測しなければならない．したがって，まずはじめに追随者が直面している利潤最大化問題を検討することにしよう．

　まずはじめにわかることは，均衡においては追随者は先導者と同じ価格を設定しなければならないということである．これは，企業は同質の生産物を販売しているという仮定から導出されるものである．もし一方の企業が他方と異なった価格を設定したとすると，すべての消費者は低い価格の企業から購入し，双方の企業がともに生産を行うという均衡は得られない．

　先導者が価格 p を設定したとしよう．追随者はこの価格を所与とみなして，

28.3 価格先導の場合

自己の利潤を最大化する産出量を選択するとしよう．これは，さきに検討した競争行動のケースと本質的に同じである．競争モデルでは，すべての企業は，市場においてきわめてわずかな部分しか占めていないために，価格を制御不能なものとみなしている．価格先導モデルにおいても，追随者は価格を先導者によって設定されて，価格を制御不能なものとみなしている．

追随者は利潤を最大にしようとし，

$$\max_{y_2} py_2 - c_2(y_2)$$

という問題を解く．この際，解が満たすべき条件として，よく知られた価格と限界費用が等しい，という条件が導出される．追随者はこの条件を満たすように産出水準を決めようとするのである．このようにして，**図28.3** に示されているような追随者の供給曲線 $S(p)$ が決定される．

次に，先導者の問題に移ろう．先導者がもし価格を p に設定すると，追随者は $S(p)$ を供給する．これは先導者が販売する産出量は $R(p) = D(p) - S(p)$ で与えられるということを意味する．これは先導者が直面する**残差需要曲線**（residual demand curve）と呼ばれている．

かりに，先導者の限界費用は一定であり，c であるとしよう．すると，どのような価格であれ，価格 p のもとで彼が実現する利潤は

$$\pi_1(p) = (p-c)[D(p) - S(p)] = (p-c)R(p)$$

である．利潤を最大化するためには，先導者は価格と数量の組み合わせを，限界収入が限界費用に等しいように選択しようとする．しかしながら，限界収入は残差需要曲線——現実に所与の価格のもとでどれだけ販売することができるかということを示すもの——に対する限界収入である．**図28.3** においては，残差需要曲線が線形で示されている．したがって，それより派生する限界収入曲線は残差需要曲線と同じ縦軸との切片を持ち，傾きは2倍大きい．

簡単な代数例を見てみよう．かりに，逆需要関数が $D(p) = a - bp$ であるとしよう．追随者は費用関数 $c_2(y_2) = y_2^2/2$ をもち，先導者の費用関数は $c_1(y_1) = cy_1$ とする．

どのような価格 p に対しても，追随者は，価格が限界費用と等しいところで操業したいと思う．費用が $c_2(y_2) = y_2^2/2$ であるので，彼の限界費用は $MC_2(y_2) = y_2$ となる．価格を限界費用に等しいとおいて

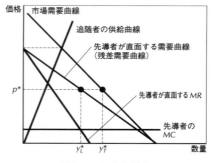

図28.3 価格先導者

$$p = y_2$$

を得る．これより追随者の供給曲線は $y_2 = S(p) = p$ となる．

先導者が直面する需要曲線——残差需要曲線であるが——は

$$R(p) = D(p) - S(p) = a - bp - p = a - (b+1)p$$

である．これより後は，通常の独占の問題と同様である．この式を p について，先導者の産出量 y_1 の関数として解いて

$$p = \frac{a}{b+1} - \frac{1}{b+1} y_1 \tag{28.3}$$

を得る．これは，先導者が直面する逆需要関数である．これより派生する限界収入曲線は同じ縦軸との切片をもち，傾きは2倍大きい．つまり，

$$MR_1 = \frac{a}{b+1} - \frac{2}{b+1} y_1$$

となる．限界収入を限界費用と等しいとおくことによって

$$MR_1 = \frac{a}{b+1} - \frac{2}{b+1} y_1 = c = MC_1$$

を得る．これを先導者の産出量に関して解いて，利潤を最大化する産出量

$$y_1^* = \frac{a - c(b+1)}{2}$$

を得る．なお，上式を (28.3) 式に代入してさらに分析を進めることもできるが，あまり興味深い結果は得られない．

28.4 価格先導と数量先導の比較

数量先導と価格先導のそれぞれの場合について，均衡価格や均衡産出量の導出を行った．それぞれのモデルでは，異なった均衡価格，均衡産出量の組み合わせが得られるが，そのそれぞれのモデルは異なった状況のもとで適用可能となる．

数量設定の妥当性を考えるためには，企業がその生産能力を選択しようとする場合を考えればよい．企業が生産能力を設定するということは，実質的に，どれだけ市場に対して生産物を供給するかを決定することである．もし一方の企業がさきに生産能力に投資することができるならば，その企業を数量先導者であるとしてモデル化してよい．

他方，生産能力の選択が重要ではなく，一方の企業が価格の載ったカタログを配っているような市場を見るとしよう．この企業は，価格設定者であるとみなすことができる．彼のライバルは，このカタログを見て，そこでの価格を所与とみなして，自己の価格や数量の選択をするであろう．

価格先導，数量先導のいずれがより適切であるかということは，純粋理論の基礎の枠内で答えが出せるものではない．企業が意思決定を現実にどのようにしているのか，ということを観察して，最も適切なモデルを探さなければならない．

28.5 同時数量設定の場合

先導者-追随者モデルのもつ難点の1つは，それが必ず非対称的であるということである．つまり，一方の企業は他の企業よりもさきにその意思決定をするということである．ある状況においては，これは非現実的である．たとえば，2つの企業が同時にその産出量を決定するという状況を考えてみよう．このようなときには，双方の企業とも合理的に意思決定をしようとすると，まず相手の産出量を予想しなければならない．

本節においては，双方の企業ともに，相手方の産出量を予想しなければならないという1期モデルを考えよう．その予想を所与として，各企業は独自で自分の利潤を最大化する産出量を選択するのである．したがって，この場合，予

想を伴う均衡を求めなければならない．それは，相手企業に関する予想が双方の企業ともに的中するという状況である．このモデルは，そのような含意をはじめて検討したフランスの数学者にちなんで，**クールノー・モデル**（Cournot model）として知られている[3]．

まず，第1企業は第2企業の産出量を y_2^e であると予想するとしよう．（e は予想を示す．）すると第1企業が y_1 単位生産を行うと決定すれば，総産出量は $Y = y_1 + y_2^e$ となるはずである．そしてこの産出量のもとでは，価格は $p(Y) = p(y_1 + y_2^e)$ となる．したがって第1企業の利潤最大化問題は

$$\max_{y_1} p(y_1 + y_2^e) y_1 - c(y_1)$$

である．

予想される第2企業のあらゆる産出量 y_2^e に対して，第1企業には最適な産出量選択 y_1 が存在する．この，第2企業の予想産出量と第1企業の最適産出量選択の間の関係を

$$y_1 = f_1(y_2^e)$$

と表現しよう．この関数は，すでに本章のはじめで研究した反応関数そのものである．本来，反応関数は先導者の選択に対して追随者の産出量を与えるものであった．ここでは，反応関数は相手方の企業の選択に関する予想に対して，その関数として企業の最適な選択を与えているのである．これら2つの場合では，反応関数の解釈は異なるが，数学的な定義はまったく同じである．

同様に，第2企業に対しても，その反応関数

$$y_2 = f_2(y_1^e)$$

を導出することができる．これは，第1企業の予想産出量 y_1^e に対して，第2企業の最適な選択を示すものである．

さて，ここで忘れてならないことは，各企業は相手の企業は産出量 y_1^e ないし y_2^e を選ぶであろうと仮定して自分の産出量を選択しているということである．したがって，y_1^e, y_2^e の値も自ずとどのような値であってもよい，というわ

---

[3] オーガスチン・クールノー（Augustin Cournot）は1801年に生まれた．著書『富の理論の数学的原理に関する研究』（*Researches into the Mathematical Principles of Theory of Wealth*）は，1838年に出版された．

けにはいかなくなる。というのは、第1企業の最適な産出量 y_1 と、第2企業による予想産出量 y_1^e とは一般にはくいちがってしまうからである。

第2企業の産出量が y_2^* であるときに、第1企業の最適産出水準が y_1^* であり、また、第1企業の産出量が y_1^* であるときに、第2企業の最適産出水準が y_2^* であるという産出量の選択 (y_1^*, y_2^*) を求めよう。つまり、

$$y_1^* = f_1(y_2^*)$$
$$y_2^* = f_2(y_1^*)$$

を満たすような (y_1^*, y_2^*) である。

このような産出水準の組み合わせは**クールノー均衡**（Cournot equilibrium）として知られている。クールノー均衡においては、各企業は相手方の予想産出量を所与として、個々の企業の利潤を最大化している。しかもその予想は、均衡において的中し、実現している。つまり、個々の企業は、相手企業が予想する産出量を自らの最適産出量として選択している。各企業はクールノー均衡においては、相手方が選択するであろうと予想していた産出量が現実に選択されているので、お互いに自らの選択を変更しようとはしないのである。

クールノー均衡の例は**図28.2** に示されている。クールノー均衡とは、双方の反応曲線が交差する点で示される産出量の組み合わせのことである。そのような点において、各企業は、他の企業の産出量を所与として、自らの利潤を最大化する産出量を生産している。

28.6 クールノー均衡の例

線形需要関数で限界費用がともにゼロの場合を再検討しよう。このときに、第2企業の反応関数は

$$y_2 = \frac{a - by_1^e}{2b}$$

という形をとる。

この例では、第1企業は第2企業とまったく等しいのであるから、第1企業の反応曲線もまったく同じ形の

$$y_1 = \frac{a - by_2^e}{2b}$$

で表される．

図**28.4** は，これら一対の反応曲線を示している．これら2つの線の交点で，クールノー均衡が与えられる．この点において，各企業が行っている選択は，相手方の企業の行動についての予想に対して自らの利潤を最大化する選択であり，またその予想が正しいことが相手方の現実の行動によって確認される．

クールノー均衡を代数的に産出するためには，それぞれの企業が相手方の企業が予想するとおりに行動するという点 (y_1, y_2) を探せばよい．$y_1 = y_1^e, y_2 = y_2^e$ とおくと，2つの未知数についての2つの式が得られる．

$$y_1 = \frac{a - by_2}{2b}$$

$$y_2 = \frac{a - by_1}{2b}$$

この例においては，双方の企業は同質であるから，均衡において各企業は等しい産出量を生産する．したがって，上の式に $y_1 = y_2$ を代入して

$$y_1 = \frac{a - by_1}{2b}$$

を得る．これを y_1 について解き，

$$y_1^* = \frac{a}{3b}$$

を得る．2つの企業は同質であるから

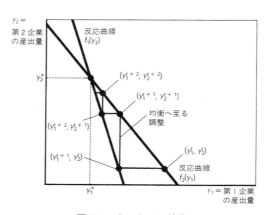

図**28.4**　クールノー均衡

$$y_2^* = \frac{a}{3b}$$

となり，産業全体の総産出量は

$$y_1^* + y_2^* = \frac{2a}{3b}$$

となる．

28.7 均衡への調整

図**28.4**を用いて均衡への調整プロセスを示そう．t期において企業は (y_1^t, y_2^t) を生産しているとする．これは，必ずしも均衡産出量である必要はない．もし第1企業が，第2企業が次の期も y_2^t を生産し続けると予想すれば，次の期には第1企業は，その予想のもとで利潤を最大化する産出量，つまり，$f_1(y_2^t)$ を選択しようとする．このようにして，第1企業の $t+1$ 期の産出量は

$$y_1^{t+1} = f_1(y_2^t)$$

で与えられる．第2企業についても同様の理由で，次期の産出量は

$$y_2^{t+1} = f_2(y_1^t)$$

となる．

上の2式は，どのようにして個々の企業が他企業の産出量の選択に対して，それぞれの産出量を調整していくかを示している．図**28.4**は，企業のこのような行動によって導出された産出量の動きを示している．この図を解釈する方法は次のとおりである．ある点 (y_1^t, y_2^t) から出発する．第2企業の産出量が y_2^t で与えられているとき，次期における第1企業の最適産出量は $y_1^{t+1} = f_1(y_2^t)$ である．図**28.4**において，点 (y_1^t, y_2^t) から左方向に移動し，第1企業の反応曲線とぶつかる点が点 (y_1^{t+1}, y_2^t) である．

もし第2企業が第1企業は y_1^{t+1} を生産し続けると予想すると，その最適な反応は y_2^{t+1} を生産することである．この点は垂直に移動し，第2企業の反応曲線と当たるところまで移動することによって見つけることができる．2つの企業の産出量選択の経路を決定するために「階段状」に動いていくのである．図示された例では，この調整過程はクールノー均衡へと収束する．この場合，

クールノー均衡は，**安定均衡**（stable equilibrium）と呼ばれる．

上の調整プロセスは直観的に理解しやすいが，いくつか問題点もある．相手方の産出量は，今期から来期にかけて不変であると各企業は仮定している．しかし，上述の説明で明らかなように，双方ともその産出量を変化させ続けている．ただ均衡においてのみ，相手方の産出量についての予想は実現しているのである．はたして上に示されたような方法で均衡へと収束していくのか，という疑問が生じる．そのため，通常は均衡への調整の問題は避けて通られ，ただ均衡において企業はどのように行動するのか，ということのみが，問題とされる．

28.8 多数の企業とクールノー均衡

さて，たかだか2つではなく，より多いいくつかの企業が存在する場合のクールノー均衡を考えてみよう．個々の企業は，産業内の他企業の産出量についてある予想を持っていると仮定して均衡産出量がどのように決定されるかを研究する．

n個の企業が存在し，$Y=y_1+\cdots+y_n$をこの産業の総産出量としよう．すると第i企業についての「限界収入は限界費用に等しい」という条件は

$$p(Y)+\frac{\Delta p}{\Delta Y}y_i=MC(y_i)$$

となる．$p(Y)$を前に出し，第2項にY/Yを掛けると，この式は

$$p(Y)\left[1+\frac{\Delta p}{\Delta Y}\frac{Y}{p(Y)}\frac{y_i}{Y}\right]=MC(y_i)$$

となる．$s_i=y_i/Y$を第i企業の市場全体の産出量に占めるシェアとすれば，集計された需要曲線についての弾力性の定義を用いて，

$$p(Y)\left[1-\frac{s_i}{|\varepsilon(Y)|}\right]=MC(y_i) \qquad (28.4)$$

となる．この式をさらに

$$p(Y)\left[1-\frac{1}{|\varepsilon(Y)|/s_i}\right]=MC(y_i)$$

と書くことができる．これは，s_iの項がなければ独占のときの式となる．$\varepsilon(Y)/s_i$を，この企業が直面している需要曲線の弾力性と考えることができ

る．すると，この企業の市場におけるシェアが小さければ小さいほど，彼が直面している需要曲線はより弾力的となることがわかる．

もしその市場のシェアが1であれば，つまり，この企業が独占企業であれば，直面している需要曲線は市場需要曲線であり，この条件は独占企業の条件となる．もしこの企業が，大きな市場においてきわめて小さい部分しか占めていないのであれば，このシェアは実質的にゼロであるから，この企業が直面している需要曲線は，実質的に水平になる．その場合，この条件は純粋競争企業についての条件，すなわち，価格=限界費用，となる．

上のことは，**23**章で述べられた競争モデルに意味を与える．もし多数の企業が存在するのであれば，個々の企業による市場価格への影響は無視することができる．そして，クールノー均衡は実質的に純粋競争と同じになる．

28.9 同時価格設定の場合

上で示されたクールノー・モデルでは，企業はその数量を選択し，市場が価格を決定すると仮定した．別の方法として，企業はその価格を設定し，市場に販売数量を決定させるというのがある．そのようなモデルは，**ベルトラン競争** (Bertrand competition) として知られている[4]．

1つの企業は，その価格を選択するとき，同じ産業内の他の企業の価格を予想しなければならない．クールノー均衡におけると同様に，求める均衡価格の組み合わせとは，他の企業の価格を所与として，自分の企業の利潤を最大化するような価格の組み合わせのことである．

ベルトラン均衡とはどのようなものであろうか．これまでのように，企業が同質の生産物を販売しているときには，ベルトラン均衡はまったく簡単な構造をしている．それは，価格は限界費用と等しいという競争均衡である．

はじめに，価格は限界費用よりも小さくはないということに注意しておこう．限界費用より小さくなれば，企業はその産出量を減少させることによって利潤を増大させることができるからである．したがって，限界費用よりも大きい価格のみを考えることにしよう．かりに，双方の企業が限界費用よりも大きいな

---

[4] ヨセフ・ベルトラン (Joseph Bertrand) もフランスの数学者であり，クールノーの理論を批判しつつ，自らのモデルを提示した．

んらかの価格 p で販売しているとしよう．第 1 企業の立場を考えてみよう．彼が ε だけ低い価格で販売し，他の企業は p の価格を保ったとしよう．すると，すべての消費者は第 1 企業から購入しようとするであろう．価格をわずかに下げると，その下げ幅にかかわらず，消費者を第 2 企業からすべて奪い取ることができるのである．

第 1 企業が本当に第 2 企業は限界費用よりも高い価格 p を設定すると予想しているのであれば，第 1 企業はその価格を $p-\varepsilon$ に下げることによって常に利潤を改善することができると予想することができる．第 2 企業にも同じ論理が成立するのである．このように，どのような価格であれ，限界費用よりも大きいものであれば，それは均衡ではありえない，唯一の均衡は競争均衡である．

この結果は一見して逆説的である．というのは市場に 2 つの企業しかないのに，どうして競争価格が成立するのかということである．このベルトラン・モデルを競争入札のモデルであると考えるならば納得がいくであろう．かりに，1 つの企業が消費者のビジネスに限界費用よりも高い価格を「入札する」としよう．すると，他の企業は常にそれよりも低い価格を入札することによって，利益を得るのである．したがって，すべての企業が合理的に価格を下げることができないという価格は限界費用であるということができる．

結託することのできない企業間の競争入札は，他のいかなる方法によるよりも低い価格となるということはしばしば観察されることである．このような現象はベルトラン競争の一例である．

28.10 結 託

これまで検討してきたモデルは，企業は独立的に行動するというものであった．しかし，企業が結託して，共同して彼らの利潤を最大化しようとするならば，これらのモデルは適切なものではなくなる．もし結託が可能ならば，企業は産業全体の最大利潤を求めて，その最大化された利潤を彼らの間で分配するのがベターであろう．複数の企業が共同して価格と産出量を産業全体の利潤が最大となるように決定しようとするとき，この複数の企業のことを**カルテル**(cartel) と呼ぶということはよく知られている．25章で見たように，カルテルとは企業のグループであり，彼らは結託してあたかも単一の独占企業のように行動し，利潤の総和を最大化する．

28.10 結　託

したがって，2つの企業が直面する利潤最大化問題は，彼らの産出量である y_1, y_2 を産業全体の利潤を最大化するように選択すること，すなわち，

$$\max_{y_1, y_2} p(y_1+y_2)[y_1+y_2] - c_1(y_1) - c_2(y_2)$$

である．これより，最適条件として

$$p(y_1^*+y_2^*) + \frac{\Delta p}{\Delta Y}[y_1^*+y_2^*] = MC_1(y_1^*)$$

$$p(y_1^*+y_2^*) + \frac{\Delta p}{\Delta Y}[y_1^*+y_2^*] = MC_2(y_2^*)$$

が導出される．

これらの条件の解釈は興味深いものである．第1企業がその産出量を Δy_1 だけ上げようとするとき，通常，2つの効果が期待される．すなわち，より多く販売することによって追加的な利潤が得られる効果と，価格を下げることにより利潤が低下するという効果である．しかし，第2の効果については，彼自身の産出量とともに相手方の産出量に対する効果も考慮しなければならない．というのは，今回は彼自身の利潤ではなく，産業全体の利潤の最大化が目的だからである．

最適条件が意味するものは，追加的な産出物の限界収入がそれがどの企業で生産されても，等しくなければならないということである．これより，$MC_1(y_1^*) = MC_2(y_2^*)$ が導出される．よって，2つの限界費用は均衡においては等しくなる．一方の企業が費用的に優位に立っているということは，その限界費用曲線は常に他企業の限界費用曲線より下方に位置しているということである．よってその企業は，カルテル解の均衡では，より多くの産出物を生産していなければならない．

現実の世界において，カルテルに関わる1つの重要な問題は，いつも裏切りへの誘惑があるということである．たとえば，2つの企業が共同して産業全体の利潤を最大にする産出量 (y_1^*, y_2^*) を生産しているとする．第1企業が Δy_1 だけ少し多くその産出量を増やそうと考えたとしよう．すると，第1企業への限界利潤は

$$\frac{\Delta \pi_1}{\Delta y_1} = p_1(y_1^*+y_2^*) + \frac{\Delta p}{\Delta Y} y_1^* - MC_1(y_1^*) \tag{28.5}$$

となる．さきに導出したように，カルテル解の最適条件は

$$p(y_1^* + y_2^*) + \frac{\Delta p}{\Delta Y} y_1^* + \frac{\Delta p}{\Delta Y} y_2^* - MC_1(y_1^*) = 0$$

であった．これを変形して

$$p(y_1^* + y_2^*) + \frac{\Delta p}{\Delta Y} y_1^* - MC_1(y_1^*) = -\frac{\Delta p}{\Delta Y} y_2^* > 0 \qquad (28.6)$$

としよう．最後の不等式は，$\Delta p/\Delta Y$ がマイナスであることから導かれる．（これは市場需要曲線が右下がりであるということである．）

(28.5)式，(28.6)式で見ると

$$\frac{\Delta \pi_1}{\Delta y_1} > 0$$

であることがわかる．このように，もし第1企業は第2企業がその産出量を変えないと予想するならば，自分の産出量を増加させることにより利潤を上昇させることができると思うであろう．カルテル解においては，企業は共同して行動し，市場を「だいなしにしない」ように産出量を制限するのである．彼らは，いずれかの企業がより多く生産するときの共同利潤に与える効果を知っているのである．しかし，各企業は他企業が自分の産出量割り当てを忠実に守るであろうと信じるときに，単独で自分の産出量を上昇させて自分自身の利潤を上昇させようとの誘惑にかられるであろう．共同利潤を最大化させる産出水準において，他の企業は産出量を変えないであろうと思われるならば，各々の企業は単独で産出量を上昇させると自らの利潤は上昇するであろう．

しかし，現実の状況はそのようなものではなく，もっと悪いのである．つまり，第1企業は第2企業がその産出量を変えないであろうと予想すると，彼は産出量を上昇させることが自分の利潤を増加させることになると思うのであるが，しかし，第1企業が第2企業も彼の産出量を増やすと予想するならば，第1企業は先に産出量を上昇させ，できるかぎり早く利潤を高めようとするのである．

このようなわけで，効果的なカルテルを維持するためには各企業は裏切り行為を見つけてそれを処罰する手段を必要とするのである．もし相互に生産量を観察する手段がなければ，約束を破ろうとする誘惑がカルテルを破壊するかもしれない．この問題については少しさきにいって立ち返る予定である．

カルテルに関する理解を確実にするために，クールノーの場合に用いた限界費用がゼロで線形の需要曲線の場合についてカルテル解を計算してみよう．

総利潤関数は

$$\pi(y_1, y_2) = [a - b(y_1 + y_2)](y_1 + y_2) = a(y_1 + y_2) - b(y_1 + y_2)^2$$

となる．したがって，限界収入は限界費用に等しいという条件は

$$a - 2b(y_1^* + y_2^*) = 0$$

となり，これは

$$y_1^* + y_2^* = \frac{a}{2b}$$

を意味する．限界費用はゼロであるから，2つの企業の間に産出量をどのように分割してもなんら関係がない．決定されるべきものは総産出量である．

カルテル解は図**28.5**に示されている．この図では，個々の企業の等利潤線を描き，それらの接点の軌跡を示している．なぜ，この軌跡が重要なのだろうか．カルテルは産業全体の利潤を最大化しようとするから，各々の企業の限界利潤は等しくなければならない．そうでなければ，利益のあがる企業にさらに多くを生産させるべきである．このことは，各々の企業に関して等利潤曲線の傾きが等しくなければならない，つまり，等利潤曲線は互いに接していなければならないということを意味している．したがって，産業全体の利潤を最大化する産出量の組み合わせ，すなわちカルテル解は，図**28.5**に示された線の上に存在する．

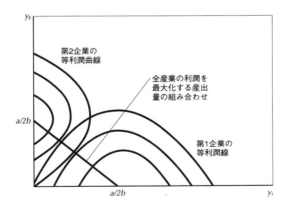

図**28.5** カルテル

また，図**28.5**は，カルテル解には裏切りへの誘惑が内在することを示している．たとえば，2つの企業が市場を等しく分割する点を考えてみよう．第2企業がその産出量を一定に保つと第1企業が予想したときに何が生じるか考えてみよ．もし第2企業がその産出量を一定に保ち，第1企業はその産出量を増加させるとき，第1企業はより低い位置にある等利潤曲線に移動する．つまり，第1企業は利潤を増大するのである．このことを上で代数的に述べたのである．もしある企業が，他企業の産出量が一定にとどまると考えると彼自身の産出量を増加させ，より大きい利潤を得ようとする誘惑にかられるであろう．

28.11 罰戦略

以上においてカルテルは基本的に不安定であり個々の企業は自分の利益のために全体の利益を最大にする生産量を超えて自分の生産量を増加しようとすることを見た．もし，カルテルが成功するためには，このような行動を安定化するためのなんらかの方法が発見されなければならない．1つの方法は，企業が互いにカルテルの合意に反したことをすれば，罰を与えるという脅迫を互いに与え合うことである．本節では，この罰がどの程度であれば，カルテルの合意が保たれるかを検討する．

まったく同質な2つの企業によってなる複占を考える．2つの企業が独占における生産量のちょうど半分ずつを生産するならば全体としての利益は最大になり，個々の企業は，たとえば π_m の利潤を受け取るとしよう．この結果を安定的なものにするために，1つの企業は他の企業に対して次のようにいう．「もし君が共同の利潤を最大にするように行動するなら，それでよし．しかし，もし君が裏切ってそれ以上の量を生産するのを見つけたら，僕はクールノー水準を生産して永久に君に罰を与える．」これは，**罰戦略**（punishment strategy）として知られている．

どのようなときに，この種の脅迫がカルテルを安定化させるために有効であろうか．このために，協力せずに裏切るときのコストとベネフィットを見る必要がある．裏切りがあって，罰を加えたとしよう．クールノー的行動に対する報復はクールノー的行動である（定義より）．この結果，双方の企業は各期ごとに π_c の利潤を得るとしよう．もちろんのこと，このクールノー利潤 π_c は独占 π_m よりは小さい．

28.11 罰戦略

　両企業がともに共同して独占生産量を生産しているとしよう．読者は，自分がこの２つの企業の内の１つであるとして，自分の割当量を生産し続けるべきか否かを考えてみよう．もし，その割当額を超えて生産量を増やしたとすると π_d の利潤を得ることができる．$\pi_d > \pi_m$ である．これが，これまで述べてきたカルテルのメンバーに対する標準的な誘惑である．つまり，もし，個々の企業がその生産の割当額を守って価格を高い水準に保っているならば，それぞれの企業には，自分だけ生産量を増やすことによって高い価格水準における将来の利潤のフローを資本化する誘因が働くのである．

　しかし，これで終わりというわけではない．裏切りに対する罰が待っているのである．カルテルの生産量を生産するときに，個々の企業は π_m という定常的な利潤を得ることができる．この利潤の流れの現在価値は

$$\text{カルテル行動の現在価値} = \pi_m + \frac{\pi_m}{r}$$

である．もし，企業がこのカルテル量以上を生産するならば，π_d という１期のみの利潤を得ることができる．しかしその結果，カルテルが破られてクールノー行動の世界になってしまう．そのとき，

$$\text{裏切りの現在価値} = \pi_d + \frac{\pi_c}{r}$$

となる．カルテル生産量にとどまる方が，裏切るときよりも現在価値の高いのはどのような場合であろうか．明らかに

$$\pi_m + \frac{\pi_m}{r} > \pi_d + \frac{\pi_c}{r}$$

のときであり，これを書き換えると

$$r = \frac{\pi_m - \pi_c}{\pi_d - \pi_m}$$

となる．独占利潤がクールノー利潤よりも大きいから分子は正となる．また，カルテルの割当量のとどまるよりも離反する方が利潤が増えるのだから，分母も正である．

　上の不等式は，利子率が十分に小さく，その結果，将来の罰則がかなり重要であるときには，割当量にとどまる方が有利であるということを示している．

　この理論の弱点はクールノー競争に戻ることに対する脅迫は信用し難いということである．一方の企業が裏切ったときには他方は罰を加えるであろうと思

うのは確かである。しかし，永遠に，というのは長すぎる。より現実的なモデルでは，報復の期間がもっと短いはずである。しかし，そのときは分析はもっと複雑になる。次章では，このことに関して，いくつかの可能な行動を取り扱う「繰り返しゲーム」のモデルのいくつかを議論する．

例：価格協定と競争

カルテルのメンバーには，常にその割当量以上に生産しようとする誘因があることを見てきた。カルテルを成功させるためには，メンバーの行動を監視する方策を見つけることが必要である。すなわち，それぞれの企業が他の企業の価格と生産量を監視できなければならない．

同じ産業に属する他の企業がどのような価格を設定しているかを知るための1つの簡単な方法は，自分の顧客をスパイとして用いることである。小売業においては，「他のどの店よりも安い」と宣伝しているのをよく見かける。ある場合には，そのような宣伝は小売業界を競争的にするかもしれない。しかし，他の場合には，このやり方は他店の価格を知るために用いられ，カルテルを保持するために役立つのである．

たとえば，2つの企業が明示的にせよ，暗黙的にせよ，あるモデルの冷蔵庫を700ドルで売るということに合意したとしよう。しかし，相手企業が裏切って675ドルで販売しないという確信がもてるであろうか。1つの方法は，「他のどの店よりも安い」と宣伝することである。それによって，他の店が合意を破ってつけた安い価格を顧客からの情報で知ることができるのである．

例：輸出の自主規制

1980年代において，日本の自動車産業は「輸出の自主規制」に合意した。つまり，日本の自動車メーカーは自主的にアメリカへの輸出量を抑える，ということである。アメリカの一般的な消費者は，アメリカが貿易交渉において勝利したと思った．

しかし，少し考えるならば，まったく違った見方ができる。寡占企業が直面する問題は，より高い価格を維持するために，どのような方法によって数量制限をし，競争を制限するかということである。これまで見たように，生産量割

り当てに関する合意に対しては，常に破ろうとする誘因が働く．すべてのカルテルはこの裏切りを発見し，それを防止するための方策を見つけなければならない．企業にとっては，第3の部門，たとえば政府，がこの役割を果たしてくれると便利である．このことが，日本の自動車メーカーに対してアメリカ政府が果たした役割であった．

ある推計によれば，日本からの輸入車は1984年においては，自主規制がなかったと仮定したときに比べて，2,500ドル高かった．また，輸入車が高くなったので，アメリカのメーカーは彼らの自動車を1,000ドル高く販売することができた[5]．

このように，価格が上昇したために，アメリカの消費者は約100億ドル以上を日本車に対して1985～86年に余分に支払ったのである．この金額は直接日本のメーカーの懐に入ったのである．この資金のほとんどは，生産設備の拡張のために用いられ，その後に生産される自動車の生産費を低下させたのである．自主規制はアメリカの雇用を保護するためには役に立ったが，しかし，そのための費用は雇用者1人当たり，年間16万ドルであった．

もし，自主規制政策の目的がアメリカの自動車産業の体質を改善することであったのなら，もっと簡単な方法があったであろう．2,500ドルの関税を1台当たりの日本車に課税するのである．そうすると，この税収は日本の自動車メーカーにいくのではなく，アメリカの政府の収入になるのである．そして，1985～86年の間に100億ドルを外国に送るのではなく，この資金をアメリカの自動車産業を健全化するために用いることができたのである．

28.12 解の比較

以上において，いくつかの複占行動のモデルを検討してきた．つまり，数量先導（シュタッケルベルグ），価格先導，同時数量設定（クールノー），同時価格設定（ベルトラン），そして結託の解である．これらを比較してみよう．

一般的に結託の解の場合は，最も少ない産出量，最も高い価格が結果として実現する．ベルトラン均衡は，競争均衡であるが，最も高い産出量，最も低い

---

5) Robert Crandall, "Import Quotas and the Automobile Industry : the Costs of Protectionism," *The Brookings Review*, Summer, 1984.

価格が実現する．他のモデルはこれらの極端な場合の中間となる．

他のさまざまなモデルを考えることは可能である．たとえば，2つの財は完全には代替的ではないというように製品の差別化が行われている状況を考えることができる．あるいは，企業は時間に関して動学的な連続的な意思決定を行うというモデルを見ることもできる．この枠組みにおいて，1つの企業が一度に行う選択は，以後に他の企業が行う選択に影響を与えるのである．

また，個々の企業は需要関数，および，産業内の他の企業の費用関数を知っていると仮定した．しかし，現実にはこれらの関数は確実性をもって知ることはできない．個々の企業はその需要関数や，相手方の企業の費用関数について予想をしなければならない．以上のことのすべてはすでに経済学者によってモデル化されているが，しかし，これらのモデルは非常に複雑なものとなっている．

要　　約

1. 寡占とは，互いに戦略的相互依存関係にある複数の企業によって構成される市場のことである．この相互依存関係のあり方にはさまざまなものがあり，それに対応して，寡占企業はさまざまな行動パターンをとる．
2. 数量先導モデル（シュタッケルベルグ）では，一方の企業が産出量を設定し，他の企業はそれにしたがう．先導者は，産出量を選択したときに，追随者がどのように反応するかを予想している．
3. 価格先導モデルにおいては，一方の企業が価格を設定し，他の企業がその価格に対してどれだけの産出物を供給するかを選択する．ここでも，先導者は追随者がどのように反応するかを考慮している．
4. クールノー・モデルでは，それぞれの企業が，他企業の産出量について，一定の予想を行う．均衡において，各企業は，他企業の選択に関して，自らの予想が実現していることを知るのである．
5. 各企業が市場において小さいシェアしかもたないときのクールノー均衡では，価格は限界費用にきわめて近づくであろう．つまり，そのときの産業は完全競争に近づくのである．
6. ベルトラン・モデルにおいては，各企業は，他の企業が選択する価格に関する予想を所与として，自らの価格の選択を行う．そのとき成立する唯一

の均衡は，競争均衡である．
7. カルテルにおいては，いくつかの企業が産出量を制限し，産業全体の利潤を最大化しようと結託する．典型的なカルテルは不安定なものであり，個々の企業には，相手方の眼をかすめて，その産出量を約定レベルを超えて販売しようという誘因が存在する．

29章　ゲームの理論

前章の寡占の理論では，企業間の戦略的相互行動に関する古典的な経済理論を紹介した．しかし，それはまさに氷山の一角にすぎない．経済主体は，実にさまざまな方法によって戦略的相互行動をなしうる．これらの相互行動のうちの多くのものは，**ゲーム理論**（game theory）の用具を用いて研究されてきた．ゲーム理論は，戦略的行動一般の分析を行おうとするものである．それによって室内ゲーム，政治的交渉，および経済的行動などを研究することができる．本章では，ゲーム理論がどのように機能するか，また，寡占市場における経済行動の研究にどのように用いられるか，という点をできるだけ手短かに解説したいと思う．

29.1　ゲームの利得行列

戦略的相互依存関係は，複数のプレイヤーと複数の戦略によって表される．ここでの分析は，プレイヤーの数が2人で，戦略の数が有限個である場合にかぎる．こうすることにより，**利得行列**（payoff matrix）でゲームを簡単に示すことができるからである．このような特殊な例を学ぶことは，ゲームを研究するための一番の近道となる．

2人が単純なゲームをプレイしていると考えよう．個人Aは紙に「上」か「下」かの2つの言葉のうち，1つを書く．同時に，個人Bは独立的に「右」か「左」かを紙に書く．この後に，紙が調べられて彼らはそれぞれ**表29.1**に示された利得を得る．もし，Aが上と書き，Bが左と書いたとすると行列の左端を見る．この行列では，Aに対する利得は枠の第1番目に，Bに対する利得は第2番目に書かれている．同様に，もしAが下，Bが右と書いたとするとAは

表29.1 ゲームの利得行列

		プレイヤーB	
		左	右
プレイヤーA	上	1, 2	0, 1
	下	2, 1	1, 0

1，Bは0の利得を得る．

　個人Aは，2つの戦略をもっている．つまり，彼は上または下を選ぶことができる．これらの戦略は，「価格を上げる」あるいは「価格を下げる」というような経済的選択であってもよい．また，「宣戦布告する」または，「宣戦布告しない」というように政治的選択であってもよい．ゲームの利得行列は，単に各プレイヤーが選んだ戦略に対して彼らの利得を示している．

　この種のゲームの結果はどういうものであろうか．表29.1で示されたゲームでは，解は非常に単純である．個人Aの側から見れば，下をとる方が常に良い．というのは，その選択から得る利得（2または1）は，上という選択に対応する利得（1または0）より常に大であるからである．同様に，Bにとっては左が良い．なぜなら，(2または1)は(1または0)を上回る，つまり，支配するからである．このように，Aの均衡戦略は下，Bのそれは左であると予想できる．

　この場合，**支配戦略**（dominant strategy）が存在するという．各個人にとって，他のプレイヤーがどのような戦略をとろうとも，1つの最適な戦略が存在する．Aにとっては，Bがどちらをとろうとも常に下をとる方がより大きな利得を得る．よって，Aにとっては下をとる方が合理的である．また，Aがどのような戦略をとろうとも，Bは左をとると利得は大である．したがって，これらの戦略は他の戦略を支配している．このような支配戦略がゲームの均衡を与える．

　もしゲームに支配戦略があるならば，それはゲームの均衡を与えると予測することができる．なぜならば，支配戦略とは，他のプレイヤーがどのような戦略をとろうとも常に最適な戦略であるからである．上の例では，Aは下をとり2つの利得を得，Bは左をとり1の利得を得るというのが，ゲームの均衡であると予測できる．

29.2 ナッシュ均衡

支配戦略均衡は，もしそれが存在するならば好都合である．しかし，それは稀れにしか存在しない．たとえば，**表29.2**で示されたゲームには，支配戦略均衡は存在しない．このとき，Bが左をとると，Aの利得は2または0である．Bが右をとると，Aの利得は0または1である．このとき，Bが左をとろうとすればAは上をとろうとし，Bが右をとるとAは下をとろうとする．このように，Aの最適選択はBがどの戦略をとると予想するかに依存する．

表29.2　ナッシュ均衡

		プレイヤーB	
		左	右
プレイヤーA	上	2, 1	0, 0
	下	0, 0	1, 2

しかし，支配戦略均衡は望みすぎであろう．Aの選択が，Bが・ど・の・よ・う・な・選択をとるとしても最適であるということを求めるのではなく，それよりもむしろ，Bの・最・適・な選択に対して，最適であるということを求めることが考えられよう．なぜなら，もしBが十分に情報を持つ知的なプレイヤーであるならば，Bは自分にとって最適な選択しか選ばないであろうからである．（もっとも，Bの最適な選択はAの選択に依存する．）

Bの選択が所与のときにAの選択が最適であり，か・つ・，Aの選択が所与のときにBの選択が最適である場合，この一対の戦略は**ナッシュ均衡**（Nash equilibrium）という[1]．AとBの2人は，自分の戦略を決めるときに相手が何をするかを知らない．しかし，各プレイヤーは，相手がどのような選択をするかについてなんらかの期待をもつ．ナッシュ均衡とは，相手方の選択がわかったときに自分の行動を一方的に変更しようとはしないような，各人の期待のペアで

---

[1] ナッシュ（John Nash）はアメリカの数学者で，1951年にナッシュ均衡という基礎概念を完成した．1994年に彼は他のゲーム理論パイオニアであるハルサーニ（John Harsanyi）とゼルテン（Reinhard Selten）とともにノーベル経済学賞を受賞した．2002年の「ビューティフル・マインド」という映画は，彼の生涯に基づいており，アカデミー賞最優秀作品賞を受賞した．

あると解釈できる．

表**29.2**の場合，（上，左）という戦略はナッシュ均衡である．これを証明するために，次のことに着目しよう．もしAが上を選ぶと，Bの最適な選択は左を選ぶことである．なぜなら，Bが左を選ぶことによる利得は1であり，右を選ぶことによる利得は0であるからである．そして，もし，Bが左を選ぶと，Aにとっての最適戦略は上を選ぶことである．なぜなら，そうすればAは0ではなく，2の利益を得るからである．

このように，もしAが上をとるとBの最適戦略は左ということになる．また，もしBが左をとるとAの最適選択は上である．よって，これはナッシュ均衡となる．つまり，各人は互いに相手方の選択を所与として自分の最適選択を行っているのである．

ナッシュ均衡は，前章のクールノー均衡を一般化したものである．クールノー均衡では，選択は産出水準に関してであった．各企業は，相手方の企業の産出量を一定として自分の産出量を選択するのである．各企業は，相手方の企業が選択した産出量が継続されると仮定して，最適行動をとると仮定されている．クールノー均衡は，他企業の行動を所与として各企業が利潤を最大にしているときに生じる．これはまさにナッシュ均衡の定義である．

ナッシュ均衡の概念には，それなりの意味がある．しかし，残念なことに，いくつかの問題点ももっている．第1の問題点とは，1つのゲームには複数個のナッシュ均衡があるかもしれないということである．実際，表**29.2**では（下，右）という選択もナッシュ均衡である．読者はこのことを上で用いた議論を用いて容易に確認することができるであろう．あるいは，ゲームの構造が対称であること，つまり，1つの均衡におけるBの利得がもう1つの均衡におけるAの利得と同じであることに着目すれば，（上，左）が均衡であるという証明は，（下，右）が均衡であるという証明ともなっている．

ナッシュ均衡の概念に関しての第2の問題点は，ナッシュ均衡が存在しないようなゲームがあるということである．たとえば，表**29.3**で示されたような場合を考えてみよう．この場合には，すでに検討してきた種類のナッシュ均衡は存在しない．Aが上をとるとBは左をとろうとする．しかし，Bが左をとるとAは下をとろうとする．同様に，Aが下をとるとBは右をとるであろう．Bが右をとるとAは上をとるであろう．

表29.3 （純粋戦略の）ナッシュ均衡が存在しないゲーム

		プレイヤーB	
		左	右
プレイヤーA	上	0, 0	0, −1
	下	1, 0	−1, 3

29.3　混合戦略

　もし戦略の定義を拡張すれば，上述のゲームに対して，新しい種類のナッシュ均衡を見つけ出すことができる．これまでは，各主体はその戦略を一度きり選択すると考えてきた．つまり，各主体は1つの選択をすると，それに固執すると考えてきた．これは**純粋戦略**（pure strategy）と呼ばれる．

　これとは別の考え方がある．それは主体の戦略を確率的にすることである．つまり，それぞれの選択に確率を付与し，確率的に戦略を選択するのである．たとえば，Aは上の選択に50％の時間をとり，下の選択に50％の時間をとる．一方，Bは左の選択に50％，右の選択に50％の時間をとる．この種の戦略は**混合戦略**（mixed strategy）と呼ばれる．

　もしAとBが上述の混合戦略にしたがい，それぞれの選択に50％の時間をとれば，利得行列中の4つのペアが生じる確率はいずれも1/4である．よって，Aの平均利得は0で，Bの平均利得は1/2である．

　混合戦略のナッシュ均衡とは，すべての主体が，相手の主体が選ぶ戦略の確率を所与として，自己の戦略について最適な確率を選ぶときに生じる．

　本章で分析している種類のゲームにおいては，混合戦略の範囲内で必ずナッシュ均衡が存在する．混合戦略のナッシュ均衡が必ず存在し，また，この概念そのものには妥当性があるために，それはゲームの行動を分析するときにはきわめて一般的に用いられる均衡の概念である．表29.3の例では，もしプレイヤーAが上を3/4の確率で下を1/4の確率でとり，プレイヤーBが右を1/2の確率で，左を1/2の確率でとれば，ナッシュ均衡を構成するであろう．

29.4 囚人のジレンマ

ナッシュ均衡についてのもう1つの問題は，パレート効率的な結果に必ずしも導かないということである．たとえば，**表29.4** で示されたゲームを考えよう．このゲームは**囚人のジレンマ**（prisoner's dilemma）として知られている．このゲームの元々の議論では，2人が共同して犯罪を犯した疑いにより，それぞれ別の部屋で取り調べられている状況を考えたのである．各囚人は，犯罪を自白することも可能であるし，それによって相手を連座させることもできる．あるいは，彼は犯罪に加担しなかったと言うこともできる．もし1人だけが自白すれば，自白した方は自由になれる．そのとき，他の者の罪は重くなり，6ヵ月の入獄となる．もし，2人が加担しなかったと言えば，2人は1ヵ月の間，銃器保持などの軽い罪により，入獄させられる．2人ともに自白するならば，3ヵ月拘束されるであろう．このゲームの利得行列は**表29.4** で与えられている．それぞれの枠内は，さまざまな入獄の期間について各主体が感じる効用を示している．簡単化のため，それは入獄の期間にマイナスをつけたものである．

表29.4 囚人のジレンマ

		プレイヤーB	
		自白	否認
プレイヤーA	自白	$-3, -3$	$0, -6$
	否認	$-6, 0$	$-1, -1$

読者自身をプレイヤーAの立場においてみよ．もしBが犯罪を否認したら，明らかに自白した方がよい．なぜなら，自由の身になれるから．同様に，もしBが自白したなら，自白した方がよい．なぜなら，6ヵ月ではなく3ヵ月の入獄となるからである．このように，Bが何をしようとも，Aは自白する方がよい．

プレイヤーBについても同じことがいえる．彼も自白する方がよい．このように，このゲームの一意的なナッシュ均衡は，自白することである．実際，双方が自白することはナッシュ均衡であるばかりでなく，支配戦略均衡でもある．なぜなら，互いに相手がどのような選択を行おうとも変わらない最適な選択を

もっているからである．

しかし，もし彼らが固く結束すれば，双方ともより良くなる．もし彼らがともに相手が否認を堅持すると確信するならば，そして双方の間に否認堅持という合意があるならば，彼らは－1の利得を得るであろう．このようにして，彼らはともに改善される．この（否認，否認）という戦略はパレート効率的である．なぜなら，双方ともに改善する戦略は他にないからである．一方，（自白，自白）の戦略はパレート非効率的である．

問題は，2人の囚人の間に，互いに連絡し協調し合う手段がないということである．もし双方ともに相手を信頼することができれば，彼らの状態は改善される．

囚人のジレンマは，経済・政治現象の広い範囲に適用される．たとえば，軍縮問題について考えてみよう．「自白」を「新しいミサイル配置」とし，「否認」を「配置せず」と解釈してみよう．注意すべきことは，利得は合理的であるということである．双方の最適な戦略が「配置せず」と合意することであっても，もし相手がミサイルを配置するならば，自分も確実に配置したい．しかし，拘束力のある協定を結ぶ手段がない以上，ミサイルを配置し，双方の立場はともに悪くなるという結果に終わるであろう．

別の良い例は，カルテルにおける裏切りの問題である．「自白」を「割当量以上を生産」と解釈し，「否認」を「はじめの割当量に固執」というように解釈する．もし他の企業がその割当量に固執すると考えるならば，割当量以上に生産すると利益を得る．また他の企業が過剰に生産すると考えるならば，こちらもまた同じようにするだろう！

囚人のジレンマについては，ゲームの「正しいやり方」とは何か，より厳密には，何が合理的な方法であるかということをめぐって，多くの論争が発生した．その答えは，1回限りのゲームを行うのか，不確定回数繰り返されるゲームなのかによる．

もしゲームが1回限りのものであれば，「裏切り」の戦略，いまの例では「自白」の戦略が合理的である．相手が何をするかにかかわらず，こちらは改善されるからである．そして，相手方の行動には，それによってたいして影響を受けないのである．

29.5　繰り返しゲーム

　前節では，プレイヤーは1回会って，囚人のジレンマのゲームを1回行うと考えていた．しかし，同じプレイヤーによってゲームが繰り返し行われるとすれば，事態は変わってくる．この場合，各々のプレイヤーに対して，新しい戦略の可能性が開けてくる．もし相手のプレイヤーが第1ラウンドに「裏切り」を選択すれば，こちらは第2ラウンドに「裏切り」を選択することができる．このようにして，相手はその「悪い」行動を罰せられるのである．繰り返しゲームにおいては，各プレイヤーは，信頼できる人間かどうかを示す機会をもっており，またそれによって，他のプレイヤーに対して「裏切り」を行わないように圧力をかけるのである．

　この種の戦略が有効であるか否かは，ゲームが確定回数行われるか，不特定回数行われるかに依存する．

　まず，第1の場合を考える．双方のプレイヤーが，たとえばゲームが10回行われることを知っているとする．その結果はどうなるであろうか．第10ラウンドを考えてみよ．これは仮定より，ゲームが行われる最終回である．この場合，各プレイヤーは支配戦略均衡「裏切り」を選択するであろう．結局，最終ゲームを行うことは，1回限りのゲームを行うのと同じである．よって，同じ結果が出る．

　さて，第9ラウンドではどうなるであろうか．第10ラウンドでは，裏切ると結論した．では，第9ラウンドでどうして協調するであろうか．もしこちらが協調すれば，相手のプレイヤーは今回裏切り，こちらの善意につけこんで自らの利益を得るであろう．双方のプレイヤーともに，同じ理由によって裏切る．

　さて，第8ラウンドを考えよう．もし相手のプレイヤーが第9ラウンドに裏切ると……というように，議論は進むのである．もしゲームが特定の回数だけ行われるのであれば，個々のプレイヤーは毎回裏切るであろう．もし最終回に協調させる方法が存在しないならば，最終回の前のラウンドにおいて協調する方法はない．議論は以下同様に進む．

　プレイヤーが協調するのは，その協調が将来さらなる協調を生むということを期待してのことである．しかし，このことは常に，よりさきの将来にゲームが続くことを必要とする．最終回にはこれからさきの将来に続くゲームが存在

しないのであるから，誰も協調しない．それならばどうして誰が最終回の1つ前のラウンドに協調するであろうか．あるいは，そのまた1つ前に？　というように議論は進んでいく．協調解は，既知の確定した回数のゲームの囚人のジレンマにおいて，最後から「解かれる」のである．

しかし，ゲームが不特定回数繰り返されるというのであれば，相手方の行動に影響を与える方法がある．もし相手が今回協調することを拒めば，こちらも次に協調することを拒むことができる．双方ともに将来の利得に興味があるならば，将来において協調しないという脅迫は，パレート効率的戦略をとることを納得させる十分な方法である．

この方法は，ロバート・アクセルロッド[2]によって証明された．彼は，数十人のゲーム理論の専門家に囚人のジレンマについて，それぞれの好む戦略を提出してもらい，互いに戦わせるためにコンピュータで「トーナメント」を実行させてみた．個々の戦略は別の戦略とコンピュータで競わされ，コンピュータが純利得を覚えておくのである．

究極の勝利戦略，つまり，最高の利得をもたらす戦略は，簡単な戦略である．それは，「しっぺ返し」と呼ばれているものであり，次のようなものである．第1ラウンドに協調して「否認」をとる．それ以降，相手方が前のラウンドで協調したのであれば，そのラウンドでもこちらは協調し，前のラウンドで相手が裏切ったのなら，このラウンドでこちらも裏切るのである．つまり，相手が前のラウンドでとった戦略をいまのラウンドにおいてこちらもとるのである．ただそれだけの戦略である．

しっぺ返しという戦略は非常にうまく機能する．なぜなら，それは「裏切り」に対してすぐに罰を与えるからである．それはまた，許しの戦略でもある．というのは，相手が裏切ったとき，罰を与えるのは1回限りだからである．もし彼が裏切りをやめて協調しはじめるならば，しっぺ返しは，不特定回数行われる囚人のジレンマのゲームにおいて，効率的結果を達成する非常に良いメカニズムである．

---

[2]　ロバート・アクセルロッド（Robert Axelrod）はミシガン大学の政治学者である．議論の詳細については，著書 *The Evolution of Cooperation*, New York: Basic Books, 1984（松田裕之訳『つきあい方の科学』ミネルヴァ書房，1998年）を見よ．

29.6 カルテルとその強制力

　28章において，価格設定に関するゲームを行っている複占企業の行動を議論した．そこでは，各複占者が彼の価格を選択すると，そのときの均衡は競争均衡となるであろうと論じた．もし相手の企業が価格を動かさないならば，各企業は，価格を相手方より下げることによって利潤を上げることができよう．このことが生じないただ１つの場合は，すべての企業が最低の価格を設定している場合，つまり，ここでは限界費用がゼロで価格もゼロの場合である．本章の用語では，各企業がゼロの価格を設定しているときには，価格付けを戦略としたときのナッシュ均衡が成立している．これはまた，**28**章でベルトラン均衡と呼んだものである．

　価格戦略における複占ゲームの利得行列は，囚人のジレンマと同じ構造をもっている．もし各々の企業がより高い価格を設定していると，彼らはともにより大きな利潤を得る．これは彼らが独占的な利益を得ようと協調している状態である．しかし，もしある企業が高い価格を設定しているとき，他の企業は，その価格を少し下げ相手の市場を獲得することによって，利益を増加させることができる．しかし，もし双方の企業が価格を低下させると，利潤は小さくなる．相手の企業がどのような価格を設定しているにせよ，少しだけ自分の価格を下げると利益を得るのである．ナッシュ均衡は，双方の企業が最低の価格を設定しているときに生じる．

　しかし，ゲームが不特定回数行われるのであれば，違った結果が生じるかもしれない．たとえば，しっぺ返しの行動をするとしよう．相手の企業が今週価格を下げたとする．すると，こちらは来週価格を下げる．もし双方ともに相手がしっぺ返しをすると知っていると，２人とも価格を下げて価格戦争を開始することを恐れるであろう．しっぺ返しの脅迫は，互いの企業に高い価格を維持させるのである．

　しばしば現実のカルテルは，このような戦略を採用すると論じられている．全米経営者協議会は，1800年代の終わりにアメリカの鉄道貨物運賃を設定する有名なカルテルであった．このカルテルはアメリカの反独占法よりも早く形成されており，法が成立したときにはまったく合法的であった[3]．

　このカルテルは個々の鉄道が貨物輸送につき，どれだけの市場占有率をもっ

てもよいかを決定する．個々の鉄道はその運賃を独自に決定し，全米経営者協議会は個々の企業がどれだけの貨物を運送するかを監視した．しかし，1881，1884，1885年に数回，カルテルの何人かのメンバーはカルテルの合意にもかかわらず，他のメンバーの企業がその市場占有率を上昇させようとして価格を低く設定していると思った．これらの期間の間には，しばしば価格戦争が生じた．ある企業が裏切ったときには，その裏切り者を「罰する」ために一斉に価格を下げたのである．この種のしっぺ返しの戦略により，実際に何度かカルテルが守られた．

29.7 逐次ゲーム

これまで各プレイヤーが同時に行動すると仮定されたゲームを考えてきた．しかし，多くの場合，あるプレイヤーがまず行動し，次に別のプレイヤーがそれに反応するのである．この1つの例が，**28**章で述べられた1人が先導者であり，もう1人が追随者であるというシュタッケルベルグ・モデルである．

このようなゲームについて述べてみよう．初回にはプレイヤーAが上か下を選ぶ．プレイヤーBは第1プレイヤーの選択を見て左か右かを選ぶ．この利得は**表29.5**のゲーム行列に示されている．

表29.5　逐次ゲームの利得行列

		プレイヤーB	
		左	右
プレイヤーA	上	1, 9	1, 9
	下	0, 0	2, 1

この形で与えられたゲームでは，ナッシュ均衡は2個，(上，左)と(下，右)と存在するということに注意しなければならない．しかし，以下に，このうち1つは合理的ではないということを示す．この利得行列は，あるプレイヤーが彼の選択をする前に相手方が何を選んだかを知るという事実を見えなくしている．この場合，このゲームの非対称性を示す図表で考えることがより便利

---

3) 詳細については Robert Porter, "A Study of Cartel Stability : the Jaint Executive Committee, 1880-1886," *The Bell Journal of Economics*, 14, 2 (Autumn 1983), pp. 301-25 を見よ．

29.7 逐次ゲーム

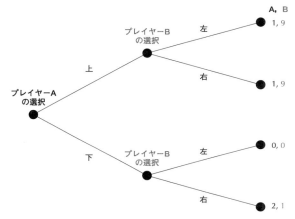

図29.1 拡張形の展開形ゲーム

である．

図29.1は，このゲームの**展開形**（extensive form）を表す．これは選択の時的パターンが存在するゲームを表示する．第1に，プレイヤーAは上または下を選び，プレイヤーBは左または右を選ぶ．しかし，Bが選ぶときには，Aが何を選んだかを知っている．

このゲームの分析の方法は，終わりから前へと検討していくことである．かりに，プレイヤーAがすでに選択を行っており，プレイヤーBはすでにゲーム・ツリーの途中の点にいると仮定する．もしプレイヤーAが上を選ぶとBが何を選ぼうとも利得は（1,9）である．もしプレイヤーAが下を選ぶと，プレイヤーBにとって意味のある選択は右を選ぶことであり，このときの利得は（2,1）である．

さて，プレイヤーAの最初の選択を考えよう．彼が上を選ぶと結果は（1,9）である．このようにして，彼は1の利得を得る．しかし，彼が下を選ぶと2の利得を得る．よって，彼にとって意味のある選択は下を選ぶことである．このように，ゲームの均衡選択は（下，右）であり，プレイヤーAの利得は2，プレイヤーBの利得は1である．

（上，左）という戦略は，逐次ゲームでは合理的均衡ではない．つまり，各プレイヤーの選択の順序が与えられたときには，それは均衡ではない．なるほど，プレイヤーAが上，プレイヤーBが左を選べばそれは均衡であるが，プレ

イヤーAが上を選ぶというのは愚かなことである．

プレイヤーBから見れば，これは不幸なことである．というのは，Bは9ではなく，1の利得で終わるからである！　このとき，Bはどうしたらよいであろうか？

プレイヤーBは，プレイヤーAが下をとると左をとるぞと脅すことができる．プレイヤーAは，プレイヤーBがこの脅しを実行すると考えたならば，上をとろうとするだろう．というのは，上を選べばプレイヤーAは1の利得を得る．一方，もし下を選べば，――そしてもしプレイヤーBがこの脅しを実行に移せば――プレイヤーAは0の利得しか得られない．

しかし，この脅しは信用できるであろうか？　結局，プレイヤーAがひとたびその選択をしてしまえば，それまでである．プレイヤーBは0または1を得るのであり，彼は1をとった方がよい．プレイヤーBは，脅しを実行することはB自身，損害を被ることであるが，何とかして，プレイヤーAにその脅しを実行すると確信させることができなければ，Bは低い利得に落ち着かねばならないであろう．

プレイヤーBの問題は，プレイヤーAはひとたびその選択を行ってしまえば，プレイヤーBが合理的な行動をとると予想している，ということである．プレイヤーBは，もしプレイヤーAが下をとった場合左をとる，と腹をくくることができるならば，改善されるであろう．

プレイヤーBが脅しを実行する，と腹をくくるための1つの方法は，誰か他の者に彼のために選択を行わせることである．たとえばBは弁護士を雇い，彼にAが下をとったときには左をとるように指示しておくのである．もし，Aがこれらの指示を知っていれば状況はAにとってまったく異なってくる．もし彼が，Bが弁護士に指示したことを知れば，Aは下をとれば0の利得に終わるであろうということを知るのである．よってAにとって意味ある選択は上をとることである．この場合，Bは彼の選択を制限することによって改善されたのである．

29.8　参入障壁ゲーム

前章での寡占の説明では，産業内の企業数は固定されているとした．しかし，多くの場合に参入が可能である．もちろん産業内にある企業には，そのような

参入を妨害することが利益となる．彼らはすでに産業内にいるから，彼らははじめに動き，よってその相手方を参入させないような方法を選択する優位性をもっている．

たとえば，ある独占企業がいて，そこに他企業が新規参入する恐れがあるとしよう．参入企業は市場に参入するか否かを決定する．それに対して，既存企業は価格を下げるべきか否かを決める．もし参入企業は入らないと決めたら1の利得を得，既存企業は9の利得を得る．

参入企業が実際に参入した場合，その利得の大小は，既存企業が抗戦するか否かに依存する．もし既存企業が抗戦するならば双方ともに0の利得で終わると仮定する．もし既存企業が抗戦しないと決めれば，参入企業は2，既存企業は1を得るとする．

注意すべきは，このゲームは上述の逐次ゲームの構造をしており，**図29.1**で示された構造と同一であるということである．既存企業はプレイヤーBであり，潜在的参入企業はプレイヤーAである．上という戦略は参入しない，下は参入するというのに対応している．左は抗戦，右は抗戦せずに対応している．さきのゲームで見たように，均衡結果は，潜在的参入企業にとっては参入であり，既存企業にとっては抗戦せず，である．

既存企業の問題は，相手企業が参入するときに闘うことを事前に言明することができないということである．もし他企業が参入したときには，既存企業にとってせめて合理的なことは自ら生き，相手も生かすことである．このことを潜在的参入企業が知るかぎり，抗戦という脅しはカラ脅しであると正しく見抜くであろう．

しかし，たとえば，既存企業が追加的な生産能力を購入し，その結果，より多くの産出物を現在の限界費用と同じ水準で生産することができるとする．もちろん，その企業が独占者としてとどまるときには，追加的な生産能力を現実に稼働したくはない．なぜなら，それは利潤を最大化する独占的産出量を生産しているからである．

しかし，もし他企業が参入してきたら，既存企業は新規参入企業に対して優位に闘えるだけの多くの産出物を生産できるのである．追加的な生産能力に投資することによって，既存企業は相手が参入しようとしたとき，費用を低下させて抗戦することができる．もし既存企業が追加的能力を購入して抗戦することを選ぶならば，その企業は2の利潤を得ると仮定しよう．この場合，ゲー

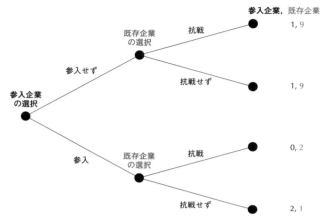

図29.2　展開形における新規参入ゲーム

ム・ツリーは図29.2のように変わる．

いまや生産能力の拡大のために，抗戦という脅しは信用できるものとなっている．潜在的参入企業が市場に入ってきたときには，既存企業は抗戦すれば2の利得を得，抗戦しなければ1の利得を得る．この場合，既存企業は抗戦することを選ぶであろう．したがって，参入企業は参入すれば0の利得を得，参入しなければ1の利得を得る．潜在的参入企業にとっての合理的な選択は参入せずということである．

これは既存企業が独占者としてとどまり，余剰生産能力を行使しない，ということである．ただし，独占企業にとっては，新規企業が市場に参入しようとするときに抗戦という脅しを信用させるために，余剰生産能力を保有する価値がある．「余剰」生産能力に投資することにより，独占企業は潜在的参入企業に対して，自分の市場を守る力があるという信号を送っているのである．

要　　約

1. ゲームは，各プレイヤーに対して，各戦略の選択に対する利得を示すことによって記述される．
2. 支配戦略均衡とは，各プレイヤーの選択が，相手方の選択にかかわらず最適であるというような選択の組み合わせを意味する．

3. ナッシュ均衡とは，相手方の選択が所与である場合に，各プレイヤーの選択が最適であるような選択の組み合わせを意味する．
4. 囚人のジレンマという特別なゲームでは，パレート効率的な結果が実現されず，その結果が，他の非効率的な結果によって支配されてしまう．
5. もし囚人のジレンマのゲームが不特定回数繰り返されるならば，パレート効率的な結果が，合理的な行動の結果として実現されることが可能である．
6. 逐次ゲームにおいては，選択の時間パターンが重要である．このゲームにおいては，ある特定の選択をなんらかの方法によってあらかじめ知らせるのが，しばしば有利となる．

30 章 ゲームの応用

前章において,ゲーム理論の重要な多くの概念を示し,例を用いて説明した.本章では協調,競争,共存,コミットメントの4つの重要なテーマについて検討し,戦略的な相互関係のなかで,これらがどのように機能するかを見る.

この目的のために,ゲームにおける均衡を導出するために用いられる**最適反応曲線**(best response curves)という重要な分析道具を説明することにする.

30.1 最適反応曲線

2人ゲームを考えよう.君を2人のうちの1人としよう.相手方が選ぶどんな戦略に対しても,君の最適反応は君の利得を最大にする選択である.もし,君の利得を最大にするような選択が複数あるならば,最適反応はそのようなすべての選択の集合である.

たとえば,**表30.1**で示されたゲームを考えてみよう.これはナッシュ均衡の概念を説明するためによく用いてきたものである.もし,プレイヤーBが左を選択すれば,プレイヤーAの最適反応は上を選ぶことである.もし,Bが右を選べば,Aの最適反応は下を選ぶことである.同様にBにとっての最適反応は,

表30.1 簡単なゲーム

プレイヤーA		プレイヤーB	
		左	右
	上	2, 1	0, 0
	下	0, 0	1, 2

30.1 最適反応曲線

上に対する反応として左を選び，下に対する反応として右を選ぶことである．

これを次の簡単な表にまとめてみると

| プレイヤーBの選択 | 左 | 右 |
| プレイヤーAの最適反応 | 上 | 下 |

| プレイヤーAの選択 | 上 | 下 |
| プレイヤーBの最適反応 | 左 | 右 |

となる．プレイヤーAが上を選択するであろうとプレイヤーBが考えれば，Bは左を選択しようとし，Bが左を選択するであろうとAが考えれば，Aは上を選択しようとすることに注意しよう．よって，相手の選択に対して最適反応をしているという点において，（上，左）の組み合わせは相互に整合的である．

プレイヤーAが $(r_1, \cdots, r_R)$ の選択肢をもち，プレイヤーBが $(c_1, \cdots, c_C)$ の選択肢をもつ一般的な2人ゲームを考えてみよう．Aが選択するそれぞれの r に対し，Bの最適反応を $b_c(r)$，Bが選択するそれぞれの c に対し，Aの最適反応を $b_r(c)$ としてみよう．すると**ナッシュ均衡**（Nash equilibrium）は

$$c^* = b_c(r^*)$$
$$r^* = b_r(c^*)$$

を満たす戦略の対，(r^*, c^*) である．

ナッシュ均衡の概念は，「相互整合性」を定式化したものである．もしプレイヤーBが左を選択することをプレイヤーAが予測するならば，Aは上を選択し，Aが上を選択することをBが予測するならば，Bは左を選択したがるのである．したがって，ナッシュ均衡において相互整合的なのはプレイヤーの信念と行動なのである．

プレイヤーは，最適反応がいくつか存在し，そのうちどれを選択するかについて無関心であるケースがあることに注意しよう．c^* がプレイヤーBの最適反応のうちの1つであること，および，r^* がプレイヤーAの最適反応のうちの1つであることを要求するのはこのためである．それぞれの選択に対して唯一の最適反応があるならば，最適反応曲線は，最適反応関数によって表される．

このようにナッシュ均衡を考えてみると，ナッシュ均衡とは**28**章で見たクー

ルノー均衡の一般化にすぎないことがわかる．クールノーの場合は，選択すべき変数は連続変量である生産量である．クールノー均衡は，各企業は相手企業の選択に基づき，利潤を最大化する産出量を選んでいる．

同じく28章で見たベルトラン均衡は，価格を戦略とするときのナッシュ均衡である．相手企業の選択についての予想に基づき，各企業は利潤を最大にする価格を選択するのである．

これらの例から，最適反応曲線が，これまでのモデルを一般化していること，そしてナッシュ均衡を求めるのを容易にしていることがわかる．これらの性質は，最適反応曲線を，均衡を求める非常に便利な道具にしている．

30.2 混合戦略

最適反応関数を用いて，**表30.2**で示されたゲームを分析しよう．

表30.2 ナッシュ均衡の導出

		プレイヤーB	
		左	右
プレイヤーA	上	2, 1	0, 0
	下	0, 0	1, 2

純粋戦略における均衡だけではなく，混合戦略における均衡についても見てみたい．プレイヤーAが上を選択する確率を r，下を選択する可能性を $(1-r)$ としよう．同様に，プレイヤーBが左を選択する確率を c，右を選択する確率を $(1-c)$ とする．r と c が0か1のとき純粋戦略となる．

プレイヤーAが r の確率で上を選択し，プレイヤーBが c の確率で左を選択したときのAの期待利得を計算してみよう．以下の配列を見てみよう．

組み合わせ	確率	プレイヤーAの利得
上，左	rc	2
下，左	$(1-r)c$	0
上，右	$r(1-c)$	0
下，右	$(1-r)(1-c)$	1

プレイヤーAの期待利得を計算するため，第3列にあるAの利得を第2列で示されているところのそれが生じる確率で加重して合計すると，

$$\text{プレイヤーAの利得} = 2rc + (1-r)(1-c)$$

となり，これを展開すると

$$\text{プレイヤーAの利得} = 2rc + 1 - r - c + rc$$

となる．

さて，プレイヤーAが r を Δr だけ増やそうと考えているとしよう．Aの利得の変化分はどれほどになるだろうか．

$$\Delta \text{プレイヤーAの利得} = 2c\Delta r - \Delta r + c\Delta r$$
$$= (3c-1)\Delta r$$

となる．

この式の値は $3c>1$ のとき正であり，$3c<1$ のとき負である．よって，プレイヤーAは，$c>1/3$ のときはつねに r を増やそうとし，$c<1/3$ のときは r を減らそうとする．そして $c=1/3$ のとき $0 \leq r \leq 1$ を満たすすべての r の値で満足する．

同様に，プレイヤーBへの利得は，

$$\text{プレイヤーBの利得} = cr + 2(1-c)(1-r)$$

となる．

c が Δc だけ変化するとき，Bの利得は

$$\Delta \text{プレイヤーBの利得} = r\Delta c + 2r\Delta c - 2\Delta c$$
$$= (3r-2)\Delta c$$

と変化する．

よってプレイヤーBは $r>2/3$ のときはいつでも c を増やそうとし，$r<2/3$ のとき c を減らそうとし，そして $r=2/3$ のとき，$0 \leq c \leq 1$ を満たす c の値すべてにおいて満足するのである．

この情報を用いて最適反応曲線をプロットすることができる．プレイヤーAから始めよう．もしプレイヤーBが $c=0$ を選択すれば，Aは r をできるだけ

小さくしようとし，$c=0$ への最適反応は $r=0$ である．この選択は c が上昇して $c=1/3$ までは最適反応でありつづける．$c=1/3$ において 0 以上 1 以下の値の r はすべて最適反応になる．すべての $c>1/3$ に対し，A にとって可能な最適反応は $r=1$ となる．

これらの曲線は**図30.1**で描かれている．これらの曲線は，$(0,0)$, $(2/3,1/3)$, $(1,1)$ の 3 ヵ所で交わることが容易にわかり，これらがこのゲームの 3 つのナッシュ均衡である．これらの戦略のうち 2 つが純粋戦略であり，1 つが混合戦略である．

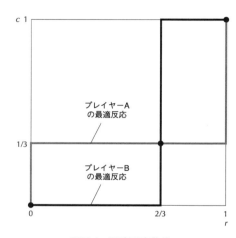

図30.1 最適反応曲線

30.3 協調ゲーム

前節で説明した道具を用い，第 1 番目のゲームの種類，すなわち**協調ゲーム** (coordination games) を研究することにしよう．これはプレイヤーたちが，協調的に自己の戦略を用いることができるときに利得が最大になる場合のゲームである．この協調を可能にするメカニズムを構築することが，ここでの問題である．

男女の争い

協調ゲームの古典的な例は，いわゆる「男女の争い」である．男性と女性が

映画館で会いたいのであるが，どの映画館かの相談する機会がなかったという場面を扱うゲームである．残念なことに，どちらも携帯電話を忘れたので，連絡をすることができず，相手がどの映画を観に行きたいと思っているかを予測しなければならないのである．

男性は最新のアクション映画を観たがっており，女性は芸術性のある映画の方を好んでいる．しかし，2人とも相手に会えず別々の映画を見るよりは，同じ映画に行くことを望んでいる．2人の嗜好を表現する利得は **表30.3** に示されている．協調ゲームを定義する特徴に注目しよう．つまり，プレイヤーたちは自分たちの行動を協調するときに，協調しなかったときよりも利得は大きい．

表30.3　男女の争い

		女性	
		アクション映画	芸術的映画
男性	アクション映画	2, 1	0, 0
	芸術的映画	0, 0	1, 2

このゲームにおけるナッシュ均衡は何であろうか．幸いなことに，このゲームは前節で最適反応曲線を描くために用いたものである．そこでは3つの均衡が存在し，それらは，2人がアクション映画を選択する，2人が芸術的映画を選択する，あるいは2/3の確率でそれぞれが自分の好みの映画を選択をする，である．

これらはすべて可能な均衡解であるので，この記述からだけではどれが実現するかは判定しがたい．一般的に，われわれは問題を解くため，このゲームの説明には表れていないものを見て考えるとしよう．たとえば，かりに芸術的な映画の場所が2人のプレイヤーのうちの1人にとってより近い所にあったとしよう．そうすれば，両方のプレイヤーは合理的にも，それが均衡をもたらす選択だと考えるかもしれない．

均衡の1つが他の均衡よりも，「自然」であると信ずるに足る合理的な理由がある場合，それはゲームの**焦点**（focul point）と呼ばれる．

囚人のジレンマ

前章で広範に問題にした囚人のジレンマも，一種の協調ゲームである．思い

出してみよう．——2人の囚人は自白して相手を連座させるか，罪を否認するかどちらかが可能である．利得は**表30.4**に示されている．

囚人のジレンマの驚くべき特徴は，合計の利得においては，協調（双方が否認を選択する）がはるかに優れているのにもかかわらず，自白することが支配な戦略だということである．協調によって，囚人は最大利得を選択できるのであるが，それを一度きりのゲームで実現させるのはなかなか難しいのである．

囚人のジレンマから脱する方法の1つは，新たな選択肢を加えることによって，ゲームを拡張することである．前章で見たように，しっぺ返しのような戦略によって，無限に繰り返される囚人のジレンマゲームでは，協調的な結果を得ることができる．そこで将来の行動を通じてプレイヤーたちは，協調に対しては報酬を受け取り，協調の欠如に対しては罰を受けるのである．このとき，戦略上の考慮として付加されるものは，今日協調を拒否することが，後により大きな罰につながるかもしれないということである．

表30.4　囚人のジレンマ

		プレイヤーB	
		自白	否認
プレイヤーA	自白	−3, −3	0, −6
	否認	−6, 0	−1, −1

囚人のジレンマを「解決」するもう1つの方法は，契約の可能性を付け加えることである．たとえば，両プレイヤーは，忠実に協調的戦略を行うとする契約に署名することが可能であるかもしれない．もしどちらかが，この契約にそむいたならば罰金を払うか，その他の方法で処罰されるのである．どんな結果を実現しようとするときでも，契約は非常に有効であるが，このような契約を保障する法的体系の存在がなければ有効になりえない．ビジネス交渉において契約は意味があるが，その他の場合は，たとえば軍事ゲームや国際交渉などにおいては不適切な想定である．

保障ゲーム

1950年代の米ソ間の軍事競争を考えてみよう．両者とも核ミサイルを建設することも，建設するのを抑制することも可能であった．これらの戦略の利得は

表30.5 に示されている．両者にとっての最善の結果は，ミサイルの建設を抑制し，(4, 4) の利得を得ることである．しかしもし，相手が建設して他方が建設を抑制したならば，建設した方の利得は3であり，建設を抑制した方の利得は1である．両者がミサイル基地を建設した場合の利得は (2, 2) である．

2通りの純粋戦略ナッシュ均衡，すなわち（抑制する，抑制する），（建設する，建設する）が存在することは容易に理解できるであろう．しかし，（抑制する，抑制する）が両者にとってよりよい選択である．問題は，両者とも，相手がどちらの選択をするかわからないことである．抑制する確約をする前に，両者とも，相手も抑制するという「保障」が欲しいのである．

その保障を得る方法の1つは，たとえば査察を受け入れることなどにより，一方が先に動くことである．少なくとも一方がゲームで示された利得を信じるかぎり，一方的のみの決断によって可能であることに注意する必要がある．一方のプレイヤーが核ミサイルの配備を抑制することを宣言し，相手のプレイヤーにその選択の十分な証拠を提示するならば，相手のプレイヤーも配備を抑制するであろうとの確証を得ることができるのである．

表30.5 軍拡競争

		ソ連	
		抑制	建設
アメリカ	抑制	4, 4	1, 3
	建設	3, 1	2, 2

チキンゲーム

最後の協調ゲームの列は，映画でよくでてくる自動車を使ったゲームに基づいている．2人の少年が，道路それぞれの反対側の端から相手に向かって一直線に自動車を疾走させる．最初に回避した方が体面を失う．もしどちらも回避しなければ，両者は衝突する．考えられる利得を表30.6 に示した．

2つの純粋戦略ナッシュ均衡（プレイヤーAが回避する，プレイヤーBが回避しない）（プレイヤーBが回避する，プレイヤーAが回避しない）が存在する．Bは前者の均衡を好み，Aは後者を好む．しかし，どちらの均衡も衝突するよりはましである．これと保障ゲームとの違いに注意しよう．保障ゲームで

は，どちらのプレイヤーにとっても同じ選択（建設するにしても建設を控えるにしても）をした方が，別々の選択をするよりも利得が大きかったのである．ここでは，どちらのプレイヤーにとっても，別々の選択をするよりも同じ選択（直進するにしても回避するにしても）をした方が利得が小さいのである．

どちらのプレイヤーも，自分が直進することにすれば相手が恐れて回避するであろうことを知っている．しかしもちろん，同時に，両者とも衝突するのが馬鹿げていることも知っている．それではどうすれば片方のプレイヤーは自分の欲する均衡を強制することができるのであろうか．

1つの重要な戦略は本気であることを示すことである．たとえば，プレイヤーAが発車前にこれみよがしに自分の車のハンドルロックをかけてしまえば，プレイヤーBは，Aが直進するしかないことを見てとり，回避することを選択するであろう．もちろん，両方のプレイヤーがロックをかけてしまえば結果は悲惨である．

表30.6 チキンゲーム

		プレイヤーB	
		回避	直進
プレイヤーA	回避	0, 0	$-1, 1$
	直進	1, -1	$-2, -2$

どのようにして協調するか

協調ゲームのプレイヤーは，相手のプレイヤーに，両者にとって好ましい均衡に向けて協力すること（保障ゲーム），片方のプレイヤーにとって好ましい均衡解にむけて協力すること（男女の争い），均衡解戦略以外の選択をすること（囚人のジレンマ），自分にとって好ましい結果につながる選択をとること（チキンゲーム），を望むであろう．

これは，保障ゲーム，男女の争い，チキンゲーム，においては，片方のプレイヤーが先に動き，自分がある選択にコミットすることを宣言することで達成される．それからもう一方のプレイヤーはその選択を見て，それに反応することができる．囚人のジレンマでは，この戦略は無効である．片方のプレイヤーが自白しないことを選択すれば，自白することがもう一方のプレイヤーにとっ

て利得となるのである．逐次的に行うことの代わりに，繰り返し行うこと，および契約が囚人のジレンマを「解決」する主な方法なのである．

30.4 競争ゲーム

協調の対極に位置するのが競争である．これは有名な**ゼロサムゲーム**（zero-sum games）である．一方のプレイヤーの利得が他方のプレイヤーの損失であることからこのように呼ばれる．

スポーツのほとんどは実質上ゼロサムゲームである一方のチームに与えられる1点は，他方のチームから1点を減じるのに等しいのである．このようなゲームでは，プレイヤーたちの利得は正反対だから競争が激しい．なぜならプレイヤーたちの利得は正反対だからである．

サッカー（フットボールとして世界のほとんどで知られている）を見ることでゼロサムゲームを説明してみよう．プレイヤーAはペナルティーキックをしようとしており，プレイヤーBが守っている．Aは左側にも蹴ることができるし，右側にも蹴ることができる．シュートをそらせるため，Bはどちらかのサイドを選び，左側か右側かのどちらかを選んで重点的に防御ができる．

期待値の観点から，これらの戦略への利得を表してみる．もちろん，プレイヤーBが間違った方向にジャンプすればプレイヤーAのシュート成功の確率は高くなる．なお，ゲームは完全に左右対称ではないかもしれない．というのは，Aは一方にシュートすることが他方にシュートすることよりも得意かもしれないし，Bもどちらかを防御するのがより得意かもしれないからである．

プレイヤーAが左に蹴ってプレイヤーBが右にジャンプしたときは成功率は80%だが，Bが左にジャンプしたときはわずか50%の確率でAのシュートが成功すると仮定しよう．もしAが右に蹴った場合，Bが左にジャンプすれば90%，Bが右にジャンプすれば20%の確率でAのシュートが成功すると仮定しよう．これらの利得は**表30.7**に示した．

それぞれの枠内の利得の合計がゼロであることに注意しよう．このことは，プレイヤーたちが完全に正反対の目標をもっていることを示している．プレイヤーAは自分の期待利得を最大化しようとし，プレイヤーBは自分の期待利得を最大化しようとする．つまりAはBの利得を最小化ししようとするのである．

いうまでもなく，もしプレイヤーAがどちらに蹴るかをプレイヤーBが知っ

表30.7 サッカーにおけるペナルティー得点

		プレイヤーB	
		左を守る	右を守る
プレイヤーA	左へ蹴る	50, −50	80, −80
プレイヤーA	右へ蹴る	90, −90	20, −20

ていれば，Bは非常に有利な立場となる．Aはこのことに気づいているから，どちらに蹴るかをBに確証をもたせないようにしようとする．とりわけ，Aはときには自分の得意な側に蹴り，ときには自分の不得意な側に蹴る．つまり，Aは**混合戦略**（mixed strategy）を求めるのである．

もし，プレイヤーAが p の確率で左に蹴れば，プレイヤーBが左にジャンプしたときは期待利得は $50p+90(1-p)$ であり，Bが右にジャンプしたときは，期待利得は $80p+20(1-p)$ である．Aは，この期待利得をできるだけ大きくしたいのであり，Bはできるだけ小さくしたいのである．

たとえば，プレイヤーAが50％の確率で左に蹴るとしよう．もしプレイヤーBが左にジャンプすればAの期待利得は $50 \times 1/2 + 90 \times 1/2 = 70$ であり，もしBが右にジャンプすればAの期待利得は $80 \times 1/2 + 20 \times 1/2 = 50$ である．

もちろん，プレイヤーBについてもこれと同じ論法を適用することが可能である．もしAが50％の確率で左に蹴るとBが信じるのであれば，Bは右にジャンプすることを望むであろう．なぜなら，これがAの期待利得を最小化する（したがって，Bの期待利得を最大化する）選択だからである．

図30.2 は，異なった変動する p の値に対するプレイヤーAの期待利得を表している．これは単に2つの関数 $50p+90(1-p)$ と，$80p+20(1-p)$ をグラフ化したものである．これら2つの式は，p の線形関数であるから，グラフは直線である．

プレイヤーAは，プレイヤーBが常にAの期待利得を最小化しようと試みることを知っている．よって，いかなる p に対しても，Aが望むことができる最大の利得は，2つの戦略によって与えられる利得の小さい方である．これを**図30.2** において太線で示した．

これらの最小利得の最大化はどこで実現するのであろうか．見て明らかなように，太線の頂上，すなわち2直線が交差する点で実現するのである．この値

30.4 競争ゲーム

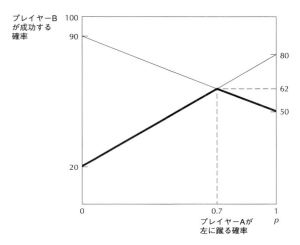

図30.2　プレイヤーAの戦略

を次の式

$$50p+90(1-p)=80p+20(1-p)$$

を p について解くことで代数的に求めることができ，その答えは $p=0.7$ となる．

　もしプレイヤーAが70%の確率で左に蹴り，プレイヤーBが最適に反応すれば，Aの期待利得は $50\times 0.7+90\times 0.3=62$ である．

　プレイヤーBについてはどうであろうか．Bの選択についても同様の分析を行うことができる．Bが q の確率で左にジャンプし，$(1-q)$ の確率で右にジャンプすると決心したとしよう．するとAが左に蹴れば，Bの期待利得は $50q+80(1-q)$ となり，Aが右に蹴れば，$90q+20(1-q)$ となる．それぞれの q に対し，BはAの利得を最小化させたい．しかしBは，Aがその同じ利得を最大化したいと思っている．
　　　

　したがって，もし50%の確率でプレイヤーBが左にジャンプすることを選択すれば，プレイヤーAの期待利得が，Aが左に蹴った場合は $50\times 1/2+80\times 1/2=65$ となり，Aが右に蹴った場合は，$90\times 1/2+20\times 1/2=55$ となることにBは気づいている．このケースでは，当然，Aは左に蹴ることを選択する．

　この2つの利得を **図30.3** に図示することができる．これはさきの **図30.2** に似

ている．プレイヤーBの立場からすれば，重要なのは2つの線の最大値である．なぜなら，これが q について各選択へのプレイヤーAの最適選択を示しているからである．よって，この図では，これらの線を太線で描く．前回同様，Bにとって最適な q を見つけることができる．この点でAの最大利得が最小化されるのである．これは

$$50q + 80(1-q) = 90q + 20(1-q)$$

の式が成立する q，すなわち $q=0.6$ のときである．

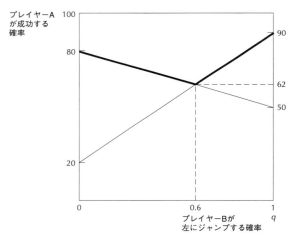

図30.3　プレイヤーBの戦略

このようにして，それぞれ2人のプレイヤーについて均衡戦略を計算した．プレイヤーAは70％の確率で左に蹴り，プレイヤーBは60％の確率で左にジャンプすればよい．これらの値は，相手のプレイヤーがどうしようとも，AとBの利得が同じになるように選択されている．というのは，相手のプレイヤーの選択できる2つの戦略から得られる利得を等しくするように求められた値であるからである．

したがって，プレイヤーAが0.7を選択する場合，プレイヤーBは左にジャンプしても右にジャンプしてもどちらでもよいのである．さらに言えば，いかなる q の確率でジャンプしてもかまわないのである．とりわけ，Bは0.6の確率で左にジャンプすることに完全に満足するのである．

30.4 競争ゲーム

同様に，60％の確率でBが左にジャンプすれば，Aは左に蹴っても右に蹴ってもよく，また，それらの戦略をいかなる割合で混ぜてもよい．とりわけ，Aは70％の確率で左に蹴れば満足である．よって，これらの選択はナッシュ均衡である．各プレイヤーは，相手の選択に基づいて，最適化している．

均衡においては，プレイヤーAは62％の割合で得点をあげることに成功し，38％の割合で失敗する．これが相手のプレイヤーが最適に反応した場合に，プレイヤーAがなしうる最善な戦略である．

もしプレイヤーBが最適に反応しなければどうであろうか．プレイヤーAはより多く得点できるのだろうか．この問いに答えるため，この章のはじめに導入した最適反応曲線を用いることができる．すでに見たように，pが0.7より小さい場合はBは左にジャンプしようとし，pが0.7より大きい場合はBは右にジャンプしようとする．同様に，qが0.6より小さい場合，Aは左に蹴ろうとし，qが0.6より大きい場合，Aは右に蹴ろうとする．

図30.4には，これらの最適反応曲線が描かれている．この2つの最適反応曲線が点$(p, q) = (7, 6)$において交差していることに注意しよう．最適反応曲線が優れているのは，相手の選択が，最適であろうがなかろうが，それに対して各プレイヤーがどうすべきかを教えてくれる点である．最適選択に対する最適反応としての選択を示す唯一の点は，この2曲線の交点，すなわちナッシュ均衡である．

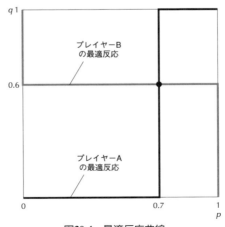

図30.4 最適反応曲線

30.5 共存ゲーム

さきにわれわれは，混合戦略とはプレイヤーによる戦略の確率化と解釈した．ペナルティーキック・ゲームにおいて，もしプレイヤーAの戦略が70％の確率で左に蹴り，30％の確率で右に蹴るものだとすれば，われわれは，Aは，彼の戦略を混合して，100回のうち70回左に蹴り，100回のうち30回右に蹴るであろうと考える．

しかし別の解釈も可能である．キッカーとキーパーは無作為に組み合わされ，キッカーの70％は常に左に蹴り，30％は常に右に蹴ると仮定しよう．すると，キーパーにしてみれば，これらの確率をもって左に蹴るか右に蹴るかを決める1人のプレイヤーを相手にしているのとちょうど同じである．これはサッカーの話としてはさほど面白いものではないが，動物行動の話としてはかなり興味のある話なのである．すなわち，動物のさまざまなタイプの行動様式は遺伝的に組み込まれており，進化の結果，進化の力学を通して安定した人口の種類の中の混合割合が，実現するのである．

近年，生物学者たちは，動物の行動を研究するにあたってゲーム理論を必要不可欠な道具とみなすようになっている．

動物世界における相互作用を示したゲームとして最も有名なのは**タカ・ハトゲーム**（hawk-dove game）である．これはタカとハトの間のゲーム（これは非常に予想しやすい結果が生じる）のことではなく，2つのタイプの行動をする同じ種に属する動物の行動に関するのものである．

野犬を考えてみよう．2匹の犬が一切れの餌を見つけたとき，闘うか分けるかを決めなければならない．闘うのがタカ的な戦略であり，一方が勝ち，他方が負ける．分けるのがハト的な戦略であり，相手もハト的な行動をとるときはうまくいくが，相手がタカ的な行動をとれば，分けようという提案は拒絶され，ハト的なプレイヤーは何も得られない．

表30.8に利得の可能な組み合わせを示した．

もし両方の野犬がハト的に行動すれば，(2, 2) の利得で終わる．もし一方がタカ的に行動し，他方がハト的に行動すれば，タカ的なプレイヤーがすべてを手に入れる．もし両者がタカ的に行動すれば，双方の犬は重症を負う．

明らかに，双方がタカ的に行動することは均衡ではない．なぜなら，もし一

30.5 共存ゲーム

表30.8 タカ・ハトゲーム

		プレイヤーB	
		タカ	ハト
プレイヤーA	タカ	-2, -2	4, 0
	ハト	0, 4	2, 2

方の犬がハト的に行動すれば，その犬の利得は-2ではなく0で終わるからである．そして，もしすべての犬がハト的に行動するとすれば，どちらかの犬が逸脱してタカ的に行動することによって利得を増やすことができる．したがって均衡においてはタカタイプとハトタイプの混合とならざるをえない．では，どのような混合が予想されるであろうか．

タカ的に行動する割合がpだと仮定しよう．そうするとタカは別のタカにpの確率で出会い，$(1-p)$の確率でハトに出会う．タカタイプの期待利得は

$$H = -2p + 4(1-p),$$

ハトタイプの期待利得は

$$D = 2(1-p)$$

となる．より高い利得を得るタイプがより速く自己自身を再生産し，自己のタカ的，ハト的な性質を子孫に伝えていくと仮定しよう．よって，もし，$H>D$であれば，全体に占めるタカタイプの割合は増加し，$H<D$であればハトタイプの数は増加することになる．

それぞれのタイプの数が均衡となるのは，両タイプの利得が等しいときである．そのとき，

$$H = -2p + 4(1-p) = 2(1-p) = D$$

となり，$p=1/2$がこの解となる．

このように，ハトタイプとタカタイプが50対50の割合でいることが均衡解であることが分かった．この均衡は，何らかの意味において安定であろうか．図**30.5**において，pをタカタイプの割合であるとして，タカとハトの利得をpの関数として示した．

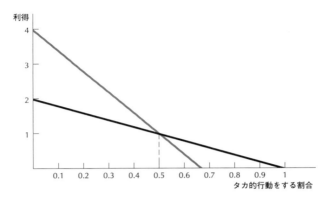

図30.5　タカ・ハトゲームの利得

　$p>1/2$ のとき，タカ的に行動する利得はハト的に行動する利得よりも小さく，したがってハトがより速く再生産することが予想され，50対50の比率の均衡に戻ることになる．同様に，$p<1/2$ のとき，タカの利得はハトの利得よりも大きく，タカはより速く再生産することになる．

　この議論が示すものは $p=1/2$ が均衡であるのみならず，進化の力のもとでは安定でもあるということである．このようにして考えていくと，**進化的安定戦略** (evolutionarily stable strategy)，つまり，**ESS**[1] として知られた概念に到達する．注目すべきことに，まったく異なった考察から導かれるものであるにもかかわらず，ESS はナッシュ均衡である．

　ナッシュ均衡の概念は，他のプレイヤーが選択するかもしれない最適な戦略に対して，適切な戦略を工夫しようとするそれぞれの合理的な個人，計算する個人，を取り扱うように考案された．ESS は進化の力学に服従する動物の行動をモデル化するために考案された．そこでは，適応利得をもつ戦略はより早く自己自身を再生産するのである．このように，それぞれ異なった目的で考案されたものであるが，ESS 均衡は同時にナッシュ均衡であり，そのことは，なぜこの ESS 均衡という特別な概念がゲーム理論の中において極めて重要であるかということを示している．

---

1)　John Maynard Smith, *Evolution and the Theory of Games,* Cambridge University Press, 1982（寺本英・梯正之訳『進化とゲーム理論』産業図書，1985年）を見よ．

30.6 コミットメントのゲーム

さきの例は協力と競争のゲームであり，**同時手番**（simultaneous game）のゲームであった．それぞれのプレイヤーは相手方が何を選ぶか（あるいは選んだか）を知ることなく，彼の選択を行わねばならなかった．確かに，協力または競争のゲームは，一方のプレイヤーが他方の選択を知ればつまらないものとなるはずだ．

この節では**逐次手番**（sequential moves）のゲームに注目する．この種のゲームにおける重要な戦略上の論点は**コミットメント**（commitment）である．これがどのように機能するかを見るために，この章のはじめに説明したチキンゲームを振り返ろう．そこにおいて，もし1人のプレイヤーが直進を選択することを自分自身に強制させることができたら，他方のプレイヤーは回避を選択するのが最適である．保障ゲームにおいては，もし1人が最初に動いたならば，双方のプレイヤーにとって，結果は良くなったはずである．

このコミットされた選択は，取り消し不可能であり，他のプレイヤーによって観察可能である．つまり，コミットされた，ということは取り消し不能であるということを意味する．観察可能性は，もし相手方のプレイヤーが彼自身の戦略を変更するように説得されるかもしれないときには，きわめて重要である．

カエルとサソリ

カエルとサソリのおとぎ話から始めよう．彼らは川の堤防の上に立っており，川を渡る方法を考えている．サソリは，「僕は君の背中にしがみついているから，君は川を渡ればよい」と言った．カエルは言った．「しかし，もし君の針が私を刺したらどうしよう．」サソリは言った．「そんなことをすれば，2人とも死ぬんだよ．そんなことするわけないよ．」

カエルはこれを信用できると思い，サソリを自分の背中に乗せ川を渡り始めた．最も深い中間地点でサソリはカエルを刺した．痛みにあえぎながらカエルは叫んだ．「なぜそのようなことをしたのか．2人とも死ぬじゃないか．」ああ，サソリは川の中に沈みながら言った．「これが僕の運命なのだ．」

この話をゲーム理論の観点から考察してみよう．**図30.6**では，この物語の利得を示す逐次ゲームが示されている．ゲームの樹の底から始めよう．もしカエ

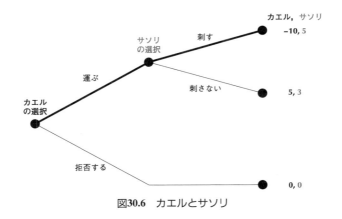

図30.6 カエルとサソリ

ルが誘いを断れば，双方とも何も得られない．図の上方に書かれた線を見てみよう．もしカエルがサソリを運んだならば，良いことをしたことにより彼は5の効用を得る．そしてサソリは，川を渡ったことにより，3の利得を得る．カエルが刺されるという線においては，−10の利得を得，サソリは5の利得を得る．それは，彼の自然な本能を満たすことによる満足を示している．

　このゲームは，サソリが刺すか，または刺さないかを選択するゲームの最終手番から考えることが最善である．サソリにとっては，刺すことがより高い利得をもっている．なぜなら，刺すことが彼の本性だからである．したがって，カエルはサソリを運ぶことを拒否することを選択するのが合理的であった．残念ながら，カエルはサソリの利得を理解しなかった．明らかに，彼はサソリの利得は図30.7で示されたようなものと考えたのである．ああ，この間違いがカエルにとって致命的であった．賢いカエルであれば，サソリを刺さないようにコミットさせる何らかの方法を考えたはずである．たとえば，サソリの尻尾を縛るとかできたのである．あるいは，彼は暗殺カエルを雇い，サソリの家族に復讐をすることもできたのである．彼の戦略が何であれ，カエルにとって重要なことは，刺すことがサソリにとってより費用がかかり，刺すことを思いとどまることが，より大きな報酬が得られるように利得を変えることである．

親切な誘拐犯

　身代金を求めての誘拐は，世界のある場所では大きなビジネスである．コロ

30.6 コミットメントのゲーム

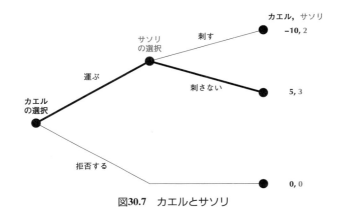

図30.7 カエルとサソリ

ンビアでは年間身代金を求めて2,000件以上の誘拐がある．旧ソビエト連邦においては，1992年には5件であったのが，1999年には105件にのぼった．被害者の多くは西側のビジネスマンたちである．

イタリアのようないくつかの国では，身代金を払うことを禁止する法律がある．その理由は，もし被害者の家族，あるいは雇用者が身代金を決して払わないとコミットすることができれば，誘拐犯人は最初に被害者を拉致する動機がなくなるからである．

問題は，もちろんのこと，誘拐が現実に起こってしまえば，かりにそれが違法行為であろうとも被害者の家族は誘拐犯人に対して身代金を払いたいと思うであろう．したがって，コミットメントの工夫としては，身代金を払うことに対する罰金は効果的ではないかもしれない．

誘拐犯人が被害者を拉致した後，身代金が払われないとわかったとしよう．彼らは人質を解放するべきであろうか．もちろん，人質は誘拐犯人の正体を明かさないと約束する．しかし，彼はその約束を守るであろうか．ひとたび彼が解放されたら，そのような約束を守る誘因はない．誘拐犯人を処罰してもらおうとする誘因のみがある．誘拐犯人は人質を解放しようと思ったとしても，正体がばれるのを恐れてそうすることができない．

図30.8で考えうる可能な利得が示されている．誘拐犯人は人質を殺すことについて，好ましく思わないので-3の利得を得る．もちろん，人質はそれ以上に気持ち悪く思うので，-10の利得を得る．もし人質が解放されたら，そして

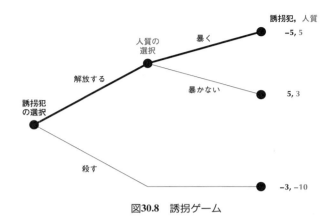

図30.8 誘拐ゲーム

誘拐犯の正体を明かすことを慎むとすれば，人質は3の利得を得，誘拐犯人は5の利得を得る．しかしもし，人質が誘拐犯人の正体を明かせば，人質は5の利得を得，誘拐犯は−5の利得にとどまる．

さて，コミットメントの問題をもっているのは人質の方である．どのようにして彼は誘拐犯人に対して，犯人の正体を明かさないと確信させることができるであろうか．

人質は，このゲームの利得を変える方法を考えなければならない．特に彼が誘拐犯人の正体を明かしたときには，彼自身に対して費用を付加する方法を発見する必要がある．動学ゲームにおける戦略的分析について広範に研究したメリーランド大学のトーマス・シェリングは，人質は，誘拐犯に人質自身のはずかしい写真を撮らせ，その写真を彼の元に置くということを提案している．このことは，はずかしい写真を公開するという選択肢を誘拐犯らはもつことになるので，誘拐犯の正体を明かすことからの人質の利得を効果的に変化させるのである．

この種の戦略は「人質の交換」として知られている．中世においては，2人の王様が破られる可能性のある契約を保障しようと願うとき，家族を人質として交換したのである．もし一方の王が合意を破れば人質は犠牲となる．したがって，双方共に家族を犠牲にしたくないので，契約の条項を尊重する誘因をもつ．

誘拐の場合は，はずかしい写真は，もしそれが公開されたときには，人質に

対して費用を付加する効果がある．したがってそれは，誘拐犯の正体を公表しないという合意を，彼が守ることを保障することとなる．

力の強さが裏目に出る場合

次の例は動物心理学の世界から来ている．力の強いブタがボスとなり，力の弱いブタが家来になるという支配服従関係が，ブタたちの間ですばやく確立するのである．

心理学者たちによって次のような実験が行われた．ボスブタと家来ブタの2匹を長い檻の中に入れる[2)]．その檻の一方の端には餌を落とすためのレバーがあり，他方の端に受け皿としての桶が置かれている．どちらのブタがレバーを押し，どちらのブタが餌を食べるであろうか．

驚くべき結果であったが，ボスブタがレバーを押した．そして家来ブタが餌が出て来るのを待ったのである．家来ブタは餌のほとんどを食べ，ボスブタは一生懸命走って檻の一方の端の桶にたどり着き，餌の残りかすを食べた．表30.9はこの問題を表現するゲームを示している．

表30.9　レバーを押すブタ

		ボスブタ	
		レバーを押さない	レバーを押す
家来ブタ	レバーを押さない	0, 0	4, 1
	レバーを押す	0, 5	2, 3

家来ブタは（0, 4）と（0, 2）の利得を比較し，利口にも「レバーを押す」という戦略は，「押さない」という戦略によって支配されるということを結論したのである．家来ブタがレバーを押さないのであれば，ボスブタは押すしかないのである．

もしボスブタがすべての食べ物を食べてしまうことを慎み，家来ブタがレバーを押すことに対して報酬を与えることができたならば，彼はもっと良い結果を得ることができたのである．ボスブタが貪欲であったので，家来ブタと契約

---

2) 出典は，Baldwin and Meese, "Social Behavior in Pigs Studied by Means of Operant Conditioning," (*Animal Behavior*, (1979)) であり，これを John Maynard Smith, *Evolution and Theory of Games*, Cambridge University Press, 1982 より引用した．

をしなかったために，このような問題が生じたのである．

親切な誘拐犯人の場合のように，ボスブタはコミットメントの問題をもっている．もし彼が食べ物のすべてを食べてしまわないとコミットできたならば，彼は大きく改善されることが可能だったのである．

貯蓄と社会保障

コミットメント問題は動物の世界だけに限定されるものではない

退職後のための貯蓄は興味深く時期を得た例である．皆は貯蓄は良い考えだと賛成はする．しかし，残念ながら現実にそれをする人々はほとんどいない．貯蓄することを嫌がる理由の1つは，社会は彼らを飢えさせることはなく，最後には救ってくれると思っているからである

これを世代間のゲームとして定式化するとしよう．老人世代には2つの戦略があると考えよう．すなわち「貯蓄」と「浪費」である．若者世代にも同様に2つの戦略があり，「老人を支えること」，「自分自身の退職後のために貯蓄すること」である．このときのゲームの利得行列が表30.10で示されている．

表30.10　貯蓄をめぐる世代間の対立

		若年世代	
		支える	放置する
老人世代	貯蓄する	2, −1	1, 0
	浪費する	3, −1	−2, −2

もし老人世代が貯蓄し，若年世代もまた彼らを支えたら老人たちは効用水準が3となり，若年世代は−1となる．もし老人世代が浪費し，若年世代が彼らを支えたなら，老人の効用は2となり，若者の効用は−1となる．

もし若年世代が老人を支えることを拒否し，老人世代が貯蓄をすれば，老人は1を得，若者は0を得る．最終的にもし老人が浪費し，若者が彼らを無視した場合は，老人は飢え，若者は黙視するということより，双方とも効用は−2となる．

このゲームにおいては，2つのナッシュ均衡が存在することを容易に見つけることができる．もし老人が貯蓄を選択すれば，若者は彼らを無視することを選択するのが最適である．しかし，もし老人が浪費することを選択すれば，若

者は彼らを支えることが最適である．もちろん，若年世代は老人を支えるであろうという前提のもとでは，老人たちにとっては浪費することが最適である．

しかし，この分析においてはゲームの時間構造が無視されている．年をとっていることの（少ない）有利さの1つとして，先に動けるということがある．もしゲームの樹を描くとすれば利得は**図30.9**のようになる．

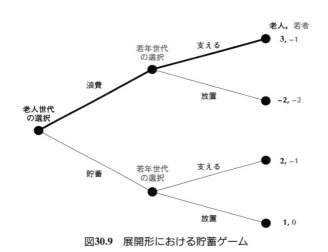

図30.9 展開形における貯蓄ゲーム

もし，老人たちが貯蓄をすれば，若者たちは彼らを放置するであろう．その結果，老人たちは1の利得で終わる．もし老人たちが浪費すれば，彼らは若者たちが老人が飢えるのを黙視することができないということを知っているから，老人たちは3の利得で終わる．したがって，老人たちには，彼らは後に救われるということを知っているので，浪費するのが最適である．

ホールドアップ

次のような戦略的依存関係を考えよう．あなたは倉庫を建設するために土建業者に依頼する．計画が合意に至り，建設がほとんど完成したとき，色が悪いと気づいて，業者にペンキを変えるように要求した．それは小さな費用ですむ．ところが業者は言った．変更のためには1,500ドルを払え，と．

あなたはそれは1人の塗装工を見つけるだけの工期の遅延のみが費用であるということがわかっている．しかし，本当に新しい色を欲しがっているので，

自分で費用を払ってしまおうかと心の中で思う．おめでとう！　君はホールドアップに見舞われたのである[3]．

　もちろん，ホールドアップ問題では請負人としての土建業者のみが，この種のゲームの中でつねに非難されるべき側ではない．依頼人もまた，請負人に大きな悲しみを与えながら，支払いをホールドアップ（停止）することもできる．

　ホールドアップ問題におけるゲームの樹は**図30.10**で示されている．その建物の所有者が評価する新しい塗装の価値は1,500ドルであり，現実の塗装費用は200ドルであるとしよう．樹の先端から始めて，もし請負人が1,500ドルを求めるとしたら，彼の利潤は1,300ドルである．そして，依頼人は新しい効用0を得る．

　もし，依頼者が他のペンキ職人を探すとすれば，それは200ドルを職人に支払うことになり，かつ，1,400ドルの時間の損失となる．彼は1,500ドルの価値がある望む色を得るが，それは直接的な費用と工期の遅延の費用として合計1,600ドルの費用となり，その結果，100ドルの純損失となる．

　もし請負人である業者が200ドルの現実的なコストを要求したら，請負人には損得はなく，依頼人は1,500ドルの価値を200ドルの費用で獲得することになり，1,300ドルの純利得を得る．

　以上から明らかなように，請負人にとって最適な選択は，代金を強請（ゆ

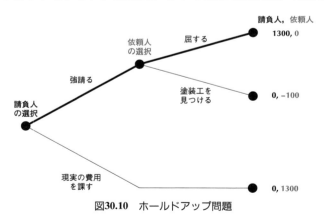

図30.10　ホールドアップ問題

---

3) ホールドアップとは「銃をつきつけられて，手を挙げよ」が元の意味．脅しを受けやすくなるという問題．

す）りとることであり，依頼人の最適選択はそれを受け入れることである．しかし，知恵のある優れた依頼人は，変更依頼はどのような仕事にも起こりうることを知っている．よって，依頼人は，強請りの評判がある悪い請負人は雇用しないようにする．

企業ならば，このホールドアップ問題をどのように解決しているであろうか．基本的な答えは契約に書くことである．通常，請負人はどのような種類の変更の依頼なら妥当であり，かつ，その費用はどのようにして決定されるべきであるかということを交渉して決めておく．時折り，契約の中には法的な拘束力にある仲裁その他，法的紛争処理手続や，その他の解決などの方法がその中に書かれることがある．ホールドアップ問題が生じないような契約を書くためには，多くの時間，エネルギー，資金が投入される．

しかし，契約のみが唯一の解ではない．この問題のもう1つの解はコミットメントを用いることである．その一例は，請負人が計画を期間内に完成することを強く保障するために完成時期を示した契約を公表するのである．さらに，完成についての客観的な特定化された基準を条項に入れておくのである．

もう1つの重要な要素は評判である．継続的に彼の顧客を強請りとろうとする請負人は当然ながら悪い評判をもっている．彼は同じ顧客には再度雇用されることはなく，また，よい推薦状を得ることもない．この評判の効果は繰り返しゲームの中で検討される．つまり，現在のホールドアップは将来の請負人の費用となって返ってくるのである．

30.7 交　　渉

古典的な交渉のゲームの例はドルの分配として知られている．2人のプレイヤーが1ドルをもっており，彼らはそれを分配しようとする．彼らはそれをどのように行うであろうか．

上に示された問題を解くための合理的なモデルを構築するには，きわめてわずかな情報しかないので明瞭な答えはない．交渉のモデルを構築しようと挑戦することは，プレイヤーたちが交渉することができるほかのいくつかの次元を見つけることである．

1つの解は，**ナッシュ交渉モデル**（Nash bargaining model）であり，公理的な接近法を採用する．つまり，合理的な交渉解ならば必ずもたなければならな

い性質を特定化し，これらの公理を満たす解は唯一の結果しかないことを証明している．

この結果は，プレイヤーがどれほどリスク回避であるかということと，交渉がないときは何が起こるかということに依存している．残念なことに，このモデルの完全な叙述はこの本の範囲を超えている．

もう1つの接近方法として，**ルビンシュタイン交渉モデル**（Rubinstein bargaining model）がある．それは選択の連続を見ることによって，部分ゲーム完全均衡解を導出するのである．幸いにも，このモデルの核心的なところは，簡単なモデルで説明することができる．

アリスとボブの2人のプレイヤーが1ドルを互いに分けようとしている．この分割に関して3日をかけて交渉することに合意している．第1日目には，アリスが提案し，ボブはそれを受け入れるかあるいは，拒否して翌日に提案を返す，かのどちらかを選択する．3日目には，アリスは最後の提案をする．3日の後に合意に至らなければ双方共に0ドルを得る．

アリスとボブは忍耐度において差があるとしよう．アリスは将来の利得を1日当たり α で割り引く．ボブの割引率は1日当たり β である．2つの提案に関して，1人のプレイヤーが無差別であれば，彼は相手方によって最も好まれるものを受け入れると仮定する．この仮定によって，相手方は0であってもよいような，どのような小さな量でも提案することが可能となり，提案されたプレイヤーは厳密に1つ選択を行うことになるのである．この結果，この交渉ゲームにおいて部分ゲーム完全均衡が一意的に存在することを示すことができる．

このゲームの最後，つまり最後の日から分析をスタートさせる．この時点において，アリスはボブに対してそれを受け入れるか，それとも退出するかの提案をすることができる．明らかにアリスにとってこの時点においてできうる最適なことは，ボブに対して彼が受け入れるであろう最小の量を提案することである．それは仮定より0である．したがって，もしゲームが現実に3日間続いたら，アリスは1ドルを得，ボブは0（すなわち，任意の最小の量を）得るのであろう．

さて，ボブが分割の提案をする権利をもつ1つ前の手番に戻ることにしよう．この時点において，ボブはアリスが彼の提案をただ単純に拒絶することによって翌日に1ドルを得ることを知っていなければならない．アリスにとっては，翌日の1ドルは現在の α ドルである．よって，この α ドル以下のどのような

30.7 交渉

提案でも拒否される．ボブは現在の $1-\alpha$ を翌日の 0 よりも好むのでアリスに対して α を提案し，アリスはそれを受け入れるであろう．よって，2 日目にこのゲームが終わるとしたら，アリスは α を，ボブは $1-\alpha$ を得る．

さて 1 日目の手番に戻ろう．この時点では，アリスが提案をする．そして，彼女はボブが拒否し，単純に 2 日目まで待つだけで彼は $1-\alpha$ を得ることができるということを彼女は知っている．したがって，アリスは早くゲームを解決しようとすれば，ボブに対して少なくともこの価値の現在価値以上のものを提案しなければならない．よって，彼女はボブに対して $\beta(1-\alpha)$ を提案する．ボブはこれを（ちょうど）受け入れ可能であると見てゲームはここで終わる．最終的な結果としては，このゲームは最初の手番で終了し，アリスが $1-\beta(1-\alpha)$ を，ボブが $\beta(1-\alpha)$ を受け取るのである．

図30.11 の左の図は，$\alpha=\beta<1$ の場合についてのこのプロセスについて説明したものである．最も外側の斜線は可能な第 1 日目において実現可能な利得を示している．すなわち $x_A+x_B=1$ で示される利得のすべてである．次の原点側の斜線は 2 日目にゲームが終わるときの利得の現在価値を示すものである．すなわち，$x_A+x_B=\alpha$ である．原点に最も近い斜線はゲームが 3 日目に終わったときの利得の現在価値を示す．すなわち $x_A+x_B=\alpha^2$ である．直角に折れ曲がった経路は，それぞれの時点における受け入れ可能な最小値を示しており，最終的に，部分ゲーム完全均衡に至る．図30.11 の右の図は，この同じプロセスを交渉の段階がより多い場合において示している．

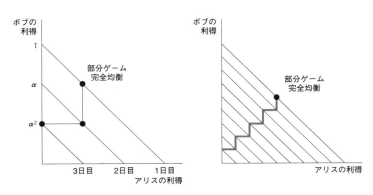

図30.11　交渉ゲーム

時間が無限にまで行き，無限ゲームにおいては何が起こるかを尋ねることは自然なことである．部分ゲーム完全均衡配分は

$$\text{アリスへの利得} = \frac{1-\beta}{1-\alpha\beta}$$

$$\text{ボブへの利得} = \frac{\beta(1-\alpha)}{1-\alpha\beta}$$

もし $\alpha=1$ であり $\beta<1$ であれば，アリスが利得の全体を受け取ることに注意しよう．

最後通牒ゲーム

ルビンシュタインの交渉モデルは非常にエレガントであったので，経済学者たちは実験室でそれを試験しようとして殺到した．ところが，彼らが見つけたのはエレガンスということは厳密を意味しないということであった．経済学を専攻しない単純な人たちは1段階，または2段階以上の先を見ることは得意ではない．

それに加え，さらに問題を引き起こす別の原因がある．このことを見るために上に述べられた交渉モデルを1段階のみにして考えてみよう．アリスとボブは彼らの間で分配するべき1ドルをもっている．アリスは分割を提案し，もしボブが受け入れたらゲームは終わる．問題はアリスが何と言うかである．

この理論によれば，彼女はアリスには99セントでボブには1セント，というような提案しなければならない．ボブは，1セントは何もないよりはましだと考えてそれを受け入れ，アリスは彼女が経済学を学んだことを幸福に思って家に帰る．

残念ながらそのようなわけにはいかないのである．より現実的な結果は，ボブはごくわずかの1セントなら嫌だといい，アリスは何も得られない．アリスは，この可能性を知っているので提案に甘味をつける傾向がある．現実の経験においては，アメリカの学部学生にとっては，この提案は約45セントであり，この45セントは，ほとんどの場合受け入れられるのである．

45セントという提案は頻繁に拒絶されるのを観察していながら，この提案を行っているのであるから，彼らの期待値をほぼ最大にしており，合理的に行動しているということができる．受け入れ側のプレイヤーは，理論が予想するの

とは異なった行動をしている．彼らにとって損になるのに，小さな額の提案は拒否するのである．

これに対しては多くの説明が提示されている．1つの見解はあまりにも小さな額の提案は行動の**社会的規範**（social norm）を壊すものであるというのである．確かに経済学者たちは，最後通牒ゲームにおいて異文化間の重要な差異を発見するのである．もう1つは，一貫性のある見解ではないのだが，提案者を傷つけることによって何らかの効用を得るというものである．結局のところ，君が損をするのが1ペニーにすぎないのであれば，相手方のプレイヤーを叩き返すということは，かなり魅力的なものである．次の章において最後通牒ゲームをより詳しく検討する．

要　　約

1. あるプレイヤーの最適反応関数は，他のプレイヤー（たち）が行う選択の関数として自己の最適な選択を示すものである．
2. 2人ゲームにおけるナッシュ均衡は戦略の対であり，それぞれの戦略は相手の戦略に対して最適反応となっている．
3. 混合戦略ナッシュ均衡とは，いくつかの戦略を混合させたものについての均衡である．
4. 協調ゲームとして一般的なものとして，まず，男女の争いが挙げられる．これはプレイヤーたちが，互いに異なったことをするよりも，同じことをしたいと思っているゲームである．囚人のジレンマは，支配戦略が双方のプレイヤーを傷つけてしまう結果となるというゲームである．保障ゲームは，双方ともに相手方が協調したいと思う限りにおいて協調したいと思うのであり，チキンゲームは，双方ともに同じことをするのを避けようとするゲームである．
5. 2人ゼロサムゲームにおいては，一方のプレイヤーに対する利得は他のプレイヤーの利得にマイナスを付けたものに等しい．
6. 進化ゲームは，人口の再生産に関して安定な状態に主な関心がある．
7. 逐次ゲームにおいては，プレイヤーは交互に手を打つ．したがって，一方のプレイヤーは，相手方がどの反応をとるかを考えなければならない．
8. 多くの逐次ゲームにおいて，コミットメントは重要なものとなる．ある戦

略を必ずプレイするようにコミットさせる方法を見つけることは重要であるはずだ．

31章 行動経済学

これまで学んできた消費者選択の経済モデルは単純かつエレガントであり，多種の分析への適切な出発点となる．しかし，このモデルがすべてを説明しているわけではない．多くの場合，消費者の選択行動を正確に説明するためには従来より詳しい消費者行動のモデルが必要である．

行動経済学（behavioral economics）は消費者が現実にいかに選択をするかを研究する分野である．人の選択決定に関する予想を研究するために心理学の分析方法を用いる．これらの予想の多くは「合理的」な消費者についての伝統的な経済モデルとは異なっている．

本章では行動経済学者によって確認された最も重要な現象を考察する．そして行動理論からの予想と本書でこれまで展開された分析からの予想とを比較する[1]．

31.1　消費者選択におけるフレーミング効果

消費者行動の基本モデルでは選択が赤鉛筆か青鉛筆，ハンバーガーとフレンチフライ，等々の選択といったように抽象的に述べられてきた．しかし現実には人は選択がどのように提示されるかまたは**フレーム（枠組み）された**かに強く影響される．

中古品店の色あせたジーンズは高級店で売られている同じジーンズとは非常に違ったものとして認識される．たとえ売買取引が同じポートフォリオになる

---

1) 本書を書く際，Colin F. Camerer, George Loewenstein, and Maatthew Rabin, *Advances in Behavioral Economics,* Princeton University Press, 2003 が，特に Camerer and Loewenstein の序論である展望が役立った．他の文献については各事項ごとに提示した．

場合でも，株券を買う決定は株券を売る決定と同じでないかもしれない．29.00ドルの価格ではほとんど売れない本が29.95ドルにすると多く売れるかもしれない．

これらはすべて**フレーミング効果**（framing effects）の例であり，選択行動の有力な説明要因である．実際，市場慣行の多くは消費者選択の以上のような偏りを理解し利用しようとすることに基づいている．

病気のジレンマ

フレーミング効果は不確実性下の選択においてよく見られる．たとえば，以下の決定問題を考えよう[2]．

重篤な病気が600人の人々を脅かしている．以下の結果をもたらすAとBという2つの治療法のうちどちらかを選択するという決定問題がある．

治療法A 200人が確実に生存する
治療法B 600人のうち全員が生存する確率が1/3，死亡する確率が2/3である．

どちらの治療法を選びますか．また次のような選択を想定しよう．

治療法C 400人が確実に死亡する．
治療法D 600人のうち全員が死亡する確率が2/3，生存する確率が1/3である．

さて，どちらの治療法を選びますか．

A-CとB-Dではまったく同じ結果をもたらすにもかかわらず，何人の人が生き残るかという**ポジティブ（積極的）フレーミング**の比較では多くの人々がBよりAを選択するが，**ネガティブ（消極的）フレーミング**の比較ではCよりDを選ぶ．生き残るという問いかけによるポジティブ・フレーミングからの治療法は死ぬという問いかけによるネガティブ・フレーミングの治療法より魅力

---

[2] A. Tversky and D. Kahneman, "The framing of decisions and the psychology of choice," *Science*, 211, 1981, pp. 453-458.

的である．

　専門の意思決定者たちでさえこの罠に陥りがちである．心理学者が医師たちに上記の質問をしたとき医者の72％がリスクを伴う治療法Bより安全な治療法Aを選んだ．しかしネガティブ・フレーミングでの質問のときには22％だけが危険を伴う治療法Cを選び，72％が安全な治療法Dを選んだ．

　私たちが生死の決定に直面することは少ないけれども，株券の売買のような生死の決定ほど深刻ではない選択についての同様な意思決定の例がある．投資ポートフォリオの合理的な選択は人がいかにして投資ポートフォリオを獲得するかよりもこの投資ポートフォリオの実現可能な最終結果の評価額に依存しているのである．

　たとえば，コンクリート・ブロック社（会社のスローガンはブロックを無料進呈するが梱包配送は自己負担）の株券を100株与えられた場合を想定しよう．この会社の株を買おうとはしない人でもギフトとしてもらった株を売りたくはないかもしれない．

　人は回復するだろうと考えて，値下がりしている株を売りたがらないものである．株を売る人もいるし売らない人もいるだろう．しかし最終的には自分の投資ポートフォリオをなりゆきまかせにすべきではない．ここでの適切な問題は今日現在自分が望んだようなポートフォリオ選択をしているかどうかである．

アンカー効果

　上で述べた架空のコンクリート・ブロック社の例は，いわゆる，**アンカー効果**（anchoring effect）に関連している．ここでの考えは人の選択がみせかけの情報に影響されるということである．古典的な研究では実験者が回転盤をまわして示した数字を被験者に示すような例がある[3]．被験者はまず国連に加入しているアフリカの国数が回転盤の示した数より多いか少ないかと尋ねられる．

　被験者が答えた後で，被験者に国連加盟アフリカ諸国の数の最適予想数を尋ねる．回転盤に示された数は明らかに無作為ではあるが被験者の予想値に影響を及ぼすのである．

　同様に意図された実験でMBAの学生に高価な1本のワインを与えて，彼

---

3) D. Kahneman and A. Tversky, "Judgment under uncertainty; Heuristic and Biases," *Science*, 185, 1974, pp. 1124–1131.

の社会保障番号の下二桁と等しい額をワイン代として支払うかどうかをたずねる．たとえば下二桁が29という数字だとする．質問は「このワインに29ドル払いますか」ということである．

その質問に答えた後，実験者は学生にそのワイン代を払う場合の支払える最高額を尋ねる．後の質問への答えは社会保障番号の下二桁で決まった価格に強く影響される．たとえば社会保障番号の数値が50かそれ以下の数である学生は平均して11.62ドル払おうとした．一方，数値が50以上の数値の学生は平均して19.95ドル払おうとした．

これらの選択は単なる実験室のゲームのようなものである．しかし，選択のフレームのされ方が少し変化するだけで大きく影響される重要な経済決定がある．

たとえば次のような年金プランの選択について考えてみよう[4]．

ある経済学者が401(k)プランの自動加入を提供する3人の経営者のデータを見た．従業員は加入拒否もできるが可否の選択を明示しなければならない．経済学者は自動加入への加入率が401(k)プランへ拒否できるにもかかわらず85%を超えるほど高いということがわかった．

これは良いニュースである．悪いニュースはほとんどすべての労働者が非常に低い収益率と低い毎月の掛け金の組み合わせである貨幣市場ファンドのような不良投資を選択したということである．また経営者は値下がりリスクと雇用訴訟を除くために非常に保守的な不良投資を行った．

次の仕事として年金プランに加入しないという選択がない会社について調べた．雇用者は働き出して1ヵ月以内で401(k)プランに入るか加入を延ばすかの選択が求められる．

401(k)に加入しないという選択，および低い収益率のファンドだけに加入するという選択を除くことによりこの積極的な選択のアプローチは新雇用者の加入率を35%から70%に引き上げた．さらに401(k)プランに加入した労働者は高い貯蓄率を選択した．

この例が示すように人的資源の給付金プログラムの立案の仕方が消費者の貯蓄行動に大きな影響を与えるようなプログラムに著しい差をもたらすのである．

---

[4] Jamaes Choi, David Laibson, Brigitte Madrian, and Andrew Metric, "For Better or for Worse: Default Effects and 401(k) Savings Behavior," NBER working paper, W8651, 2001.

ブラケッティング

人は異なった状況下における実際の選択を予想するのが難しいということからわかるように自身の行動を理解しがたいものである．

たとえばマーケティングの教授が学生に授業中3週間続けて消費することができる6つの異なったスナックを選択させた[5]．（幸運なことに）1つの方法では学生が前もってスナックを選び，もう1つの方法では毎日選びすぐに食べることとする．

前もって選べる学生は多くの種類のスナックを選ぶ．実際，毎日選択できる方を選んだグループの学生の9％だけが異なったスナックを選んだのに対して前もって選択するというグループの学生の64％が毎週異なったスナックを選んだ．一度にすべてを選択することに直面したら人は明らかに単調なものよりも多様性を選ぶ．しかし，現実に選択するとなると最も好きなものを選ぶ．スナックを選ぶときでさえ習慣に左右される．

多すぎる選択肢

伝統的な理論は選択肢が多い方がよいと主張するが，この主張は選択に伴う費用を無視している．豊かな国々では消費者は選択対象が多すぎるのでなかなか1つに決定できない．

1つの実験として，市場調査員がスーパーマーケットのジャム売り場に2つのサンプルブースを設置した[6]．1つのブースには24種類のジャムを置きもう1つのブースには6種類のジャムしか置かなかった．大多数の人々は多く展示したブースに立ち止まるが実際には種類の少ないブースのジャムを購入した．選択肢が多いことは買い手にとって魅力的ではあるが，選択肢が多すぎるのでなかなか最終決定までに至らないように思える．行動ファイナンスの専門家も投資決定に関して示される過度の選択を伴う同様の問題に悩まされる．

自分の退職後のポートフォリオを計画する人は自分自身で選択できるときでさえ，同僚が選んだ平均的なポートフォリオと同じもので満足しがちである．

---

5) I. Simonson, "The effect of purchase quantity and timing on variety-seeking behavior," *Journal of Marketing Research,* 17, 1990, pp. 150-164.
6) Sheena S. Lyengar and Maark R. Lepper, "When choice is demotivating; can one desire too much of a good thing?" *Journal of Personality and Social Psychology,* 2000.

退職後のポートフォリオ構成の柔軟性は投資家にとってより望ましいことだろうか[7]．

創られる選好

上の例をどのように解釈すべきだろうか．心理学者や行動経済学者たちは選好が選択へのガイドとなるのではなく，むしろ選好は選択を通して部分的に発見されるものであると主張する．

誰かがスーパーマーケットでトマトを手に取り，元にもどし，また手に取っている状況を想像しよう．トマトをほしがっているのだろうか，そうでないのだろうか．店が示した価格と品質の組み合わせがその人にとって受け入れられるのだろうか．そのような行動からその人は選択を決定するときの限界点に立っていると判断できる．心理学者の解釈によれば彼らは選好を見出そうとしているのである．

伝統的理論は選好が先に存在するものとして扱う．この見解では選好が行動を説明する．その代わり心理学者は選好は創り上げられるものと考える．すなわち人は選択および消費行動を通じて選好を発展させたり創造したりする．

心理学的モデルの方が現実に生じたことをよりうまく記述できるように思える．しかし2つの見解は完全に両立しえないものではない．われわれが見てきたように，奇妙なプロセスを経てでも選好が見つかったときには選好が選択するときに組み込まれるようになる．選択が一度でもなされるとその選択が決定を定着しがちである．最終的にトマトを買う決定をした消費者からそのトマトを買うときにはその値段よりも高く支払わなければならない．

31.2 不確実性

普通の選択は複雑であるが不確実性のもとでの選択は特別扱いにくい傾向がある．人の決定が選択肢の提示の仕方に依存することを見てきた．しかしこの分野には行動についてより多くの他の偏りも存在しているのである．

---

[7] Shlomo Benartzi and Richard Thaler, "How Much Is Investor Autonomy Worth?" UCLA working paper, 2001.

小数法則

統計学の講座では大数法則がよく知られている．この法則は大まかに言えば母集団からの大標本の平均値が母集団の平均に近づくという数学原理である．

小数法則は人が自分自身で経験する場合に小さい標本により強く影響される傾向があるとする心理学的な記述である[8]．

次の質問を考えてみよう[9]．

ある街に2つの病院がある．大きい病院では毎日約45人の新生児が生まれ小さい病院では毎日約15人の新生児が生まれる．すべての新生児の約50％は男児である．しかし正確な割合は日々異なる．あるときは50％以上，あるときはそれ以下．1年間で各病院が60％を超えて男児が生まれる日を記録してみた．どちらの病院がそのような日が多く記録されたと思いますか．

学生への質問調査によると22％の学生が大きい病院の記録日が多いらしいと考えると答え，一方56％が日数が同じであると答えた．残りの22％の学生だけが小さい病院が多く記録されると正解した．

もし正しい説明が奇妙に思われるならば，小さい病院で1日に2人生まれ大きい病院で100人生まれる場合を想定してみよう．小さい病院は大体25％の日数で100％男児が生まれているであろう．一方大病院ではこの現象は稀であろう．

人は標本がそれを抽出した母集団の分布と同様になることを期待するようだ．または別の方法で言えば，人は1つの標本の変動の実際の大きさを低く評価する．

これに関連した問題として人は無作為を認識しがたい．被験者は連続150回無作為にコインを投げた結果を書き留めるよういわれた．この実験から表また

---

8) 小数法則という用語の語源はA. Tversky and D. Kahneman, "Belief in the Law of small numbers," *Psychological Bulletin,* 76, 2, 1971, pp. 105-110 である．ここでの議論の多くはカリフォルニア大学バークレ校のMatthewRabinのワーキング・ペーパーに基づいている．Matthew Raabin, "Inference by Believers in the Law of Small Numbers."
9) A. Tversky and D. Kahneman, "Judgments of and by Representativeness," in *Judgment under Uncertainty: Heuristics and Biases,* D. Kahneman, P. Slovic and A. Tversky, Cambridge University Press, 1982, pp. 84-98.

は裏が3回続けて出たのが約15%であったがこのパターンが起きる確率は約25%である．被験者の3％だけが表または裏が連続して4回出ていたが確率論ではこの現象は12%の確率で起こるはずである．

たとえばこれはゲーム理論にとって重要な意味がある．多くの場合人は相手に自分の戦略を模索させ続けようとして戦略の選択を無作為にしようと試みる．しかし，心理学の文献では人はうまく無作為化ができない．また人は非無作為行動の予測もできない．少なくとも統計学の知識がないかぎり，混合戦略の均衡点は数学的に予測できないというものではなくてゲームの参加者が予測できないのである．

ある経済学者がウインブルドン・テニスの決勝と準決勝の研究をした[10]．理想的にはテニスプレイヤーは相手がどちら側にサーブがくるか予測できないようにサイドからサイドへ切り替えるべきである．しかし，超一流のプレイヤーでさえ予想されるようにはうまくできない．著者の検証では，テニスプレイヤーはまったく無作為にやっているわけではない．彼らはサーブを左から右または右から左へ非常に多く切り替えている結果無作為プレイと一致するようになっている．このことは心理学と経済学の広範な実験研究と一致している．すなわち，この分野の研究によると真に無作為に行動しようとする人は非常に多く切り替える傾向があるということを示しているのである．

資産統合と損失回避

期待効用の研究では個人が関心をもつものはさまざまな結果としての富の総額であると暗黙的に仮定している．これは**資産統合仮説**（asset integration hypothesis）として知られている．

大多数の人はこの仮定が合理的であると考えているが（経済学者にとっても）現実には実行しがたい．一般に人は諸々の小さいリスクを回避したり大きいなリスクを受け入れたりしがちである．

一年に10万ドル稼いでいる人がコイン投げにさそわれた場合を想定しよう．表が出た場合には14ドルもらえるが裏が出ると10ドル失う．この賭けの期待値は2ドルであり年間の総所得にとっては微々たるものでしかない．ギャンブル

---

[10] M. Walker and J. Wooders, "Minimax Play at Wimbledon," University of Arizona working paper, 1999.

について道徳的良心のとがめがないかぎりこれは非常に魅力的な賭けであり，ほとんどの人が参加するであろう．しかしながら非常に多く人はそのような賭けに参加しないであろう．

この**過剰なリスク回避**は保険市場でも見られ，そこでは人は種々の小さな出来事に対して過剰の保険をかけがちである．たとえば，たとえ安い価格で携帯電話を買いもどせるときでさえ紛失に保険をかけ，ほとんど経済的な意味のない控除免責条項付自動車保険を買うのである．

一般に保険購入決定時に「ハウス・オッズ（賭け率ないし配当率）」を考慮すべきである．もし携帯電話保険料が月額3ドルまたは年額36ドルであり，新しい携帯電話の価格が180ドルであるならば，ハウス・オッズは36/180すなわち20%である．期待値で判断すると，携帯電話を紛失する可能性が20%以上であるか携帯電話の買い換えが極端に難しい場合にかぎりこの保険に加入する価値がある．

人は**損失回避**（loss averse）であるほどは**リスク回避**（risk averse）ではない．人は最終的な状態よりも現状を過度に重要視しがちであるようだ．

2人の研究者が次のような繰り返し実験を行った[11]．半分の被験者にコーヒーマグを与えた．彼らはこのグループに売る場合の最適額を報告させる．次にマグをもっていないグループに購入する価格の最高値をたずねる．グループは無作為に選ばれているので，販売価格と購入価格は大体等しくなる．しかし実験では平均販売価格は5.79ドル，平均購買価格は2.25ドルであり価格間に大きな差が見られる．明らかにマグをもった被験者はもっていない被験者よりもマグを手放したがらない．彼らの選好は標準的な消費理論に反して初期保有量に大きく影響を受けるようである．

同様の効果はいわゆる**埋没費用誤信（サンクコスト・ファラシー）**（sunk cost fallacy）として知られている分野で見られる．何かを購入し支払った金額が埋没費用でありもはや取り戻せない．したがって今後の行動は埋没費用に影響されるべきではない．

ところが現実の人は購入時の支払額をこだわり続けている．研究者によればボストンの所有者が提示するコンドミニアムの価格は購入価格と強く相関して

---

11) D. Kahneman, J. L. Kitsch, and R. Thaler, "Experimental tests of the endowment effect and the Coase theorem," *Journal of Political Economy,* 98, 1990, pp. 1325–1348.

いる[12]．前に指摘したように，株の所有者は税的に有利である場合でさえ損失を出したがらない．

普通の人々が埋没費用誤信に陥っているという事実は興味深いがもっと興味深いことは専門家がこの問題をあまり問題視しないことである．たとえば，先に述べたコンドミニアムの例の研究者によれば投資目的での購入者は住んでいる人よりも埋没費用を気にしない．

同様にファイナンシャル・アドバイザーは税的目的で有利であっても損失を出したがらない．専門のアドバイザーを雇う理由の1つは冷静な意思決定分析をしてもらうことである．

31.3　時　　　間

不確実性を含む行動はいろいろな異常行動になりやすいのと同様に時間を含む行動も異常になりやすい．

割　　　引

たとえば時間割引を考えよう．経済学の標準的なモデルでは人が一定の率で将来を割り引くという指数的な割引（exponential discounting）を仮定している．もし $u(c)$ が現在の消費の効用であるならば，t 年後の消費の効用は $\delta^t u(c)$ となる．ただし，$\delta < 1$．

これは数学的に便利な記述法であるが，現実のデータには他の形の割引法がよくあてはまる．

ある経済学者が将来の各々の時点で支払えるような債権を競売に出した結果，人は債権の将来価値を指数割引理論が予想するより低く評価していることを見出した．**双曲線割引法**（hyperbolic discounting）といわれるもう1つの割引理論は割引因子が δ ではなく $1/(1+kt)$ の形になる．

指数割引の1つの特徴は行動が「時間整合的である」ということである．次のような形の効用関数をもった3期間にわたる人を想定しよう．

---

12) David Genesove and Christopher Mayer, "Loss aversion and seller behavior; Evidence from the housing market," *Quarterly Journal of Economics,* 116, 4, 2001, pp. 1233-1260.

$$u(c_1) + \delta u(c_2) + \delta^2 u(c_3)$$

第1期と第2期の限界代替率は

$$MRS_{12} = \frac{\delta MU(c_2)}{MU(c_1)}$$

であり第2期と第3期の限界代替率は次の式である．

$$MRS_{23} = \frac{\delta^2 MU(c_3)}{\delta MU(c_2)} = \frac{\delta MU(c_3)}{MU(c_2)}$$

これらの式からこの消費者の第1期と第2期の限界代替率が第2期と第3期の限界代替率と同じであることがわかる．すなわち人は第2期の消費と第3期の消費とを代替させる率が第1期の消費と第2期の消費とを代替させる率と同一である．これは双曲線割引率では正しくない．双曲線的割引をする人は近い将来よりも遠い将来を大きく割り引くのである．

このような人は**時間不整合的**（time inconsistency）である．彼は現在将来の行動計画を作るが将来のそのときになると計画以外のことをやりたくなるのである．今現在5,000ドルを貯蓄ではなくヨーロッパへの旅行にあてる決心をしたカップルを考えてみよう．この決定を来年の夏から貯蓄を始めるという理由づけで正当化する．しかし来年の夏になれば貯金の代わりにクルーズ旅行に使おうと決めるかもしれない．

自己制御

時間整合性問題と密接に関連した問題が**自己制御**（self-control）問題である．ほとんどの人が多かれ少なかれこの問題に直面している．われわれは風呂場の体重計に乗ったときにはカロリーを計算して食べる量を減らそうと決心するかもしれないが，素敵な食事に出会うとこの決心は簡単に崩れ去る．分別のある人はない人よりもスリムで健康的である．

重要な問題の1つは人が自己制御の難しさに気づいているかどうかである．もし私が遅れる傾向があるとわかっているならば，重要な仕事がきたときただちにとりかかるべきであると判断するであろう．またはもし私が仕事を引き受けすぎる傾向があるならもうこれ以上引き受けないというべきである．

しかし，他の可能性もある．もし私が明日別のデザートを食べようという誘惑に陥ることを知って悩まされる場合には今日もまた別のデザートを食べてし

まうかもしれない．肉体は弱いが精神もまた弱いものである．

　自己制御の1つの方法は将来の行動に自身が関わる方法を見出すことである．すなわち，あなたは将来望んでいる行動から逸脱すると費用が非常に高くつくような方法を見出すことである．たとえば，人前で将来の行動を公表すると意図した行動から逸脱しにくくなる．アルコール中毒者がお酒を飲めば病状をひどくさせるような薬もある．また，ダイエットしたい人は手術で胃を小さくするという**コミットメント策**（commitment devices）もある．胃を小さくした人は過食をしにくいものである．

　状況が変わったときには魅力的でなくなるかもしれないが，将来の目的を果たさせることを保証するような個人間契約がある．同様にもしも意図した行動からそれた場合には費用をかけるように第三者を雇うことができる．契約をすることで事実上その効力をもつ．温泉ダイエット，運動のインストラクター，ダイエットの個人指導者は「自己制御購入」の形態である．

例：自信過剰

　自己制御の興味深い1つの変形に**自信過剰**（overconfidence）という現象がある．ファイナンスが専門であるブラッド・バーバーとテランス・オーデンスの2人の学者が割引仲買料について66,465の家計の行動の成果を調べた．調査期間中，あまり売買取引しない家計の投資収益率が18%であるのに対し非常に頻繁に売買取引した家計の収益率は11.3%であった．

　この過剰な売買取引をひき起こした最も重要な要因の1つは男性が女性よりも多く取引したという性別の差であった．心理学者によると，一般に男性は自分の能力に過剰な自信をもつ傾向があり，一方女性は多くの場合より現実的である．心理学者は男性の行動を自己帰属バイアスと称している．基本的に男性（少なくともある一群の男性たち）は自分の成功が単なる運でなく自分自身の技量の結果であると思う傾向がある．それで自信過剰になる．

　この自信過剰はファイナンスに好ましくない影響を与える．割引仲介料のサンプルでは男性は女性より45%多く売買取引した．この過剰な売買取引が男性の平均収益率を女性の収益率より低くしたのである．バーバーとオーデンスがこのことから「取引は財産にとって危険である」と言った．

31.4 戦略的な相互作用と社会のノルマ

戦略的相互作用から心理学的また社会学的な行動の特別興味深いいくつかのことがらが生じるのである．合理的プレイヤーが互いにどのように反応しあうべきかという予測を明らかにしようとするゲーム理論をすでに学んだ．しかし，いかに現実の人々が互いにどのように反応しあうかを調べる**行動ゲーム理論**（behavioral game theory）という分野がある．そこでは純粋理論からの逸脱があり，それは組織的で無視できないものである．

最後通牒ゲーム

前章で簡単に議論した**最後通牒ゲーム**（ultimatum game）を考えよう．これはプレイヤーが提案者と応答者からなる2人ゲームである．提案者は10ドル与えられて彼と応答者への分配を提示するよう求められている．応答者は分配案を示されそれを受けるか否かどうかたずねられる．もし彼が提案を了承すると分配は実行される．もし分配案を拒めば両者はなにももらえずゲームは終了する．

まず完全に合理的なプレイヤーがいかに行動するかを考えよう．応答者が分配案を見るやいなや彼は有利な戦略をもつことになる．彼がいくらかのお金を稼ぐことができるかぎり提示された案を受け入れることができる．あなたに10セントかゼロかの選択を提案した場合を想定しよう．何ももらえないよりも10セントをもらうほうを選ぶだろうか．

合理的な応答者がプラスの金額であればいくらの金額であっても選択するかぎり提案者は1ペニーのような最低額を応答者に与えるだろう．したがってこのゲーム理論から予想できる結論は非常に極端な分割案となる．すなわち，提案者がほとんどすべてを獲得するようになるのである．

これはゲームが実際に行われるときに生じる状況ではない．事実，応答者は示された提案が不公正であるとみなしたとき提案を拒否しがちである．応答者に全金額の30%以下しか分配しないような提案はその時点で50%以上の確率で拒否される．

提案者は応答者が不公正な提案を拒否することを知っているならば合理的な提案者は分配をできるだけ等しくなるようにするであろう．約45%を応答者に

55％を提案者に与えるという分配案は平均すると約16％が拒否される．

　プレイヤーの性格がゲームの結果にいかに影響するかを調べた文献が多数ある．一例は性差である．男性はより有利な分配案を受け入れがちであるようだ．特に女性が分配をするときにそうである．

　文化の差もまた重要である．不公正あるとみなされる提案を拒否するときにある文化圏の人は他の文化圏の人よりも公正についての価値判断に差がある[13]．興味深いことに，提案額は地域間，文化間にほとんど差がないが，承認できる分配案には体系だった差がある．そのパイ（金額）の大きさもまた重要である．もしパイの大きさが10ドルであるときには1ドルの受け取りを拒否するかもしれな．しかしパイのサイズが1,000ドルならば100ドルを拒否するだろうか．明らかに応答者は大金を断りがたいであろう．

　もう1つの変形はゲームの仕方である．いわゆる**戦略的方法**（strategy method）では，応答者が提案額を見る前に承認できる最低の分配を実験者に伝えるようたずねられる．提案者は応答者の決定が前もって行われることを知っているが，もちろん最低受容分配額は知らない．この実験的なデザインは提案者の申し出額を増やす傾向がある．すなわち分配をより平等にする傾向がある．

公　　　平

　最後通牒ゲームに作用している影響力の1つは公平である．ほとんどの人は均等（少なくともあまりにも不均等ではない）配分を好むという先入観を自然にもっているようである．このことは単なる個人の現象ばかりでなく社会的な現象である．**公正ノルマ（規範）**（fairness norms）を強要することが直接的な利害関係ではない場合でさえ人は公正ノルマ（規範）を強要しがちである．

　たとえば**罰ゲーム**（punishment games）を考えてみよう．それは提案者であり分配者である人の選択を観察する第三者が存在するという最後通牒ゲームの一般化である．第三者は自分の費用として提案者の利益のいくらかを差し引くことができる[14]．

---

13) Swee-Hoon Chuah, Robert Hoffman, Martin Jones, and Geoffrey Williams, "Do Cultures Clash? Evidence from Cross-National Ultimatum Game Experiments," Nottingham University Business School working paper を参照のこと．

実験の結果，第三者の約60%が現実的に不公平な分配をする人を罰することがわかった．先天的，後天的かにかかわらず，不公平な行動に反対するような人間の性質が存在する．

　公平に対する社会的規範に関する文化の差がある．たとえば，ある社会の人は他の社会の人よりも公平さを強調する．しかしながら，不公平をする人を罰したいという欲望は一般的に見られる．公平な結果への偏愛は人間の性質の一部であり，おそらく互いに公平に行動するような人は生存し再生するチャンスが高いのである．

31.5　行動経済学の評価

　心理学者，市場参加者，行動経済学者等は基本的な経済選択理論がいかに誤っているか，少なくとも不完全であるかを示すような例をたくさん知っている．
　これらの一例は「視覚的錯覚」である．たとえば，選択の問題のフレーミングを変えると決定が変わるということは大きさや距離に対する人間の判断が図の描き方に影響を受けるのと同様である．人が選択を決定する時間が十分に長い場合には客観的に判断できるものさしを使うことによって正しい結論に到達できるのである．
　人は単純経済行動理論にしたがって理論どおりに行動するのではないということは疑いもないが，まだどの理論も100%正しいということはないと思っている．心理学者は人は単純な物理の法則をも本当には理解していないと立証した．たとえば，ロープの端におもりを結び頭の上でまわして手を離すとおもりはどの方向へ飛ぶだろうか．
　多くの人はおもりが円の接線方向に飛ぶであろうという正解ではなく外へ向かって放射線上に飛ぶというだろう[15]．もちろん人は現実に物理的な世界で生活している．人が物理的の運行法則を誤解するならば，人が経済の世界を誤解しても驚くに値しない．
　明らかに物理の直感的理解は日常生活およびアマチュアとプロのスポーツでさえ十分役に立つ．野球の選手はボールを上手に投げることができるがどのよ

---

14)　Ernst Fehr and Urs Fischbacher, "Third-party punishment and social norms," *Evolution and Human Behavior,* 25, 2004, pp. 63-87 を見よ．
15)　M. McClosky, "Intuitive Physics," *Scientific American,* April 1983, pp. 114-123 を見よ．

うに飛ぶかを正確に記述できないかもしれない．同様に意思決定をするさいに抽象的な推論が下手な人でも強制されると日々の意思決定を上手にしがちであるといえる．

異常な行動に対するもう1つの別の反応は市場が合理的な行動に好意的であり非合理的な行動には懲罰的であるということである．参加者の多くが合理的に行動しない場合でも，合理的に行動する人が最大の結果を習得できるだろう．この見解も正しい．不動産投資家が普通の人よりも埋没費用に影響を受けない例を思い出しなさい．

さらに，より優れた決定をするのに助けになる専門家を雇うことができる．ダイエット・コンサルタントやファイナンシャル・アドバイザーは食べ方や投資方法について客観的なアドバイスを提供してくれる．公平すぎることが心配な場合は強力な交渉人を常に雇うことができる．

視覚的錯覚の例にもどれば，定規やものさしを使う理由は自分の目を信じられないからである．同様に，重要な決定をするには客観的な専門家の意見を求めるのが賢明である．

要　　約

1. 行動経済学は消費者が現実にどのように意思決定をするのかを問題として取り扱う．
2. 多くの場合，現実の消費者の行動は単純な合理的な消費者モデルが予想される行動とは異なっている．
3. 消費者は問題の作られ方ないし表し方に応じて異なった選択をする．
4. 不履行かどうかが重要である．
5. 人々は彼ら自身の選択行動を予測しがたい．
6. 選択可能性が多すぎると，消費者は困惑して意思決定しにくい．
7. 選択に不確実性があると選択行動は著しく不確定的となる．
8. 実験状況になると人々は過度にリスク回避的になる傾向がある．
9. 人々は伝統的な理論が予想する以上に将来を過度に割り引きがちである．
10. 時間的な矛盾とは現実の選択が最終的には計画した選択と異なるかもしれないということである．
11. 最後通牒ゲーム（the ultimatum game）ではお金の配分を提示する参加者

とこの提示された配分を受け入れるかまたはゲームを終了させるかを選択できる参加者とから成り立っている．従来のゲーム理論はこのゲームは非常に不公平な配分結果をもたらすと予想する．
12. 消費者は「公平」な配分を選好し，たとえ彼ら自身にとって不利益となる場合でも不公平な行動をする人を罰するであろう．

32章 交　　換

　これまでは，1つの財の市場を，他の財市場から独立に検討してきた．1つの財の需要供給が当該価格のみに依存するとして，他の財の価格からの影響が無視されてきた．だが，一般的には，1つの財の需要供給は，その代替財や補完財など，他の財の価格から影響を受ける可能性がある．また，より厳密には，人々が販売する財の価格は，人々の所得に対して影響を与えるし，それによって他財の購入可能量にも影響を与える．

　これまでは，他財の価格が当該財の市場均衡に与える影響を無視し，当該財の価格が変化したとき当該財の需要と供給がどのように影響を受けるかについて，1つの財市場のみを見ながら論じてきた．これは，実は，問題の一部しか見ていなかったのである．このような方法での分析は，**部分均衡** (partial equilibrium) 分析と呼ばれる．

　本章では，需要供給の条件がさまざまな市場においてどのように相互に影響を与え合い，多数の財の価格がどのように決定されるかという，**一般均衡** (general equilibrium) 分析の研究を始める．読者にも想像がつくであろうが，これは複雑な問題である．したがって，一般均衡を取り扱うために，次にあげるようないくつかの簡単化の仮定を設けなければならない．

　第1に，競争市場の行動にのみ議論を限定する．つまり，各々の消費者または生産者は価格を所与として最大化を行うとする．不完全競争の一般均衡分析は興味深いものであるが，いまの時点で取り扱うのはむずかしすぎる．

　第2に，通常の簡単化の仮定として，財と消費者の数を可能なかぎり少なくする．興味深い現象の大半は，2財2消費者のケースによって説明されうる．ここで議論しようとする一般均衡分析のケースは，任意の数の財や消費者に一般化することができる．だが，当事者が2人であるときが，最も簡単なケース

である．

　第3に，一般均衡分析は2つの段階で吟味される．まずはじめに，人々が固定された初期保有量を有している経済において，主体の間で初期保有量がどのように配分されるかということを検討する．つまり，そこには生産は含まれていない．このようなケースは**純粋交換**（pure exchange）と呼ばれる．純粋交換経済が明瞭に理解されたあとで，生産行動を一般均衡モデルの中に導入する．

32.1　エッジワース・ボックス

　2人2財の場合の交換を分析するには，**エッジワース・ボックス**（Edgeworth box）という名で知られる図形が便利である[1]．エッジワース・ボックスは，1つの図の中で2人の個人の初期保有量と彼らの選好を表現することができ，さまざまな取引過程を研究するのに用いられる．エッジワース・ボックスの構造を理解するために，そこに登場する人々の無差別曲線と初期保有量を検討する必要がある．

　まず，登場する個人をAとBとし，財を第1財と第2財とする．Aの消費ベクトル（消費の組み合わせ）を $X_A = (x_A^1, x_A^2)$ とする．x_A^1 はAによる第1財の消費であり，x_A^2 はAの第2財の消費である．Bの消費ベクトルは同様に，$X_B = (x_B^1, x_B^2)$ と示される．X_A, X_B の消費ベクトルを**配分**（allocation）と呼ぶ．消費される各財の総量が全体の利用可能な財の総量と等しいとき，つまり，

$$x_A^1 + x_B^1 = \omega_A^1 + \omega_B^1$$
$$x_A^2 + x_B^2 = \omega_A^2 + \omega_B^2$$

のとき，その配分は**実現可能な配分**（feasible allocation）と呼ばれる．

　初期保有量配分（initial endowment allocation）$(\omega_A^1, \omega_A^2), (\omega_B^1, \omega_B^2)$ は特に重要な実現可能配分である．この配分から消費者はスタートするのであり，彼らが市場にもっていく各財の量を示している．彼らは，これらの配分のうちいくらかを交換し，最後に**最終配分**（final allocation）に至るのである．

　図32.1 によって示されているエッジワース・ボックスは，以上にあげた概念

---

[1] エッジワース・ボックスは，この分析用具をはじめて用いたイギリスの経済学者，フランシス・シドロ・エッジワース（Francis Ysidro Edgeworth, 1845-1926）をたたえて名づけられた．

を図示している．まずはじめに，消費者Aの初期保有量と選好を示すために通常の消費者理論の図を用いる．経済に存在する財の総量，つまり，各財についてAの保有している量とBの保有している量の和を，この図の縦横の2つの座標軸の上にとる．2人の消費者の間の実現可能な財の配分のみがわれわれにとって重要なのであるから，Aが保有できる2つの財の可能なベクトルの集合をその中に含むボックスをこのようにして描くことができるのである．

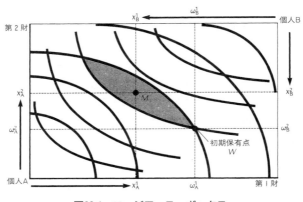

図32.1　エッジワース・ボックス

注意すべきことは，このボックス内のベクトルは，同時にBが保有することができる量をも示しているということである．もし第1財が10単位あり，第2財が20単位あれば，もしAが（7，12）保有すれば同時にBは（3，8）を保有しているはずである．Aの第1財の初期保有量を左下の隅の原点から横軸方向への距離で測り，Bの第1財の初期保有量を右上の隅から横軸方向への距離で測る．同様に，縦軸方向の距離でAとBが保有する第2財を測る．このようにして，ボックス内の点はAが保有するベクトルとBが保有するベクトルの双方を，異なった原点から測って，与えているのである．エッジワース・ボックス内の点はこの単純な経済のすべての実現可能配分を示している．

Aの無差別曲線は通常の方法によって描くことができる．だが，Bの無差別曲線は少々変わった形をしている．まず，Bの無差別曲線を標準的に描き，それをひっくり返すのである．そして，それをエッジワース・ボックスに重ねる．このようにして図中に示されたBの無差別曲線ができあがるのである．左下の原点から出発し，右上へ移動していくことによって，われわれはAによってよ

り好まれる配分へと移動していく．左下へと移動していくことにつれて，Bにとってより好まれる配分へと移動する．（本を回転させてこの図を見たら，この議論はわかりやすい．）

エッジワース・ボックスは，双方の消費者にとって可能な消費ベクトル，つまり，実現可能配分と，2人の選好を示している．したがって，それは2人の消費者の経済的に重要な特徴を完全に叙述しきっている．

32.2 取　　引

選好と初期保有量が図示されたのであるから，どのように交換が生じるかという問題の分析を開始できる．まず，**図32.1** において点 W で与えられた初期保有量から始める．この点を通過するA，Bの無差別曲線を考えよう．初期保有量よりもAが改善される領域は，W を通過する無差別曲線の上方のすべての財ベクトル（財の組み合わせ）によって示される．初期保有量よりもBが改善される領域は，W を通過する無差別曲線の，Bにとって上方のすべての財ベクトルによって示される．（これは読者の目から見れば，本をまだ逆さまにしたままでなければ，Bの無差別曲線の下方である．）

A，Bともに改善される領域はこのボックスの中でどこであろうか？　明らかに，これら2つの領域の重なった部分である．これは **図32.1** で示されたレンズ状の領域である．おそらく，彼らは交渉によって双方ともに利益を得る交換を発見するであろう．その交換とは，**図32.1** の点 M のようなレンズ状の領域の中の点へと彼らが移動するような交換である．

図32.1 に示された M への移動とは，Aは $|x_A^1 - \omega_A^1|$ の第1財を手放し，それと交換に $|x_A^2 - \omega_A^2|$ の第2財を得ることを意味する．また，Bは $|x_B^1 - \omega_B^1|$ の第1財を得，$|x_B^2 - \omega_B^2|$ 単位の第2財を手放すことを意味する．

配分 M は何か特別な理由があって選んだわけではなく，それはレンズ状の領域の配分なら何でもよい．この領域のあらゆる配分は，それぞれの消費者を初期保有量におけるよりも改善するのであって，単に，消費者はこの領域内のある点へと取引によって移動するということがわかっていただければよい．

さて，点 M において同様の分析を繰り返すことができる．M を通過する2つの無差別曲線を描き，新しいレンズ状の「互恵領域」を作ることができ，交換者たちはその領域内にある新しい点 N へと移動する，ということが思い浮

かぶであろう．以下同様に議論を進めることができる．取引は双方に対して，より好まれる交換が存在しなくなるまで続けられるであろう．このような点はどのような点であろうか．

32.3 パレート効率的配分

この答えは**図32.2**に与えられている．この図の点 M において，Aの無差別曲線はBの無差別曲線の上方の領域に交わらない．Aが改善される領域とBが改善される領域とは交わらない．このことは，2人のうち1人を改善する移動は，他の1人を必ず悪くするということである．このように，双方に有利な交換はないことがわかる．つまり，この配分においては，もはや互いに改善する交換は存在しないのである．

このような配分は，**パレート効率的**（pareto efficient）配分として知られている．このパレート効率の考え方は経済学において非常に重要な概念であり，さまざまな言い方で述べられている．

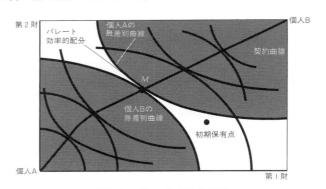

図32.2　パレート効率的配分

パレート効率的配分とは，次のような条件を満たす配分である．

1. そこにおいては，すべての人を改善する方法はない，
2. 誰か他の人を改悪することなしには誰をも改善することはできない，
3. 交換による利益は無駄なく，すべて得尽くされている，
4. 双方をともに改善する交換は存在しない，など．

32.3 パレート効率的配分

これまですでに，単一の財市場における議論の中で，何度かパレート効率の概念を述べてきた．単一の財市場においては，パレート効率的産出水準とは，限界的に買いたいという量と限界的に売りたいという量とが等しい産出水準であると述べた．この2つが異なっていれば，どのような産出水準であれ，市場の参加者全員が改善されるような交換が存在する．本章においては，多数財，多数取引者のもとでのパレート効率をより深く検討する．

次の簡単なパレート効率的配分の幾何学に注意してみよう．パレート効率的配分においては，2人の無差別曲線がボックスの内点で互いに接していなければならない．この理由は明らかである．このボックスの内点で示される配分において無差別曲線が接していないとすると，そのような点では無差別曲線は交わっているはずである．もし無差別曲線が交わっているならば，互いを同時に改善する領域が存在する．したがって，そのような点はパレート効率的ではない．（ボックスの端でパレート効率的配分が得られるということは可能である．この点では，ある消費者のある財の消費はゼロであり，無差別曲線は互いに接してはいない．このような端点の場合は，いまの議論には重要なことではない．）

接している，という条件から，エッジワース・ボックスの中には多くのパレート効率的配分が存在することがわかる．事実，たとえば，どのような効用水準を示すものであれ，Aの無差別曲線が与えられたらパレート効率的配分を発見することは簡単である．単純にAの無差別曲線の上をBにとって最善の点を発見するまで移動するのである．このBにとって最善の点がパレート効率点であり，この点において双方の無差別曲線が接している．

エッジワース・ボックスにおけるすべてのパレート効率点の集合は，**パレート集合**（Pareto set）として，あるいは**契約曲線**（contract curve）として知られている．契約曲線という名前は，すべての「最終的な契約」はパレート集合の上に乗っている，さもなければ，それらは最終的な契約ではなく，当事者をより改善する余地が残っている，ということからきている！

典型的なケースの契約曲線は図32.2のようにエッジワース・ボックスの中を，Aの原点からBの原点へと伸びている．Aの原点から出発するとしよう．そこでは，Aは双方の財ともに何も保有しておらず，Bはすべてを保有している．これはパレート効率である．なぜなら，Aが改善される唯一の方法はBからいくらかを奪うことであるからである．契約曲線を上に登っていき，最終的にB

の原点に至るにつれて，Aはより多くの財を得，効用は改善される．

パレート集合は，ボックスの任意のところから出発し，互いに改善するような取引のすべての可能な到達点を示している．もし出発点，つまり，各消費者の初期保有量が与えられたら，各消費者がともに初期保有量よりも好むパレート集合の部分集合を見ることができる．これは，図32.1に示されたレンズ状の領域内に存在するパレート集合の部分集合である．レンズ状の領域内の配分は，図に描かれたある初期保有量から出発する交換によって到達することができる．しかし，初期保有量とパレート集合の関係は，前者が利用可能な財の総量を決定し，したがってエッジワース・ボックスの大きさを決定するだけであり，パレート集合それ自身は初期保有量には依存しない．

32.4 市場取引

上に述べられた取引プロセスの均衡は，つまりパレート効率的配分の集合であるが，非常に重要である．しかし，まだ主体がどこで取引を停止するかということについて多くの曖昧さが残っている．この理由は，ここで述べた取引の過程は一般的すぎるということにある．2人がともに改善されるというような，なんらかの配分へと移動するであろうということを仮定したのみであった．

もし特別な取引の方法を仮定すれば，より厳密な均衡を示すことができるであろう．そこで次に競争市場をなぞらえる取引の方法を示してみよう．

個人Aと個人Bの間に競売人として，第3の主体がいるとする．競売人は第1財と第2財の価格を選び，これらの価格をAとBに提示する．AとBは，初期保有量がこの価格（p_1, p_2）のもとでどれだけ価値があるものかということを見て，各財をこれらの価格でどれだけ買いたいかを決める．

1つ注意しなければならないことは，もしA，B2人だけが取引しているのであれば，彼らが競争的に行動するとは考えにくい，ということである．彼らはおそらく条件を提示しあって，交渉によって取引しようとするであろう．この問題をどのように考えればよいだろうか．1つの考え方は2種類の消費者が，各々大勢いる経済を考えて，エッジワース・ボックスはこれらの各タイプに属する消費者の平均需要を示しているものと解釈することである．もう1つの考え方は，この行動は2人の場合においては納得がいくものではない，と認めてしまうことである．しかし，それは消費者が多数いる場合にはまったく問題は

なく，しかもこの場合こそが，われわれがいまここで関心を抱いている問題である，と考えることである．

いずれにせよ，われわれはこの枠組みの中で消費者選択の問題をどのように分析すべきか，ということをすでに知っている．つまり，それは第5章で述べた，標準的な消費者選択の問題と同じである．**図32.3**は，2人の消費者の，各々の需要を表現している．(**図32.3**において示された状況は均衡ではない．なぜなら，一方の個人の需要量が他の個人の供給したいと考える量に等しくないからである．)

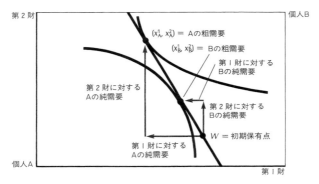

図32.3 粗需要と純需要

9章で見たように，この場面において2つの重要な「需要」の概念がある．第1財に対する個人Aの**粗需要**（gross demand）は，現行価格において彼が欲するところの第1財の総量である．一方，第1財に対する個人Aの**純需要**（net demand）は，彼の粗需要と彼が所有している第1財の初期保有量の差である．一般均衡分析においては，純需要はときとして**超過需要**（excess demands）と呼ばれる．個人Aの第1財に対する超過需要を e_A^1 と示す．定義により，もしAの粗需要が x_A^1 であり，彼の初期保有量が ω_A^1 であれば，

$$e_A^1 = x_A^1 - \omega_A^1$$

である．おそらく超過需要の概念の方が，より自然であろう．しかし，粗需要は一般的により有用である．ここでは，「需要」とは，通常，粗需要を表すものとし，「純需要」または「超過需要」を表すときには特にそのように記す．

任意の価格 (p_1, p_2) は，この需要がいずれの意味であれ，供給に等しいと

いうことを保証するのではない．純需要という見方からすれば，このことはAが売りたい（買いたい）と思う量は，必ずしもBが買いたい（売りたい）と思う量に等しくはないということを示す．粗需要という見方からすれば，このことは2人が保有したいと思っている総量は，その利用可能な財の総量に等しくはない，ということを示すのである．このことは，図32.3に示されたように明らかなことである．この例では，彼らは自分たちの望む取引を実現しえないのである．つまり，それでは市場が均衡しないのである．

この場合，市場は**不均衡**（disequilibrium）であるという．このような状況のもとでは，競売人は財の価格を変える，と仮定することが自然であろう．もし財の1つに超過需要が存在すれば，競売人はその財の価格を上昇させるであろう．そして，もしある財に超過供給があれば，その財の価格を下げるであろう．

この調整プロセスは，各々の財に対する需要がその供給に等しくなるまで続くと仮定しよう．すると最終的にはどのような状況に至るであろうか．

この解答は，図32.4において与えられている．Aが買おうとする第1財の量は，ちょうどBが売ろうとする第1財の量に等しい．第2財についても同様である．別の言い方をすれば，個々人が各々の財を現行価格で購入したいと思う総量は，利用可能な総量に等しい，ということである．このとき，市場は**均衡**（equilibrium）しているという．より厳密には，**市場均衡**（market equilibrium），**競争均衡**（competitive equilibrium），または，**ワルラス均衡**（Walrasian equilibrium）であるという[2]．これらの用語は同じことを表現しているのである．つまり，これは，ある1組の価格を示しており，その価格のもとでは，個々の消費者は購入可能な組み合わせの中で最も好ましい量を選択しており，かつ，そのときのすべての消費者の選択は各々の市場において需要が供給に一致しているという意味で整合的な状況が実現しているのである．

もし個々の主体が実現可能な最善の組み合わせを選択しているとき，彼の2財の間の限界代替率はその価格比率に等しいということを，読者はすでに知っている．しかし，もしすべての消費者が同じ価格に直面しているのであれば，すべての消費者の2財の間の限界代替率は同じになっていなければならない．図32.4によると，均衡では個々の主体の無差別曲線は予算線に接している．ま

---

[2] レオン・ワルラス（Leon Walras, 1834-1910）は，フランスのローザンヌの経済学者であり，一般均衡理論の初期の研究者である．

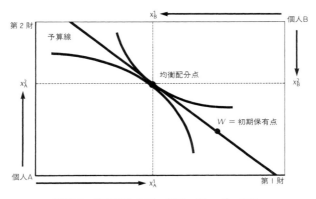

図32.4 均衡配分とエッジワース・ボックス

た,双方の個人の予算線の傾きはいずれも $-p_1/p_2$ であるから,2人の個人の無差別曲線は互いに接している.

32.5 均衡の数学的表現

$x_A^1(p_1, p_2)$ を第1財に対する個人Aの需要関数,$x_B^1(p_1, p_2)$ を個人Bの第1財に対する需要関数とする.同様に第2財に対しても需要関数を定義すれば,均衡とは

$$x_A^1(p_1^*, p_2^*) + x_B^1(p_1^*, p_2^*) = \omega_A^1 + \omega_B^1$$
$$x_A^2(p_1^*, p_2^*) + x_B^2(p_1^*, p_2^*) = \omega_A^2 + \omega_B^2$$

を満たす価格の組 (p_1^*, p_2^*) として記述することができる.これらの式は,均衡においては各財の総需要は総供給に等しくなければならない,ということを示している.

これらの2つの式を変形して均衡を

$$[x_A^1(p_1^*, p_2^*) - \omega_A^1] + [x_B^1(p_1^*, p_2^*) - \omega_B^1] = 0$$
$$[x_A^2(p_1^*, p_2^*) - \omega_A^2] + [x_B^2(p_1^*, p_2^*) - \omega_B^2] = 0$$

と表現することもできる.これらの式は,各財について,各個人の純需要の合計がゼロでなければならない,ということを示している.言い換えると,Aが

余分に需要または供給しようとする量は，Bが余分に供給あるいは需要しようとする量に等しくなければならないということである．

これらの均衡の式を**集計的超過需要関数**（aggregate excess demand function）の概念を用いて定式化することもできる．Aによる第1財の純需要関数を

$$e_A^1(p_1, p_2) = x_A^1(p_1, p_2) - \omega_A^1$$

とする．$e_B^1(p_1, p_2)$ も同様の方法によって定義する．

関数 $e_A^1(p_1, p_2)$ は，Aの**純需要**（net demand）つまり，**超過需要**（excess demand）を示している．これは，Aが消費しようとする第1財の量とAが保有していた第1財の量の差である．さて，Aの第1財に対する純需要とBの第1財に対する純需要を加えよう．すると第1財に対する**集計的超過需要**（aggregate excess demand）

$$\begin{aligned} z_1(p_1, p_2) &= e_A^1(p_1, p_2) + e_B^1(p_1, p_2) \\ &= x_A^1(p_1, p_2) + x_B^1(p_1, p_2) - \omega_A^1 - \omega_B^1 \end{aligned}$$

を得る．第2財に関しても同様に集計的超過需要 $z_2(p_1, p_2)$ が存在する．

すると，均衡 (p_1^*, p_2^*) は，それぞれの財に対して集計的超過需要がゼロとなる．つまり，

$$z_1(p_1^*, p_2^*) = 0$$
$$z_2(p_1^*, p_2^*) = 0$$

となる価格の組である，と表現することができる．実際には，この定義は必要以上に強いものである．もし第1財に対する集計的超過需要がゼロであれば，第2財に対する集計的超過需要は必ずゼロとなるからである．このことを示すために，まず，集計的超過需要関数のもつ，**ワルラス法則**（Walras' law）として知られている性質を導出しよう．

32.6　ワルラス法則

上で用いた記号を用いると，ワルラス法則とは

$$p_1 z_1(p_1, p_2) + p_2 z_2(p_1, p_2) \equiv 0$$

をいう．つまり，集計的超過需要の価値は恒等的にゼロであるということである．集計的需要の価値が恒等的にゼロであるということは，すべての起こりうる価格の組み合わせに対してゼロであるということであり，均衡価格においてのみ，ゼロであるというのではない．

この証明は，2人の個人の予算制約を足し合わすことによって得られる．第1番目の個人Aについて考えてみる．彼の各財に対する需要は彼の予算制約を満たしているので，

$$p_1 x_A^1(p_1, p_2) + p_2 x_A^2(p_1, p_2) \equiv p_1 \omega_A^1 + p_2 \omega_A^2$$

すなわち，

$$p_1 [x_A^1(p_1, p_2) - \omega_A^1] + p_2 [x_A^2(p_1, p_2) - \omega_A^2] \equiv 0$$
$$p_1 e_A^1(p_1, p_2) + p_2 e_A^2(p_1, p_2) \equiv 0$$

が成立する．

この式は，Aの純需要の価値はゼロであるということを述べている．つまり，Aの第1財の購入額に第2財の購入額を足すとゼロでなければならない，ということである．（もちろん，Aが買いたいと思う1つの財の量はマイナスでなければならない．なぜなら，Aはある財のうちのいくつかを，他の財を買うために，売らねばならないからである．）

主体Bについても，次にあげた同様の式を得る．

$$p_1 [x_B^1(p_1, p_2) - \omega_B^1] + p_2 [x_B^2(p_1, p_2) - \omega_B^2] \equiv 0$$
$$p_1 e_B^1(p_1, p_2) + p_2 e_B^2(p_1, p_2) \equiv 0$$

AとBについてのこれらの式を加えることにより，あるいは，集計的需要の定義 $z_1(p_1, p_2)$ と $z_2(p_1, p_2)$ を用いることによって

$$p_1 [e_A^1(p_1, p_2) + e_B^1(p_1, p_2)] + p_2 [e_A^2(p_1, p_2) + e_B^2(p_1, p_2)] \equiv 0$$
$$p_1 z_1(p_1, p_2) + p_2 z_2(p_1, p_2) \equiv 0$$

を得る．ここで，ワルラス法則がどのように得られたかがわかる．各主体の超過需要の価値はゼロに等しいので，主体ごとに加えた超過需要の和の価値はゼロに等しくなければならない．

以上のようにして，もし需要が供給に1つの市場で等しければ，他の市場に

おいても等しくなければならないということを証明することができる．注目すべきは，ワルラス法則はすべての価格において成立しなければならないということである．なぜなら個々の主体は，予算制約をすべての価格について満たさなければならないからである．ワルラス法則はすべての価格において成立するから，特に，第1財に関しての超過需要がゼロであるという，

$$z_1(p_1^*, p_2^*) = 0$$

のような価格の集合に対しても成立しなければならない．ワルラス法則によれば，

$$p_1^* z_1(p_1^*, p_2^*) + p_2^* z_2(p_1^*, p_2^*) = 0$$

が成立しなければならないので，これら2つの式より，$p_2^* > 0$のときには，

$$z_2(p_1^*, p_2^*) = 0$$

となる．

このように，もし第1財の需要がその供給に等しいような価格の組(p_1^*, p_2^*)を見つけたならば，そのとき第2財の需要も第2財の供給に等しい．もちろん，もし第2財の需要が第2財の供給に等しくなる価格の組を発見したならば，第1財の市場は均衡にある．

一般的に，もしk個の財が市場に存在するならば，$k-1$個の市場が均衡にあるような価格の組を見つけさえすればよい．その場合，残るk番目のk財の市場は，ワルラス法則により自動的に需要は供給に等しくなっている．

32.7 相対価格

上で見たようにワルラス法則は，k個の財の一般均衡モデルの中には$k-1$個の独立な式しか存在しないということを示している．もし$k-1$個の市場において，需要と供給が等しければ，最後の市場においても需要と供給が等しくなければならない．しかし，k個の財が存在すればk個の価格が決定されなければならないであろう．$k-1$個の式しかないときに，どのようにすればk個の価格を求めることができるというのか？

実は，本質的には独立な価格は$k-1$個しか存在しないのである．**2章**にお

いて見たのであるが，すべての価格と所得にあるプラスの数 t を掛けても予算集合は変化せず，したがって需要も変化しない．一般均衡モデルにおいては，個々の消費者の所得はちょうど初期保有量を市場価格で評価した額に等しい．したがって，価格に $t>0$ を掛ければ，自動的に，個々の消費者の所得にも t を掛けることになる．このように，ある均衡価格 (p_1^*, p_2^*) に対して，任意のプラスの数 t を掛けた (tp_1^*, tp_2^*) もまた，プラスの均衡価格である．

　このことは，価格のうちの1つを自由に選んできて，それを一定とおいてもよいということを意味している．ある財の価格を1とおき，他のすべての財の価格は，それとの比較において測られていると解釈すると便利である．2章で見たように，このような価格を**ニュメレール**（numeraire）価格と呼んでいる．もし第1番目の価格をニュメレール価格として選択すると，それは，すべての価格に $t=1/p_1$ を掛けることとまったく同じである．

　すべての市場で需要が供給に等しいという条件からは均衡相対価格が決定されるにすぎない．というのは，すべての価格にプラスの数を掛けても各個人の需要および供給行動は変化しないからである．

32.8　均衡の存在

　具体的な例を用いると，各個人の需要関数を特定の式で表現できるので，明示的に均衡価格を得ることができる．しかし，一般的には，各個人の需要関数について，明示的な数式を与えることができない．したがって，一般的な場合において，すべての市場において需要を供給に等しくさせるような価格の組がはたして存在するであろうか，という疑問が生じる．これは**競争均衡の存在**（existence of a competitive equilibrium）問題として知られている．

　競争均衡の存在を確認することによって，これまでの各章で検討してきたさまざまなモデルが整合的な状態を作り出すものであるかどうかをチェックすることができる．もしそのような均衡が一般的に存在しないのであれば，競争均衡の性質についての複雑な理論を組み立てる価値はどこにあるのであろうか．

　初期の経済学者は，k 個の財が存在する市場において $k-1$ 個の相対価格を決定する $k-1$ 個の式が存在するということに着目した．式の数と未知数の数が同じであるから，すべての式を満たす解が存在する，と主張した．

　経済学者はすぐに，そのような議論は誤りであるということを発見した．単

に式の数と未知数の数を数えるだけでは均衡解が存在することの証明にはならない．しかし，幸いなことに競争均衡の存在を証明するために用いることのできる数学的用具がある．この用具を用いるための重要な仮定は，集計的超過需要は**連続関数**（continuous function）であるということである．このことを大ざっぱに言えば，価格の小さな変化は集計的超過需要の小さな変化しかもたらさないこと，つまり，小さな価格の変化は需要量の大きなジャンプをもたらさないということである．

どのような条件のもとで，集計的需要関数は連続となるであろうか．それには2通りの条件が存在する．1つは，個々人の需要関数が連続であるということ，つまり，価格の小さな変化は個々人の需要の小さな変化しかもたらさないということである．このためには，個々の消費者は3章で論じたように，凸型の無差別曲線を有していなければならない．もう1つの条件はより一般的なものである．消費者は市場の規模にくらべれば十分に小さいというものである．この条件が満たされているときには，かりに消費者自身は不連続な需要行動をしても集計的需要関数は連続となる．

後者の条件は，実にすばらしい条件である．結局のところ，競争的行動の仮定は，市場の規模に比べて十分に小さい消費者が多数存在するときにのみ意味がある．ところがこれがまさに，集計的需要関数が連続であるための必要条件なのである．そして，連続性は競争均衡が存在するということを保証するチケットである．すなわち，各個人の行動様式についてわれわれが想定してきた内容を「よし」とするような，そのような仮定が，実は同時に均衡理論に命脈を与えているのである．

32.9 均衡と効率性

ここまでは，純粋交換モデルを用いて市場取引を分析してきた．これは，本章のはじめで論じた，取引の一般的なモデルと大きなつながりをもつ，特別な取引モデルであった．競争市場に関する1つの問題は，この競争市場のメカニズムによって，本当に取引による利益をまったく無駄なく獲得し享受できるか，ということである．需要が供給にすべての市場で等しいという競争均衡に至った後においてもなお，人々が実行したいという取引は，存在するであろうか？ 別の表現をすれば，市場均衡はパレート効率であろうか，つまり，競争価格で

取引をした後，さらに取引したいと各個人は望まないであろうか，ということである．

図32.4を見ることによってこのことは明らかとなる．市場均衡配分はパレート効率である．これは次のように証明できる．Aがより選好する点の集合が，Bのより選好する点の集合に重ならなければ，エッジワース・ボックスの中の配分はパレート効率である．しかし，市場均衡においてはAによってより選好される点は彼の予算集合の上方に存在しなければならないのである．そして同じことがBについてもいえる．そこでは「上方」というのは「Bの視点からして上方」なのである．したがって，選好される2つの集合は重なることはない．このことは，双方の個人によって均衡配分よりもより選好される配分は存在しない，ということ，したがって均衡はパレート効率であるということを示している．

32.10 効率性の数学的証明

以上の議論を代数的に示すことができる．かりに，パレート効率ではない市場均衡があるとしよう．この仮定からは論理的矛盾に到達することを示そう．

市場均衡がパレート効率ではないということは，他の配分 $(y_A^1, y_A^2, y_B^1, y_B^2)$ があり，

$$y_A^1 + y_B^1 = \omega_A^1 + \omega_B^1 \tag{32.1}$$
$$y_A^2 + y_B^2 = \omega_A^2 + \omega_B^2 \tag{32.2}$$

と

$$(y_A^1, y_A^2) \succ_A (x_A^1, x_A^2) \tag{32.3}$$
$$(y_B^1, y_B^2) \succ_B (x_B^1, x_B^2) \tag{32.4}$$

を満たす．

はじめの2つの式は配分 y は実現可能であり，次の2つの式は，すべての主体によってその配分は配分 x よりも選好されるということを意味している．($\succ_A, \succ_B$ という記号は，それぞれ個人A，Bの選好を示している．)

しかし，仮定より，個人は実現可能な最善の組み合わせを購入しているというのが市場均衡の条件である．もし (y_A^1, y_A^2) がAが選んだ点よりも良いので

あれば，Aにとってそれは彼が購入できる以上の費用をもたらすはずである．Bにとっても同様である．つまり，

$$p_1 y_A^1 + p_2 y_A^2 > p_1 \omega_A^1 + p_2 \omega_A^2$$
$$p_1 y_B^1 + p_2 y_B^2 > p_1 \omega_B^1 + p_2 \omega_B^2$$

となる．

さて，これらの2つの式を加えて

$$p_1 (y_A^1 + y_B^1) + p_2 (y_A^2 + y_B^2) > p_1 (\omega_A^1 + \omega_B^1) + p_2 (\omega_A^2 + \omega_B^2)$$

を得る．(32.1) 式および (32.2) 式を代入して

$$p_1 (\omega_A^1 + \omega_B^1) + p_2 (\omega_A^2 + \omega_B^2) > p_1 (\omega_A^1 + \omega_B^1) + p_2 (\omega_A^2 + \omega_B^2)$$

を得る．左辺と右辺とは同じものであるから，これは明らかに矛盾である．

市場均衡はパレート効率ではないと仮定して矛盾に導いたのである．したがって，この仮定は誤りである．このようにして，すべての市場均衡はパレート効率であるという定理が導かれる．これは**厚生経済学の第1定理**（First Theorem of Welfare Economics）として知られている．

厚生経済学の第1定理は，競争市場ではすべての取引からの利益が無駄なく獲得されること，つまり，各財の市場が競争的であるときに達成される均衡配分は，必ずパレート効率であることを保証する．そのような配分は，他の望ましい性質を有していないかもしれないが，しかし，それは必ず効率的である．

特筆すべきことは，第1厚生定理は利益の分配については何も述べていない．市場均衡は「公正」な配分ではないかもしれない．つまり，もし個人Aがはじめにすべてのものを所有しておれば，彼は取引の終わりにもすべてを保有しているであろう．それは効率的であるが，公平ではないであろう．しかし，いずれにせよ，効率的であるということは重要なことである．また，この定理は，ここで示したような簡単な市場機構によっても効率的配分が達成されるという重要な事実を再確認させるものである．

32.11　効率性と均衡

第1厚生定理は，競争市場における均衡はパレート効率であるということを

述べている．では，逆はどうであろうか．パレート効率的配分が与えられたとき，それが市場均衡であるような価格を見つけ出すことができるであろうか．この答えは，ある一定の条件のもとでイエスとなる．このことは**図32.5**で示されている．

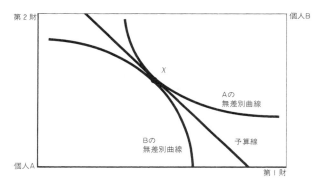

図32.5 厚生経済学の第 2 定理

1つのパレート効率的配分を取り上げてみよう．Aが現行の配分よりも選好する配分の集合は，Bがより選好する集合とは重なっていない．このことは，2つの無差別曲線はパレート効率的配分において接しているということを示している．これらの共通接線である直線を**図32.5**に描き込もう．

この直線は，2人の個人の予算集合を示していると仮定しよう．すると，もし個々の主体が予算集合の上で最善の組み合わせを選べば，その結果として生じる均衡は最初のパレート効率的配分であろう．

このように，最初の配分が効率的であるという事実は自動的に均衡価格を決定する．このとき，初期保有量はこの最初に仮定したのと同じ予算集合をもたらすようなものであれば，どのようなものであってもかまわないのである．つまり，作られた予算線の上のどこかに存在するのであればよいのである．

そのような予算線を作ることはいつも可能であろうか？　不幸なことに答えはノーである．**図32.6**はこの例を示している．ここにおいて示された点 X はパレート効率である．しかし，AとBが点 X を消費したいと望むような価格は存在しないのである．典型的な例が図示されている．そこでは，AおよびBの最適な需要が，その予算集合に対して一致しないのである．Aは点 Y を需要しようと望むが，主体Bは点 X を望む．つまり，これらの価格においては

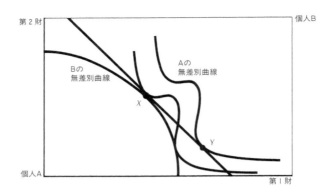

図32.6　均衡ではないパレート効率的配分

需要と供給は等しくないのである．

図32.5と図32.6の違いは図32.5の選好は凸型であるのだが，図32.6のそれは凸型ではないということである．もし，双方の主体の選好が凸型であれば，共通接線はいずれの無差別曲線とも交わることなく，すべてがうまく機能するであろう．このことより，もしすべての主体が凸型の無差別曲線をもっていれば，パレート効率的配分をある適当な初期保有量のもとで，市場効率的配分として達成するような価格の組が常に存在する，と主張する**厚生経済学の第2定理** (Second Theorem of Welfare Economics) を得ることができる．

この証明は，上に与えたように本質的には幾何学的な議論である．パレート効率的配分において，Aによってより選好される点と，Bによってより選好される点の集合は重なっていてはならない．このように，もし双方の主体が凸型の無差別曲線を有しておれば，このより選好される2つの集合の間に，互いに他を分離し合う直線を引くことができる．この直線は相対価格を与え，この線の上に存在する2主体のどのような初期保有量から取引を始めても最終的に達成される市場均衡は，最初のパレート効率的配分となるのである．

32.12　第1厚生定理の含意

以上述べた2つの厚生経済学の定理は，経済学における最も基本的な成果である．この2つの定理を簡単なエッジワース・ボックスの場合で示したのであ

32.12 第1厚生定理の含意

るが，任意の数の消費者や財を含む一層複雑なモデルにおいても成立するのである．この厚生定理は，資源配分の方法を論ずる際に深い含意を有している．

第1厚生定理について考えてみよう．これは，すべての競争均衡はパレート効率である，というのであるが，これは明示的な仮定はほとんどすることなく，定義から直接に導き出されている．しかし，いくつかの暗黙の仮定がある．仮定のうち最大のものの1つは，主体は彼自身の消費のみに関心がある，ということであり，他の消費者が何を消費するかについては関心がない，ということである．ある個人が他の個人の消費に関心をもてば，**消費の外部性**（consumption externality）が存在するという．この消費の外部性が存在するときには，競争均衡は必ずしもパレート効率ではない．

この簡単な例として，かりに，AはBのタバコの消費に関心があるとしよう．すると，市場価格を所与として消費を選択している個人はパレート効率的配分には至らない．彼らが可能なかぎり最善の組み合わせを購入した後において，AがBに対して，タバコを吸う本数を減らしてくれるようにと金を支払うというように，双方をともに改善するような方法が残っているのである．この外部性については，**34**章で詳しく論じる．

第1厚生定理のもう1つの暗黙の仮定は，各主体が競争的に行動するということである．もしエッジワース・ボックスの例のように，実際には2人の主体しか存在しなければ，彼らは価格を所与として行動することはないであろう．むしろ，主体の1人，あるいは2人ともが，彼らが市場に対してもっている力を認識し，それを彼ら自身が有利になるように行使しようとするであろう．競争均衡の概念は，各主体が競争的に行動するために十分に多数の主体が存在するときに意味のあるものとなるのである．

最後に，第1厚生定理は競争均衡が実際に存在するときにのみ意味のあるものである，ということである．さきに論じたように，各消費者が市場の規模に関して相対的に十分に小さいときには競争均衡は存在する．

各主体が効用を最大化しようと行動している私的な財の市場において，パレート効率的配分が自動的に達成される，というのであるから，第1厚生定理は，これらの条件に制約されてはいるが，非常に強いものである．

第1厚生定理の重要性は，パレート効率的結果を実現する一般的なメカニズム——それは競争的市場メカニズムである——を教えてくれる，ということにある．もし2人の主体しか存在しないところでは，この定理は重要ではない．

そこでは，2人は共同してあらゆる方法による相互取引の可能性を検討するであろう．しかし，数千，あるいはもっと多く，数百万の人がいれば，彼らの間での取引プロセスは，なんらかの構造をもたなければならない．第1厚生定理は，競争市場のもつ特別な構造はパレート効率的配分をもたらすという望ましい性質をもつということを示している．

多人数のもとでの資源の問題において，競争市場はすべての個人がもたねばならない情報量を最小にする，ということは注目に値する．消費者がその消費決定を行うときに知らなければならない情報は，彼が購入しようとしている財の価格のみである．消費者は，その財がどれだけ生産されたか，誰が生産したのか，誰がその財を所有しているのか，または，その財がどこから競争市場に入ってくるのか，というようなことを知る必要はない．個々の消費者は，その財の価格のみを知っていれば需要を決定することができ，また，もし市場が競争価格を決定するように十分にうまく機能すれば，効率的な結果が保証されるのである．競争市場がこのような方法で必要な情報を最小にすることは，資源を配分する方法を議論する際，競争市場を用いることを強く擁護するために主張される．

32.13 第2厚生定理の含意

第2厚生定理は，ある一定の条件のもとで，すべてのパレート効率的配分は競争均衡として達成されると主張する．

この結果の意味するところは何であろうか．第2厚生定理は，分配と効率の問題は分離できるということを意味している．どのようなパレート効率的配分を望むとしても，それは市場メカニズムによって達成されるのである．市場均衡は分配については中立的であり，良い分配，または公正な分配は，その基準がどのようなものであれ，競争市場を用いることにより達成することができる．

市場体系において，価格は配分と分配の2つの機能を果たしている．配分の機能としては，価格は相対的希少性を示し，分配の機能としては，異なった主体が異なった財をどれだけ購入できるかということを決定しているのである．第2厚生定理は，これら2つの機能は分離できるということを主張するのである．つまり，主体の富の量を決定する財の初期保有量を再分配することができ，その後に，価格の持つ相対的な希少性を示すという機能を用いるのである．

32.13 第2厚生定理の含意

この点において，政策的議論はときとして混乱する．しばしば，分配上の平等のために価格決定に介入せよという議論を聞くのであるが，そのような介入はまったく誤りである．上に見たように，効率的配分を達成するための便利な方法は，各主体を，彼らの行動の真の社会的費用に直面させ，これらの費用に基づいた選択をさせることである．完全に競争的な市場においては，ある財の消費量を限界において微少に増減させようという決定は，価格に依存しており，しかもこの価格は，その財に対する社会的な評価を正しく反映している．効率性の議論は限界的な決定を論じる際に明瞭に浮かび上がってくる問題である．効率性を達成するためには，個人は消費決定を行うにつき，社会的に正しい限界的なトレード・オフに直面しなければならない．

それぞれの人がどれだけ消費すべきかという決定は，これとはまったく別の問題である．競争市場においては，購買力は，その人が販売しようと所有している資源の価値によって決まる．なぜ国家が個人の購買力を，つまり初期保有量を，消費者の間に適当とみられるような方法で移転しないのかということについては，純粋理論の観点からすれば解答を与えることはできない．

実際には，国家は実物的な初期保有量それ自体を移転するのではない．初期保有量の購買力を移転するのである．国家は，ある消費者にその初期保有量の価値をベースにして課税し，徴収した貨幣を別の者に移転することができる．課税は，消費者の初期保有量の価値をベースにするかぎり，効率を損なうことはない．課税が消費者の行う選択に依存してなされるときにのみ，消費者の限界的な選択に影響を与えるのであるから，非効率的な結果が生じるのである．

初期保有量に対する課税が一般に人々の行動を変えるということは真実である．しかし，第1厚生定理によれば，いかなる初期保有量からの取引もパレート効率的配分に到達するのである．このように，初期保有量をどのように配分しても市場の力で決定された均衡配分は，やはりパレート効率的配分である．

しかしながら，実施するうえでの問題がある．消費者に定額税をかけることは簡単であろう．青い眼の消費者すべてに課税し，褐色の眼の消費者にその税収を再分配することができるであろう．眼の色が変わらないかぎり，効率の損失はない．あるいは，高いIQの消費者から低いIQの消費者へと再分配することもできるであろう．このときもまた，IQが測定できるならば，この種の課税に効率の損失はない．

だが，問題はどのようにして人々の初期保有量を測るかということである．

多くの場合，初期保有量の大部分は自分自身の労働力である．人々の労働の初期保有量とは，彼らが売ろうと思えば売ることのできる労働であり，彼らが現実に売った量ではない．人々が市場に売ろうとする労働に対する課税は，**歪みを生じさせる課税**(distortionary tax)であり，効率性を損なう．つまり，労働の販売に課税することは，一般に労働の販売量を減少させる．しかし，労働の潜在的価値，つまり，労働の初期保有量への課税は効率性を損なわない．労働の潜在的量は，定義より，課税によっては変化することのないものである．初期保有量に対する課税は，売られたものに対する課税ではなく，売るべきものへの課税であるので，売るかもしれないものがどれだけであるかを知らなければならない．そうしてみるとこれははじめに思ったほどは簡単なものではない．

しかし，われわれはこの種の初期保有量に対する課税を想像することができる．各個人が1週間の労働時間のうち10時間分によって得られた貨幣所得を国家に対して納めることを要求された社会を考えよう．この種の課税は，この個人が現実にどれだけ働いたかということとは独立的であり，労働の初期保有量に依存するのである．このような税は，基本的には各消費者の労働時間の初期保有量の一部を国家に移転しているのである．国家は，これらの資金をさまざまな財を供給するために，あるいは，単に他の主体へと移転するために用いることができる．

第2厚生定理によれば，この種の定額税は効率性を損なわない．本質的に，すべてのパレート効率的配分は，このような定額的な再配分によって達成可能である．

しかし，このような急進的な税制改革は誰も擁護しないであろう．多くの人々の労働供給の決定は，賃金率の変化に対してあまり敏感には変化しない．よって，賃金率を変化させるような方法による労働に対する課税の結果としての効率性の損失は大きくはない．しかし，第2厚生定理の意味するところは重要である．価格は希少性を反映するように用いなければならない．富の定額的移転は，分配目的のために用いられなければならない．かなりの程度まで，これら2つの政策決定は分離することができるのである．

富の分配は重要であるという観点から，人々はさまざまな形態の価格操作を擁護しようとする．たとえば，老人は安価な電話サービスを受けるべきである，とか，電力を少ししか使わない人は多く使う人よりも低い率の料金を支払うべきである，というような主張である．これらは，基本的には，ある人には他の

人よりも低い料金を提示することによって，価格体系を通じて所得再分配をしようという試みである．

しかし，これらは非常に非効率的な所得再分配の方法である．もし所得を再分配したいのであれば，なぜ単純に所得を再分配しないのであろうか．もし追加的なドルを誰かに与えるとすると，もらった人はなんであれ，買いたいと思うものを買うであろう．それは補助金を受けている財である必要はない．

要　　約

1. 一般均衡分析では，すべての市場において需給を同時に一致させる調整方法が研究される．
2. エッジワース・ボックスは，2人2財による一般均衡を分析する図形的用具である．
3. パレート効率的配分とは，すべての個人の状態を悪化させず，少なくとも1人の消費者の状態を良化するような財の再配分が，もはや存在しないような配分である．
4. ワルラス法則によれば，集計的超過需要の価値が，すべての価格に対してゼロとなる．
5. 一般均衡配分とは，すべての個人が，各々の実現可能な財の集合の中から最も選好する財ベクトルを選択している，というような配分である．
6. 一般均衡体系の中では，相対価格のみが決定される．
7. もし各財に対する需要が価格に対して連続的に変化する場合には，すべての市場で需要と供給が等しくなるような，つまり，競争均衡をもたらす価格の組み合わせが常に存在する．
8. 厚生経済学の第1定理は，競争均衡がパレート効率であることを教える．
9. 厚生経済学の第2定理は，選好が凸型であるかぎり，すべてのパレート効率的配分は競争均衡によって達成されることを教える．

33章 生　　産

　前章では，純粋交換の一般均衡モデルを示し，各財の利用可能量が一定であるという前提のもとで，資源配分の問題を議論した．本章では，一般均衡の枠組みの中に，生産をどのように組み込むかということを述べたい．生産が可能なときには，利用可能な財の量は一定ではなく，市場価格に反応して変化する．

　交換の問題を考えた際，2人2財の仮定がきつい制約であると感じられた読者がいたら，その人は生産がつけ加えられた場合の理論をどのようなものになるとお考えだろうか．実は生産が行われる場合についていきいきとした議論を行うためには，1消費者，1企業，2財，があればよいのである．このような経済モデルは，伝統的にデュフォーの小説に登場する難破船のヒーローにちなんで，**ロビンソー・クルーソー経済**（Robinson Crusoe Economy）と呼ばれる．

33.1　ロビンソン・クルーソー経済

　本章が扱う経済では，ロビンソン・クルーソーは消費者であり，かつ，生産者であるという二面的役割を果たす．ロビンソンは浜辺で寝そべって時間を過ごして余暇を楽しむこともできるし，ココナツを集めることに時間を費やすこともできる．より多くのココナツを集めたら，ロビンソンの消費量は増える．その代わり，彼の日焼けを癒すために使う時間はより少なくなる．

　ロビンソンのココナツと余暇に関する選好は**図33.1**に示されている．それらはちょうど第9章に描かれた余暇と消費の間の選好に似ている．しかし，ここでは横軸に余暇ではなく労働をとっている．ここまでは従来の分析となんら異なる点はない．

　次に，**生産関数**（production function）を図の中に描き込もう．生産関数は，

33.2 クルーソー株式会社

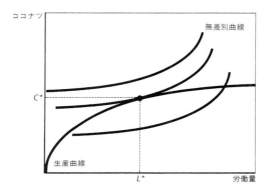

図33.1 ロビンソン・クルーソー経済

ロビンソンがどれだけ働いたときに，どれだけココナツを得るかという関係を示している．この生産関数の典型的な形が**図33.1**に示されている．ロビンソンがより多くの時間働けば，より多くのココナツを得るであろう．しかし，労働の限界生産性逓減より，追加的労働時間に対する追加的ココナツの量は労働時間が多くなればなるほど小さくなる．

ロビンソンはどれだけ働き，どれだけ消費するであろうか？ この問題の解答を得るためには，生産集合に接する最も高い無差別曲線を探せばよい．この無差別曲線は，ロビンソンのもつココナツを集める技術のもとで，ロビンソンが最も選好する労働と消費の組み合わせを示している．

この点では，無差別曲線は生産関数と接していなければならないのは当然である．もしそれらが交わっているのであれば，より好まれる他の点が存在する．これは，労働の限界生産物は，余暇とココナツの間の限界代替率に等しくなければならないということを示している．もし限界生産力が限界代替率よりも大きければ，ロビンソンはもう少しココナツを得るために余暇を少しあきらめるとよいであろう．もし限界生産物が限界代替率よりも小さいならば，ロビンソンは働く量を減らせばよいであろう．

33.2 クルーソー株式会社

これまでのところ，この話はすでに見てきたモデルのわずかな拡張である．

次に新しいものを付け加えよう．かりにロビンソンは生産者であり，かつ同時に消費者であるということに飽きてしまい，その役を交互に演じるとする．ある日は，完全に生産者として行動し，次の日は完全な消費者として行動する．このような2つの行動を調和させるために，彼は労働市場とココナツ市場を作る．

ロビンソンはさらに，クルーソー株式会社という会社を作る．彼はこの会社の唯一の株主になる．この会社は，労働とココナツの価格を見ながらどれだけの労働者を雇い，どれだけのココナツを生産するかということを，利潤最大化の原理から決定する．ロビンソンは，労働者としての役割からいうと，企業で働くことにより所得を集めている．また，株主としての役割からいうと，利潤を集めているのであり，また消費者としての役割からいうと，どれだけの産出物を企業から買おうかということを決めている．（これは奇妙なことに聞こえるのは明らかであるが，しかし，不毛の島には他にすることはというと，ほとんど何もないのである．）

自らの取引を忘れないために，ロビンソンは貨幣を発明し，これを「ドル」と呼んだ．そしていくぶん恣意的ではあるが，1ドル分のココナツを決めた．このようにして，2章で見たようにココナツはこの経済のニュメレール財となるのである．ニュメレール財とは，2章で見たようにその価格が1とされる財のことである．ココナツの価格は1とされているので，後は賃金率を決定すればよい．この賃金率がどのようなものであれば，市場はうまく機能するであろうか．

この問題を，まずクルーソー株式会社の観点から見てみよう．次に消費者としてのロビンソンから見る．この議論はときとして，多少，矛盾に聞こえるが，これは人が1人しかいない経済を分析しようとすると避けて通ることのできないことである．ここではすでに均衡に到達している経済を見る．均衡においてはココナツの需要はココナツの供給に等しく，労働の需要は労働の供給に等しい．クルーソー株式会社も，消費者としてのクルーソーも各々，彼らが直面する制約のもとで最適な選択をしている．

33.3 企　　業

毎晩，クルーソー株式会社は翌日どれだけの労働を雇い，どれだけのココナ

ツを生産するかを決める．ココナツの価格1と労働の価格 w を所与としてこの企業の利潤最大化問題を図33.2で解くことができる．まず一定の利潤 π をもたらすココナツ C と労働 L の組み合わせを考える．これは

$$\pi = C - wL$$

で示される．これを C について解くと

$$C = \pi + wL$$

を得る．

20章で示したように，この式は等利潤線であり，利潤 π をもたらすすべてのココナツと労働の組み合わせを示している．クルーソー株式会社は利潤が最大となる点を選択するであろう．一般的には，これは2曲線が互いに接することを意味する．つまり，これは 図33.2 に示されたように生産関数の傾き——これは労働の限界生産物である——が，w に等しくなければならないことを意味する．

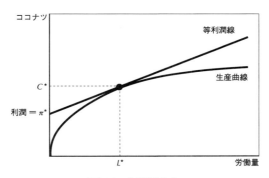

図33.2 利潤最大化

これから明らかなように，等利潤線の縦軸との切片はココナツで測った最大利潤を意味する．ロビンソンが π^* ドルの利潤を得たとすると，ココナツの価格は1とされているのであるから，ココナツを π^* だけ買うことができる．そこでほぼすべて完了する．クルーソー株式会社は仕事を終えるのである．賃金 w が所与のもとで，どれだけの労働を雇用すべきか，どれだけのココナツを生産すべきかを決定し，その計画にしたがったときにどれだけの利潤が発生す

るかということを計算してきた．そして最後にクルーソー株式会社は π^* ドルの配当を公表し，それを1人しかいない株主ロビンソンに支払うのである．

33.4 ロビンソンの問題

翌朝，ロビンソンは起床し，π^* ドルの配当を受け取る．ココナツの朝食をとりながら，今日はどれだけ働き，どれだけ消費しようかということを考える．彼はちょうど初期保有量を消費しようと考えるかもしれない．つまり，彼の利潤で π 個のココナツを買い，そして彼の余暇の初期保有量をすべて消費するかもしれない．しかし，それでは胃袋は十分には満たすことができず，2,3時間働くことは意味のあることである．よって，ちょうど彼がこれまで1日おきに繰り返してきたように，ロビンソンはクルーソー株式会社にとぼとぼ歩いて行ってココナツを集めはじめる．

通常の無差別曲線分析を用いてロビンソンの労働-消費選択を示すことができる．横軸に労働を，縦軸にココナツをとって図33.3のように，無差別曲線を描くことができる．

仮定より労働は非経済財 (bad) であり，ココナツはプラスの財 (good) であるから，図に示されたように無差別曲線は右上がりとなる．労働の最大量を $\bar{L}$ とすると，$\bar{L}$ とロビンソンが選択した労働供給量の差は，彼の余暇に対する需要量となる．これは9章で検討された労働の供給モデルに似ている．ここで前と異なる点は，この図33.3においては，横軸を見る向きが反対になってい

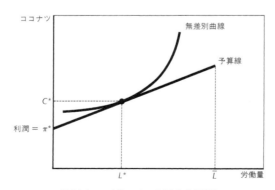

図33.3　ロビンソンの最大化問題

ることである．

ロビンソンの予算線も 図33.3 に示されている．それは w の傾きをもち，彼の初期保有量の点 $(\pi^*, 0)$ を通過する．（ロビンソンの労働の初期保有量はゼロであり，ココナツの初期保有量は π^* である．それは，もし市場で交換をしなければ，それが彼の配分となることから明らかであろう．）賃金率が与えられると，ロビンソンはどれだけ労働するべきか，そしてどれだけココナツを消費するべきかを最適に決定する．彼の最適な消費点においては，標準的な消費者選択の問題の場合と同様に，消費と余暇の間の限界代替率は賃金率に等しい．

33.5 企業兼消費者としてのロビンソン

さて，図33.2 と 図33.3 を重ねて 図33.4 を作ろう．何が生じるか．ロビンソンの奇妙な行動は，最終的には見事に機能している．最終的に彼は，すべての決定を同時に行ったのとちょうど同じ点で消費しているのである．市場体形を用いることによって，消費と生産の計画を直接的に選択したときと同じ結果に到達する．

余暇と消費の間の限界代替率は賃金に等しく，また，労働の限界生産物も賃金に等しいから，したがって労働と消費の間の限界代替率は限界生産物に等しいということが確認できる．つまり，無差別曲線と生産集合の傾きが一致しているのである．

1人の経済においては，市場を用いるということは馬鹿げたことである．な

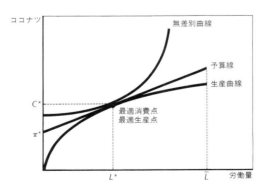

図33.4 消費と生産双方の均衡

ぜ，ロビンソンは自分の意思決定をわざわざ2つに分割しなければならないのか．しかし，多くの主体が存在する経済においては意思決定を分割することは，もはや奇妙なこととは思われないであろう．もし多くの企業が存在するならば，個々の人間に対して各財をどれだけ欲しいかと聞くことは実際の役に立ちそうな方法ではない．一方，市場経済においては，企業の財の価格のみを見て生産の意思決定を行えばよい．というのは，価格は消費者による追加的な消費に対する評価を示してくれており，そして，企業が行いたい決定の多くは，産出量をさらに増やすべきか，それとも減らすべきかということだからである．

　市場価格は，企業が投入する財，あるいは産出する財の限界的な価値を反映している．もし企業が利潤の変化をたよりに生産の増減を決定しようとするならば，この利潤は市場価格で評価されるのであるから，消費者が財に対して与える限界的な価値が，その産出量の増減の決定に反映されるのである．

33.6　さまざまな技術

　上の議論においては，ロビンソンが用いる技術は収穫逓減を有している．労働は唯一の生産要素であるから，このことは規模に関して収穫逓減と同じことである．（投入財が複数個の場合このことは必ずしも正しくない！）

　これ以外の技術の可能性を考えることは有益である．たとえば，技術は規模に関して収穫一定であるとしよう．規模に関して収穫一定とは，すべての投入が2倍になったら産出量も2倍になるということであることを思い出そう．投入量が1つの生産関数の場合には，これは図33.5に示されたように生産関数が原点を通過する直線であるということを意味する．

　技術は収穫一定であるから，**20**章の議論によれば，競争企業の唯一の合理的な利潤はゼロである．なぜなら，プラスの利潤が存在すれば企業は無限に産出量を拡大することにより，利益を得ることができ，また，利潤がマイナスであるならば産出量をゼロにする方がよいからである．

　このように，ゼロの利潤，Lの労働時間がロビンソンの初期保有量に含まれている．彼の予算集合は生産集合と一致しており，話はさきの場合と同じになる．

　図33.6に示されたような収穫逓増の場合は，状況はいくぶんか違ってくる．ロビンソンの消費と余暇の間の最適な選択を表現することはなんら困難なこと

33.6 さまざまな技術

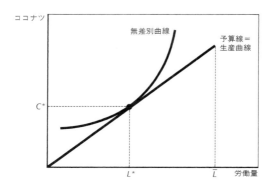

図33.5 規模に関して収穫一定

ではない．いつものように無差別曲線が生産集合に接するというものである．問題は，この点を利潤最大点として選ばれるものにしようとするときに生じる．というのは，企業がロビンソンの限界代替率によって示された価格に直面したときには，ロビンソンが需要しようと望んでいるよりも，より多い量を生産しようとするからである．

もし最適選択点で企業が規模に関して収穫逓増であれば，生産の平均費用は生産の限界費用を上回るであろう．このことはマイナスの利潤を意味する．利潤最大化を目的とする企業はその産出量を増加しようとするのである．しかし，このことは産出物の需要および消費者からの投入物の供給と両立しないのである．示された例では消費者の効用を最大化する需要と企業の利潤を最大化する

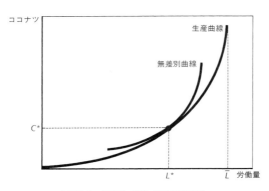

図33.6 規模に関して収穫逓増

供給を一致させる価格はない．

　規模に関する収穫逓増は**非凸性**（nonconvexity）の1つの例である．この場合には，生産集合，つまり経済にとって実現可能な労働とココナツの集合は凸集合ではない．このような場合には，**図33.6**の点 (L^*, C^*) における無差別曲線と生産関数の共通接線は，**図33.4**の場合とは異なり，より選好される点の集合を実現可能な点の集合から分離しない．

　非凸性は，このように競争市場の機能に対して重大な困難を与える．競争市場においては，消費者と企業は単なる数の集まり，つまり**市場価格**，を見て消費，生産計画を立てているのである．もし技術と選好が凸型であれば，経済主体が効率的な意思決定を行うために知る必要のあるものは，ただ，価格と，現在の生産が行われている近傍における限界代替率の関係だけである．つまり，価格は資源の最適な配分を決定するために必要なすべてのことを主体に告げるのである．

　しかし，技術と選好の双方，またはいずれか1つが非凸型であれば，価格は効率的配分のために必要なすべての情報を運ぶわけではない．現在操業点からはるかに離れたところの生産関数や無差別曲線の傾きについての情報も必要になる．

　しかし，このようなことは，規模に関する収穫逓増が市場の大きさに比べて十分に大きな範囲において存在するときにのみ問題となるのである．小さな範囲で収穫逓増があったとしても，それは競争市場に対して大きな困難を与えるものではない．

33.7　生産と第1厚生定理

　純粋交換経済の場合には競争均衡はパレート効率である，ということを思い出そう．このことは，厚生経済学の第1定理として知られている．これと同じことが，生産を行う場合においても成立するであろうか？　さきに用いられた図形的なアプローチは，この問題に答えるのに十分ではない．しかし，**32**章において示した代数的な議論の一般化によって，この問題に答えることができる．この答えはイエスである．もしすべての企業が競争的利潤最大者として行動すれば，競争均衡はパレート効率となるであろう．

　この結果はいつものようにただし書きがついている．第1に，それは分配と

は無関係である．利潤最大化は効率性を保証するにすぎず，公正を保証するのではない！　第2に，この結果は競争均衡が現実に存在するときにはじめて意味があるものである．特にこのことは，規模に関する収穫逓増のかなりの部分を適応外として除外してしまうであろう．第3に，この定理は，1つの企業の選択は他の企業の生産可能性に対して影響を与えないということを暗黙のうちに仮定しているのである．つまり，**生産の外部性**（production externalities）の可能性を排除しているのである．同様に，この定理は，企業の消費決定は直接的には消費者の消費可能性に対して影響を与えないということ，すなわち，**消費の外部性**（consumption externalities）は存在しないということを必要とする．より厳密な外部性の定義は，34章で与えられる．そこで効率的配分に対する外部性の効果についてより詳しく研究する．

33.8　生産と第2厚生定理

　消費者が凸選好を有しているかぎり，純粋交換経済の場合には，すべてのパレート効率的配分はなんらかの競争均衡である．生産を含む経済の場合にも同じことがいえる．しかしながら，この場合には消費者の選好が凸型であるということのみならず，企業の生産集合も凸型であるということが要求される．上で論じられたように，この要求は実質的に規模に関して収穫逓増の可能性を排除する．つまり，もし企業の生産が均衡水準において規模に関して収穫逓増であれば，競争価格においてより多くを生産しようと望むであろう．

　しかし，規模に関して収穫一定，もしくは収穫逓減であれば，第2厚生定理はうまく機能する．いかなるパレート効率的配分も，競争市場を用いることによって実現する．もちろん，一般的に，異なったパレート効率的配分を実現するためには消費者の間で初期保有量を再分配する必要がある．特に，労働および企業の株式保有の初期保有量から得られる所得は再分配されねばならない．前章で示されたように，この種の再分配には重要な現実的困難が存在するであろう．

33.9　生産可能性

　以上において，1投入1産出経済における生産と消費の決定について検討し

てきた．本節以降では，このモデルは，投入物と産出物がともに複数個ある経済にどのように一般化されるかを研究したい．ここでは2財の場合を取り扱うが，その概念は自然に多数財へと一般化できる．

ロビンソンが生産できるココナツ以外の財が存在し，それを魚としよう．ロビンソンは彼の時間をココナツを集めること，もしくは魚をとることにあてることができる．図33.7は，ロビンソンが彼の時間を各々の活動にさまざまな組み合わせ方で割り当てた場合に生産することのできるココナツと魚を表現している．この集合は，**生産可能性集合**（production possibilities set）として知られている．生産可能性集合の境界は，**生産可能性フロンティア**（production possibilities frontier）と呼ばれている．これは，さきに議論された投入物と産出物の関係を示した生産関数と対比されるものである．生産可能性集合は，実現可能な産$\overset{\cdot\cdot\cdot}{出物}$の集合のみを示すものである．（より高度な扱い方では，投入産出ともに生産可能性集合の一部分として捉える．しかし，そのような扱い方は2次元の図では容易に表現することはできない．）

生産可能性集合の形は，その背後にある技術の性質に依存するであろう．もしココナツと魚を生産する技術が規模に関して収穫一定であれば，生産可能性集合は非常に簡単な形となるであろう．仮定により，生産に対しては1種類の投入，つまり，ロビンソンの労働しかないのであるから，魚とココナツの生産関数は単純に労働の$\overset{\cdot\cdot}{線形}$関数になるのであろう．

たとえば，ロビンソンは1時間当たり10ポンドの魚，または20ポンドのココナツを生産できるとしよう．すると，もし彼がL_c時間をココナツの生産に，L_f時間を魚の生産に投入すれば，彼は$10L_f$ポンドの魚と$20L_c$ポンドのココ

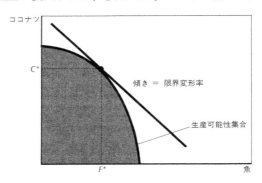

図33.7　生産可能性集合

ナツを生産するであろう．ロビンソンは１日に10時間働くと決めたとする．生産可能性集合は

$$F = 10 L_f$$
$$C = 20 L_c$$
$$L_c + L_f = 10$$

を満たすココナツ C と魚 F のすべての組み合わせによって構成される．

はじめの２つの式は，生産関係を示している．そして第３式は資源制約を示している．生産可能性フロンティアを決定するためには，はじめの２つの式を L_f と L_c について解き，

$$L_f = \frac{F}{10}$$
$$L_c = \frac{C}{20}$$

を得る．ここで，この２つの式を加えて，$L_f + L_c = 10$ であるという事実から

$$\frac{F}{10} + \frac{C}{20} = 10$$

を得る．この式は，ロビンソンが１日に10時間働くとしたときに，彼が生産できる魚とココナツのすべての組み合わせを示している．**図33.8A** でこれが示されている．

生産可能性集合の傾きは，**限界変形率**（marginal rate of transformation）——ロビンソンが他財１単位をあきらめることによって得られる当該財の量——で測られる．もしロビンソンが魚の生産量を１単位減少させれば，ココナツを２ポンド余分に得ることができる．つまり，ロビンソンが魚の生産のために働く時間を１時間減少させると，魚の生産量が10ポンド減少する．しかし，もし彼がその時間をココナツのために投入すれば20ポンド多くココナツを得るであろう．このトレード・オフは２対１の率である．

33.10 比較優位

上で示された生産可能性集合の作り方は，まったく単純である．というのは，魚を生産するのも，ココナツを生産するのも１つしか方法がないからである．

もしそれぞれを生産するのにもう1つの方法があるとすると，どうであろうか．魚とココナツを生産する異なった技術を有している別の労働者をこの島の経済に追加するとしよう．

新しい労働者をフライデーと呼ぼう．彼は時間当たり20ポンドの魚，10ポンドのココナツを生産するとする．よって，フライデーが10時間働くとすると彼の生産可能性集合は

$$F = 20L_f$$
$$C = 10L_c$$
$$L_c + L_f = 10$$

で示されるであろう．

ロビンソンのときと同様の計算によって，フライデーの生産可能性集合は

$$\frac{F}{20} + \frac{C}{10} = 10$$

で与えられる．これは**図33.8B**で示されている．フライデーのココナツと魚の間の限界変形率は $\Delta C/\Delta F = -1/2$ であることに注意しよう．一方，ロビンソンの限界変形率は -2 である．フライデーはココナツを1単位あきらめることによって，2ポンドの魚を得る．ロビンソンは1ポンドの魚をあきらめることによって，2ポンドのココナツを得るのである．このような状況のときに，フライデーは魚の生産に，ロビンソンはココナツの生産に**比較優位**（comparative advantage）をもつという．**図33.8**で3つの生産可能性集合を示した．**図33.8A**ではロビンソンの生産可能性集合，**図33.8B**ではフライデーの生産可能性集合，**図33.8C**では結合生産可能性集合，つまり，両者によってそれぞれ財が合計し

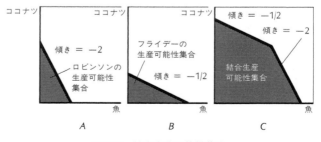

図33.8 結合生産可能性集合

てどれだけ生産されうるかということを示している．

　結合生産可能性集合は，2人の労働者を最適に組み合わせてできる生産可能性集合である．もし2人の労働者がすべての時間をココナツの生産に投入すれば，フライデーが100，ロビンソンが200の合計300のココナツを得るであろう．より多く魚を望むならば，最も魚の生産に適した人，フライデー，をココナツの生産から魚の生産へ移動すればよい．フライデーは生産しなかったココナツのそれぞれの単位に対して，2単位の魚を得る．このような理由で，結合生産可能性集合の傾きは $-1/2$ であり，これはちょうどフライデーの限界変形率である．

　フライデーが200ポンドの魚を生産しているときに，彼にはもはや余裕はない．さらにそれ以上の魚を望むならば，ロビンソンを使わねばならない．結合生産可能性集合上のこの点からその傾きは -2 となる．というのは，ロビンソンの生産可能性集合の上で操業しているからである．最終的に，可能なかぎり魚を生産しようと望むならば，ロビンソンもフライデーも魚の生産に集中し，フライデーが200，ロビンソンが100の合計300の魚の生産量を得るのである．

　各々の労働者は異なった財に比較優位をもっているのであるから，結合生産可能性集合は 図33.8 に示したように「屈折点」をもっているであろう．この例では1つしか屈折点はない．というのは，クルーソーの方法とフライデーの方法と2つの異なった生産方法しかないからである．もし多くの異なった生産方法があるならば，生産可能性集合は 図33.7 のようにより典型的な「丸い」構造となるであろう．

33.11　パレート効率性

　以上の2つの節では，経済全体にとって実現可能な消費財の集合を示す生産可能性集合の作り方を見てきた．本節では，実現可能な消費ベクトルの中からパレート効率をもたらすような選択の方法を考える．

　(X^1, X^2) で集計的消費ベクトルを示すとする．これは，第1財が X^1 単位，第2財が X^2 単位消費可能であるということを示している．クルーソー–フライデー経済においては，この2財とはココナツと魚である．しかしわれわれは29章の分析との類似を強調するために (X^1, X^2) という表示を用いる．各財の総量が確定したときには，図33.9 のようにエッジワース・ボックスを描くこ

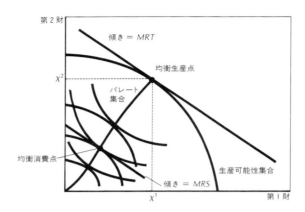

図33.9 生産とエッジワース・ボックス

とができる．

　(X^1, X^2) が与えられると，パレート効率的な消費ベクトルは前節で示されたのと同じように導出される．つまり，パレート効率的消費水準は，図33.9に示されたように無差別曲線が互いに接している点を結んだ線であるパレート集合の上に存在する．それらは各消費者の限界代替率——すなわち各消費者が交換を行いたいと思う比率——が互いに等しいという配分である．

　これらの配分は，消費の意思決定に関するかぎりパレート効率的配分である．もし人々が単純にある財を他の財と取引しようとするならば，パレート集合は取引による利益を余すところなく得つくしてしまうような消費ベクトルを示している．しかし，生産が存在する経済においては，ある財を他の財と「交換する」のにもう1つの方法が存在する．つまり，ある財をより少なく生産し，他の財をより多く生産するということである．

　パレート集合とは，利用可能な第1財と第2財の量が所与のときに，パレート効率的なベクトルの集合を示すものである．しかし，生産を含む経済においては，これらの量はそれ自身，生産可能性集合から選択されることが可能である．この生産可能性集合からどのように選択すればパレート効率的となるであろうか？

　限界代替率の条件のもとに横たわる論理について考えてみよう．パレート効率的配分においては消費者AのMRSは消費者BのMRSに等しくなければならなかった．その率で消費者Aはちょうど財を相手と交換しようとするのであ

るが，その率はちょうど消費者Bが財を相手と交換しようと望むという率に等しいのである．もしそうでなければ，双方の消費者がともに改善される別の取引が存在する．

限界変形率（MRT）は，財が他の財に「変形」される率を測ったものであることを思い出そう．もちろん，財は文字通り，他の財に変形されるものではない．変形とは，ある財をより少なく，他の財をより多く生産しようとして生産要素を移動する，ということである．

ある消費者の限界代替率が，2つの財の間の限界変形率と等しくないところで経済が進行していると考えてみよう．そのような状態はパレート効率ではない．なぜか？　この点ではその消費者が第1財を第2財と交換しようとする率は，第1財が第2財へと変形される率とは異なるからである．つまり，生産のパターンを変えることによって，消費者を改善する手段が存在するのである．

たとえば，この消費者のMRSを1としよう．消費者は第1財と第2財を1対1の率で代替してもよいと思っているのである．MRTは2であるとしよう．これは第1財を1単位あきらめることによって社会は第2財を2単位得ることができるということを示している．すると明らかに，第1財の生産を1単位減らすことは意味がある．これによって2単位余分に第2財を生み出すのである．消費者にとっては，第1財を1単位あきらめて第2財を交換に1単位得ることが無差別なのだから，第2財を追加的に2単位得ると，彼は明らかに改善される．

ある消費者がMRTと異なったMRSをもっているときには，常にこの議論は成立する．このときはいつでも消費者を改善するような消費と生産の調整が存在する．すでに示したように，パレート効率のときにはすべての消費者のMRSは等しくなければならない．また，上に示された議論は，各消費者のMRSはMRTに等しくなければならないことを示している．

図33.9はパレート効率的配分を示している．エッジワース・ボックスの中の無差別曲線は互いに接しているから，各消費者のMRSは等しい．そしておのおのの消費者のMRSは，生産可能性集合の傾きであるMRTに等しい．

33.12　難破船株式会社

前節では，各消費者のMRSはMRTに等しいという，パレート効率の必要

条件を導出した．パレート効率が実現するためには，どのような資源の配分もこの条件を満たさなければならない．本章のはじめに，利潤を最大化する企業と，効用を最大化する消費者によって構成される競争経済はパレート効率的配分をもたらすことを述べた．本節では，このメカニズムの細目について研究する．

経済は2人の個人——ロビンソンとフライデー——で構成されている．財は4種類存在する．2つの生産要素（ロビンソンの労働とフライデーの労働）と，2つの産出物（ココナツと魚）である．ロビンソンとフライデーは2人とも，難破船株式会社と呼ぶ企業の株主であるとしよう．もちろん彼らは完全な雇われ人であり，顧客でもある．しかし，さきと同様にこれら2つの役割を順番に検討し，ロビンソンもフライデーも同時に両方の役割を見わたして，総合的な判断を行うことはないとする．分析の目的は，主体の意思決定に際し，全体としての経済の機能に注目する必要がないという，分権的な資源配分システムがどのようにして機能するかを理解することである．

まず，難破船株式会社からはじめて，この利潤最大化問題を考える．難破船株式会社はココナツ（C）と魚（F）の2つの産出物を生産し，そして，クルーソー（L_C），フライデー（L_F）の2種類の労働を用いる．ココナツの価格（p_C），魚の価格（p_F），クルーソーとフライデーの賃金率（w_Cとw_F）を所与とすると，利潤最大化問題は生産可能性集合によって示された技術の制約のもとで

$$\max_{C,F,L_F,L_C} p_C C + p_F F - w_C L_C - w_F L_F$$

となる．

企業は，均衡においてフライデーの労働をL_F^*，クルーソーの労働をL_C^*だけ雇用することが最適であると見つけたと仮定しよう．ここで焦点を合わせたい問題は，利潤最大化によって生産すべき産出量のパターンがどのように決定されるかということである．$L^* = w_C L_C^* + w_F L_F^*$を生産の労働費用としよう．企業の利潤$\pi$を

$$\pi = p_C C + p_F F - L^*$$

と書こう．この式を変形して

33.12 難破船株式会社

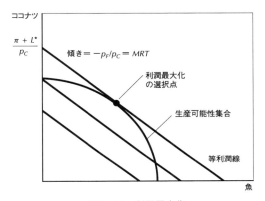

図33.10 利潤最大化

$$C = \frac{\pi + L^*}{p_C} - \frac{p_F F}{p_C}$$

を得る．この式は**図33.10**に描かれたように，企業の**等利潤線**（isoprofit lines）を示している．ここで等利潤線の傾きは $-p_F/p_C$ であり，縦軸との切片は $(\pi + L^*)/p_C$ であることがわかる．L^* は仮定より固定されているから，利潤が高ければ等利潤線の縦軸との切片は高くなる．

もし企業がその利潤を最大化しようとするならば，最も高い縦軸との切片をもつ等利潤線が通過するような点を生産可能性集合上で選ぶのである．このことは，等利潤線は生産可能性集合に接しなければならないということを意味するのである．つまり，生産可能性集合の傾き（MRT）と，等利潤線の傾き $-p_F/p_C$ が等しいのである．つまり，

$$MRT = -\frac{p_F}{p_C}$$

が成立する．

これまで1企業の場合の利潤最大化問題を研究してきた．しかし，これは任意の数の企業の場合にも成立する．最も大きな利潤をもたらすようなココナツと魚の生産を行っている個々の企業は，2財の間の限界変形率が2財の間の価格比率に等しいところで操業しているのである．このことは，企業がまったく異なった生産可能性集合をもっている場合でも彼が2つの財の同じ価格に直面していればやはり成立することである．

このことは，均衡においては，2つの財の価格比率は，他の財で測ったある財の機会費用であるところの限界変形率に等しい，ということを示している．もしより多くのココナツを望むならば，魚のいくらかはあきらめなければならない．どれだけの魚を？　ココナツに対する魚の価格比率を見ればよい．これらの経済変数の比率は，技術的トレード・オフがとるはずの値を示している．

33.13　消費者としてのロビンソンとフライデー

難破船株式会社の利潤最大化をもたらす生産計画の決定について見てきた．この計画にしたがって労働を雇用し，生産活動をし，利潤を生み出すのである．労働を雇用するときには賃金を労働者に支払い，利潤を得るときには株主に配当を支払う．難破船株式会社によって得られた利潤はロビンソンとフライデーに賃金または利潤として払い出される．

この企業はその収入をすべて労働者と株主に払い出すから，彼らは必ずその産出物を購入するのに十分な収入を得るのである．これはちょうど32章で論じられたワルラス法則の変形である．つまり，そこでは，人々は彼らの初期保有量を販売することにより収入を得たのであるから，彼らは常にその初期保有量を購入するために十分な収入をもっているのである．本章では，ロビンソンとフライデーは，彼らの初期保有量を企業に販売することによって賃金を，また，その企業から利潤を，貨幣の形で得ているのである．貨幣は決して体系から消えてしまうのではなく，あるいは追加されるものでもないから，人々は生産されたものをちょうど購入するだけの貨幣を保有しているのである．

企業から得た貨幣によって消費者は何をするのであろうか．通常は彼らは消費財を購入するために貨幣を用いるのである．各個人は p_f，p_c の価格のもとで購入することのできる最適の財を選択するのである．さきに見たように，各消費者にとっての最適な消費ベクトルは，2つの財の間の限界代替率が共通の価格比率に等しい，という条件を満たさなければならない．しかし，この価格比率は，同時に，企業の利潤最大化行動により限界変形率に等しくなければならない．このように，各消費者の MRS は MRT に等しいというパレート効率の必要条件が満たされるのである．

この経済においては，財の価格は相対的な希少性のシグナルとして役立っている．それらは技術的希少性，つまり，他の財をより多く生産するためにはあ

る財の生産をどれだけ減少させねばならないかということを，また，消費の希少性，つまり，他の財のいくらかを得るためにある財の消費をどれだけ喜んで減らそうとするかということを示している．

33.14 分権的資源配分

　クルーソー–フライデー経済は劇的に単純化された図である．経済の機能を叙述する大きなモデルを作成するためには，はるかに複雑な数学を用いる必要がある．しかし，この単純なモデルでもいくつかの有用な洞察を得ることができる．

　これらの洞察のうち最も重要なものは，個人の私的な効用最大化の目的と資源の効率的利用という社会的な目的の間の関係である．ある条件のもとでは個人の私的な目的の追求は全体的なパレート効率的配分をもたらす．さらに，もし初期保有量——企業の所有も含む——が適切に再分配できるならば，どのようなパレート効率的配分であれ，競争市場の結果として達成することができる．

　重要な競争市場の利点は，個々人と個々の企業は彼ら自身の最大化問題を考えていればよいということである．個々の企業と個々人の間で伝達されなければならないのは財の価格のみである．この価格という相対的希少性の指標が与えられたら，消費者と企業は資源を効率的に配分するために十分な情報を有しているのである．この意味において，資源利用の効率性に関する問題は分権化することができ，個々人のレベルで解かれるのである．

　各個人は，何をどれだけ消費するべきかという問題を解くことができる．企業は，消費者が購入する財の価格に直面し，各々をどれだけ生産すべきかを決定する．企業の意思決定に際しては，利潤がシグナルの役割を演じる．この意味において，利潤はまさに適切な案内役となるのである．生産計画が利潤を生み出すということは，それを生産するために要する費用以上の価格を，消費者が支払うということを意味する．よって，そのような財の生産を拡張することは自然なことである．もしすべての企業が利潤最大化策を遂行するならば，そしてすべての消費者が彼らの効用を最大化するように消費ベクトルを選択するならば，成立する競争均衡はパレート効率的配分である．

要　　約

1. 一般均衡の枠組みの拡張は，交換される財を生産し，利潤最大化をめざす競争企業を経済の中に導入することによって可能となる．
2. 各企業が利潤最大化を行い，各個人が効用最大化を行う結果，当該経済のすべての生産物と要素について，各市場の需給均衡がすべて達成されるような価格の組み合わせが，ある条件のもとで存在する．
3. ある一定の条件のもとで，競争均衡はパレート効率的である．つまり，厚生経済学の第1定理が，生産を含む経済で成立する．
4. もし生産集合が凸集合である場合には，厚生経済学の第2定理が成立する．
5. 財が最も効率的に生産されているとき，2財間の限界変形率は，他財の追加的単位を得るために，当該財を何単位犠牲にしなければならないかを示す．
6. パレート効率であるためには，各個人，各財の限界代替率が限界変形率に等しくなければならない．
7. 競争市場の利点は，生産および消費に関する分権的意思決定によって，効率的資源配分を達成するところにある．

34章 厚　　生

　以上では，経済的配分の評価にあたって，パレート効率性のみをもっぱら考慮してきた．しかし，これ以外のことも考慮する必要がある．パレート効率性は，人々の間の厚生の配分については何も言っていないので，1人の人にすべてを配分するような，極端な場合でもパレート効率でありうることを想起してほしい．このような配分は，残りの人にとって合理的であるとはいいがたい．本章では，厚生の配分に関する考えをモデル化する際に用いられる手法を考察することにする．

　確かに，パレート効率性はそれ自体，望ましいゴールである．もし，ある人々にとって，他人の厚生を犠牲にすることなしに，自分の厚生を高める方法があるならば，もちろんそれはするべきだ．通常パレート効率的配分は多数存在する．しかし，社会はどうやってその中から1つを選択するのであろうか．

　本章では，特に**厚生関数**（welfare function）の考えに焦点を絞ろう．これは，異なる消費者の効用を「足し合わせる」方法を与えるものである．もっと一般的に言えば，厚生関数は消費者間で異なっている効用を順序付ける方法といえる．この概念の意味合いを調べる前に，個々の消費者の選好を「足し合わせて」，いかに「社会的選好」を構築するかを考えるのは価値あることだろう．

34.1　選好の集計

　さきに行った消費者選好の議論に戻ろう．通常仮定されるように，選好は推移律を満たすものとする．これまで，われわれは消費者の選好が財ベクトルで定義されるものと想定してきたが，この概念を拡張して，消費者間の財の配分全体上で消費者の選好が定義されるものとしよう．もちろん，このことは，さ

きに仮定したように，消費者が他人がもつ選好の影響を受ける可能性を排除している．

ある特定の配分を表すのに記号 x を使おう．これは，各個人が各財をどれだけもっているかを表すものである．このとき，2つの配分 x, y が与えられたとすれば，各個人 i は自分が x を y より選好するかどうかの意思表示ができるものとする．

経済主体全員の選好が与えられたとき，これらを「集計」して1つの**社会的選好**（social preference）を導出する方法を探りたい．つまり，もしわれわれがすべての個人がいかに複数の配分を順序付けるかを知っているのであれば，この情報を使って，異なる配分を社会的に順序付けることができるのではなかろうか．これは社会的意思決定としては最も一般的なレベルの問題である．いくつか例を考えてみよう．

個人の選好を集計する1つの方法は，ある種の投票を用いるやり方である．われわれは，もし大多数の個人が y より x の方を選好するならば，x は y より「社会的に選好される」ことに同意できるだろう．しかしながらこのやり方には，問題がある．というのも，この社会的選好の順序は推移律を満たさない可能性がある．例として，**表34.1** に示されたケースを考えてみよう．

表34.1 投票の結果推移律を満たさなくなる選好

A	B	C
x	y	z
y	z	x
z	x	y

この表は，x, y, z という3つの互いに競合する配分を3人の個人が順序付けしたものである．ここで多数の人が y より x を選好し，多数の人が z より y を選好し，多数の人が x より z を選好していることに注意されたい．このように個人の選好を多数決原理によって集計してもうまくいかない．これは，多数決原理から得られる社会的選好は，一般に正常な選好ではなく，推移律も満たさないからである．この選好が推移律を満たさないことから，(x, y, z) の選択肢の中から「最善の」選択をすることはもはや不可能である．どのような結果を社会が選択するかは投票順序に依存することになるであろう．

34.1 選好の集計

このことを明らかにするために，表34.1の3人が投票の順序に関して，まず最初に，xとyに関してどちらを選好するか投票し，次にこの投票の結果選ばれた配分とzとの間で投票することに決めたとしよう．そうすると，まずxとyとの選択では多数派はxを選び，次にxとzの選択では多数はzを選択するから，社会が選択する結果はzとなるであろう．

しかし，もし彼らが，まずzとxに関して最初に投票し，次にこの結果とyについて決選投票を行うとすればどうなるであろうか．今度は，最初の投票ではzが残り，次のzとyの投票ではyが選ばれることになる．最終的にどのような結果が選択されるかは，事実上投票順序に依存していることになる．

次に考慮すべき投票メカニズムは，ランク付け投票である．これは各自が自分の選好に基づいて，選択肢にランクをつけそれに順に番号を割り当てるものである．たとえば，最高のものに1，次のものに2，……というようにする．そして次に，各人が各選択肢につけた点数を足し合わせ，選択肢ごとの集計値を決定する．このとき，合計が小さい選択肢の方が社会的に望ましいとする．

表34.2は，2人の人が，x, y, zという3つの配分に対してもちえる選好順序を表している．最初に，x, yという選択肢だけが選択可能であると仮定しよう．そうすると，この例ではAはxに1のランクを与え，Bはxに2のランクを与える．もう一方のyにはそれとちょうど逆のランクを与えることになる．この場合，投票の結果はランクの集計値がともに3となり，お互い引き分けということになる．

しかし，今度はzも選択対象に加わったとしよう．そうすれば，Aはxに1，yに2，zに3を与え，Bはyに1，zに2，xに3を与えることになろう．したがって今度は，xのランクの集計値が4となり，yの集計値が3ということになるだろう．この場合にはランク付け投票からすれば，yの方がxより選好されることになるであろう．

表34.2 xとyとの間の選択はzに依存する

A	B
x	y
y	z
z	x

多数決原理による投票であれ，ランク付けによる投票であれ，問題点は抜け目のない人，目先のきく人が結果を自由に操作する可能性があるということである．つまり，多数決原理による投票の場合，投票順序を変えることによって所望の結果を得ることができるし，ランク付けによる投票の場合，新たな選択対象を加えることで当該選択肢のランクの集計値を変えることができるのである．

このような，ごまかしを許さない社会的決定メカニズム——選好を集計する方法——ははたして存在するのだろうかという疑問が生じるのは当然のことである．言い換えると，上で述べたような好ましからざる性質をもたないような選好の「足し合わせ」方が存在するのだろうか．

社会的決定メカニズムが満足すべき条件を列挙すると次のようになる．

1. 完全性，反射性，推移律を満たす個人の選好がどのように与えられたとしても，社会的決定メカニズムは同じ条件を満たす社会的選好順序を形成できなくてはならない．
2. もし全員が選択肢 x を選択肢 y より選好するものとすれば，社会的選好順序は y より前に x を位置づけるべきである．
3. x と y の間の選好は，いかに人々が x と y を順序付けるかだけに依存しており，その他の選択肢の順序付けには依存すべきではない．

これら3つの要件はきわめてもっともなものであるが，この3つの条件すべてを満足する決定メカニズムを見つけ出すことは，きわめて困難なことである．事実，ケネス・アローは次の驚くべき結果を証明した[1]．

アローの不可能性定理．もし社会的決定メカニズムが上の条件1，2，3を満たすならば，それは独裁制にほかならない．つまり，すべての社会の選好順序は1人の個人の選好順序と等しくなる．

アローの不可能性定理はまったく驚くべき定理である．これによれば，3つ

---

[1] ケネス・アロー (Kenneth Arrow) の *Social Choice and Individual Values* (New York: Wiley, 1963)（長名寛明訳『社会的選択と個人的評価』日本経済新聞社，昭和52年）を参照せよ．アローはスタンフォード大学の教授であり，この分野での業績でノーベル経済学賞を受賞した．

の非常にもっともらしく望ましい性質をもった社会的決定メカニズムが，民主主義と両立しえないことになる．社会的な決定をするのに「完全な」方法は存在しないのである．個人の選好を「集計して」1つの社会的選好を作る完全な方法は存在しないのである．もし個人の選好を集計して社会的選好を形成する方法を見い出したければ，アローの定理で述べた，社会的決定メカニズムが満たすべき性質のうちの1つはあきらめなければならなくなるだろう．

34.2 社会的厚生関数

　もしわれわれが上で述べた社会的厚生関数の望ましい性質のいずれか1つを捨てるとすれば，たぶん第3の性質になるだろう．つまり，2つの選択肢の間での社会的選好は，これら2つの選択肢の間での選好関係にのみ依存するという性質である．もしこの性質を捨てれば，ある種のランク付け投票による社会的厚生関数の導出が可能になる．

　ある配分に対する各個人の選好が与えられたとすれば，われわれは効用関数 $u_i(\mathrm{x})$ を導出することができ，これによって，個人の価値判断を次のように要約することができる．ある個人 i が x を y より選好するための必要十分条件は $u_i(\mathrm{x}) > u_i(\mathrm{y})$ である．もちろん，これらの効用関数は，すべての効用関数がそうであるように，現在の選好順序さえ変えなければどんな目盛りでもつけることができる．したがって，効用関数の表現が一意的に定まるわけではない．

　しかし，ある効用表現を選び，それに少しこだわってみよう．個人の選好から社会的選好を得る1つの方法は，個人の効用の総和をある種の社会的効用として用いるというやり方である．つまり，以下の式が満たされれば，x という配分は y という配分より社会的に選好されるということができるであろう．

$$\sum_{i=1}^{n} u_i(\mathrm{x}) > \sum_{i=1}^{n} u_i(\mathrm{y})$$

なお上の式で n は，社会における個人の数である．

　われわれの効用表現の選び方が完全に任意なので，このやり方でも良いわけである．総和を用いるという選択もまた，任意である．したがって，個人の効用の加重和でも，効用の積でも，また効用の2乗和でもよいのである．

　ここで「集計関数」が満たすべき制約条件を1つあげるならば，それは各個

人の効用の増加関数でなければならないということである．そうすれば，もしすべての個人がyよりxを選好するとすれば，yよりxが社会的に選好されることが保証されることになる．

この種の集計関数には名前があり，**社会的厚生関数** (social welfare function) と呼ばれる．社会的厚生関数は，まさに個人の効用関数のなんらかの関数 $W(u_1(\mathrm{x}), \cdots, u_n(\mathrm{x}))$ である．これは，個人の選好にのみ依存している異なる配分をランク付けする方法を与えるものである．社会的厚生関数は各個人の効用の増加関数である．

さて，いくつかの例を見てみよう．上で述べたものは，個人の効用関数の総和という特殊な場合であり，次のように表現される．

$$W(u_1, \cdots, u_n) = \sum_{i=1}^n u_i$$

これは，よく**古典的功利主義者の** (classical utilitarian) または**ベンサム流の** (Benthamite) 厚生関数と呼ばれることがある[2]．この型を少し一般化した，**効用の加重和** (weighted-sum-of-utilities) を用いた厚生関数は次のようになる．

$$W(u_1, \cdots, u_n) = \sum_{i=1}^n a_i u_i$$

ここでウエイト $a_1, \cdots, a_n$ は，社会全体の厚生から見て，各主体の効用がどれだけ重要であるかを示す数であると仮定されている．したがって，各 a_i がプラスの数であるとするのは自然であろう．

次に興味ある厚生関数は**ミニマックス** (minimax) または，**ロールズの** (Rawlsian) 社会的厚生関数であり次のように表される．

$$W(u_1, \cdots, u_n) = \min\{u_1, \cdots, u_n\}$$

この厚生関数は，配分の社会的厚生は最も厚生が低い主体つまり最低の効用をもった人の厚生にのみ依存して決まる，ことを示している[3]．

これらの厚生関数はそれぞれ，個人の効用関数を比較する1つの可能な方法である．これらはそれぞれ，異なる個人間の厚生の比較について異なった倫理

---

[2] ジェレミー・ベンサム (Jeremy Bentham, 1748-1832) は道徳哲学における功利主義の学派の創設者であり，この学派は，最大多数の最大幸福を至高のものとみなす．

[3] ジョン・ロールズ (John Rawls) はハーバード大学の現代の道徳哲学者であり，このような正義の原則を主張している．

的判断を示している.現時点で厚生関数に課されている唯一の制約は,これが各個人の効用の増加関数であるということだけである.

34.3 厚生最大化

厚生関数が定義されれば,次に厚生最大化問題を吟味することができる.個人 i が財 j をどれだけもっているかを x_i^j という表現を使って示し,いま n 人の消費者と k 個の財があるものと想定しよう.そうすれば,配分 x とは,各主体が各財をどれだけ所有しているかを示すリストを表していることになる.

消費者に配分する第1財,…,第 k 財の総量が,X^1,…,X^k と与えられれば,次のような厚生最大化問題を提示することができる.

$$\max W(u_1(\mathrm{x}), \cdots, u_n(\mathrm{x}))$$

ただし

$$\sum_{i=1}^{n} x_i^1 = X^1$$
$$\vdots$$
$$\sum_{i=1}^{n} x_i^k = X^k$$

このようにして,われわれは,社会的厚生を最大化する実現可能な配分を求めることができる.ではそのような配分はどのような性質を持っているのだろうか.

まず第1に,厚生を最大化する配分はパレート効率的な配分でなければならない.証明は簡単で次のようになる.厚生を最大化する配分がパレート効率的でないと仮定しよう.そうすれば,誰もが少なくとも同じ大きさの効用を得るか,もしくは,誰かがより大きな効用を得ることができるような配分が何か他に存在することになる.しかしながら,厚生関数は各個人の効用の増加関数であるから,この新しい配分はより高い厚生をもたらすものでなければならない.もともとわれわれは,最大の厚生を前提していたので,これは矛盾である.

この状況は,**図34.1** を使って説明することができる.図において集合 U は2人の個人が到達可能な効用の集合を表している.この集合は,**効用可能性集合**(utility possibilities set)として知られている.この集合の境界線は,**効用可能性フロンティア**(utility possibilities frontier)と呼ばれる,パレート効率

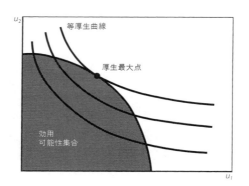

図34.1　厚生最大化

的配分を示す効用水準の集合である．もしある配分が効用可能性集合の境界線上にあれば，この2人の個人にとって，より高い効用をもたらす実現可能な配分は他に存在しない．

この図における「無差別曲線」は**等厚生曲線**（isowelfare curves）と呼ばれ，厚生を一定に保つような効用の分布を表している．通常，最適点は接線条件で与えられるが，いまのところ最大効用点はパレート効率であり，これが効用可能性集合の境界線上で起こることに注意してほしい．

この図から次に観察できることは，いかなるパレート効率的配分もある厚生関数上の最大値でなければならないということである．この例は**図34.2** で与え

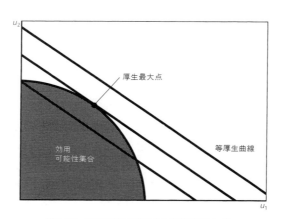

図34.2　加重和効用の厚生関数の最大化

られる．

図34.2においてパレート効率的配分を取り上げ，最大厚生を与える等厚生曲線上の集合を発見した．実際，われわれはこれ以上のことをいうことができる．もし効用可能性集合が上に描いたように凸集合であれば，その境界線上のすべての点は，図34.2で示したように，加重和効用の厚生関数から見て最大厚生を与える．このように，厚生関数はパレート効率的配分を選び出す方法を与える．すなわち，すべての最大厚生はパレート効率的配分であり，またすべてのパレート効率的配分は最大厚生である．

34.4 個人的社会厚生関数

これまで，個人の選好を各個人が保有する財ベクトル上ではなく，全配分上で定義されたものと考えてきた．しかし前に述べたように，個人は自分自身がどんな財ベクトルをもっているかということだけに関心を示すかもしれない．この場合，x_i は個人 i のもつ消費ベクトルを表し，$u_i(x_i)$ が個人 i にとってのある1つの効用水準を表すものとすれば，社会的厚生関数は，次のような形となるであろう．

$$W = W(u_1(x_1), \cdots, u_n(x_n))$$

この厚生関数は直接的には効用ベクトルの関数になっているが，間接的には個人の消費ベクトル（消費の組み合わせ）の関数になっている．このような厚生関数の特殊型は，**個人的厚生関数**（individualistic welfare function）または，**バーグソン-サミュエルソン厚生関数**（Bergson-Samuelson welfare function）として知られている[4]．

もし各主体の効用が本人の消費だけに依存しているのであれば，消費の外部性は存在しない．したがって**32**章の標準的な結果を応用でき，パレート効率的配分と市場均衡との間の密接な関係を次のように表すことができる．すべての競争均衡はパレート効率であり，適当な凸性の仮定のもとでは，すべてのパレート効率的配分は競争均衡である．

---

4) エイブラム・バーグソン（Abram Bergson）とポール・サミュエルソン（Paul Samuelson）は現代の経済学者であり，1940年代初期にこの種の厚生関数の性質について研究した．サミュエルソンは数多くの貢献でノーベル経済学賞を受賞した．

この議論は次のように一歩進めることができる．パレート効率と最大厚生との間の関係が上で述べたようなものであるとすれば，われわれは次のような結論を得ることができる．すべての最大厚生は，競争均衡であり，すべての競争均衡は，ある厚生関数の厚生の最大値である．

34.5 公正な配分

　厚生関数を使ったアプローチは，社会的厚生を表現するのに一般的な方法である．これは非常に一般的であり，いろいろな道徳的判断の性質を要約するのに用いられるが，どのような倫理的判断が合理的であるかを決定するのにはあまり用いられない．

　次のアプローチは，ある特定の道徳的判断から出発し，この考えの経済の分配問題に関する含意を調べるというやり方である．これが**公正な配分**(fair allocations)の研究でとられるアプローチである．これは財ベクトル（財の組み合わせ）を分配する公正な方法について考えられるべき定義から出発し，次に経済分析についてのわれわれの理解を利用して，その含意を調べるというアプローチである．

　いま，なにがしかの財を与えられ，これを n 人の同等に資格のある人に公正に分配すべき状況にあると想定しよう．このときあなたはどのように分配するだろうか．たぶんほとんどの人は，この財を n 人の人に等しく分配するといってもおそらく大丈夫であろう．全員が同等の資格をもっているという前提条件がある場合，他にどんな分配方法がありうるであろうか．

　この等しく分配するという考えのどこが魅力的なのだろうか？　その1つは対称性である．各主体は，同じ財ベクトルをもっている．各自がまったく同じものをもっているので，誰も自分の財ベクトルより他人の財ベクトルの方を選好することはありえない．

　残念ながら，均等な分配は必ずしもパレート効率ではありえない．もし各主体が異なる嗜好をもっているとすれば，人々は一般的に均等な分配から離れた取引をしようとするであろう．このような取引が起こり，かつこれによってパレート効率的配分が実現すると仮定しよう．

　そうすれば次のような問題が生じる．このパレート効率的配分は，なんらかの意味で依然として公正といえるか．均等な分配の後で起こる取引は出発点に

おける対称性をそのまま受け継いでいるだろうか．

　この答えは，「必ずしもそうではない」ということである．次の例を考えてみよう．A，B，Cという3人がいる．このとき，AとBは同じ嗜好をもち，Cは異なる嗜好をもっているものとする．均等な分配から出発し，AとCが会って取引をすることを想定しよう．そうすれば，彼らは両者とも厚生を高めることができることになるであろう．Cと取引できなかったBは，Aに**羨望**（envy）を抱くであろう．つまりBは自分の財ベクトルよりAの財ベクトルの方を選好するであろう．AもBも同じ配分から出発したにもかかわらず，Aは取引の機会に恵まれるが，この結果，最初の配分の対称性が壊れることになる．

　この意味は，均等な分配の後で起こる取引は，必ずしも均等な分配がもつ対称性を保存しているとはかぎらないということである．このような対称性を保存する配分は存在するのであろうか．公平でかつ同時にパレート効率であるような配分を得る方法はありうるのであろうか．

34.6　羨望と公平

　次に，このような考えを一部，定式化してみよう．そもそも，「対称」とか「公平」とは一体なんであろうか．1つの定義は次のようなものであろう．

　配分が**公平**（equitable）であるというのは，いかなる個人も自分の財ベクトルより他人の財ベクトルの方を選好することがないということである．もしある個人iが他の個人jの財ベクトルの方を選好するのであれば，iはjに**羨望を抱く**（envies）という．最後に，もしある配分が公平でかつパレート効率的であれば，**公正な**（fair）配分であるという．

　これらは，上で触れた対称性の考えを定式化する方法である．均等な配分とは，誰も他人に羨望を抱くことがないという性質をもつ配分である．しかしこの性質をもつ配分は他に多く存在する．

　図34.3を見てみよう．任意の配分が公平であるかどうかを見るために，2人の個人がそれぞれ自分の財ベクトルを相手と交換した後，できる配分を見てみよう．もしこの交換した配分が最初の配分を通り，各個人の無差別曲線の「下方」に位置するようなものであれば，最初の配分は公平な配分である．（ここで「下方」というのは各個人の観点から見て下を意味するのである．読者の観点から見れば，交換した配分は2つの無差別曲線の間になければならない．）

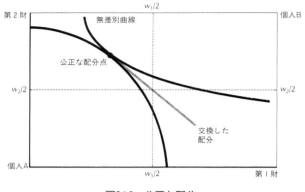

図34.3 公正な配分

図34.3 における配分はまたパレート効率的でもあることに注意されたい．このように，これは前に定義したような意味で公平であるばかりでなく，パレート効率的である．したがって，上の定義より，これは公正な配分である．この種の配分は偶然の産物なのか，それとも一般的に存在するものなのだろうか．

公正な配分は一般的に存在するであろうということと，このことを見る簡単な方法があることは明らかになった．したがって，前節の場合と同様，均等な分配から出発して，交換によってパレート効率的配分が実現することを考察しよう．古い取引方法を使うかわりに，競争市場という特別のメカニズムを使おう．こうすると，各個人は均衡価格 (p_1, p_2) で買うことのできる最善な財ベクトルを選択することによって新たな配分に移ることになるであろう．このような配分は，31章よりパレート効率的でなければならないことがわかる．

しかしこの配分は依然として公平性を保持しているであろうか．公平でないと仮定してみよう．消費者の1人，たとえばAは消費者Bに羨望を抱くと仮定してみよう．このことは，Aは自分のもつ財ベクトルよりBがもつ財ベクトルの方を選好することを意味し，記号で次のように表す．

$$(x_A^1, x_A^2) <_A (x_B^1, x_B^2)$$

しかし，もしAが自分のものよりBの財ベクトルを選好し，かつA自身の財ベクトルは (p_1, p_2) の価格でAに購入可能な最善のものであったとすれば，Bの財ベクトルはAには購入できないことになる．これは記号で，次のように

表せる．

$$p_1\omega_A^1 + p_2\omega_A^2 < p_1 x_B^1 + p_2 x_B^2$$

　しかしながら，これは矛盾である．われわれは，均等な配分からスタートしたので，仮定により，初期配分では，AもBもまったく同じ配分である．したがって，AがBの財ベクトルを購入できなければ，Bにも購入できないのである．

　以上のことより，このような状況ではAがBを羨望することは不可能と結論できる．均等な分配による競争均衡は，公正な配分でなければならない．このように，市場メカニズムはある種の公平を保存する．つまり，もし最初の配分が均等な分配であれば，最終的な配分も公正とならざるをえない．

要　　約

1. アローの不可能性定理は，個人の選好を集計して社会的選好を得る理想的な方法が存在しないことを示している．
2. それでもなお，経済学者は配分に関する分配上の判断を表すのに，ある種の厚生関数をよく用いる．
3. 厚生関数が各個人の効用の増加関数であるかぎり，最大厚生はパレート効率的である．さらに，すべてのパレート効率的配分は，ある厚生関数を最大化するものと考えることができる．
4. 公正な配分の概念は，分配上の判断に関するもう1つの方法である．この概念は対称的取り扱いの考えを強調している．
5. 最初の配分が対称であるときであっても，取引の形態を限定しなければ，必ずしも公正な配分が得られるわけではない．しかしながら，市場メカニズムを用いた取引は明らかに公正な配分をもたらす．

35章 外部性

　ある1人の消費者が他人の生産や消費から影響を受ける場合，当該経済に**消費の外部性**（consumption externality）が発生するという．たとえば，もし隣人が早朝3時に音楽をガンガン演奏したり，レストランで隣席の人がタバコをプカプカ吸ったり，また自動車が騒音や排気ガスを出す場合，人の選好はそれから影響を受ける．これは<u>マイナス</u>の消費外部性の例である．他方，隣の庭に咲く美しい花を見て，心がウキウキすることも考えられる．これは，<u>プラス</u>の消費外部性の例である．

　これと同様に，ある1つの企業の生産可能性が他企業または消費者の選択から影響を受ける場合，**生産の外部性**（production externality）が発生する．その古典的な例は，養蜂業者の隣にリンゴ園がある場合である．この場合には，各企業の生産が相手の生産可能性に対して好ましい影響を及ぼすという意味において，お互いにプラスの生産外部性が存在している．さらに，漁業関係者は漁場に投棄される汚染物によって影響を受ける．なぜならば，かかる汚染物は漁獲高に対して悪影響を及ぼすからである．

　外部性の重要性は，人々がそれから影響を受けるにもかかわらず，市場で取引されない財が存在するという点にある．早朝3時のうるさい音楽，タバコの煙，および隣家の美しい花に対して，取引の市場は存在しない．そして，外部性がさまざまな問題をひき起こすのは，このように市場が欠如しているからである．

　前章までのところでは，各主体が消費や生産の決定を行う際，他の主体の行動から影響を受けないものと暗黙裡に仮定してきた．消費者と生産者との間の相互作用はすべて市場を通じるものであったから，各主体は市場価格，および消費可能性ないし生産可能性だけを知りさえすればよかったのである．だが本

章においては，かかる仮定を緩め，そのときに発生する外部性の帰結とは何かを吟味してみたい．

前章までで明らかになったことは，外部性が存在しない場合には，市場メカニズムがパレート効率的配分を実現するという点であった．もし外部性が存在すれば，パレート効率的配分が市場において必ず実現されるとはかぎらないのである．だが，法律の整備や政府の介入のごとき社会制度の導入を通じて，市場メカニズムの役割が多少とも「真似」られ，かくしてパレート効率の実現が可能となる．本章では，このような社会制度がどのように機能するかを検討することにしたい．

35.1 喫煙者と非喫煙者

問題点を整理するには日常的な例から出発した方がわかりやすいであろう．いまここに「貨幣」と「喫煙」に関して異なる選好を有するA，Bという2人のルームメイトがいるものとしよう．両者とも貨幣は好きであるが，Aは愛煙家で，Bは嫌煙家できれいな空気が好きであると仮定する．

この2人の消費可能性は，エッジワース・ボックスを使って表すことができる．2人のもつ貨幣総量を横軸で表し，タバコによる排煙量を縦軸で表す．Aの選好は貨幣と排煙量の増加関数であるが，Bの選好は貨幣ときれいな空気——煙がないこと——の増加関数である．排煙量は0から1の尺度で測り，0はまったく煙がない状態，1は部屋に煙が蔓延した状態を表すものとする．

この設定は**図35.1**で描いた図形で表される．この図は標準的なエッジワース・ボックスと非常によく似ているが，解釈はまったく異なることに注意されたい．タバコはAにとってはプラスの財（good）であるが，Bにとっては非経済財（bad）である．したがって，BはAの排煙量が少なくなればなるほど，より好ましい状態に近づくことになる．ここで横軸と縦軸の尺度の違いをしっかり区別しておこう．Aの貨幣所有量は横軸上でボックスの左下から右に行くほど増加し，Bの貨幣量は右上から左に行くほど増加する．しかし，排煙量は左下から縦軸上を上に行くほど増加する．この違いは，総貨幣量は2人の消費者間で分配されるためAの貨幣量とBの貨幣量が常に2つ存在するが，タバコの場合，消費されるタバコの量は両者に共通で1つしか存在せず両者とも同じ量だけ消費せざるをえない．

通常のエッジワース・ボックスの場合，Aが第2財の消費量を減らすときBの厚生は高まる．なぜならこれによって，Bが第2財をより多く消費できるからである．**図35.1**に描かれたエッジワース・ボックスでも，Aが第2財（タバコ）の消費量を減らすとBの厚生が高まる．しかし，この理由は上の場合とは異なる．Bの厚生が高まるのは第2財（タバコ）の消費量が増えるからではなく，逆に減るからである．なぜならBもAと同量消費しなければならないし，タバコはBにとって非経済財だからである．

これまで2人のルームメイトの消費可能性と選好について説明してきた．では彼らの初期保有量はどうなっているであろうか．両者ともそれぞれ同額の貨幣量，たとえば100ドルもっていると仮定しよう．したがって，彼らの初期保有量は，**図35.1**の垂直破線上のどこかにあるであろう．初期保有量が正確にこの線上のどこかを知るにはまず，排煙量/きれいな空気，の初期「保有量」を知らなければならない．

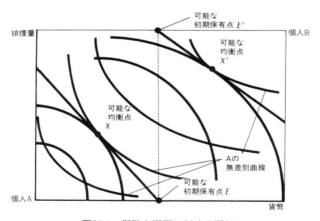

図35.1　貨幣と喫煙に対する選好

この問題に対する解答は，喫煙者と非喫煙者の法律的な権利に依存する．Aは好きなだけタバコを吸う権利をもち，Bはただ我慢をするだけか，またはきれいな空気を吸う権利をもっているかもしれない．あるいは，排煙またはきれいな空気に対する法的権利はこれら極端な場合の間のどこかにあるかもしれない．

排煙の初期保有量は法体系に依存している．このことは通常の財の初期保有

量とさして違わない．Aが100ドルの初期保有量をもっているということは，100ドルを自分自身で消費するか，さもなくば他人にタダであげるか，他人との取引に用いることができることを意味している．法律的に財産を定義するとき人が100ドルを「所有する」とか100ドルに対して「権利をもつ」とかいう．同様に，もし人がきれいな空気に対して所有権をもつのであれば，このことはもし彼が望めばきれいな空気を消費することができ，またこの権利を他人にタダであげることもできるし，誰か他の人にこの権利を売ることだってできることを意味する．このように，きれいな空気に対して所有権をもつということは，100ドルに対して所有権をもつこととさして変わらないのである．

まずBがきれいな空気に対して法的権利をもっている状況から考えてみよう．そうすれば図35.1における初期保有量は E で表され，このときAは $(100, 0)$，Bも $(100, 0)$ となっている．このことはAもBも100ドルもち初期保有量は——この権利の取引が行われない場合——きれいな空気であることを示している．

前の場合と同様，外部性が存在しない場合には，初期保有量がパレート効率である理由は存在しない．きれいな空気に対して所有権をもつことは，言い換えると，きれいな空気の一部を犠牲にして，他の好ましい財（いまの場合，貨幣）と交換する権利をもつことである．Bが自分のきれいな空気に対する権利の一部を貨幣と交換することを選好することは容易に起こりうることである．図35.1 の X はこのような点の例である．

これまでと同様，パレート効率的配分は，いかなる消費者も他の消費者の厚生を犠牲にすることなしには自分の厚生を高めることができない状況である．このような配分は，通常の接線条件によって特徴づけられるであろう．すなわち，排煙量と貨幣の間の限界代替率は図35.1で示されたように，2人の主体の間で同じでなければならない．AとBがそのようなパレート効率的な点で取引をしていると想定することはそれほどむずかしいことではない．事実，Bはきれいな空気に対する権利をもっているが，「買収」されてAの排煙の一部を吸うことも許容できるからである．

もちろん，所有権の他の授権方法も可能である．たとえば，Aは好きなだけタバコを吸う権利をもっており，BがAに排煙量を減らしてもらうにはAを買収しなければならないような法体系を想定することができる．このような配分は図35.1で E' と表された初期保有量に対応している．これまでと同様この点

は典型的なパレート効率的な点ではない．したがって，各主体が取引することによって，お互いに好ましい X' のような点に移行すると考えることができる．

　X，X' の両者とも，パレート効率的配分である．これらはともに異なる初期保有量から得られたものである．明らかに喫煙者Aにとっては点 X における配分より X' の方がより高い厚生が得られ，非喫煙者Bにとっては X' より X の方がより高い厚生が得られる．この2つの点は，異なる配分上の帰結であるが，効率性の観点からは等しく満足すべき点である．

　実際，われわれは効率的な点をこれら2つの点だけに限定して議論する必要はない．契約曲線上全体が排煙量と貨幣の間のパレート効率的配分を表している．もし各主体がこれらの財の取引を自由にできるのであれば，結局契約曲線上のどこかに落ちつくことを知っている．契約曲線上のどこかを正確に知るには，排煙量と貨幣に関する所有権と取引の正確なメカニズムを知らねばならない．

　取引の1つのメカニズムは価格メカニズムである．前と同様，価格を呼び上げその価格でどれだけの量を各主体が喜んで買おうとするかを尋ねる競売人を想定することができる．もし初期配分でAにタバコを吸う所有権を与えたとすれば，彼は喫煙権の一部をBに売って，代償としてBの貨幣を得ることができる．同様に，きれいな空気に対する所有権がBに与えられたとすれば，彼はきれいな空気の一部をAに売ることができる．

　もし競売人の努力の結果，供給と需要が等しくなるような価格集合が見つかればすべてはうまくいくのである．このとき，パレート効率的成果を得ることになる．もし排煙に対する市場があれば，競争均衡はパレート効率である．さらに標準的な場合と同様，競争価格によって2財間の限界代替率を測ることができるであろう．

　これは通常のエッジワース・ボックスの分析とまったく同様であるが，少し違った枠組みで表現される．外部性をもつ財の所有権がうまく定義されるかぎり，誰が所有権を保有するかに関係なく，各主体は初期保有量から取引を行うことでパレート効率的配分に移行できる．もし取引を促進するために外部性における市場を作ろうとすれば，これも同様うまく機能するであろう．

　しかし，所有権がうまく定義されない場合には問題が生じる．もしAが自分は喫煙権をもっていると信じており，同時にBもきれいな空気に対する権利をもっていると思いこんでいるとすれば，困ったことになる．外部性にまつわる

実際的な問題は，一般に所有権がうまく定義できないことによって生じる．

私の隣人は早朝3時にトランペットを吹く権利をもっていると信じているかもしれないし，私はその時間は静かであることに対する権利をもっていると信じているかもしれない．ある企業はわれわれが吸う大気中に汚染物質を廃棄する権利をもっていると信じているかもしれないし，私は企業にはそのような権利は断じてないと信じているかもしれない．所有権がうまく定義できない場合には外部性が非効率的に生産されることになる．言い換えれば，外部性の生産を変化させることによって関係する人々の厚生をともに向上させることができる．もし所有権がうまく定義されれば，人々の交渉を許容するメカニズムが出現し，通常の財を生産したり，消費したりする権利を取引するのと同様に，外部性を生産する権利を取引できる．

35.2　準線形選好とコースの定理

前節では，所有権がうまく定義されるかぎり，主体間の取引によって外部性が効率的な配分に落ちつくことを見た．一般に，効率的な解において発生する外部性の量は所有権の授権方法に依存するであろう．すなわち2人のルームメイトの場合には発生する排煙量は喫煙者が所有権をもっているか，非喫煙者が所有権をもっているかに依存しているのである．

しかし，外部性の帰結が所有権の授権方法と無関係になる特別の場合もある．もし主体の選好が**準線形**（quasilinear）であれば，すべての効率的な解は同じ外部性をもつことになる．

この場合は**図35.2**の喫煙者と非喫煙者のエッジワース・ボックスで説明できる．無差別曲線はすべて水平に平行移動したものであるから，お互いの接点の軌跡，すなわちパレート効率的配分の集合は水平線になる．このことは排煙量はすべてのパレート効率的配分において等しく，ただ各人がもつドルの量が効率的配分が異なれば変わってくることを意味する．

ある状況下で外部性をもつ財の効率的な配分量が所有権の授権方法と無関係になるという結論は**コースの定理**（Coase Theorem）として知られている．しかしながら，これらの条件がいかに特殊なものであるかについては強調すべきであろう．準線形選好の仮定は外部性を引き起こす財に対する需要が所得配分に依存しないことを含んでいるのである．したがって，初期保有量を再配分す

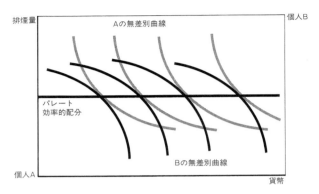

図35.2 準線形選好とコースの定理

ることは外部性の効率的な量に影響しないことになる．このことはときどき次の言葉で表現される．コースの定理は「所得効果」がない場合に有効であるというのがそれである[1]．

このような場合，パレート効率的配分において生成される外部性の量は一意に決まるのである．異なるパレート効率的配分で消費者がもつ貨幣の量は変化するが，外部性の量，すなわちタバコの排煙量は富の分布からは独立となる．

35.3 生産の外部性

さて次に生産の外部性がある状況を考察してみよう．企業Sは鉄鋼を s だけ生産すると同時に汚染物質を x の量だけ川に捨てている．企業Fは川下で操業し，企業Sの汚染物質による被害を受けている．

企業Sの費用関数が $c_s(s, x)$ で与えられるものと仮定しよう．ここで s は鉄鋼の生産量で x は汚染量である．企業Fの費用関数は $c_f(f, x)$ で与えられる．ここで f は漁獲量であり x は汚染量である．企業Fがある一定の量の魚をとるための費用は鉄鋼企業が吐き出す汚染量に依存していることに注意され

---

[1] ロナルド・コース（Ronald Coase）はシカゴ大学法学部の名誉教授である．彼の有名な論文 "The Problem of Social Cost," *The Journal of Law & Economics*, 3 (October 1960)，にはさまざまな解釈が与えられた．ある著者は，コースは単に外部性をめぐる交渉に費用がかからなければパレート効率性が達成されると主張しているのであって，効率的配分が所有権の授権方法とは無関係であるとは主張していないと言っている．コースはこの業績で，1991年ノーベル経済学賞を受賞した．

たい．汚染は魚の生産費を高め（$\Delta c_f/\Delta x > 0$），汚染は鉄鋼の生産費を減少させる（$\Delta c_s/\Delta x \leq 0$）と仮定する．この最後の仮定は汚染量が増加すると鉄鋼の生産費が減少する，言い換えれば汚染を減少させることは鉄鋼の生産費が少なくともある範囲内については，増加するというものである．

鉄鋼企業の利潤最大化問題は次のようになる．

$$\max_{s,x} p_s s - c_s(s, x)$$

また漁業関係者の利潤最大化問題は次のようになる．

$$\max_{f} p_f f - c_f(f, x)$$

鉄鋼工場は発生する汚染量をコントロールできるが，漁業関係者には汚染量はどうすることもできないものとする．

鉄鋼企業の利潤最大化条件は次のようになる．

$$p_s = \frac{\Delta c_s(s^*, x^*)}{\Delta s}$$

$$0 = \frac{\Delta c_s(s^*, x^*)}{\Delta x}$$

また漁業関係者の利潤最大化条件は次のようになる．

$$p_f = \frac{\Delta c_f(f^*, x^*)}{\Delta f}$$

これらの条件は利潤最大点では，鉄鋼と汚染物のそれぞれの生産物の価格がそれぞれの限界費用に等しくなるべきであることを意味している．鉄鋼企業の場合，生産物とともに汚染物を生産しており，汚染物の価格は仮定によりゼロである．したがって，汚染物の利潤最大供給量を決定する条件は，汚染物を追加的費用がゼロとなるまで生産せよというものである．

ここにおいて外部性を見ることは困難ではない．漁業関係者は汚染物の生産にただ心配するだけでどうすることもできない．鉄鋼企業は利潤最大化との関係で生産費を見るだけで，漁業関係者に及ぼす被害については考慮しない．汚染の増大による漁業関係者の費用の増大は鉄鋼生産の**社会的費用**（social cost）の一部であるが，鉄鋼企業によって無視されている．一般にわれわれは，鉄鋼企業が漁業関係者への汚染の影響を無視していることから，汚染物を社会的見地から見て過剰に生産することになると予想してもよいだろう．

鉄鋼生産量と漁獲量に対するパレート効率的生産計画は一体どのようなものであろうか．これを見る簡単な方法がある．漁業関係者と鉄鋼企業が合併し魚と鉄鋼（そしてたぶん汚染物も）を生産する1つの企業が誕生したと仮定してみよう．そうすれば外部性はもはや存在しない！　というのも生産の外部性はある企業の行動が他の企業の生産可能性に影響を及ぼすときにのみ発生するからである．もし1つの企業しかないのであれば，この企業が利潤を最大化するような生産計画をたてるとき，異なる「部門」間の相互作用を考慮するであろう．このとき外部性が所有権の再配置により**内部化された**（internalized）ということができる．各企業は合併前，他の企業が何をするかに関係なく，好きなだけ鉄鋼，魚または汚染物を生産する権利をもっていた．しかし合併後の企業は鉄鋼，魚の両方の生産をコントロールする権利をもっている．

合併企業の利潤最大化問題は次のようになる．

$$\max_{s,f,x} p_s s + p_f f - c_s(s, x) - c_f(f, x)$$

これより次の最適性の条件を得ることができる．

$$p_s = \frac{\Delta c_s(\hat{s}, \hat{x})}{\Delta s}$$

$$p_f = \frac{\Delta c_f(\hat{f}, \hat{x})}{\Delta f}$$

$$0 = \frac{\Delta c_s(\hat{s}, \hat{x})}{\Delta x} + \frac{\Delta c_f(\hat{f}, \hat{x})}{\Delta x}$$

最後の項は重大である．これは合併企業は汚染が鉄鋼企業と漁業関係者の限界費用に及ぼす影響を考慮に入れていることを示している．鉄鋼部門がどれだけの汚染物を生産するかを決定するときには，この行動が漁業部門の利潤にどのような影響を与えるかを考慮に入れており，すなわち，生産計画の社会的費用を考慮していることになる．

汚染物の生産量についてはどのようなことがいえるであろうか．鉄鋼企業が独立に行動するときは，汚染量は次の条件によって決定される．

$$\frac{\Delta c_s(s^*, x^*)}{\Delta x} = 0 \tag{35.1}$$

つまり，鉄鋼企業はその限界費用がゼロになるまで汚染物を生産していた．

$$MC_S(s^*, x^*) = 0$$

合併企業の場合，汚染量は次の条件によって決定されることになる．

$$\frac{\Delta c_S(\hat{s}, \hat{x})}{\Delta x} + \frac{\Delta c_f(\hat{f}, \hat{x})}{\Delta x} = 0 \tag{35.2}$$

つまり，合併企業は，鉄鋼部門の限界費用と漁業部門の限界費用の和がゼロになるところまで汚染物を生産する．この条件は次のように書くこともできる．

$$-\frac{\Delta c_S(\hat{s}, \hat{x})}{\Delta x} = \frac{\Delta c_f(\hat{f}, \hat{x})}{\Delta x} > 0 \tag{35.3}$$

あるいは

$$-MC_S(\hat{s}, \hat{x}) = MC_F(\hat{f}, \hat{x})$$

後者の表現において $MC_F(\hat{f}, \hat{x})$ はプラスである．これは，汚染物が増えるにつれある一定量の魚をとるための費用は増加するからである．したがって，合併企業は $-MC_S(s, z)$ がプラスになるところで生産しようとするであろう．すなわち，独立した鉄鋼企業より少なく汚染物を生産しようとするであろう．鉄鋼生産に関する外部性について真の社会的費用が考慮されれば，汚染物の最適生産量は減少するであろう．

　鉄鋼企業が鉄鋼生産の**私的費用**（private costs）を最小化しようと考えるとき，追加的汚染についての限界費用がゼロになるところまで生産するが，パレート効率的汚染水準では，汚染の**社会的費用**（social costs）を最小化することが必要となる．したがって，パレート効率的汚染水準では，2つの企業の汚染物の限界費用の和はゼロにならなければならない．

　この議論は**図35.3**で説明される．この図において，$-MC_S$ は鉄鋼企業が汚染物をさらに生産するときの限界費用を表している．MC_F は漁業関係者の追加的汚染の限界費用を表している．利潤最大化を図る鉄鋼企業は限界費用がゼロになるところまで汚染物を生産するであろう．

　しかし，パレート効率的汚染水準では，鉄鋼企業は汚染の限界的増加の影響が両企業の費用に汚染が与える影響を考慮した限界社会費用に等しくなるところまで汚染物を生産する．汚染物の効率的産出水準においては，鉄鋼企業が追加的な汚染物に対して支払ってもよいと思う金額は，追加的汚染によって発生する社会的費用——これには汚染によって漁業関係者が被る費用も含んでいる

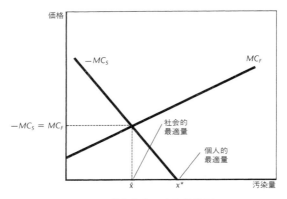

図35.3 社会的費用と私的費用

——に等しくなる．

これは前の章までで展開された効率性の議論と完全に整合的である．前の議論では外部性は仮定しなかった．したがって私的費用と社会的費用とは一致していた．この場合，自由市場において各財のパレート効率的産出水準は決定されるであろう．しかし私的費用と社会的費用が一致していない場合，市場だけでパレート効率性を達成することは十分ではないかもしれない．

35.4 条件の解釈

上で導出したパレート効率性の条件にはいくつかの有益な解釈がある．これらの解釈はどれも生産の外部性で生じた効率性の損失を修正する方法を示唆するものである．

第1の解釈は，鉄鋼企業が汚染について間違った価格を見ているとするものである．鉄鋼企業に関するかぎり，汚染物の生産には費用はかからない．しかしこの考えは汚染が漁業関係者に課す費用を無視していることになる．このような見方からすれば，このような状態は汚染者がその行動の正しい社会的費用をしっかり直視することによって修正することができる．

こうするための1つの方法は，鉄鋼企業の生み出す汚染物に税金を課すことである．鉄鋼企業が吐き出す汚染物1単位につき t ドルの税金を課すものとしよう．そうするとこの鉄鋼企業の利潤最大化問題は次のようになる．

35.4 条件の解釈

$$\max_{s,x} p_s s - c_s(s, x) - tx$$

この問題の利潤最大化の条件は次のようになる．

$$p_s - \frac{\Delta c_s(s, x)}{\Delta s} = 0$$

$$-\frac{\Delta c_s(s, x)}{\Delta x} - t = 0$$

これらの条件を（35.3）式と比較すると，もし t を

$$t = \frac{\Delta c_f(\hat{f}, \hat{x})}{\Delta x}$$

とおけば，これらの条件はパレート効率的汚染水準を与える条件と等しくすることができる．

この種の税は**ピグー税**（Pigouvian tax）として知られている[2]．ピグー税に関する問題は，税を課すためには汚染の最適水準を知らなければならないということである．しかし逆に，もし汚染の最適水準がわかれば，鉄鋼企業に正確にどれだけ生産させるかをただ命令すればよいことになり，税制を全然いじらなくてもよくなる．

この問題のもう1つの解釈は，汚染物の市場が欠落しているということである．外部性の問題が生じるのは，人々はなにがしかのお金を払ってでも汚染物の産出水準を減らしてほしいと思っているのに，汚染者はその生産物にゼロの価格をつけるからである．社会的な見地から見れば，汚染物の生産には・マイナ・スの価格をつけるべきである．

われわれは漁業関係者は海水が汚染されないことに対する権利をもち，この権利を売って汚染を許す世界を想定することができる．このとき，q を汚染物1単位当たりの価格，x を鉄鋼工場が生産する汚染量としてみよう．そうすると鉄鋼企業の利潤最大化問題は次のようになる．

$$\max_{s,x} p_s s - qx - c_s(s, x)$$

また漁業関係者の利潤最大化問題は次のようになる．

---

2) アーサー・ピグー（Arthur Pigou, 1877-1950）はケンブリッジ大学の経済学者であり，影響力が大きな彼の著書『厚生経済学』の中でピグー税に言及している．

$$\max_{f,x} p_f f + qx - c_f(f, x)$$

鉄鋼企業の利潤の式の中の項 qx の前にマイナスがついているが，これは x 単位の汚染物を発生させる権利を買わなければならないため費用であるからである．しかし，漁業関係者にとってはこの権利を売ることによって収入を得ることから，プラスの符号になる．

この場合の利潤最大化条件は次のようになる．

$$p_s = \frac{\Delta c_s(s, x)}{\Delta s} \tag{35.4}$$

$$q = -\frac{\Delta c_s(s, x)}{\Delta x} \tag{35.5}$$

$$p_f = \frac{\Delta c_f(f, x)}{\Delta f} \tag{35.6}$$

$$q = \frac{\Delta c_f(f, x)}{\Delta x} \tag{35.7}$$

このように，各企業はいくらで汚染物を買ったり売ったりするかを決定するに際して，それぞれの社会的限界費用に直面している．もし汚染価格が調整されて，汚染物の需要と供給が等しくなるのであれば，他の財の場合と同様，効率的均衡に到達するであろう．

最適解においては，(35.5) 式と (35.7) 式より次のことがいえる．

$$-\frac{\Delta c_s(s, x)}{\Delta x} = \frac{\Delta c_f(f, x)}{\Delta x}$$

この式は，鉄鋼企業が汚染を減少させることの限界費用は漁業関係者がその汚染の減少によって受ける限界便益と等しくならなければならないことを示している．もしこの条件が満たされなければ，最適汚染水準を達成することはできない．これは，もちろん (35.3) 式と同じ条件である．

この問題を分析するに際して，漁業関係者は海水が汚染されない権利をもっており，鉄鋼企業は汚染する権利を購入しなければならないことを述べた．しかし所有権の逆の授権方法も可能である．つまり，鉄鋼企業は汚染する権利をすでにもっており，漁業関係者がそれほど汚染されたくなければ，お金を払わなければならない場合である．ちょうど喫煙者と非喫煙者の場合と同様，これも効率的な結果を与える．実際これはまったく同じ結果を与えるであろう．な

ぜなら満足すべき方程式がまったく同じになるからである．

このことを見るために，鉄鋼企業はある量 $\bar{x}$ まで汚染する権利をもっており，漁業関係者はこの汚染量を減らしてもらうためには，お金を支払う意思があるとしよう．鉄鋼企業にとっての利潤最大化問題は次のようになる．

$$\max_{s,x} p_s s + q(\bar{x}-x) - c_s(s,x)$$

いま鉄鋼企業は2つの所得の源泉がある．鉄鋼を売ることと，汚染軽減を売ることである．価格と限界費用が等しいことより次の式を得る．

$$p_s - \frac{\Delta c_s(s,x)}{\Delta s} = 0 \tag{35.8}$$

$$-q - \frac{\Delta c_s(s,x)}{\Delta x} = 0 \tag{35.9}$$

漁業関係者の最大化問題は，次のようになる．

$$\max_{f,x} p_f f - q(\bar{x}-x) - c_f(f,x)$$

これより次の最適性条件を得る．

$$p_f - \frac{\Delta c_f(f,x)}{\Delta f} = 0 \tag{35.10}$$

$$q - \frac{\Delta c_f(f,x)}{\Delta x} = 0 \tag{35.11}$$

これより次のことがわかる．この4つの方程式（35.8）式〜（35.11）式と前の4つの式（35.4）式〜（35.7）式はまったく同じである．生産の外部性の場合，汚染物の最適生産量は所有権の授権方法と無関係である．もちろん，利潤の分配は一般に所有権の授権方法に依存する．したがって社会的に見ると結果は所有権の授権方法から独立であるとはいうものの，当事者である企業の所有者は授権方法はかくあるべしという強い見解をもつであろう．

35.5 市場シグナル

最後に外部性の第3の解釈に移ろう．これはある意味で最も深みのある解釈である．鉄鋼企業と漁業関係者の場合，両者が合併すればなにも問題はなかった．ではなぜ合併しないのか．実際このことを考えれば，この2つの企業は合

併する動機をしっかりもっていることがわかる．もし一方の行為が他方に影響を及ぼすなら，各自が勝手に行動するよりお互いの行動を調整することによってより高い利潤を実現できるであろう．利潤最大化の目的それ自体が生産の外部性の内部化を促進するであろう．

次のように言うこともできる．もしお互いの調整による共同利潤が調整しないときの利潤合計より高いのであれば，現在の企業オーナーはそれぞれ，その企業の将来利潤の総和を割り引いて得た企業の現在価値で誰か新しい企業に買収されることも起こりうるし，またこの2つの企業が業務提携をすることもありうる．これによって，買い手はこの超過利潤を獲得することができよう．この新しい買い手は必ずしも新しい企業とはかぎらないので，2つの古い企業のどちらかであっても問題ではない．

市場それ自体は，生産の外部性を内部化するためのシグナルを送っているので，この種の生産の外部性はめったに観察されない．ほとんどの企業はお互いの生産に影響を及ぼす部門間の外部性はすでに内部化してしまっている．前に述べた，リンゴ園と養蜂業者の場合はこれに当たる．もし2つの企業がお互いの相互関係を無視することがあれば，外部性は存在しうるがどうしてそんな馬鹿なことをするだろうか．それより，相互協定を行うとか，また一方の企業を他方に売り渡すといったように企業がお互いの活動を調整することによって，より多くの利潤を実現することができることに企業の一方または企業双方が気づくことのがより現実的である．実際，リンゴ園で受精媒介物として蜜蜂を飼うことはよくあることである．このような特別の外部性は簡単に内部化される．

35.6 共有地の悲劇

われわれは前に所有権がうまく定義されれば，生産の外部性の問題は存在しないであろうと主張した．しかし，所有権がうまく定義されないのであれば，経済の相互作用の結果が非効率性をもたらすことは疑う余地が無い．

本節では，「共有地の悲劇」の名でよく知られた非効率性について吟味してみよう[3]．この問題にはいろいろな他の説明がなされるが，共通の牧草地というもともとの設定で，この問題を提示してみよう．

---

3) G. Hardin "The Tragedy of the Commons," *Science*, 1968, pp. 1243-47 を参照せよ．

35.6 共有地の悲劇

　村人が共有の牧場で乳牛を育てているような農村を考えてみよう．次のような2つの配分メカニズムを比較したい．1つは誰かある個人が牧場を所有し，そこで何頭の乳牛を育てるかを決定する私的所有の場合であり，次は牧場が村人で共有され，タダで無制限に利用できる場合である．

　乳牛1頭飼うのに a ドルかかると仮定しよう．ある乳牛がどれだけのミルクを生産するかは，この共有地で何頭の乳牛が同時に飼育されているかに依存している．もし，c 頭の乳牛が共有地で飼育されているときのミルクの生産額を $f(c)$ としよう．そうすれば，乳牛1頭当たりのミルクの生産額は，ちょうど平均生産額 $f(c)/c$ となる．

　村の富の数量を最大化したいとすれば，何頭の乳牛を飼育するべきだろうか．富の総量を最大化するために，次のように問題を設定しよう．

$$\max_c f(c) - ac$$

乳牛の限界生産物が費用 a に等しくなるとき，富の最大化が実現できることはいまや明白であろう．したがって，

$$MP(c^*) = a$$

となる．もし乳牛の限界生産物が a より大であれば，新たな乳牛を共有地に連れてくる方が得であり，これが a より小であれば，乳牛を共有地から連れ出す方が得である．

　もしこの共有地が誰か特定の個人によって所有され，利用が制限されるのであれば，このときちょうど上の条件が満たされるであろう．この場合，その土地の所有者は利潤最大化するだけの乳牛を購入するからである．

　では，各村人がその共有地を利用するかどうかを決定するのであれば，どうなるだろうか．各村人は乳牛を飼育するかどうかという選択権をもつ．このとき，乳牛の産出額の方が費用よりも大きいかぎり，乳牛を飼育した方が得である．いま c 頭の乳牛が飼育されており，したがって1頭当たりの産出額は $f(c)/c$ であると仮定しよう．ある村人が乳牛を1頭増やそうと企んでいるとすれば，産出額は $f(c+1)$ となり，乳牛総数は $c+1$ となる．したがって，この追加される乳牛が生み出すその村人の収入は $f(c+1)/(c+1)$ となる．彼はこの収入と費用を比較しなければならない．もし $f(c+1)/(c+1) > a$ であれば，産出額が費用を上回っているので彼は乳牛を追加した方が得である．

このことから，村人たちは，乳牛の平均生産物が a になるまで乳牛を増やし続けるであろう．したがって，乳牛の総飼育数は $\hat{c}$ となり，次の式を満足する．

$$\frac{f(\hat{c})}{\hat{c}} = a$$

この結論は参入自由から導出することもできる．共有地で乳牛を飼育することが得であるかぎり，村人たちは乳牛を買い続けるであろう．利潤がゼロになってはじめて，共有地に乳牛を買い入れることをやめるであろう．このことは次の式で表せる．

$$f(\hat{c}) - a\hat{c} = 0$$

この式は上の式を整理したものと等しい．

新しく乳牛を買うかどうかを決めるとき，村人は乳牛を手に入れることで余分に受け取れる価値 $f(c)/c$ を見て，これと乳牛の飼育費 a を比較するであろう．彼にとってはこのやり方でよいであろうが，この考えは追加された牛のおかげで他の乳牛が生産するミルクの量が減少するという事実を無視していることになる．彼は乳牛を買うに際して，**社会的費用**を無視しているので，結局この共有地において飼育される牛の数は多すぎることになるであろう．（われわれは，ここで村人が個人で飼育する乳牛の数は共有地で飼育される乳牛総数と比べて，無視しうるほど少ないと仮定している．）

この議論は図35.4で説明される．ここで平均生産物曲線（AP）は右下がりになっている．これは共有地で多くの牛が飼育されればされるほど，乳牛1頭

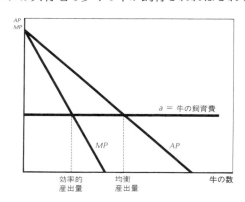

図35.4 共有地の悲劇

当たりの生産物が減少すると仮定することが合理的だからである．

平均生産物が右下がりであるから，限界生産物曲線（MP）は常に平均生産物曲線の下方に位置しなければならない．したがって，限界生産物が a に等しくなる乳牛の数は平均生産物が a と等しくなる乳牛の数より小さくならなければならない．牧場は利用を制限するメカニズムがない場合，過剰に利用されることになるであろう．

私的所有制はそのような過剰な利用を制限するメカニズムを提供するものである．確かに，すべての人々が関心をもつものが，利用をコントロールできる人，特に他人が使いすぎるのを阻止できる人によって所有されるのであれば，外部性の問題は定義により存在しないことはすでに見たとおりである．その場合，市場による解がパレート効率的な結果をもたらす．非効率性は他人の利用を排除することができない場合にのみ発生する．このトピックは次の章で詳しく述べることにする．

もちろん私的所有制だけが資源の効率的利用を促進する社会的制度ではない．たとえば，何頭の牛を村の共有地で飼育するかについての規則を作ることもできよう．もしこのような規則を強制する法体系があれば，共有資源の効率的使用をもたらす費用効率のよい解が存在するかもしれない．しかしながら，そのような法が曖昧であるか，存在しない状況においては共有地の悲劇は容易に発生する．国際海域における魚の捕りすぎ，乱獲によるいくつかの動物の種の絶滅はこのような現象の深刻な例である．

35.7　自動車公害

上で触れたように，汚染は経済的外部性の主要な例である．自動車を運転するある消費者の行動は，他の消費者が吸う空気の質を明らかに低下させるであろう．規制のない自由な市場において，汚染の発生量が最適となると考えるより，消費者が汚染の費用負担をしない場合に，汚染発生が過剰になると考える方が現実的である．

自動車による汚染量を規制する1つの方法は，自動車が発生させる汚染量に基準を設け，自動車がこの基準を満たすよう義務づけることである．これが1963年の大気汚染防止法以来のアメリカの反汚染政策の基本的な姿勢である．この法律，より正確にはその後の修正条項で，アメリカの自動車メーカーに対

して自動車の排気ガス基準が設定された．

ローレンス・ホワイトは最近この制度の費用と便益について触れている．以下の議論のほとんどはこの研究を参考にした[4]．

ホワイトは排気ガス制御の装置の費用は車1台当たり約600ドル，追加的な保守整備費用が車1台当たり約180ドル，燃費効率が低下したことによる費用と無鉛ガソリンに対する必要性から生じる費用が1台当たり約670ドルになると推定した．したがって，排気ガス規制の1台当たりの費用は合計で約1,450ドルとなる．（これらの数字は1981年におけるものである．）

彼は現在の自動車排気ガス規制に対する取り組みにはいくつかの問題があると主張する．まず第1に，すべての自動車が同じ基準を満たさなければならないとしていること．（カリフォルニア州だけは排気ガス規制に対して異なる基準をもっている．）このことは車を買う人は誰でも高汚染地区に住んでいるかどうかに関係なく1,450ドル余分にお金を支払わなければならないことを意味している．1974年版米国科学アカデミー研究（National Academy of Sciences study）はアメリカの自動車全体の63パーセントにとっては現在施行されているこの厳しい基準は不必要であると結論している．ホワイトによれば「車の購入者の約3分の2は不必要なシステムに対して莫大なお金を支払っている」ということである．

第2の問題として，この基準を満たすことについての責任のほとんどすべてがメーカーの方にあり，ユーザーにはほとんど何も責任がないことがある．車の持ち主は車検が義務づけられた州に住まないかぎり，汚染制御装置が正常に作動するよう保守整備を行う気持ちにはほとんどならないであろう．

もっと重要なこととして，自動車の運転者は，運転を自重することの誘因をもたないということがある．汚染がかなり深刻なロサンゼルスのような都市では，人々があまり運転しないよう奨励することは，経済的に有意義である．しかし現在のシステムにおいては，ノースダコタに住み年2,000マイル運転する人が，ロサンゼルスに住み年50,000マイル運転する人とまったく同じ金額を，汚染規制のため支払っているのである．

汚染に対するもう1つの解決法は排気料を徴収することである．ホワイトが

---

4) Lawrence White, *The Regulation of Air Pollutant Emissions from Motor Vehicles* (Washington, D. C.: American Enterprise Institute for Public Policy Research, 1982) を参照せよ．

言うように，排気料をとるためには走行距離記録とともに，毎年すべての車を点検し，前年その車がどの程度の排気ガスを排出したかを推定するテストを行わなければならない．そうすれば異なった社会ごとに実際その車を運転して発生させた汚染の推定値をもとにその汚染料をとることができる．このやり方をとれば，人々は汚染を発生させることの真の費用を直視するようになり，社会的に最適の汚染量の選択が刺激されるだろう．

　排気料のようなシステムができると，車の所有者自身が低コストの排気ガス減少法の発見や，汚染制御装置の開発，運転習慣の変更そして運転する車の種類の変更といった行動に駆り立てられることになるであろう．排気料のシステムが導入されると，汚染が深刻な問題であるような地域においては，いまよりずっと厳しい基準を課すことができる．汚染制御の望ましい水準がどんなものであれ，このような制御は排気料を適当に変えることによって実現できるものである．またこれに要する費用は現在強制されている基準よりずっと安い費用で実現できるであろう．

　汚染が深刻な問題ではないような田舎で運転されている3分の2の自動車に対して連邦指令の基準がなくてもよいかもしれないことについては，もちろん，たいした根拠はない．車検を義務づけるより，基準を課す方が費用が安いのであれば，犠牲があるとはいうものの，その方がまったく正しい選択である．自動車の汚染規制で何が適当な方法かということは，この種の社会政策がすべてそうであるように，合理的な費用便益分析に委ねるしかないであろう．

要　　約

1. 厚生経済学の第1定理は外部性が存在しないとき，自由で競争的な市場は効率的結果をもたらすことを示している．
2. しかし，外部性が存在する場合，競争市場の結果がパレート効率的であることは疑わしい．
3. しかしながら，外部性がある状況でも価格を使って，個人の行動の社会的費用について正しいシグナルをだすことによって，市場の役割を「真似る」ことができる．
4. もっと重要なことであるが，法体系によって所有権がうまく定義され，効率性を高めるような取引が行われるよう保証することができる．

5. もし選好が準線形であれば，効率的な消費の外部性の量は所有権の授権方法から独立となるであろう．
6. 生産の外部性を克服するにはピグー税を利用する，外部性のための市場を構築する，企業が合併するのを許可する，または所有権を他方に移転させることが含まれる．
7. 共有地の悲劇は共有財産が過剰に利用されることをいうものである．これは特に社会的に多く存在する外部性の形態である．

36章 情報技術

　過去15年間に起きた最も急激な経済変化の1つは，**情報経済**（information economy）の出現である．大衆誌にはコンピュータ技術，インターネット，新しいソフトウエアの進歩の話題があふれている．これらの話題の多くは新聞の経済欄にも掲載されているが，それは驚くべきことではない．というのも，この技術的革命が経済的革命でもあるからである．
　情報革命の意義について，それが産業革命に匹敵すると主張する人もいる．産業革命が財を生産したり，分配したり，消費したりする方法を転換させたように，情報革命は情報を生産したり，分配したり，消費したりする方法を転換させているのである．
　これらのきわめて新しい技術には，基本的に以前とは異なった形式の経済学が必要であると主張されてきた．よくいわれるように，ビットは根本的に原子とは異なっている．ビットは低コストで再生産することができ，光の速さで世界中に分配され，決して劣化することはない．物質的な財は原子から構成されているが，これらの性質をもたない．すなわち，物質的な財は生産・輸送に費用がかかり，必ず劣化してしまう．
　上述のようなビット独特の性質を明らかにするためには，従来の経済分析を新たに修正する必要があるが，抜本的に新しい種類の分析が必要となるわけではない．そもそも，経済学は何よりもまず人々を対象としているのであって，財を対象にしているのではない．本書で分析されたモデルは，人々がどのように選択を行い，お互いに影響を及ぼし合っているのかを扱ってきたのである．これまでに，取引の対象になっている特別な財について言及したことはほとんどない．基本的な関心事は，個人の嗜好や生産技術，市場構造であり，これらの同じ要因によって，情報の市場がどのように作動するのか，また作動しない

のかを決定づけるのである．

　本章では，情報革命に関係するいくつかの経済モデルを見ていこう．最初に，ネットワークの経済学を扱い，次に転換費用，そして最後に情報財に対する財産権の管理を扱う．これらの例を通じて，基本的な経済分析の道具が原子の世界を理解する手助けとなったのと同じように，ビットの世界を理解する手助けとなることが示されるだろう．

36.1　システム競争

　情報技術は一般に・システム・の中で利用される．そのようなシステムには，しばしば異なる企業によって供給されるいくつもの要素が含まれており，それらの要素は，一体となって作動するときにかぎり価値を有するものである．ハードウエアとソフトウエアの組，DVD プレーヤーと DVD の組，OS とアプリケーションの組，ウェブサーバとブラウザの組は，すべてこの例である．これらの要素は，一緒に使用することで価値が著しく大きくなる**補完財**（complements）である．ちょうど，片方の靴がなければ，もう片方の靴だけでは価値がないのと同じように，世界で最上級のコンピュータハードウエアでも，それに対応するようなソフトウエアが存在しなければ，まったく機能しない．ただし，靴と違って，ソフトが増えれば増えるほど，その価値は高まる．

　これらの要素の供給者間に生じる競争では，競争相手と同じくらい「補完財」を生産する相手にも気を配らなければならない．アップル社の競争戦略の主要な部分には，ソフトウエアの開発者との関係が含まれている．これは情報技術（information technology：IT）産業の競争戦略が従来の戦略とは異なった特色をもつことを意味している[1]．

36.2　補完財の問題

　この点を示すために，CPU（Central Processing Unit）と OS（Operating Sys-

---

[1] IT 産業における競争戦略の案内書として，Carl Shapiro and Hal R. Varian, *Information Rules : A Strategic Guide to the Network Economy*, Harvard Business School Press, 1998（千本倖生・宮本喜一訳『「ネットワーク経済」の法則』IDG コミュニケーションズ，1999年）を参照せよ．

36.2 補完財の問題

tem）について考えてみよう．CPU とは集積回路のことで，コンピュータの「頭脳」にあたる．インテルとモトローラが CPU の生産者の中でも有名なものである．OS とは，ユーザおよびアプリケーションが，CPU の機能にアクセスすることを可能にするソフトウェアのことである．OS を生産している企業としては，アップルとマイクロソフトが有名である．異なった CPU に対しては，専用の OS が用意されるのが標準的である．

エンドユーザからすれば，適切な OS があって，初めて CPU を活用することができる．CPU と OS は，まさしく左の靴と右の靴のように，補完財の関係にある．

今日，世界的に多く用いられている CPU はインテル製であり，OS はマイクロソフト製である．この 2 社は，それぞれの製品価格を独立に設定している別々の企業である．他に人気のある CPU に PowerPC があるが，IBM とモトローラ，それからアップルの合弁企業によって設計された．市販されている PowerPC 用の OS は，Apple（アップルの OS）か AIX（IBM の OS）の 2 つである．これらの市販されている OS に加えて，BSD や GNU-Linux のように，ボランティアのプログラマーによって開発され無償で配布されている OS もある．

補完的な財の販売者が直面する値付けの問題を考察してみよう．この問題で決定的に重要なのは，一方の財の需要は両方の財の価格に依存するということである．p_1 を CPU の価格，p_2 を OS の価格とすると，エンドユーザにとっての費用は p_1+p_2 に依存する．もちろんのこと，便利なシステム構築のためには CPU と OS 以外のものも購入しなければならないだろう．しかし，分析上は総額を増やすだけであるから，単純化のために CPU と OS にのみ関心を払うことにする．

CPU への需要はシステム全体の価格に依存するので，$D(p_1+p_2)$ と書くことにする．c_1 を CPU 生産の限界費用とし，F_1 を固定費用とすると，CPU 生産者にとっての利潤最大化問題は，

$$\max_{p_1}(p_1-c_1)D(p_1+p_2)-F_1$$

で表される．同様の記法に基づいて，OS 生産者の利潤最大化問題は，

$$\max_{p_2}(p_2-c_2)D(p_1+p_2)-F_2$$

で表される．この問題を分析するために，需要関数を次のような線形関数に設定する．

$$D(p) = a - bp$$

さらにいっそう単純化するために，各々の限界費用は無視できるほどに非常に小さいとする．すると，CPU 生産者の利潤最大化問題は以下のように書き換えられる．

$$\max_{p_1} p_1[a - b(p_1 + p_2)] - F_1$$

または

$$\max_{p_1} ap_1 - bp_1^2 - bp_1p_2 - F_1$$

である．これより，価格が Δp_1 だけ上がることによる限界利潤は

$$(a - 2bp_1 - bp_2)\Delta p_1$$

で表せる．利潤が最大化されているのであれば，微小な p_1 の増大に伴う利潤の増分はゼロでなければならないので，

$$a - 2bp_1 - bp_2 = 0$$

と書ける．この方程式を解いて

$$p_1 = \frac{a - bp_2}{2b}$$

を得る．同様にして OS 生産者の利潤最大化問題を解くことができ，

$$p_2 = \frac{a - bp_1}{2b}$$

を得る．一方の企業の最適な価格決定式が，他方の企業が設定する価格の予想（期待）に依存していることに注意せよ．例のごとく，相手に対して抱く期待が互いに満足されている状態である，**ナッシュ均衡**に関心を集中することにする．

2本の方程式を連立させて解けば，

$$p_1 = p_2 = \frac{a}{3b}$$

36.2 補完財の問題

を得る.各々の企業が独立に自社の製品価格を決定すると仮定したとき,この価格はそれぞれが利潤を最大化するような価格である.このとき,システム全体の価格は以下となる.

$$p_1 + p_2 = \frac{2a}{3b}$$

ここで,2社が合併して,1つの統合企業になったと仮定してみよう.今回は,別々に CPU と OS の価格を決定するのでなく,システム全体の価格 p を決定することになる.したがって,利潤最大化問題は

$$\max_p p(a - bp)$$

となる.価格が Δp だけ上がることによる限界利潤は

$$(a - 2bp)\Delta p$$

で表せる.これがゼロであるとして方程式を解けば,統合企業がシステム全体に付ける価格は,

$$p = \frac{a}{2b}$$

である.

以下の点に注意されたい.まず,統合企業の利潤を最大化する価格が,別々に利潤の最大化をもたらすような価格に基づいたシステム全体の価格よりも低い.これは,システムの価格が低くなることで消費需要が増大し,消費者の状況が改善することによる.また,統合企業の均衡利潤の方が,別々に行動した場合に個々の企業が獲得する均衡利潤の合計よりも大きくなっている.すなわち,価格決定に際してお互いに調整を図ることで,両社とも利潤を改善できるし,消費者も状況を改善できるのである.

このことは一般に真である.互いの生産財が補完財の関係にあるような2つの独占企業の合併は,独立に価格を設定していたときに比べて,より低い価格と,より大きな利潤をもたらすのである[2].

この直感が正しいことを理解するのは難しいことではない.企業1がCPU

---

[2] この目を見張るような結果は,**28**章で登場したクールノー(Augstin Cournot)によって発見された.

の価格引き下げを図ることは，CPUとOS両方の需要を増やすだろう．しかし，企業1は自社の利潤に対する価格引き下げによる効果のみを考慮に入れており，他方の企業に発生し得る利潤を無視しているのである．このことによって，両企業を合わせた利潤を最大化しようとする観点からすれば，価格の引き下げが不十分であるといえる．同様の議論が企業2についても成立し，両企業を合わせた利潤を最大化しようとする観点や消費者余剰の観点からすれば，「高すぎる」価格を選択してしまっていることになる．

補完財生産者同士の関係

「補完財生産者同士の合併」についての分析結果は魅力的であったが，それから直ちにOS生産企業とCPU生産企業との合併は素晴らしいことだ，と結論付けるのは性急である．先の結論が示しているのは，独立に価格を設定すると，両企業を合わせた利潤からすれば高すぎる価格に陥るということである．実際には，完全に独立している場合と完全に統合している場合の中間的な状態が，たくさんあるのである．

例を挙げてみよう．周辺製品の価格について交渉し，それらをまとめて販売することができる企業を想定する．程度の差こそあれ，好例はアップルである．彼らはPowerPCのCPUをモトローラから大量に購入してコンピュータに搭載し，OSとコンピュータを抱き合わせて最終顧客に販売している．

システムに関する価格設定問題を扱う別のモデルは，利潤の分配を用いるものである．ボーイングは飛行機の機体を作り，GEは飛行機のエンジンを作っている．普通，エンドユーザは機体とエンジンの両方を購入する．もしGEとボーイングがそれぞれ独立に価格を設定したら，高すぎる価格を付けてしまうかもしれない．そこで，完成した飛行機を販売して，その利潤の一部をGEが受け取るという契約内容を交渉することが，代替策となる．すると，一定の割合を受け取るGEからすれば，ボーイングに完成した飛行機をできるだけ高額で販売してもらうのが，望ましいことになる．

他の産業には，別のメカニズムが存在する．例として，36.1で言及したDVD産業を考えてみよう．これは大きな成功を収めた新製品であったが，軌道に乗るまでは大変だった．家庭用電化製品を生産する企業は，利用可能なコンテンツが十分に制作されると保証されるまではDVDプレーヤーを作りたがらなかったし，コンテンツを生産する企業は，DVDプレーヤーが十分に浸透

36.2 補完財の問題

するまでは,コンテンツを作りたがらなかったのである.

家庭用電化製品生産企業とコンテンツ制作企業は,補完財の価格設定の問題を心配していたのである.すなわち,もしほんのわずかしかDVDプレーヤーの生産者がいなくて,またほんのわずかしかコンテンツの製作者がいなかったとしたら,どちらも「高すぎる」価格を自社製品に付けようとするだろうし,結果としてDVD産業全体で達成可能な利潤を減退させ,消費者の状態をも悪くしてしまうのである.

DVDに関する基本的な技術の特許権を保有しているソニーとフィリップスが,広く,安価にライセンス供与することで,この問題の解消に貢献した.また,価格を引き下げ,産業の成長に弾みを付ける効果を有する競争的な環境を実現したのである.大きくて成功している産業の小さなシェアを占めることは,存在しない産業の大きなシェアを占めることよりもずっとよいのだと,気がついたのである.

補完財を生産している企業の関係を表す他のモデルとしては,「補完財の一般化」がある.企業1の利潤最大化問題を振り返ると

$$\max_{p_1} p_1 D(p_1+p_2) - F_1$$

であった.任意の価格の組み合わせについてp_1を引き下げることは,需要の価格弾力性に依存して,企業1の収入を増やすか減らすかする.しかし,p_2を引き下げることは常に企業1の収入を増やす.そこで,企業1の課題とは「どうすれば企業2に価格を引き下げさせられるか」ということになる.

1つの方法は,企業2の競争環境をより激しくすることである.産業の性質に依存してさまざまな戦略が可能であるが,技術集約的な産業においては,規格の統一が重要な方法である.たとえば,OSの生産者はハードウェアの規格の統一を望むだろう.それは,OS生産者の仕事を容易にするのみならず,ハードウェア産業の競争を激化させるからである.競争的な環境がハードウェアの製品価格を引き下げさせることで,エンドユーザにとってのシステム全体の価格が下がり,その結果,OSの需要が増大するのである[3].

---

3) 補完財生産者の戦略のより進んだ分析については,Brandenburger, Adam and Barry Nalebuff, *Co-operation*, Doubleday, 1997を見よ.

36.3 膠着化

ITの構成要素はしばしばシステムとして一体的に作動するので，ある要素の転換は，必ず他の要素の転換を必要とする．このことは，IT産業において，ある1つの要素から生じる**転換費用**（switching cost）がきわめて本質的であることを意味する．たとえば，マッキントッシュから，ウインドウズ搭載のパーソナル・コンピュータへの転換には，コンピュータ自身に生じるハードウエアの費用が含まれるばかりでなく，新しいソフトウエアのライブラリすべてを購入することや，それ以上に重要であるが，手に入れたばかりのシステムの使い方を習得することをも含まれているのである．

転換費用が非常に高いとき，利用者はすでに利用しているシステムに対して**膠着化**（lock-in）状態に陥っていることに気づくかもしれない．異なるシステムに変更するときの費用があまりに高い状態では，実際には転換は起こりえない．このことは，消費者の観点から好ましくはないが，システムを構成する当該要素の売り手の観点からは，依然として魅力的に映る．膠着化した利用者の存在により需要はきわめて非弾力的なので，売り手は利用者から消費者余剰を搾取するまで要素価格を釣り上げることも可能である．

もちろん，慎重な消費者は，そのような膠着化を避けようと試みるかもしれないし，または，とりあえず膠着化状態で生じる損失補償の交渉を試みるかもしれない．膠着化状態の消費者がシステムの売り手に安定的な収入源を与えているので，たとえ消費者が交渉力に乏しくても，システムの売り手間の競争によって消費者の新規購入価格は下落する．

たとえば，インターネット・サービス・プロバイダ（Internet service provider：ISP）の選択を考えよう．いったん，あなたがプロバイダを選択すれば，通信相手への新しい電子メールアドレスの通知にかかる費用や，インターネット・アクセス・プログラムソフトの変更にかかる費用などのためにプロバイダの変更は困難なものとなる．これらの転換費用による独占力は，ひとたび消費者を顧客として獲得すれば，プロバイダがサービスを供給するときにかかる限界費用より高い料金を請求することを意味する．だが，この効果によるもう1つの側面として，膠着化状態の顧客による収入の流れは価値ある資産であり，プロバイダは値引きや他の販売促進手段を提示することで顧客獲得競争を激化

させるであろう．

転換費用を伴う競争モデル

　この現象を記述するモデルを検討してみよう．顧客1人にインターネット・アクセスを提供するのにかかる費用は1ヵ月当たり c であると仮定する．また数多くの同質的な企業が存在する完全競争的な市場であり，いかなる転換費用も存在しないと仮定すると，インターネット・サービスの価格は単純に $p=c$ となる．

　しかし，プロバイダを変更するのにかかる費用を s とし，プロバイダが新規顧客を引きつけるために加入月に d の大きさ程度の値引きを実施するとしよう．ある月のはじめに，消費者は新しいプロバイダへの変更を考える．もしプロバイダを変更すれば，値引き価格 $p-d$ のみを支払えばよいが，同時に転換費用 s を容認しなければならない．もし消費者が，元のプロバイダにとどまれば，依然価格 p を支払わなければならない．翌月以降，両プロバイダは同じ価格 p を請求しつづけると仮定する．

　新しいプロバイダに今後支払うであろう額と転換費用の総和の現在価値が，元のプロバイダに支払い続ける額の現在価値より小さいならば，消費者はプロバイダを変更するであろう．（月当たりの）利子率を r とおけば，消費者は，

$$(p-d)+\frac{p}{r}+s<p+\frac{p}{r}$$

ならば，プロバイダを変更するであろう．プロバイダ間の競争は，消費者にとって変更することと変更しないこととが無差別となるような価格を設定させる．すなわち，

$$(p-d)+s=p$$

である．したがって，$d=s$ となり，これは提示される値引きが消費者の転換費用をちょうど補う大きさであることを意味している．

　生産者については，競争により利潤の現在価値はゼロに等しくなるとしよう（ゼロ利潤条件と呼ぶ）．1人の顧客から得られる利潤の現在価値は加入時の値引き価格と将来にわたる利潤の現在価値の合計である．（月当たりの）利子率を r とおくと，$d=s$ という事実を用いて，ゼロ利潤条件は

$$(p-s)-c+\frac{p-c}{r}=0 \tag{36.1}$$

と書くことができる．この式を変形すると，

$$p-c+\frac{p-c}{r}=s \tag{36.2}$$

と，

$$p=c+\frac{r}{1+r}s \tag{36.3}$$

という均衡価格を描写する2つの同値な等式が得られる．(36.2) 式は，消費者からもたらされる将来にわたる利潤の現在価値が，ちょうど消費者の転換費用に等しくなければならないことを示している．(36.3) 式は，サービスの価格が転換費用に比例した大きさのマーク・アップ分を限界費用に加えたものであることを示している．

モデルに転換費用を加えることは，月当たりのサービス価格を費用以上に引き上げるが，この利潤に関する競争は新規価格を低下させる．実際，生産者は将来にわたるマーク・アップを獲得するために，$d=s$ となる値引きを行っている．

現実には，多くのプロバイダが，顧客からの月当たりの収入を上回る収入源を他にもっている．たとえば，アメリカ・オンラインでは，広告による収入が事業収益の大部分を占めている．たとえ費用を下回る料金でインターネット接続を供給しなければならないにしても，広告収入を獲得するためにかなり大胆な値引きを消費者に提示する方が有利になるのである．

モデルにこの効果を簡単に付け加えることができる．もし a を各月ごとに消費者によってもたらされる広告収入とすると，ゼロ利潤条件は

$$(p-s)+a-c+\frac{p+a-c}{r}=0 \tag{36.4}$$

となる．これを p について解くと，

$$p=c-a+\frac{r}{1+r}s$$

が得られる．この等式によれば，実質的な価格は顧客にサービスを与えるための純費用 $c-a$ に等しく，サービスにかかる費用と広告収入の両方を含んでいる．

36.4 ネットワーク外部性

35章ですでに**外部性**（externality）の考え方を説明した．経済学者は，ある個人の消費が他の個人の効用に直接影響を及ぼす状況を描写するために，この言葉を用いていることを思い出そう．**ネットワーク外部性**（network externalities）とは，ある財から得られる個人の効用がそれを消費する人数に依存するような外部性の特別なケースである[4]．

ファクシミリに対する消費者の需要を例にとってみよう．他人と通信をするために，人々はファクシミリを欲しがっている．他にファクシミリをもっている人がいなければ，それを買う価値はまったくない．モデムもこれに似た性質をもつ．すなわち，他に通信することができるモデムがどこかにあって，初めてモデムは役に立つ．

ネットワーク外部性では，もう1つ別のより間接的な効果が補完財と合わせて生じる．誰もビデオデッキをもっていない地域で，ビデオ店があることは理にかなわない．また一方で，再生するためのビデオソフトがないのなら，ビデオデッキを買う理由はほとんどない．この場合，ビデオソフトに対する需要は利用可能なビデオデッキの数に依存し，ビデオデッキに対する需要は利用可能なビデオソフトの数に依存するという，若干ではあるが，より一般的なネットワーク外部性の形式に帰着する．

36.5 ネットワーク外部性を伴う市場

単純な需要供給モデルを用いて，ネットワーク外部性のモデルを構築してみよう．ある財市場に1,000人の人がいるとし，各人に $v=1, \cdots, 1000$ と名前をつける．また，個人 v が支払ってもよいと思う**留保価格**（reservation price）はちょうど v であると仮定しよう．そのとき，財の価格が p ならば，財が少なくとも p の価値であると思っている人数は $1,000-p$ である．たとえば，財の価格が200ドルならば，財に対して少なくとも200ドル支払ってもよいと考えて

---

[4] より一般的には，誰がネットワークにつながっているのかが問題になるかもしれない．だが，この点を分析に追加することは容易である．

いる人が800人いるので，販売合計量は800になる．この構造は通常の右下がりの需要曲線を導く．

今度はこのモデルを変形してみよう．分析対象となる財をファクシミリや電話のようにネットワーク外部性を帯びているものとしよう．単純化のために，個人 v のもつ財の価値は vn とする．ここで n は財を消費する人数——すなわち，ネットワークに接続されている人数——である．財を消費する人々が増えれば増えるほど，各個人はその財を獲得するためにより高い支払意思額をもつことになる[5]．このモデルでは需要関数はどのように表されるのであろうか．

もし価格が p ならば，ちょうど財を買うか買わないかが無差別であるような個人がいる．$\hat{v}$ によってこの限界的個人を表せば，定義より，個人 $\hat{v}$ にとって財を購入することと購入しないことがちょうど無差別なので，財に対する支払意思額はその価格に等しい．すなわち，

$$p = \hat{v} n \tag{36.5}$$

となる．この「限界的個人」は無差別なので，$\hat{v}$ よりも高い価値 v をもつ個人は全員，財を買いたいと思うはずである．このことは，財を買いたいと思っている人数が

$$n = 1000 - \hat{v} \tag{36.6}$$

であることを意味する．(36.5) 式と (36.6) 式から，この市場における均衡を特徴づける条件，

$$p = n(1000 - n)$$

が得られる．この式は財の価格と利用者の人数との関係を与えている．この意味では，それは需要曲線のようなものである．すなわち，もし財を購入する人数が n であるならば，限界的個人の支払意思額は曲線の高さで与えられる．

しかしながら，**図36.1** の需要曲線を見てみると，普通の需要曲線とまったく異なった形状であることがわかる．もしネットワークに接続されている人数が少なければ，限界的個人の支払意思額は少ない．なぜならば，この個人と通信

---

[5] 現実には，n は財を消費するであろうと期待される人数であると解釈されるが，この違いは以下の議論に対してそれほど重要ではない．

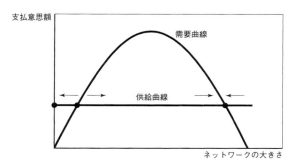

図36.1　ネットワーク外部性

する人が少ないからである．もしネットワークに接続されている人数が多くても，限界的個人の支払意思額は少ない．なぜならば，より高い価値をもつその他の個人がすでにネットワークで結ばれているからである．この2つの力が働いて，需要曲線の形状は，**図36.1**で描かれているような山型となる．

　市場における需要側を理解したので，今度は供給側に目を向けてみよう．説明を簡単化するために，規模に関して収穫一定の技術で供給されるとする．すでに考察したように，このことは，供給曲線が平均費用と価格が等しくなる高さの水平線であることを意味する．

　需要曲線と供給曲線との交点には3つの可能性があることに注意せよ．まず，$n^*=0$ であるような低位均衡がある．この点では財を消費する人（ネットワークに接続している人）はいないので，財を消費するための正の支払意思額をもつ人はいない．これは「悲観的期待」均衡と呼ばれることもある．

　消費者はいるがその数が少ない中位均衡点では，人々はネットワークがそれほど大きなものではないと思っているので，ネットワークに接続するために大して支払おうとは思わない（それゆえ，ネットワークはそれほど大きくはない）．

　最後に，第3の均衡点では n_H 人もの大勢の人がいる．ここでは，財を購入する限界的個人は財に対してあまり高い価値をもっていないので，市場が非常に大きいにもかかわらず価格は低くなっている．

36.6 市場ダイナミックス

この3つの均衡のうちどれが生じるのであろうか．これまでのモデルの中には，それらの均衡のいずれかを選ぶべき理由はない．3つの均衡点のいずれにおいても，需要と供給は一致している．しかしながら，どの均衡がより起こりそうであるかを決定するのに役立つ，動的な調整過程を導入することができる．

財にかかる費用よりも支払意思額の方が大きいとき，市場の規模が拡大し，逆に支払意思額の方が小さいとき，市場の規模が縮小すると仮定することはもっともらしい．幾何学的にいえば，需要曲線が供給曲線の上方にあれば財の量は増加し，供給曲線の下方にあれば財の量が減少する．図36.1の矢印はこの調整過程を表している．

これらの動学は多少なりとも情報をもたらしてくれる．誰もネットワークに接続していない低位均衡と，多くの人が接続している高位均衡が安定的であり，中位均衡点が不安定であることは明らかである．よって，最終的にシステムが中位均衡点にとどまるとは考えられない．

よって，2つの安定的な均衡が存在可能だが，どうすればいずれの均衡が起こりそうであるかを判定することができるのだろうか．1つは，時間がたつにつれて費用がどのように変化するのかを考えることである．これまでに議論した例（ファクシミリやビデオデッキ，コンピュータ・ネットワークなど）に関しては，最初は財の費用は高いが，技術開発により時間がたつにつれて費用が減少すると考えるのは自然なことである．この過程は図36.2に描かれている．

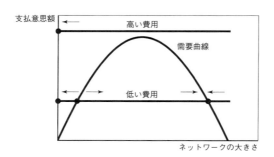

図36.2 費用調整とネットワーク外部性

36.6 市場ダイナミックス

単位費用が高い場合には安定的な均衡は1つであるが，この均衡において需要はゼロである．費用が十分に減少すると，2つの安定的な均衡が存在する．

さて，システムに少しノイズを加えてみよう．均衡点 $n^*=0$ の周りでネットワークに接続している人数が変動する状況を想定しよう．この変動は，偶発的なものであるかもしれないし，あるいは企業が行う新規の割引やその他の販売促進戦略によるものかもしれない．費用が小さくなるにつれて，この変動によって，システムが不安定な均衡を飛び越えていくであろう．このような変動が生じると動的調整が働いて，高位均衡までシステムを押し上げることになるだろう．

その財の消費者数について，1つのありうる調整経路が**図36.3**に描かれている．

その経路は原点に近いところから始まり，最初のうちはわずかな変動しか示さない．費用が減少してくると，ある臨界点に到達し，ネットワークシステムは低位均衡から高位均衡へと一気に押し上げられる．

この調整過程の実生活の例としてはファクシミリ市場がある．**図36.4**は，12年間のファクシミリの価格と販売台数を示している[6]．

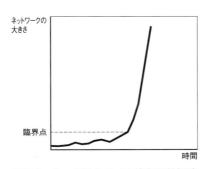

図36.3 1つのありうべき均衡調整経路

---

6) この図の出典は Nicholas Economides and Himmelberg, "Critical Mass and Network Size with Application to the US Fax Market" (Discussion Paper no. EC-95-11, Stern School of Business, N.Y.U., 1995) である．ネットワーク外部性とその含意に関する優れた概説としては，Michael L. Katz and Carl Shapiro, "Systems Competition and Network Effects," *Journal of Economic Perspective*, (1994), pp. 93-116 もまた参照せよ．

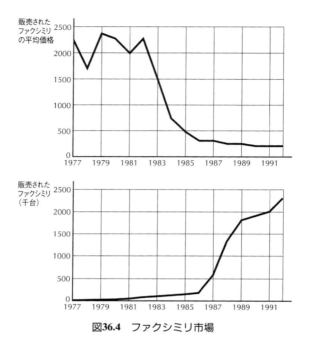

図36.4　ファクシミリ市場

36.7　ネットワーク外部性が示しているもの

　上で掲げたモデルは単純ではあるが，そこからいくつかの重要な論点が浮かび上がってくる．たとえば，臨界点の問題は非常に重要である．もしある1人の利用者の需要が他にどのくらいの利用者がいるのかに依存するならば，生産のライフサイクルに対して早い時期に生産を拡大するのは重要なことである．最近では，未開拓の「市場の創出」のために，生産者側がソフトウエアやコミュニケーション・サービスをきわめて安価に提供することが一般に見受けられる．

　もちろん，重要な問題は，市場が自力で急拡大するまでに市場がどれだけの規模になっていなければならないのかということである．理論はここではなんの道案内にもならない．すべては財の性質や費用，便益や選択の問題に直面している利用者に依存しているのである．

ネットワーク外部性が示しているもう1つの重要なことは，政府の政策が果たす役割である．インターネットはその好例である．インターネットはもともとデータファイルの交換のために少数の研究所によってのみ使われていた．1985年頃，全米科学財団はさまざまな地域に配置されている12台のスーパーコンピュータをいくつかの大きな大学に接続するために，インターネット技術を使った．初期の頃は大学の研究者がスーパーコンピュータとデータのやりとりを行っていた．しかし，コミュニケーション・ネットワークの基本性質とは，各人が同一のネットワークに接続されているならば，誰とでも通信できるということである．これにより研究者はスーパーコンピュータに接続することなく，それぞれの人に電子メールを送ることができるようになった．臨界点以上の数の利用者がインターネットに接続するようになったとたん，新規の利用者が急激に増加した．本来，スーパーコンピュータがネットワーク供給の動機づけになっていたにもかかわらず，これら新規の利用者の大半がスーパーコンピュータに興味をもっていなかったのである．

36.8 二面市場

二面市場（two-sided market）とはネットワーク効果の特殊なケースである．ブルーレイDVDのような新技術を考えてみよう．他人がどんなDVDプレーヤーをもっているかを特に気にすることはないため，直接的なネットワーク効果は存在しない．しかし，間接的なネットワーク効果が存在する．すなわち，ブルーレイプレーヤーが売れるほど，より多くのディスクが利用可能になるだろう，そして利用可能なディスクが増えるほど，ブルーレイプレーヤーを買うことがより魅力的になるだろう．

他にも多くの例を考えることができる．新しいクレジットカードを取り上げよう．すなわち，そのクレジットカードを受け付ける店が増えるほど，そのクレジットカードは消費者にとってより魅力的となるだろう．また，そのカードを選ぶ消費者が増えれば，店にとってより魅力的になるだろう．

さらに，アドビのPDFプラットフォームを考えることもできる．PDF閲覧ソフト（Acrobat Reader）をもつユーザーが増えれば，より多くのグラフィック・デザイナーがこのフォーマットでコンテンツを配信したくなるだろう．すると，PDFファイルを作成するソフトウェアであるAcrobat Distillerの需

要は増えるだろう．

　この最後の例は，重要な点を描写している．すなわち，アドビは1つの製品（Reader）を無償配布することで，別の製品（Distiller）への需要を高め，利益を得ることができるのである．これは「かみそりはただ同然で売って，かみそり刃で儲ける」ように古典的な方法であるが，デジタル製品とインターネットの組み合わせが配布を非常に安価にし，この戦略は非常にありふれたものとなった．

　たとえば，アップルは評判の高いミュージックプレーヤー iPod を販売している．また，iTunes Store で iPod の楽曲配信も行っている．産業レポートによれば，アップルは楽曲ではほとんど稼いでいない——ほとんどの利益は音楽スタジオにいくのである．しかし，アップルの観点からすれば，かみそり刃（楽曲）を配り，かみそり（iPod）を売ることに意味があるのである．

二面市場のモデル

　34.5節で用いたモデルを一般化して二面市場に応用してみよう．

　まず，2種類の財があると仮定する．財1の留保価格は v_1 とし，$v_1=1,\cdots,1000$ の値をとる．同様に，財2の留保価格は v_2，$v_2=1,\cdots,1000$ とする．

　財1の総価値はどれだけの人が財2を選ぶかに依存し，財2の総価値はどれだけの人が財1を選ぶかに依存するため，$U_1=v_1n_2$ および $U_2=v_2n_1$ と書くことにする．最後に，財1と財2の供給に対し，外生的にある価格が与えられているとし，p_1 および p_2 とする．（これらは，規模に関して収穫一定の生産過程による費用と考えることができる．）

　財1および財2の限界的選択者は $\hat{v}_1n_2=p_1$ および $\hat{v}_2n_1=p_2$ によって決定される．$\hat{v}_1$ より高い評価をしている者は全員財1を購入するため，$n_1=1000-\hat{v}_1$ となる．同様に，$n_2=1000-\hat{v}_2$ である．

　これらすべての式をまとめると次のようになる．

$$\hat{v}_1 n_2 = p_1$$
$$\hat{v}_2 n_1 = p_2$$
$$n_1 = 1000 - \hat{v}_1$$
$$n_2 = 1000 - \hat{v}_2$$

　第3式と第4式を，第1式と第2式に代入すると，

36.8 二面市場

$$(1000-n_1)n_2 = p_1$$
$$(1000-n_2)n_1 = p_2$$

が得られる．

まず，$n_1 = n_2 = 0$ においてつねに均衡が存在することがわかる．もし誰も財1を購入しなければ，財2の価値はゼロとなり，逆の場合も同様である．他の解を求めるために，2つの関数をグラフに描く．推察できるであろうが，図36.5の例に描かれているように，一般に2つの解が存在する．どちらの財もほとんど売れていない低位均衡と，両財ともに相当量売り上げている高位均衡である．

供給者が直面する課題はいかにして高位均衡を達成するかである．1つの戦略は，上述したように，両財のうち1つの財の生産に補助金を与えることである．費用を下回る価格で1つの財を売ることは，市場を拡大し，他方の財で利益を多く得ることができるようになるため，理にかなっているのである．

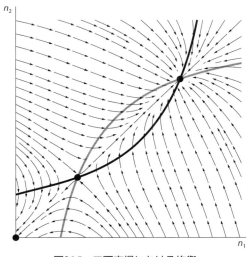

図36.5　二面市場における均衡

36.9 財産権の管理

今日，**知的財産**（intellectual property：IP）に関する新しい企業モデルには非常に興味深い点がある．IP の管理にはさまざまな形態が存在する．書籍は無条件販売が行われたり，図書館から貸し出されたりする．ビデオソフトは販売されたりレンタルされる．あるソフトウエアは特定の利用にライセンスが与えられ，他のソフトウエアは無条件で販売される．シェアウエアは，自発的な支払いが望まれるソフトウエアの形態である．

知的財産の一部を提供する期間および条件を選択することは，企業にとって重要な決定である．複製防止を行うべきか．友人との共有を奨励すべきか．個人に直接販売すべきか，あるいはサイト・ライセンスを利用すべきか．

簡単な経済モデルを用いることで重要な論点を理解することができる．オンライン・ニュースのような純粋デジタル財を考えてみよう．デジタル財では限界費用について考慮する必要はない．まず，初期値として設定された期間と条件のもとでいかなる行動がとられるかを考えよう．デジタル財の所有者は，利潤が最大となるように価格を，したがって暗黙のうちに数量も選択するであろう．よって，

$$\max_{y} p(y)y \tag{36.7}$$

を解き，最適解 (p^*, y^*) を得る．

今度は，財の売り手が条件を緩めようとしている状況を考えてみよう．たとえば，財の自由な利用期間を 1 週間から 1 ヵ月に延長するとしよう．これにより，需要曲線に 2 つの効果が生じる．第 1 に，潜在的利用者にとっての生産物の価値が上がり，需要曲線は上方へシフトする．しかし逆に，利用者の中には試用期間内で欲求が十分に満たされる人がいて，売れ残りが生じるかもしれない．

新規消費量 $Y = by$ と新しい需要曲線 $P(Y) = ap(Y)$ を定義することで，このモデルを構築してみよう．ここで，$b > 1$, $a > 1$ とする．新しい利潤最大化問題は，

$$\max_{Y} P(Y)y$$

となる．ここでは，価格に販売量 y を掛けており，消費量 Y を掛けていないことに注意せよ．

$Y=by$ と $P(Y)=ap(Y)$ の定義を適用すると，利潤最大化問題は，

$$\max_Y ap(Y)\frac{Y}{b}=\max_Y \frac{a}{b}p(Y)Y$$

と書き改めることができる．この最大化問題は，定数 a/b を除けば，(36.7)式と同一である．したがって，最適選択に影響を与えることなく，結果として $Y^*=y^*$ となる．すなわち，新しい消費量 Y^* は以前の販売量 y^* に等しい．

この単純な分析からいくつかの結論が得られる．

- 財の消費量 Y^* は，知的財産の利用に関する条件とは独立である．
- 財の生産量 y^*/b は，y^* よりも少ない．
- a/b が 1 よりも大きいか小さいかに依存して，利潤が増減する．生産物を購入する消費者にとっての価値の増加分が，購入者数の減少分を補うならば，利潤は増大する．

36.10 知的財産の共有

知的財産はしばしば共有される．たとえば，図書館は本の共有を容易にしている．レンタルビデオ店は——共有のための対価を請求しながら——ビデオソフトの「共有」に役立っている．図書館相互貸出制度は各図書館の間で本を共有する役割を担っている．（あなたが手にもっているこの）教科書でさえ，古本市場を通して次年度の学生と共有されるかもしれないのである．

共有の適切な役割については，出版図書業界の中でかなり議論がある．図書館は図書館相互貸出制度に関する非公式な「5回貸出ルール」を打ち立てている．そのルールとは，本の貸出が5回行われれば，出版業者の印税が新たに支払われるべきだ，というものである．これまで出版社と著者は，古本市場については興味をもっていなかった．

デジタル情報の出現はこの状況を一層深刻なものにした．デジタル情報は完全に再生産することができるので，「共有」により新たな危機が生じている．最近では，有名なカントリーミュージック・シンガーが，中古CDショップに対抗して，街頭PR活動に力を入れている．問題はCDは何度再生しても劣化

することがないうえ，CD を買ってそれをテープに録音し，その CD を中古 CD ショップに売ることが可能だということである．

この種の共有現象を記述するモデルを構築してみよう．出発点として，共有がないケースを取り上げよう．このケースではビデオソフトの製造者の意思決定は，

$$\max_{y} p(y)y - cy - F \tag{36.8}$$

で表される．すなわち，利潤が最大となるようにビデオソフトの生産量 y を選択することである．これまでと同様に，$p(y)$ は逆需要関数であり，c は（一定の）限界費用，F は固定費用である．最大利潤をもたらす生産量を y_n で表す．ここで添字 n は「共有がない」ことを表している．

次に，ビデオレンタル市場が存在するとしよう．このケースでは，ビデオソフトの鑑賞回数は生産本数とは異なる．もし y がビデオソフトの生産本数で，それぞれのビデオソフトが k 人の視聴者によって共有されるならば，鑑賞回数 x は $x = ky$ になる．（単純化のために，すべてのビデオソフトがレンタルされていると仮定している．）

消費者が，どのようなビデオソフトの共有を行う「クラブ」に所属するのかを特徴づける必要がある．最も単純な仮定は，高い価値をもつ消費者が相互に共有することと，低い価値をもつ消費者が相互に共有することである．すなわち，高い価値 k をもつ消費者からなるクラブと，k の次に高い価値をもつ消費者からなるクラブなどである．（その他の仮定も考えられるが，ここでは最も単純な分析に着目する．）

ビデオソフト生産者が直面している逆需要関数を考えてみよう．もし y 本の生産が行われたならば，$x = ky$ 回ビデオソフトが鑑賞され，限界的個人の支払意思額は $p(x) = p(ky)$ となる．しかしながら，ビデオソフトを買うよりも借りる方が面倒な費用がかかることは明らかである．「取引費用」を t で表すと，この個人の支払意思額は $p(x) - t$ になる．

ビデオソフトのすべてが k 人の利用者によって共有されていると仮定していたことを思い出してみよう．このとき，ビデオショップに対する支払意思額は限界的個人の支払意思額の k 倍となる．すなわち，y 本が生産されれば，ビデオショップへの支払意思額は

$$P(y) = k[p(ky) - t] \tag{36.9}$$

となる．(36.9) 式を見ると，共有には 2 つの効果が存在していることがわかる．第 1 に，生産された本数よりも多くのビデオソフトが鑑賞されているので，支払意思額は低くなる．第 2 に，1 本のビデオソフトの費用がそれぞれの個人間で共有されるので，支払意思額は高くなる．

生産者の利潤最大化問題は

$$\max_y P(y)y - cy - F$$

となる．これは次のように書き直すことができる．

$$\max_y k[p(ky) - t]y - cy - F$$

または

$$\max_y p(ky)ky - \left(\frac{c}{k} + t\right)ky - F$$

鑑賞回数 x が生産本数 y に依存している，すなわち，$x = ky$ であることを思い出せば，利潤最大化問題は

$$\max_x p(x)x - \left(\frac{c}{k} + t\right)x - F$$

と書くこともできる．この問題は，限界費用が c ではなく $(c/k + t)$ であること以外，(36.8) 式における問題と同じである点に注意せよ．

これら 2 つの問題が密接に関係しているという事実は，次のような観察を可能にしてくれるので大変有益である．すなわち，レンタルが可能なときの利潤が不可能なときの利潤よりも大きくなるのは，次の条件が成り立つとき，そしてそのときに限る．

$$\frac{c}{k} + t < c$$

この条件を書き換えると，次式が得られる．

$$\left(\frac{k}{k-1}\right)t < c$$

大きな k に対して，左辺の分数はおおよそ 1 になる．よって重要な問題となるのは，生産の限界費用 c とレンタルの取引費用 t の関係である．

もしビデオソフトの生産費用が大きく、レンタルの費用が小さければ、生産者にとっての利潤最大化行動は、ビデオソフトを少量生産し、高い価格で販売し、消費者にレンタルさせることである。一方、もしレンタルの取引費用が生産費用よりも大きければ、生産者の利潤最大化行動はレンタルを禁止することである。そのときには、レンタルは消費者にとって不便なものとなるので、ビデオショップはビデオソフトの「共有」に対して十分支払う意欲を失い、そのため生産者はビデオソフトの販売によって利益を改善することになる。

要　　約

1. 情報技術はシステム内で一体となって作動するので、別の要素に転換するには費用がかかる。
2. 互いに補完財を供給し合っている2つの独占企業が協調して価格を設定した場合、独立に設定していたときに比べて、各々低い価格を設定することになるだろう。
3. このことは両企業にとって有利な帰結をもたらし、消費者の状態までも改善する。
4. このような協調を実現する方法はたくさんある。合併、交渉、利潤の分割、規格の統一などがその例である。
5. 膠着化した均衡においては、初期に企業が申し出た割引分が、その後将来にわたって支払われる割増しされた利用料で取り戻される。
6. ネットワーク外部性は、ある個人の財に対する支払意思額がその財の他の利用者の数に依存するときに生じる。
7. ネットワーク外部性を扱うモデルでは、一般に均衡が複数存在する。最終的な結果はしばしば産業の歴史に依存する。
8. 財産権の管理には、価格の引き上げと、販売量減少に見合う価格との間のトレード・オフが含まれる。
9. 本やビデオソフトのような情報財は、しばしば購入されるだけでなく借りられたり共有されたりする。レンタルと販売のいずれがより大きな利益をもたらすのかは、取引費用が生産費用に比較してどの程度であるかに依存する。

37章 公共財

35章において，ある種の外部性について論じた際にわかったことは，それが生み出す非効率性を取り除くのは困難ではないということである．たとえば2人の間に消費の外部性が存在する場合，そもそも誰のものかという初期の所有権を明確に定めておきさえすれば非効率性を排除することができた．そうすれば，人々は通常の方法で外部性を発生させる源となる権利を取引することができるのであった．生産の外部性の場合には，市場そのものが利潤というシグナルを与えるので，最も効率的な方法で所有権を選別することができた．共有権の場合には，誰か特定の人に所有権を付与することで，非効率性を排除できたのである．

しかしながら残念なことに，同様の方法ですべての外部性を処理することはできない．経済主体の数が3以上になるや否や，事態はいっそう複雑になり，取り扱いが困難になる．たとえば，前章で考察した2人のルームメイトがいるケースのかわりに，3人のルームメイト——1人は喫煙者，他の2人は非喫煙者——のケースを考えてみよう．そのとき，非喫煙者2人にとってタバコの煙はマイナスの外部性を発生させることになる．

いま，所有権が明確に規定されているとしよう．すなわち，非喫煙者がきれいな空気を要求する権利をもっているとする．前とまったく同じように，きれいな空気に対する権利をもっている一方で，きれいな空気の一部を適当な補償と引き換えに取引する権利ももっている．しかし今度は，次のような別の問題が生じることになる．非喫煙者は，煙の量がどれだけか，そして補償の大きさがどれだけかについて，彼らの間で合意しなければならないのである．

おそらく，非喫煙者の中でも，一方は他方より煙の発生に敏感だろうし，また一方は他方より金持ちかもしれない．このように，彼らはまったく異なる選

好をもち，資源量も異なっているかもしれないが，効率的な煙の量を決めるためには，2人の間でなんらかの合意が成立しなければならないのである．

ルームメイトのかわりに，一国全体の国民を考えることもできる．その国でどれくらいの量の汚染が許されるべきか．わずか3人のルームメイトの場合でも，合意に到達することがむずかしいと考えられるから，非常に多くの人々が存在する場合にどうなるかは想像に難くない．

3人がいてタバコの煙という外部性が発生する場合，それは**公共財**（public good）の一例である．ここで公共財とは，それから影響を受けるすべての消費者に同じ量が供給されざるをえないような財である．この場合，発生する煙の量はすべての消費者にとって同一である．各人はその量に異なった価格付けを与えるかもしれないが，皆同じ量を消費しなければならないのである．

多くの公共財は政府によって供給される．たとえば，街路や歩道は地方自治体によって供給される．1つの町にはある特定の長さと広さの街路があり，それはすべての住民にとって利用可能である．国防もまた公共財の例である．すべての国民にある一定水準の国防が供給される．国民の間で国防の価値付けは異なるかもしれないが，すべての国民に同じ量の国防が供給されるのである．

公共財は消費の外部性の特殊な例である．すべての人はその財を同じ量だけ消費しなければならない．公共財は外部性を発生させる財の中で，とりわけ厄介な財である．なぜなら，経済学者が好んで用いる分権的市場による解決が，公共財の配分にはうまく機能しないからである．人々は異なる量の国防を購入することはできないのであって，ともかく国防に関して同一の量を決定しなければならないのである．

本章で考察すべき最初の問題は，理想的な公共財の供給量とは何かを検討することである．そして次に，公共財に関する社会的意思決定を行う際に利用可能ないくつかの方法について論じることにしよう．

37.1 どのような場合に公共財を供給するか

単純な例から始めることにしよう．2人のルームメイト1と2がいるとする．2人はテレビを買うかどうかを決めようとしている．アパートの大きさは一定で変更できない．テレビは必ず居間に置かれ，2人ともテレビを見ることができる．したがって，テレビは私的財というよりむしろ公共財とみなせる．問題

37.1 どのような場合に公共財を供給するか

はこうである．テレビを購入することは，2人にとって価値のあることだろうか．

各人の初期の富を w_1, w_2 によって表し，それぞれのルームメイトのテレビに対する費用負担を g_1, g_2，私的消費にまわすことのできるそれぞれの金額を x_1, x_2 で表すとする．予算制約は

$$x_1 + g_1 = w_1$$
$$x_2 + g_2 = w_2$$

によって与えられる．さらに，テレビの価格を c ドルとすれば，テレビを購入するためには，2人の費用負担の合計は c 以上でなければならない．

$$g_1 + g_2 \geq c$$

この式が，公共財を供給する際に利用できる技術を要約している．すなわち，ルームメイトは共同で c の費用を支払うならば，テレビ1台を購入できるのである．

個人1の効用関数は，彼の私的消費 x_1 とテレビの利用可能性すなわち公共財に依存する．そこで個人1の効用関数を $u_1(x_1, G)$ と書く．ここで G は0または1をとる．0はテレビがないこと，1はテレビがあることを表す．個人2は効用関数 $u_2(x_2, G)$ をもつ．各人の私的消費には，その財が個人1によって消費されたか，あるいは個人2によって消費されたかを示す添字がつけられているが，公共財には添字がない．公共財は2人によって共同で「消費される」のである．もちろん，「使い尽くす」という意味で公共財が実際に消費されるのではない．2人のルームメイトによって消費されるのは，むしろテレビが与えるサービスであるといえばよいだろう．

2人のルームメイトはテレビの提供するサービスに対してまったく異なった価値付けを与えるかもしれない．各人が利用可能なテレビを所有することにどれだけ支払ってよいと思うかを尋ねることによって，各人がテレビに与えている価値付けを測定することができる．この種の測定を行うために，**15**章で導入された**留保価格**（reservation price）という概念を用いることにしよう．

個人1の留保価格は，彼がテレビのために支払ってよいと考える最大額である．つまりそれは，価格 r_1 を支払ってテレビを所有することと，テレビを所有しないこととがちょうど無差別となるような，価格 r_1 のことである．もし

個人1が留保価格を支払ってテレビを得たとすると，彼は私的消費に使える金額として w_1-r_1 だけ手元に残すことになる．もしテレビを入手しなければ，w_1 を私的消費に使うことができる．これら2つの選択肢の間でちょうど無差別になっているのだから，

$$u_1(w_1-r_1, 1) = u_1(w_1, 0)$$

が成り立たなければならない．この式は個人1にとっての留保価格を定義している．すなわち，個人1がテレビを所有するために支払ってよいと思う最大価値額である．同様の式によって，個人2の留保価格が定義される．一般に，各人の留保価格はその人の富の大きさに依存することに注意してほしい．個人が支払ってよいと思う最大額は，その個人がどれだけ支払うことができるかにある程度依存するだろうからである．

両者の状態を同時に改善する方法がもはや存在しないならば，その配分はパレート効率的であるという点を思い出してほしい．両者の状態を改善できる方法が存在するならば，配分はパレート非効率である．この場合，**パレート改善**(Pareto improvement) が可能であるという．ここで扱うテレビの購入問題では，2種類の配分のみが考察に値する．1つはテレビが購入されない配分である．この配分は $(w_1, w_2, 0)$ という単純な形式をとる．つまり，各人は自分の富のすべてを私的消費のみに使うのである．

もう1つは公共財が供給される場合の配分である．これは $(x_1, x_2, 1)$ という形式になる．ここで

$$x_1 = w_1 - g_1$$
$$x_2 = w_2 - g_2$$

が成り立っている．これら2つの式は，予算制約を書き換えることによって得られる．これらの式は，公共財に対する費用を負担した後に手元に残る富の大きさによって，各個人の私的消費が決まるということを物語っている．

いかなる条件のもとでテレビは購入されるのだろうか．すなわち，テレビをもたないより，テレビを購入しその費用を分担することで，両者の状態が改善されるような支払計画 (g_1, g_2) が存在するのはいかなる場合だろうか．経済学の用語を用いれば，どのような場合にテレビを購入することがパレート改善となるだろうか．

テレビを購入しないより購入した方が両者の状態の改善となるならば，配分 $(x_1, x_2, 1)$ の実現はパレート改善である．このことから

$$u_1(w_1, 0) < u_1(x_1, 1)$$
$$u_2(w_2, 0) < u_2(x_2, 1)$$

が成り立つ．

ここで留保価格 r_1, r_2 の定義と予算制約を用いると，

$$u_1(w_1-r_1, 1) = u_1(w_1, 0) < u_1(x_1, 1) = u_1(w_1-g_1, 1)$$
$$u_2(w_2-r_2, 1) = u_2(w_2, 0) < u_2(x_2, 1) = u_2(w_2-g_2, 1)$$

と書ける．

この不等式の左辺と右辺を調べよう．私的消費の増加が効用を高めることを考え合わせれば，

$$w_1-r_1 < w_1-g_1$$
$$w_2-r_2 < w_2-g_2$$

が成り立つと結論できる．これはまた，

$$r_1 > g_1$$
$$r_2 > g_2$$

を意味する．

配分 $(w_1, w_2, 0)$ がパレート非効率ならば，この式が満たされなければならない．つまり各人がテレビに支払う費用負担の大きさは，その人がテレビに支払ってよいと思う額（支払意思額）よりも小さくなければならないのである．もし消費者が支払ってよいと思う最大の額未満でその財を手に入れることができるなら，その財を手に入れることはその人にとって利益となる．ここで述べられているのは次のことだけである．すなわち，留保価格が費用分担を超えるという条件は，各ルームメイトがテレビに対して支払ってよい最大額より小さい対価でテレビのサービスを手に入れることができるとき，パレート改善が結果として生じるだろうということである．これは，テレビを購入することが購入しないことに比べてパレート改善になるための必要条件である．

もし各ルームメイトの支払性向が各人の費用分担を超えるならば，支払意思

額の合計はテレビの費用よりも大きくなければならない．すなわち，

$$r_1 + r_2 > g_1 + g_2 = c \tag{37.1}$$

　この条件は，テレビを購入することがパレート改善であるための十分条件である．もしこの条件が満たされるなら，その公共財を購入することによって両者が改善されるような支払計画が存在するだろう．もし $r_1 + r_2 \geq c$ ならば，ルームメイトの支払意思額の合計は少なくとも購入費用と同じになり，$r_1 \geq g_1$，$r_2 \geq g_2$，$g_1 + g_2 = c$ となるような支払計画 (g_1, g_2) を簡単に見つけることができる．この条件はあまりに単純なので，それを導く際になぜそれほどまでに詳しく調べたのか不思議に思うかもしれない．実はいくつかの微妙な点が含まれているのである．

　第1に，いかなる場合にその公共財の供給がパレート改善となるかを示す条件が，各主体の支払意思額と総費用のみに依存している点に注意することが重要である．留保価格の合計がテレビの費用より大きいなら，その公共財をもたないよりもった方が両者の状態が改善されるような支払計画が常に存在する．

　第2に，公共財を供給することがパレート効率的か否かは，一般に富の初期分配 (w_1, w_2) に依存するだろう．留保価格 r_1, r_2 は一般に富の分配に依存するだろうから，これは正しい．ある富の分配に対して $r_1 + r_2 > c$ であり，別の分配に対して $r_1 + r_2 < c$ が成り立つことはまったく可能である．

　なぜこうしたことが起こりうるのかを調べるためには，1人が実際にテレビの愛好家であり，もう1人がほとんど無関心であるような状況を考えてみればよい．そのとき，もしテレビ愛好家がすべての富を独占しているなら，その人はテレビの全費用を自分だけで支払ってもよいと思うだろう．したがって，テレビを購入することがパレート改善となる．しかし，もしテレビに無関心な人がすべての富を独占しているなら，テレビ愛好家はテレビにお金を出すことができず，テレビを購入しないことがパレート効率的となる．

　したがって，一般に公共財を供給すべきか否かは，富の分配に依存するといえるだろう．しかし特殊な場合には，公共財の供給は富の分配から独立となる．たとえば，2人のルームメイトの選好が準線形であるとしよう．準線形であるとは，効用関数が

$$u_1(x_1, G) = x_1 + v_1(G)$$

$$u_2(x_2, G) = x_2 + v_2(G)$$

という形になることである．ここで G は 0 または 1 という値をとり，公共財が利用できるかどうかを表している．単純化のために $v_1(0) \neq 0$，$v_2(0) \neq 0$ と仮定しよう．これはどのようなテレビでも，テレビを見ることからの効用がゼロになることはないと述べている[1]．

この場合，留保価格の定義より

$$u_1(w_1 - r_1, 1) = w_1 - r_1 + v_1(1) = u_1(w_1, 0) = w_1$$
$$u_2(w_2 - r_2, 1) = w_2 - r_2 + v_2(1) = u_2(w_2, 0) = w_2$$

となるが，これはまた

$$r_1 = v_1(1)$$
$$r_2 = v_2(1)$$

によって，留保価格が与えられることを意味している．したがって，留保価格は富の量から独立となり，少なくともある範囲内の富に対しては，公共財の最適供給は富から独立になるだろう[2]．

37.2 公共財の私的供給

前節で見たように，支払意思額の合計が公共財を供給するための費用を超えるならば，テレビを購入することが，2人のルームメイトにとってパレート効率的となる．これこそが，その財の効率的配分に対する問題への答えなのだが，必ずしも2人が実際にテレビを購入するという決定を下すとはかぎらない．彼らが実際にテレビの購入を決めるか否かは，共同的意思決定を行うために採用する特定の方法に依存する．

もし2人のルームメイトが協力し，テレビにどれだけの価値付けを与えているかを正直に表明するなら，テレビを買うかどうかについて合意に至るのはそれほどむずかしいことではない．しかしある状況では，自分の価値付けを正直

---

1) テレビを見ることがマイナスの効用を与えることもありうる．
2) 常に $r_1 \leq w_1$，$r_2 \leq w_2$，すなわち支払意思額が支払能力以下であることを要求するので，ある範囲に属する富に対してのみ，このことは正しいといえよう．

にいう誘因をもたないかもしれない．

たとえば，2人がテレビに同じ価値を与えており，各人の留保価格が費用より大きい，つまり $r_1>c$，$r_2>c$ が成り立っているとしよう．そのとき個人1は，自分がテレビにまったく価値を与えていないといったとしても，どのみち個人2がテレビを購入するだろう，と考えるかもしれない．しかし個人2も同じ論法で考えうるのである．相手が1人でテレビを購入するだろうと期待して，両者がともに費用負担を拒否するような状況は他にも考えられる．

この種の状況では，経済学者は人々が互いに**ただ乗り**（free ride）しようとしているという．各人は相手が1人で公共財を購入するだろうと期待している．各人はいったんテレビが購入されるとテレビのサービスを完全に利用できるのだから，テレビの供給に対して可能なかぎり少ない支払いで済まそうとする誘因をもつのである．

37.3 ただ乗り

ただ乗りは**29**章で議論した囚人のジレンマに似ているが，同じではない．この点を見るために，さきほど扱われたテレビの問題に対して適当な数値例を作成することにしよう．各人は500ドルの富をもち，テレビに100ドルの価値を与えているとする．そして，テレビの費用は150ドルであると仮定する．テレビに与えられた留保価格の合計がテレビの費用を上回っているので，テレビを購入することはパレート効率的である．

ルームメイトの1人はもう1人のルームメイトがテレビを見ることができないようにする術をもたず，ルームメイトは各自テレビを購入するか否かの決定を行うと仮定する．ルームメイトの一方（これをプレイヤーAと呼ぶことにする）の意思決定について考えてみよう．もしプレイヤーAがテレビを購入すれば，100ドルの便益を得るが150ドルの費用を支払わないといけないので，結局彼は−50ドルの純便益を得ることになる．しかし，もしプレイヤーAがテレビを購入すれば，もう1人のルームメイト（これをプレイヤーBと呼ぶ）はただでテレビを見ることができ，したがってプレイヤーBは100ドルの純便益を得る．このゲームの利得は**表37.1**で表されている．

このゲームの支配戦略均衡は，両者ともテレビを購入しないことである．もしプレイヤーAがテレビを購入すると決定すれば，プレイヤーBにただ乗りす

表37.1 ただ乗りゲームの利得行列

		プレイヤーB	
		買う	買わない
プレイヤーA	買う	−50, −50	−50, 100
	買わない	100, −50	0, 0

ることが利益となる．すなわちプレイヤーBは，テレビの購入に対して一切の費用を負担することなくテレビを見ることができる．もしプレイヤーAがテレビを購入しないならば，プレイヤーBにとってもテレビを購入することは利益にならない．この例は囚人のジレンマに似ているが，まったく同じというわけではない．囚人のジレンマの例において，各プレイヤーの効用の合計が最大化されている戦略は，各プレイヤーが同じ選択を行うことである．この例で，各プレイヤーの効用の合計が最大化されている戦略は，プレイヤーのうち一方がテレビを購入することである（そして両者ともテレビを見ることができる）．

もしプレイヤーAがテレビを購入し両者がテレビを見ることができるならば，プレイヤーBがプレイヤーAに対して「サイドペイメント（裏の支払い）」を行うことで簡単にパレート改善が可能である．たとえば，プレイヤーAがテレビを購入したとき，プレイヤーBがプレイヤーAに51ドル与えることによって両者の効用を高められる．より一般的に，支払い額が50ドルから100ドルの間であれば，結果的にこの例において常にパレート改善可能である．

実際，このことは現実に起こりそうである．すなわち，各プレイヤーがテレビの費用を分担することはありうる．公共財が引き起こす問題は比較的簡単に解決することができるが，家庭にある公共財について費用を負担させる際には，より困難なただ乗り問題が生じる．たとえば，居間の掃除にはどんな問題があるだろうか．各人はきれいに掃除されていることが望ましいと思うだろうし，喜んで自分の役割を果たそうとするかもしれない．しかし，お互いにただ乗りしようとするかもしれないのである．その結果2人とも居間を掃除せず，いつも乱雑な状態になる．

もし3人以上がいるなら，状況はさらに悪くなる．なぜなら，ただ乗りする相手が増えるからである．他人に掃除させることは個人的な観点からすると最適かもしれないが，社会全体から見るとパレート非効率なのである．

37.4　公共財の最適水準

上の例では，どちらか一方に決定することが前提とされていた．つまりテレビを購入するかしないかであった．同種の現象は，どれだけの量の公共財を供給するかという選択の場合にも生じる．たとえば，2人のルームメイトがテレビにどれだけお金を使うかを決めなければならないとしよう．より多くのお金を使えば，それだけ性能のよいテレビを手に入れることができる．

以前と同様に各人の私的消費を x_1, x_2 で表し，テレビに対する費用負担を g_1, g_2 で表す．G は今度は購入されるテレビの「質」を表現しており，支出関数として質に対する費用関数を考え，$c(G)$ で表す．この意味するところは，2人のルームメイトが G という質のテレビを購入したいのならば，そのために $c(G)$ ドルだけ支払わなければならない，ということである．

ルームメイトが直面する制約は，彼らが公共消費と私的消費に使う金額の合計が，彼らのもっている金額の合計に等しくなければならないというものである．

$$x_1 + x_2 + c(G) = w_1 + w_2$$

パレート効率的配分は，消費者 2 の効用水準を所与として，可能なかぎり消費者 1 の状態をよくするような配分である．消費者 2 の効用水準を $\bar{u}_2$ に固定すれば，パレート効率的配分を見つける問題は

$$\max_{x_1, x_2, G} u_1(x_1, G)$$

ただし

$$u_2(x_2, G) = \bar{u}_2$$
$$x_1 + x_2 + c(G) = w_1 + w_2$$

と書くことができる．

この問題に対する適切な最適条件は，2人の消費者がもつ私的財と公共財の間の限界代替率についてその絶対値の和が，公共財の追加的 1 単位を供給するための限界費用に等しい，というものであることがわかる．

$$|MRS_1|+|MRS_2|=MC(G)$$

あるいは，限界代替率の定義を明示的に用いると，

$$\left|\frac{\Delta x_1}{\Delta G}\right|+\left|\frac{\Delta x_2}{\Delta G}\right|=\frac{MU_G}{MU_{x_1}}+\frac{MU_G}{MU_{x_2}}=MC(G)$$

なぜこれが正しい効率性条件かを見るために，通常の方法を用いて，この条件が成り立たない場合に何が起こるかを考えてみよう．まず限界代替率の和が限界費用より小さいと仮定する．たとえば，$MC=1, |MRS_1|=1/4, |MRS_2|=1/2$ である．この場合，両者の状態を改善する方法が存在することを示す必要がある．

個人 1 の限界代替率が与えられた大きさ（1/4ドル）であるとすると，個人 1 は公共財を 1 ドル分失うことに対して，私的財を1/4ドル分だけもらえばよいことになる（両方の財とも 1 単位当たりの費用は 1 ドルだから）．同じく個人 2 は公共財の 1 ドル分の減少に対して，私的財を1/2ドル分だけもらえばよい．公共財の量を減少させ，各個人に補償を与えるとしよう．公共財を 1 単位減らすと 1 ドルだけ節約できる．各人がそれぞれこのような公共財を減らすという変化を受け入れるために要求する金額（3/4=1/4+1/2）を支払った後，なお1/4ドルが残る．この余剰分を 2 人に分け与えれば，2 人の状態は改善されることになる．

同様に，もし限界代替率の和が限界費用より大きければ，公共財の量を増大させることによって，両者の状態を改善することができる．たとえば，$|MRS_1|=2/3, |MRS_2|=1/2$ ならば，公共財 1 単位を増加させるために個人 1 は私的消費を2/3ドル分だけ放棄してよいし，個人 2 はそのために私的消費を1/2ドル分だけ放棄してよいということになる．しかし，もし個人 1 が2/3単位，個人 2 が1/2単位あきらめるならば，公共財供給の限界費用は 1 だから，公共財の追加的 1 単位に必要な量以上に私的消費が放棄されることになる．したがって，残った量を 2 人に戻してやることにより，2 人の状態は改善される．

パレート効率性の条件は何を意味しているのだろうか．1 つの解釈は，限界代替率を公共財の追加的 1 単位に対する限界支払意思額と考えることである．そのとき効率性条件は，次のように読み下すことができる．すなわち，限界支払意思額の和は公共財の追加的 1 単位を供給する限界費用に等しくなければならない．

供給されるかされないかといった非分割財の場合，効率性条件は支払意思額の和が費用よりも大きいか，あるいは少なくとも同程度である，というものであった．ここで考えた例では，公共財はさまざまな水準で供給できるので，効率性条件は限界支払意思額の和が公共財の最適量における限界費用に等しい，というものになる．なぜなら，公共財に対する限界支払意思額の和が限界費用を上回るかぎり，公共財の供給量を増大させることが適当だからである．

公共財に対する効率性条件と，私的財に対する効率性条件とを比較してみるのは価値があるだろう．私的財については，各人の限界代替率は限界費用に等しくなければならない．それに対して公共財の場合には，限界代替率の和が限界費用に等しくならなければならないのである．私的財の場合，各消費者は異なった私的財の量を消費することができるが，すべての消費者は限界的には私的財に対して等しい価値を与えている．そうでなければ誰かと取引することを望むだろう．公共財の場合には，各人は同一量を消費しなければならないが，すべての消費者は限界的には異なる価値付けを与えることができる．

公共財の効率性条件は，図37.1のように描くことができる．各人のMRS曲線を描き，それらを垂直方向に加えるとMRSの和が求められる．図37.1に示されているように，公共財の効率的配分はMRSの合計が限界費用に等しくなる点で与えられる．

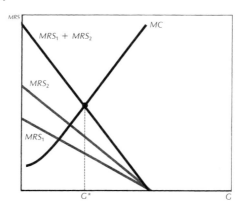

図37.1　公共財の効率的供給量の決定

37.5 準線形選好と公共財

一般に私的財の配分が異なれば公共財の最適供給量は異なるだろう．しかし消費者が準線形の選好をもっていれば，各効率的配分において供給されるべき公共財の量が一意に定まる．これを調べるには，準線形選好を表現する効用関数について具体的に考察してみればよい．

4章で見たように，準線形選好は $u_i(x_i, G) = x_i + v_i(G)$ という形の効用関数によって表現される．この意味するところは，私的財の限界効用が常に1で，私的財と公共財の間の限界代替率，すなわち限界効用の比が G のみに依存するということである．特に

$$|MRS_1| = \frac{\Delta u_1(x_1, G)/\Delta G}{\Delta u_1/\Delta x_1} = \frac{\Delta v_1(G)}{\Delta G}$$

$$|MRS_2| = \frac{\Delta u_2(x_2, G)/\Delta G}{\Delta u_2/\Delta x_2} = \frac{\Delta v_2(G)}{\Delta G}$$

が成り立つ．

公共財のパレート効率的供給水準が条件

$$|MRS_1| + |MRS_2| = MC(G)$$

を満たさなければならないことはすでにわかっている．準線形選好の場合にはMRSが上記のように特殊な形式になるから，この条件は

$$\frac{\Delta v_1(G)}{\Delta G} + \frac{\Delta v_2(G)}{\Delta G} = MC(G)$$

と書ける．この式が x_1, x_2 にまったく関わりなく G を決定できることに注意せよ．したがって，公共財供給の効率的水準がただ1つ存在する．

準線形選好の場合，私的財の量とは独立に公共財の効率的水準が決まるが，それを調べるもう1つの方法は，無差別曲線の動きを見ることである．準線形選好では，すべての無差別曲線はお互いに一定量だけ垂直方向に移動させたものになっている．このことは特に，無差別曲線の傾き——限界代替率——が私的財の量を変化させても変わらないということを意味する．いま，公共財と私的財の効率的配分が1つ見つかったとする．そこではMRSの絶対値の和が $MC(G)$ に等しくなっている．ここで1人からある量の私的財を取り上げも

う1人に与えたとすると，2人の無差別曲線の傾きは変わらないので，MRSの絶対値の和と $MC(G)$ とはそのような操作にもかかわらずなお等しく，別のパレート効率的配分が得られることになる．

準線形選好の場合，すべてのパレート効率的配分は私的財の再分配を通じて見つけることができる．効率的水準が達成されているところでは，公共財の量は一定である．

37.6 ただ乗り問題

これまで公共財のパレート効率的配分はどのようなものかを考えてきたので，ここで方向転換していかにしてそれが達成されるかを調べることにしよう．外部性が存在しない私的財の場合，市場メカニズムが効率的配分を達成することはすでに見た．公共財の場合にも市場は機能するだろうか．

各人は初期保有量としていくらかの私的財 w_i をもっていると考えることができる．各人はこの私的財のある量を自分の私的消費に使うことができるし，公共財を購入するために供出することもできる．個人1の私的消費を x_1，その人が購入する公共財の量を g_1 とする．同様に個人2についても x_2, g_2 が定義できる．簡単化のために $c(G) \equiv G$ と仮定する．これは公共財1単位を供給するための限界費用が定数1に等しいことを意味する．供給される公共財の総量は $G = g_1 + g_2$ になる．各人は供給される公共財の総量に関心があるので，個人 i の効用関数は $u_i(x_i, g_1+g_2) = u_i(x_i, G)$ という形になる．

個人1にとって，どれだけ公共財の費用を負担すべきかを決定するためには，個人2が公共財の費用をどれだけ負担しようとするかについて，なんらかの予想が必要である．ここでは最も簡単な方法として，**29**章で述べたナッシュ均衡モデルを採用し，個人2がある大きさ $\bar{g}_2$ だけ費用負担すると仮定する．同様に個人2も個人1の費用負担を予想すると仮定し，各人が相手の行動を所与として最適な費用負担を決定している均衡を見つける．

したがって，個人1の最大化問題は

$$\max_{x_1, g_1} u_1(x_1, g_1+\bar{g}_2)$$

ただし，

37.6 ただ乗り問題

$$x_1 + g_1 = w_1$$

という形式になる．

これはまさに通常の消費者の最大化問題にほかならない．よって最適化の条件は同一となる．もし2人が両方の財を購入するなら，各消費者にとって公共財と私的財の間の限界代替率は1に等しくなければならない．

$$|MRS_1| = 1$$
$$|MRS_2| = 1$$

しかしながら，ここで注意すべきことがある．もし個人2がいくばくかの公共財を購入するとすれば，彼は限界代替率が1に等しくなるまで購入することになろう．しかし，個人2が個人1によってすでに購入されている公共財の量で十分であると判断し，それゆえ個人2にとって公共財にさらに費用をかける必要がなくなってしまう状況が容易に生じうるのである．

形式的に言えば，個々人は公共財に対してプラスの費用をかけることができるだけである，すなわち彼らは募金箱にお金を入れることができるだけで，そこからお金を引き出すことはできないと仮定しているのである．よって各人の費用分担には追加的な制約，すなわち $g_1 \geq 0$，$g_2 \geq 0$ が存在することになる．各人は公共財の量を増やしたいかどうかを決めることができるだけである．しかしそのとき，1人の人が他人によって供給される量で十分だと判断し，まったく費用を供出しようとしない事態は，当然のことながら起こりうる．

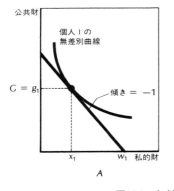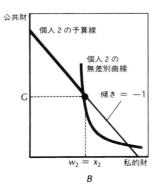

図37.2 ただ乗り問題

これと同様のケースが**図37.2**に示されている．そこでは，各人の私的財の消費量が横軸に測られ，公共財の消費量が縦軸に測られている．各人の「初期保有量」はその人の富 w_i と他人の公共財に対する費用負担の量とから成り立っている．なぜならこれは，もし当該個人が購入しないことを決めたとしても，どれだけ公共財が利用可能かを表しているからである．**図37.2A**は，個人1のみが公共財の購入者であり，$g_1=G$ となっているケースを示している．もし個人1が公共財 G 単位の費用を出せば，個人2の初期保有量はその私的富 w_2 と公共財の量 G になるだろう．なぜなら，個人2は自分で公共財の費用を負担しようがしまいが，その量の公共財を消費することになるからである．個人2は公共財の量を減らすことはできず増やすことができるのみであるから，その予算制約は**図37.2B**の太い直線部分になる．個人2の無差別曲線の形状が図で与えられたようなものだとすると，図に示されているように，個人1の公共財購入にただ乗りし，初期保有量をすべて私的財の消費に支出することが，個人2の立場からは最適となる．

これは，個人2が個人1の公共財購入にただ乗りする例である．公共財はすべての人が同じ量だけ消費しなければならない財だから，誰かある人が公共財を供給すれば，他の人の供給を減少させることになりがちである．したがって，一般に自発的均衡においては，公共財は効率的供給量と比較して過小に供給されることになろう．

37.7　私的財との比較

私的財に関する議論では次のことが示された．すなわち，特定の社会制度である競争市場が，私的財のパレート効率的配分を達成できるのである．各消費者は自分でさまざまな財をどれだけ購入すべきか意思決定し，その結果パレート効率的な消費のパターンが実現される．この分析の重要な仮定は，各個人の消費が他の人の効用に影響しないということであった．つまり，消費の外部性の非存在である．こうして自分自身の消費に関する各人の最適化は，ある種の社会的最適を達成するのに十分であった．

公共財の場合には状況がまったく異なる．この場合，すべての個人が同じ量の公共財を消費することが要求されるので，人々の効用は容赦なく結びつけられる．市場を通じた公共財の供給がパレート効率的供給になることはほとんど

ないだろう．

　実際のところ，一般に公共財の供給を決定するためには，市場とは異なる社会制度が用いられる．ときには**指令メカニズム**（command mechanism）を利用する．そこでは1人ないし小さなグループが一般大衆に対して供給されるさまざまな公共財の量を決定する．またときには，**投票システム**（voting system）が利用される．そこでは，公共財の供給に対して人々が投票を行う．私的市場に対して投げかけられた疑問と同様のものが，投票や他の社会的意思決定メカニズムに対しても投げかけられるだろう．それらのメカニズムは公共財のパレート効率的配分を達成しうるのか．任意のパレート効率的な公共財の配分は，そのようなメカニズムを通じて実現できるのか．これらの問題に対する完全な分析は本書の範囲を超えているが，以下でいくつかのメカニズムがどのように作動するかを，若干ではあるが明らかにできよう．

37.8　投　　票

　公共財の私的供給はうまく機能しないが，社会的選択のためのメカニズムは他にもいくつか考えられる．民主主義国で最も一般的なメカニズムの1つが**投票**（voting）である．投票が公共財の供給に対してどの程度うまく機能するかを調べてみよう．

　消費者が2人の場合の投票はそれほどおもしろくないので，n人の消費者がいると仮定する．さらに引き分けが生じるかもしれないとわずらう必要がないように，nは奇数であると仮定する．消費者がある公共財の大きさについて，たとえば国防費の大きさについて投票を行う場合を考えてみよう．各消費者には最も選好する国防費の水準があり，他の国防費の水準に対する評価は，彼が最も選好する水準にどれくらい近いかによってなされるとする．

　社会的結果を決める方法として投票を考える場合，それが生み出す第1の問題は，すでに34章で検討した．3つの支出水準A，B，Cを考えているとしよう．BよりAを選好する消費者が多数派を形成し，CよりBを選好する消費者が多数派を形成し，さらにAよりCを選好する消費者が多数派を形成するという事態は，十分に起こりうることである．

　34章の用語を使えば，これらの消費者によって生成される社会的選好は推移的ではないのである．この意味するところは，公共財の水準に関する投票の結

果が明確なものではないかもしれないということである．すなわち，いかなる支出水準に対しても，それを打ち負かすような支出水準が存在する．もし社会がある争点に関して何度も投票を行えるならば，さまざまな選択の間で「循環」が生じることを意味する．あるいは，社会がその争点についてただ1度だけ投票を行うならば，結果は選択がなされる順番に依存することになる．

　もしあなた方が最初にAとBについて投票し，次にAとCについて投票するなら，Cが結果としてもたらされるだろう．しかし，もしあなた方が最初にCとAについて投票し，次にCとBについて投票するなら，Bが結果として生じるだろう．選択肢の提示の方法を適当に選ぶことにより，3つのどの結果でも得ることができるのである．

　上で示された「投票のパラドックス」はわれわれの議論にとって攪乱要因である．当然なすべきことの1つは，選好に対していかなる制約を加えれば，投票のパラドックスを排除できるかを尋ねることである．すなわち，前述のような循環が生じえないことを保証するためには，選好はいかなる形式をもたなければならないだろうか．

　図**37.3**のような曲線によって，消費者iの選好を描写することができよう．ここで曲線の高さは公共財へのさまざまな支出水準から得られる価値ないし純効用を示す．各人は公共財の水準とそれに対して彼が支払わなければならない費用負担との両方に関心をもっているので，「純効用」という言葉を用いるのが適切である．支出水準が高いことは，より多くの公共財が供給されることを意味するが，さらにその公共財の費用を賄うためにより高い税が賦課されることをも意味する．したがって，公共財に対する支出増からもたらされる純効用は，はじめのうちは公共財の便益の方が上回るので増大するが，結局は公共財供給の費用の方が上回るので低下するようになる，と仮定することは妥当であろう．

　選好に対するこのような制約の1つは，選好が**単峰的**（single-peaked）であるということである．これは，選好が**図37.3B**ではなくて，**図37.3A**のような形をしていなければならないことを意味する．単峰的選好のもとでは，**図37.3A**に見られるように，最も選好される水準に至るまで支出が増大するにしたがって純効用は増加し，その後は減少する．**図37.3B**のように，純効用が増加して後に減少し，また増加して減少するといったことは生じない．

　もし各人が単峰的選好をもっているなら，多数決投票によって形成される社

37.8 投票

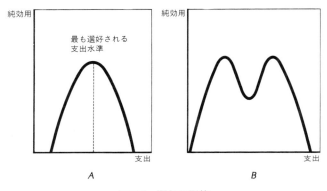

図37.3 選好の形状

会的選好がすでに見たような非推移性を決して示さない，ということが証明できる．当面この帰結を受け入れれば，すべての個人が単峰的選好をもつなら，いかなる支出水準が選択されるかを問うことができる．答えは**中位の支出**(median expenditure)，すなわち人口の半分がそれより多くの支出を望み，残りの半分がそれより少ない支出を望むような支出，ということになる．この帰結は直観的にも正しい．もし過半数が公共財への支出を増やしたいと思うなら，彼らはそれより多い支出に賛成する投票を行うだろう．したがって，唯一可能な投票均衡となる結果は，公共財への支出を増加させることに賛成する投票と減少させることに賛成する投票とが，ちょうど均等になるときにもたらされる．

この均衡は公共財の効率的水準であろうか．一般に答えは否である．中位の結果は人口の半分が増加を望み残りの半分が減少を望むということを意味するにすぎない．彼らがどれだけ多くを望んでいるかについてはなにも言っていない．効率性にはこの種の情報が必要とされるので，投票は一般に効率的な結果を導かないだろう．

さらに，たとえ人々の真の選好が単峰的であり，投票が合理的な結果をもたらしうるとしても，投票に際して個々人は自分の選好を偽って表明することを選択するかもしれない．一般に，最終結果を操作する目的で，人々は自分の真の選好が指定するものとは異なる投票を行う誘因をもつだろう．

37.9 ヴィックリイ-クラーク-グローブズ・メカニズム

公共財の問題を非常に一般的なフレームワークで考えてみよう．目標は，関わっている主体の効用の合計を最大化するようななんらかの結果（たとえば，街灯を供給するか否か）を選択することである．課題となるのは，まさにそれら個人の効用関数を決定することである．なぜなら，消費者は真の価値を表明する適切な誘因を必ずしももっていないからである．

最も単純なケースでは，0 か 1 かの選択となろう．すなわち，$x=1$ ならば街灯は取り付けられ，$x=0$ ならば取り付けられない．より一般的なケースでは，選択はどの程度供給するかということになる——すなわち，いくつの街灯か，どの程度の明るさか，もしくはどこに設置するかである．何を表すものでもよいが，可能な選択肢を表すために，x を用いることにする．n 人の主体が存在すると仮定し，主体 i の効用を $u_i(x)$ とする．ここでの目標は，主体の効用の合計 $\Sigma_i u_i(x)$ を最大化する x を選ぶことである．

これは意思決定者が効用関数を知っていれば簡単であろう．しかし残念ながら，現実の状況では，意思決定者が知ることはないだろう．さらに，すでに見たように，主体は真の効用関数を偽る誘因をもつだろう．

いくぶん驚くべきことに違いないが，主体に正直に表明させ，効率的な結果を達成するための賢明な方法がある．この**経済メカニズムはヴィックリイ-クラーク-グローブズ・メカニズム**（Vickrey-Clarke-Groves mechanism）または **VCG メカニズム**として知られている．

グローブズ・メカニズム

VCG メカニズムを 2 つの段階に分けて解説する．まず，**グローブズ・メカニズム**（Groves mechanism）として知られているメカニズムを解説する．

1. 各主体 i に，供給される公共財 x 単位に対する支払意思額を表明させる．この x 単位の公共財に対する表明された効用を $r_i(x)$ と書くことにする．
2. 表明された効用の合計 $R = \sum_{i=1}^{n} r_i(x)$ を最大化する公共財の水準 x^* を選ぶ．
3. 各主体 i は，ステップ 2 で決定された x の水準で評価された，他の主体

37.9 ヴィックリー-クラーク-グローブズ・メカニズム

によって表明された効用の合計であるサイドペイメントを受け取る．このサイドペイメントを $R_j = \sum_{j \neq i} r_j(x)$ と書くことにする．

このメカニズムでは，各主体にとって真の効用関数を表明することが**支配戦略**（dominant strategy）となっていることがわかる．それを調べるために，効用にサイドペイメントを加えることで得られる，主体 i の利得の合計，

$$u_i(x) + \sum_{j \neq i} r_j(x)$$

を考える．サイドペイメントは他の主体によって表明された効用関数の合計に依存しているため，主体 i は自分の真の効用関数を考慮する点に注意せよ．

主体 i は，意思決定者が自分の表明された効用を用いて，効用の合計，

$$r_i(x) + \sum_{j \neq i} r_j(x)$$

を最大化することを認識している．しかしながら，主体 i は自分の真の効用とサイドペイメントの合計，

$$u_i(x) + \sum_{j \neq i} r_j(x)$$

を意思決定者が最大化してくれることを望んでいる．主体 i は真の効用を表明することによって，すなわち $r_i(x) = u_i(x)$ とすることで，意思決定者がこの式を最大化するように選択させることができる．

グローブズ・メカニズムは本質的に主体間の「外部性を内部化」する．各主体に自分の表明が他の主体に課す費用と便益に直面させるのである．各主体はそれによって自分の求めるものが最大化されるがゆえに，真の効用を表明したくなるのである．

VCG メカニズム

グローブズ・メカニズム単独での問題は，潜在的に非常に費用がかかることである．すなわち，すべての主体に他の主体の表明された効用の合計と等しい額を支払う必要があるのである．サイドペイメントの規模はいかにして縮小できるだろうか．

1つの重要な点は，各主体の選択と独立であるかぎり，各主体に「税」を課すことができることである．もしその税が i の選択と独立であれば，その決定

に影響を与えることはない[3]．純支払いが正もしくはゼロとなるように税を選択することができるだろう．したがって，少なくとも公共財の供給をまかなうのに必要なお金を徴収することができるのである．

とりわけ便宜的な税は，主体 i に，主体 i を除く他の主体から表明された効用の合計の最大値と等しくなる額を課す税である．すなわち，各主体に自分が参加しなかったならば実現したと考えられる，表明された効用の合計を各主体に課すのである．そのため，主体 i に課される純税額は

$$W_i - R_i = \sum_{j \neq i} r_j(x) - \max_z \sum_{j \neq i} r_j(z)$$

となる．この数字は正かゼロの値のいずれかとなることに注意せよ．なぜなら，$n-1$ 人の表明された効用の合計の最大値は，その合計の他のどの値よりも必ず大きくなるためである．

ここで計算しているのは主体 i が参加していれば起こる R_i と，参加していなければ起こる W_i との差である．したがって，これは主体 i が他の主体に課す純費用を測っている．W_i が他の主体に課す費用に直面しているかぎり，真の効用を表明する適切な誘因をもつだろう．

ここで，VCG メカニズムの解説を完成させることができる．ステップ 1 とステップ 2 は上述のとおりであるが，次の 2 つのステップをステップ 3 と入れ替える．

3. 主体 $1, \cdots, n$ が参加しなかった場合の $n-1$ 人の表明された効用の合計を最大化する結果を計算する．W_i を主体 i を除いた他の主体から表明された効用の合計の最大値とする．
4. 各主体 i は $W_i - R_i$ に等しい税を支払う．

37.10　VCG の例

前節での議論は，明らかに抽象的であったので，理解を容易にするために，いくつかの具体的なケースを解説する．

---

[3] ここで効用に関する準線形の仮定が重要となる．

ヴィックリイ・オークション

最初に検討するケースは**18**章で解説した**ヴィックリイ・オークション**(Vickrey auction) である．結果は単純である．すなわち，オークションにかけられた商品を誰が得るべきかである．$v_1 > v_2$ を2人の入札者の真の価値とし，$r_1 > r_2$ を表明された価値とする．

もし，主体1が参加した場合，v_1 の効用を得る．もし参加しなければ，商品は他方の主体に与えられ，主体1の総利得は $v_1 - r_2$ となる．主体2は何があっても利得はゼロである．各主体は真の価値を表明する誘因をもつため，最適な結果で終了する．

クラーク-グローブズ・メカニズム

次の例は，表**37.1**で示されるテレビ購入ゲームに基づいた公共財問題である．この例のように，テレビを購入するかどうかを決定しようとしている2人のルームメイトがいるとする．c_i を主体 i がテレビを購入した場合に支払う額とする．テレビの総費用が150ドルであるから，$c_1 + c_2 = 150$ とならねばならない．

VCGメカニズムによれば，各主体はテレビに対する価値 r_i を表明する．もし，$r_1 + r_2 > 150$ ならば，テレビは購入され，主体はメカニズムにしたがった支払いをすることになる．テレビが購入される場合を $x = 1$，購入されない場合を $x = 0$ とする．

VCGメカニズムについて検討する前に，もし単純なメカニズムにしたがった場合どうなるか考えてみよう．すなわち，各主体に価値の表明を求め，もし表明された価値がテレビの費用を超えるならばテレビを購入するようなメカニズムである．

個人1の価値がその分担する費用を超える，すなわち $v_1 - c_1 > 0$ とする．それならば，個人1は100万ドルと表明するかもしれない．これで，望みどおり，テレビを購入することを保証できるだろう．一方，もし $v_1 < c_1$ ならば個人1はマイナスの100万ドルと表明するかもしれない．

問題は独立に行動している各主体が他の主体の価値を考慮に入れる理由がないことである．両主体とも，正と負のどちらにでも価値を誇張して表明する誘因をもっているのである．

この問題をVCGメカニズムがどのように解決するか見てみよう．主体1の

利得は

$$(v_1-c_1)x+(r_2-c_2)x-\max_y(r_2-c_2)y$$

となる．第1項はテレビから得られる純効用である．すなわち，価値から払わなければならない費用を引いたものである．第2項はルームメイトに対する純効用である．最後の項は主体1が参加しなければルームメイトが得ると考えられる効用の最大値である．主体1はこれに影響を与えることはできないため，ここでは無視できる．

最初の2つの項を書き換えると主体の利得は

$$[(v_1+r_2)-(c_1+c_2)]x$$

となる．もし，これが正ならば $r_1=v_1$ と表明すればテレビを購入することを保証でき，表明された価値は総費用を超える．もし負であれば，$r_1=v_1$ と表明すればテレビを購入しないことを保証できる．いずれにせよ，真の価値を表明することが最適となる．主体2についても同様である．もし両者ともに真実を表明すれば，テレビは $v_1+v_2>150$ のときのみ購入され，それは最適な行動である．

主体 i は社会的な決定を変更するときのみ支払いをしなければならないことに注意せよ．このケースでは主体 i を**枢軸**（pivotal）であるという．枢軸主体が支払う総額は，単純にその主体が他の主体に課す費用となる．

37.11 VCG の問題点

VCG メカニズムは真実表明そして公共財の最適水準を達成する．しかし，問題がないわけではない．

第1の問題点は，それが準線形選好のもとでのみ機能するということである．各個人が準線形選好をもっていなければ，支払うべき額がその個人の公共財需要に影響を及ぼさないようにすることはできない．選好が準線形である場合，公共財の最適水準は一意に存在するという点が重要なのである．

第2の問題点は，VCG メカニズムが実際にはパレート効率的な結果をもたらさないということである．公共財の水準が最適でも，私的消費が最適水準以上に大きくなることが起こりうる．これは税の徴収のためである．適切な誘因

37.11 VCG の問題点

をもたせるためには，枢軸主体に他の人々が被った損失を反映する税を実際に支払わせなければならない，という点を思い出してほしい．そして，これらの税は意思決定プロセスに参加した誰の手にも入らないのである．なぜなら，誰かに与えられるとするならば，その人の意思決定に影響を及ぼしてしまうからである．税はシステムから消えてなくならなければならない．そしてこれこそ問題である——もし税が実際に支払われなければならないとすれば，私的消費はそうでない場合より低下することになり，したがってパレート非効率である．

しかしながら，税は誰かが枢軸主体になったときにのみ支払われなければならない．もし多数の人々が意思決定に参加しているなら，任意の1個人が枢軸主体になる確率はそれほど大きくはないだろう．よって税の徴収は，典型的にはかなり小さいと期待できよう．

VCG の第3の問題点は共謀の影響を受けることである．たとえば，上述した公共財問題を考えてみよう．テレビの購入オークションには3名のルームメイトが参加しているが，うち2名が共謀したとする．共謀者はそれぞれテレビの純便益を100万ドルと宣言することに合意する．これによっていずれの主体も枢軸になることなく（すなわち，いずれの共謀している主体も決定を変更することはできない），そのため両主体とも税を払うことなく，テレビの購入を保証できるのである．

最後の問題点は，VCG メカニズムに内在する公平性と効率性のトレード・オフに関連している．その支払計画はあらかじめ固定されていなければならないので，たとえパレート効率的な公共財の量が供給されるとしても，公共財供給によってある人の状態が悪化するといった状況が一般には存在するだろう．公共財供給がパレートの意味で選好されると主張することは，公共財を供給しないより供給した方がすべての人にとって状態の改善となるような，ある支払計画が存在することをいっているだけである．しかしこのことは，任意に与えられた支払計画のもとですべての人の状態が改善されるということを意味しない．VCG メカニズムは次のことを保証するだけである．すなわち，もしすべての人がその財の供給によって状態を改善しうるなら，その財は供給されるだろう，ということだけである．しかし，実際にはすべての人の状態が改善されることを含意しないのである．

公共財を供給すべきか否かを決定するだけでなく，公共財に対するパレート効率的な支払方法まで決定するような支払計画，すなわちすべての人の状態を

改善するような支払計画,が存在するならば,それはすばらしいことである.しかしながら,そのような一般的計画が利用可能であるかどうかは明らかではない.

要　　約

1. 公共財は国防や大気汚染などのように,すべての人が同量「消費」しなければならない財である.
2. もしある公共財がある固定された量だけ供給されるか,あるいはまったく供給されないとすれば,パレート効率的な供給の必要十分条件は支払意思額（留保価格）の合計が公共財の費用を上回ることである.
3. もしある公共財がさまざまな量で供給されるなら,ある与えられた量がパレート効率的となるための必要条件は,限界支払意思額（限界代替率）の合計が限界費用に等しくなることである.
4. ただ乗り問題は,他者に公共財を供給させるようにする個々人の誘因に関連する.一般に,純粋に個人主義的なメカニズムは,ただ乗り問題によって公共財の最適量をもたらさないだろう.
5. さまざまな集団的意思決定方法が公共財供給を決定するために提案されてきた.そのような方法には,指令メカニズム,投票,VCGメカニズムがある.

38章　非対称情報

　これまでの市場に関する説明では、情報の格差によって生み出される問題を対象にしてこなかった。買い手も売り手も、市場で売買されている財の品質について完全な情報をもっていると仮定してきたからである。この仮定は、製品の質が容易に調べられる場合には正当化できる。もしどの財が高品質で、どの財が低品質であるかがたやすく識別できるならば、財の価格は品質の差を反映してただちに調整されるだろう。

　しかし、もし品質に関する情報の入手に費用がかかるならば、完全情報の仮定は妥当なものとはいえなくなる。現実の世界では、売買されている財の品質に関する正確な情報を集めることに多額の費用がかかったり、ほとんど不可能であるような市場が、確かに多数存在している。

　そのような例の1つは、労働市場である。以前に示した単純なモデルでは、労働は同質的な財であった——あらゆる人は同じ「種類」の労働力をもち、1時間の作業から同じだけの働きを提供するとされた。これは明らかに極端な単純化である！　現実には、企業が個々の雇用者の生産性を見定めることは困難であろう。

　費用のかかる情報は、労働市場だけの問題ではない。同様の問題が、消費財市場においても発生する。消費者が中古車を購入する際、中古車が質の良い車か悪い車かを見極めることは至難の業だろう。対照的に、中古車の売り手は、おそらく自らの車の質に関して十分な知識をもっているだろう。以下では、この**非対称情報**（asymmetric information）が市場の有効な機能に対して、重大な問題を引き起こすことを見ていこう。

38.1　レモンの市場

　売買される財の品質について，需要者と供給者が異なる情報をもっているような市場のモデルを検討しよう[1]。

　自分の使っている車を売りたい人が100人，中古車を買いたい人が100人いる市場を考える．人々は皆，それらの中古車のうち50台が「プラム（質の良い車）」で，残り50台が「レモン（質の悪い車）」であることを知っている[2]．中古車の現在の所有者（つまり売り手）は自分の車の質を知っているが，買い手は特定の車がプラムかレモンかは知らない．

　レモンの所有者はそれを1,000ドルで手放してよいと思っており，プラムの所有者は2,000ドルで手放してよいと思っている．一方，買い手はプラムには2,400ドル，レモンには1,200ドル支払ってもよいと思っている．

　もし車の質が容易に観察できるなら，この市場にはなんら問題は生じない．レモンは1,000ドルと1,200ドルの間のある価格で売られるだろうし，プラムは2,000ドルと2,400ドルの間で売られるだろう．では，買い手が車の質を観察することができない市場はどうなるだろうか．

　この場合，買い手は車がどれだけの価値をもっているかを推測しなければならない．この推測の形式について簡単な仮定を置こう．もしある車が同程度にプラムであるかレモンであるとするなら，代表的な買い手はその車の期待価値だけ支払ってよいと思うと仮定する．上の数値の場合，これは買い手が $\frac{1}{2}1{,}200 + \frac{1}{2}2{,}400 = 1{,}800$ ドル支払ってよいと思っていることを意味する．

　しかし誰がその価格で自分の車を売るだろうか．レモンの所有者は確かにその価格で自分の車を売るだろうが，プラムの所有者は決して売りたいとは思わないだろう．仮定により，プラムの所有者は自分の車を手放すのに，少なくとも2,000ドル必要としている一方で，買い手が車に支払ってよい「平均的な」価格は，プラムの売り手が自分の車を手放すために要求する価格より低いからである．1,800ドルという価格では，レモンだけが売りに出されるだろう．

---

[1]　この種の市場で生じる困難な問題を指摘した最初の論文は，G. Akerlof, "The Market for Lemons: Quality Uncertainty and the Market Mechanism," *The Quarterly Journal of Economics*, 84, 1970, pp. 488-500.
[2]　「プラム」は良い車を指す俗語であり，「レモン」は悪い車を指す俗語である．

しかし，もし買い手が自分の受け取る車がレモンだと確信するなら，決して彼はそれに1,800ドル支払うことはない．事実，この市場の均衡価格は1,000ドルと1,200ドルの間のある値でなければならない．この領域に入っているある価格に対しては，レモンの所有者のみが車を売りに出し，買い手はレモンを受け取ることを正しく予想するだろう．この市場では，決してプラムは売買されないのである．買い手がプラムを買いたいと思う価格が，売り手がプラムを売るのに要求する価格を上回っていても，プラムの取引は生じない．

この市場の失敗の原因を深く考えてみることには意味がある．問題は，質の良い車と悪い車の売り手の間に外部性が存在することである．ある個人が悪い車を売ろうとするとき，彼は市場に出回る平均的な車の質に関する買い手の予想に影響を与えることになる．このことは買い手が平均的な車に対して支払ってもよいと考える価格を低め，良い車を売ろうとしている人々に損害を与える．市場の失敗を引き起こしている外部性は，このような種類のものである．

最も売りに出されることがありそうな車は，人々が最も強く排除したいと思っている車なのだ．なにかを売りに出そうというまさにその行為が，買い手に対して，その品質に関するシグナルを送っている．低品質の製品があまりに多く売り出されると，高品質の製品の所有者は，製品を売り出すことができなくなってしまう．

38.2　品質の選択

レモンのモデルでは，各々の品質の車の数は固定されていた．ここでは，生産者が品質を決めることができるような変形モデルを考える．この単純な市場で均衡品質がどのように決定されるかを示す．

それぞれの消費者は傘を1本だけ買いたいと思っており，2種類の品質の傘があるとする．消費者は高品質の傘に14ドル，低品質のものに8ドルの価値があると思っている．店頭では傘の品質について知ることができず，何度か雨が降って傘を使ってみた後で初めてその品質がわかる．

高品質の傘を造っている業者もあれば，低品質の傘を造っている業者もあるとする．さらに，高品質の傘でも低品質のものでも11.50ドルだけの生産費用がかかっており，傘の市場は完全競争的であるとする．製造される傘の均衡品質はどのようなものになると予想されるだろうか．

レモンの市場とまったく同じように，消費者は市場で購入できる傘の品質を平均的な品質によって判断する，と想定する．高品質の傘の割合が q なら，消費者は傘に $p=14q+8(1-q)$ だけ喜んで支払うだろう．

考慮すべき3つのケースがある．

低品質の業者のみが製造する．この場合，消費者は平均的な傘に8ドルだけ喜んで支払うだろう．しかし1本当たり11.50ドルの費用がかかるから，結局全然売られないことになる．

高品質の業者のみが製造する．この場合，生産者間の競争が起こり，価格は限界費用11.50ドルに等しくなるまで下がる．消費者は傘に14ドル支払ってもよいと思っているので，消費者余剰を獲得することになる．

両方の品質の傘が製造される．この場合，競争のため価格は11.50ドルになる．傘の平均的な品質は消費者にとって少なくとも11.50ドルの価値がなくてはならない．したがって，

$$14q+8(1-q) \geq 11.50$$

が成り立つ．この不等式を満たす q の最小値は $q=7/12$ である．このことは，供給者の7/12が高品質の業者ならば，消費者は傘に喜んで11.50ドル支払うということを意味する．

　高品質の生産者の均衡比率がどのように決まるかは，**図38.1** に示されている．横軸には，高品質の生産者の割合 q が測られている．縦軸には，高品質の傘が提供される割合が q であるときの消費者の支払意思額が測られている．生産者は11.50ドルという価格のもとではいずれの品質の傘でも喜んで供給するので，供給条件は11.50ドルを通る水平の線に集約される．

　消費者は $14q+8(1-q) \geq 11.50$ が成り立つときのみ，喜んで傘を購入する．この領域の境界線は点線で示されている．q の均衡値は7/12と1の間の値である．

　この市場の均衡価格は11.50ドルだが，消費者にとっての平均的な傘の価値は，高品質の生産者の数に依存して，11.50ドルと14ドルの間のある値になる．

38.2 品質の選択

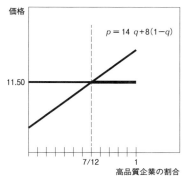

図38.1 均衡品質

また，q が1と7/12の間の任意の値であるとき，市場均衡である．

しかしながら，これらの均衡のすべてが社会的な観点から同等というわけではない．生産者が受け取る生産者余剰は，完全競争と限界費用一定の仮定によりすべての均衡でゼロだから，消費者余剰のみを考えればよい．ここで，平均的な品質が高まれば高まるほど，消費者の状態が改善されることを見るのはたやすい．消費者の観点から見て最善の均衡は高品質の製品のみが生産される均衡である．

品質の選択

ここでモデルを若干修正しよう．各生産者は自分の生産する傘の品質を選択でき，高品質の傘の生産には1本当たり11.50ドル，低品質のものには11ドルの費用がかかるとする．この場合はどうなるだろうか．

高品質の傘の製造を選ぶ生産者の割合を q $(0<q<1)$ とする．このような生産者の1人を考えよう．もし彼が競争的に行動し，市場の価格および品質に対して無視できるほどの影響しか及ぼしえないと信じているなら，彼はつねに低品質の傘のみを生産したいと思うだろう．その生産者は仮定により市場のごくわずかな部分しか占めていないので，自分の行動が市場価格に及ぼす影響を無視し，その結果，より多くの利益を生む製品を生産するのである．

しかし，すべての生産者が同じように考えれば，低品質の傘しか生産されない．このとき消費者は低品質の傘には8ドルしか支払う意思がないので，均衡は存在しない．あるいは，お望みなら，均衡ではいずれかの品質の傘の生産が

ゼロになるといってよい．低品質の財生産の可能性が，両方の品質の財に対する市場を破壊してしまう．

38.3 逆 選 択

前節で示した現象は，**逆選択**（adverse selection）の 1 例である．さきのモデルでは，情報収集にあまりに高い費用がかかるため，低品質の製品が高品質の製品を市場から追い出してしまうことが論じられた．そこで示したように，この逆選択の問題はあまりに深刻なため市場を完全に破壊してしまうかもしれない．逆選択の他の例をいくつか考えてみよう．

最初に保険市場を取り上げる．ある保険会社が自転車の盗難に対する保険を検討しているとする．綿密な市場調査を行った結果，保険会社には盗難事件の発生度は地域によって大きく異なっていることがわかっている．ある地域では自転車が盗まれる確率が高く，別の地域ではめったに盗難は起こらない．保険会社は平均的な盗難の発生率に基づいた保険を提供しようとしているとする．どのようなことが起こると考えられるか．

答えは，おそらく保険会社は破産する，である．以下でそれについて考えてみよう．誰が平均的な保険料金でその保険を買おうとするだろうか．どのみち多くの保険は必要ないから，安全な地域に住んでいる人々は買わない．一方，盗難に遭う確率の高い地域の人々はその保険を購入するだろう．彼らこそが保険を必要とする人々だからである．

しかしこのことは，保険請求の大部分が高リスクの地域に住む人々から行われることを意味する．盗難の平均的な確率に基づく料金は，保険会社にもち込まれる実際の保険請求を誤った方向に導く．保険会社は偏りなく顧客を集めることはできないだろう．むしろ逆の選択を引き起こしてしまう．事実，「逆選択」という用語は，この種の問題を表すために最初に保険市場において用いられた．

収支を均衡させるためには，保険会社は「最悪のケース」が生じるという予測に基づいて料金を決めなければならない．その結果として導かれてくる保険料は，無視できないとはいえ，負っている自転車盗難のリスクが低い消費者にとっては高すぎるのである．

同様の問題は健康保険についても生じる．保険会社は，人口全体での平均的

な健康問題の発生に基づいて保険料を決めることはできない．潜在的な購入者のグループに平均的に生じる健康問題に基づいて料金を決めることができるだけである．しかし，健康保険を最も購入したいと思うのは保険を最も必要とする人々であり，したがって料金はこの不均等を反映しなければならないのである．

このような状況では，人口全体での平均的なリスクを反映する保険の購入を全員に強要することによって，すべての人々の状態を改善することができる．高リスクの人々は彼らが直面する実際のリスクよりも低い料金で保険を購入することができるし，低リスクの人々は高リスクの人々のみが購入するときに提供される保険よりも自分たちにとって望ましい保険を購入することができる．

このように，市場均衡が強制的な購入計画に支配される状況は，ほとんどの経済学者にとってまったくの驚きである．われわれは通常「選択の自由が大きいほどよい」と考えるので，選択の制限がパレート的な改善をもたらしうるというのは奇妙に思われる．ただし，この逆説的な結果が生じたのは，低リスクの人々と高リスクの人々との間に発生する外部性のためである，という点は強調されるべきである．

実際，このような市場の非効率性を解決するのに役立つ社会的制度が存在している．一般に多くの企業では，雇用主が被雇用者に付加給付の一部として保険を提供している．保険会社は被雇用者全体に基づいて料金を決めることができ，すべての被雇用者がその計画に参加することが保証されているので，逆選択を排除できる．

38.4 モラル・ハザード

保険産業において生じるもう1つの興味深い問題は，**モラル・ハザード** (moral hazard) の問題として知られている．この用語はいくぶん奇妙だが，その内容を示すことは困難ではない．もう一度自転車の盗難に対する保険市場を考え，簡単化のためにすべての消費者は盗難の確率が同一である地域に住んでおり，逆選択の問題は生じないとしよう．だが，盗難の確率は，自転車の所有者のとる行動によって影響を受けるかもしれない．

たとえば，自転車の所有者が面倒くさがって鍵をかけないとか，いい加減な鍵しか付けないとすれば，頑丈な鍵をかける場合より盗難に遭いやすくなるだ

ろう．同じような例は他の保険市場でも生じる．たとえば健康保険の場合，健康的な生活を心がければ，保険の必要はいっそう小さくなるだろう．ある事態が発生する確率に影響を及ぼす行動を，注意深い行動と呼ぶことにする．

保険料を決定する際に，保険会社は消費者が十分な大きさの注意を払う誘因をもつかどうかを考慮しなければならない．もし保険が利用できなければ，消費者は最大限に注意深い行動をとる誘因をもつ．自転車の盗難に対して保険に入ることができなければ，すべての自転車所有者は大型で高価な鍵を使うだろう．この場合，個人は自分の行動の全費用を負担しており，したがって注意深い行動から得られる限界便益がそのための限界費用にちょうど等しくなるまで，注意深い行動に「投資」したいと思うだろう．

しかし，もし自転車保険を購入することができるなら，自転車が盗まれないようにするために個人が被る費用はもっと少なくなる．自転車が盗まれればその個人は単に保険会社に盗まれたことを報告するだけでよく，彼は買い替えるための保険金を受け取るだろう．保険会社が自転車の盗難に対して完全に弁償してくれる極端な場合には，個人は注意深い行動をとる誘因をまったくもたない．注意深い行動をとる誘因が欠落していることを**モラル・ハザード**（moral hazard）と呼ぶ．

ここにはトレード・オフが含まれていることに注意せよ．保険が少なすぎれば人々は多くのリスクにさらされることになり，多すぎれば人々は不十分な行動しかとらないだろう．

もし払われた注意が観察できるなら，何も問題はない．保険会社は払われた注意に基づいて料金を決めることができる．現実の世界では，どの保険会社も防火用のスプリンクラー装置を設置している企業には有利な保険料を適用しているし，喫煙者と非喫煙者に対する健康保険の保険料は異なっている．これらの場合には，保険会社は顧客が行った損害の発生確率に影響を与える選択に基づいて，顧客を選別しようとしている．

しかし，保険会社は保険を提供する相手がとる関連性の高いすべての行動を観察することはできない．したがって，上記のトレード・オフに直面することになるだろう．完全な保険が提供されると，人々は自分の行動の全費用に直面することはないので，注意深い行動がとられることはほとんどない．

このことは提供される保険契約に対して，どういう意味をもつだろうか．一般に，保険会社は「完全な」保険を消費者に提供しようとは思わないだろう．

保険会社は消費者に常にリスクの一部に直面してほしいと思うだろう．これこそが，ほとんどの保険に「控除額」，すなわちいかなる保険請求にも被保険者が支払わなければならない額が含まれている理由である．消費者に請求額の一部を負担させるという手段をとることによって，保険会社は，消費者が常にい・く・ぶ・ん・な・り・とも注意深い行動をとる誘因をもつと確信できる．保険会社は，事故回避のために消費者が払った注意が十分であったかどうか証明できるのであれば，完全な保険を提供してよいと思うだろう．しかし現実には，消費者が自分自身の裁量でどの程度の注意を払うか決め・ら・れ・る・ので，保険会社が完全にその注意を把握できるのでないかぎり，消費者の望み通りの保険を提供するわけにはいかないのである．

　上の結果は，標準的な市場分析と比較すると逆説的である．通常の場合，完全競争市場で取引される財の量は，需要と供給が等しいという条件——限界支払意思額と限界販売意思額が等しい——によって決定される．だが，モラル・ハザードが存在する場合の市場均衡では，各消費者はもっと多くの保険を買いたいと思い，保険会社は，消費者が購入前と同じだけの注意を払うという条件のもとで，もっと多くの保険を提供したいと思っている．しかしもし消費者がもっと多くの保険を購入できるなら，消費者は合理的な判断のもとで注意深い行動をとらなくなるので，保険取引は生じないだろう．

38.5　モラル・ハザードと逆選択

　モラル・ハザードは，市場の一方の当事者が他方の行動を観察できない状況を指している．この理由により，**隠された行動**（hidden action）の問題と呼ばれることもある．

　逆選択は，市場の一方の側が他方のもっている財の「タイプ」あるいは品質を知らない状況を指す．この理由により，**隠された情報**（hidden information）の問題と呼ばれることがある．

　隠された行動を含む市場での均衡は，配給制と似たところがある．つまり，企業はいま以上に多くの財を供給したいと思うが，そうすることによって顧客の誘因が変わってしまうので，不本意ながらそれもできない．隠された情報を含む市場の均衡では，「良い」タイプと「悪い」タイプの間で外部性が生じるために，非常に少ない取引しか行われないのが通例である．

この市場における均衡は非効率に見えるが，そのように主張するには注意が必要である．ここで尋ねるべき問いは「何と比べて非効率か」である．均衡は完全情報のもとでの均衡と比べれば常に非効率である．しかしこのことは，政策決定においてはほとんど役に立たない．その産業における企業が，より多くの情報を集めるのに費用がかかりすぎることを知れば，政府も同様に情報収集が高くつきすぎることを理解するだろう．

尋ねるべき真の問いは，政府も企業と同様の情報問題に直面するとしても，ある種の政府介入が効率を促進できるかどうかである．

上で考察した隠された行動の場合，普通答えは「ノー」である．政府が消費者のとる注意深い行動を観察できないならば，保険会社ができる以上に状況が良くなることはない．もちろん政府は保険会社に利用できない手段を自由に使えるかもしれない——政府は特定の注意水準を強要できるだろうし，十分な注意を払わない人々を処罰することもできよう．しかし政府が価格と数量のみを設定できるだけなら，私的市場でできること以上には状況を改善できないのである．

同様の問題が隠された情報の場合にも生じる．すでにみたように，政府があらゆるリスクの水準にある人々に保険購入を強制することができるならば，すべての人の状態を改善することができる．これは表面的には規制の良い例である．一方，政府介入にも費用がかかる．政府の制令によってなされる経済的意思決定は，私的企業による意思決定ほど費用に関して効率的ではないかもしれない．社会的厚生を増進することができる政府の行動があるからといって，その行動がとられるとは限らない．

さらに，逆選択の問題に対する純粋に私的な解法もありうる．たとえば，すでに見たように，付加給付として健康保険を提供することは，逆選択の問題を排除するのに役立つ．

38.6　シグナリング

中古車市場のモデルを思い起こそう．中古車の所有者は品質について知っていたが，買い手は品質を推測する以外になかった．この情報の非対称性が市場で問題を発生させた．ある場合には，逆選択の問題によってごくわずかな取引しか行われない可能性がある．

38.6 シグナリング

しかしながら，話はそこで終わらない．質の良い中古車の所有者は，潜在的な買い手に自分が質の良い車をもっていることを伝える誘因をもつ．彼らは自分の車を買おうとする人々に，その車の品質を示す**シグナルを送る**（signal）ような行動をとろうとする．

この論脈で賢明なシグナルとは，質の良い中古車の所有者が**保証**（warranty）を申し出ることである．これは車がレモンだとわかったとき，購入者に同意された額を支払うという契約になるだろう．質の良い中古車の所有者はそのような保証を与えることができるが，レモンの所有者にはそれができない．これこそ，質の良い中古車の所有者が，自分が質の良い車をもっているというシグナルを送る方法である．

この場合，シグナリングは市場の成果を改善するのに役立つ．保証——シグナル——を申し出ることによって，良い車の所有者は自分たちと悪い車の所有者とを区別させることができるのである．しかし，シグナリングが市場の成果を悪化させる場合もある．

マイケル・スペンスによって初めて説明された教育市場の非常に単純なモデルを考えよう[3]．有能と無能の2つのタイプの労働者がいるとする．有能な労働者は限界生産物が a_2，無能な労働者は限界生産物が a_1 であり，$a_2 > a_1$ が成り立っている．労働者のうち b の割合が有能な労働者であり，$1-b$ の割合が無能な労働者であるとする．

単純化のために，線形の生産関数を仮定し，L_2 人の有能な労働者と L_1 人の無能な労働者によって生産される総産出量は $a_1 L_1 + a_2 L_2$ で表されるとする．また，完全競争的な労働市場を仮定する．

もし労働者の質が容易に観察できるなら，企業は有能な労働者に $w_2 = a_2$，無能な労働者に $w_1 = a_1$ となる賃金を提供するだろう．すなわち，各労働者は自分の限界生産物に等しい額を支払われ，効率的な均衡が達成される．

しかしもし企業が限界生産物を観察できないなら，どうなるだろうか．企業が労働者のタイプを識別できないなら，企業がなしうる最善の策は平均賃金 $w = (1-b)a_1 + ba_2$ を与えることである．質の良い労働者も質の悪い労働者もともにこの賃金で働くなら，逆選択の問題は生じない．そして生産関数に関するここでの仮定のもとでは，企業は労働者のタイプが完全に観察できる場合と

---

[3] Michael Spence, *Market Signaling*, Cambridge, Mass: Harvard University Press, 1974.

まったく同じ産出量を生産しており，したがって同じ額の利潤を獲得している．

しかしながら，2つのタイプの労働者を判別するシグナルで，労働者が獲得できるものがあるとしてみよう．たとえば，労働者は教育を受けることができるとする．タイプ1の労働者が獲得した教育の量を e_1，タイプ2の労働者が獲得した教育の量を e_2 とする．教育を受ける費用は労働者によって異なり，有能な労働者にとって教育の総費用は $c_2 e_2$，無能な労働者にとって教育を受ける総費用は $c_1 e_1$ であるとする．これらの費用には実際にかかった費用だけでなく，機会費用，要求される努力の費用なども含まれる．

さて，考察すべき意思決定は2つある．労働者はどれだけの量の教育を獲得すべきかを決定しなければならない．また企業は，異なる教育水準をもつ労働者にどれだけ支払うかを決定しなければならない．教育は労働者の生産性にまったく影響を与えないという極端な仮定をおこう．もちろんこの仮定は現実の世界では成り立たない——特に経済学コースの場合には正しくない——が，モデルを単純化するのに役立つ．

後に明らかになるように，このモデルにおける均衡の性質は，教育を受ける費用に決定的に依存する． $c_2 < c_1$ としよう．この想定は，教育を受ける限界費用が無能な労働者より有能な労働者の場合に低くなることを示している． e^* を次の不等式が成り立つ教育水準とする．

$$\frac{a_2 - a_1}{c_1} < e^* < \frac{a_2 - a_1}{c_2}$$

$a_2 > a_1$ と $c_2 < c_1$ という仮定のもとでは，このような e^* は必ず存在する．

そこで，次のような選択の組を考えてみよう．有能な労働者はすべて教育水準 e^* を受け，無能な労働者は教育水準0を受けるとする．そして企業は教育水準 e^* の労働者に a_2 の賃金を支払い，教育を受けない労働者に a_1 の賃金を支払う．労働者の教育水準の選択が，彼のタイプの完全なシグナルになっていることに注意せよ．

しかしこれは均衡だろうか．誰も自分の行動を変える誘因をもたないだろうか．各企業はそれぞれの労働者に限界生産物に等しいだけの賃金を支払っているので，企業は異なる行動をとる誘因をもたない．残された問題は，直面する賃金計画のもとで労働者が合理的に行動しているかどうかである．

無能な労働者が教育水準 e^* を獲得することは彼らの利益にならないだろうか． e^* を選んだとき，無能な労働者の便益は $a_2 - a_1$ だけの賃金上昇となるで

38.6 シグナリング

あろう．それに対して費用は $c_1 e^*$ である．もし

$$a_2 - a_1 < c_1 e^*$$

が成り立っているなら，便益は費用を上回ることはない．ところで，この条件の成立は e^* の選び方によって保証されている．よって，無能な労働者にとっては教育水準 0 を選択することが最適である．

有能な労働者が教育水準 e^* を選択することは，実際に彼らの利益にかなっているだろうか．便益が費用を上回っているための条件は

$$a_2 - a_1 > c_2 e^*$$

であり，この条件も e^* の選び方から成立する．

したがって，このパターンの賃金は実際に均衡である．もしそれぞれの有能な労働者が教育水準 e^* を選択し，それぞれの無能な労働者が教育水準 0 を選択すれば，どの労働者も自分の行動を変える誘因をもたない．費用が異なるという仮定により，労働者の教育水準は，均衡において生産性格差のシグナルとして機能しうる．この種のシグナリング均衡は，各タイプの労働者が自分を他のタイプの労働者から分離させる（見分けさせる）ような選択を含んでいるので，**分離均衡**（separating equilibrium）と呼ばれることがある．

もう 1 つの可能性は，各タイプの労働者が同一の選択を行う**一括均衡**（pooling equilibrium）である．たとえば，$c_2 > c_1$ であり，有能な労働者が教育を受ける場合の方が無能な労働者よりも費用がかかるとしよう．この場合，唯一の均衡はすべての労働者が平均的な能力に応じて賃金を支払われるものであり，シグナリングはまったく生じない．

分離均衡は社会的な観点から非効率なので，特に興味深い．それぞれの有能な労働者は，たとえシグナルが自分の生産性を変えないとしても，シグナルに支出することが有益であることを知る．有能な労働者は，シグナルが自分の生産性を高めるからではなく，自分を無能な労働者から識別してくれるからシグナルを得たいと思う．分離均衡でも，シグナルがまったくない場合とちょうど同じだけの量の産出物が生産されている．このモデルでは，シグナルの獲得は社会的な観点から見た総浪費である．

このような非効率の性質を考えることには価値がある．以前と同様，それは外部性から生じている．もし有能な労働者も無能な労働者もともに平均生産物

だけ支払われるとすれば，有能な労働者の賃金は無能な労働者の存在のために削減されたことになる．したがって，有能な労働者は無能な労働者から自分を区別してくれるシグナルに投資する誘因をもつだろう．この投資は私的な便益をもたらすが，社会的便益とはならない．

もちろんシグナリングが常に非効率になるわけではない．ある種のシグナル，たとえば以前に述べた中古車の性能保証のようなシグナルは取引を行いやすくしてくれる．その場合，シグナルの伴う均衡は伴わない均衡よりも望ましい．シグナリングは状態を改善する場合もあれば悪化させる場合もある．よって，個々のケースでシグナリングの利点を検討しなければならない．

38.7 誘　　因

さて，**誘因システム**（incentive system）の研究という，いくぶん異なるトピックに移ろう．明らかに，このトピックの考察には，非対称的情報の問題が含まれている．だが，さしあたり，完全情報のケースから始めるのが有益である．

誘因システムの設計における中心問題は，「どうすれば私のためにある人にあることをさせられるか」ということである．この問いを特定の論脈で提示してみよう．あなたは1区画の土地をもっているが，自分でその土地を耕作できないとする．そこであなたは誰かを雇って自分のかわりに耕作してもらおうとする．いかなる種類の報酬システムを作ればよいだろうか．

1つの方法は被雇用者がどれだけ生産するかとは無関係に固定給を支払うことだろう．しかしそれでは彼は働く誘因をほとんどもたない．一般に，良い誘因を与える方法は，労働者に対する支払いを何らかの形で彼が生産した産出物に依存させるものである．誘因システムの設計の問題は，生産された産出量を支払額にどの程度反映させるかを決めることである．

労働者が提供する「努力」の量を x とし，生産される産出量を $y = f(x)$ とする．簡単化のために産出物の価格は1であり，その結果 y は産出物全体の価値をも表すとする．労働者が y ドル生産したときあなたが彼に支払う額を $s(y)$ としよう．また，あなたは $y - s(y)$ を最大にする関数 $s(y)$ を選びたいと思っていると想定する．

あなたが直面する制約は何であろうか．この問題に答えるためには，労働者の観点から状況を考えてみなければならない．

38.7 誘因

労働者にとって努力は費用のかかるものとし，努力 x の費用を $c(x)$ と書く．この費用関数は通常の形をしていると仮定する．すなわち，努力が増加するにつれて総費用，限界費用ともに増大する．そのとき努力の水準 x を選択する労働者の効用は，単純に $s(y)-c(x)=s(f(x))-c(x)$ となる．労働者はある効用 $\bar{u}$ を与える別の利用可能な選択をもっているかもしれない．これは別の仕事か，あるいはまったく働かないことから生じるだろう．誘因システムの設計に関連するのは，労働者にとってこの努力から得られる効用が，他の選択から得られる効用より少なくとも低くはないということである．これは**参加の制約**（participation constraint）を与える．

$$s(f(x))-c(x) \geq \bar{u}$$

この制約が与えられると，労働者からどれだけの産出物を受け取ることができるかを決定できる．上の制約のもとで最も大きな余剰を与える努力の水準 x を，あなたは労働者に選ばせたいと思うだろう．

$$\max_x f(x)-s(f(x))$$

ただし

$$s(f(x))-c(x) \geq \bar{u}$$

一般に，あなたは制約をちょうど満たす x を労働者に選ばせたいと思うだろう．すなわち $s(f(x))-c(x)=\bar{u}$ である．これを目的関数に代入すると，制約条件なしの最大化問題

$$\max_x f(x)-c(x)-\bar{u}$$

を得る．そして，この問題を解くことは容易である．限界生産物と限界費用が等しくなる x^* を選べばよい．

$$MP(x^*)=MC(x^*)$$

限界便益と限界費用とが一致しないいかなる x^* を選んでも，利潤は最大化されないからである．

これは土地所有者が達成してもらいたい努力が，どのような水準であるかを示している．そこで，所有者が労働者に，その努力を達成してもらうためにど

れだけ支払わなければならないかを考えてみなければならない．すなわち，労働者に最適な選択 x^* を選ばせるためには，関数 $s(y)$ はどのようなものでなければならないのであろうか．

あなたは労働者に x^* の努力をさせたいと決めたとしよう．そのときあなたは，そうすることが彼の利益にかなうようにしなければならない．つまり，あなたは x^* だけ働くことによる労働者の効用が，他の x を働くことによる効用より大きくなるように，誘因システム $s(y)$ を設計しなければならない．このことから制約は，すべての x について

$$s(f(x^*))-c(x^*) \geq s(f(x))-c(x)$$

が満たされることとなる．

この制約は**誘因両立性の制約**（incentive compatibility constraint）と呼ばれる．それは単純に，x^* を選ぶことから得られる労働者の効用が，他の努力の水準を選んだときの効用より大きくなければならないことを述べている．

こうして，誘因システムが満たさなければならない2つの条件が得られた．第1に，労働者に $\bar{u}$ の効用を与えなければならないこと，第2に，努力水準 x^* において努力の限界生産物が努力の限界費用に等しくなければならないこと，である．このようなシステムの設計にはいくつかの方法がある．

賃貸．地主は土地を労働者にある価格 R で賃貸することができ，労働者は地主に R を支払った後，生産した産出量すべてを獲得する．このシステムは

$$s(f(x))=f(x)-R$$

によって表される．もし労働者が $s(f(x))-c(x)=f(x)-R-c(x)$ を最大化しているなら，$MP(x^*)=MC(x^*)$ が成り立つ努力の水準 x^* を選択するだろう．そしてこれこそ地主が希望する水準にほかならない．地代 R は参加の条件から決定される．労働者の総効用は $\bar{u}$ に等しくなければならないので，

$$f(x^*)-c(x^*)-R=\bar{u}$$

を得るが，これは $R=f(x^*)-c(x^*)-\bar{u}$ を意味する．

賃金労働．このシステムでは，地主は努力1単位当たり一定の賃金と固定給

K を労働者に支払う．このことは誘因を与える支払方法が

$$s(x) = wx + K$$

という形式になることを意味する．賃金率 w は，最適選択 x^* での労働者の限界生産物 $MP(x^*)$ に等しい．定数 K はこの地主のもとで働くことと他で働くことを無差別にするように選ばれる．すなわち，参加の制約を満たすように選ばれるのである．

$s(f(x)) - c(x)$ を最大化する問題は

$$\max_x wx + K - c(x)$$

となる．これより，労働者は限界費用と賃金とが等しくなるような x，すなわち $w = MC(x)$ が成り立つ x を選択する．賃金は $MP(x^*)$ だから，労働者の最適な選択は $MP(x^*) = MC(x^*)$ が成り立つ x^* であり，それはちょうど企業が希望していたものである．

無条件の受け入れか拒否かの選択． このシステムでは，地主は労働者が x^* 働けば B^* 支払い，それ以外ならまったく支払わない．B^* は参加の制約 $B^* - c(x^*) = \bar{u}$，すなわち $B^* = \bar{u} + c(x^*)$ によって決定される．もし労働者が任意の努力水準 $x \neq x^*$ を選べば，彼の得る効用は $-c(x)$ である．もし彼が x^* を選べば，彼の効用は $\bar{u}$ となる．このように，労働者の最適選択は $x = x^*$ に設定することである．

これらのシステムはそれぞれ，分析の範囲内では同等である．それぞれのシステムは労働者に $\bar{u}$ の効用を与え，そして労働者に最適な努力水準 x^* だけ働く誘因を与える．この程度の一般性のもとでは，どのシステムを選ぶべきかの理由は見当たらない．

これらのシステムがすべて最適だとすると，最適ではないシステムはどのような形式をとるだろうか．例をあげよう．

小作制． 小作制のもとでは，労働者も地主も産出量のある固定された割合を受け取る．労働者のシェアが $s(x) = \alpha f(x) + F$ で表されるとする．ここで F は定数であり，$\alpha < 1$ である．これは当該問題を解くための効率的なシステムで

はない．その理由は簡単である．労働者の最大化問題は

$$\max_x af(x) + F - c(x)$$

であり，労働者は

$$aMP(\tilde{x}) = MC(\tilde{x})$$

を満たす努力水準 $\tilde{x}$ を選ぶだろう．そのような水準は明らかに，効率性条件 $MP(x) = MC(x)$ を満たしえない．

ここでの分析を要約しておこう．効率的な誘因システムを設計するためには，努力の量を決定しようとしている人が産出量に対する**残余請求権者**（residual claimant）になることを保証することが必要である．土地所有者が可能なかぎり自分の状態を改善することができるのは，最適な産出量を労働者に生産させることができるときである．この産出水準は，労働者の追加的な努力がもたらす限界生産物とその努力を遂行するのに必要な限界費用とが等しくなる産出量である．したがって誘因システムは，労働者の限界生産物に等しい限界便益を与えるものでなければならない．

38.8 非対称情報

上の分析は，異なる種類の誘因システムの使い方について，いくつかの洞察を与えている．たとえば，土地を労働者に賃貸することは小作制より望ましいことがわかる．しかしこれは，実際には誇張である．ここでの分析が現実のうまい描写になっているのなら，農業において賃貸や賃金労働が用いられると期待できるし，過ちを犯した場合を除けば小作制が見られることはないと期待できる．

明らかにこれは正しくない．小作制は世界のいくつかの地域でとても長い間使われてきたので，またある種のニーズを満たしてきたと考えられる．モデルからは何が抜け落ちていたのだろうか．

本節の表題が与えられてしまったからには，答えを推測することはむずかしくはあるまい．不完全情報に関する問題を捨象してきたのだ．企業の所有者は労働者の努力を観察できると仮定した．しかし，多くの興味深い状況では努力

を観察することはできないだろう．せいぜい所有者は結果として得られる産出量のような，努力のシグナルを観察するくらいである．農民によって生産された産出量は部分的には彼らの努力に依存するだろうが，天候や投入物の質や他の要素にも依存するだろう．この種の「誤差要因」のために，一般に産出量に基づいて所有者から労働者に支払われる額は，努力のみに基づく支払額に等しくはないだろう．

　これは本質的には情報の非対称性の問題である．労働者は努力の水準を選択することができるが，所有者はそれを完全に観察することはできない．所有者は観察できる産出量からその努力を推測しなければならず，最適誘因システムの設計はこの推測の問題を考慮しなければならないのである．

　上述の4つの誘因システムを考えてみよう．努力と産出量が完全には対応していないとすれば，どこがうまくいかないだろうか．

賃貸．もし企業が労働者に技術を賃貸すれば，労働者は固定された賃貸料を支払った後に残る全産出量を得ることができる．産出量が確率的な部分を含んでいるなら，このことは労働者が確率的要因から生じるすべてのリスクを負担しなければならないことを意味する．労働者が所有者よりリスク回避的なら――これはありそうなことである――賃貸という方法は非効率であろう．一般に，労働者はリスクの少ない所得の流列を得るために，残余利潤の一部を喜んで放棄するだろう．

賃金労働．賃金労働にまつわる問題は，それが労働投入量の観察を要求するという点にある．賃金は，企業において費やされた時間ではなくて，生産に投入された努力に基づかなければならない．もし所有者が労働投入量を観察することができないなら，この種の誘因システムを実行することはできない．

無条件の受け入れか拒否かの選択．誘因支払いが労働投入に基づくなら，われわれはこのシステムに対しても賃金労働と同種の問題に直面する．支払いが産出量に基づくなら，このシステムは労働者にすべてのリスクを負担させることになる．わずかな量でも「目標産出量」からはずれると，支払額はゼロになる．

小作制．これは幸運な中間的方法である．労働者に対する支払いは部分的に観

察される産出量に依存するが，労働者と所有者は産出量の変動リスクを分担する．これは労働者に生産の誘因を与えるが，リスクのすべてを労働者に負担させることもない．

非対称情報の導入は，誘因を与える方法の評価に急激な変化を生じさせた．もし所有者が努力を観察することができないなら，賃金労働は不可能である．地代や，無条件の受け入れか拒否かの選択というシステムは，労働者にあまりに多くのリスクを負担させる．小作制は2つの極端な方法の折衷案である．小作制は労働者に生産の誘因を与えるが，すべてのリスクを労働者に負担させることはない．

要　　約

1. 不完全かつ非対称的な情報は，市場均衡の性質に大きな差異を生じさせることがある．
2. 逆選択は，主体のタイプが観察可能でなく，そのため市場の一方の側が他方の側の行動に基づいてそのタイプあるいは生産物の品質を推測しなければならないという状況を指している．
3. 逆選択を含む市場では，取引がほとんど生じない場合がある．この場合には，人々に取引を強制することによってすべての人の状態を改善することが可能である．
4. モラル・ハザードは，市場の一方の側が他方の側のとる行動を観察できない状況を指している．
5. シグナリングは，逆選択あるいはモラル・ハザードがある場合，一部の主体は費用を負ってでも自分と他の主体を識別するためのシグナルを送りたいと思うだろう，という事実を指している．
6. シグナルへの投資は私的には便益をもたらすが，社会的には浪費であるかもしれない．一方，シグナルへの投資は，非対称情報から発生する問題を解決するのには役立つだろう．
7. （努力が完全に観察可能であるような）効率的な誘因システムは労働者を残余請求権者にする．このことの意味は，労働者が限界便益と限界費用とを一致させるということである．

8. しかしもし情報が不完全であるなら，これはもはや正しくない．一般に，誘因を与えると同時にリスクを分担させる誘因システムが適切なのである．

索　引

ア　行

アプリシエーション　186
アローの不可能性定理　584, 593
アンカー効果　521
安全資産　215, 218, 226
安定均衡　460

異時点間の選択　165
一括均衡　677
一般均衡　536, 559, 580
インターネット　622-624, 631
インデックス・ファンド　225
インフレーション　172-174

ヴィックリイ-クラーク-グローブズ・メカニズム（VCG メカニズム）　658, 664
受け入れ保留方式　305
売上税　30, 263

永久公債　179
エッジワース・ボックス　537-539, 559, 595
エンゲル曲線　93-94, 98

OPEC（石油輸出国機構）　394
オークション　103, 287, 304, 308, 359-361
　　イギリス型――　288, 308
　　一般化されたセカンドプライス（GPS）――　296
　　一般的価値――　288, 303, 308
　　ヴィックリイ・――　289, 308, 661
　　エスカレーション・――　293
　　オランダ型――　289, 308
　　切手収集家型――　289
　　私的価値――　288, 308
　　入札型――　289, 303, 308
　　ポジション・――　295
　　――の費用曲線　359-361

カ　行

回帰分析　280
外部性　561, 595, 598, 613, 639, 652
　　消費の――　555, 569, 594, 614
　　生産の――　569, 594, 600-604, 614
　　――の内部化　608, 659
カウンターパーティ・リスク　220, 227
価格差別　416-423, 434
価格差別的独占者　14-15, 17, 416-423
価格受容者　369, 438
価格上限　239
価格-消費曲線　101-106, 154-155
価格設定者　438
価格統制　396
確率　201
仮説検定　277
寡占　445, 470, 484
カタストロフ債　200
可変費用　352, 356, 366
可変要素　327-328, 339
カルテル　415, 462, 471, 478, 481-482
完全代替財　42-43, 64, 79-80, 94-95, 102, 141, 312

完全補完財　43-44, 64-65, 80-81, 95, 103, 140, 312

機会費用　26, 161, 182, 323, 384, 390
危険資産　215, 218, 226
技術的代替率（TRS）　315-316, 321, 341
　――の逓減　316-317
基数的効用　59-60
期待効用　202-205, 212
期待収益　214-216
期待値　202
ギッフェン財　99-101, 110, 129, 137
規模に関して収穫一定　318, 321, 333, 339, 351, 388
規模に関して収穫逓減　320, 321, 351
規模に関して収穫逓増　319-321, 351
逆供給関数　261, 374-375
逆供給曲線　261-262
逆需要関数　108-110, 244-245, 257, 261
逆需要曲線　261-262
逆選択　670-671, 673-674, 684
逆要素需要曲線　332-333
キャップ・アンド・トレード　398-402
キャピタル・ゲイン　187
　――への課税　187, 188
供給関数　339
供給曲線　8-9, 13, 21, 155, 237, 258, 271
　競争企業の――　370-372, 380
　水平な――　260
競争均衡　544, 555, 559, 580
　――の存在　549
競争ゲーム　497-501
共存ゲーム　502-504
競争市場　8, 14, 17, 259, 271, 322, 542
協調ゲーム　492-497, 517
共有地の悲劇　608-611, 614
協力ゲーム　446
均衡　9-11, 259, 263, 271, 272, 544, 545-546, 549-551
均衡原理　5, 22, 258
金融資産　183

金融市場　179, 325
金融資本　309

クーポン　179
繰り返しゲーム　468, 479-480
クリック数　360
クールノー均衡　456-458, 460-461, 470, 475
クールノー・モデル　456, 470
グローブス・メカニズム　658

経済メカニズム　306
契約曲線　540, 541
計量経済学　273
欠損変数　285
結託　446, 462-466
ゲーム理論　306, 472
限界効用　68-70
限界支払性向　54
限界収入　252-255, 257, 404, 405, 415, 436, 443
限界収入生産物　436, 443
限界生産物　314-315, 320, 339, 435
　――の価値　436, 443
　――の逓減　316
限界代替率（MRS）　51-55, 69-70, 73, 77-78, 85-87, 90, 544, 580
　――の逓減　55
限界的個人　626, 636
限界費用　354-359, 366, 381, 404, 415
限界変形率　571, 580
検索エンジン　359, 361
顕示選好　113-116, 128, 143, 152, 171
　間接的――　115, 122, 123
　――の強公理（SARP）　121-124, 128
　――の原理　114, 169
　――の弱公理（WARP）　117-121, 128
顕示利潤性　334-338
検定　273, 277-278, 286

高位均衡　633
公害　611-613

交換比率　70, 78
公共財　306, 640-646, 648-652, 664
広告主　359, 360
広告の費用曲線　360
厚生関数　581, 593
　　個人的——　556
　　古典的功利主義者の——　586
　　バーグソン-サミュエルソン——　589
　　ベンサム流の——　586
厚生経済学の第1定理　552, 554-556, 559, 568-569, 580, 613
厚生経済学の第2定理　554, 556-559, 569, 580
合成効果　282
合成財　24, 165, 280
公正ノルマ（規範）　532
合成変数　284, 286
膠着化　622-624, 638
行動経済学　519, 534
行動ゲーム理論　531
公平　591-593
効用可能性集合　587
効用関数　57-73, 82, 83-85, 202
　　凸型の——　206
　　フォン・ノイマン-モルゲンシュテルン型——　203
小作制　681, 683
誤差項　281
個人消費支出物価指数（PCEPI）　281
コースの定理　599-600
固定費用　349-350, 352
　　準——　349-350
固定要素　327-328, 339, 361, 389-390
　　準——　328
コミットメント　508, 517
　　——のゲーム　505-513
混合戦略　476, 490-492, 498
コンソル公債　179

サ 行

債券　179-181
最後通牒ゲーム　516, 531, 534
最小効率規模（MES）　413, 415
裁定取引　184, 185, 195
最適化原理　5, 22, 258
最適選択　74-82, 88-90
最適反応関数　517
最適反応曲線　488-490
再保険市場　200
産業供給曲線　382
産業均衡　382-386
残差需要曲線　453
参入　384, 402, 485
参入障壁　384, 484-486

時間不整合的　529
識別　283-284
シグナリング　674-678, 684
資源配分　14-18, 22
　　分権的——　576, 579, 580
自己帰属バイアス　530
自己制御　529
資産統合仮説　526
資産の分散　208-209
資産バブル　189
市場供給曲線　259, 382
市場均衡　9-11, 259-260, 544
市場シグナル　607-608
市場需要曲線　243, 244, 256, 259, 370
市場ダイナミックス　628-630
自信過剰　530
指数的な割引　528
システム競争　616
自然独占　411-413, 415
自然の実験　285, 286
実効価格　239
実質利子率　173, 182
質のスコアー　299

索引

しっぺ返し　480, 481
私的費用　603
支配戦略　473, 486, 517, 659
支払意思額　110, 626, 627, 638
資本資産評価モデル（CAPM）　222
社会的規範　517
社会的厚生関数　585-587
　　個人的——　589-590
　　　ミニマックス——　586
　　　ロールズの——　586
社会的選好　582, 585, 593, 655
社会的費用　268, 601, 603, 610, 613
奢侈品　97, 256
収益率　183-185, 195
従価税　30, 262
集計的需要　243-245
集計的超過需要　546, 547
集計的超過需要関数　546
囚人のジレンマ　477-478, 480, 487, 493, 494
自由処分　313
従量税　30, 87-90, 262
需給資格制度　397
シュタッケルベルグ・モデル　447, 470, 482
需要関数　15, 78-83, 91, 110, 232
　　コブ-ダグラス型——　108
　　セミ対数——　281
　　線形——　281
　　対数線形——　281
需要曲線　6-8, 13, 21, 101-106, 108, 154-156, 368, 370, 380
需要独占　438-440, 443, 444
需要法則　140, 146
純需要　147-148, 155, 164, 543, 546
純粋競争　368-370
純粋交換　537
純粋戦略　476
純粋独占者　15, 16
準線形効用　66, 233
準線形選好　65, 66, 98, 99, 141, 599-600, 614, 651-652
条件付き証券　201

条件付き平均値　275
勝者の災い　303-304
小数法則　525
消費　23, 36, 186-187, 198
消費者物価指数（CPI）　280
消費者余剰　231-232, 234, 242, 272
情報革命　615
情報経済　615
序数的効用　57, 60
処置グループ　278
処置効果　279
所得拡張経路　93-99
所得効果　97, 130, 134, 135, 140-142, 145, 146, 156, 164, 233
所得-消費曲線　93-99
所得税　87, 89, 90
所得弾力性　255-256, 257
所得の分配　243
指令メカニズム　655, 664
進化的安定戦略　504
シンプソンの逆説　276

推定　273, 282, 286
枢軸　662
数量指数　280
スルツキー方程式　144, 146, 156-159, 164, 171-172

税　13, 29-32, 35, 87-90, 181, 262-270, 272
生産可能性集合　570, 571
生産関数　311, 320, 560
　　コブ-ダグラス型の——　312, 313
生産技術　313
生産者余剰　237-239, 242, 272, 375-397, 381, 392, 415
生産要素　309
正常財　92-93, 110, 145, 150
税制改革　241
製品差別化　428, 430-433, 434
政府運営の独占事業　413
競り上げ　288

索　引

ゼロサムゲーム　497, 517
選好　37-38, 56-68, 73, 115, 128, 198, 581-585, 593, 656
　　コブ-ダグラス型——　66-68, 82-83, 96
　　単峰的——　656
　　非推移的——　61
　　ホモセティック型——　96-98
　　——の推定　128
羨望　591-593
戦略的相互依存関係　445, 472
戦略的方法　532
戦略の選択　456

操業停止条件　373
双曲線割引法　528
相対価格　548-549, 559
双方向マッチング・モデル　304
粗補完財　108
粗需要　147-148, 155, 164, 543
粗代替財　108
損失回避　527

タ　行

退出　384, 402
対象グループ　278
大数法則　525
代替効果　130-135, 140-142, 145, 146, 156, 164
　　スルツキーの——　142-144
　　ヒックスの——　142-144
代替財　106-108, 110
代理入札者　294
抱き合わせ　424-425
多数決原理　582
ただ乗り　646-647, 652-654, 644
短期　21, 317-318, 321, 328, 339
短期供給曲線　402
短期均衡　21
短期費用　347-349, 362
短期平均費用　362, 363

炭素税　398-402
弾力性　246-253, 405
　　——一定の需要　251-252, 407

チキンゲーム　495, 496, 517
逐次ゲーム　446, 482-484, 487
逐次手番　505
知的財産　634
　　——の共有　635-637
中立財　45, 81
超過需要　16, 543, 546
長期　21, 317-318, 321, 328, 339
長期供給曲線　377-379, 381, 386-388, 402
長期均衡　21-22, 386, 402
長期限界費用　365
長期平均費用　362, 363, 379-380, 381
長期費用　347-349, 361-363
直接顕示メカニズム　307
賃金労働　680, 683
賃貸　392-393, 680, 683

通常財　99-101, 110

低位均衡　633
定額税　31
デッドウエイト・ロス　393, 409-411, 415
　　税の——　268-270, 272
展開形　483
転換費用　622

等価変分　235-237, 242
等厚生曲線　588
同時ゲーム　446
同時手番　505
投資信託　224-226
動的調整　628
投票　655-657, 664
　　ランク付け——　583
　　——のパラドックス　656
　　——のメカニズム　306
等費用線　341

692　　　　　　　　　　　索　引

等利潤線　330, 448, 451, 465, 563, 577
等量曲線　311, 321
独占　14, 403, 415, 435-437, 440-443
独占的競争　427-430, 434, 445
独立性の仮定　205

ナ　行

ナッシュ均衡　474-476, 482, 487, 489, 517
ナッシュ交渉モデル　513

二重価格制　394-396
二部料金　425-426, 434
二面市場　631, 632
ニュメレール（標準財）　29, 549, 562

ネットワーク効果　631
ネットワーク外部性　625-627, 630-631, 638

ハ　行

配分　537, 587
　　公正な——　590-591, 592, 593
　　実現可能な——　537
パーシェ指数　125-128
派生要素需要　343
罰ゲーム　532
罰戦略　466-468
パレート改善　18, 20, 361, 642
パレート効率性（パレート最適）　18-19, 22, 270-271, 272, 290, 477, 487, 540-542, 551-556, 559, 573-575, 580, 595, 613, 642, 664
パレート集合　541
反応関数　448, 450, 451
反応曲線　449

比較静学　11-14, 22, 91, 168-171, 262, 272, 330-331
比較優位　571-573
ピグー税　605, 614
非経済財　44, 45, 81

非線形価格設定　419
非対称情報　665, 682-684
必需品　97
ビット　615
非分割財　47, 48, 81, 103, 104, 228-229, 242, 245
費用最小化　338, 340-345, 351
　　——の弱公理（WACM）　344
品質　667-670

不確実性　196
　　——下の選択　212
不均衡　544
複占　445, 481
物的資本　310
フード・スタンプ・プログラム　32-34
部分均衡　536
ブラケッティング　523
フレーミング効果　519-521
　　ネガティブ（消極的）——　520
　　ポジティブ（積極的）——　520
フレーム　519
分離均衡　677

平均可変費用　352, 354-356, 365, 380
平均固定費用　352, 353, 356, 365
平均費用　352-354, 365
平均費用関数　346, 352
平均費用曲線　361
平均-分散モデル　213-218
ベルトラン競争　461
ベルトラン均衡　481
ベルトラン・モデル　470

飽和（食）点　46
補完財　106-108, 110, 616-621, 638
保険　671, 672
保障ゲーム　494, 517
補償需要　133
補償需要曲線　144-145
補償変分　235-237, 242

索　　引　　　　　693

補助金　29-32, 35
　従価——　30
　従量——　30
　定額——　31, 34
　定率——　32
ポートフォリオ　215, 226
ホールドアップ　511, 512

マ　行

埋没費用　350
　——誤信　527
マーク・アップ　415
　——価格　407-408
　二重の——　443, 444

無作為法　278
無差別曲線　37, 40-49, 55, 61-67, 69, 70, 74-77, 80, 82, 537, 538

メカニズム・デザイン　290, 306-308

モラル・ハザード　671-674, 684

ヤ　行

家賃規制　16-17

誘因　678-682, 684, 685
誘因両立性　680
有価証券　179
歪みを生じさせる課税　558

要素需要関数　332, 339
　条件付き——　343, 351
予算集合　24-26, 34, 74
予算制約　23-24, 26, 148-149, 159-161, 164, 165-168, 182
予算線　24-26, 27-29, 34, 35, 74-82

ラ　行

ラスパイレス指数　125-128

利潤　322-323, 375-377
利潤最大化　290, 308, 333-334, 339, 403-405
　短期の——　328-330
　長期の——　331-332
利潤最大化行動の弱公理（WAPM）　335
利子率　165, 173, 181-182, 187
リスク　218-220, 226
　——の価格　217, 226
　——の分担　210-211
リスク愛好　206, 212
リスク回避　205-207, 212, 527, 534
　過剰な——　527
リスク中立　207
リスク・プレミアム　223
利得行列　472-473
流動性　182, 185, 188
留保価格　6, 19, 103-105, 230, 245, 256, 288, 308, 625, 641-646, 664
臨界点　629, 631

ルビンシュタイン交渉モデル　514

劣等財　92-93, 100, 110, 137, 145, 150
連続関数　530
レンタル率　323
レント　389-392, 393, 402
レント・シーキング　393, 402

労働供給　159-164
ロビンソン・クルーソー経済　560-561

ワ　行

割り当て　29-32, 35, 240
ワルラス均衡　544
ワルラス法則　546-548, 559

翻訳者紹介

大住　栄治　（おおすみ　えいじ）
　　1933年，奈良県生まれ／1958年，青山学院大学経済学部卒業／1960年，青山学院大学大学院修士課程修了／現在，青山学院大学名誉教授
　　著　作　『現代経済学』上・下2巻（マグロウヒルブック，1985-86年）（E・シルバーバーク著，共訳）
　　　　　　『例題で学ぶ入門経済数学』上・下2巻（マグロウヒル，1990年）（E・ドウリング著，共訳）

酒井　泰弘　（さかい　やすひろ）
　　1940年，大阪府生まれ／1963年，神戸大学経済学部卒業／1971年，ロチェスター大学大学院博士課程修了／現在，筑波大学・滋賀大学名誉教授，Ph.D.（ロチェスター大学）
　　著　作　『寡占と情報の理論』（東洋経済新報社，1990年）
　　　　　　『リスクと情報：新しい経済学』（勁草書房，1991年）
　　　　　　『リスク社会を見る目』（岩波書店，2006年）

松下　正弘　（まつした　まさひろ）
　　1942年，香川県生まれ／1970年，大阪大学大学院経済学研究科博士課程中退／現在，青山学院大学名誉教授，Ph.D.（ブラウン大学）
　　著　作　"Estimation of Self-Dual Demand Functions: An International Comparison" (*Developments in Japanese Economics,* eds. by R. Sato and T. Negishi, Academic Press, 1989)
　　　　　　『現代経済成長論』（マグロウヒル出版，1979年）（J・ジョーンズ著，訳書）
　　　　　　『チャートで学ぶ経済学』（有斐閣，1990年）（共著）

三野　和雄　（みの　かずお）
　　1949年，兵庫県生まれ／1973年，関西学院大学卒業／1984年，ブラウン大学大学院博士課程修了／現在，同志社大学経済学部特別客員教授，Ph.D.（ブラウン大学），経済学博士（神戸大学）
　　著　作　『ミクロ経済分析』（勁草書房，1986年）（ヴァリアン著，共訳）
　　　　　　『マクロ経済動学研究』（広島大学経済学部研究双書，1989年）
　　　　　　Global Integration and Competition (Kluwer Academic Publishers, 1999, 共編)

小川　春男　（おがわ　はるお）
　　1948年，秋田県生まれ／1971年，名古屋市立大学経済学部卒業／1976年，名古屋市立大学経済学研究科博士課程修了／現在，亜細亜大学名誉教授
　　著　作　『危機に立つ世界貿易体制』（勁草書房，1993年）（J・バグワティ著，共訳）
　　　　　　『グローバル化時代の経済学』（成文堂，1994年）（共著）

翻訳者紹介

平澤　典男　（ひらさわ　のりお）
　　1950年，茨城県生まれ／1973年，一橋大学経済学部卒業／1978年，一橋大学大学院経済学研究科博士課程修了／現在，青山学院大学名誉教授
　　著　作　『チャートで学ぶ経済学』（有斐閣，1990年）（共著）
　　　　　　『公共選択の租税理論』（文眞堂，1985年）（ブキャナン-ブレナン著，共訳）
　　　　　　『マクロ経済学基礎理論講義』（有斐閣，1995年）

今泉　博国　（いまいずみ　ひろくに）
　　1948年，福岡県生まれ／1972年，学習院大学経済学部卒業／1979年，福岡大学大学院経済学研究科博士課程単位取得満期退学／現在，福岡大学名誉教授
　　著　作　『現代経済政策の基礎』（中央経済社，1992年）（共編著）
　　　　　　『現代ミクロ経済学』（勁草書房，2000年）（共編著）
　　　　　　『ミクロ経済学　基礎と演習』（東洋経済新報社，2001年）（共著）

中谷　孝久　（なかたに　たかひさ）
　　1942年，山口県生まれ／1966年，広島商科大学（現広島修道大学）商学部卒業／1969年，広島大学大学院経済学研究科修士課程修了／現在，徳山大学名誉教授
　　著　作　『地域投入係数推計方法の有効性』（徳山大学総合経済研究所，1990年）
　　　　　　「石油化学コンビナートと地域産業」徳山大学総合経済研究所編『石油化学産業と地域経済』（山川出版社，2002年）

大城　肇　（おおしろ　はじめ）
　　1951年，沖縄県生まれ／1974年，琉球大学法文学部卒業／1977年，広島大学大学院経済学研究科修士課程修了／現在，琉球大学名誉教授
　　著　作　『産業連関表の系譜と分析』（徳山大学総合経済研究所，2001年）（共著）
　　　　　　「島嶼地域の資源循環型家畜排せつ物処理システム」（『島嶼研究』第5巻，2005年）

箱木　禮子　（はこぎ　れいこ）
　　1944年，新潟県生まれ／1967年，東北学院大学文経学部卒業／1971年，大阪府立大学大学院博士課程単位取得／現在，福島大学名誉教授
　　著　作　「カルテル規制基準と消費者利益」（『商学論集』，1997年）
　　　　　　「ケインズの市場観」（『商学論集』，1999年）

河野　正道　（かわの　まさみち）
　　1950年，徳島県生まれ／1974年，関西学院大学経済学部卒業／1982年，筑波大学大学院社会科学研究科博士課程修了／現在，関西学院大学教授，経済学博士
　　著　作　"On the Optimal Protection of a Growing Market from Entry of a Big Firm"（*Economic Studies Quarterly*, Vol. 45, No. 2, 1995）
　　　　　　『経済発展と成長の基礎理論』（有斐閣，2002年）

阿比留正弘　（あびる　まさひろ）
　　1953年，長崎県生まれ／1978年，青山学院大学経営学部卒業／1985年，筑波大学大学院社会科学研究科博士課程修了／現在，福岡大学経済学部教授，経済学博士
　　著　作　"Vertical Integration, Variable Proportions and Succesive Oligopolies"（*Journal of Industrial Economics*, 36, March 1988）
　　　　　　"Equilibrium Structures in Vertical Oligopoly"（*Journal of Economic Behavior & Organization*, 37, December 1998）

須賀　晃一　（すが　こういち）
　　1954年，大分県生まれ／1977年，一橋大学経済学部卒業／1983年，一橋大学大学院経済学研究科博士課程修了／現在，早稲田大学政治経済学術院教授，経済学博士
　著　作　『経済分析入門Ⅰ，Ⅱ』（東洋経済新報社，1991年）
　　　　　『ミクロ経済学　基礎と演習』（東洋経済新報社，2001年）（共著）
　　　　　『公共経済学』（勁草書房，2006年）（共編著）
　　　　　『公共経済学講義』（有斐閣，2014年）（編著）

監訳者紹介

1931年　秋田県湯沢市に生まれる
1954年　一橋大学経済学部卒業
1962年　ジョンズ・ホプキンス大学大学院卒業 Ph. D. 取得
1969年　一橋大学経済学部博士号取得
1967〜85年　ブラウン大学教授
1982〜2001年　ハーヴァード大学ケネディ行政大学院兼任教授
1982〜1992年　全米経済研究所（NBER）研究理事
1985〜2005年　ニューヨーク大学レナードスターン・ビジネス・スクール経済学部 C. V. スター教授（C. V. Starr Professor），同大学院日米経営経済研究センター所長
2003〜2008年　東京大学大学院客員教授
現　在　ニューヨーク大学 C. V. スター名誉教授および Editor-in-Chief of "Advances in Japanese Business and Economics" (Springer)
専　攻　理論経済学
著訳書　『経済成長の理論』（日経・経済図書文化賞受賞）（勁草書房，1969年），サミュエルソン『経済分析の基礎』（訳書，勁草書房，1967年：増補版，1986年），『技術変化と経済不変性の理論』（英語版，Academic Press, 1981：日本語版，勁草書房，1984年），『技術の経済学』（PHP 研究所，1985年），ヴァリアン『ミクロ経済分析』（三野和雄と共訳，勁草書房，1986年），『アメリカ・豊かなる没落』（日本経済新聞社，1988年），『菊と鷲』（読売論壇賞受賞）（講談社，1990年），『佐藤隆三選集　2巻』（英文，E. Elgar, 1996, 1999年），『市場・動学・経済システム：佐藤隆三教授記念論文集』（日本評論社，2011年），『メジャー級アメリカ経済学に挑んで』（日本評論社，2011年）その他英文，日本語論文多数．

入門ミクロ経済学 [原著第9版]

2015年 8月25日　原著第9版第1刷発行
2024年 8月20日　原著第9版第5刷発行

　　　著　者　ハル・ヴァリアン
　　　監訳者　佐　藤　隆　三
　　　発行者　井　村　寿　人

　　　発行所　株式会社　勁　草　書　房
112-0005 東京都文京区水道2-1-1　振替 00150-2-175253
　　（編集）電話 03-3815-5277　FAX 03-3814-6854
　　（営業）電話 03-3814-6861　FAX 03-3814-6968

　　　　　　有限会社　オータス研究所
155-0033 東京都世田谷区代田3-51-7
港北メディアサービス・中永製本所

ⓒ SATO Ryuzo　2015

ISBN978-4-326-95132-1　Printed in Japan

 ＜出版者著作権管理機構 委託出版物＞
本書の無断複製は著作権法上での例外を除き禁じられています。
複製される場合は，そのつど事前に，出版者著作権管理機構
（電話 03-5244-5088、FAX 03-5244-5089、e-mail: info@jcopy.or.jp）
の許諾を得てください。

＊落丁本・乱丁本はお取替いたします。
　ご感想・お問い合わせは小社ホームページから
　お願いいたします。

https://www.keisoshobo.co.jp

H. R. ヴァリアン／佐藤隆三・三野和雄　訳
ミクロ経済分析　　　　　　　　　　A 5 判　6,600円
　　　　　　　　　　　　　　　　　　　　　　54845-3

P. A. サミュエルソン／佐藤隆三　訳
経済分析の基礎　増補版　　　　　　A 5 判　8,250円
　　　　　　　　　　　　　　　　　　　　　　50006-2

J. フォン・ノイマン，O. モルゲンシュテルン／武藤滋夫　訳
ゲーム理論と経済行動　　　　　　　A 5 判　14,300円
刊行60周年記念版　　　　　　　　　　　　　　50398-8

K. J. アロー／長名寛明　訳
社会的選択と個人的評価　第三版　　A 5 判　3,520円
　　　　　　　　　　　　　　　　　　　　　　50373-5

I. ギルボア／川越敏司　訳
不確実性下の意思決定理論　　　　　A 5 判　4,180円
　　　　　　　　　　　　　　　　　　　　　　50391-9

I. ギルボア，D. シュマイドラー／浅野貴央・尾山大輔・松井彰彦　訳
決め方の科学　　　　　　　　　　　A 5 判　3,520円
事例ベース意思決定理論　　　　　　　　　　　50259-2

――――――――――――――――――――勁草書房刊

＊表示価格は2024年8月現在．消費税（10％）が含まれています．